Mitteilungen

über den

Vierundfünfzigsten Allgemeinen Genossenschaftstag

des

Allgemeinen Verbandes

der auf Selbsthilfe beruhenden Deutschen Erwerbs- und Wirtschaftsgenossenschaften, e. V.

zu

Posen

vom 20. bis 22. August 1913.

▽ ▽ ▽

Herausgegeben von dem Allgemeinen Verbande der auf Selbsthilfe beruhenden Deutschen Erwerbs- und Wirtschaftsgenossenschaften, eingetragener Verein.

Berlin 1913
Kommissionsverlag von J. Guttentag, G. m. b. H.
W. Genthinerstraße 38.

Druck der Vereinsbuchdruckerei zu Hannover
eingetragene Genossenschaft mit beschränkter Haftpflicht.

Druckfehler Berichtigung.

Auf Seite 116 bei den „Verhandlungen der Baugenossenschaften" muß es bei Punkt III der Tagesordnung statt Rechtsreform **Rechtsform** heißen.

Inhaltsverzeichnis.

Verzeichnis der Redner.

I.

Präsenzliste — Vorversammlung — Tagesordnung.

Der vierundfünfzigste Allgemeine Genossenschaftstag des Allgemeinen Verbandes der auf Selbsthilfe beruhenden deutschen Erwerbs- und Wirtschaftsgenossenschaften, e. V., wurde vom 20. bis 22. August 1913 in Posen abgehalten; es wohnten demselben bei: Der Anwalt des Allgemeinen Verbandes der deutschen Erwerbs- und Wirtschaftsgenossenschaften, Herr Justizrat Professor Dr. Crüger, dessen Stellvertreter Herr Rechtsanwalt Crecelius, Herr Gerichtsassessor Dr. Waldecker und Herr Otto Ibscher vom Allgemeinen Verband, die nachstehend aufgeführten Ehrengäste und Gäste, Vertreter von 32 Unterverbänden, 255 Kreditgenossenschaften, 34 Konsumvereinen, 14 Baugenossenschaften, 5 anderen Genossenschaften.

Die Gesamtzahl der angemeldeten Teilnehmer am 54. Allgemeinen Genossenschaftstag betrug 760 Personen.

A. Ehrengäste und Gäste.

Herr Wirkl. Geh. Rat Exzellenz D. Dr. Schwartzkopff-Posen, Oberpräsident der Provinz Posen — zugleich als Vertreter des Herrn Ministers für Handel und Gewerbe.

Herr Kaiserl. Regierungsrat Scheidt-Berlin, als Vertreter des Reichsamt des Innern.

Herr Wirkl. Geh. Ober-Regierungsrat Krahmer-Posen, Regierungspräsident des Regierungsbezirks Posen.

Herr Dr. Gramsch-Gumbinnen, Kgl. Regierungspräsident.

Herr Kaiserl. Reichsbankdirektor Behrend-Posen, als Vertreter des Reichsbankdirektoriums.

Herr von Heyking-Posen, Landeshauptmann.

Herr von dem Knesebeck-Posen, Kgl. Polizeipräsident.

Herr Dr. Prümers-Posen, Archivdirektor, Geheimer Archivrat, Professor und Rektor der Kgl. Akademie.

Herr Oberbürgermeister Geh. Regierungsrat Dr. Wilms-Posen.

Herr Bürgermeister Künzer-Posen.

Herr Justizrat Placzek-Posen, Stadtverordneten-Vorsteher.

Herr Rechnungsdirektor Busse-Posen, stellvertretender Stadtverordneten-Vorsteher.

Herr Kgl. Ober-Regierungsrat von Both-Posen, als Vertreter der Kgl. Ansiedlungs-Kommission.

Herr Stadtrat Elkeles-Posen, als Vertreter der Handelskammer Posen.

Herr Rittergutsbesitzer, Hauptmann a. D. von Unruh-Klein-Münche, stellvertretender Vorsitzender der Landwirtschaftskammer für die Provinz Posen.

Herr Schulz, Vorsitzender der Handwerkskammer Posen.
Herr Buchbindermeister Hans Rossow-Demmin, als Vertreter der Handwerkskammer Stettin.
Herr Professor Dr. Dufourmantelle-Paris, als Vetreter des Centre Féderatif du Credit populaire en France.
Herr Landtagsabgeordneter Gust. Richter-Wien, als Vertreter der Handels- und Gewerbekammer für das Erzherzogtum Oesterreich unter der Enns.
Herr Kammersekretär-Stellvertreter Dr. Karl Wrabetz-Wien, als Vertreter der Handels- und Gewerbekammer für das Erzherzogtum Oesterreich unter der Enns.
Herr Landesrat Wilhelm-Hannover, als Vertreter der Landesversicherungsanstalt Hannover.
Herr Direktor Kleemann-Berlin, als Vertreter der Dresdner Bank.
Herr Direktor Brodführer-Berlin, als Vertreter der Dresdner Bank.
Herr Anwalt Gennes-Darmstadt, als Vertreter des Reichsverbandes deutscher landwirtschaftlicher Genossenschaften in Darmstadt.
Herr Oekonomierat Burmeister-Berlin, als Vertreter des Generalverbandes ländlicher Genossenschaften für Deutschland, Berlin.
Herr Oekonomierat Hüneraskу-Posen, als Vertreter des Verbandes der landwirtschaftlichen Genossenschaften für die Provinz Posen.
Herr Dr. Hoffmann-Stettin, Bankdirektor, als Vertreter des Verbandes pommerscher landwirtschaftlicher Genossenschaften, Stettin.
Herr Schulze-Stettin, Gerichtsassessor, als Vertreter des Verbandes pommerscher landwirtschaftlicher Genossenschaften, Stettin.
Herr Dr. Swart-Posen, als Vertreter des Verbandes deutscher Genossenschaften in der Provinz Posen.
Herr Verbandsdirektor Dr. Biller-Berlin, als Vertreter des Verbandes deutscher kaufmännischer Genossenschaften, Berlin.
Herr Bankdirektor Anton Hallstein-Posen, als Vertreter der Deutschen Mittelstandskasse zu Posen, G. m. b. H.
Herr Regierungsassessor Dr. Brose-Posen, als Vertreter der Deutschen Mittelstandskasse zu Posen, G. m. b. H.
Herr Generalsekretär Tews-Berlin, als Vertreter der Gesellschaft für Verbreitung von Volksbildung, Berlin.
Herr Dr. Altenrath-Berlin, als Vertreter der Zentralstelle für Volkswohlfahrt und des Verbandes der auf der Grundlage des gemeinschaftlichen Eigentums stehenden deutschen Baugenossenschaften in Berlin.
Herr Regierungsrat Schilling-Posen.
Herr Regierungsrat Dr. Knuth-Posen.
Herr H. Kindler-Posen, Landtagsabgeordneter.
Herr Architekt Preul-Posen, Vorsitzender der Innung „Posener Bauhütte".
Herr R. Seidel-Posen, Direktor a. D. des Posener Kreditvereins.
Herr Max Schuler-Zweibrücken.

B. Unterverbände.

1. Bayerischer Genossenschaftsverband. — Herr Anwander aus München.
2. Verband der Kreditvereine von Berlin. — Herr Emil Plonz aus Berlin.
3. Konsumvereinsverband von Brandenburg, Pommern und angrenzender Landesteile. — Herr Keidel aus Stargard i. P.
4. Verband der Baugenossenschaften Deutschlands. — Herr P. Berthold aus Blumenthal (Hannover) und Herr Landesrat Moelle-Merseburg.
5. Verband der Fränkischen Vorschuß- und Kreditvereine. — Herr H. Limmer aus Kulmbach.
6. Verband Hessischer Vorschuß- und Kreditvereine. — Herr Reins aus Cassel.
7. Verband der Kreditgenossenschaften der Lausitz und der benachbarten Landesteile. — Herr O. Zademach aus Guben.

8. Verband der Konsumvereine der Lausitz und der benachbarten Landesteile. — Herr Schätze aus Görlitz.
9. Verband der Erwerbs- und Wirtschaftsgenossenschaften im Regierungsbezirk Magdeburg, Herzogtum Braunschweig und der Provinz Hannover. — Herr P. Feldheim aus Burg bei Magdeburg.
10. Verband der Erwerbs- und Wirtschaftsgenossenschaften am Mittelrhein. — Herr Dr. Alberti aus Wiesbaden.
11. Verband der Norddeutschen Erwerbs- und Wirtschaftsgenossenschaften. — Herr Stech aus Neustrelitz.
12. Verband der Vorschuß- und Kreditvereine von Nordwestdeutschland. — Herr L. Weyl aus Elmshorn.
13. Verband der Oberbadischen Erwerbs- und Wirtschaftsgenossenschaften. — Herr Stadler aus Jestetten.
14. Verband der Ostpreußischen Erwerbs- und Wirtschaftsgenossenschaften. — Herr Wolski aus Allenstein.
15. Verband Pfälzischer Erwerbs- und Wirtschaftsgenossenschaften. — Herr Schuler aus Zweibrücken.
16. Verband der Vorschuß- und Kreditvereine von Pommern und den Grenzkreisen der Mark Brandenburg. — Herr Julius Kurz aus Stettin.
17. Verband der deutschen Erwerbs- und Wirtschaftsgenossenschaften der Provinz Posen. — Herr W. Herbert aus Bromberg.
18. Verband der Kreditgenossenschaften von Rheinland, Westfalen, Lippe und Waldeck. — Herr Brunner aus Arolsen.
19. Verband Rheinisch-Westfälischer Konsumvereine. — Hrer E. Nolte aus Lüdenscheid.
20. Verband der Vorschuß-Vereine in der Provinz Sachsen und dem Herzogtum Anhalt. — Herr E. Hartung aus Merseburg.
21. Verband der Konsumvereine der Provinz Sachsen und der angrenzenden Provinzen und Staaten. – Herr Ernst aus Grund i. Harz und Herr stellv. Verbandsdirektor G. Oppermann aus Magdeburg.
22. Verband Sächsischer Erwerbs- und Wirtschaftsgenossenschaften. — — Herr August Hüfner aus Chemnitz.
23. Verband der Erwerbs- und Wirtschaftsgenossenschaften Schlesiens. — Nicht vertreten.
24. Verband der Konsumvereine der Provinz Schlesien. — Herr E. Welck aus Breslau.
25. Verband der Erwerbs- und Wirtschaftsgenossenschaften der Provinzen Starkenburg und Oberhessen. — Herr Ph. Stein aus Darmstadt.
26. Verband der Konsumvereine in Bayern, Württemberg, Baden und angrenzenden Bundesstaaten. — Herr O. Feierabend aus München.
27. Verband Thüringischer Vorschuß-Vereine. — Herr Dr. Meng aus Meiningen.
28. Verband der Unterbadischen Kreditgenossenschaften. — Herr A. Wilser aus Karlsruhe i. B.
29. Verband der Kreditgenossenschaften von Westbrandenburg und den angrenzenden Landesteilen. — Herr Wiglow aus Brandenburg a. H.
30. Verband der Baugenossenschaften von Hessen-Nassau und Süddeutschland. — Nicht vertreten.
31. Verband der Schleswig-Holsteinischen Baugenossenschaften. — Herr Hansen aus Kiel.
32. Verband der Baugenossenschaften von Niedersachsen. — Herr P. Berthold aus Blumenthal (Hannover).

Von den Unterverbänden waren die nachstehend genannten **Verbandsrevisoren** anwesend:

1. Herr Dr. F. Schneider aus Potsdam, Revisor des Verbandes der Kreditvereine zu Berlin, des Verbandes der Baugenossenschaften Deutschlands, des Verbandes der Kreditgenossenschaften der Lausitz und der

benachbarten Landesteile, des Verbandes der Vorschuß- und Kreditvereine von Nordwestdeutschland, des Verbandes der Konsumvereine der Provinz Schlesien.

2. Herr O. Soerensen aus Berlin, Revisor des Verbandes der Kreditvereine zu Berlin, des Verbandes der Norddeutschen Erwerbs- und Wirtschaftsgenossenschaften, des Verbandes der Vorschuß- und Kreditvereine von Pommern und den Grenzkreisen der Mark Brandenburg, des Verbandes der Kreditgenossenschaften von Westbrandenburg und den angrenzenden Landesteilen.
3. Herr L. Gille aus Ballenstedt, Revisor des Verbandes der Erwerbs- und Wirtschaftsgenossenschaften im Regierungsbezirk Magdeburg, Herzogtum Braunschweig und Provinz Hannover, des Verbandes der Konsumvereine der Provinz Sachsen usw.
4. Herr B. Rinow aus Allenstein, Revisor des Verbandes der Ost- und Westpreußischen Erwerbs- und Wirtschaftsgenossenschaften, des Verbandes der Baugenossenschaften Deutschlands, des Verbandes der deutschen Erwerbs- und Wirtschaftsgenossenschaften der Provinz Posen.
5. Herr G. Vogt aus Hannover, Revisor des Verbandes der Baugenossenschaften Deutschlands, des Verbandes der Baugenossenschaften von Niedersachsen.
6. Herr Ludwig Crößmann aus Kulmbach, Revisor des Verbandes der Fränkischen Vorschuß- und Kreditvereine.
7. Herr Ernst Wilms aus Lüdenscheid, Revisor des Verbandes der Rheinisch-Westfälischen Konsumvereine.
8. Herr Edwin Rüdiger aus Dresden, Revisor des Verbandes Sächsischer Erwerbs- und Wirtschaftsgenossenschaften.
9. Herr Paul Wiedemann aus Görlitz, Revisor des Verbandes der Konsumvereine der Lausitz und der angrenzenden Provinzen.

10/12. Die Herren Schoedon aus Gleiwitz, L. Mugdan aus Breslau und B. Müller aus Löwen, Revisoren des Verbandes der Erwerbs- und Wirtschaftsgenossenschafteu Schlesiens.

13. Herr C. Heuzeroth aus Meiningen, Revisor des Verbandes der Thüringischen Vorschußvereine.
14. Herr Reinh. Letschert aus Coblenz, Revisor des Verbandes der Kreditgenossenschaften von Rheinland, Westfalen, Lippe und Waldeck, des Verbandes der Vorschußvereine in der Provinz Sachsen und dem Herzogtum Anhalt, des Verbandes der Unterbadischen Kreditgenossenschaften, des Verbandes Pfälzischer Erwerbs- und Wirtschaftsgenossenschaften.
15. Herr J. Dörr aus Friedberg i. H., Revisor des Verbandes Hessischer Vorschuß- und Kreditvereine.
16. Herr Maucher aus Karlsruhe in Baden, Revisor des Verbandes der Konsumvereine in Bayern, Württemberg, Baden und angrenzenden Bundesstaaten.
17. Herr Weymuth aus Cassel, Revisor des Verbandes der Baugenossenschaften von Hessen-Naussau.

C. Kreditgenossenschaften.

1. Aken, Spar- und Vorschußverein, e. G. m. b. H. — Herr Karl Häfner.
2. Allenstein, Ost- und Westpreußische Verbandskasse, e. G. m. b. H. — Herr M. Herbst.
3. Allenstein, Vereinsbank, e. G. m. u. H. — Herren Belian, Freisleben, Gruel.
4. Altona a. Elbe, Kreditverein (mit Korporationsrechten). — Herren Klaucke, Groth, Benne, Karl Meier, W. Mohrmann, W. Schönborn.
5. Altona a. Elbe, Kreditbank von 1870, e. G. m. b. H. — Herren R. Dreeßen, G. Marzmann, Th. Knopf.
6. Arolsen, Kreditverein, e. G. m. b. H. — Herr Brunner.
7. Augsburg, Landwirtschaftlicher Kreditverein, e. G. m. u. H. — Herren Chr. Scharrer, Alfred Somm.

8. Bad Nauheim, Spar- und Vorschußverein, e. G. m. b. H. — Herren J. Habermehl, Adolf Böcher.
9. Bahn (Pommern), Vorschußverein, e. G. m. u. H. — Herr F. Kuhfuß.
10. Bergen a. Rügen, Rügensche Bank, e. G. m. u. H. — Herren F. Lübky, O. Seifert.
11. Berlin, Genossenschaftsbank zu Moabit, e. G. m. b. H. — Herr Lorenz Stüben.
12. Berlin, Kreditbank der Friedrichstadt, e. G. m. u. H. — Herren H. Ulrich, E. Jahnle.
13. Berlin, Luisenstädtische Bank, e. G. m. b. H. — Herren Franz Madlung, M. Feldmann, G. Frohloff, M. Neumann.
14. Berlin, Handels- und Gewerbebank Alt-Berlin, e. G. m. b. H. — Herren H. Fricke, F. Langenscheidt.
15. Berlin, Kreditbank Nord-Ost, e. G. m. b. H. — Herren E. Ehlert, G. Sommerkom.
16. Berlin, Bankverein Gesundbrunnen, e. G. m. b. H. — Herren R. Schröter, O. Gutschow.
17. Berlin, Friedrichsberger Bank, e. G. m. b. H. — Herren Dr. jur. Treuner, Richard Puls, Paul Schmid, Karl Krohn.
18. Biebrich a. Rh., Vorschußverein, e. G. m. b. H. — Herren H. Wörhle, Franz Krust, G. Schneider.
19. Bielefeld, Gewerbebank, e. G. m. b. H. — Herren W. Obbelode, Emil Heringhaus.
20. Bischofsburg, Kreditverein, e. G. m. u H. — Herr Dr. Lignau.
21. Bojanowo, Vorschußverein, e. G. m. b. H. — Herr Bruno Scholz.
22. Brandenburg a. H., Brandenburger Bankverein, e. G. m. b. H. — Herren Arno Tiede, H. Eger, R. Wiemann, H. Schlee, J. Müller.
23. Braubach, Vorschußverein, e. G. m. u. H. — Herr K. Hagenow.
24. Breslau, Vorschußverein, e. G. m. b. H. — Herren G. Schröter, Fr. Haubitz, G. Pfleger.
25. Breslau, Breslauer Volksbank, e. G. m. b. H. — Herren K. Kuschel, A. Rudolf.
26. Breslau, Breslauer Spar- und Darlehnsverein, e. G. m. b. H. — Herren P. Schäfer, W. Ruppert.
27. Bretten i. Baden, Vorschußverein, e. G. m. u. H. — Herr L. Foerg.
28. Bromberg, Vorschußverein, e. G. m. b. H. — Herren W. Krienke, W. Fabian.
29. Bromberg, Bromberger Gewerbebank, e. G. m. u. H. — Herren Aug. Appelt, Paul Löffler.
30. Bruchsal, Gewerbebank, e. G. m. u. H. — Herr Alfons Nast.
31. Buchen (Baden), Vorschußverein, e. G. m. u. H. — Herr W. Emele.
32. Bunzlau, Spar- und Vorschußverein, e. G. m. b. H. — Herren G. Baresel, F. Wittig, J. H. Stoltz.
33. Burg b. Magdeburg, Spar- und Gewerbebank, e. G. m. b. H. — Herren Paul Feldheim, Otto Marwitz.
34. Bützow, Vorschußverein, e. G. m. u. H. — Herr C. Herbst.

35. Calvörde, Spar- und Vorschußverein, e. G. m b. H. — Herr W. Krenge.
36. Cassel, Kreditverein, e. G. m. b. H. — Herren W. Boppenhausen, Aug. Schäfer, H. Feisel, G. Protscher, B. Grüner, H. Sondermann, H. Kaiser.
37. Charlottenburg, Kreditverein und Sparkasse, e. G. m. u. H. — Herren W. Dalchow, Fr. Bobbe.
38. Chemnitz, Spar- und Kreditbank, e. G. m. b. H. — Herren Aug. Hüfner, H. Rokohl, H. Jähn.
39. Coblenz a. Rh., Volksbank, e. G. m. b. H. — Herren Jakob Friedhofen, Nik. Ladner.
40. Coburg, Vereinsbank, e. G. m. b. H. — Herren Gmelin, Wengert.
41. Cöln a. Rh., Gewerbebank, e. G. m. b. H. — Herr B. Esser.
42. Cöpenick, Cöpenicker Bank, e. G. m. b. H. — Herren Max Gruner, Otto Rühl, Otto Jachmann.

43. Cöslin, Vorschußverein, e. G. m. u. H. — Herr Lange.
44. Cottbus, Vereinsbank, e. G. m. b. H. — Herren H. Bredenbreuker, Paul Globisch.
45. Czempin, Vorschußverein, e. G. m. u. H. — Herren George, Kuczmerowicz.

46. Danzig, Kreditverein Deutscher Apotheker, e. G. m. b. H. — Herren L. Moersler, Lewinsky.
47. Danzig, Danziger Bankverein, e. G. m. b. H. — Herren Franz Niclas, M. Reinhold, Julius Gerson.
48. Darkehmen, Vorschußverein, e. G. m. u. H. — Herren Paul Gregor, G. L. Dirichlet.
49. Darmstadt, Darmstädter Volksbank, e. G. m. b. H. — Herren Philipp Stein, G. Hillgärtner, Ludwig Wagner, Ludwig Werner, Justus Weber.
50. Demmin, Vorschußverein, e. G. m. u. H. — Herr O. Ruffert.
51. Deutsch-Crone, Vorschußverein, e. G. m. u. H. — Herr Arnold.
52. Dinkelsbühl, Kreditverein, e. G. m. b. H. — Herr Karl Brunner.
53. Dirschau, Vereinsbank, e. G. m. b. H. — Herr O. Krull.
54. Dissau b. Lübeck, Spar- und Vorschußverein, e. G. m. u. H. — Herren Bruno Berkefeldt, Heinrich Schwartz.

55. Eberbach (Baden), Vorschußverein, e. G. m. b. H. — Herr Rud. Ph. Kraut.
56. Eberstadt (Kreis Darmstadt), Spar- und Kreditverein, e. G. m. u. H. — Herr W. Duchardt.
57. Eichenbarleben, Spar- und Vorschußverein, e. G. m. b. H. — Herr A. Rieseberg.
58. Eisenach, Gewerbebank, e. G. m. b. H. — Herr Otto Bohn.
59. Eisenberg (S. A.), Eisenberger Bank, e. G. m. b. H. — Herren Karl Bretschger, Moritz Kellberg.
60. Elbing, Vereinsbank, e. G. m. b. H. — Herren M. Thurau, L. Monath.
61. Elmshorn i. Holst., Kreditverein, e. G. m. u. H. — Herren L. Weyl, G. Hoffmann, Jakob Schüder.
62. Endingen, Volksbank, e. G. m. u. H. — Herr W. Pfefferle.
63. Eppingen, Vorschußverein, e. G. m. u. H. — Konrad Metzger.
64. Ettlingen, Volksbank, e. G. m. b. H. — Herr A. Limberger.
65. Exin, Deutscher Spar- und Kreditverein, e. G. m. b. H. — Herren M. Loevy, Bruno Floegel, Adolf Degner, Alfred Rößeck.

66. Feudenheim, Darlehnskassen-Verein, e. G. m. b. H. — Herr Ed. Bohrmann.
67. Filehne, Vorschußverein, e. G. m. b. H. — Herren Hugo Kittel, Ernst Schultz, S. Neumann, A. Saltinger.
68. Forst i. L., Kreditkassenverein, e. G. m. b. H. — Herren Otto Fiedler, R. Moebius.
69. Frankfurt a. M., Frankfurter Gewerbekasse, e. G. m. b. H. — Herren Franz Bär, Fritz Rupp.
70. Frankfurt a. M., Handels- und Gewerbebank, e. G. m. b. H. — Herr Rob. Flauaus.
71. Frankfurt a. M., Bockenheimer Volksbank, e. G. m. b. H. — Herren David Lott, Chr. Schmitt, Karl Huth, Jak. Kleinschnitz.
72. Frankfurt a. M., Spar- und Bankverein, e. G. m. b. H. — Herren Chr. Solzer, Georg Heuß.
73. Frankfurt a. M., Spar- u. Vorschußverein von Eisenbahnbeamten usw., e. G. m. b. H. — Herr Fröse.
74. Friedberg i. Hessen, Vorschuß- und Kreditverein, e. G. m. b. H. — Herren Jean Dörr, A. Weber.
75. Fulda, Vorschußverein, e. G. m. b. H. — Herr J. Weinspach.

76. Garnsee (Westpr.), Vorschußverein, e. G. m. u. H. — Herr G. Deuble.
77. Genthin, Spar- und Gewerbebank, e. G. m. b. H. — Herren H. Kopfmiller, K. Makowitz.

78. Gießen, Gewerbebank, e. G. m. b. H. — Herr Karl Loos.
79. Gilgenburg, Vorschußverein, e. G. m. u. H. — Herren H. Murasch, Mruck.
80. Glan-Münchweiler, Vorschußverein, e. G. m. u. H. — Herr Otto Schröder.
81. Gleiwitz, Vorschußverein, e. G. m. b. H. — Herren Karl Kunze, Paul Kreizirek, Rich. Pawelitzki, Hugo Lazy.
82. Goldap, Vorschußverein, e. G. m. u. H. — Herr Emil Müller.
83. Gollnow, Kreditverein, e. G. m. u. H. — Herr H. Voigt.
84. Gommern, Spar- und Vorschußverein, e. G. m. b. H. — Herren Ed. Wolter, Karl Bennecke.
85. Görlitz, Vorschußverein, e. G. m. b. H. — Herren Paul Haller, Gust. Nitschke.
86. Gotha, Gewerbe- und Landwirtschaftsbank, e. G. m. b. H. — Herren Ernst Kayser, Wilh. Och.
87. Greifswald, Vorschußverein, e. G. m. u. H. — Herr Max Künstler.
88. Groß-Gerau, Volksbank, e. G. m. u. H. — Herren J. Engelleitner, Wilh. Sebab.
89. Grünberg i. Schl., Vereinsbank, e. G. m. b. H. — Herr Gotth. Kühn.
90. Guben, Vorschußverein, e. G. m. b. H. — Herren Rich. Requadt, Otto Zademach.
91. Guhrau, Vorschußverein, e. G. m. b. H. — Herren Wilh. Klemm, Alb. Fechner, Oskar Kluge.
92. Gumbinnen, Vorschußverein, e. G. m. u. H. — Herren E. Puch, J. G. Rohrmoser.
93. Guttentag i. Schl., Vorschußverein, e. G. m. b. H. — Herr Tichauer.
94. Habelschwerdt (Schl.), Vorschußverein, e. G. m. b H. — Herr Heinrich Palm.
95. Hachenburg (Westerwald), Vereinsbank, e. G. m. u. H. — Herr Ludwig Kramer.
96. Halberstadt, Kreditverein, e. G. m. b. H. —
97. Hannover, Gewerbebank, e. G. m. b. H. — Herren Adolf Renke, Fr. Barlsen, Willy Schmidt.
98. Hannover, Vorschuß-Vereinsbank, e. G. m. b. H. — Herren A. Nonne, Alfred Lüssenhop, Heinrich Bock, Otto Meyer.
99. Havelberg, Vorschußverein, e. G. m. b. H. — Herren Emil Gutschmidt, Fritz Kühn, Isidor Cohn.
100. Haynau (Schl.), Haynauer Spar- und Darlehnsverein, e. G. m. b. H. — Herren R. Breitkopf, R Sprenger.
101. Heide i. Holst., Heider Volksbank, e. G. m. u. H. — Herren Arno Kunze, H. Rehquate, Joh. Junge, Heim Hansen.
102. Heidelberg, Gewerbebank, e. G. m. b. H. — Herren Georg Nollert, M. Schweickart.
103. Heidelberg, Heidelberger Volksbank, e. G. m. b. H. — Herren Jean Ullmann, Dr. med. W. Ullrich, O. B. Nuzinger, Philipp Thomas.
104. Heilsberg (Ostpr.), Heilsberger Vorschußverein, e. G. m. u. H. — Herr Bernhard Grunwald.
105. Heppenheim a. Bergstr., Vorschuß- und Kreditverein, e. G. m. u. H. — Herr Prof. Hans Rupp.
106. Heringen a. Helme, Vorschußverein, e. G. m. u. H. — Herr F. Borchert.
107. Heydekrug, Vorschußverein, e. G. m. u. H. — Herr R. Kissuth.
108. Hirschberg i. Schl., Vorschußverein, e. G. m. b. H. — Herr Osk. Thamm.
109. Höchst a. M., Vorschußverein, e. G. m. b. H. — Herren Martin Neußer, Heinr. Balzer, Karl Kayßer, Karl Pechatschek.
110. Hohenmölsen, Vorschuß- und Sparverein, e. G. m. b. H. — Herren Oswald Lorenz, Otto Jacob.
111. Hohensalza, Vorschußverein, e. G. m. u. H. — Herren M. Herzfeld, G. Bartel.
112. Homburg v. d. Höhe, Spar- und Vorschußkasse, e. G. m. b. H. — Herr Eucke.

113. Ichtershausen, Ichtershausener Bankverein, e. G. m. u. H. — Herr R. Trebschuh.
114. Insterburg, Vorschußverein, e. G. m. u. H. — Herren Oskar Hiller, C. Scheu, B. Wagner.
115. Judenbach b. Sonneberg i. Th., Spar- und Vorschußverein, e. G. m. u. H., — Herr Nik. Joh. Heß.
116. Jessen (Bez. Halle), Vorschußverein, e. G. m. u. H. — Herr Richard Franziskus.
117. Jestetten, Vorschußverein, e. G. m. b. H. — Herr J. Stadler.
118. Johannisburg (Ostpr.), Johannisburger Kreditbank, e. G. m. u. H. — Herren Herm. Schulz, G. Jenczewski.

119. Kaiserslautern, Vereinsbank, e. G. m. b. H. — Herr Herm. Böhm.
120. Kalkberge (Mark), Kreditbank, e. G. m. b. H. — Herren Herm. Koepisch, Otto Clemens.
121. Kaltennordheim (Rhön), Vorschußverein, e. G. m. u. H. — Herr Jul. Dittmar.
122. Karlsruhe, Vereinsbank, e. G. m. b. H. — Herren Adolf Meeß, K. Peter, Dr. Ernst Salzer, Wilh. Kitt.
123. Kaukehnen, Kreditgesellschaft, e. G. m. u. H., — Herren F. Lapp, H. Schack.
124. Kempen i. P., Vorschußverein, e. G. m. b. H. — Herren Wischanowski, Schacher.
125. Kiel-Gaarden, Gaardener Bank, e. G. m. b. H. — Herren K. Lohse, C. Mews, C. Beth, J. Richter.
126. Kirchen a. S., Volksbank, e. G. m. u. H. — Herr Paul Rapmund.
127. Königsberg i. Pr., Kreditgesellschaft, e. G. m. u. H. — Herren C. Fleischhauer, L. Braun.
128. Königslutter, Spar- und Vorschußverein, e. G. m. b. H. — Herr M. Giesecke.
129. Konitz (Westpr.), Konitzer Bankverein, e. G. m. b. H. — Herren Stommel, Hasse, Kiedrowski, Rasch.
130. Konstanz, Vorschußverein, e. G. m. u. H. — Herren Julius Stern, Friedrich Fluk.
131. Kösen (Bad) a. S., Vorschußverein, e. G. m. u. H. — Herr Gebhardt.
132. Kosten i. P., Vorschußverein, e. G. m. b. H. — Herren H. Steinhirt, H. Berg, Th. Scholl, Dr. Doering, K. Scholl.
133. Krappitz (Schles.), Vorschußverein, e. G. m. b. H. — Herr Paul Kottlors.
134. Kreuznach, Kreuznacher Volksbank, e. G. m. b. H. — Herren L. Paristus, Franz Ost, Dr. W. Velten.
135. Krotoschin, Vorschußverein, e. G. m. u. H. - Herr J. Rothstein.
136. Kulmbach (Bayern), Gewerbe- und Vorschußverein, e. G. m. b. H. — Herr Ludw. Größmann.
137. Kyritz, Gewerbe- und Landwirtschaftsbank, e. G. m. u. H. — Herr Karl Conrad.

138. Landsberg a. W., Landsberger Kreditverein, e. G. m. b. H. — Herren Heinrich Peters, E. R. Bergemann, W. Freudenberg, O. Scheffler.
139. Leipzig, Allgemeine Deutsche Spar- und Vorschußkasse für Lehrer, e. G. m. b. H. — Herr Hermann Treutler.
140. Lenzen, Landwirtschaftliche Vereinsbank, e. G. m. u. H. — Herren Ernst Wendt, Hugo Wapler.
141. Limburg a. d. L., Vorschußverein, e. G. m. u. H. — Herren Georg Zimmermann, Josef Flügel, Karl Keßler, Josef Mitter.
142. Lissa i. P., Vorschußverein, e. G. m. u. H. — Herren Anton Fenske, Adolf Schmädicke, Samuel Ansorge.
143. Löwen (Schles.), Vorschußverein, e. G. m. u. H. — Herr Benno Müller.
144. Lübben i. Lausitz, Vorschußverein, e. G. m. u. H. — Herren Adolf Köstlich, Paul Haus, Albert Dziemel.
145. Lübeck, Bank für Handel und Gewerbe, e. G. m. b. H. — Herren J. Warnck, F. C. Sauermann, J. A. C. Busson.

146. Luckenwalde, Bankverein, e. G. m. u. H. — Herren G. Mewes, Paul Brötler.
147. Ludwigsstadt in Oberfranken, Vorschußverein, e. G. m. u. H. — Herr Hans Semmelmann.
148. Lyck, Kreditverein, e. G. m. u. H. — Herr Arthur H. Czekay.
149. Lyck, Vorschußverein, e. G. m. u. H. — Herren Hintz, Siebert.
150. Mainz, Volksbank, e. G. m. b. H. — Herren A. Bornschier, Rudolf Scholz, Jakob Wolle, Karl Wagner.
151. Malchow i. Mecklenburg, Vorschußverein, e. G. m. u. H. — Herr Karl Zabel.
152. Mansfeld, Spar- und Kreditbank, e. G. m. u. N. — Herr Kirchhoff.
153. Marienwerder (Westpr.), Vorschußverein, e. G. m. b. H. — Herr H. Tinschmann.
154. Meiningen, Vereinsbank, e. G. m. u. H. — Herren A. Brodführer, Friedrich W. Röder, Karl Suppkowitz.
155. Mergentheim, Spar- und Vorschußbank, e. G. m. b. H. — Herr W. Rietzer.
156. Merseburg, Vorschußverein zu Merseburg, e. G. m. b. H. — Herr Emil Hartung.
157. Meseritz, Vorschußverein, e. G. m. u. H. — Herren Paul Schreiber, Marischewski.
158. Meuselbach, Vorschußverein, e. G. m. u. H. — Herr A. Macholb.
159. Mittweida (Sachsen), Kreditverein, e. G. m. u. H. — Herr Gustav Menzel.
160. Moers, Gewerbebank, e. G. m. b. H. — Herren Fritz Heimberg, Gerh. Pannen, Gerh. Ohlmann.
161. Montabour, Vorschußverein, e. G. m. b. H. — Herr Josef Müller.
162. Mrotschen, Vorschuß- und Sparkassenverein, e. G. m. u. H. — Herren Paul Wilke, W. Pajzderski.
163. München, Münchener Industriebank, e. G. m. b. H. — Herren Josef Affenbeck, Mich. Drexler, Max Bernhard, Gg. Hochreiter.
164. Nakel a. N., Spar- und Vorschußverein, e. G. m. b. H. — Herren G. Argelander, Bauer, Baerwald, Schwarz.
165. Nastätten, Vorschuß- und Kreditverein, e. G. m. u. H. — Herr Wilh. Seibel.
166. Nauen, Vorschußverein, e. G. m. u. H. — Herren Hermann Woellner. Otto Friesicke, Karl Kreutscher.
167. Naugard, Vorschußverein, e. G. m. u. H. — Herr Herm. Buhr.
168. Neidenburg, Vorschußverein, e. G. m. u. H. — Herren Max Fehsel, S. Gutstein.
169. Neiße, Vorschußverein, e. G. m. b. H. — Herren Kurt Prime, F. Franke.
170. Neubukow i. M., Vorschußverein, e. G. m. b. H. — Herr Schaefer.
171. Neudamm, Kreditgesellschaft, e. G. m. b. H. — Herr Fritz Knick.
172. Neukölln, Neuköllner Bankverein, e. G. m. b. H. — Herren Kaließ, W. Fiedecke, J. Hildebrandt, Otto Oerttel, Bürkner.
173. Neukölln, Industriebank, e. G. m. b. H. — Herren Aug. Radke, Otto Irrgang.
174. Neumark (Westpr.), Vorschußverein, e. G. m. u. H. — Herren Schubring, Schlesinger.
175. Neunkirchen b. Saarbrücken, Vorschußverein, e. G. m. b. H. — Herren L. Marschall, J. Kirsten.
176. Neusalz a. O., Vorschußverein, e. G. m. b. H. — Herren Feodor Seifert, Paul Schander, Robert Ullrich.
177. Neustadt a. Haardt, Neustadter Volksbank, e. G. m. u. H. — Herr Karl Peter.
178. Neutomischel, Genossenschaftsbank, e. G. m. b. H. — Herren Joh. Arndt, Max Wolf.
179. Oberstedten b. Homburg v. d. Höhe, Spar- und Vorschußkassenverein „Frühling", e. G. m. u. H. — Herr Aug. Schaler.

180. Oberstein, Obersteiner Volksbank, e. G. m. u. H. — Herren L. Platt, Hg. Treibs.
181. Oels i. Schl., Vorschußverein, e. G. m. b. H. — Herren Lemeck, Oppenheim, Siebeneicher.
182. Offenbach a. M., Bankverein, e. G. m. b. H. — Herren Ludwig Diehl, Aug. Huthmann, Jakob Jung, Georg Häusser.
183. Offenburg (Baden), Vorschußverein, e. G. m. u. H. — Herr Aug. Willenbacher.
184. Ohlau i. Schl., Vorschußverein, e. G. m. b. H. — Herren Paul Buchwald, Fronzeck, Hartmann.
185. Opeln, Vorschußverein, e. G. m. b. H. — Herren Leimert, Krause.
186. Oppenheim a. Rh., Spar- und Kreditverein, e. G. m. b. H. — Herr Heinr. Mathes.
187. Pankow, Pankower Spar- und Leihbank, e. G. m. b. H. — Herr Paul Riemann.
188. Pillkallen, Vorschußverein, e. G. m. u. H. — Herren Paul Ecker, Ferd. Voß, Herm. Manleitner.
189. Pinneberg, Pinneberger Bank, e. G. m. b. H. — Herren Wilh. Haß, C. J. Harders.
190. Pirmasens, Vereinsbank, e. G. m. b. H. — Herr Emil Keller.
191. Plön i. H., Plöner Kreditverein, e. G. m. u. H. — Herr Th. Harbeck.
192. Posen, Posener Kreditverein, e. G. m. b. H. — Herren Bernh. Kasprowicz, Adam Gaertig, Dr. Alfred Böhme, Adolf Simon, Franz Peschke, W. Petersen, M. Aschheim, L. Stechert, P. Offterdinger, E. Koblitz, A. Neumark, M. Lindner, Beutel, Bleistein, C. Böttiger, Dr. Eichler, Elkeles, Ginschel, Gottscheid, Dr. Hartwig, Jarecki, Dr. Franz Kantorowicz, Dr. Kindler, Kloß, Kronthal, Kunze, Kutzner, Dr. Landsberg, Radack, Dr. Rebell, Rehfeld, Stiller, Tauber, Themal, Sally Victor.
193. Preußisch-Stargard, Vorschußbank, e. G. m. u. H. — Herr F. Magnus.
194. Prökuls (Kr. Memel), Vorschußverein, e. G. m. u. H. — Herren Ludw. Gelitzky, Albert Baumgard.
195. Punitz, Vorschußverein, e. G. m. u. H. — Herren J. Kreutzinger, K. Kosmahl, Jäckel, Riedel.
196. Putlitz, Vorschußverein, e. G. m. u. H. — Herren F. Gerke, R. Schultz.
197. Rastatt, Vereinsbank, e. G. m. u. H. — Herr G. Günther.
198. Rastenburg (Ostpr.), Kreditverein, e. G. m. u. H. — Herren A. Loewe, Rud. Siebert.
199. Rawitsch, Vorschußverein, e. G. m. b. H. — Herren Emil Schneider, Siegfried Aber.
200. Reudnitz-Leipzig, Spar- und Vorschußverein, e. G. m. b. H. — Herr Oskar Mühlner.
201. Rostock i. Mcklbg., Vorschuß- und Sparbank, e. G. m. b. H. — Herren Karl Klüssendorff, Rich. Schulz.
202. Salzungen, Spar- und Vorschußverein, e. G. m. u. H. — Herren Karl Schleustein, H. Bachmann.
203. Samter, Darlehnsverein, e. G. m. u. H. — Herren A. Kopplin, B. P. Bähr, Werner, St. Chrzanowski, Wl. Skwernin.
204. St. Ingbert, Volksbank, e. G. m. b. H. — Herr Joh. Lorenzen.
205. Seeburg, Ostpreußischer Kredit- und Sparverein, e. G. m. u. H. — Herren Otto Golz, J. Kucharzewski, Leo Kotowski.
206. Segeberg, Vorschußverein, e. G. m. u. H. — Herren H. Harck, Chr. Wulff, H. Roß jr.
207. Skaisgirren, Vorschußverein, e. G. m. u. H. — Herr Alfr. Rieckert.
208. Soldau (Ostpr.), Vorschußverein, e. G. m. u. H. — Herren Adolf Bandow, Ernst Bandow.
209. Sonneberg, Vereinsbank, e. G. m. b. H. — Herren Christian Venter, Rich. Fugmann.
210. Sorau (N.-L.), Kredit- und Diskontoverein, e. G. m. b. H. — Herr Reinh. Schade.

211. Spandau, Spandauer Bank, e. G. m. b. H. — Herren F. Ahlert, Ferd. W. Müller, Leopold Rupke.
212. Spremberg, Kredit- und Sparbank, e. G. m. u. H. — Herr Hermann Jung.
213. Sülbeck, Spar- und Vorschußverein, e. G. m. b. H. — Herren F. Röhrkasse, F. Siekmann.
214. Swinemünde, Swinemünder Bank, e. G. m. b. H. — Herren Karl Srocka, Kurt Lehmann, B. Pritzlaff, K. Bartel.
215. Schmalkalden, Vereinsbank, e. G. m. b. H. — Herren Oswin Kadelbach, Johannes Rudolph, Wilh. Lehmuth.
216. Schneidemühl, Gewerbebank, e. G. m. u. H. — Herren Wernecke, G. Nüske, J. Wiese, Th. Grasczynski, K. Klug.
217. Schöneberg b. Berlin, b. Berlin, Schöneberger Bank, e. G. m. b. H. — Herren F. Höche, F. Troitzsch, H. Haenschke.
218. Schönlanke, Spar- und Vorschußverein, e. G. m. b. H. — Frl. Emeline Stegmann, Herren H. Stegmann, E. Gerstner.
219. Schopfheim, Vorschußbank. e. G. m. b. H. — Herr A. Brauchle.
220. Schrimm, Schrimmer Kreditverein, e. G. m. u. H. — Herren Weigt, Max Abraham, Leop. Becker.
221. Schwarzburg, Vorschußverein, e. G. m. u. H. — Herr M. Voigt.
222. Schweina, Spar- und Vorschußverein, e. G. m. u. H. — Herr Heinr. Schlundt.
223. Stallupönen, Vorschußverein, e. G. m. u. H. — Herren Gerlach, Adomeit.
224. Stendal, Vorschußverein, e. G. m b. H. — Herren K. Zeckwer, L. Kropf.
225. Stendal, Kreditverein, e. G. m. b. H. — Herren Bruno Richter, Hermann Trollius, Theodor Warnecke.
226. Stettin, Stettiner Bank, e. G. m. b. H. — Herren Karl Buchholz, Paul Giese, A. Salge, O. Freybe, W. Ziegel.
227. Stralsund, Kreditverein, e. G. m. b. H. — Herren Rich. Gilow, Herm. Faust, Karl Wothke.
228. Stühlingen (Baden), Vorschußverein, e. G. m. b. H. — Herr Eugen Grüner.
229. Tarnowitz, Vorschußverein, e. G. m. b. H. — Herr Struzina, Sobanja, Jaros, H. Böhm.
230. Tauberbischofsheim, Spar- und Vorschußverein, e. G. m. b. H. — Herr Karl Lorenzen.
231. Tessin i. M., Vorschußverein, e. G. m. u. H. — Herr J. Lengbein.
232. Thorn, Vorschußverein, e. G. m. n. H. — Herr Otto Reitz, Max Mallon, Paue Meyer, Rich. Krüger, Kurt Matthes.
233. Tilsit, Vorschußverein, e. G. m. u. H. — Herren Buscke, Klemm, R. Pleig.
234. Treptow a. Toll., Vorschußverein, e. G. m. u. H. — Herr Karl Köppen.
235. Tuttlingen, Handwerkerbank, e. G. m. b. H. — Herr v. Enzberg.
236. Ueberlingen, Vorschußverein, e. G. m. b. H. — Herr H. Demeter.
237. Vacha a. W., 1. Vorschußverein, e. G. m. u. H. — Herren Adolf Kröger, Wilhelm Langlotz, Fritz Schößler.
238. Villingen (Baden), Vorschußverein, e. G. m. u. H. — Herr Ernst Münnich.
239. Waldenburg i. Schl., Vorschußvereie, e. G. m. b. H. — Herren Erich Spohn, Louis Alde.
240. Wehlau, Vorschußverein, e. G. m. u. H. — Herr Erich Paulini.
241. Weinheim, Bergstr., Vereinsbank, e. G. m. b. H. — Herr Thil. Zinkgräf.
242. Werder a. H., Werdersche Kredit- und Sparbank, e. G. m. u. H. — Herren Johannes Möller, Friedrich Ricke, Ad. Krahnast.
243. Wiesbaden, Vorschußverein, e. G. m. b. H. — Herren G. Schleucher, L. D. Jung, Heinrich Blum, Fr. Hildner, Josef Hupfeld, Chr. Kalkbrenner, Th. Körner, Hermann Petmecky, K. Reichwein, Emil Rumpf, W. Kraft.

244. Wiesbaden, Allgemeiner Vorschuß- und Sparkassenverein, e. G. m. b. H. — Herren H. Meis, F. Mergenthal, A. Wolff, Karl Röthert, L. Sattler, Phil. Schäfer, Wilhelm Horn, Wilhelm Reitz.
245. Winnweiler, Volksbank, e. G. m. b. H. — Herr Valentin Schöneberger.
246. Wittenberge, Bankverein, e. G. m. u. H. — Herren Johannes Lotsch, Gust· Tietze.
247. Wittstock, Vorschußverein, e. G. m. u. H. — Herren W. Hähnel, W. Thürnagel.
248. Wollin i. P., Bankverein, e. G. m. u. H. — Herr Robert Blanck.
249. Wollstein (Pos.), Vorschußverein, e. G. m. u. H. — Herren Oskar Laubsch, Paul Findeklee.
250. Wusterhausen a. D., Vorschußbank, e. G. m. u. H. — Herr Gust. Schmidt jr. (Neukölln).
251. Wüstewaltersdorf (Schles.), Vorschußverein, e. G. m. u. H. — Herr Jul. Gooksch.
252. Zehdenick, Bankverein, e. G. m. b. H. — Herren L. Urban, Hugo Klewe.
253. Znin, Zniner Kreditverein, e. G. m. u. H. — Herren E. Bykowski, J. Seifert.
254. Zobten a. B. (Bez. Breslau), Vorschußverein, e. G. m. b. H. — Herren B. Glatzel, Josef Scholz.
255. Zweibrücken, Volksbank, e. G. m. u. H. — Herr Fritz Leonhard.

D. Konsumvereine.

1. Altenau i. Oberh., Konsumverein, e. G. m. b. H. — Herr Louis Tost.
2. Bremen, Konsumverein, A.-G. — Herren Gust. Arnold, Heinr. Witte, Dr. Ph. Ed. Meyer.
3. Breslau, Breslauer Konsumverein. — Herren P. Giesel, R. Geisler, R. Warkus, O. Zuchold, E. Etlenfuß, von Mayer, Herm. Fuchs, Th. Kutta, R. Langner, L. Römer, O. Dastig, R. Meridies.
4. Calau, Konsumverein, e. G. m. b. H. — Herr Karl Neumann.
5. Clausthal i. H., Clausthal-Zellerfelder Konsumverein, e. G. m. b. H. — Herr Sauerbrey.
6. Dittersbach b. Waldenburg, Konsumverein, e. G. m. b. H. — Herren Franz Tauch, Friedr. Knopf.
7. Friedrichshütte (Oberschlesien), Konsumqerein der Kgl. Friedrichshütte, e. G. m. b. H. — Herren Peschke, Scharnofske.
8. Görlitz, Konsumverein, e. G. m. b. H. — Herren Dr. phil W. Caspary, Wilh. Nitsche, Rob. Trinks, R. Berger.
9. Goslar, Konsumverein der Berg- und Hüttenleute, e. G. m. b. H. — Herr K. Knorr.
10. Groß-Schönau, Konsumverein, e. G. m. b. H. — Osk. Schwerdtner.
11. Grund i. H., Konsumverein, e. G. m. b. H. — Herr Karl Ernst.
12. Halle a. S., Beamten-Konsumverein, Herren Poetzel, Raak.
13. Hohenlohehütte (Schlesien), Konsumverein, e. G. m. b. H. — Herren Albert Puschmann, Georg Winkler.
14. Kalkberge (Mark) Konsumverein „Tiefbau", e. G. m. b. H. — Herren Rob. Schüler, Gust. Moritz.
15. Karlsruhe, Lebensbedürfnis-Verein, e. G. m. b. H. — Herren Fr. Maucher, Karl Kirsch.
16. Kattowitz, Konsumverein, e. G. m. b. H. — Herren P. Grittner, F. Schwarzer.
17. Königslutter, Konsumverein, e. G. m. b. H. — Herr H. Krümmel.
18. Kreuzburg (O.-S.), Eisenbahn-Konsumverein, e. G. m. b. H. — Herr O. Nowak.

19. Laurahütte, Konsum- und Sparverein, e. G. m. b. H. — Herren Friedrich Stephan, Karl Büttner.
20. Lautenthal, Konsumverein, e. G. m. b. H. — Herr Hermann Bähr.
21. Linderode (O.-L.), Konsumverein, e. G. m. b. H. — Herr G. Jeschke.
22. Lüdenscheid, Lüdenscheider Konsumverein, e. G. m. b. H. — Herr E. Nolte.
23. Meiningen, Konsumverein, e. G. m. b. H. — Herren K. Bodenschatz, W. Sondheimer, J. B. Chemnitius, G. Hornschuh.
24. München, Konsumverein München von 1864, e. G. m. b. H. — Herren J. Reiß, J. Fink, K. Mader.
25. Münster i. W., Warenverkaufsstelle des Beamtenvereins, e. G. m. b. H. — Herren Weighardt, Siebert.
26. Osterfeld i. W., Konsumverein, e. G. m. b. H. — Herren Neuhöfer, Schlese.
27. Pforzheim, Konsumverein, e. G. m. b. H. — Karl Gruner.
28. Recklinghausen, Eisenbahn-Konsumverein, e. G. m. b. H. — K. Pettenberg, Hohaus.
29. Roßlau a. E., Sachsenbergscher Konsumverein, e. G. m. b. H. — Herr W. Steller.
30. Scharley, Konsumverein, e. G. m. b. H. — Herren Ignatz Baetz, Rich. Hildebrandt.
31. Schlegel, Konsumverein, e. G. m. b. H. — Herren R. Pfeiffer, W. Friedrich.
32. Stargard i. P., Starg. Konsum- und Sparverein, e. G. m. b. H. — Herren A. Keidel, Benecke.
23. Ulm a. D., Konsumverein, e. G. m. b. H. — Herr Palmbach.
34. Zabrze, Konsumverein Königin Luise-Grube, e. G. m. b. H. — Herr Ritschel.

E. Baugenossenschaften.

1. Berlin, Berliner Baugenossenschaft, e. G. m. b. H. — Herren Th. Rabethge, A. Strubelt.
2. Blumenthal, Spar- und Bauverein, e. G. m. b. H. — Herr Fritz Lange.
3. Cassel, Cassel-Bettenhausener Gemeinn. Baugesellschaft, e. G. m. b. H. — Herr Heinr. Breucher.
4. Charlottenburg, Charlottenburger Baugenossenschaft, e. G. m. b. H. — Herren Möller, Vogel.
5. Dillenburg, Gemeinnütziger Bauverein, e. G. m. b. H. — Herr Karl Jakobi.
6. Falkenberg (Bez. Halle), Baugenossenschaft für die Beamten und Arbeiter der Staatseisenbahnverwaltung. — Herren Rothe, Holz.
7. Frankfurt a. M., Spar- und Bauverein für Eisenbahnbedienstete, e. G. m. u. H. — Herren Dönges, Six.
8. Halle a. S., Bauverein, e. G. m. b. H. — Herr Balke.
9. Metz, Gemeinnützige Baugenossenschaft, e. G. m. b. H. — Herr Pinck.
10. München, Baugenossenschaft München von 1871, e. G. m. b. H. — Herren Otto Limpert, O. Feierabend.
11. Neumünster, Eisenbahn-Bauverein, e. G. m. b. H. — Herr H. Kühl.
12. Wahren b. Leipzig, Baugenossenschaft für die Eisenbahnbeamten und Arbeiter, e. G. m. b. H. — Herr K. Mannsfeld.
13. Wilhelmsburg i. E., Eisenbahn-Bauverein, e. G. m. b. H. — Herr Korallus.

14. Wittenberge (Bez. Potsdam), Bau- und Sparverein von Eisenbahnbediensteten, e. G. m. b. H. — Herren Falke, Georgi, Bergstedt, Weise.

F. Andere Genossenschaften.

1. Bergen a. R., Kanalisations-Genossenschaft, e. G. m. b. H. — Herr W. Ohnesorge.
2. Breslau, Genossenschaftsbuchdruckerei, e. G. m. b. H. — Herren A. Reichelt, O. Lausmann.
3. Hannover, Vereinsbuchdruckerei, e. G. m. b. H. — Herr K. Rosenbruch.
4. Insterburg, Ländl. Wirtsch. Verein, e. G. m. b. H. — Herr Gardé.
5. Wiesbaden, Rohstoffverein für Schuhmachermeister, e. G. m. b. H. — Herren Harms, Rumpf.

Als Stenographen fungierten die Herren Reichstagsstenographen Julius Steuer in Pankow b. Berlin und Dr. Liedloff in Berlin.

Die Vorversammlung

wurde am 19. August, um 8 Uhr abends von dem Vorsitzenden des Aufsichtsrats des Posener Kreditvereins, e. G. m. b. H., Herrn Stadtverordneten Ad. Simon, im großen Saal des Zoologischen Garten zu Posen mit einer Begrüßungsansprache eröffnet.

Auf Vorschlag des Herrn Verbandsdirektor Kurz-Stettin wurde das Bureau für den 54. Allgemeinen Genossenschaftstag wie folgt gebildet:

1. Vorsitzender des 54. Allgemeinen Genossenschaftstages:
Herr Justizrat Dr. Albertt-Wiesbaden, Direktor des Verbandes der Erwerbs- und Wirtschaftsgenossenschaften am Mittelrhein, Vorsitzender des Engeren- und des Gesamt-Ausschusses;
2. erster Stellvertreter des Vorsitzenden:
Herr A. Wilser-Karlsruhe i. B., Direktor des Verbandes der unterbadischen Kreditgenossenschaften;
3. zweiter Stellvertreter des Vorsitzenden:
Herr Wilh. Herbert-Bromberg, Direktor des Verbandes der deutschen Erwerbs- und Wirtschaftsgenossenschaften der Provinz Posen;
4. dritter Stellvertreter des Vorsitzenden:
Herr Stadtverordneter Ad. Simon, Vorsitzender des Aufsichtsrats des Posener Kreditvereins, e. G. m. b. H.,

für die gemeinsamen Verhandlungen.

Ferner wurden bestimmt für die:

Verhandlungen der Kreditgenossenschaften:

5. Herr Feldheim-Burg b. M., Direktor des Verbandes der Erwerbs- und Wirtschaftsgenossenschaften im Reg.-Bez. Magdeburg, Herzogtum Braunschweig und der Provinz Hannover — als Vorsitzender;
6. Herr Verbandsdirektor A. Wilser-Karlsruhe i. B. — als Stellvertreter;

Verhandlungen der Konsumvereine:

7. Herr E. Nolte-Lüdenscheid, Direktor des Verbandes Rheinisch-Westfälischer Konsumvereine — als Vorsitzender;

8. Herr G. Oppermann-Magdeburg, stellvertretender Verbandsdirektor des Verbandes der Konsumvereine der Provinz Sachsen usw. — als Stellvertreter;

Verhandlungen der Baugenossenschaften:

9. Herr Landrat Berthold-Blumenthal, Direktor der Verbände der Baugenossenschaften Deutschlands und von Niedersachsen — als Vorsitzender;
10. Herr Magistratsrat Feierabend-München, Direktor der Baugenossenschaft München, e. G. m. u. H. — als Stellvertreter;

Verhandlungen der Handwerkergenossenschaften;

11. Herr Justizrat Dr. Alberti-Wiesbaden — als Vorsitzender;
12. Herr Stadtrat Ruetz-Kassel — als Stellvertreter.

Zu Schriftführern wurden bestellt:

Herr Justizrat Schuler-Zweibrücken;
Herr Rechtsanwalt Brunner-Arolsen;
Herr Gerichtsassessor Dr. Waldecker-Charlottenburg;
Herr Peschke-Posen;
Herr Petersen-Posen.

Die hierauf vom Anwalt Dr. Crüger der Versammlung unterbreitete Tagesordnung lautete wie folgt:

Allgemeine Angelegenheiten aller Genossenschaften.

I. Bericht des Anwalts.

II. a) Antrag des Verbandes Pfälzischer Erwerbs- und Wirtschaftsgenossenschaften:

Der Allgemeine Genossenschaftstag wolle beschließen:

1. Die Auslegung, die § 105 des Bürgerlichen Gesetzbuches in der Rechtsprechung gefunden hat, erheischt unbedingt die Schaffung einer gesetzlichen Bestimmung, durch die der gutgläubige Vertragsgegner eines unerkennbar Geisteskranken vor Schaden aus einem mit dem Geisteskranken abgeschlossenen Rechtsgeschäfte geschützt wird.
2. Das Reichsjustizamt wird gebeten, eine Aenderung des bestehenden Gesetzes in obigem Sinne baldigst herbeizuführen.

b) Antrag des Verbandes der Erwerbs- und Wirtschaftsgenossenschaften Schlesiens:

Der am 18. und 19. Mai 1913 tagende 49. Verbandstag des Verbandes der Erwerbs- und Wirtschaftsgenossenschaften Schlesiens hält eine Gesetzesänderung zum Schutze des gutgläubigen Gegners beim Abschluß von Geschäften mit dem unerkennbar Geisteskranken für dringend erforderlich.

Berichterstatter: Verbandsdirektor Justizrat Schuler-Zweibrücken.

III. Bericht über die Fürsorgekassen des Allgemeinen Verbandes.

Berichterstatter: Direktor L. Stüben-Berlin.

IV. a) Bericht des Vorsitzenden des Engeren Ausschusses über die Tätigkeit des Engeren Ausschusses.

b) Wahlen von Mitgliedern in den Engeren Ausschuß an Stelle der ausscheidenden Mitglieder (es scheiden nach dem Turnus aus: stellvertretender Verbandsdirektor Oppermann-Magdeburg und Stadtältester Kletke-Breslau und ferner Neugebauer-Breslau †).

c) Wahlen von drei Mitgliedern in den Vorstand der Hilfskasse nach § 8 des Statuts der Hilfskasse (es scheiden aus die Herren Neugebauer † — Kurz — Wolski).

V. a) Bericht über die Prüfung der Jahresrechnung (1912), Beschlußfassung über die Anerkennung derselben und Erteilung der Entlastung.

b) Bericht über die Einnahmen und Ausgaben für das Jahr 1914. Berichterstatter Mitglied des Engeren Ausschusses Verbandsdirektor Paul Feldheim-Burg b. Magdeburg.

VI. Beschlußfassung über die Aufnahme von Mitgliedern in den Allgemeinen Verband nach § 4 des Statuts des Allgemeinen Verbandes.

VII. Ausschluß von Mitgliedern.

VIII. Beschlußfassung über den Ort des nächsten Genossenschaftstages.

IX. Antrag des Gesamtausschusses:

Der Allgemeine Genossenschaftstag erklärt gegenüber den auf Grund einzelner Zusammenbrüche von Genossenschaften hervortretenden Anregungen, die Bestimmungen über die Revision zu verschärfen, daß, wie zuletzt auf dem Allgemeinen Genossenschaftstag zu Kassel (1906) ausgesprochen ist, die Erfüllung der Aufgaben der Revision nicht gesichert werden könne durch Einführung von Zwangsmaßregeln in die Organisation, sondern durch Hebung des Verständnisses der Organe der Genossenschaft für die Zwecke der Revision.

Die Revision ist nicht bestimmt, in die Genossenschaft ein neues Organ einzufügen, vielmehr bleibt die Verantwortlichkeit von Vorstand und Aufsichtsrat im vollen Umfange trotz der Revision unberührt bestehen. Sache des Revisors ist es, zu prüfen, ob die Einrichtungen der Genossenschaft, die Geschäftsführung und die Kontrolle den bewährten genossenschaftlichen Grundsätzen entsprechen. Dabei wird der Revisor, und zwar unbeschadet der Verantwortlichkeit des Aufsichtsrats nach Möglichkeit sein Augenmerk auch zu richten haben auf die Prüfung der geschäftlichen Lage der Genossenschaft.

Unbedingt festzuhalten ist an der im Allgemeinen deutschen Genossenschaftsverband üblichen Fernhaltung des Revisionsverbandes von geschäftlichen Unternehmungen irgend welcher Art.

Berichterstatter: Der Anwalt.

X. Die Schulze-Delitzschschen Kreditgenossenschaften und die Landwirtschaft unter besonderer Berücksichtigung der Verhältnisse im Osten.

Berichterstatter: Justizrat Schultz-Filehne.

XI. Antrag des Anwalts:

Der Allgemeine Genossenschaftstag erklärt:

I. Die Mitgliedschaft der Genossenschaft bei der Genossenschaft mit unbeschränkter Haftpflicht ist grundsätzlich zu verwerfen.

II. Insoweit hiernach die Mitgliedschaft einer Genossenschaft bei einer Genossenschaft für zulässig erachtet wird, gelten die folgenden Grundsätze:

1. Unbedingt zu vermeiden ist, daß bei Beteiligung einer Genossenschaft an einer anderen die Geschäftsguthaben und Haftsummen nach der Höhe der geschäftlichen Inanspruchnahme seitens der Mitgliedsgenossenschaft bemessen werden.

2. Die Höhe der Beteiligung einschließlich der Haftsumme sollte die Reserven der Mitgliedsgenossenschaft niemals übersteigen.

3. Unter allen Umständen ist zu vermeiden, daß die Mitgliedschaft einer Genossenschaft zu dem Zweck herbeigeführt wird, daß der Kredit der anderen Genossenschaft eine Steigerung erfährt.

Berichterstatter: Der Anwalt.

XII. Antrag des Gesamtausschusses:

Der Allgemeine Genossenschaftstag hält es für dringend erwünscht, daß die durch das „Gesetz über Aenderungen im Finanzwesen" vom 3. Juli 1913 ausgesprochene Aufhebung des Scheck- und Quittungsstempels möglichst sofort in Kraft gesetzt wird und richtet an die Reichsregierung das Ersuchen im Interesse der allgemeinen Wirtschaftslage und Förderung der Einschränkung des Bargeldumlaufs den vorgesehenen Termin für die Aufhebung des Scheckstempels: 31. Dezember 1916 fallen zu lassen.

Berichterstatter: Der Anwalt.

Angelegenheiten der Kreditgenossenschaften.

I. Antrag des Anwalts:

Der Allgemeine Genossenschaftstag hält es für erforderlich, zur Gesundung der Verhältnisse auf dem Hypothenmarkt im Wege der Gesetzgebung die Verfügungsmöglichkeit über Mieten im Interesse des Hypothekengläubigers zu beschränken. Die Mieten müssen in erster Linie zur Erhaltung des Grundstücks und zur Befriedigung wegen wiederkehrender Leistungen wie Hypothekenzinsen usw. dienen. Insoweit ist eine Beschränkung der Verfügungsfähigkeit des Eigentümers berechtigt. Der Personalkredit des Eigentümers darf nicht aufgebaut werden auf den Mieten, die bei ordnungsgemäßer Wirtschaft für das Grundstück verwertet werden müssen.

1. Der Allgemeine Genossenschaftstag hält deshalb eine Aenderung des § 1124 des B. G. B. für erforderlich, durch die eine Verfügung über den Miet- und Pachtzins dem Hypothekengläubiger gegenüber für unwirksam erklärt wird, soweit sie sich auf eine spätere Zeit, als des zur Zeit der Beschlagnahme laufenden Vierteljahres erstreckt.
2. Zur Erleichterung der Verwertung eines Grundstücks in der Zwangsversteigerung ist § 57 des Gesetzes über die Zwangsversteigerung und Zwangsverwaltung dahin zu ändern, daß dem Ersteher des Grundstücks gegenüber eine Verfügung über den Mietzins für eine spätere Zeit als das laufende Kalendervierteljahr unwirksam ist.
3. Es empfiehlt sich, dem § 1150 B. G. B. folgende Zusätze zu geben:

   Befriedigt ein nach § 268 B. G. B. dazu berechtigter Dritter den Hypothekengläubiger wegen seiner Zinsforderung, so muß der Gläubiger den aus dem Grundbuch ersichtlichen nachstehend dinglich Berechtigten unverzüglich von dem Uebergang der Forderung Mitteilung machen.

   Wird die Zinsforderung an einen Dritten, der den Hypothekengläubiger wegen der Forderung befriedigt, ohne nach § 268 B. G. B. dazu berechtigt zu sein, abgetreten, so kann er Befriedigung aus der Hypothek mit dem Range derselben nur beanspruchen, wenn nicht ein nachstehender dinglich Berechtigter auf die unverzügliche Mitteilung hin widerspricht. Andernfalls erhält die Zinsforderung den Rang von Ziff. 8 § 10 Zw. V. G. Die Erhebung des Widerspruches eines von mehreren dinglich Berechtigten wirkt für die anderen mit.

   Berichterstatter: Justizrat Jarecki-Posen.

II. Bericht der Genossenschaftsabteilungen der Dresdner Bank.

Berichterstatter: Direktor Brodführer-Berlin.

III. Antrag des Engeren Ausschusses:

Der Allgemeine Genossenschaftstag spricht sich gegen die Errichtung besonderer Schifferkreditkassen aus. Durch umfangreiche Erhebungen ist einwandfrei festgestellt, daß die Schiffer den benötigten Betriebskredit bei den bestehenden Kreditinstituten, insbesondere den Schulze-Delitzschschen Kreditgenossenschaften, in ausreichender Weise bisher erhalten haben und ferner erhalten können. Auch haben die Erhebungen ergeben, daß die Geschäftseinrichtungen der Schulze-Delitzschschen Genossenschaften den Eigenheiten des Kreditverkehrs der Schiffer vollauf gerecht werden.

Dagegen erscheint die Errichtung besonderer deutscher Realkreditinstitute als wünschenswert, die entsprechend den Hypothekenbanken die Befriedigung des Anlagekreditbedürfnisses der Schiffer zum Gegenstand haben.

Berichterstatter: Verbandsdirektor Julius Kurz-Stettin.

IV. Antrag des Verbandes der Erwerbs- und Wirtschaftsgenossenschaften im Regierungsbezirk Magdeburg, Herzogtum Braunschweig und der Provinz Hannover:

Der Allgemeine Genossenschaftstag erklärt:

Es ist eine dringende und dankbare Aufgabe der Kreditgenossenschaften und eine diesen obliegende genossenschaftliche Pflicht, in Ausführung des Beschlusses des Allgemeinen Genossenschaftstages zu Stettin im Jahre 1911 über die Bekämpfung der Borgwirtschaft dauernd alle Maßnahmen zu fördern, deren Zweck die Ausbreitung des Barzahlungssystems und die Einbürgerung kaufmännischer Grundsätze im Geschäftsverkehr der Handwerker und Kleinhandelstreibenden ist.

Berichterstatter: Direktor A. Renke-Hannover.

V. Antrag des Verbandes der deutschen Erwerbs- und Wirtschaftsgenossenschaften der Provinz Posen:

Der Allgemeine Genossenschaftstag erkennt das Bestreben der Kreditgenossenschaften an, entsprechend dem Beschluß des Allgemeinen Genossenschaftstages zu Baden-Baden (1901) den Kautionskredit zu pflegen und damit den Gewerbetreibenden Kautionsbestellungen zu erleichtern.

Der Allgemeine Genossenschaftstag muß aber auch ferner feststellen, daß die Kreditgenossenschaften in der Pflege dieses Geschäftszweiges nicht überall bei den Behörden das erwünschte Entgegenkommen gefunden haben, und daß die auf dem Allgemeinen Genossenschaftstag zu Breslau (1904) ausgesprochene Erwartung, daß die Behörden die Kautionsgewährung durch Kreditgenossenschaften in keiner Weise erschweren würden, sich nicht erfüllt hat.

Der Allgemeine Genossenschaftstag spricht sein Bedauern darüber aus, daß insbesondere in preußischen Abteilungen der Regierungen den Kreditgenossenschaften die Kautionskreditgewährung in einer Weise erschwert wird, die unvereinbar ist mit den Aufgaben der Kreditgenossenschaften und den verschiedenen Erlassen und Verfügungen des preußischen Landwirtschaftsministerium. Dadurch wird dem in heutiger Zeit um seine Existenz schwer ringenden Mittelstand die Kautionskreditgewährung teils erschwert, teils verteuert.

Der Allgemeine Genossenschaftstag ersucht den Anwalt, in geeigneter Weise sowohl bei der preußischen Staatsregierung, als bei den Regierungen der anderen Bundesstaaten, die in ähnlicher Weise die Kautionskreditgewährung erschweren, vorstellig zu werden, daß die Kreditgenossenschaften, die nach Prüfung ihrer Verhältnisse für die Kautionskreditübernahme als sicher zu betrachten sind, auch für die Kautionskreditübernahme zugelassen werden, ohne daß noch weitere Sicherheiten neben dem als sicher zu betrachtenden Schuldner gefordert werden.

Eine im Interesse des gewerblichen Mittelstandes liegende Reform der Submissionsbedingungen ist undenkbar, ohne daß der hier aufgestellten Forderung Rechnung getragen wird.

Berichterstatter: Direktor Argelander-Nakel (Netze).

VI. Antrag des Anwalts:

Der Allgemeine Genossenschaftstag sieht sich durch Vorgänge bei einzelnen Genossenschaften veranlaßt, den Beschluß des Allgemeinen Genossenschaftstages zu Danzig (1903) in Erinnerung zu bringen und darauf hinzuweisen, daß die Pflege des Effektenkommissionsgeschäftes seitens der Kreditgenossenschaften davon abhängig zu machen ist, daß folgende Bedingungen als Grundlage gelten:

1. entsprechende bankmäßige Organisation des Vereins, insbesondere ausreichende Einrichtung für die Aufbewahrung fremder und eigener Effekten;
2. unbedingter Ausschluß aller Spekulationsgeschäfte für eigene Rechnung;
3. unbedingter Ausschluß aller Spekulationsgeschäfte von Vorstandsmitgliedern;
4. Ausschluß jeder Anregung von Mitgliedern oder Nichtmitgliedern zu Spekulationsgeschäften;
5. tunlichste Vorsicht bei der Kreditgewährung überhaupt und größte Zurückhaltung, wenn anzunehmen ist, daß das Mitglied den Kredit benutzt, um Spekulationsgeschäfte zu machen.

Diese Grundsätze haben als Richtschnur zu dienen. Pflicht des Aufsichtsrates ist es, das Effekten-Kommissionsgeschäft dauernd zu überwachen.

Berichterstatter: Direktor Wiglow-Brandenburg a. H.

Angelegenheiten der Konsumvereine.

I. Antrag des Gesamtausschusses:

Auf dem Evangelisch-sozialen Kongreß ist die These aufgestellt, daß es Aufgabe der Konsumgenossenschaften sei, durch Zusammenschluß aller Konsumenten und entsprechende Angliederung aller Produktion die Gemeinwirtschaft an Stelle des heutigen Geschäftsverkehrs zwischen den Einzelnen zu setzen.

Der Allgemeine Genossenschaftstag betont gegenüber dem hier aufgestellten Ziel der Genossenschaft den von dem Allgemeinen Genossenschaftstag zu Leipzig (1907) gegenüber der Forderung auf Einführung der föderativen Organisation der Genossenschaften durch die zentralisierten Volksgenossenschaften eingenommenen Standpunkt, daß in der Tätigkeit der freien selbständigen Genossenschaft die Grundlage aller geschäftlichen Arbeit zu liegen hat.

Grundgedanke des deutschen Genossenschaftswesens nach seiner geschichtlichen Entwicklung und Bestimmung ist, daß die Genossenschaft die Aufgabe hat, die existenzberechtigten schwächeren Faktoren unseres Wirtschaftslebens zu festigen und zu befähigen, sich „der Vorteile der Fabrikeinrichtungen, des kaufmännischen Betriebes zu bemächtigen und das Kapital dienstbar zu machen" (Schulze-Delitzsch) und damit die freie individuelle Bewegung ihrer Mitglieder zu sichern.

Der Allgemeine Genossenschaftstag erblickt ferner in allen Bestrebungen, die auf die Errichtung der Gemeinwirtschaft gerichtet sind, eine Gefahr für das deutsche Genossenschaftswesen, da sie die Genossenschaften in zwei Lager teilen, je nachdem die Genossenschaften der Erhaltung der Grundlage der heutigen Wirtschaftsordnung dienen oder dieselbe ersetzen wollen durch die Gemeinwirtschaft.

Der Allgemeine Genossenschaftstag erachtet daher insbesondere auch die Bestrebungen auf Bildung von Bezirkskonsumvereinen, die eine Etappe auf dem Wege zur Gemeinwirtschaft sein sollen, sowie den Ausschluß der Konkurrenz beim Wareneinkauf für unvereinbar mit den wirtschaftlichen und sozialen Grundgedanken des deutschen Genossenschaftswesens.

Berichterstatter: Der Anwalt.

Zusatz-Antrag des Verbandes der Konsumvereine der Provinz Sachsen und der angrenzenden Provinzen und Staaten:

Der Allgemeine Genossenschaftstag weist gleichzeitig die ungerechtfertigten Angriffe gegen die auf dem Boden der heutigen Wirtschaftsordnung stehenden und in deren Rahmen arbeitenden Konsumvereine mit Entschiedenheit zurück. Die in dieser Angelegenheit gefaßten Beschlüsse haben noch heute volle Gültigkeit.

Berichterstatter: Verbandsdirektor Ernst-Grund.

II. Antrag des Anwalts:

Der Allgemeine Genossenschaftstag empfiehlt, daß von den Konsumvereinen bei der Aufstellung der Bilanz, für die das von dem Allgemeinen Genossenschaftstag in Freiburg i. Br. (1909) beschlossene Schema zugrunde zu legen ist, folgende Leitsätze zu beobachten sind:

1. Wertpapiere und Waren, die einen Börsen- oder Marktpreis haben, dürfen höchstens zu dem Börsen- oder Marktpreis des Zeitpunktes, für welchen die Bilanz aufgestellt wird, sofern dieser Preis jedoch den Anschaffungs- oder Herstellungspreis übersteigt, höchstens zu dem letzteren angesetzt werden.
2. Minderwertige Waren dürfen nur zu dem Werte angesetzt werden, der tatsächlich dafür zu erzielen ist.
3. Auf Gebäude ist regelmäßig mindestens 1% vom Herstellungs- bezw. Anschaffungswert abzuschreiben. Sie dürfen nicht durch Zuschreibung von Erneuerungen und Ausbesserungen oder auf Grund neuer erhöhter Taxen unrechtmäßig gesteigert in der Bilanz erscheinen.
4. Auf Inventar und Maschinen sind regelmäßig mindestens 10% vom Anschaffungswert abzuschreiben.
5. Gehören die von den Angestellten hinterlegten Kautionen auch nicht zu den Vermögenswerten der Genossenschaft, so ist es doch erwünscht, die Kautionen auf der Aktiv- wie auf der Passivseite erscheinen zu lassen.
6. Die aus der Warenkreditgewähr entstehenden Außenstände sind nur nach ihrem tatsächlichen Wert einzustellen. Als Warenkredit ist auch der vom Lagerhalter gewährte Kredit zu betrachten.
7. Alle Außenstände (Warenforderungen, Lagerhaltermanki usw.) dürfen nicht zu ihrem Buchwert, sondern nach ihrem wirklichen beitreibbaren Werte in die Bilanz eingesetzt werden.
8. Die Gewinn- und Verlustrechnung ist unter Beachtung des Beschlusses des Allgemeinen Genossenschaftstages zu Bad Nauheim (1910) aufzustellen.

Berichterstatter: Verbandsrevisor Wilms-Lüdenscheid.

III. Antrag des Konsumvereins zu Görlitz, e. G. m. b. H.:

Da die kaufmännische Kalkulation die Grundlage für das Gedeihen eines jeden Geschäftsbetriebes ist, wird den Konsumvereinen empfohlen, den größten Wert auf eine solche zu legen; besonders die immer wachsende Eigenproduktion erfordert schärfste und sich öfter wiederholende Kalkulationen.

Zu diesem Zweck ist ein sogenanntes Kalkulationsbuch anzulegen, in welches sämtliche Waren zum Einkaufspreise zuzüglich aller Spesen in übersichtlicher Form geordnet eingestellt sind, derart, daß sich nicht nur die Einkaufspreise ergeben, sondern auch die Mengen der im Laufe des Geschäftsjahres bezogenen Waren und die Konditionen, zu welchen die einzelnen Käufe getätigt wurden.

Dieses Kalkulationsbuch bietet:

1. bei Inventuren eine Gewähr dafür, daß die Waren zum wirklichen Einstandspreise in die Bilanz eingesetzt werden;

2. eine zahlenmäßige Uebersicht über den Verbrauch der einzelnen Artikel in jedem Geschäftsjahr;
3. eine leichte Uebersicht über die verschiedenen Konditionen der einzelnen Lieferanten, was bei Tätigungen der Käufe immer von Vorteil ist.

Berichterstatter: Direktor Berger-Görlitz.

Angelegenheiten der Baugenossenschaften.

I. Antrag des Gesamtausschusses:

In Anbetracht der Notwendigkeit einer richtigen Mietenkalkulation für alle die Baugenossenschaften, welche Wohnungen zur Vermietung an ihre Mitglieder herstellen, ist es dringend erforderlich, zu einer möglichst zutreffenden Schätzung der künftig entstehenden Reparaturkosten zu gelangen. Der auf dem Genossenschaftstage in Frankfurt a. M. angenommene Satz, wonach für Betriebskosten einschließlich Reparaturkosten mindestens 1 % des gesamten Anlagewertes der Mietshäuser in die Kalkulation einzustellen ist, erscheint nach Maßgabe der heutigen Verhältnisse zu niedrig, besonders für Genossenschaften an solchen Orten, wo mit hohen Gemeindeabgaben (Grundsteuer, Kanalisationsgebühren) gerechnet werden muß. Für Reparaturkosten allein sind 6/10 % des Grundstückswertes als Mindestsätze anzunehmen.

Ob es zum Zwecke der Niedrighaltung der von der Genossenschaft aufzubringenden Reparaturkosten angebracht ist, einen Teil der Wohnungsreparaturen dem Mieter aufzuerlegen, kann nur nach den besonderen Verhältnissen der einzelnen Genossenschaft entschieden werden. Dagegen sollte überall schon bei Errichtung der Bauten durch solide und sachgemäße Ausführung auf die Verbilligung späterer Reparaturkosten hingewirkt werden.

Berichterstatter: Geschäftsführer Rabethge-Berlin.

II. Die Erfolge der städtischen und ländlichen Baugenossenschaften im Osten.
Berichterstatter: Verbandsdirektor Landesversicherungsrat Hansen-Kiel; Mitberichterstatter: Gerichtsassessor Dr. Waldecker-Charlottenburg.

III. Die Rechtsreform.
Berichterstatter: Der Anwalt.

Angelegenheiten der Handwerkergenossenschaften.

Schlußfolgerungen aus der Statistik über die Grundsätze und die wirtschaftliche Lage der Handwerkergenossenschaften.

Berichterstatter: Rechtsanwalt Crecelius-Charlottenburg.

Nach Zustimmung der Versammlung zur vorgelegten Tagesordnung für den Allgemeinen Genossenschaftstag wurde die Vorversammlung vom Vorsitzenden geschlossen.

Aus der Tagesordnung kamen in nachstehender Reihenfolge zur Verhandlung:

In der **I. Hauptversammlung** — Gemeinsame Angelegenheiten aller Genossenschaften — am Mittwoch, den 20. August 1913, vormittags: Punkt I, II, VIII, III, IV, a., b., c., V, a., b., VI, VII.

In der **II. Hauptversammlung** — Angelegenheiten der Baugenossenschaften — am Mittwoch, den 20. August 1913, nachmittags: Punkt I, II, III.

In der III. **Hauptversammlung** — Angelegenheiten der Handwerkergenossenschaften — am Donnerstag, den 21. August 1913, vormittags: „Schlußfolgerungen aus der Statistik über die Grundsätze und die wirtschaftliche Lage der Handwerkergenossenschaften".

In der IV. **Hauptversammlung** — Fortsetzung der „Gemeinsamen Angelegenheiten aller Genossenschaften" — am Donnerstag, den 21. August 1913, vormittags: Punkt IX, X, XII, XI.

In der V. **Hauptversammlung** — Angelegenheiten der Konsumvereine — am Donnerstag, den 21. August 1913, nachmittags: Punkt I, II, III.

In der VI. **Hauptversammlung** — Angelegenheiten der Kreditgenossenschaften — am Freitag, den 22. August 1913, vormittags: Punkt III, II, I, IV, V (Punkt VI betr. das „Effektenkommissionsgeschäft" wurde von der Tagesordnung abgesetzt).

Die Verbandsrevisoren,

deren Verhandlungen Herr Verbandsdirektor Feldheim-Burg b. M. leitete und für die Herr Verbandsrevisor Letschert-Karlsruhe das Schriftführeramt übernommen hatte, tagten am Dienstag, den 19. August, nachmittags 3 Uhr — im Abschnitt IV der vorliegenden „Mitteilungen" ist der Bericht über diese Sonderversammlung abgedruckt.

Der 54. Allgemeine Genossenschaftstag zu Posen wurde am Freitag, den 22. August 1913 geschlossen.

II.

Verhandlungen

des vierundfünfzigsten Genossenschaftstages des Allgemeinen Verbandes der deutschen Erwerbs- und Wirtschaftsgenossenschaften, e. V., zu Posen.

Erste Hauptversammlung am Mittwoch, den 20. August 1913.

(Gemeinsame Angelegenheiten aller Genossenschaften.)

Vorsitzender: Verbandsdirektor Justizrat Dr. Alberti (Wiesbaden).

Schriftführer: Gerichtsassessor Dr. Waldecker (Charlottenburg).

Eröffnung: vormittags 9 Uhr 20 Minuten.

Vorsitzender Verbandsdirektor Justizrat **Dr. Alberti** (Wiesbaden): Meine Herren, als wir uns im vorigen Jahre in München trennten und unsere Verhandlungen abgeschlossen hatten, geschah dies mit dem Ruf: Auf Wiedersehen in Bielefeld! Wir hatten eine Einladung nach Bielefeld, unsere diesjährige Tagung dort abzuhalten, einstimmig angenommen. Ein trauriges Schicksal hat es anders gefügt. Herr Direktor Lindewirth, die kräftige Stütze unserer Sache in Bielefeld und in ganz Westfalen, wurde alsbald nach unserer Tagung durch einen jähen Tod dahingerissen; infolgedessen konnte auch unser diesjähriger Genossenschaftstag in Bielefeld nicht stattfinden. Erfreulicherweise ist der Kreditverein Posen mit der Stadt sofort in die Bresche eingetreten und hat uns für diese Tage hier ein Heim geboten. Ich sehe mich veranlaßt, den Herren gleich von dieser Stelle für ihr opferwilliges Eintreten unseren herzlichen Dank auszusprechen.

M. H., wenn wir beschlossen haben, nach Posen zu gehen, so war Posen für uns aber nicht etwa ein notdürftiger Ersatzort, nein, ich kann es ruhig aussprechen, die Tagung in Posen hat uns die Erfüllung eines lang gehegten Wunsches gebracht. Schon recht häufig hatten wir im engeren Kreise die Frage besprochen, ob es uns nicht möglich sein würde, hier einmal zu tagen. Dieser Wunsch beruhte auf der Besonderheit der wirtschaftlichen und sonstigen Verhältnisse, die die Ostmark bietet, und die ja in unserem übrigen Vaterlande lange nicht so bekannt sind, wie es wohl wünschenswert wäre. Das wirtschaftliche und politische Leben ist hier ganz eigenartig und stellt auch ganz besondere Anforderungen an das Genossenschaftswesen, mit dem wir unseren Mitgliedern ihre wirtschaftliche Stellung stützen wollen. Diese Frage zu behandeln wird eine besondere Aufgabe hier sein.

M. H., wir dürfen hierbei nicht außer Acht lassen, daß das Genossenschaftswesen, wenn es zum Segen und nicht zum Unheil für seine Mitglieder werden soll, die Beobachtung gewisser Grundsätze erfordert, deren Beiseitestellung unter allen Umständen eine große Gefahr in sich birgt und zweifellos für viele Genossenschaften verhängnisvoll werden kann. Ich will auf diese Dinge hier nicht weiter eingehen, weil sie jedenfalls vom Herrn Anwalt eingehend erörtert werden.

Uns aber ist es eine ganz besondere Freude, daß wir gerade hier bei dieser Tagung eine so zahlreiche Versammlung und insbesondere eine so große Anzahl von Ehrengästen unter uns sehen. Ich erlaube mir, Sie alle herzlichst zu begrüßen, die Vertreter von Reichs-, Staats- und Kommunalbehörden, die Vertreter verwandter Organisationen und Verbände, die Mitarbeiter an ähnlichen Bestrebungen, wie wir sie verfolgen.

Insbesondere heiße ich herzlich willkommen

Herrn Wirkl. Geh. Rat, Exzellenz D. Dr. Schwartzkopff, Oberpräsident der Provinz Posen und zugleich als Vertreter des Herrn Ministers für Handel und Gewerbe,

Herrn Kaiserlichen Regierungsrat Scheidt, als Vertreter des Reichsamts des Innern,

Herrn Wirkl. Geh. Ober-Regierungsrat Krahmer, Regierungspräsident des Regierungsbezirks Posen,

Herrn Kaiserlichen Reichsbankdirektor Behrend, als Vertreter des Reichsbankdirektoriums,

Herrn Landeshauptmann von Heyking-Posen,

Herrn Kgl. Polizeipräsident von dem Knesebeck-Posen,

Herrn Dr. Prümers-Posen, Archivdirektor, Geheimer Archivrat, Professor und Rektor der Kgl. Akademie,

Herrn Bürgermeister Künzer, als Vertreter der Stadt Posen,

Herrn Justizrat Placzek-Posen, Stadtverordnetenvorsteher,

Herrn Rechnungsdirektor Busse-Posen, stellvertretenden Stadtverordnetenvorsteher,

Herrn Kgl. Ober-Regierungsrat von Both-Posen, als Vertreter der Kgl. Ansiedlungskommission,

Herrn Stadtrat Elkeles-Posen, als Vertreter der Handelskammer in Posen.

Herrn von Unruh, Rittergutsbesitzer, Hauptmann a. D. (Klein-Münche), stellvertretender Vorsitzender der Landwirtschaftskammer für die Provinz Posen,

Herrn Schulz, Vorsitzenden der Handwerkskammer Posen,

Herrn Landtagsabgeordneten Gust. Richter-Wien und

Herrn Kammersekretär-Stellvertreter Dr. Carl Wrabetz-Wien als Vertreter der Handels- und Gewerbekammer für das Erzherzogtum Oesterreich unter der Enns,

Herrn Landesrat Wilhelm-Hannover, als Vertreter der Landesversicherungsanstalt Hannover,

die Herren Direktoren Kleemann und Brodführer, als Vertreter der Dresdner Bank,

Herrn Anwalt Gennes-Darmstadt, als Vertreter des Reichsverbandes deutscher landwirtschaftlicher Genossenschaften in Darmstadt,
Herrn Oekonomierat Burmeister, als Vertreter des Generalverbandes ländlicher Genossenschaften für Deutschland,
die Herren Bankdirektor Dr. Hoffmann-Stettin und Gerichtsassessor Schulze-Stettin, als Vertreter des Verbandes pommerscher landwirtschaftlicher Genossenschaften, Stettin,
Herrn Dr. Swart-Posen, als Vertreter des Verbandes deutscher Genossenschaften in der Provinz Posen.
Herrn Oekonomierat Hünerasky-Posen, als Vertreter des Verbandes der landwirtschaftlichen Genossenschaften für die Provinz Posen,
Herrn Verbandsdirektor Dr. Biller-Berlin, als Vertreter des Verbandes deutscher kaufmännischer Genossenschaften, Berlin,
die Herren Bankdirektor Hallstein-Posen und Regierungsassessor Dr. Brose-Posen, als Vertreter der Deutschen Mittelstandskasse zu Posen,
Herrn Generalsekretär Tews, als Vertreter der Gesellschaft für Verbreitung von Volksbildung,
Herrn Dr. Altenrath, als Vertreter der Zentralstelle für Volkswohlfart und des Verbandes der auf der Grundlage des gemeinschaftlichen Eigentums stehenden deutschen Baugenossenschaften, Berlin,
Herrn Regierungsrat Schilling-Posen,
Herrn Regierungsrat Knuth-Posen,
Herrn Landtagsabgeordneten Kindler-Posen,
Herrn Architekt Preul-Posen, Vorsitzender der Innung „Posener Bauhütte",
Herrn R. Seidel-Posen, Direktor a. D. des Posener Kreditvereins,
Herrn Rossow, Buchbinderobermeister, Demmin, als Vertreter der Handwerkskammer Stettin.

Es freut uns, daß die Herren hier so zahlreich erschienen sind und an unseren Verhandlungen teilnehmen.

Herzlich begrüße ich aber namentlich unsere Genossenschafter, die die weite Reise aus ganz Deutschland hierher nicht gescheut haben. Die Herren in Posen hatten das Bedenken gehabt, daß Posen als Versammlungsort nicht werde gewürdigt werden. Nun, wir sehen der Entwicklung der Dinge gutes Muts entgegen und können feststellen, daß der Genossenschaftstag in Posen genau so gut besucht ist, wie die anderen Genossenschaftstage in der letzten Zeit.

M. H., wenn ich nun derer gedenke, die im Laufe des letzten Jahres von uns geschieden sind, so ist es leider eine lange Liste, die ich mitzuteilen habe.

(Die Versammlung erhebt sich.)

Wir haben verloren Herrn Direktor Lindewirth-Bielefeld, Herrn Direktor Hildebrandt-Koburg, Herrn Direktor Friedrich Thorwart-Frankfurt a. M., Herrn Oberrevisor Wollenweber-Hannover, Herrn Theodor Meller-Frankfurt a. M., Herrn Florenz Gundlach-Berlin, Herrn Direktor Schmula-Krappitz, Herrn Verbandsrevisor Bloest-Ulm, Herrn Direktor Karl Roth-Karlsruhe, Herrn Bildhauer Hans Arnoldt, den Schöpfer des Schulze-Delitzsch-Denkmals, Herrn Direktor Sauer-Leipzig, Herrn Direktor Huber-Frankfurt a. M., Herrn Direktor Branscheid-Eckenhagen, Herrn Verbandsdirektor Neugebauer-Breslau, Herrn Karl Schrader-Berlin, den Begründer der Berliner Baugenossenschaft, Herrn Direktor Wollenschläger-Pinne, Herrn Stadtrat Liebelt-Lissa in Posen, Herrn Generalanwalt Haas-Darmstadt, Herrn Prof. Lehmann-Stuttgart.

M. H., jeder dieser Männer hat sich große Verdienste um unseren Verband und die allgemeine Sache erworben. Es ist mir nicht möglich, in dem engen Rahmen unserer Verhandlungen hierauf näher einzugehen. Zweier Männer aber muß ich mit einigen Worten besonders gedenken. Der erste ist Friedrich Thorwart, der wissenschaftliche Praktiker, der ein ganzes Menschenalter seine Kraft in den Dienst der Sache gestellt hat. Schon in jungen Jahren war er mit Schulze-Delitzsch bekannt geworden und hat sich für dessen Sache so begeistert, daß er bereits als Jüngling, wo andere erst ihre Arbeit erst anfangen, einen Verein gegründet hat, dessen fünfzigjähriges Jubiläum er in diesen Tagen zu begehen gehofft hatte. Thorwart stand uns zur Seite in jeder Lage, die unsere Entwicklung durchzumachen gehabt hat; er war die anerkannte Autorität in kaufmännischen Dingen, in genossenschaftlichen Dingen und, wie sich jetzt neuerdings gezeigt hat, auch auf schriftstellerischem Gebiete. Er ist der verantwortliche Herausgeber des Schulze-Delitzsch-Werkes, das wir Ihnen heute in seinem Schlußband vorlegen. Thorwart hat im vorigen Jahre nicht unter uns geweilt, er war als Vertreter der Frankfurter Handelskammer nach Amerika gereist, und dort hat ihn der Tod ereilt. Für uns ein schwerer Verlust; denn wir haben in ihm eine Mithilfe verloren, die wir bereits schmerzlich entbehrt haben und weiterhin entbehren werden.

Der zweite, dessen ich besonders gedenken möchte, ist unser Freund und Mitarbeiter Konrad Neugebauer. Neugebauer war von Schlesien in unsere Organisation entsandt worden, er war Mitglied des engeren Ausschusses, stellvertretender Vorsitzender des Gesamtausschusses und hat in diesen Stellungen seine reichen Kenntnisse und Erfahrungen uns zur Verfügung gestellt. Auch an ihm hatten wir stets einen treuen Ratgeber und einen Mann, der die Sachen von einer höheren Warte, vom idealen Gesichtspunkte aus betrachtet hat. Uns, die wir ihn näher kannten, war er mehr, er war uns allen ein lieber Freund. Sein Tod hat eine schmerzliche Lücke in unsere Reihen gerissen; auch seiner werden wir in Treue gedenken.

Sie haben sich zum treuen Angedenken der Verstorbenen von ihren Plätzen erhoben; ich danke Ihnen.

Demgegenüber möchte ich doch auch einiger freudiger Ereignisse gedenken, und zwar einiger Jubiläen, die wir zu feiern in diesem Jahre die Freude hatten. Wir haben gefeiert das fünfzigjährige Dienstjubiläum des Herrn Direktor Schirmeister in Konstanz, desgleichen des Vorstandsmitgliedes Hordzewitz in Wormditt. Wir haben den 70. Geburtstag unseres lieben Freundes Landauer in Gerabronn gefeiert; wir haben auch das fünfzigjährige Jubiläum von fünf Unterverbänden begangen. Nun gar die fünfzigjährigen Jubiläen der einzelnen Vereine, die können wir nicht alle erwähnen. Ich will nur mitteilen, daß wir jetzt 275

Vereine in unserm Verbande haben, die ihr fünfzigjähriges Jubiläum hinter sich haben. Ihnen allen wünschen wir herzlich Glück; mögen sie weiter arbeiten in den Bahnen, auf denen sie es soweit gebracht haben!

M. H., unsere Verhandlungen haben den Zweck, das Genossenschaftswesen weiter zu fördern und auszubilden. Wir verbinden aber mit unseren Versammlungen noch eine höhere Aufgabe: wir legen großen Wert darauf, daß alle Unterverbände auf unseren Genossenschaftstagen vertreten sind. Denn wir können dabei nicht nur beobachten, daß die Begeisterung für die Sache wächst, die Erkenntnis unseres Zieles sich gewaltig ausbreitet, sondern daß überhaupt der Gesichtskreis derer, die an unseren Verhandlungen teilnehmen und die namentlich einmal etwas anderes sehen, als was sie zu Hause in ihrem kleinen Verein zu sehen gewohnt sind, bedeutend erweitert und die Sache so gefördert wird. Gerade hier in Posen legen wir Wert darauf, daß unsere Mitglieder nicht nur sehen, was sie genossenschaftlich leisten, sondern daß ihr Interesse für die Ostmark unseres Reiches geweckt und gefördert wird, daß sie Verständnis bekommen für die wirtschaftlichen und sonstigen Verhältnisse, die hier das öffentliche Leben prägt, und daß eine Erweiterung des Gesichtsfeldes das Ergebnis dieser interessanten, aber auch schönen Reise sein möge. Möge dies eintreten, möge auch unsere genossenschaftliche Sache ihre Förderung finden, wie wir das stets zu erreichen bestrebt waren! Dann wird der Segen nicht ausbleiben!

Mit diesem Wunsch erkläre ich unseren Genossenschaftstag für eröffnet.

(Lebhafter Beifall.)

Wirklicher Geheimer Rat Exzellenz D. Dr. **Schwartzkopff**-Posen, Oberpräsident der Provinz Posen, Vertreter des Herrn Ministers für Handel und Gewerbe: Meine hochverehrten Herren! Es ist mir eine große Ehre und Freude, daß ich den 54. Genossenschaftstag der auf Selbsthilfe beruhenden deutschen Erwerbs- und Wirtschaftsgenossenschaften im Namen der Staatsregierung und im besonderen Auftrage Seiner Exzellenz des Herrn Ministers für Handel und Gewerbe hier heute begrüßen, und daß ich Ihnen zugleich im Namen der Provinz Posen und ihrer Bevölkerung ein herzliches Willkommen in der Ostmark zurufen darf. Die Provinz Posen bietet typische Beispiele für die gewaltige Kraft, die der genossenschaftliche Gedanke in sich trägt, und für die Art und Weise, wie er seinen Ausdruck gefunden hat. Bei uns blühen ja, wie es der Natur der Sache entpricht, vor allen Dingen die landwirtschaftlichen Genossenschaften. Wenn unsere städtischen gewerblichen Genossenschaften, deren Kategorie ja hauptsächlich in Ihren Verbänden vertreten ist, in der Zahl mit den landwirtschaftlichen nicht Schritt gehalten haben, so liegt das daran, daß eben unsere städtischen Verhältnisse hier in der Provinz Posen eigenartige Schwierigkeiten bieten, und, wie ja naturgemäß, daran, daß die Provinz Posen eine überwiegend ackerbautreibende Bevölkerung enthält. Ich möchte aber der Hoffnung hier besonders Ausdruck geben, daß es dem freien und friedlichen Wettbewerb aller Genossenschaftsarten gelingen wird, auch für unsere städtischen, gewerblichen Genossenschaften den Platz zu erringen und zu behaupten, der ihnen in der Provinz Posen gebührt.

M. H., Ihre Tagesordnung enthält eine große Anzahl bedeutungsvoller Beratungsgegenstände, die nicht verfehlen werden, das Interesse aller Genossenschaftskreise der Provinz in lebhafter Weise wachzurufen. Es entspricht dem Sinne des Gründers Ihrer großen Organisation, daß man über den Einzelsorgen die Rücksicht auf die Allgemeinheit nicht verliert, und es ist daher, glaube ich, gut, wenn alle Genossenschaftsarten von einander Kenntnis nehmen und auch von einander lernen. Auf diese Weise wird man dem Genossenschaftswesen und damit auch unserem großen, lieben Vaterlande in der genossenschaftlichen Sache am besten dienen.

Ich heiße Sie, m. H., noch einmal in unserer lieben Heimatprovinz Posen herzlich willkommen mit dem Wunsche, daß Ihre Beratungen reichen Erfolg nach sich ziehen mögen.

(Lebhafter Beifall.)

Kaiserlicher Regierungsrat **Scheidt**-Berlin, Vertreter des Reichsamts des Innern: Meine Herren! im Namen meines Herrn Chefs, des Staatssekretärs des Innern, habe ich die Ehre, den 54. Allgemeinen Genossenschaftstag zu begrüßen. Aus dem im Reichsamt des Innern verwalteten Wohnungsfürsorgefonds erhält bekanntlich eine große Anzahl von Baugenossenschaften zweitstellige Hypotheken zu einem billigen Zinsfuße, um die Wohnungsverhältnisse der minderbemittelten Reichsbediensteten zu verbessern. Der Herr Staatssekretär des Innern steht deshalb mit einer großen Anzahl von Baugenossenschaften in besonders nahen geschäftlichen Beziehungen. Aus diesem Grunde ist auch in diesem Jahre wiederum ein Referent für das Wohnungswesen aus dem Reichsamt des Innern zu Ihrer Tagung entsandt worden. Die reichhaltige Tagesordnung, die uns vorliegt, zeigt aber, daß nicht nur wichtige Fragen aus dem Gebiet des Baugenossenschaftswesens, sondern grundlegende Fragen aus allen Zweigen des Genossenschaftswesens zur Erörterung gelangen werden. Die Reichsverwaltung wird Ihre Beratungen mit lebhaftem Interesse verfolgen und wünscht ihren Verhandlungen den allerbesten Erfolg; die Reichsverwaltung hofft, daß auch Ihre diesjährige Tagung, wie die früheren, dazu beitragen wird, schwierige Fragen aus dem Gebiete des Genossenschaftswesens zu lösen oder wenigstens ihrer Lösung näher zu bringen.

(Lebhafter Beifall.)

Bürgermeister **Künzer**-Posen: Meine hochgeehrten Herren! namens der Stadt Posen, ihrer Bürgerschaft und ihrer städtischen Verwaltung, habe ich die Ehre, den 54. Allgemeinen Genossenschaftstag in den Mauern unserer Stadt herzlich willkommen zu heißen. Es ist uns eine hohe Ehre, den ältesten deutschen Genossenschaftsverband bei uns empfangen zu dürfen, und wir danken Ihnen, daß Sie sich zum erstenmal, ich darf vielleicht sagen: endlich dazu entschlossen haben, auch eine Tagung in der Provinz Posen abzuhalten; verbinden doch die Provinz Posen mit ihrem Verbande seit altersher besondere persönliche Beziehungen. Den tatkräftigen und gedankenreichen Mann, der einstmals Ihren Verband gegründet hat, können wir doch auch zu den unsrigen rechnen; er hat eine Zeitlang in unserer Provinz gelebt; und war es auch nur eine kurze Zeit, so war es doch gerade die Zeit, in der er anfing, auf genossenschaftlichem Gebiete zu denken und zu wirken.

Meine sehr verehrten Herren, seien Sie überzeugt, daß die Bürgerschaft und die Verwaltung unserer Stadt Ihnen warme Sympathie entgegenbringt und Ihren Verhandlungen mit lebhaftem Interesse folgen wird. Genossenschaft und Stadtgemeinde sind ja verwandte Organisationen; die ethischen Grundlagen beider sind dieselben: Gemeinsinn und Selbsthilfe. Die Genossenschaft erzieht den einzelnen dazu, seinen Vorteil nur durch das Ganze zu suchen und die eigenen persönlichen Interessen hinter die Interessen des Ganzen zurückzustellen; sie ist die Schule des Gemeinsinns, ohne den ein ersprießliches Wirken im städtischen Gemeinwesen unmöglich ist. Und die Selbsthilfe, das Vertrauen zur eigenen Kraft, das Bewußtsein der Unabhängigkeit und der Selbstverantwortlichkeit sind die Grundlagen der städtischen Selbstverwaltung so gut wie die der genossenschaftlichen Verwaltung. Genossenschaft und Stadtgemeinde sind also Bundesgenossen, geistig verwandt. Als Bundesgenossen möchte ich den Allgemeinen Verband, möchte ich Sie hier begrüßen.

Ich begrüße Sie aber auch als Erzieher und Vorbild. In einem so kapitalarmen Landesteil, wie dem unsrigen, haben Gewerbe und Handel schwer um ihre wirtschaftliche Existenz zu ringen, zumal hier noch die nationalen Gegensätze den wirtschaftlichen Boykott zu einer dauernden Einrichtung gemacht haben. Mehr als anderswo bedarf der einzelne in wirtschaftlicher Beziehung der Anlehnung an die stärkeren Schultern der Genossen, bedarf er der Förderung durch den kräftigen und machtvollen Arm des Staates. Diese protektionistische Tätigkeit des Staates ist bei uns ein unbedingtes Bedürfnis, nicht nur im Interesse des einzelnen, sondern auch im Interesse der Gesamtheit, deren Wohl von dem Wohl der einzelnen abhängt. Aber diese Art der Betätigung des Staates bringt die große Gefahr mit sich, daß die Selbstverantwortlichkeit, das Bewußtsein der eigenen Kraft und das Vertrauen auf die eigene Kraft leicht schwinden, daß die ethischen Werte, ohne welche ein gedeihliches, wirtschaftliches und kulturelles Ringen unmöglich ist, verkümmern. Da ist es notwendig, daß von Zeit zu Zeit an diese ethischen Werte erinnert wird, und ein Verband wie der Ihrige, der mit einem gewissen Stolz die Ablehnung jeder staatlichen Unterstützung zum Grundsatz erhebt, ist ganz gewiß geeignet, als erzieherisches und leuchtendes Vorbild in dieser Beziehung zu dienen.

(Lebhaftes Bravo.)

Ich wünsche von ganzem Herzen, daß Ihre diesjährige Tagung dazu beitragen möge, das Verantwortlichkeitsgefühl und das Selbstvertrauen auf wirtschaftlichem Gebiete in unserer Provinz und Stadt zu kräftigen, den Gemeinsinn zu heben und zu einem energischen Zusammenschluß aller Kreise des deutschen Erwerbslebens in unserer Provinz und Stadt anzuspornen.

Wenn diesen Erfolg Ihre Tagung hinterlassen wird, so wird sie uns in dauernder, dankbarer Erinnerung bleiben. Ich wünsche auch herzlich, daß Sie nur angenehme Eindrücke aus unserer Stadt mit nach Hause nehmen mögen, und in diesem Sinne heiße ich Sie nochmals in den Mauern unserer Stadt von Herzen willkommen.

(Lebhafter andauernder Beifall.)

Kaiserlicher Reichsbankdirektor **Behrend**-Posen: Hochverehrte Herren! Von dem Herrn Präsidenten des Reichsbankdirektoriums beauftragt, an Ihren Verhandlungen teilzunehmen, möchte ich Ihnen zunächst die Grüße und Wünsche des Reichsbankdirektoriums für einen guten und ersprießlichen Fortgang Ihrer Tagung aussprechen. Daß die Reichsbank der Entwicklung des Genossenschaftswesens das allergrößte Interesse entgegenbringt, bedarf wohl keiner Erwähnung. Sind doch die Genossenschaften berufen, allen Erwerbsständen des Mittelstandes, Gewerbe, Handwerk und Landwirtschaft, diejenige wirtschaftliche und finanzielle Hilfe zu gewähren, die Ihnen die Reichsbank nach ihrer Organisation nicht gewähren kann. Diese Aufgabe haben die Kreditgenossenschaften des Allgemeinen Verbandes bisher in so glänzender Weise erfüllt, daß heute ein Ausschalten derselben aus unserer Kreditwirtschaft undenkbar wäre. Es ist also nur natürlich, daß die Reichsbank die Genossenschaften in jeder nur möglichen Weise zu unterstützen bestrebt ist, und ich möchte auch für meine Person an dieser Stelle die Erklärung abgeben, daß ich es in meiner Stellung als eine der vornehmsten Aufgaben erachte, den Verkehr mit den Genossenschaften der mir unterstellten Bezirke nach jeder Richtung und nach allen Kräften zu pflegen und zu fördern.

(Lebhafter Beifall.)

Stadtrat **Elkeles**-Posen, Vertreter der Handelskammer: Meine Herren, in Abwesenheit unseres Handelskammerpräsidenten ist mir der ehrenvolle Auftrag zugefallen, seitens der Handelskammer, den Genossenschaftstag zu begrüßen. Wenn irgend eine Körperschaft in unserer Stadt, so ist es die Handelskammer, die Ihre Bestrebungen mit außerordentlichem Interesse verfolgt. Aus Ihren Berichten und den sonst an die Oeffentlichkeit gelangten „Mitteilungen“ haben wir mit großer Genugtuung wahrgenommen, wie Ihr Werk an Umfang gewinnt, und wie die Sympathien weiter Kreise des deutschen Erwerbslebens sich Ihnen zuneigen. Wir leben in einer Zeitepoche, in der das Genossenschaftswesen immer mehr sich ausdehnt. Den Gedanken, der diesem Wesen zu Grunde liegt, haben die deutschen Erwerbs- und Wirtschaftsgenossenschaften schon vor einer langen Reihe von Jahren erfaßt und aufgebaut auf Selbsthilfe, in löblichem Gegensatz zu jenen Bestrebungen, die unablässig nach Staatshilfe rufen. In diesem Selbstvertrauen haben Sie es zuwege gebracht, dem deutschen Mittelstande, der fast zu allen Zeiten um seine Existenz ringt, helfend zur Seite zu sein. Hoffen und wünschen wir, daß Ihnen dies auch in Zukunft gelingt, auch in Zeiten wie die jetzigen, in der leider der Pessimismus über die Ungunst wirtschaftlicher Zustände sich recht vernehmlich bemerkbar macht.

Die Handelskammer wünscht den deutschen Erwerbs- und Wirtschaftsgenossenschaften eine segensreiche Entwicklung wie bisher, sie wünscht Ihrer Tagung in unserer Stadt den schönsten Erfolg.

(Lebhafter Beifall.)

Anwalt **Gennes**-Darmstadt, Vertreter des Reichsverbandes der deutschen landwirtschaftlichen Genossenschaften: Meine sehr geehrten Herren! Der Reichsverband der deutschen landwirtschaftlichen Genossenschaften läßt

Ihnen durch mich herzlichen Dank sagen, daß Sie ihm auch in diesem Jahre Gelegenheit geben, an den Verhandlungen Ihres Genossenschaftstages teilzunehmen. Es ist bereits eine langjährige Uebung, daß Ihr Allgemeiner Verband und unser Reichsverband sich auf Ihren Jahresversammlungen gegenseitig besuchen, dort Verbindungen anknüpfen und gegenseitig sich die Erfahrungen, über die berichtet wird, zu Nutze machen. Der Reichsverband legt seinerseits auf diese Verbindung größten Wert und hofft, daß sie eine dauernde sein möge.

Meine sehr verehrten Herren! der Reichsverband hat im letzten Jahre nicht nur seinen Begründer und seinen ersten Generalanwalt verloren, er hat auch wie Ihnen bekannt sein dürfte, ein Jahr ernster und schwieriger Arbeit hinter sich. Man darf heute aber hoffen, daß die Schwierigkeiten, wenn auch mit erheblichen Opfern, überwunden werden.

Der Einladung zu Ihrem heutigen Genossenschaftstag ist der Reichsverband gerne gefolgt, insbesondere auch deshalb, weil wie in früheren Jahren, so auch diesmal eine Reihe von Fragen zur Tagesordnung stehen, die allgemein genossenschaftlicher Natur sind und auch bei uns besonderem Interesse begegnen; ich erinnere an die Frage der Verbandsrevision und an eine Reihe anderer Fragen, die Sie hier auf der Tagesordnung finden. Der Reichsverband ist auch der Meinung, daß sich der Gedanke des Austausches allgemein genossenschaftlicher Erfahrungen weiter ausbauen läßt; es sei hierbei auf die Verhandlungen Ihres vorjährigen Genossenschaftstages in München Bezug genommen, wo Sie über die Frage des einheitlichen Bilanzschemas verhandelt und nach reiflichen Vorberatungen diese Frage einem glücklichen Ende zugeführt haben. Die gleiche Frage hat nunmehr der Reichsverband erneut in Arbeit genommen, mit ihr befaßte sich im Juli l. J. unser Genossenschaftstag in Wiesbaden und zwar unter Mitberücksichtigung Ihres neuen Bilanzschemas. Bei diesen Verhandlungen ist angeregt worden, in dieser Frage nach Möglichkeit mit Ihrem Allgemeinen Verband Hand in Hand zu gehen. Diese Anregung fand allgemeine Zustimmung, darunter auch diejenige Ihres Herrn Vorsitzenden, den wir als Ehrengast auf unserem Genossenschaftstage in Wiesbaden begrüßen durften.

Auf den Genossenschaftstagen ist wiederholt von den Vertretern der beiderseitigen Organisationen gesagt worden, daß Ihr Allgemeiner Verband und der Reichsverband manchmal verschiedene Wege gegangen sind, es ist aber auch immer wieder betont worden, daß uns gemeinsame Aufgaben, gemeinsame Ziele verbinden. In Würdigung dieser gemeinsamen, großen Ziele werden der Reichsverband und die ihm angeschlossenen Verbände und Genossenschaften — es sind ja heute eine Anzahl dieser Verbände hier vertreten — den Beratungen Ihres Genossenschaftstages mit Interesse folgen und sich gern die Erfahrungen, wie sie hier mitgeteilt werden, zu nutze machen.

So wünsche ich auch in diesem Jahre Ihren Verhandlungen besten und erfolgreichen Verlauf im Interesse Ihres Allgemeinen Verbandes, aber darüber hinaus auch im Interesse unseres gesamten deutschen Genossenschaftswesens.

(Lebhafter Beifall.)

Oekonomierat **Hüneraskh**-Posen, Vertreter des Verbandes der landwirtschaftlichen Genossenschaften für die Provinz Posen: Meine sehr geehrten Herren! namens des Verbandes der landwirtschaftlichen Genossenschaften für die Provinz Posen, heiße ich Sie herzlich willkommen und danke Ihnen für die freundliche Einladung zur Teilnahme an Ihrem Genossenschaftstage. Ich bin dieser Einladung gern gefolgt, nicht allein weil Gegenstände auf Ihrer Tagesordnung stehen, die auch für das landwirtschaftliche Genossenschaftswesen von Bedeutung und von großem Interesse sind, sondern namentlich auch deshalb, weil auch mir daran gelegen hat, das freundschaftliche und verwandschaftliche Verhältnis zu konstatieren, in dem die landwirtschaftlichen Genossenschaften zu den städtischen Genossenschaften stehen. Wir arbeiten zusammen und verfolgen ja dasselbe Ziel. Wenn auch unsere Wege hin und wieder in einzelnen Punkten auseinandergehen, so finden wir uns doch in dem Grundgedanken immer wieder zusammen, der auch für die landwirtschaftlichen Genossenschaften seinen Ausdruck in dem Worte findet: „Einer für alle und alle für einen.“ In diesem Sinne heiße ich Sie nochmals herzlich willkommen und wünsche Ihnen für Ihre Verhandlungen den besten Erfolg.

(Beifall.)

Oekonomierat **Burmeister**-Berlin: Ew. Exzellenz! Meine sehr geehrten Herren! namens des Generalverbandes ländlicher Genossenschaften für Deutschland und im besonderen unseres Generaldirektors Herrn Justizrat **Dietrich** danke ich Ihnen aufrichtig und verbindlichst für die freundliche Einladung zu Ihrer diesjährigen Tagung. Die Raiffeisen-Organisation wünscht dem allgemeinen Verbande reichen Segen und nachhaltigen Erfolg für seine Veranstaltungen und Tagungen.

Meine sehr geehrten Herrren! In den nunmehr fast 60 Jahren genossenschaftlicher Arbeit in Stadt und Land haben die Raiffeisen-Organisation und der Allgemeine Verband häufig die Klingen gekreuzt, aber wir können heute feststellen, daß diese Zeiten schon seit längerer Frist der Vergangenheit angehören, und wir wollen hoffen, daß es dauernd so bleiben wird. Millionen kleiner und kleinster, vorzüglich auch mittelständischer Existenzen, haben sich dem Genossenschaftswesen anvertraut, Milliarden von Werten werden dauernd in den Genossenschaften bewegt. Die damit zusammenhängende geschichtliche Verantwortung, welche auf dem Genossenschaftswesen ruht, wird und muß immer mehr dahin führen, daß das Genossenschaftswesen als Ganzes allen Systemen gemeinsame Interessen vertritt. Ich denke in erster Linie an die genossenschaftliche Selbsttätigkeit, an das genossenschaftliche Ansehen nach außen, an das genossenschaftliche Verantwortlichkeitsgefühl und an die Mehrung und Vertiefung des genossenschaftlichen Verständnisses. M. H., in diesen großen und geschichtlichen Aufgaben werden Sie die Raiffeisen-Organisation stets an Ihrer Seite finden, und wir werden Ihre Mitarbeit stets freudig begrüßen.

In diesem Sinne schließe ich mit dem lebhaftesten Wunsche, für einen alle Zeit freien und starken Allgemeinen Verband deutscher Erwerbs- und Wirtschaftsgenossenschaften.

(Lebhafter Beifall.)

Dr. **Swart**-Posen, Vertreter des Verbandes deutscher Genossenschaften in der Provinz Posen: Meine sehr geehrten Herren! Ihr Herr Anwalt, Herr Prof. Dr. Crüger, hat die Liebenswürdigkeit gehabt, unseren Verband deutscher Genossenschaften in der Provinz Posen zu Ihrer diesjährigen Tagung einzuladen. Wir sind der Einladung sehr gern gefolgt; denn wenn schon immer die Kreise unseres Verbandes Ihren Verhandlungen mit Aufmerksamkeit gefolgt sind, so haben wir in diesem Jahre besonderen Anlaß, dies zu tun und Sie zu begrüßen. Unser Verband ist als Raiffeisen-Verband bekannt und unterscheidet sich als ländlicher Genossenschaftsverband in einigen Punkten von Ihrer Organisation. Aber wir stehen auf dem Standpunkt, daß diese Unterschiede nicht solche Grundsätze und Formen des geschäftlichen Betriebes ausmachen dürfen, die sich nun einmal im kaufmännischen Leben nicht ungestraft außer acht setzen lassen, und daß die Unterschiede nicht dazu führen dürfen, uns zu hindern, von Ihrer Organisation zu lernen. Ihr Genossenschaftswesen ist älter als das ländliche und unseres im besonderen und hat von Anfang an vollständig kaufmännische Formen gehabt. Das ländliche Genossenschaftswesen hat diese von Anfang an in viel geringerem Umfange gehabt; es hat sich aber durch die Größe der ihm anvertrauten Spargelder und durch die Art und den Umfang der Geschäfte so entwickelt, daß es unseres Erachtens sich diese kaufmännischen Formen immer mehr aneignen muß. So ist unser Verband für die ausgedehntere Handhabung des Wechsels eingetreten und daneben zur Verbesserung der Liquidität für die Erhöhung des Geschäftsanteils bei den Kreditgenossenschaften, die bisher in der Regel nur 10 Mk. betrugen. In Ihren Kreisen brauche ich die Wichtigkeit dieser Frage, die jetzt eben noch Herr Justizrat Dr. Crüger in Köln in ihrer Bedeutung für den Kriegsfall dargelegt hat, nicht zu erörtern. Unsere Kreditgenossenschaften haben in den letzten beiden Jahren auf unseren Rat ihren Geschäftsanteil durchweg ganz wesentlich erhöht. Wir sind der Meinung, daß das ihrem gemeinnützigen Wirken in keiner Weise Abbruch tut. Wir haben deswegen schwere genossenschaftliche Angriffe zu bestehen gehabt, aber wir haben Ihre Grundsätze in diesem Punkt zur Anerkennung gebracht, und wir erkennen gerne an, daß unsere Genossenschaften hierin von Ihnen haben lernen können. So hat unser Verband besonders Grund, Ihren Verhandlungen in diesem Jahre erfolgreichen Verlauf zu wünschen. Ich schließe mit dem Wunsche, daß diese Verhandlungen auch zum Nutzen des ganzen deutschen Genossenschaftswesens sein mögen.

(Beifall.)

Generalsekretär **Tews**-Berlin: Meine Herren! Ich habe Ihnen die Grüße und die Glückwünsche der Gesellschaft für Verbreitung von Volksbildung zu überbringen. Der Vater des deutschen Genossenschaftswesens — das wissen Sie alle — war auch der erste Vorsitzende der Gesellschaft für Volksbildung. Die Verbindung unserer Gesellschaft mit den Genossenschaften ist ja überall eine innige und fruchtbare. Zahlreiche Genossenschaften wenden für lokale und auch für allgemeine Bildungszwecke erhebliche Mittel auf. Es ist Ihnen ja allen bekannt, daß wir im letzten Jahre gemeinsam eine Schöpfung ins Leben gerufen haben, die dazu beitragen soll, das Andenken Schulze-Delitzsch's in unseren Kreisen wach zu erhalten und einem wenn auch nicht sehr umfangreichen, so doch wichtigen Bildungsbedürfnis zu entsprechen. Die Schulze-Delitzsch-Stiftung verfügt jetzt allerdings erst über das kleine Kapital von 23000 Mk. Davon haben die Genossenschaften etwa 12000 Mk. beigetragen und die Gesellschaft selbst hat 10000 Mk. gegeben, während die restlichen 1000 Mk. von anderen Stellen gekommen sind.

Sie sind ja an große Ziffern gewöhnt. Sie werden sich deswegen sagen: mit einem so kleinen Kapital läßt sich wenig anfangen. Ich denke darüber etwas anders. Erstens müssen wir auf unserem Gebiete immer mit kleineren Zahlen rechnen als Sie; das liegt nun einmal leider so; andererseits hat die Gesellschaft für Verbreitung von Volksbildung auch mit so kleinen Mitteln überhaupt angefangen, und heute verfügt sie doch immerhin über ein Kapital, das eine Million Mark im Barbestande beinahe erreicht und mit sonstigen Vermögensstücken darüber hinausgeht. Mancher hat warscheinlich auch nicht angenommen, daß die Gesellschaft jemals auf diesen Stand kommen werde. Wir verausgaben jetzt jährlich etwas über eine halbe Million Mark; und es darf in diesem Kreise vielleicht doch gesagt werden, daß die Gesellschaft für Verbreitung von Volksbildung die größte freiwillige Bildungsorganisation nicht nur Deutschlands, sondern der Welt ist. Wir vertreten also einen Zweig der Tätigkeit Ihres und unsers Schulze-Delitzsch, der wichtig genug ist, daß Sie ihm dauernd Ihre Aufmerksamkeit zuwenden.

Ich benutze diese Gelegenheit, um Ihnen namens unseres Vorstandes den herzlichsten Dank für die bisherige Unterstützung der Schulze-Delitzsch-Stiftung noch im besonderen auszudrücken, und verspreche Ihnen, daß wir diese Stiftung mit aller Liebe pflegen und das allerdings kleine Kapital gut verwenden werden, damit es auch wirklich Nutzen stiftet.

(Lebhafter Beifall.)

Vorsitzender Verbandsdirektor Justizrat **Dr. Alberti**-Wiesbaden: Ich danke allen Herren Rednern für die liebenswürdigen, herzlichen Worte zur Begrüßung. Sie sollen uns die schönste Einleitung zu unseren Verhandlungen sein.

Hiermit treten wir in unsere Tagesordnung ein.

Ich erteile zu

I. Bericht des Anwalts

dem Herrn Anwalt das Wort.

Anwalt **Dr. Crüger:** Meine Herren! Da Zahlen nun einmal eine sehr beredte Sprache führen und sich die geschäftlichen Ergebnisse der Genossenschaft nicht gut anders darstellen lassen als in Zahlen, so müssen Sie schon auch in meinem Bericht über den Stand des deutschen Genossenschaftswesens einige Zahlen zur Kenntnis nehmen. Ich kann zunächst Bezug nehmen auf den in Ihren Händen befindlichen Sonderabdruck aus dem Jahrbuch für 1912. Ich möchte Sie recht sehr bitten, in diesem Jahrbuche nachzublättern — augenblicklich allerdings nicht —

(Heiterkeit);

Sie werden in dem Jahrbuch, so hoffe ich, manche Abschnitte finden, die Ihr Interesse erwecken werden, durch die Sie einen Einblick in die Gebiete bekommen, die dem Alltagsleben vielleicht etwas fern liegen. Ihrer Aufmerksamkeit empfehle ich besonders den letzten Abschnitt über den Stand des Genossenschaftswesens im Auslande, der der Feder unseres Freundes, Herrn Henry W. Wolff in London entstammt, der leider heute nicht unter uns weilen kann. Wir sind ihm dafür dankbar, daß er die große Mühe nicht gescheut hat, für unser Jahrbuch diese wertvolle Zusammenstellung an Zahlen und an gesetzgeberischem Material zu bieten.

Nur einige ganz wenige Zahlen, um Ihnen zu zeigen, welchen Umfang die genossenschaftliche Arbeit erreicht hat. Die Zahl der Genossenschaften in Deutschland beträgt 33657. Es ist mir gelungen, Material über die geschäftliche Tätigkeit von 25023 Genossenschaften zusammen zu bringen. Gleich hier will ich darauf aufmerksam machen, daß nach meinem Dafürhalten von der Differenz von 8000 Genossenschaften eine sehr große Anzahl nur auf dem Papier steht. Das sind jene Tausende von Genossenschaften, die als Treibhauspflanzen in die Welt gesetzt sind und bei denen man wahrscheinlich die Liquidationskosten scheut, um endgültig die Beseitigung dieser Genossenschaften aus dem Register herbeizuführen. Das sind Genossenschaften, über die kein Verband, kein Jahrbuch, keine Statistik irgendwelche Auskunft gibt.

(Hört! Hört!)

Die Zahl der Mitglieder der rund 25000 Genossenschaften beläuft sich auf etwas über 5 Millionen. Das eigene Vermögen, mit dem diese Genossenschaften arbeiten, beträgt rund 720 Millionen Mark. Von diesen Genossenschaften werden verwaltet 5 Milliarden fremdes Kapital. Man braucht sich diese Zahlen wohl nur zu vergegenwärtigen, um sich darüber im klaren zu sein, welch' gewaltiger wirtschaftlicher Faktor in den Genossenschaften steckt. — Und nun die Leistungen aller dieser Genossenschaften, die sehr verschiedenartig sind! Sie bestehen im Gewähren von Kredit, in der Beschaffung landwirtschaftlichen Artikeln, gewerblichen Rohstoffen, von Lebensmitteln bei den Konsumvereinen, von Wohnungen bei den Baugenossenschaften. All das beziffert sich auf die stattliche Summe von $28^1/_2$ Milliarden Mark.

Wieviel entfällt nun davon auf unseren Allgemeinen deutschen Genossenschaftsverband, der, was die Zahl der Mitglieder anlangt, hinter einigen andern Verbänden zum Teil zurückbleibt. Von den fünf Millionen Mitgliedern haben wir 1 Million. Von den 720 Millionen Eigenvermögen haben wir 367 Millionen, von den 5 Milliarden fremder Gelder haben wir 1399 Millionen, und von der geschäftlichen Tätigkeit von 28 Milliarden entfällt auf die Genossenschaften des Allgemeinen Verbandes der Betrag von 17 Milliarden. Das ist ein Ergebnis, auf das wir mit Befriedigung hinweisen können, und das zeigt, daß auch in geschäftlicher Beziehung der Allgemeine deutsche Genossenschaftsverband eine führende Stellung einnimmt.

(Sehr richtig.)

Soviel über die Gesamtleistungen der Genossenschaften, die sich aus außerordentlich verschiedenartigen einzelnen Zahlen zusammensetzen. Wer diese Zahlen richtig bewerten will, der muß schon tiefer in die geschäftlichen Ergebnisse hineinsteigen; denn wir wissen wohl, daß jene Zahlen zum Teil dadurch beeinflußt werden, daß doppelt, dreifach, vierfach und fünffach Mitgliedschaften bestehen, und wir wissen von den wechselseitigen Beziehungen der Genossenschaften untereinander. Aber nicht hier ist der Augenblick, darüber tiefgründige Studien anzustellen. In diesem Augenblick genügt es, daß wir uns vergegenwärtigen, welche wirtschaftliche Macht in den Genossenschaften steckt.

M. H.! Unverkennbar ist der Einfluß der allgemeinen wirtschaftlichen Verhältnisse des letzten Jahres auf die wirtschaftliche Lage der Genossenschaften überhaupt. Im Herbst vergangenen Jahres habe ich allerdings einen ungünstigeren Abschluß der Genossenschaften befürchtet. Das Jahr hat schließlich einen freundlicheren Abschluß gefunden, als man es im Herbst vielfach annahm. Aber gleichwohl, in den Zahlen kommt unzweideutig die wirtschaftliche Gestaltung der Dinge zum Ausdruck. Ich möchte Sie hier nur für Ihre künftigen Studien des Zahlenmaterials auf folgendes aufmerksam machen. Prüfen Sie die Zahlen des Sparkassen- und Depositenverkehrs nach, prüfen Sie die Inanspruchnahme des Bankkredits nach, prüfen Sie die Kursverluste nach und gehen Sie nicht vorbei an den Zahlen des Reingewinns.

Es sind naturgemäß die Kreditgenossenschaften, bei denen besonders der Einfluß der wirtschaftlichen Gestaltung der Dinge sich nachweisen läßt. Da finden wir z. B., daß der Sparkassenverkehr sich von 1910, 1911, 1912 allerdings etwas gehoben hat, daß aber von 1911—1912 kaum ein Fortschritt vorhanden ist, während wir sonst gewohnt waren, von Jahr zu Jahr auf eine stattliche Vermehrung der Sparkassen und Depositen hinweisen zu können. Die Ergänzung des Bildes, das sich hier bietet, finden wir in der Inanspruchnahme des Bankkredits. Es ist bekanntlich ein Vorzug der Kreditgenossenschaften des Allgemeinen deutschen Genossenschaftsverbandes, daß sie Angaben über die Höhe der Giroverbindlichkeiten machen. Ich will hinzufügen, daß m. E. eine Statistik der Kreditgenossenschaften ohne Angabe der Giroverbindlichkeiten keinen vollen Wert hat. Die Giroverbindlichkeiten bei den Genossenschaften des Allgemeinen Verbandes sind nun seit 1910 von 40 Millionen auf 64 Millionen Mark gestiegen. Das besagt, daß der Bankkredit von seiten der Kreditgenossenschaften in erheblich höherem Umfange hat in Anspruch genommen werden müssen. Aus den Giroverbindlichkeiten folgt die Steigerung des Bankkredits in Form des Wechselkredits. Auch der Bankkredit hat eine wesentliche Vermehrung erfahren.

Die Wertpapiere bei unseren Kreditgenossenschaften betrugen 1910 98 Millionen Mk., stiegen 1911 auf 101 Millionen und sind 1912 auf 99 Millionen Mark gefallen. Es haben jedenfalls erhebliche Verkäufe stattgefunden, weil die Genossenschaften das Kapital in regelmäßigen Geschäftsanteilen brauchten. Ich werde an anderer Stelle darauf hinzuweisen haben, daß ich dieses Fallen des Bestandes an Wertpapieren, trotz der mit dem Besitz von Wertpapieren verbundenen großen Kursverluste und des teuren Lombardkredites, bedaure. Ich will aber schon jetzt hervorheben, daß es m. E. eine nicht richtige Geschäftspolitik der Genossenschaften wäre, sich durch die wachsenden Kursverluste veranlassen zu lassen, in den Beständen an Wertpapieren zurückzubleiben. Aber es mag, wie gesagt, an anderer Stelle noch darauf eingegangen werden.

M. H.! Das Jahr 1912 und das Jahr 1907 haben eine ganz außergewöhnliche Aehnlichkeit. Es kann heute vieles wiederholt werden, was 1908 gesagt wurde. Wir wollen heute nur dem Wunsche Ausdruck geben, daß die Lehren der Jahre 1907 und 1912 als eine ernste Mahnung betrachtet werden mögen. Wir leben in einer sehr schnellebigen Zeit, so schnellebig, daß man mitunter schon ein Jahr darauf vollständig aus der Erinnerung verloren hat, was das Jahr an wirtschaftlichen Ereignissen und Erfahrungen gebracht hat. Das Jahr 1912 hat den Genossenschaften manchen schweren Verlust gebracht. Mögen diese Verluste nicht all zu schnell in Vergessenheit geraten, möge dieses Lehrgeld dauernd Wirkung haben, damit, wenn wieder kritische Zeiten eintreten, — und sie kommen wieder, das wissen wir ganz genau; wir wissen nur nicht wann — dann die genossenschaftlichen Organisationen gegenüber derartigen wirtschaftlichen Schwierigkeiten entsprechend gerüstet und vorbereitet sind. Ich möchte hier einen Satz wiederholen, der zu meiner großen Freude auch von den Herren Vertretern der landwirtschaftlichen Genossenschaftsverbände hier vorhin ausgesprochen worden ist: nicht ungestraft verstoßen Genossenschaften gegen solide kaufmännische Grundsätze.

(Sehr richtig!)

Eine Selbstverständlichkeit! Manch' einer von Ihnen könnte auf den Gedanken kommen, zu sagen: was fällt dem Anwalt ein, diesem Gedanken hier noch Ausdruck zu geben. Und doch, m. H., kann ich behaupten, es hat eine Zeit gegeben — wenigstens so scheint es, daß sie hinter uns liegt — in der man vielfach der Meinung war, daß für die Genossenschaften die soliden kaufmännischen Grundsätze außer Kurs gesetzt werden könnten, daß es für die Genossenschaften eine besondere Geschäftspolitik gebe! Das hat sich bitter gerächt; und wenn heute die genossenschaftlichen Verbände sich in der Anerkennung dieses Grundsatzes zusammenfinden würden, so dürfte darin nach meinem Dafürhalten ein außerordentlich wichtiger Schritt für die gesunde Fortarbeit der genossenschaftlichen Organisationen gegeben sein.

Und noch eins: — was sich allerdings so ziemlich von selbst ergibt — größte Vorsicht in der geschäftlichen Entwicklung! Es ist auch darauf von einem Vertreter des Reichsverbandes hingewiesen worden, und zwar von Geheimrat Havenstein, auf dem Verbandstage der rheinisch-westfälischen Kreditgenossenschaften in Köln. Die Mahnung erging unter Bezugnahme auf die Erfahrungen im Reichsverbande. Ich habe auf den Verbandstagen fast überall in diesem Jahre das Thema der finanziellen

Kriegsbereitschaft behandelt, und ich habe ganz besonderes Verständnis für dieses Thema im Osten gefunden, in den Gebieten, in denen sich in den vergangenen Herbstmonaten die Kriegsfurcht in außerordentlich unangenehmer Weise bemerkbar gemacht hat. Die Erörterung des Themas der finanziellen Kriegsbereitschaft hat schließlich keinen anderen Zweck, als das Verständnis der Genossenschaften und zwar der Genossenschaften aller Art, ob Kredit- oder Konsum- oder Baugenossenschaften — die Unterschiede spielen hierbei eine sehr geringe Rolle —, für die Liquidität zu schärfen und zwar für die Liquidität, wie sie sich unter den schwierigsten Begleiterscheinungen darstellen muß.

Und ferner! Die Genossenschaften mögen bei der Entwicklung, bei dem Ausbau, bei dem Eingehen neuer Geschäfte nicht die eigene Leistungsfähigkeit aus den Augen lassen!

Auch hier wieder scheinbar eine Selbstverständlichkeit, nnd doch liegt es gerade in der Eigenart der Genossenschaft, daß man die eigene Leistungsfähigkeit so ein klein wenig nebenbei liegen läßt, daß man den Kredit, der der Genossenschaft in den verschiedenen Formen zur Verfügung gestellt wird, auch schon als eigene Kraft, als eigene Leistungsfähigkeit betrachtet, wenn es sich darum handelt, weitere Geschäfte einzugehen. Nichts verkehrter als das! Die Genossenschaft, die einen Teil ihrer finanziellen Leistungsfähigkeit im Bankkredit erblickt, überschätzt ihre eigene Leistungsfähigkeit. Und wenn sich dann wirtschaftliche Schwierigkeiten ergeben, läuft sie Gefahr, daß sie unter diesen wirtschaftlichen Schwierigkeiten zu Grunde geht, zum mindesten schwere Stunden erleben kann.

(Sehr richtig.)

Und nun lassen Sie mich nach diesen allgemeinen Betrachtungen einige Streiflichter auf die einzelnen Genossenschaftsarten werfen.

Wie gefährlich es ist, wenn geschäftliche Grundsätze bei Genossenschaften außeracht bleiben, dafür bieten ein bezeichnendes Beispiel jene Baugenossenschaften, die aus einer vielleicht ein oder zwei Jahrzente zurückliegenden Zeit die Bestimmung der Nichtsteigerbarkeit der Mieten und der Unkündbarkeit der Mietsverträge herübergebracht haben. Eine ganze Anzahl Baugenossenschaften sind infolge derartiger Bestimmungen in Schwierigkeiten geraten, wenn die Dinge sich nun einmal so entwickelten, daß eine Mietssteigerung nicht zu umgehen war. Solche Verstöße gegen geschäftliche Grundsätze gibt es bei den Baugenossenschaften verschiedene. In der eigenartigen Entwicklung der Baugenossenschaften der letzten Periode liegt es vielleicht begründet, daß man glaubt, sich über kaufmännische Grundsätze im Geschäftsbetrieb hinwegsetzen zu können. Ohne auf Einzelheiten jetzt einzugehen, will ich nur darauf hinweisen, daß die Baugenossenschaften sich doch darüber im klaren sein mögen, daß sie die Kraft- und Belastungsprobe noch nicht zu bestehen gehabt haben!

(Sehr richtig.)

Wenn ich in den Kreisen der Baugenossenschaften den Ruf höre, es möge ihnen die Befriedigung des Kreditbedürfnisses noch mehr erleichtert werden, damit ihnen die Tätigkeit erleichtert werde, dann lege ich mir die Frage vor, ob man sich auch stets darüber im klaren ist, welche Schwierigkeiten die baugenossenschaftliche Arbeit mit sich bringt — daß das mit dem Gelde allein doch nicht immer gemacht ist!

Im Osten liegen die Dinge, was die Baugenossenschaften anlangt, leider sehr wenig erfreulich, und Sie werden in einem besonderen Referat näheres darüber hören. Hoffentlich gelingt es, den Schlüssel für die Ueberwindung der besonderen Schwierigkeiten zu finden, die sich hier der Ausbreitung der Baugenossenschaften entgegenstellen.

Die Arbeit der Baugenossenschaften — das zeigt auch wieder die letzte Zeit — ist von uns sehr richtig beurteilt, wenn wir einerseits anerkannt haben die außerordentlich große Bedeutung der Baugenossenschaften für die Befriedigung des Wohnungsbedürfnisses, andererseits aber vor übertriebenen Erwartungen warnten. Es ist der Baugenossenschaftsbewegung nicht förderlich gewesen, daß hier und dort der Glaube erweckt wurde, man könnte mit Hilfe der Baugenossenschaft die Wohnungsfrage lösen. Nein, die private Bautätigkeit ist nicht zu entbehren und soll auch in Zukunft durch die baugenossenschaftliche Arbeit nicht ausgeschaltet werden.

(Sehr richtig.)

Uebertreibungen haben immer nur schädliche Wirkungen.

Die allgemeinen von mir vorausgeschickten Grundsätze gelten auch für die Baugenossenschaften. Ein großer Mißstand, ist darin zu erblicken, daß Neugründungen vielfach vorgenommen werden, ohne daß die Erfahrungen der Verbände berücksichtigt werden. Neue Verbände werden gebildet, die nur den Zweck haben können einzelnen Personen Gelegenheit zu bieten, sich als Sozialpolitiker zu betätigen.

Durch die besonderen Verhandlungen der Baugenossenschaften werden wieder eine Reihe wichtiger Spezialfragen unsere Aufmerksamkeit erwecken, insbesondere die sehr wichtige Frage der Rechtsform.

Lassen Sie mich nun Ihren Blick auf ein etwas anderes Gebiet lenken. Haben wir es hier soeben mit der genossenschaftlichen Arbeit zu tun gehabt, die sich jeden Tag vor unseren Augen abwickelt, so muß ich jetzt für einige Augenblicke zu einer genossenschaftlichen Arbeit übergehen, die meines Erachtens mehr oder weniger dem Gebiete der Phantasie angehört.

Wir haben wiederholt auf den Allgemeinen Genossenschaftstagen mit Bedauern darauf hingewiesen, daß die Wissenschaft dem Genossenschaftswesen gegenüber sich recht gleichgültig verhält, daß die hervorragenden Führer der Wissenschaft dem Genossenschoftswesen nicht die genügende Aufmerksamkeit schenken. Im letzten Jahr ist es anders geworden. Wenn ich nun vor Ihnen Aeußerungen aus dem Kreise der Wissenschaft Revue passieren lasse, dann werden Sie vielleicht zu dem Ergebnis kommen, es wäre möglicherweise für die Genossenschaften besser gewesen, wenn diese wissenschaftlichen Aeußerungen nicht zu vernehmen gewesen wären. Der Evangelisch Soziale Kongreß hat sich mit dem Genossenschaftswesen beschäftigt, und es ist Professor Wilbrandt gewesen, der dort die These aufgestellt hat: „Die Konsumgenossenschaft ist der Sozialismus ohne Klassenkampf, der Aufbau der Gemeinwirtschaft im heutigen Leben.“ Wir haben uns in den Verhandlungen morgen Nachmittag noch eingehend mit diesem Gegenstand zu befassen, aber es ist immerhin so bedeutungsvoll, daß ich in meinem Bericht nicht gut an ihm vorübergehen kann. „Konsumgenossenschaft als Sozialismus ohne Klassenkampf!“ Man müßte bald annehmen, daß Wilbrandt die sozialdemokratischen Parteitage in Kopenhagen und Magdeburg nicht bekannt sind, jene Parteitage, auf denen es doch deutlich genug ausgesprochen ist, daß die Genossenschaften in den Klassenkampf hineingezogen werden müßten.

Wilbrandt möge sich doch einmal Generalversammlungen der Konsumvereine ansehen, die unserem Verbande angehören! Wie häufig sind diese Generalversammlungen ein Tummelplatz der Klassenkämpfe! So harmlos, wie sich Wilbrandt das denkt, vollzieht sich die Sozialisierung der Wirtschaftsordnung und der Uebergang von der kapitalistischen zur zur Gemeinwirtschaft nicht,

(Sehr richtig!)

sondern er vollzieht sich, wenn er sich überhaupt vollziehen sollte, unter schweren Kämpfen. Gerade Konsumvereine bieten Beweise genug dafür, wie die Dinge in Wirklichkeit sich entwickeln. Wenn der Allgemeine Genossenschaftsverband, insbesondere meine Wenigkeit, für Herrn Professor Wilbrandt „die langsame Fracht rückständiger Verständnislosigkeit“ sind —, nun, wir werden dieses Urteil ertragen können und uns durch dieses Urteil jedenfalls nicht bekehren lassen, daß die Ziele, die Wilbrandt auf dem Evangelisch-Sozialen-Kongreß für das wirtschaftliche Leben aufgestellt hat, erstrebenswert sind.

(Sehr richtig!)

Wie Professor Wilbrandt die kapitalistische Wirtschaftsordnung, die für ihn natürlich nur die brutale Gewalt darstellt, beseitigen will, heißt für mich den Teufel mit Beelzebub austreiben.

(Sehr richtig!)

Aber das ist ja alles schließlich „Zukunftsmusik“, etwas anderes vielleicht Wichtigeres für die Gegenwart ergibt sich aus den Lehren Wilbrandt's — daß es Wasser auf die Mühlen der Gegner der Konsumvereine ist.

(Sehr richtig!)

Den Gegnern der Konsumvereine werden damit Waffen zur Bekämpfung der Konsumvereine in die Hand gegeben. Die Konsumvereine sollen nun nicht mehr Wirtschaftsgebilde im Rahmen der heutigen Wirtschaftsordnung sein, sodern ihre Aufgabe soll sein, die heutige Wirtschaftsordnung umzugestalten und durch eine andere zu ersetzen, die wahrscheinlich die Allermeisten von uns nicht gerade erstrebenswert halten. Gerade vom Standpunkt der Konsumvereine bedauere ich es, wenn auf genossenschaftlichem Gebiete Gedanken geäußert werden, die an sich betrachtet, nur als utopistisch angesehen werden die aber von den Gegnern der Konsumvereine verwertet werden können, um die Konsumvereine zu bekämpfen.

(Sehr richtig!)

Da ich bei diesem Thema bin, möchte ich auch gleich noch folgenden Gedanken hier Ausdruck geben: zweifellos repräsentiert sich in jenen —

ich will mich ganz vorsichtig ausdrücken — unter dem Einfluß der wirtschaftlichen Lehren der Sozialdemokratie stehenden Organisationen eine ganz gewaltige wirtschaftliche Macht, die sich von Jahr zu Jahr steigern wird; und das neue Unternehmen, das eingegliedert ist, die „Volksfürsorge" wird zu ihrem Teil ganz zweifellos zu einem weiteren Anwachsen jener im Zentralverbande Deutscher Konsumvereine vereinigten wirtschaftlichen Kraft beitragen. Wo wurzelt diese Macht? In der Unterstützung, die jene Konsumvereine in den freien Gewerkschaften finden. Weiter sehen wir dann, wie neben diesem Verbande sich eine andere Organisation entwickelt, die ihre Rückendeckung in den christlichen Gewerkschaften hat. Die ruhige Entwicklung der Konsumvereine wird für die Zukunft immer mehr gefährdet, mehr und mehr — und Anzeichen liegen bereits dafür vor — ergibt es sich, daß die Konsumvereine neue Kampfplätze abgeben werden für die verschiedenen gewerkschaftlichen Richtungen. Das ist bedauerlich von dem Standpunkt aus, den wir einnehmen, der dahin geht, daß eine Genossenschaft zu ihrer gesunden Entwickelung der ruhigen Gestaltung der Dinge, des festen Fundaments bedarf.

Die Triebkräfte, die heute jenen Konsumvereinen die Mitglieder zuführen, werden später zu ihrem Verderben werden.

M. H., der Verein für Sozialpolitik hat eine Untersuchung über die Konsumvereine in die Wege geleitet. Wo der ausschlaggebende Einfluß liegt, weiß ich nicht; aber gewisse Anzeichen lassen darauf schließen, daß er bei Herrn Professor Wilbrandt liegt.

Kein Zweifel dürfte darüber herrschen, daß diese Bestrebungen dem heute auf vielen wirtschaftlichen Gebieten herrschenden Staatssozialismus zugute kommen. Es ist auch das Zeichen, unter dem die Wilbrandt'schen Lehren Anhänger finden. Also: der Konsumverein im Dienste des Staatssozialismus. Scheinbar ein Widerspruch, da die Konsumvereine doch vom Staat nichts erwarten — und doch kein Widerspruch!

Ein Wort noch über den Einfluß der wirtschaftlichen Lage auf die Konsumvereine. Verbandsdirektor Nolte schreibt darüber in seinem diesjährigen Bericht:

> Wie auf dem gesamten deutschen Wirtschaftsleben, so lastete auch auf den Konsumvereinen während des ganzen letzten Geschäftsjahres wie ein schwerer Alb die Unsicherheit der politischen Verhältnisse und die Kriegsgefahr, die lähmend auf Handel und Verkehr, Industrie und Gewerbe einwirkte und eine freie Entfaltung der Kräfte unterdrückte. Wenn auch der Arbeitsmarkt fast durchweg wohl den Arbeitsuchenden noch hinreichende Beschäftigung bot, so wurde die Lebenshaltung jedes einzelnen doch erheblich erschwert durch die schon im vorigen Bericht beklagte Teuerung fast sämtlicher Lebensmittel, die dadurch noch eine Verschärfung erfuhr, daß infolge des Balkankrieges die Zufuhr aus bedeutenden Produktionsgebieten des Ostens längere Zeit fast vollständig unterbunden war, während in wichtigen überseeischen Agrarstaaten das Ergebnis der Ernte weit hinter den gehegten Erwartungen zurückblieb. Ueberall zeigte sich, wie auch aus den Berichten der Konsumvereine ersichtlich, das Bestreben, die Bedürfnisse des täglichen

Lebens einzuschränken, die teueren hochwertigen Nahrungs- und Genußmittel durch billigere geringwertigere zu ersetzen, an Stelle der Naturprodukte Surrogate einzuführen.

So gestaltete sich die Lage des gesamten Lebensmittelmarktes immer schwieriger und die Folgen machten sich in allen Zweigen des Kleinhandels, auch bei den Konsumvereinen, mehr und mehr fühlbar.

M. H., ein Seitenstück zu der geschilderten Konsumvereinsbewegung ist jene landwirtschaftliche Genossenschaftsbewegung — und ich glaube, daß die Herren Vertreter der landwirtschaftlichen Genossenschaftsverbände in der Beziehung mit mir vollkommen einig gehen werden —, die darauf abzielt, den Landwirten — ich zitiere da ein Wort eines früheren Sekretärs des Reichsverbandes der landwirtschaftlichen Genossenschaften, des jetzigen Professors Thieß — mit Hilfe der genossenschaftlichen Organisation allen Gewinn zu Füßen zu legen. Man unterschätzt dabei nur wesentlich die Schwierigkeiten und läßt sich auf recht gefährliche genossenschaftliche Experimente ein. Wenn man z. B. die Verwertung landwirtschaftlicher Produkte mit Hilfe der genossenschaftlichen Organisation mit ungewöhnlicher Intensität betreibt, so können sich sehr leicht daraus Schwierigkeiten ergeben, unter denen das gesamte landwirtschaftliche Genossenschaftswesen zu leiden hat. Man sieht nur den möglichen Nutzen — schätzt das Risiko hier nicht ein, und denkt garnicht, ob die Genossenschaft für die geplanten Betriebe überhaupt die richtige Gesellschaftsform abgibt. Dabei zeigen sich auch auf diesem Gebiet die Schwierigkeiten, die sonst dem gewerblichen Genossenschaftswesen eigen sind. Ganz zu schweigen von der Häufung des Risikos. Der Herr Vertreter des Reichsverbandes hat auf die schweren Zeiten hingewiesen, die der Reichsverband im letzten Jahr durchlebt hat. Gewiß ich bin mit ihm der Meinung, daß jene schwere Zeiten zum Teil überwunden sind, aber die Hauptsache wird sein, daß gewisse Grundgedanken und Richtlinien aus den gemachten Erfahrungen herausgearbeitet werden. Es wird für die Zukunft von größter Bedeutung sein, daß aus den Erfahrungen, die Reichsverband und Neuwieder Verband gemacht haben, rücksichtslos und konsequent die Schlußfolgerungen gezogen werden. Das System bedarf der sorgfältigsten Nachprüfung.

Nun habe ich das Empfinden, als wenn von einer andern Stelle aus genossenschaftliche Experimente in die Wege geleitet werden. Im Preußischen Landesökonomiekollegium hatte der Präsident der Preußischen Zentral-Genossenschafts-Kasse Herr Dr. Heiligenstadt sich in diesem Frühjahr über die Entwickelungsmöglichkeiten des landwirtschaftlichen Genossenschaftswesen geäußert und dabei ausgeführt, das landwirtschaftliche Genossenschaftswesen befände sich in einer Umbildungsperiode, neue Aufgaben werden ihm gestellt, und zwar auf dem Gebiete der Landeskultur, und er fügte hinzu, „daß die ländlichen Genossenschaftsorganisationen ihre Aufgaben zweckentsprechend nur werden erfüllen können, wenn sie in engster Beziehung mit den örtlichen Verwaltungsorganen, und besonders mit den Landwirtschaftskammern stehen.“ M. H., ein außerordentlich gefährliches und bedenkliches Umbildungsprogramm, bei dem die wirtschaftliche Freiheit der Genossenschaften auf dem Spiel steht; denn in dem Augenblick, wo eine Genossenschaft sich an eine andere Organisation angliedert, vor allen Dingen an eine öffentlich-rechtliche, stellt die Genossenschaft ihre wirtschaftliche Freiheit auf das Spiel.

(Lebhafte Zustimmung.)

Dann würde aus dem verhängnisvollsten Fehler — ein Fehler, der überhaupt nicht mehr gutgemacht werden könnte. Wenn dann der Herr Präsident Dr. Heiligenstadt ausgesprochen hat, die „Kreditfragen" sind gelöst, so frage ich: sind sie wirklich gelöst? Ich glaube, daß gerade das, was wir kürzlich in Hessen erlebt haben, zeigt, daß die Kreditfragen noch nicht gelöst sind. Ich glaube, daß wir hier vor einer ganzen Reihe von Problemen stehen, die der Lösung harren. Sie liegen allerdings mehr im System, als in der Befriedigung des Kredits selbst.

Ich kann auch nicht ganz vorbeigehen an den Dingen, die sich in Hessen zugetragen haben. Das landwirtschaftliche Genossenschaftswesen befindet sich dort in schwerer Krisis. Das Schlimmste und Gefährlichste aber ist, daß die von der Preußischen Zentral-Genossenschafts-Kasse ins Leben gerufene neue Hessische Zentralkasse, die den Genossenschaften über die finanziellen Schwierigkeiten hinweghelfen sollte, sich an den Staat gewendet hat mit der Bitte, um weitgehende Hilfe — und sich bereit erklärt hat, sich unter eine weitgehende staatliche Kontrolle zu stellen! Dies ist vom Standpunkt des deutschen Genossenschaftswesens und seiner Zukunft lebhaft zu beklagen. Das ist eine Bankerotterklärung und zwar m. E. eine solche, die im System ihren Grund hat. Wird man die Konsequenzen ziehen? Die Selbsthilfe ist die Trägerin der Genossenschaft, und in schweren Tagen muß sie sich genau ebenso bewähren wie in guten Tagen. Und glaubt man eines großen Kredits zu bedürfen, den nur der Staat gewähren konnte, so mußten Formen gefunden werden, die die staatliche Kontrolle ausschließen. Die Preußische Zentral-Genossenschafts-Kasse hat die schwersten Fehler gemacht. Material dafür finden Sie in den Blättern für Genossenschaftswesen und im Jahrbuch. Der Ausgangspunkt aller dieser Schwierigkeiten liegt in dem Verstoß gegen kaufmännische Grundsätze und in genossenschaftlichen Uebertreibungen.

Uebertreibungen auf dem Gebiete des Genossenschaftswesen kommen nur allzuoft vor, und Uebertreibungen können außerordentlich leicht die Folge haben, daß das, was recht, schön und gut gemeint ist, in sein Gegenteil umschlägt. Ich denke dabei in diesem Augenblick an Petitionen, die aus den Kreisen der Handelskammern der Provinz Posen kommen und gegen das landwirtschaftliche Genossenschaftswesen gerichtet sind. Mir steht selbstverständlich in diesem Augenblick nicht an, für und wider Stellung zu nehmen. Ich verzichte auf jedes weitere Eingehen, aber ich behaupte, daß in jenen Petitionen nicht blos interessantes, sondern auch recht lehrreiches Material sich befindet. Und nebenbei bemerkt: wenn irgendwo finanzielle staatliche Unterstützung bedenkliche Folgen und Nebenerscheinungen zeitigt, dann auf dem Gebiete des Genossenschaftswesens!

Das landwirtschaftliche Genossenschaftswesen hat, wie sich aus diesen Ausführungen ergibt, erste Zeiten hinter sich. Ein Ereignis von nicht zu unterschätzender Bedeutung ist auch, daß der Reichsverband und Neuwied die Fusion aufgegeben haben. Ja, weitere Spaltungen sind sogar eingetreten. Vielleicht wird der künftige Geschichtsschreiber des deutschen Genossenschaftswesens, der keine leichte Arbeit auszuführen haben wird, finden, daß die Staatshilfe sich dabei in ihrer ganzen natürlichen Entwickelungstendenz gezeigt hat. Zunächst eine außerordentlich starke Begeisterung für die Staatshilfe bei dem ersten Empfang der Staatshilfe, dann eine starke Abkühlung der Begeisterung, nachdem man die Beobachtung gemacht hat, daß Staatshilfe nicht unentgeltlich zur Verfügung gestellt wird, daß Staatshilfe allerdings sehr billig im Zins ist, daß aber Staatshilfe vielleicht um so kostspieliger ist durch Preisgabe der Selbstständigkeit,

(sehr richtig!)

und daß endlich — dies pflegt im allgemeinen der Endpunkt zu sein — eine gewisse zerstörende Macht der Staatshilfe innewohnt. Zerstörende Macht der Staatshilfe — mag diesem oder jenem von Ihnen etwas paradox klingen. Und doch, wenn ich auf die Einzelheiten eingehen dürfte, könnte ich ihnen Nachweise dafür erbringen. Das liegt nicht an den Personen, sondern an der Sache. Die Dinge haben genau die Entwicklung genommen, die wir im Jahre 1895 auf dem Allgemeinen Genossenschaftstage in Augsburg gezeichnet haben.

(Sehr richtig.)

M. H., über ein merkwürdiges Erlebnis möchte ich hier noch berichten. Eine amerikanische Kommission kam nach Deutschland zum Studium des landwirtschaftlichen Kreditwesens, und diese amerikanische Kommission hat nur auf Umwegen den Allgemeinen Genossenschaftsverband und seine Genossenschaften aufgefunden!

(Große Heiterkeit.)

Jene amerikanische Kommission war nämlich von vornherein mit Beschlag belegt von Leuten, die dem Allgemeinen Verband nicht freundlich gesinnt sind.

(Erneute Heiterkeit.)

Die amerikanische Kommission hat nun ihren Weg über London zurückgenommen und dort bei unseren Freunden erfahren, wie eigenartig sie in Deutschland geführt worden ist. Die Verwunderung soll sehr groß gewesen sein. Ueber eine interessante Episode erfahren Sie näheres aus Nr. 26 der „Bl. f. Genossenschaftsw." von 1913.

M. H., ich habe in diesem Jahre nicht die Absicht, mich mit dem System der Preußischen Central-Genossenschafts-Kasse eingehend zu beschäftigen. Sie finden manchen lehrreichen Beitrag im Jahrbuch. Hier nur eine Feststellung. Die Preußische Central-Genossenschafts-Kasse wollte die Landwirtschaftliche Genossenschaftsbank Darmstadt retten und stellte ihr einige Millionen zur Verfügung. Als die Mittel sich nicht als ausreichend erwiesen, rief sie die Hessische Verbandskasse ins Leben. Mit dieser Verbandskasse sollte das landwirtschaftliche Genossenschaftswesen in

Hessen saniert werden. Unsere Freunde in Hessen begleiteten das Vorgehen mit Kopfschütteln. Und das Ergebnis? Die Staatshilfe hat versagt, und jene Kasse hat sich an die Regierung gewendet und um ein Darlehen von 6 Millionen gebeten, wofür sie sich bereit erklärte, sich unter die Staatsaufsicht zu stellen. (Hört! Hört!)

Die Folgen sind von mir bereits gezeichnet.

Die Preußenkasse glaubt auf dem Weg über Darmstadt, Süddeutschland für ihren Geschäftsbetrieb gewinnen zu können, nachdem sie den Norden zum großen Teil verloren hatte. Ruhm hat sie dabei nicht geerntet. Es ist hier nicht der Platz, um nachzuprüfen, ob jene Ausdehnung des Geschäftsbetriebes mit dem Gesetz vereinbar ist, auf dem die Kasse beruht. Zunächst legte der Präsident Verwahrung dagegen ein, daß es Absicht der Kasse sei, sich zur „Reichskasse" zu entwickeln. Warten wir ab, was die Zukunft bringen wird. Aber die Genossenschaftsverbände sollen sich vorsehen! Das Genossenschaftswesen mit „staatlicher Spitze" ist das Ziel das die Preußenkasse verfolgt. Durch die Schlappe in Hessen wird sie sich nicht irre machen lassen.

Und nun m. H., ein anderes Bild. Das richtige Gegenstück zum landwirtschaftlichen Genossenschaftswesen ist das gewerbliche. Wenn ich bei dem landwirtschaftlichen Genossenschaftswesen auf gewisse Uebertreibungen hingewiesen habe, daß man das Ziel zu weit stecke, daß man glaube, mit Hilfe der genossenschaftlichen Organisation zu viel erreichen zu können, daß der Gedankenflug zu hoch, — wenn auch mit metallischen Motoren —, finden wir beim gewerblichen Genossenschaftswesen eine Flügellahmheit, die außerordentlich beklagenswert ist. Hier kann nicht der Augenblick sein, auf Einzelheiten einzugehen und darzulegen, worauf dies zurückzuführen ist. Und doch, soll wirklich in das gewerbliche Genossenschaftswesen gesundes Leben hinein gebracht werden, dann müssen alle die Stellen, die für die Gestaltung des gewerblichen Genossenschaftswesens eine gewisse Verantwortung tragen, mit der ganzen Entwickelung der Dinge genau vertraut sein. Dann müssen Sie zurückgehen bis in die neunziger Jahre nnd aus dieser Zeit lernen, wie man damals vonseiten der Regierung, um das gewerbliche Genossenschaftswesen zu beleben, — schwere Angriffe gegen die Schulze-Delitzschscheu Genossenschaften gerichtet hat! Wäre jener Erlaß des preußischen Handelsministers von 1902 zehn Jahre früher ergangen, dann — davon bin ich fest überzeugt — würde es heute um das gewerbliche Genossenschaftswesen unendlich viel besser stehen. Was in dem Erlaß des Handelsministers von 1902 steht, konnte ebenso gut in einem Erlaß von 1892 gestanden haben. Nachdem man aber zehn Jahre hindurch den Gewerbetreibenden gauz andere Gedanken beigebracht hatte, hinkte der Erlaß von 1902 nach, und lange Jahre mußten vergehen, bis die Möglichkeit sich bietet, die Gewerbetreibenden, Handwerkskammern und Innungen, für die Grundgedanken zu gewinnen, die in dem Erlaß von 1902 stehen, in dem man zürückgekehrt war zu den Ideen die wir in dem Schnlze-Delitzschschen Assoziationsbuch für Handwerker von 1853 finden! Inzwischen hatte man aber die Handwerker mit Mißtrauen gegen die Schulze-Delitzsch'en Genossenschaften erfüllt. (Sehr richtig!)

Und weiter: Man hört es in den Kreisen der Gewerbetreibenden nicht gern, und doch liegt es so: der Kampf gegen die Konsumvereine hat außerordentlich nachteilig die Entwickelung des gewerblichen Genossenschaftswesen beeinflußt. Ich gebe ohne weiteres zu, daß das, was sich jetzt auf dem Evangelisch Sozialen Kongreß zugetragen hat, und daß die Lehren, die vom Zentralverbande deutscher Konsumvereine verkündet werden, wahrlich nicht geeignet sind, den Boden der Verständigung mit den Gewerbetreibenden zu finden. Aber darüber sollte man sich in den Kreisen der Gewerbetreibenden ohne weiteres klar sein, daß die Agitation gegen die Konsumvereine ihre nachteiligen Schlußfolgerungen für das ganze gewerbliche Genossenschaftswesen hat.

(Sehr richtig!)

M. H., für die im gewerblichen Genossenschaftswesen geltenden Anschauungen war mir ein Vorgang aus der allerletzten Zeit charakteristisch. Ein Mann, dessen Verdienste um das Gewerbe ich außerordentlich hoch anschlage, Herr Rat Dr. Hampke in Hamburg, hat in dem offiziellen — oder meistens offiziösen — Organ des deutschen Handwerks, in dem „Deutschen Handwerksblatt“ einen Artikel gebracht, in dem er an unseren Nauheimer Genossenschaftstagsbeschluß anknüpft, der darauf abzielt, die Gewerbetreibenden zu ermuntern, Submissionsgenossenschaften ins Leben zu rufen. Herr Dr. Hampke warnt die Handwerker vor der Gründung von Submissionsgenossenschaften!

(Hört! Hört!)

Eine Reihe von Mißverständnissen sind ihm unterlaufen. Ich habe in den Blättern für Genossenschaftswesen darauf hingewiesen. Hier nur eins.

M. H.! Wer will es wohl in Zweifel ziehen, wer will wohl die Richtigkeit der Behauptung bestreiten; wie wohl wäre es heute unserem Handwerk, wenn es über leistungsfähige Submissionsgenossenschaften verfügte! Denken Sie an die gewaltigen Heereslieferungen, die infolge der Verstärkung des Heeres zur Ausschreibung kommen müssen. Wo sind nun die Gewerbetreibenden, die den Nutzen daraus ziehen können? Hier und dort vielleicht einmal eine Innung, und dann ist es zu Ende. Da sieht man: es fehlen die Submissionsgenossenschaften, die nach ihrer Einrichtung in der Lage wären, sich an Submissionen zu beteiligen! Man mag noch so viel im Reich, im Staat und in den Kommunen die Submissionsbedingungen erleichtern, wenn nicht auf der anderen Seite ein organisiertes gewerbliches Genossenschaftswesen imstande ist, daraus Nutzen zu ziehen, dann wird die große Mehrheit der Handwerker keinen Vorteil davon haben.

(Lebhafte Zustimmung.)

Um so erstaunlicher ist es da, daß gerade in einer Zeit, in der gewissermaßen der Beweis für die Richtigkeit dieser Behauptung vor aller Augen liegt, das Handwerk vor der Gründung von Submissionsgenossenschaften gewarnt wird, in dem Augenblick, wo es eine Lebensfrage für das Handwerk ist, daß ihm derartige Genossenschaften zur Verfügung stehen.

(Sehr richtig.)

Aber freilich, wenn man hört und liest, wie in gewissen Kreisen überhaupt für das gewerbliche Genossenschaftswesen gewirkt wird, braucht man sich eigentlich nicht darüber zu wundern, daß die Handwerker in der Stadt — und auf dem Lande liegen die Dinge ähnlich — der genossenschaftlichen Organisation so wenig Sympathien entgegenbringen. Vor mir liegt die Denkschrift der Mittelstandsvereinigung, die ein vollständiges Mittelstandsprogramm enthält mit einem Sachregister. In dem Sachregister suchen Sie vergebens das Wort „Kreditgenossenschaften". Da finden Sie nur einige Zeilen, in denen man sich über das gewerbliche Genossenschaftswesen äußert. Liest der Gewerbetreibende diese Sätze, so muß er glauben, daß das gewerbliche Genossenschaftswesen eigentlich nichts anderes ist als ein Kampf aller gegen alle. Der Bäcker gründet eine Genossenschaft, der Mehlhändler gründet eine Genossenschaft, sie alle gründen Genossenschaften — im Kampfe des einen gegen den andern. Die Mittelstandsvereinigung sieht in der Bildung von Genossenschaften meist nur Akte der Feindseligkeit „künstlich herbeigeführte wirtschaftliche Ausschaltungen", die „antisozial" wirken, „viel zur Verbitterung weiterer Kreise und zur Steigerung der wirtschaftlichen Notlage" beitragen. Welch bedauerliche Verkennung des inneren Wesens der genossenschaftlichen Organisationen, wenn in der Weise das Genossenschaftswesen beurteilt wird! Das „Neue deutsche Handwerkerblatt" — meines Wissens ein in den Kreisen der Handwerker viel gelesenes Blatt — scheint den gewerblichen Genossenschaften etwas sympathischer gegenüber zu stehen. Es sagt nämlich:

„Die gewerbliche Genossenschaft ist kein erwünschtes, aber doch ein berechtigtes Mittel der Selbsthilfe."

Nun können Sie sich wohl denken, m. H., wenn man die Gewerbetreibenden lehrt, daß die Genossenschaft kein erwünschtes Mittel der Selbsthilfe ist, welche flammende Begeisterung dann für die Gründung derartiger Genossenschaften wachgerufen wird.

(Heitere Zustimmung.)

Daß Handwerkskammern und Genossenschaften sehr wohl Hand in Hand gehen können zu Nutz und Frommen beider Teile, dafür nenne ich als Beweis die Pfalz. In der Pfalz geht die Pfälzer Handwerkskammer Hand in Hand mit unserem pfälzischen Verbande. Der pfälzische Verband fährt nicht schlecht dabei, aber die pfälzischen Handwerker schneiden dabei auch gut ab. Wenn nur einigermaßen redlicher Wille auf beiden Seiten ist, so müssen sich m. E. die Wege zu einer Verständigung mit denjenigen Faktoren finden lassen, in deren Händen die Interessenvertretung des Handwerks liegt.

Wenn ich das gewerbliche Genossenschaftswesen, ohne auf Einzelheiten einzugehen, hier charakterisieren will, so möchte ich es mit dem Worte tun: was dem Handwerker heute notwendig ist, das ist die kapitalistische Umbildung. Man betont überall die technische Ausbildung des Handwerks. Gewiß, sie ist dringend notwendig. Der Gewerbetreibende muß heute mit allen Neuerungen der Technik vollauf vertraut sein. Aber nicht minder notwendig ist es, daß ihm auch die nötige kaufmännische Ausbildung zuteil wird. Zur technischen

Ausbildung muß die kaufmännische Ausbildung hinzukommen. Wenn Technik und kaufmännische Ausbildung zusammen auf den Handwerker eingewirkt haben, dann haben wir den kapitalistischen Umbildungsprozeß vorbereitet, dann haben wir es erreicht, daß ein gewerblicher Mittelstand vorhanden ist, der imstande ist, sich an die heutige Betriebsweise anzupassen, der bei der Entwicklung von Fabrik und Industrie nicht unter die Räder kommt, sondern der imstande ist, auch weiter seinen Aufgaben nachzukommen.

(Sehr richtig!)

M. H.! Ausbildung, Bildung — wir haben uns mit diesen Fragen auf dem Münchner Genossenschaftstag beschäftigt bei dem Antrage: „Genossenschaftswesen als Lehrgegenstand". Ich muß zu meinem lebhaften Bedauern feststellen, daß die Instanzen der Regierungen, an die jener Münchner Beschluß gerichtet war, ihm bisher anscheinend nicht allzuviel Beachtung geschenkt haben.

(Hört! Hört!)

M. H. Die einzige scheinbar unbestrittene Genossenschaftsart ist vielleicht die Kreditgenossenschaft. Aber auch hier nur „scheinbar unbestritten"; denn man glaube nicht in den Kreisen der Kreditgenossenschaften, daß die Kreditgenossenschaften nicht ebenso Gegner haben, wie alle anderen genossenschaftlichen Organisationen. Es liegt nun einmal in der Eigenart der Genossenschaft, daß sie Arbeitskräfte ausschaltet. Sie ist ein neuer Konkurrenzbetrieb und wird von allen denen mit einem gewissen Mißfallen beobachtet, die da glauben, die Geschäfte der Genossenschaft erledigen zu können. Also auch die Kreditgenossenschaft hat Freunde von zweifelhafter Güte.

Zweifellos haben die Kreditgenossenschaften — in erster Reihe das Spiegelbild des Wirtschaftslebens! — am allermeisten unter den eigenartigen wirtschaftlichen Schwierigkeiten des letzten Jahres zu leiden gehabt. Aber das darf ich für sie aussprechen: sie haben ihre Aufgabe im vollen Umfange erfüllt, sowohl, was den Umfang der Befriedigung des Kreditbedürfnisses anlangt, wie auch, was die Zinspolitik betrifft. Gestattet es Ihre Zeit, m. H., so würde ich Ihnen empfehlen, einmal einen Blick in zwei Nummern der Zeitschrift „Die Bank" zu werfen, in der Sie einen Artikel von dem stellvertretenden Generaldirektor des Neuwieder Verbandes Herrn Dr. Wuttig finden. Herr Dr. Wuttig spricht sich vorsichtig über die Zinspolitik der Genossenschaften aus, aber man braucht auch nicht zu viel zwischen den Zeilen zu lesen, man findet in dem Artikel viel belehrendes und lehrreiches Material.

M. H., spreche ich hier von Zinspolitik, so würden Sie es nicht verstehen, wenn ich an der Zinstreiberei vorbeigehe, die unsere — es kommt mir immer außerordentlich schwer an, wenn ich sagen muß: unsere Konkurrenten, die öffentlichen Sparkassen — üben. Aber die Dinge liegen nun einmal so. Ich möchte hier zum so und so vielsten Male wiederholen: zwischen Kreditgenossenschaften und öffentlichen Sparkassen sollte es keine Konkurrenz geben.

(Sehr richtig!)

Die öffentlichen Sparkassen haben ihren Wirkungskreis: Sparkassen im eigentlichen Sinne des Wortes zu sein und das Bedürfnis nach Immobiliar-Realkredits zu befriedigen. Bei den Kreditgenossenschaften ist der Sparkassenbetrieb nur Mittel zum Zweck, um Kapital zu erhalten, mit dem sie den Mitgliedern das Betriebskreditbedürfnis billig befriedigen können. Mit der eigentlichen Aufgabe der öffentlichen Sparkassen verträgt sich schlecht die bankmäßige Entwicklung, der wir hier und dort begegnen. Gut, ich will die bankmäßige Entwicklung der Sparkassen noch hinnehmen, aber ich frage: Paßt zur bankmäßigen Entwicklung der Sparkassen die Mündelsicherheit? Vor allen Dingen erheben wir dagegen Protest, daß Mündelsicherheit zu Zwecken der Reklame benutzt wird, wenn die Sparkasse sich dem Publikum für alle möglichen Bankgeschäfte zur Verfügung stellt.

(Sehr richtig!)

Wir rufen jedoch nicht den Gesetzgeber an. Ich habe es, wie Sie wissen, abgelehnt, mich an einer Aktion zu beteiligen, die darauf hinzielt, daß den öffentlichen Sparkassen im Wege der Gesetzgebung die bankmäßige Entwicklung verboten werden sollte. Ich glaube, auch hier ist der Weg der Verständigung der richtige, und ich hoffe, daß durch den Vorsitzenden des Deutschen Sparkassenverbandes, Herrn Justizrat Götting, es möglich werden wird, diesen Weg der Verständigung zu finden.

(Sehr richtig!)

Die wirtschaftlichen Verhältnisse haben manche Kreditgenossenschaft ins Schwanken gebracht und ich muß mich hier einen Augenblick bei den Sanierungen aufhalten. M. H., wir verheimlichen und vertuschen nichts! Ich habe vorhin auf Schwierigkeiten in den landwirtschaftlichen Genossenschaftsverbänden hingewiesen. Ich mache gar kein Hehl daraus, hier auszusprechen: Auch wir haben unsere wirtschaftlichen Schwierigkeiten. Nicht darin liegt die große Gefahr für das Genossenschaftswesen als solches, daß diese oder jene Genossenschaft ins Schwanken gerät. Das Rezept soll erst einmal geschrieben und gefunden werden, das angewandt, leichtfertige Kreditwirtschaft überall und ausnahmslos ausschließt.

(Sehr richtig!)

Nein, m. H., nach anderer Richtung hin gingen die von mir ausgesprochenen Bedenken. Sie wandten sich dagegen, daß ein System vertreten wird, das gegen kaufmännische solide Grundsätze verstößt — das die große Gefahr in sich schließt, daß die Krisis von Genossenschaft auf Genossenschaft übertragen wird.

Wir haben nur einen Konkurs zu verzeichnen. Aber wir haben leider eine ganze Anzahl kranker Kreditgenossenschaften im vergangenen Jahre gehabt. Der Sanierungsprozeß ist, trügen nicht alle Zeichen, überall glücklich durchgeführt. Ich bin nur in der Presse Aeußerungen begegnet, die darauf schließen lassen, als wenn man die Sanierungen der Genossenschaften so etwas von oben herab ansieht, als wenn man glaubt, der Konkurs sei besser als der Versuch, die Genossenschaft zu sanieren. Eine vollkommen verkehrte Auffassung! Darin liegt gerade — auch — die wirtschaftliche Stärke der Genossenschaft, daß bei ihr in dem Augenblick noch die Sanierungsmöglichkeit besteht, wo jede andere Gesellschaft rettungslos verloren wäre.

(Sehr richtig!)

Eine Genossenschaft mit Unterbilanz kann man retten, wenn nur die Mitglieder ihrerseits den nötigen Opfersinn an den Tag legen. In dieser Sanierungsmöglichkeit liegt eine ganz gewaltige Stärke unserer Genossenschaften.

(Sehr richtig!)

Deswegen müssen wir ganz entschieden Widerspruch erheben, daß es sich bei uns — ich möchte sagen — als ein gewisser Sport herausbildet, Genossenschaften zu sanieren, statt ruhig die Genossenschaften ihrem Schicksal zu überlassen. Nein, ernste, schwere Arbeit ist es, die Genossenschaft zu sanieren, aber schweres Unheil wird dadurch von Mitgliedern und Gläubigern abgehalten. Natürlich wollen wir alle den Wunsch haben, daß sich möglichst selten für uns die Gelegenheit bieten möge, eine Genossenschaft zu sanieren. Aber ich sage mir: Solange noch ein Funke Lebenskraft in einer Genossenschaft steckt, solange soll man die Genossenschaft nicht fallen lassen.

(Lebhafte Zustimmung.)

M. H.! Ich habe einleitend bereits auf die Lehren hingewiesen, die aus der Gestaltung der Dinge im Jahre 1912 gezogen werden sollen: Vorsicht in der geschäftlichen Entwicklung. Das rufe ich auch bei dieser Gelegenheit den Vertretern der Kreditgenossenschaften zu! Vorsicht vor allen Dingen in der Gewährung von Krediten an industrielle Unternehmen! Und kommt einmal ein Verlust, dann sich von dem Gedanken leiten lassen: der erste Verlust ist der kleinste Verlust.

(Sehr richtig!)

Dann ruhig an die Generalversammlung herangetreten und zugestehen: wir haben uns geirrt, wir sind einem Wechselfälscher in die Hände geraten, wir haben die Entwicklung des Betriebes unrichtig beurteilt usw. Wo gesägt wird, fallen Späne. Nicht deswegen können einer Verwaltung Vorwürfe gemacht werden, weil sie einmal Verluste zu verzeichnen hatte, sondern nur dann, wenn sie nicht rechtzeitig die Verluste bekannt gegeben hat, wenn sie gutes Geld in ein schlechtes Unternehmen steckt, um dies zu retten. Dann wird aus dem schlechten Gelde nicht gutes Geld, sondern das gute Geld teilt das Schicksal des schlechten.

(Sehr richtig!)

Und endlich: möge die Verwaltung niemals die Grundsätze der Liquidität aus dem Auge verlieren. Was ich auf den Verbandstagen über die finanzielle Kriegsbereitschaft ausgeführt, das sollte überall eine dauernde ernste Mahnung sein.

(Sehr richtig!)

Und nun im Anschluß an diese ernste Mahnung einige heitere Momente aus der Praxis der Kreditgenossenschaften. Zu den heiteren Momenten rechne ich es, wenn eine Handelskammer — ich will sie lieber nicht nennen — auf den Gedanken gekommen ist, zu behaupten, daß eine Kreditgenossenschaft, die ihren Sparkassenverkehr als solchen bezeichnet, sich des unlauteren Wettbewerbs schuldig macht.

(Heiterkeit.)

Ich hoffe, die Handelskammer wird selbst bald einsehen, daß sie auf nicht ganz richtigem Wege ist.

Ein neues Experiment! Auch hier ohne Namensnennung! Es ist aber keineswegs eine x-beliebige Persönlichkeit, sondern ein Mann, der an der Spitze einer großen Organisation steht, der da sagt: die Kreditgenossenschaften aller Art, ob Schulze-Delitzsch, Reichsverband, Neuwied, sie taugen mehr oder weniger nichts, es muß etwas anderes geschaffen werden. Und warum taugen alle diese Kreditgenossenschaften nichts? Nun, sie haben nämlich einen Sparkassen- und Depositenverkehr! Aus diesem Sparkassen- und Depositenverkehr entwickele sich die Gefahr; wir müßten also eine Organisation ohne Sparkassen- und Depositenverkehr haben; dann wirds gehen. Man müsse, nachdem man einen allgemeinen „Geldsammelapparat" habe — das sind die Sparkassen — einen „Geldverteilungsapparat" organisieren, und zwar in der Form der Genossenschaften, und dieser „Geldverteilungsapparat" müsse der Sparkasse angegliedert werden; dann sei mit Leichtigkeit das Kreditbedürfnis jedes Gewerbetreibenden, jedes Landwirts zu befriedigen. Dieser brauche nur einen Wechsel auszustellen, die Genossenschaft diskontiert ihm den Wechsel, und die Genossenschaft gibt den Wechsel weiter an die hinter ihr stehende Sparkasse! Kreditsorgen sind dann unbekannt.

(Heiterkeit.)

Leider haben alle die Dinge einen recht unangenehmen Beigeschmack, indem nämlich in den Kreisen, in denen man von diesen Lehren hört, häufig nicht das genügende Verständnis der Sache entgegengebracht wird. Da glaubt man an solche Lehren. Diese Kreise werden mit einem gewissen Mißtrauen gegen die bestehenden Genossenschaften erfüllt und die Folge ist, daß sie nicht zu den Mitteln greifen, die ihnen zur Verfügung stehen, sondern auf die neuen Mittel und Organisationen warten. So entsteht dann die Legende von der Mittelstandskreditnot.

(Sehr richtig!)

Statt der ruhigen genossenschaftlichen Arbeit zu leben, diese auszubauen und sie den neuen Verhältnissen und Bedürfnissen anzupassen, wird auf neue Entdeckungen ausgegangen. So wurde kürzlich von dem Leiter eines Verbandes die Lehre verkündet, daß die Kreditgenossenschaften die Mündelsicherheit erstreben müßten. Als Weg dahin wurde gezeigt: Die Einführung der Depositenversicherung. Ist die Mündelsicherheit ein erstrebenswertes Ziel? Ich bestreite es, denn sie ist mit der Aufsicht der Behörde verbunden. Und die Depositenversicherung? Sie ist ein Phantom, wie ein erfahrener versicherungstechnisch geschulter Mann kürzlich in den Blättern für Genossenschaftswesen überzeugend nachgewiesen hat, der sich dem von mir in dieser Frage vertretenen Standpunkt vollauf anschließt. Die Verhandlungen über diese Angelegenheit auf dem Genossenschaftstag des Hauptverbandes der deutschen gewerblichen Genossenschaften haben denn auch in Wirklichkeit zu einem Begräbnis in der Kommission geführt. Inzwischen wissen freilich Zeitungen schon zu berichten, daß die Depositenversicherung beschlossene Sache sei!

Nicht unbeachtet scheint der Münchener Beschluß über Bildung von Hypothekengarantie-Genossenschaften geblieben zu sein, wenn auch an einzelnen Orten noch solche Genossenschaften gegründet sind. Die Hypothekenkreditnot lastet noch immer sehr schwer auf Hausbesitzer und Baumarkt. Wir forderten in München die Einführung eines geordneten Taxwesens. In den zuständigen Ministerien wird an der Vorlage gearbeitet. Leider ist nichts zu hören von Erhebungen über den Umfang der Verschuldung. Mit neuen bestimmten Vorschlägen werden wir uns in einem besonderen Antrag beschäftigen.

Mit Genugtuung stelle ich hier fest, daß eine von uns wiederholt gestellte Forderung nach Aufhebung des Scheckstempels Berücksichtigung gefunden hat. Wir wünschen jetzt nur, daß die Aufhebung baldigst erfolgt.

Die neuen Wehrsteuergesetze gehen nicht spurlos an unseren Genossenschaften vorüber — Sie finden das Nähere darüber im Jahrbuch für 1912 und in den Blättern für Genossenschaftswesen.

Gestattet es die Zeit auch nicht auf Einzelfragen einzugehen, so sei doch wenigstens erwähnt, daß im Osten unter Einfluß staatlicher Behörden den Genossenschaften Aufgaben gestellt werden, die für die Genossenschaften Verpflichtungen mit sich bringen, denen dieselben nach ihrer Rechts- und Wirtschaftsnatur und auch nach der Zusammensetzung ihrer Verwaltung nicht entsprechen können — ich denke an die Beteiligung an der Entschuldungsaktion. Daraus wird der Genossenschaft noch einmal eine schwere Gefahr entstehen. Wir haben es hier mit einem ersten Vorstoß gegen gesunde geschäftliche Grundsätze zu tun. Und der Einfluß der Behörden geht soweit, daß, wenn eine Genossenschaft in richtiger Würdigung ihrer Verhältnisse die Uebernahme einer Entschuldungsbürgschaft ablehnt — unter Mitwirkung der Behörden eine Spar- und Darlehnskasse so begründet wird, die bereit ist, solche Bürgschaften zu übernehmen. Ein solches Verhalten verdient die ernsteste Mißbilligung.

Ehe ich nun diesen Abschnitt abschließe, habe ich Ihnen Kenntnis davon zu geben, daß der V. Band des Werkes von Hermann Schulze-Delitzsch Schriften und Reden erschienen und heute mir zugestellt ist. M. H., es wäre ein Undank schnödester Art, wenn ich diesen Augenblick vorübergehen ließe, ohne auch meinerseits dem Mann Dank zu zollen, an den unser Herr Vorsitzender heute schon gedacht hat, Friedrich Thorwart. Friedrich Thorwart ist es zu verdanken, daß die Reden und Schriften Schulze-Delitzsch's herausgegeben werden konnten. Ich möchte diesen Dank in die Worte fassen, die ich in der Vorrede finde, die von dem Manne verfaßt ist, der jetzt die letzte Hand an die Herausgabe des Werkes gelegt hat, Prof. Philipp Stein in Frankfurt. Philipp Stein bemerkt in der Vorrede:

„Ein anderer und würdigerer wäre der Berufene gewesen, die Vorrede zum V. Bande zu schreiben: Friedrich Thorwart. Von Anbeginn hat er das Werk geleitet. Er war in Wahrheit der Herausgeber sämtlicher Bände. Bei allen hat er mitgewirkt und mitgearbeitet. Er war der Schöpfer und der Baumeister dieses Denkmals für Schulze-Delitzsch. Daß er mit dem Eifer des Jünglings, mit der unermüdlichen Kraft des Mannes und mit der peinlichen Sorgfalt des Alters die letzten Jahre seines Lebens diesem Werke widmete, das geschah aus der tiefen persönlichen Verehrung für den Menschen, Politiker und Genossenschaftler Schulze-Delitzsch, war aus dem vollen Ernste der Pflichterfüllung gegen die Genossenschaften geboren."

So hat Friedrich Thorwart an dem Werke mitgearbeitet. Aber auch Herrn Prof. Dr. Philipp Stein spreche ich an dieser Stelle Dank dafür aus, daß er geholfen hat, das Werk, das Thorwart leider nicht zu Ende führen konnte, weil der Tod ihn uns viel zu früh entriß, zu vollenden. Dank endlich auch den anderen Mitarbeitern, Herren Dr. Schneider, Prof. Küntzel und Dr. Lennhoff. Mit Philipp Stein spreche ich aber auch den Wunsch aus, es möge dieses Werk in den weitesten Kreisen Eingang finden, nicht blos in den Kreisen der Genossenschaften, sondern darüber hinaus in den weitesten Kreisen; denn mit ihm bin ich der festen Ueberzeugung, daß manche irrige Meinung, die auch heute noch gegenüber unserem Altmeister Schulze-Delitzsch gehegt wird, geläutert und berichtigt werden wird. Wir Schulze-Delitzschschen Genossenschafter werden den Nutzen und den Vorteil davon haben. Denn auf der Verkennung so mancher Aeußerungen unseres Altmeisters Schulze-Delitzsch beruht ja so manches Mißtrauen, das unseren Schulze-Delitzschschen Genossenschaften noch heute entgegengebracht wird.

(Lebhafter Beifall.)

Dann komme ich zu dem Teil meines Berichtes, der sich mit einem Gegenstand zu beschäftigen hat, an dem man manchmal sehr gern vorbeigeht, aber an dem ich hier in diesem Augenblick nicht vorbeigehen darf, weil man es einfach nicht verstehen würde. M. H., es ist der erste Allgemeine Genossenschaftstag, den wir in der Ostmark im engeren Sinne des Wortes abhalten. Besondere Betrachtungen werden dadurch ausgelöst. Der Herr Vorsitzende hat bereits darauf hingewiesen. Wir haben es in der Provinz Posen mit einem besonders schwierigen Gebiet für das Genossenschaftswesen zu tun. Nicht nur sind die wirtschaftlichen Verhältnisse ganz eigener Art, sondern vor allen Dingen spielt der Kampf der Nationalitäten auch in die Arbeit der Genossenschaften hinein. Ich sage: Es ist für uns nicht denkbar, in diesem Augenblick an diesen Dingen vorbeizugehen. Wir, m. H., und besonders Sie aus dem Süden und dem Westen, müssen versuchen, uns in das hiesige Milieu hineinzuversetzen, um die Arbeit unserer Freunde im Osten richtig zu würdigen und zu verstehen. Dies ist umsomehr notwendig, als die Stellung der Schulze-Delitzschschen Genossenschaften in der Provinz Posen in einer der maßgebendsten volkswirtschaftlichen Zeitschriften kürzlich in sehr wenig freundlicher Weise einer Kritik unterzogen ist. M. H., der

Bericht des Anwalts gibt nicht nur ein Bild der geschäftlichen Leistungen der Genossenschaften des Allgemeinen Verbandes, vielleicht noch mit kritischen Betrachtungen dieser oder jener Erscheinungen. Das ist Sache unserer Unterverbandstage. Das, was ich hier zu erledigen habe, ist ein Bericht über die wichtigsten Vorgänge im Genossenschaftswesen. Das Genossenschaftswesen ist keine isolierte Erscheinung. Politische, wirtschaftliche und nationale Einflüsse haben sich immer gelegentlich bemerkbar gemacht. Damit möchte ich aber nun nicht etwa den Gesichtspunkt vertreten haben, daß Politik untrennbar mit den Genossenschaften verbunden sein muß. Im Gegenteil! Ich will den Versuch machen, hier an dieser Stelle zu diesen heißumstrittenen Fragen Stellung zu nehmen. M. H., wir befinden uns dabei wieder einmal in der außerordentlich peinlichen Lage, zu der Behauptung Stellung zu nehmen, daß der Allgemeine deutsche Genossenschaftsverband sich nicht von politischen Tendenzen fern halte und — noch mehr in diesem Falle! — daß die Schulze-Delitzschschen Genossenschaften in der Provinz Posen ihre Aufgabe nicht erfüllt haben, ja nicht erfüllen können infolge dieser ihnen innewohnenden politischen Tendenzen.

(Hört! Hört!)

Es ist ein schwerwiegender Vorwurf, wie er vielleicht noch niemals gegen die Schulze-Delitzschschen Genossenschaften erhoben worden ist, und ich betrachte es als eine verhältnismäßig glückliche Fügung, daß es mir gerade vergönnt ist, in der Provinz Posen Rede und Antwort zu stehen und zu dem schwerwiegenden Vorwurf Stellung zu nehmen. Es handelt sich hierbei nicht nur um unsere eigene Sache, sondern es handelt sich um eine Sache der Allgemeinheit; denn wir Schulze-Delitzschschen Genossenschaften stellen keinen Selbstzweck dar, sondern die Schulze-Delitzschschen Genossenschaften sind Mittel zum Zweck, sie stehen im Dienste der Allgemeinheit und deren Aufgaben.

M. H., wer sich einmal der Mühe unterziehen wollte, die Zusammensetzung der führenden Persönlichkeiten im Allgemeinen deutschen Genossenschaftsverbande unter besonderer Würdigung der politischen Richtung der einzelnen zu untersuchen, der würde sofort erkennen, daß der Allgemeine deutsche Genossenschaftsverband ganz unmöglich von irgend einer bestimmten politischen Richtung erfüllt sein kann.

(Sehr richtig!)

Es ist bei Schulze-Delitzsch keine leere Redensart gewesen, daß die Genossenschaften jeder politischen Regung und Beeinflussung fern zu bleiben haben. Er hat dieses stets in strengster Weise durchgeführt, mögen die Gegner unserer Organisation aus vielfachen, meist nicht in der Sache liegenden Gründen auch das Gegenteil behaupten, ohne daß sie es je bewiesen haben. Und wir? Wie in so vielen anderen sind wir auch in diesem Punkte die getreuen Schüler unseres Altmeisters Schulze-Delitzsch gewesen. Wir haben daher auf dem Allgemeinen Genossenschaftstage zu Leipzig im Jahre 1907 nach einem Referat unseres unvergeßlichen Proebst folgende Erklärung abgegeben:

„Der Allgemeine Genossenschaftstag der deutschen Erwerbs- und Wirtschaftsgenossenschaften legt ernste Verwahrung ein gegen die immer wiederkehrende Behauptung, die Schulze-Delitzschschen Genossenschaften ständen im Dienste politischer Parteien, würden zur politischen Agitation benutzt, von politischen Parteien beeinflußt, oder übten selbst irgend welchen Einfluß auf politische Bestrebungen aus. In der ganzen Geschichte des deutschen Genossenschaftswesens findet sich nichts, was diese Anschuldigungen zu bestätigen vermöchte; wohl aber wurden die Genossenschaften von Schulze-Delitzsch selbst und seinen Schülern jederzeit ermahnt, sich von allem politischem Getriebe fern zu halten. Die Behauptung, die politische Tätigkeit der Genossenschaften sei notorisch, muß deshalb als vollständig unbegründet zurückgewiesen werden."

Weswegen ich das nun heute vortrage? Zunächst einmal wegen des Milieus, in dem wir tagen. Dann aber auch — und das ist vielleicht der springende Punkt —, weil in dem Schmollerschen Jahrbuch sich eine Stelle findet, die sich hiermit beschäftigt. Es ist Schmoller gewesen, der unsern Schulze-Delitzschschen Genossenschaften die Befähigung abgestritten hat, daß sie ihre Aufgabe in der Provinz Posen zu erfüllen in der Lage seien. Aber ehe ich darauf eingehe, möchte ich auf die Verhandlungen des Allgemeinen deutschen Genossenschaftstages in Breslau (1904) hinweisen, ein Posen ähnlicher nationaler Mittelpunkt. Ich erklärte damals:

„Ich muß leider feststellen, daß in die deutsche Genossenschaft der Nationalitätenkampf hineingetragen ist. Wir haben es auf unseren Genossenschaftstagen nicht mit Politik zu tun, uns ist jeder Politiker in unserer Genossenschaft recht und willkommen, vorausgesetzt nur, daß der Vertreter der betreffenden politischen Richtung ein echter und wahrer Genossenschafter ist und daß er nicht sucht, die Genossenschaft in den Dienst der Politik zu stellen. Aber wir haben auch das lebhafteste Interesse daran, daß die Genossenschaften nicht in das politische Getriebe hineingezerrt werden."

Damit sollte selbstverständlich nicht gesagt werden — ich stelle dies hiermit ausdrücklich fest, um nicht etwa Mißverständnisse aufkommen zu lassen —, daß die Genossenschaften der Förderung des Deutschtums nicht dienen sollen! Unsere Geschichte beweist, wie sehr es der Fall gewesen ist, daß wir stets dem Deutschtum gedient haben. Stellung nehmen wir gegen die Gründung von Genossenschaften als Kampforganisationen, zumal wenn diese geeignet sind, unsere eigene Genossenschaft zu schwächen — zum Schaden des Deutschtums.

Wenn in dem letzten Jahre eine Anzahl jener „deutschen" Kreditgenossenschaften, die in Oberschlesien gegründet sind, sich unserem Allgemeinen deutschen Genossenschaftsverbande und dem schlesischen Verbande angeschlossen haben, so begrüße ich das mit Freuden und nicht in letzter Reihe aus der Erwägung heraus, daß man in jenen Genossenschaften wohl aus der Praxis heraus die Erkenntnis gewonnen hat, daß die Grundgedanken, die im Allgemeinen deutschen Genossenschaftsverbande auch in dieser Frage vertreten werden, die richtigen sind. Erinnern wir uns der Worte unseres verehrten, leider allzufrüh dahingegangenen Neugebauer auf dem Breslauer Genossenschaftstage im Jahre 1904:

„Ebenso wenig wie wir jemand bei der Aufnahme fragen, ob er protestantisch, katholisch oder mosaisch, ob er konservativ oder liberal ist, ebensowenig — so führte Neugebauer aus — dürfen wir ihn fragen, ob er in seinem innersten Denken zur polnischen oder einer anderen Partei halte. Wir fragen uns vielmehr nur danach, ob er ein anständiger, vertrauenswürdiger Mann sei. Wir fragen uns ferner, wie wir ihm wirtschaftlich helfen können, und endlich, ob er auch in der Lage sein wird, seinen genossenschaftlichen Verpflichtungen nachzukommen. Nur wenn wir die Polen an uns ketten und sie mit uns verschmelzen, dienen wir unserer Sache; nicht aber dadurch, daß wir sie von uns abstoßen. Wenn wir mit Ausweisungen und Zurückweisungen anfangen würden, so würde dies zur Folge haben, daß Neugründungen polnischerseits ganz erheblich Vorschub geleistet würde.

(Sehr richtig!)

Es würde eine systematische Sprengung unserer Genossenschaften bedeuten, die bisher ein Hort waren für deutsche Art und deutsche Wirtschaft."

(Lebhafte Zustimmung.)

M. H., eine andere Stimme aus der Praxis von dem den meisten von Ihnen wohlbekannten Direktor Spitz aus Cosel. Wer einmal Gelegenheit gehabt hat, in Cosel einer Tagung beizuwohnen — ich erinnere mich an einen Verbandstag in Cosel —, kennt nicht nur die hochbedeutsame wirtschaftliche Stellung, die der Vorschußverein Cosel dort einnimmt, sondern der weiß auch, welch wohltuender Einfluß auf die allgemeine Lage von seiten des Vorschußvereins ausgeübt wird. Herr Direktor Spitz-Cosel war es, der auf dem Breslauer Genossenschaftstage darauf hinwies, daß man nach den zu Beginn des Jahres 1912 stattgehabten Reichstagswahlen, also in einer Zeit außerordentlicher politischer Erregung, mit Genugtuung konstatieren konnte, daß die vielfachen Bemühungen, welche bei der Wahlzeit von seiten der polnischen Agitatoren aufgewendet worden waren, dem Vorschußverein Cosel gegenüber erfolglos geblieben waren. Alle Versuche, der am Ort bestehenden polnischen Genossenschaft während der Wahlkampagne durch Schürung politischer Leidenschaften auf Kosten des deutschen Vereins Mitglieder zuzuführen, seien gescheitert. Herr Direktor Spitz setzt hinzu: „Es erscheint überflüssig, es auszusprechen, daß ein solches Resultat nur durch völlige politische Unparteilichkeit und durch taktvolle Schonung der nationalen Leidenschaften der Bevölkerung zu erreichen war."

(Bravo!)

Das sagt ein Mann, der nicht als Theoretiker in diesen Fragen steht, sondern in einem Kreise groß geworden ist, der durch nationale Kämpfe stark in Mitleidenschaft gezogen wird.

Und nun zu Posen. Wir haben vor wenigen Wochen den Unterverbandstag in Rawitsch abgehalten. Auch dort ist die Frage gestreift worden, und einmütig hat sich der Unterverbandstag in Rawitsch zu der von mir hier wiedergegebenen Auffassung bekannt.

Unser Revisionsverband: der Verband der deutschen Erwerbs- und Wirtschaftsgenossenschaften in der Provinz Posen ist im Jahre 1872 gegründet worden. Schulze-Delitzsch hat bei seiner Gründung Pate gestanden, und sein Geleitwort, das diesem deutschen Verband der Provinz Posen auf den Weg gegeben wurde, gipfelte in dem Wunsch, daß der Verband ein Stützpunkt des Deutschtums und ein deutscher Kulturträger der Provinz Posen werden möge.

(Bravo!)

Schulze-Delitzsch, durch und durch national, hat auch in jenem Augenblick sich als ein rein deutsch fühlender Mann gezeigt. Die deutschen Genossenschaften dieses Verbandes — der Verband bezeichnet sich als Verband der deutschen Genossenschaften — sind vollauf jenen Ansprüchen, die Schulze-Delitzsch an sie gestellt, gerecht geworden und haben sich dem Nationalitätenkampfe in diesem heiß umstrittenen Gebiete ferngehalten, aber sie haben ihre wirtschaftlichen und sozialen Aufgaben als deutsche Kulträger erfüllt. Wer dies bestreitet, kennt entweder die Genossenschaften nicht, oder — will sie nicht kennen. Gewiß, zu ihren Mitgliedern gehören auch Polen. Die deutschen Genossenschaften haben, wie alle in der Provinz geschaffenen Kulturwerke, der Gesamtbevölkerung gedient; sie wären ja anders auch keine waren Kulturträger. Von vereinzelten Fällen abgesehen, haben die den deutschen Genossenschaften als Mitglieder angehörigen Polen diese Auffassung respektiert. In den letzten Monaten ist leider ein sehr bedauernswerter Vorfall festgestellt. Vielleicht hätte ich die Genossenschaft in diesem Augenblick nicht genannt, wenn ich nicht heute in der Presse den Namen der Genossenschaft gelesen hätte: es ist Znin, das, nach dem Verhalten der letzten Generalversammlung, in die Hände der Polen übergegangen ist. Ein deutsches Mitglied gehört noch der Verwaltung an. Vielleicht könnte man sagen, daß ja auch — selbst wenn es dem einen oder anderen auch schwer wird, es zu glauben — die Genossenschaft unter polnischer Verwaltung — wenn ich den Ausdruck hier gebrauchen darf — ihren Aufgaben gegenüber den deutschen Mitgliedern nachzugehen imstande sein wird. Das aber, was im höchsten Maße zu beklagen ist, war der Umstand, daß in jener Generalversammlung festgestellt wurde, es soll in Zukunft in polnischer Sprache verhandelt werden, und der Geschäftsbericht soll in polnischer Sprache erscheinen. Aber Vorsicht, m. H., in der Kritik, wenn es gilt, hier den Ursachen nachzugehen. Ich bin im Augenblick außerstande, Ihnen hier den Nachweis dafür zu erbringen, wo der schuldige Teil liegt. Haben vor allen Dingen die deutschen Mitglieder des Zniner Vereins ihre Schuldigkeit getan? Haben sie in angemessener Weise ihre Rechte in der Generalversammlung gewahrt? Haben sie nicht vielleicht durch ihre — Trägheit den Verein ohne weiteres in die Hände einer anderen Nationalität übergehen lassen? Ja, wer sich nicht rührt, der braucht sich schließlich auch nicht zu wundern, wenn er unter die Räder kommt. Wenn die Deutschen in den deutschen Genossenschaften in den Generalversammlungen ihre Rechte nicht wahrnehmen, brauchen sie dann darüber erstaunt zu sein, daß die polnischen Mitglieder die von den deutschen Mitgliedern am Wege liegen gelassenen Rechte aufnehmen und für sich geltend machen?

Wo die Polen als Nationalität unter sich sein wollen, haben sie ihre eigenen Genossenschaften gegründet. Es gibt aber auch erfreulicherweise preußische Bürger polnischer Sprache, die gleich uns über die Genossenschaften denken, die Genossenschaften angehören wollen, die sich von den Gebieten fernhalten, auf denen sich die schweren politischen Nationalitätenkämpfe abspielen. Man schätzt und würdigt in diesen Genossenschaften die Deutschen in der Verwaltung der Genossenschaft.

M. H., ein schwieriges Gebiet, auf dem wir uns da im Augenblick bewegen! Selbstverständlich kann ich hier in meinem Bericht nicht eingehend dazu Stellung nehmen, ich kann die Grundfragen hier kaum berühren. Lassen Sie uns aber eines gesagt sein: die Genossenschaft beruht, was das Stimmrecht der Mitglieder anlangt, auf rein demokratischer Grundlage. Keine Statutenbestimmung, nichts kann der Genossenschaft die Tätigkeit nach einer bestimmten Richtung hin sichern; dies vermag nur der Eifer der Mitglieder. Die Schulze-Delitzschschen Genossenschaften sind in vollem Umfange ihren ursprünglichen Aufgaben gerecht geworden. Wenn die Zahl dieser Genossenschaften klein geblieben ist, so liegen die Gründe nicht dort, wo Schmoller sie in dem Nachtrag zu meinem Artikel in seinem Jahrbuch „Die Schulze-Delitzschschen Genossenschaften in Posen ein Bollwerk des Deutschtums?" sucht, nein, sie liegen ganz wo anders.

Mit diesem Artikel habe ich mich hier noch zu beschäftigen. Anläßlich der Besprechung des Buches eines unserer verehrten Gäste, des Herrn Dr. Swart: „Die Ostmark", hat zwischen Exzellenz Schmoller und mir ein Briefwechsel stattgefunden. Auf die Einzelheiten gehe ich nicht ein. Schmoller wirft die Frage auf, ob ich imstande sei, den Beweis zu führen, daß sich die Schulze-Delitzschschen Genossenschaften in Posen als ein Bollwerk des Deutschtums gegenüber dem Vordringen der Polen darstellen, daß sie sich in einem bewußten nationalen Gegensatz gegenüber den Polen fühlen. Ich habe dann diese Frage im Einverständnis mit Schmoller in seinem Jahrbuch für Gesetzgebung, Verwaltung und Volkswirtschaft behandelt und — ausgehend von den hier dargelegten Erwägungen — mich dabei auf den Standpunkt gestellt, daß die Genossenschaft einzig und allein wirtschaftliche Zwecke zu verfolgen habe. Aufgabe der Genossenschaft könne es nur sein, der wirtschaftlichen Kräftigung des Deutschtums zu dienen. Ob das Mittel den Zweck erfüllt, hängt von vielen Begleitumständen ab. Die können wir hier nicht untersuchen. Das liegt außerhalb des Rahmens des Genossenschaftstages. Wer sich dafür interessiert, der lese den Artikel nach, in dem ich mich eingehend geäußert habe.

In einem Nachwort zu diesem Aufsatz legt Schmoller seinen eigenen Standpunkt dar. Er gesteht zu, daß man schon bei Gründung der Genossenschaften in den Jahren 1855—1880 das Prinzip der politischen Neutralität verkündete; er behauptet dann aber, daß die Schulze-Delitzschschen Genossenschaften dem nicht entsprochen hätten, denn sie seien von jeher und bis heute „freisinnig-fortschrittlich“ gewesen. Wörtlich sagt Schmoller:

„Als man 1855 bis 1880 die neuen Genossenschaften schuf und Leute aus allen damaligen Parteien heranziehen wollte, wurde von den Anwälten und Gründern der Genossenschaften das Prinzip der politischen Neutralität verkündet, und so kam es auch als leitende Idee in das Gesetz. Dieses Prinzip war den Verhältnissen, die man damals im Auge hatte, ganz angepaßt. Aber es zeigte sich bald, daß die vorhandenen Genossenschaften dieser Idee schon damals nicht vollkommen entsprachen, die Schulze-Delitzschschen Genossenschaften mit am wenigsten, denn sie sind von jeher und bis heute freisinnig-fortschrittlich gewesen. Das wird Crüger keinem Menschen von politischem Urteil ausreden können.“

Es ist unbegreiflich, wie Schmoller diese alte Legende, die Schulze-Delitzschschen Genossenschaften seien Hochburgen des Fortschritts, wieder hervorholen kann. Meine Achtung vor Schmoller verbietet es mir, mit ihm über das von ihm angerufene politische Urteil zu streiten. In den weitesten Kreisen hat Schmollers Behauptung begreiflicherweise Aufsehen erregt, wir aber werden uns selbstverständlich durch das hier ausgesprochene Urteil nicht irre führen lassen.

Und was will Schmoller? Er will die Genossenschaften zu nationalen Kampffaktoren machen. Unverständlich, wie ein Mann wie Schmoller sich in der Würdigung wirtschaftlicher Faktoren so täuschen kann. Wende ich mich zu den polnischen Genossenschaften, so habe ich die interessante und lehrreiche Tatsache festzustellen, daß die polnischen Genossenschaften die Schulze-Delitzschschen Grundsätze für ihre Genossenschaften zugrunde gelegt haben. Hoffentlich wird es keinem Menschen nun in den Sinn kommen, die Behauptung aufzustellen, als hätte daher Schulze-Delitzsch die polnischen Genossenschaften gefördert.

(Sehr gut!)

Der Vorgang beweist etwas anderes: nämlich, wie es falsch war, die Schulze-Delitzschschen Kreditgenossenschaften jahrzehntelang mit der Behauptung zu bekämpfen, daß sie sich für die ländlichen Verhältnisse nicht eignen.

(Sehr richtig!)

Lange haben die Regierungen ihnen gegenüber eine recht unfreundliche Haltung eingenommen. Und die Folgen? Der ruhige objektive Beobachter kennt sie. Ich habe sie in jenem Artikel des Schmollerschen Jahrbuchs geschildert. Das Schulze-Delitzschsche System ist siegreich gewesen bei den Polen und hat die polnischen Genossenschaften zu ihrer Stärke verholfen. Vielleicht wäre es auch bei den Deutschen siegreich gewesen, wenn man es nicht vielfach so wie Schmoller gewürdigt hätte. Die Deutschen hätten nur Nutzen davon gehabt. Nicht treffender konnten die Grundgedanken des Schulze-Delitzschschen Systems dargestellt werden, als heute in der Begrüßungsansprache des Herrn

Bürgermeisters. Mit vollem Recht hat er die großen erzieherischen Gedanken des Schulze-Delitzschschen Genossenschaftssystems unterstrichen und betont, daß diese erzieherischen Gedanken vielleicht unendlich wertvoller seien, als die Erfüllung der wirtschaftlichen Aufgabe. Das Deutschtum ist in den weiteren Kreisen dieses Einflusses verlustig gegangen — dank derer, die die Schulze-Delitzschschen Genossenschaften bekämpft haben, das mag sich auch Schmoller gesagt sein lassen.

(Sehr richtig!)

M. H., die Zeit gestattet es nicht, eine Betrachtung über die Ausbreitung der polnischen und deutschen Genossenschaften anzustellen. Es ist unlängst ein außerordentlich wertvolles Buch darüber erschienen, und wir müssen demselben leider entnehmen, daß das polnische Genossenschaftswesen das deutsche in seiner Ausdehnung bedeutend überflügelt hat.

Ein Verband, der ganz gewiß nicht unter freisinnig-fortschrittlicher Leitung steht, der Hauptverband der deutschen gewerblichen Genossenschaften, hat der große Erfolge auf dem Gebiete des gewerblichen Genossenschaftswesens in der Provinz Posen zu verzeichnen? Ich glaube nicht, daß der Vertreter des Verbandes dies behaupten wird. Und noch eins: Alles ist hier in der Provinz Posen zersplittert und zerspalten; eine Zersplitterung der Organisation der Genossenschaften besteht, wie sie sich kaum noch sonst in einer Provinz findet. Glaubt man ernstlich, daß das Genossenschaftswesen, so gespalten und zersplittert, Erfolge zu erzielen imstande ist — wie etwa das Polnische, das vollständig geschlossen und einig ist?

Behauptungen, wie sie Schmoller aufstellt, sind wahrlich nicht geeignet, die Genossenschaften in ihrem Ansehen zu kräftigen, im Gegenteil, sie sind geeignet, die Schulze-Delitzschschen Grundgedanken zu diskreditieren und damit das Genossenschaftswesen in seinen Fundamenten zu schädigen. Immer wieder und wieder dieses häßliche Mißtrauen, das verbreitet wird, mit beweislosen und vollständig unbegründeten Behauptungen. Schmoller stellt sich auf den Standpunkt jener konservativen Abgeordneten, die vor einigen Jahren erklärten: „Wir Angehörige des deutschen Mittelstandes, wir Handwerker, Kaufleute und Gewerbetreibende wollten wohl am genossenschaftlichen Leben teilnehmen, aber wir wollten zum großen Teil nicht in die Schulze-Delitzschschen Genossenschaften eintreten aus dem einfachen Grunde, weil wir nicht politisch beeinflußt sein wollen."

Schmoller verlangt, daß die deutschen Genossenschaften keine Polen aufnehmen. Wie steht es damit bei den landwirtschaftlichen Genossenschaften? Lehnen sie grundsätzlich die Aufnahme von Polen ab? Vielleicht die eine oder andere Genossenschaft. Ich muß offen gestehen, ich kann es mir auch gar nicht recht vorstellen, wie die Sache gehandhabt werden soll. Soll man von jedem Mitgliede ein Glaubensbekenntnis abfordern und dann sorgfältig darauf prüfen, ob es diesem Glaubensbekenntnis treu bleibt? Bleibt es nicht treu, so kommt für das Mitglied der Tag des Ausschlusses. Ob Schmoller sich darüber klare Vorstellungen macht, welche schweren Erschütterungen die Genossenschaft treffen können, wenn ein Mitglied aus der Genossenschaft ausgeschlossen wird wegen seiner politischen Gesinnung? Weiß er nicht, daß man damit die Axt an die Wurzel der Genossenschaft legt, daß man die Entwicklung dieser Genossenschaft, vielleicht den Bestand in Frage stellt?

Mein Gewährsmann für das Verhalten der Posenschen landwirtschaftlichen Genossenschaften zu den Polen ist die „Deutsche Tageszeitung". In dieser findet sich folgender Satz:

„Deutsch sind die Genossenschaften in beiden Verbänden mit deutschen Vorständen und deutschen Aufsichtsräten. Einzelne Polen haben hier und da Aufnahme gefunden, jedoch ebenso im Raiffeisen-(Wegnerschen) Verbande, wie bei Offenbach. Eine solche Aufnahme läßt sich des lieben Friedens willen kaum vermeiden."

(Hört! Hört! und Heiterkeit.)

Sehr richtig! Also ich frage Sie: Wie kommt ein Mann wie Schmoller dazu, den Schulze-Delitzschschen Genossenschaften die Möglichkeit zu bestreiten, ihren großen Aufgaben nachzugehen, weil Polen zu ihren Mitgliedern gehören, während er doch gegen die landwirtschaftlichen Genossenschaften, die im wesentlichen in dieser wichtigen Frage auf dem gleichen Standpunkt stehen, kein Wort des Vorwurfes hat?

Die Bedeutung der Genossenschaften beruht auf dem Gebiet der wirtschaftlichen Betätigung, und diese wirtschaftliche Betätigung der Genossenschaften ist nur denkbar, wenn innerhalb der Organisation der Genossenschaft Friede und Freundschaft herrscht, nicht bloß zwischen Vorstand und Aufsichtsrat, sondern auch das dritte Organ, die Generalversammlung gehört dazu.

Ich meine, wir haben es nicht nötig, in diesem Augenblick ganz besonders unsere Liebe zum Vaterland zu beteuern. Das erscheint mir für jeden Deutschen und Preußen in dieser Provinz als etwas so Selbstverständliches,

(lebhafte Zustimmung)

daß es töricht wäre, nach dieser Richtung hin ein besonderes Glaubensbekenntnis abzulegen. Aber das dürfen wir aussprechen, daß Liebe zum Vaterland nicht blind machen darf in der Wahl der Waffen zur Verteidigung. Hier habe ich es nur mit den Genossenschaften zu tun, und um kein Mißverständnis aufkommen zu lassen, wiederhole ich es noch einmal: Nur als Genossenschafter, als Anwalt des Schulze-Delitzschschen Genossenschaftsverbandes spreche ich hier, und da behaupte ich, daß unsere Genossenschaften für das Deutschtum getan haben, was sie tun konnten, daß sie sich aber nicht gegen die Polen abschließen konnten. Sie konnten dies ebenso wenig, wie irgend eine Bildungsstätte in der Stadt Posen ein Vorbehalt für Deutsche ist. Sache der Deutschen ist es, die deutschen Genossenschaften zu benutzen.

Ob die Polen in ihren polnischen Genossenschaften anders denken, geht mich in diesem Augenblick nichts an. Denken sie anders, besteht wirklich eine Verquickung zwischen polnischer Agitation und genossenschaftlicher Tätigkeit, dann stelle ich diesen Genossenschaften die

Diagnose, daß sie einen Fremdkörper in sich tragen, der ihnen noch einstmals verhängnisvoll werden wird, und sie haben von Schulze-Delitzsch wohl die Organisation — aber nicht das Wesen.

(Sehr richtig!)

Jede genossenschaftliche Organisation, die sich irgendwie angliedert an eine politische oder nationale Organisation, muß von jeder Erschütterung in Mitleidenschaft gezogen werden, die diese Organisation trifft. Die Erschütterungen, die wir aus unserem Wirtschaftsbetriebe zu tragen haben, sind allein schon schwer genug, daß wir froh sind, wenn wir mit ihnen zurecht kommen.

(Sehr richtig!)

Da brauchen wir uns nicht Ketten anzulegen, die uns mit anderen Gebilden verbinden, aus denen uns neue Schwierigkeiten entgegengetragen werden.

(Sehr richtig!)

M. H.! Um so bedauerlicher sind derartige Angriffe, als die Genossenschaftsverbände jetzt allen Grund haben, sich möglichst eng aneinander zu schließen. Eine Verständigung über Grundfragen ist umso notwendiger, als aus den Vorgängen, von denen insbesondere das landwirtschaftliche Genossenschaftswesen in den letzten Jahren getroffen ist, die Forderung nach einer Revision des Genossenschaftsgesetzes hergeleitet wird. Ich will die Beweggründe dafür jetzt nicht untersuchen. Gewiß, das Gesetz hat seine Schwächen, es weist Lücken auf. Aber was ich so oftmals schon ausgesprochen: das Genossenschaftsgesetz ist an sich ein vorzügliches Gesetz. Es kann nichts dafür, daß mit ihm Mißbrauch getrieben ist, daß die von ihm gewährten Freiheiten, die doch den Lebensnerv des deutschen Genossenschaftswesens bilden, zu Unrecht verwertet sind. Was Not tut ist, daß die Genossenschaftsverbände sich über die Grundlagen des Ausbaues des Genossenschaftswesens verständigen, um so dem Genossenschaftswesen die wirtschaftliche unbeschränkte Freiheit zu erhalten. Wiederholt habe ich auf den Allgemeinen Genossenschaftstagen darauf hingewiesen, daß es dringend notwendig wäre, zu einer Verständigung zwischen den Genossenschaftsverbänden über gewisse Grundfragen zu gelangen. Die Erfahrungen, die ich kürzlich mit dem Versuch der Herausgabe eines „Jahrbuches der Jahrbücher" gemacht, könnten mich vielleicht bestimmen, in meinen Bestrebungen nachzulassen. Ich habe aber den Gedanken in diesem Frühjahr im preußischen Abgeordnetenhaus in einer Debatte nochmals aufgeworfen, und er ist von dem Mitgliede der Zentrumspartei, Herrn Stull, der auf dem Gebiete des Genossenschaftswesens kein Neuling ist und insbesondere in landwirtschaftlichen Genossenschaftskreisen wohlbekannt ist, aufgenommen worden. Er führte aus:

„Dann hat Herr Kollege Crüger einen Gedanken aufgeworfen, der mir äußerst sympathisch ist; er hat den Vorschlag gemacht, einen freien Ausschuß im Genossenschaftswesen zu bilden. Ich glaube, daß dieser Gedanke in vielen Genossenschaftsverbänden lebhaften Anklang finden wird. Ich kann mir aus der Ausführung des Gedankens nur reichen

Segen und gute Früchte für die Entwickelung unseres Genossenschaftswesens versprechen. Ich möchte deshalb an Herrn Dr. Crüger die Bitte richten, daß er mit anderen Kollegen der Ausführung dieses Gedankens näher tritt und die Aufgabe übernimmt, diesen freien Ausschuß des Genossenschaftswesens ins Leben zu rufen."

M. H.! Was wir heute von den Vertretern des Reichsverbandes und des Neuwieder Verbandes gehört haben, veranlaßt mich, hier die Erklärung abzugeben, daß ich in diesem Spätherbst jene Absicht ausführen werde.

(Lebhafter Beifall.)

Ich will den ernsten Versuch mit diesen beiden Verbänden zunächst machen; ob weitere Verbände noch herangezogen werden können, wollen wir der künftigen Entwickelung der Dinge überlassen. Aber wir wollen den ernsthaften Versuch machen, über gewisse Grundgedanken eine Verständigung zu finden. Selbstverständlich soll die Unabhängigkeit jeder Organisation unberührt bleiben, aber es gibt heute schon gewisse Gedanken, über die wir uns aussprechen können, ohne daß wir Gefahr laufen, gleich wieder auseinander gehen zu müssen. Selbstverständlich wird sich in der Auswahl der Fragen, in der Beschränkung der Meister zeigen müssen. Aber selbstverständlich sind Ausführungen, wie wir sie von Professor Schmoller erlebt haben, nicht geeignet, derartige Verständigungsversuche zu erleichtern.

(Sehr richtig!)

M. H.! Fassen wir zum Schluß das, was dieser Bericht gebracht, in einige Sätze zusammen, die vielleicht ganz charakteristisch die Gesamtlage des Genossenschaftswesens beleuchten.

Wir sehen, wie die Sozialisierung der Wirtschaftsordnung erstrebt wird mit Hilfe der Konsumgenossenschaften. Dabei reichen sich Männer der verschiedensten politischen Richtungen die Hand. Ihre Lehren drohen schwere Kämpfe heraufzubeschwören. Die Konsumvereine werden hereingezogen in den Kampf der Gewerkschaften.

Parallel läuft eine Bewegung, gerichtet auf eine Organisation des Genossenschaftswesens mit staatlicher Spitze. Hier wie dort das Ende der wirtschaftlichen Freiheit der Genossenschaft — und damit auch gleichzeitig ihrer Selbstverwaltung.

Wir sehen, wie sich aus der Krisis und dem Zusammenbruch einzelner Genossenschaften infolge der Verkettung unter den Genossenschaften ein genossenschaftlicher Notstand entwickeln kann, der zum Verhängnis für einen ganzen Bezirk wird.

Ueber Leichtigkeit der Gründung und schneller Entwickelungsmöglichkeit der Genossenschaften werden die Schwierigkeiten übersehen, die sich unter dem Einfluß der allgemeinen wirtschaftlichen Entwickelung vergrößern. Wo eben noch die Sonne behördlicher Begünstigung und Förderung schien, zeigen sich ernste Mißstände. Der Staat wird um finanzielle Hilfe angerufen — man zeigt sich bereit, sich weitestgehender Staatskontrolle zu unterwerfen. Ein ernster verhängnisvoller Schritt! Das System der staatlichen finanziellen Förderung macht sich in allen seinen Phasen bemerkbar.

Einer unserer namhaftesten Gelehrten macht den Schulze-Delitzschschen Genossenschaften, den Hütern der Freiheit und Unabhängigkeit der Genossenschaften, den schweren, vollkommen unberechtigten Vorwurf, daß sie politischer Art seien. Er findet den Beweis dafür in dem Umstand, daß sie von dem Kampf der Nationalitäten sich fernhalten! So wird die Saat des Mißtrauens dort ausgestreut, wo es notwendig wäre, das Deutschtum für die erzieherischen und belebenden Einflüsse der Schulze-Delitzschschen wirtschaftlichen Grundsätze zu gewinnen.

Kreditwirtschaft ist das Fundament unseres wirtschaftlichen Lebens, das seit Jahr und Tag ernsten Erschütterungen ausgesetzt ist. Unsere Bestrebungen, die Genossenschaften im Zeichen der Kreditwirtschaft, im Rahmen ihrer natürlichen Aufgaben zu halten, werden nicht selten erschwert und durchkreuzt von einer unter staatlichem Einfluß stehenden Genossenschaftspolitik.

Neue Aufgaben werden den Genossenschaften gestellt, bei denen ihre Selbstständigkeit schweren Gefahren ausgesetzt ist.

Dem einen (Prof. Schmoller) sind die Schulze-Delitzschschen Genossenschaften freisinnig-fortschrittlich, dem anderen (Wilbrandt) ist unsere Arbeit „die langsame Fracht rückständiger Verständnislosigkeit." Dem Dritten (Sombart) ist das ganze Handwerkergenossenschaftswesen mit den Kreditgenossenschaften ein „genossenschaftlicher Traum".

M. H., dabei gibt es vielleicht kein Wirtschaftsgebilde von so bedeutsamer, staatserhaltender Tendenz wie die Genossenschaft, aufgebaut und organisiert nach den Lehren unseres Altmeisters Schulze-Delitzsch. Bedauernswert vom Standpunkt des Mittelstandes, bedauernswert vom Standpunkt deutscher Mittelstandspolitik aus, daß ein deutscher Genossenschaftstag nach 60 Jahren genossenschaftlicher erfolgreicher Arbeit auf derartige Begleiterscheinungen aufmerksam machen muß!

(Sehr richtig!)

M. H.! Unsere Genossenschaften sind keine Himmelsstürmer, sie bauen aus, erhalten, was an sich lebensfähig und lebenswürdig ist. Unsere Genossenschaften sind auch keine Wohlfahrtsanstalten, sie beruhen auf den Grundlagen kaufmännischen Denkens, sie sind gemeinnützig, weil sie auf der Solidarität der Interessen beruhen, ohne dem einzelnen die Verantwortung für sein Vorwärtskommen abzunehmen. Fern von jedem Doktrinarismus folgen wir den Grundsätzen, die sich aus den Geboten der natürlichen Entwicklung und der Berücksichtigung menschlicher Eigenart ergeben. Das ist unser Programm und soll es, so denke ich, auch für die Zukunft bleiben, zu Nutz und Frommen des deutschen Vaterlandes, in dessen Dienst wir auch die Arbeit des Allgemeinen deutschen Genossenschaftstages in der Stadt Posen, stellen.

(Stürmischer, wiederholter Beifall.)

Vorsitzender Verbandsdirektor Justizrat **Dr. Alberti**-Wiesbaden: Ich stelle den Bericht zur Besprechung und frage, ob das Wort dazu gewünscht wird. — Das scheint nicht der Fall zu sein. Eine Beschlußfassung knüpft sich ja nicht daran. Damit würde dieser Punkt der Tagesordnung erledigt sein.

Wir fahren dann in unserer Tagesordnung fort und gehen über zu:

II. a) Antrag des Verbandes Pfälzischer Erwerbs- und Wirtschaftsgenossenschaften:

Der Allgemeine Genossenschaftstag wolle beschließen:

1. **Die Auslegung, die § 5 des Bürgerlichen Gesetzbuches in der Rechtsprechung gefunden hat, erheischt unbedingt die Schaffung einer gesetzlichen Bestimmung, durch die der gutgläubige Vertragsgegner eines unerkennbar Geisteskranken vor Schaden aus einem mit dem Geisteskranken abgeschlossenen Rechtsgeschäfte geschützt wird.**
2. **Das Reichsjustizamt wird gebeten, eine Aenderung des bestehenden Gesetzes in obigem Sinne baldigst herbeizuführen.**

b) Antrag des Verbandes der Erwerbs- und Wirtschaftsgenossenschaften Schlesiens:

Der am 18. und 19. Mai 1913 tagende 49. Verbandstag des Verbandes der Erwerbs- und Wirtschaftsgenossenschaften Schlesiens hält eine Gesetzesänderung zum Schutze des gutgläubigen Gegners beim Abschluß von Geschäften mit dem unerkennbar Geisteskranken für dringend erforderlich.

Berichterstatter Verbandsdirektor Justizrat **Schuler**-Zweibrücken: Meine Herren! An und für sich sind alle Menschen geschäftsfähig, d. h. sie sind fähig zu den selbständigen rechtsgeschäftlichen Willenserklärungen, die zur Gültigkeit der Verträge erforderlich sind. Von dieser Regel macht unser Bürgerliches Gesetzbuch Ausnahmen, indem es in § 104 B. G. B. drei Kategorien von Personen für geschäftsunfähig erklärt:

1. Kinder unter 7 Jahren,
2. die wegen Geisteskrankheit Entmündigter,
3. die Personen, die sich in einem die freie Willensbestimmung ausschließenden Zustande krankhafter Störung der Geistestätigkeit befinden, wenn dieser Zustand nicht seiner Natur nach ein vorübergehender ist.

Die erste Kategorie interessiert uns weiter nicht.

Zur zweiten Kategorie ist zu betonen, daß die gerichtliche Entmündigung wegen Geisteskrankheit unter allen Umständen geschäftsunfähig macht, so lange sie besteht, einerlei, ob der Entmündigte wirklich geisteskrank ist oder ob er etwa in einem sogenannten lichten Zwischenraume gehandelt hat.

Die Schwierigkeit der Umgrenzung der dritten Kategorie d. h. der nicht entmündigten Geisteskranken, berührt uns nur insofern, als sie zeigt, daß es für den Laien in vielen Fällen ganz unmöglich ist, einen wirklich Geisteskranken von einem normalen Menschen zu unterscheiden. Auch kommt diese Schwierigkeit der Geschäftswelt insofern zu gute, weil derjenige, der sich auf Geisteskrankheit beruft, auch den oft recht schwierigen Beweis für diese zu erbringen hat.

Das Gesetz bestimmt nun weiter, daß die Willenserklärung eines Geschäftsunfähigen und damit auch jeder Vertrag, an dem ein solcher als Partei beteiligt ist, nichtig sei. Diese Stellung des Gesetzgebers ist an und für sich durchaus unanfechtbar und konsequent: Nur derjenige, der im Stande ist, die Erscheinungen der Außenwelt richtig zu erfassen und nach vernünftiger Ueberlegung eine freie Willensbestimmung zu treffen, ist fähig, einen Vertrag zu schließen und sich hierdurch zu verpflichten.

Die Nichtigkeit der von Geschäfts-Unfähigen geschlossenen Verträge ist eine absolute, d. h. jeder Dritte und auch der gutgläubige Vertragsgegner muß die Nichtigkeit gegen sich gelten lassen und der Vertrag bleibt auch dann nichtig, wenn er etwa in gerichtlicher oder notarieller Form geschlossen sein sollte.

Die strenge Durchführung dieses Grundsatzes muß nun aber in der Praxis zu außerordentlichen Unbilligkeiten führen, wenn der Geschäfts-Unfähige als solcher nicht erkannt wird und die von ihm abgeschlossenen Rechtsgeschäfte selbst bei dem Vertragsgegner keinerlei Bedenken wachrufen. Das Reichsgericht hat sich bis jetzt streng an die absolute Nichtigkeit solcher Rechtsgeschäfte gehalten und seine einschlägigen Entscheidungen konsequent auf diesem Grundsatze aufgebaut. In einem Falle, der der Entscheidung des Reichsgerichtes vom 12. November 1910 zu Grunde liegt, hatte ein unerkennbar Geisteskranker im regelmäßigen Geschäftsverkehr an eine Bank Wertpapiere verkauft und den Kaufpreis verschwendet: Die Bank mußte verurteilt werden, den Erlös aus den, von ihr inzwischen wieder weiter veräußerten, Wertpapieren an den Geisteskranken zurückzubezahlen, also nicht etwa blos den von ihr an den Wertpapieren gemachten Gewinn. Ein Anspruch gegenüber dem Geisteskranken etwa auf Schadloshaltung oder aus dem Gesichtspunkte der Bereicherung bestand nicht.

Dieser, die geschäftliche Verkehrssicherheit im höchsten Grade gefährdende Zustand hat bereits im Jahre 1905 den Zentralverband des Deutschen Bank- und Bankier-Gewerbes Veranlassung gegeben, in einer Eingabe an das Reichsjustizamt darauf hinzuweisen, daß die §§ 104 und 105 des B. G. B. welche die Rechtsgeschäfte Geisteskranker für absolut nichtig erklären, einer Einschränkung zugunsten desjenigen Geschäftsgegners bedürfen, dem der krankhafte Geisteszustand des anderen Teiles beim Geschäftsabschluß ohne eigene Fahrlässigkeit unbekannt geblieben war. Diese Eingabe blieb unberücksichtigt: Es lag damals noch kein besonders krasser Fall vor und die Abneigung der Regierung gegen eine Aenderung des damals erst seit fünf Jahren eingeführten B. G. B. war an sich wohl begreiflich. Inzwischen kam der oben erwähnte Fall, der mit der Entscheidung des Reichsgerichtes vom 12. November 1910 zu Ungunsten der Bank erledigt wurde. Es nahm deshalb vor dem Deutschen Handelstag im vorigen Jahre der Geh. Kommerzienrat Dr. Bamberger-Mainz und vor dem 4. Allgemeinen Deutschen Bankiertag Justizrat Dr. Julius Kahn-München, Veranlassung, unter Hervorhebung noch weiterer ähnlicher Fälle, Abhilfe im Wege der Gesetzesänderung zu verlangen.

Die Resolution des Bankiertages lautete:

„Der Abschluß von Rechtsgeschäften mit unerkennbar Geisteskranken bildet für den gesamten geschäftlichen Verkehr eine schwere Gefahr, weil infolge der Nichtigkeit dieses Geschäftes derjenige Vertragsteil, welcher von der Geisteskrankheit des anderen Teils unverschuldeterweise nichts weiß, keine Rechte aus dem Geschäfte ableiten kann, während der Geisteskranke das ihm von dem anderen Teil auf Grund des nichtigen Geschäftes Geleistete nicht in vollem Umfange, sondern nur insoweit, als er noch hierdurch bereichert ist, herauszugeben hat.

Die Billigkeit erfordert es, daß zugunsten des gutgläubigen Vertragsteiles wieder diejenige Rechtslage hergestellt werde, welche ohne den Abschluß des nichtigen Geschäftes gegeben wäre. Diesem Verlangen wird Genüge geschehen, wenn die Bestimmung des § 122 B. G. B. auch auf die gemäß § 105 B. G. B. nichtigen Willenserklärungen ausgedehnt wird. Eine entsprechende Ergänzung des § 122 B. G. B. oder die Aufnahme einer eigenen Bestimmung in das B. G. B. ist daher dringend erforderlich."

Am 10. Februar 1913 berichtete im Reichstag der Abgeordnete Dr. Ablaß über zwei weitere Fälle, durch die die Unhaltbarkeit des heutigen Rechtszustandes ganz besonders deutlich in Erscheinung gebracht wurde. Ich kann Ihnen zur Kennzeichnung der ungeheuren Gefahren, die der Geschäftswelt aus dem heutigen Rechtszustand entstehen können, diese beiden Fälle nicht vorenthalten.

Ein Kaufmann, der mit seiner Bank seit Jahren im gewöhnlichen Konto-Korrentverkehr gestanden hat, befindet sich in Italien auf einer Vergnügungsreise. Dort treten plötzlich Größenwahn-Vorstellungen bei ihm auf, die auf beginnende Gehirnerweichung schließen lassen. Er depeschiert unter dem Einfluß seiner Wahnidee an seine deutsche Bank und ersucht telegraphisch um Ueberweisung von 4000 Mk. Der Betrag wurde ihm eingeschickt, denn die Bank hatte nicht das mindeste Bedenken, ihm diese, zu seiner Verfügung stehende Summe auszuhändigen. Nachträglich wurde nun die Nichtigkeit dieses Rechtsgeschäftes geltend gemacht, weil der Kaufmann bereits im Moment der Aufgabe des Telegrammes handlungsunfähig war. Er hat auch die 4000 Mk. ohne jeden Nutzen für sich verschleudert und die Bank mußte verurteilt werden, ihm die 4000 Mark zu ersetzen. Ein Anspruch aus dem Gesichtspunkte der ungerechtfertigten Bereicherung stand auch hier der Bank gegenüber dem Kaufmann nicht zu, da eine Bereicherung des Letzteren aus der Zahlung der 4000 Mk. überhaupt nicht eingetreten war.

In dem zweiten, von Dr. Ablaß erwähnten Falle verkaufte eine Bank an einen Kunden, den sie als Liebhaber von Kuxen kannte, 19 Kuxe gegen Barzahlung und kurze Zeit darauf wieder 18 Kuxe, wobei sie sich die erstgekauften Kuxe von dem Kunden zur Sicherung des Kaufpreises der letztgekauften verpfänden ließ. Nach einiger Zeit erhält sie von dem Kunden folgenden Brief:

„Sie berechnen 5% Diskont und kündigen mir den Kredit. Da ich zur Begleichung nicht imstande bin und den Bankdiskont nach unsern Abmachungen nicht zu zahlen verpflichtet bin, so zwingen Sie mich, Ihnen folgendes zu proponieren: Sie gewähren mir auf unbestimmte Zeit Kredit gegen Accept zum jeweiligen Bankdiskont, oder Sie nehmen sämtliche Kuxe zurück und zahlen die gezahlten Beträge nebst 5% Zinsen an mich zurück. Ihre Verpflichtung hierzu würde ich auf Ihren Wunsch im Prozeßwege feststellen. Nach dem Gutachten des Kreisarztes hier ist meine Nervosität derart, daß ich weder zivilrechtlich noch strafrechtlich verantwortlich bin. Meine in der Zwischenzeit abgeschlossenen Geschäfte sind somit nichtig. Mein Hausarzt ist leider auf drei Wochen beurlaubt, ich würde Ihnen sonst ein Attest dieses Herrn vorlegen, da ich natürlich von Ihnen nicht verlangen kann, daß Sie meinen Angaben ohne weiteres Glauben schenken.

Ich bitte ergebenst sich freundlichst zu erklären, damit ich meine weiteren Schritte darnach einrichte."

Darauf antwortete die Bank:

„Mit einem Geschäftsunfähigen können wir unmöglich kontrahieren und lehnen eine weitere Korrespondenz mit Ihnen ab."

Sie erhielt darauf folgendes neue Schreiben:

„Im Februar, März und April kaufte ich von Ihrer Filiale Kuxe. Der Kauf ging weit über meine Vermögenslage hinaus und war unsinnig. Wie mir ein hiesiger Professor bescheinigt hat, bin ich zur Zeit des Kaufes hochgradig nervös und geschäftsunfähig gewesen. Die Käufe sind daher nichtig. Ich bin nicht imstande, die Kuxe zu behalten und frage ergebenst an, ob eine gütliche Einigung über Rücknahme möglich wäre. Andernfalls müßte ich zu meinem größten Bedauern den Klageweg beschreiten."

Der Kunde wird nunmehr unter Pflegschaft gestellt, obwohl er damals noch aktiver Staatsbeamter war, woraus doch wohl am besten die Unerkennbarkeit seines krankhaften Geisteszustandes sich ergeben dürfte. Der Pfleger macht in dem gegen die Bank angestrengten Prozesse die Nichtigkeit der beiden Käufe geltend, die psychiatrischen Sachverständigen konstatieren, daß der Kunde schon zur Zeit der Käufe an progressiver Paralyse erkrankt gewesen sei und die Bank muß es deshalb vorziehen, den nach diesem Gutachten wohl kaum zweifelhaften Prozeßausgang durch einen Vergleich abzuwenden. Bezeichnend ist hier das außerordentlich logische auf seinen Vorteil bedachte Verhalten des Geisteskranken. Es fehlt nur noch, daß er sich von den Sachverständigen schon vor dem Kauf als geisteskrank hatte erklären lassen und mit dieser Geisteskrankheit dann spekuliert hat. Steigt der Kurs, dann behält er die Kuxe, fällt er, dann beruft er sich auf die Nichtigkeit.

Der Staatssekretär des Reichsjustizamtes hat in seiner Erwiderung auf die Ausführungen des Abgeordneten Dr. Ablaß die Berechtigung der geltend gemachten Bedenken an sich anerkannt, jedoch ausgeführt, daß die zur Abhilfe bis jetzt gemachten Vorschläge noch nicht genügend zur Klärung beigetragen hätten, so daß die Frage zur Zeit noch nicht völlig spruchreif sei. Er hat aber die Prüfung dieser wichtigen Frage durch das Reichsjustizamt bestimmt in Aussicht gestellt.

Der pfälzische Verband hat in Uebereinstimmung mit unserem Herrn Anwalt es für notwendig erachtet, daß auch der Allgemeine Genossenschaftstag Stellung nehme zu dieser Frage, die in ganz gleicher Weise wie die Großbanken auch die deutschen Genossenschaften und zwar nicht bloß die Kreditgenossenschaften berührt: Jeder Geschäftsmann kann durch ein mit einem nicht erkannten Geisteskranken abgeschlossenes Rechtsgeschäft nach der heutigen Rechtsprechung erheblichen Schaden erleiden und es ist deshalb die von uns angestrebte gesetzliche Abhilfe im Interesse aller Gewerbetreibenden geboten. Fast um dieselbe Zeit, wie der pfälzische Verband hat auch der schlesische Verband nach einem Referate des Herrn Kollegen Tietz-Breslau folgende mit unserem Antrage sich deckende Resolution gefaßt:

„Der am 18. und 19. Mai 1913 tagende 49. Verbandstag des Verbandes der Erwerbs- und Wirtschaftsgenossenschaften Schlesiens hält eine Gesetzesänderung zum Schutze des gutgläubigen Gegners beim Abschluß von Geschäften mit dem unerkennbar Geisteskranken für dringend erforderlich."

Gewiß verdienen die armen Geisteskranken das weitest gehende Mitleid und einen außerordentlichen Gesetzesschutz gegen vermögensrechtliche Nachteile, die ihnen durch ihre Krankheit entstehen. Unsere bestehende Gesetzgebung kennt aber doch eine Reihe von Fällen, in denen das, wenn auch noch so berechtigte Interesse des Einzelnen vor dem öffentlichen Interesse zurücktreten muß. Ich erinnere nur an das Enteignungsrecht und ich meine, die Verkehrssicherheit sei gerade jetzt ein so wichtiges und hervorstechendes nationales Rechtsgut geworden, daß man zur Aufrechterhaltung dieser Verkehrssicherheit auch nicht vor der Verletzung der Interessen eines Geisteskranken zurückschrecken darf. Man hat mit Recht darauf hingewiesen, wie viele tausende von Zahlungsanweisungen, Kauf- und Verkaufsaufträgen heute täglich den Banken und Geschäftsleuten auf schriftlichem, telephonischem oder telegraphischem Wege zugehen, bei denen es ganz ausgeschlossen ist, den momentanen Geisteszustand des Auftraggebers auch nur zu prüfen, viel weniger zu erkennen. Es scheint mir nun ein ganz unhaltbarer Zustand zu sein, daß alle diese Auftragsempfänger mit der Möglichkeit rechnen müssen, bei Erfüllung des Auftrages ein absolut nichtiges Rechtsgeschäft zu vollziehen, aus dem ihnen die erheblichsten Schädigungen erwachsen können.

Andereits kommt doch in Betracht, daß die nämliche Schädigung dem Geisteskranken unabänderlich dann erwachsen würde, wenn er zufällig die erst von der Bank abgehobenen Vermögenswerte bereits in Besitz gehabt hätte, als er seine Verfügung darüber traf. Es wird, wie der Abgeordnete Dr. Ablaß in seinen Ausführungen mit Recht hervorhob, kaum als allgemein vernünftig angesehen werden können, wenn auch vielleicht als juristisch konsequent, daß der Geisteskranke einen Schaden an seinem Vermögen dann dulden muß, wenn er die von ihm vergeudeten Geldmittel vorher zu Hause im Kassenschrank hatte, während er von jedem Schaden zum Nachteil seiner Bank befreit wird, wenn er das vergeudete Geld vorher aus seinem Bankguthaben abgehoben hat.

Es darf dabei auch noch darauf hingewiesen werden, daß in den meisten Fällen nicht der Geisteskranke selbst den dadurch entstehenden Nachteil empfindet: für ihn muß unter allen Umständen durch Unterbringung in einer Anstalt oder auf sonstige Weise gesorgt werden, sei es aus seinem eigenen Vermögen, wenn dieses zureicht, sei es auf Kosten der unterhaltspflichtigen Verwandten oder der Heimatgemeinde.

Das Interesse an der Aufrechterhaltung des heutigen Rechtszustandes haben also weniger die Geisteskranken selbst als vielmehr ihre präsumtiven Erben, ihre unterhaltspflichtigen Verwandten und die Heimatgemeinde, also gerade die Personen, die am besten in der Lage sind, den anormalen Zustand des Geisteskranken rechtzeitig wahrzunehmen und die Entmündigung und Unterbringung des Kranken in einer Heilanstalt herbeizuführen. Ich meine es wäre recht wünschenswert, die Aufmerksamkeit dieser Personen durch Abänderung des Gesetzes in unserem Sinne zu verschärfen. Es würden dadurch vielleicht auch manche der Fälle vermieden werden können, wo Geisteskranke in explosiv auftretenden Tobsuchtsanfällen Leben, Gesundheit und Eigentum dritter zum Schrecken und Entsetzen der ganzen Gesellschaft vernichten.

Wie soll nun geholfen werden?

Man hat von verschiedenen Seiten empfohlen, den unhaltbaren Zustand gewissermaßen im Wege der Selbsthilfe zu beseitigen und dieser Weg würde ja gewiß in erster Linie uns Genossenschaftern der sympatischste sein, wenn er wirklich zum Ziele führen könnte: Herr Kollege Dr. Breit-Dresden hat den Vorschlag gemacht, die Banken sollten in ihren Geschäftsbedingungen die Bestimmung aufnehmen, daß der Kunde der Bank sich im voraus verpflichtet, allen Schaden zu ersetzen, der der Bank dadurch entsteht, daß der Kunde später in unerkennbare Geisteskrankheit verfalle. Zunächst müßte eine derartige Geschäftsbedingung dem Kunden gegenüber wirkungslos bleiben, der schon zur Zeit des Beginnes der Geschäftsverbindung geisteskrank war. Dann aber ist mit Recht darauf hingewiesen worden, daß diese Vertragsbestimmung bei der einseitigen Aufnahme in die Vertragsbedingungen erst durch jedes einzelne mit der Bank abzuschließende Rechtsgeschäft mit dessen Abschluß rechtswirksam würde. Ist nun der Kunde vor den späteren Einzelgeschäften geisteskrank geworden, so ist es mindestens sehr zweifelhaft, ob die empfohlene Vertragsklausel irgend welche rechtliche Bedeutung hat. Daß aber eine Bank sich von einem Kunden sofort vertraglich Schadenersatz aus seiner späteren Geisteskrankheit schriftlich zubilligen lassen soll, erscheint mir so gut wie ausgeschlossen: Die Bank wird mit einem derartigen Ansinnen nicht hervortreten können und der Kunde würde sich höflich dagegen verwahren, daß man sofort bei Beginn der Geschäftsverbindung mit der Möglichkeit seiner künftigen Geisteserkrankung rechnet. Auf dem Wege der Selbsthilfe kann also meines Erachtens praktisch nichts erreicht werden.

Eine Aenderung der Rechtsprechung könnte ja vielleicht einmal eintreten und es sind aus Juristenkreisen sehr beachtenswerte Wege gezeigt worden, auf denen die Rechtsprechung auch unter der heutigen Gesetzgebung zu einem einigermaßen befriedigenden Ergebnis gelangen könnte. Es darf dabei aber nicht verkannt werden, daß in allen diesen Vorschlägen dem bestehenden Gesetze nach Wortlaut und Sinn Gewalt angetan wird und daß auch das Resultat, zu dem diese Vorschläge gelangen, noch recht viel zu wünschen übrig läßt. Es dürfte sich hier aber erübrigen, auf diese einzelnen Vorschläge einzugehen: Die Kritik der heutigen Rechtsprechung muß wohl den Juristen überlassen bleiben. Zur Zeit sind diese Vorschläge beim höchsten deutschen Gerichtshofe eben nicht durchgedrungen und die bisherige Rechtsprechung rechtfertigt die Vermutung, daß eine Aenderung in dieser Rechtsprechung vorerst auch nicht eintreten wird.

Zur wirksamen Abhilfe bleibt also nur der Weg einer Gesetzesänderung. Wie diese Aenderung stattfinden und welche juristische Konstruktion ihr zu Grunde gelegt werden soll, werden wir wohl auch wieder den Juristen überlassen müssen: Es sind aber bereits verschiedene Vorschläge gemacht worden, die wir immerhin in ihrer wahrscheinlichen Wirkung auf das praktische Geschäftsleben einer kurzen Betrachtung unterziehen dürfen:

Der praktische Engländer steht nach einer Entscheidung auf dem Standpunkt, daß Verträge geisteskranker Personen nur dann angefochten werden können, wenn der andere Vertragsteil z. Z. des Vertragsschlusses Kenntnis davon hatte, daß der Gegenkontrahent geisteskrank und infolgedessen unfähig sei, die Folgen seiner Willenserklärung zu übersehen.

Das in einem großen Teile Deutschlands bis zum 1. Januar 1900 sanktionieren, können doch unmöglich vorher von dem Vertragsgegner des Geisteskranken in Erwägung gezogen werden: Die Bank kann nicht prüfen, ob ihr Kunde in einem bestimmten Zeitpunkt einen vernünftigen Grund hat, Geld abzuheben oder Wertpapiere zu verkaufen bezw. anzukaufen. Sie würde also trotz dieser dem Richter erteilten weitgehenden Befugnis immer Gefahr laufen, daß das Rechtsgeschäft für nichtig erklärt und ihr dadurch erheblicher Schaden zugefügt wird.

Unser B. G. B. hat in Fällen, wo ein Geisteskranker ohne in ein Vertragsverhältnis mit einem anderen zu treten, diesen durch sog. Deliktshandlungen Schaden zufügt, in § 829 bestimmt, daß dieser Schaden insoweit zu ersetzen ist, als die Billigkeit nach den Umständen, insbesondere nach den Verhältnissen der Beteiligten, eine Schadloshaltung erfordert und dem Geisteskranken nicht die Mittel entzogen werden, deren er zum standesmäßigen Unterhalt, sowie zur Erfüllung seiner gesetzlichen Unterhaltspflichten bedarf. Man hat darauf hingewiesen, daß der Gesetzgeber nicht konsequent war, wenn er hier eine Schadensersatzpflicht des Geisteskranken feststellt, während er bei Schädigung durch Vertragsschluß eine solche Schadensersatzpflicht ausschließt und man hat empfohlen, eine dem § 829 nachgebildete Gesetzesvorschrift auch für die uns beschäftigenden Fälle zu schaffen. Es ist in der Tat die Unterscheidung des Gesetzgebers schwer verständlich, was Sie am besten aus folgendem Beispiel entnehmen wollen: Ein unerkennbar Geisteskranker kauft in einem Geschäfte eine kostbare Vase gegen bar und wirft sie dann auf die Straße, daß sie zerbricht; der Kauf ist nichtig, der Kaufmann muß den ihm bezahlten Kaufpreis herausbezahlen, ein Anspruch gegen den Geisteskranken steht ihm nicht zu, da dieser durch den Kauf der Vase ja nicht bereichert ist. Ein anderer Geisteskranker stürzt in einem Anfalle von Tobsucht in den Laden herein und zerschlägt mit seinem Stock die kostbare Vase: Der Richter wird ihn, wenn er sonst in guten Vermögensverhältnissen ist, verurteilen, den Schaden ganz oder teilweise zu ersetzen, je nachdem es die Billigkeit erheischt. Für die deliktisch begangenen Schadenshandlungen mag die Vorschrift des § 829 genügen, zur unbedingt nötigen Behebung des heutigen Zustandes von Rechtsunsicherheit auf dem Gebiete des Vertragsrechtes genügt sie aber meines Erachtens nicht. Die Erfahrung lehrt, daß der Richter bei der Beantwortung der Billigkeitsfrage sich nur zu sehr von dem Mitleid und den Rücksichten gegen den Geisteskranken leiten läßt. Eigentum, Gesundheit, Leben wird und kann jeder vorsichtige Mensch in weitgehender Weise schützen. Er wird hierbei nicht blos mit Handlungen Unzurechnungsfähiger, sondern auch mit solchen mitteloser Verbrecher rechnen müssen, gegen die ihm das Gesetz einen wirksamen Schutz überhaupt nicht zuteil werden läßt. Gegen die Schädigung durch einen unerkennbar Geisteskranken bei Vertragsschlüssen kann sich aber die Geschäftswelt absolut nicht schützen und es muß deshalb ihr Ersatzanspruch gegenüber dem Geisteskranken ein weit wirksamerer und insbesondere nicht von Billigkeitsrücksichten abhängiger sein.

Der einzig wirksame Weg, der auch in den Resolutionen des Deutschen Handelstages und des Bankiertages empfohlen wurde, ist die analoge Anwendung des § 122 des B. G. B., der im Falle der Nichtiggeltende französische Recht ließ die Anfechtung derartiger Rechtsgeschäfte nur zu, wenn der Krankheitszustand des einen Vertragsteils z. Z. des Geschäftsabschlusses allgemein bekannt oder doch aus dem Inhalt des abgeschlossenen Rechtsgeschäftes offensichtlich hervorging, oder wenn der kranke Teil vorher gerichtlich entmündigt war. Eine derartige Gesetzesbestimmung würde wohl am wirksamsten den gutgläubigen Vertragschließenden vor den Folgen einer unerkannten Geisteskrankheit schützen, wenn dabei auch nicht verschwiegen werden kann, daß nach dem deutschen Recht die Entmündigung wegen Geisteskrankheit nicht veröffentlicht also der Geschäftswelt in manchen Fällen gar nicht bekannt wird; immerhin könnte man sich dadurch schützen, daß man rechtzeitig Erkundigungen einzieht, wodurch eine etwa erfolgte Entmündigung leicht festgestellt werden könnte.

In einem hochinteressanten Aufsatze hat der Geh. Justizrat Dr. Danz-Jena sich im Berliner Tageblatt vom 24. Juni abhin mit dieser Frage beschäftigt und den Nachweis zu erbringen versucht, daß auch bei der heutigen Gesetzgebung der Schutz des Geisteskranken, der in der Nichtigkeit der von ihm abgeschlossenen Rechtsgeschäfte zu finden ist, seine Grenze darin finden muß, daß nur solche Rechtsgeschäfte nichtig wären, die unzweifelhaft auf die Erkrankung zurückzuführen sind, nicht aber solche, die auch ein vollständig gesunder und vernünftiger Mensch genau ebenso abgeschlossen hätte. Er beruft sich auf eine angeblich analoge Bestimmung des B. G. B. in § 119, wonach die Anfechtung eines Rechtsgeschäftes wegen Irrtums auch nur dann zulässig ist, wenn nach Annahme des Richters der im Irrtum Befangene die zum Vertrag führende Willenserklärung bei Kenntnis der wirklichen Sachlage und bei verständiger Würdigung des Falles nicht abgegeben hätte. Es soll also genau wie im Falle des Irrtums dem Richter auch bei den Verträgen mit Geisteskranken das Recht zuerkannt werden, nachzuprüfen, ob nicht das fragliche Rechtsgeschäft auch von einem verständigen Menschen bei Kenntnis der wirklichen Sachlage so abgeschlossen worden wäre, wie der Geisteskranke es wirklich abgeschlossen hat. Würde diese Frage vom Richter bejaht, so wäre das Rechtsgeschäft aufrecht zu erhalten. So beachtenswert diese Ausführungen sind, so scheint mir doch dieser vorgeschlagene Weg zu einem Ziele nicht führen zu können und zwar auch nicht dann, wenn eine bezügliche Gesetzesänderung vorgenommen würde, die meines Erachtens unbedingt notwendig wäre. Zunächst ist es doch ein gewaltiger Unterschied, ob ein vollständig gesunder Mensch, der seinen Willen frei bestimmen kann, sich über einen Teil seiner Willenserklärung in einem Irrtum befindet und nun der Richter nach Prüfung des ganzen Sachverhältnisses erkennt, daß der nämliche Mensch auch ohne den Irrtum genau ebenso disponiert hätte, oder ob ein zur freien Willensbestimmung ganz unfähiger Mensch eine zum Vertrag führende Erklärung abgibt und nun der Richter durch sein Urteil diese rechtlich doch gar nicht existierende Willenserklärung ergänzen soll.

Des weiteren aber würde durch eine derartige Gesetzesvorschrift die bestehende Rechtsunsicherheit keineswegs behoben. Die Momente, die den Richter nachträglich bestimmen würden, ein solches Rechtsgeschäft zu keit wegen Irrtums bestimmt, daß der irrende Vertragsteil dem anderen, der auf die Gültigkeit der Willenserklärung vertraut, den Schaden zu ersetzen hat, jedoch nicht über den Betrag des Interesses hinaus, welches der andere an der Gültigkeit der Erklärung hat. Diese Schadensersatzpflicht soll nur dann nicht eintreten, wenn der andere Vertragsteil den Grund der Nichtigkeit kannte oder infolge von Fahrlässigkeit nicht kannte. Würde die gleiche Schadensersatzpflicht auch im Falle der Nichtigkeit wegen Geisteskrankheit festgesetzt, dann wäre in allen im Lauf meines Vortrags erwähnten Fällen wirksame Abhilfe geschaffen. Nur wenn der Geisteskranke seine Verfügungen bei der Bank nicht aus eigenem Vermögen, sondern auf Grund eines ihm gegen Sicherheitsleistungen gewährten Kredites in Anspruch genommen hätte, wäre es zur völligen Sicherstellung der Bank noch erforderlich, daß in den Pfandverträgen, Hypothekbestellungen und Bürgschaftsscheinen noch die weitere Bestimmung Aufnahme fände, daß die Sicherheit auch für allen aus der Geschäftsverbindung der Bank entstehenden Schaden hafte.

Ich bin zum Schluß gelangt, hoffe Sie mit meinen Ausführungen im Großen und Ganzen einverstanden und ersuche um Annahme der vom Pfälzischen und Schlesischen Verbande gestellten Anträge.

(Lebhafter Beifall.)

Vorsitzender Verbandsdirektor Justizrat Dr. Alberti-Wiesbaden: Ich eröffne die Besprechung und frage, wer sich zum Wort meldet. — Die Ausführungen des Herrn Berichterstatters scheinen ja alle von der Notwendigkeit einer Aenderung überzeugt zu haben, da sich niemand zum Wort meldet. Es liegen jetzt zwei Anträge vor: der erste des Verbandes Pfälzischer Erwerbs- und Wirtschaftsgenossenschaften, der m. E. der weitergehende ist, denn er gibt gewisse Direktiven für die Aenderung an, während der zweite, der Antrag des Schlesischen Verbandes, im allgemeinen eine Aenderung für erforderlich hält. Ich stehe auf dem Standpunkt, daß mit der Annahme des Pfälzischen Antrages der Schlesische Antrag erledigt ist. — Dagegen erhebt sich kein Widerspruch. Dann kommen wir zur Abstimmung. Ich stelle zunächst den Antrag des Pfälzischen Verbandes zur Abstimmung. Ich bitte diejenigen, die für Annahme des Antrages sind, die Hand zu erheben.

(Geschieht.)

Ich stelle die Annahme des Antrages fest. Ich glaube, er ist einstimmig angenommen worden.

Es ist mir der Wunsch ausgesprochen worden, zunächst

VIII. Beschlußfassung über den Ort des nächsten Genossenschaftstages

vorweg zu nehmen. Ich stelle diesen Punkt der Tagesordnung hier vor und bitte um Wortmeldungen.

Direktor **Bornschier**-Mainz: Meine sehr geehrten Herren! Namens des Aufsichtsrates und Vorstandes der Mainzer Volksbank möchte ich Sie bitten, als Ort des nächsten Genossenschaftstages Mainz bestimmen zu wollen.

(Bravo!)

Wir wären sehr erfreut, wenn Sie dieser Einladung Folge leisten wollten. Ich kann Ihnen dabei die Versicherung geben, daß wir Mainzer alles aufbieten werden, Ihnen den Aufenthalt in der Rheinstadt so angenehm wie möglich zu gestalten. Daß Mainz in der Lage ist, so viel Besucher gut zu beherbergen, darüber gibt ein Büchlein des Mainzer Verkehrsvereins, das ich auf den Tisch des Hauses niederlege, und das zu jedermanns Einsicht offen liegt, Aufschluß.

Ich bitte Sie also, m. H., nochmals, vereinigen Sie Ihre Stimmen auf Mainz. In dieser Annahme rufe ich Ihnen schon heute zu: auf frohes Wiedersehen in Mainz am schönen deutschen Rhein!

(Lebhafter Beifall.)

Vorsitzender Verbandsdirektor Justizrat Dr. **Alberti**-Wiesbaden: Meine Herren! Als Direktor des Verbandes, dem Mainz angehört, des Verbandes der Erwerbs- und Wirtschaftsgenossenschaften am Mittelrhein, erlaube ich mir, die Annahme des Antrages recht lebhaft zu befürworten. Ich bin der festen Ueberzeugung, daß wir in Mainz eine ganz vorzügliche Aufnahme finden werden und daß der Genossenschaftstag in Mainz sich würdig allen anderen vorhergegangenen anreihen wird. — Das Wort wird weiter nicht gewünscht. Dann lasse ich über den Antrag abstimmen. Ich bitte diejenigen, welche dafür sind, die Hand zu erheben.

(Geschieht.)

Ich stelle auch hier die einstimmige Annahme des Antrages fest.

Wir können in unserer Tagesordnung fortfahren und kommen zu:

III. Bericht über die Fürsorgekassen des Allgemeinen Verbandes.

Berichterstatter Direktor **L. Stüben**-Berlin: Meine Herren! Der Genossenschaftstag des Allgemeinen Verbandes nahm im Jahre 1908 in Frankfurt a. M. nach einem Referat des Herrn Otto-Stettin folgenden Antrag einstimmig an:

„Der Allgemeine Genossenschaftstag wünscht bei der gesetzlichen Regelung der staatlichen Zwangsversicherung der Privatbeamten die Ruhegehaltskasse und die Witwen- und Waisen-

Pensionskasse deutscher Erwerbs- und Wirtschaftsgenossenschaften als Ersatzinstitute zugelassen zu sehen."

Auf dem Genossenschaftstag in Stettin wurde 1911 mitgeteilt, daß die Generalversammlung der damaligen Ruhegehaltskasse und der Witwen- und Waisen-Pensionskasse die Fusion der beiden Kassen beschlossen habe, unter der Annahme, daß diese Vereinigung der beiden Kassen nötig sei, um mit wuchtigerem Erfolg den Antrag zu stellen, daß die neu gegründete Allgemeine Versorgungskasse als Ersatzkasse zuzulassen sei. Inzwischen kamen die Verhandlungen des Reichstages, die am 5. Dezember 1911 alle Hoffnungen für die Kasse, als Ersatzkasse zugelassen zu werden, beseitigten. Ich brauche wohl nicht näher auf die damaligen Verhandlungen einzugehen. Sie finden sich in den Blättern für Genossenschaftswesen jener Zeit getreulich wieder. Alles, was mein unvergeßlicher Amtsvorgänger, der verstorbene Schatzmeister Hugo Jäger und der Allgemeine Verband mit ihm von der Zukunft der Allgemeinen Versorgungskasse erwarteten und wofür Jäger bis zum letzten Hauch seines Lebens gewirkt hat, war mit einem Schlage vernichtet.

Obwohl unser Plan gescheitert war, die Allgemeine Versorgungskasse als Ersatzkasse zugelassen zu sehen, war die Fusion der beiden Kassen doch einmal angenommen worden. Und das war sehr gut. Wir würden diese Vereinigung der Ruhegehaltskasse und der Witwen- und Waisen-Pensionskasse sonst durch die diesjährige Generalversammlung haben vornehmen lassen müssen.

Es galt nunmehr, nachdem die Möglichkeit, aus der Allgemeinen Versorgungskasse ein Ersatzinstitut zu schaffen, beseitigt war, die Anpassung der Kasse an das Versicherungsgesetz für Angestellte zu finden. Dazu standen zwei Wege offen. Entweder wir beschränkten uns darauf, die Kassen für die bisherigen, nach dem Versicherungsgesetz zum Teil nicht versicherungspflichtigen Mitglieder bestehen und allmählich immer kleiner werden zu lassen, da der Kreis der nicht Versicherungspflichtigen nicht bedeutend genug war, oder wir mußten die bessere Versorgung für sämmtliche Angestellten der Genossenschaften und ihre Hinterbliebenen, die das Reich nur in kärglichem Maße bieten konnte, auf unsere Fahne schreiben.

Schon auf dem vorjährigen Genossenschaftstag in München konnte ich mitteilen, daß die Generalversammlung den Vorstand der Allgemeinen Versorgungskasse beauftragt hatte, die weiteren Versuche, diese bessere Versorgung der Angestellten der Genossenschaften fortzusetzen und eine Zuschuß- oder Ergänzungskasse ins Leben zu rufen. Gemäß dieser Beschlußfassung setzten Vorstand und Aufsichtsrat der Allgemeinen Versorgungskasse sich mit dem Kaiserlichen Aufsichtsamt für Privatversicherung und mit der Reichsversicherungsanstalt für Angestellte in Verbindung, indem sie nach langwierigen Vorverhandlungen den Entwurf einer neuen Satzung dem Aufsichtsamt einreichten. Nach einer umfangreichen Korrespondenz und nach vielen Verhandlungen durch den Herrn Anwalt und mir, wurde über die neue Satzung in ihren Grundzügen eine Einigung erzielt.

Ich kann Ihnen kurz mitteilen, m. H., daß die Angliederung einer Zuschußkasse neben den bis jetzt bestehenden Abteilungen der Ruhegehaltskasse und der Witwen- und Waisen-Pensionskasse von der gestern stattgehabten Generalversammlung der Allgemeinen Versorgungskasse beschlossen ist. Die Grundzüge der neuen Satzung ersehen Sie aus dem Ihnen vorliegenden Sonderabdruck der Blätter für Genossenschaftswesen und dem, den einzelnen Mitgliedern zugegangenen Satzungsentwurf. In der neuen Satzung soll allen Angestellten der Genossenschaften, nicht nur denen des allgemeinen Verbandes, die Möglichkeit gewährt werden die Mitgliedschaft zu erwerben.

Hervorheben will ich, daß die alte Ruhegehaltskasse und die Witwen- und Waisen-Pensionskasse vollständig in der neuen Satzung erhalten bleiben, wie dies ja selbstverständlich vorausgesetzt werden mußte. Alle nach dem Gesetz nicht versicherungspflichtigen Mitglieder können auch neue Versicherungen abschließen. Neu ist nur die Zuschußkasse für versicherungspflichtige Mitglieder.

Durch die bei der Allgemeinen Versorgungskasse nun für alle persönlichen Mitglieder und ihre Hinterbliebenen gleichmäßige Versorgung, die in ganz erheblichem Maße die der Reichsversicherungsanstalt übersteigt, ist eine Forderung erfüllt, die schon früher alle Genossenschafter mit Wärme vertreten haben. Nämlich die, den alten Genossenschaftern einen sorgenlosen Lebensabend, ihren Hinterbliebenen eine möglichst anständige Versorgung zukommen zu lassen. Die für die Zuschußkasse festgesetzten Prämien sind, besonders für die niedrigen Eintrittsalter, nicht so hoch, wie sie im allgemeinen erwartet wurden. Sie sind für die Genossenschaften und für die persönlichen Mitglieder zu erschwingen, besonders wenn man annimmt, worauf ich schon früher hingewiesen habe, daß die infolge der allgemeinen Versicherungspflicht eintretende allmähliche Verjüngung der Mitglieder die Zuschußkasse in den Stand setzt, sich mit den niedrigsten Prämien zu begnügen.

Die zehnjährige Wartezeit des Reiches zwingt geradezu dazu, durch die Zuschußkasse abgekürzt zu werden. Wir werden nach der Vollendung der fünfjährigen Wartezeit seitens der Zuschußkasse schon Renten zahlen und wer die Wechselfälle des Lebens, denen der Versicherte ausgesetzt ist, an sich vorübergleiten läßt, muß es mit Freuden begrüßen, daß auch bei abgekürzter Wartezeit dem Versicherten eine Invaliden- und Altersrente oder das Krankenruhegeld und den Hinterbliebenen des Versicherten Witwenrente und Erziehungsgeld sicher gestellt werden. Ich habe mich in den Blättern für Genossenschaftswesen dahin ausgesprochen, daß die Zuschußkasse mit ihrer besseren Versorgung die Krönung des stattlichen Gebäudes der Allgemeinen Versorgungskasse werde. Die Genossenschaften erreichen durch die geringen Aufschläge der Prämien eine befriedigende Versorgung für die ihrer Obhut Unterstehenden. Ich schließe mit den Worten: „Ein Zweifel für die Notwendigkeit der Einrichtung der Zuschußkasse kann nicht mehr bestehen!"

(Lebhafter Beifall.)

Vorsitzender Verbandsdirektor Justizrat Dr. Alberti-Wiesbaden: Ich stelle den Bericht zur Besprechung und frage, wer das Wort wünscht. —

Eine Wortmeldung erfolgt nicht. Ein Antrag ist von dem Herrn Berichterstatter nicht gestellt; der Punkt ist also erledigt.

Wir kommen zu:

IV. a) Bericht des Vorsitzenden des Engeren Ausschusses über die Tätigkeit des Engeren Ausschusses.

Dieser Punkt wird uns nicht sehr lange aufhalten. — Die Berichterstattung liegt mir ob. —

In der Frühjahrssitzung des Engeren Ausschusses hatten wir uns, abgesehen von den laufenden Geschäften natürlich, mit der so ungemein wichtigen Frage der Weiterbildung der Revision zu befassen. Was dazu Veranlassung gegeben hat, brauche ich hier nicht zu erörtern. Sie wissen, daß die Ereignisse, die in unseren und anderen Verbänden eingetreten sind, es dringend wünschenswert erscheinen lassen, die Verbandsrevision möglichst wirksam zu gestalten. Wir hatten dazu, um noch ganz besonders erfahrene Sachverständige zur Hand zu haben, die Herren Vertreter der Dresdener Bank, Herrn Direktor Malz, Herrn Direktor Kleemann und Herrn Direktor Brodführer hinzugezogen, die auch ihre Kräfte in liebenswürdiger Weise in den Dienst der Sache gestellt haben. Wir kamen nach langen Verhandlungen damals noch zu keinem bestimmten formulierten Beschluß. Sie werden aber in einem besonderen Antrage das Ergebnis unserer Besprechung im großen und ganzen wiederfinden.

M. H.! In der Zwischenzeit zwischen der Tagung des Engeren Ausschusses bis jetzt habe ich als Vorsitzender des Engeren Ausschusses und damit als Vertreter des Verbandes verschiedene Tagungen besucht, um den von Ihnen allen und uns gewünschten freundschaftlichen Verkehr mit andern Verbänden aufrecht zu erhalten. Ich habe insbesondere dem Raiffeisentag in Heidelberg und den Verhandlungen des Reichsverbandes in Wiesbaden beigewohnt und freue mich, daß wir auch hier Gelegenheit haben, die schon lange angeknüpften Verbindungen wieder fortzusetzen, indem die Verbände uns liebenswürdigerweise auch ihre Vertreter entsandt haben.

In der letzten Sitzung des Engeren Ausschusses am vorigen Sonntag fanden sehr weitgehende Verhandlungen nicht statt. Zu unserem lebhaften Bedauern waren drei Stellen des Engeren Ausschusses bei dieser Verhandlung unbesetzt, einmal die des verstorbenen Herrn Neugebauer, und weiter die der Herren Luber aus München und Kletke aus Breslau. Beide waren durch Krankheit verhindert, an den Verhandlungen teilzunehmen. Insbesondere hat sich Herr Kletke genötigt gesehen, mit Rücksicht auf ein plötzlich eingetretenes Leiden sein Amt als Mitglied des Engeren Ausschusses niederzulegen. M. H.! Ich glaube, Sie sind einverstanden, wenn ich an dieser Stelle Herrn Kletke für seine lange aufopferungsvolle Arbeit, die ihn bis in das hohe Greisenalter in unserer Mitte gehalten hat, den herzlichsten Dank ausspreche und damit die Wünsche verbinde, daß die beiden erkrankten Herren recht bald wieder in voller Gesundheit erstehen möchten.

Was die „Tätigkeit des Gesamtausschusses“ anbetrifft, dessen Sitzung am letzten Montag sogar 6 Stunden gedauert hat, so kann ich damit schon gleich zum Ausdruck bringen, daß wir recht fleißig waren. Es handelt sich dabei im wesentlichen um die laufenden Geschäfte, die namentlich durch die jetzigen Vorlagen in unseren Verhandlungen zum Ausdruck kommen.

Einen besonderen Beschluß möchte ich hier aber doch nicht unerwähnt lassen. Es hatte sich schon lange das Bedürfnis gezeigt, eine dauernde Vertretung für den Herrn Anwalt zu beschaffen. Sie wissen ja, daß wir auf unserem Bureau schon von jeher jüngere Juristen beschäftigt haben, die aber jedesmal alle nach einer gewissen Arbeitszeit in den Staatsdienst oder in sonstige Beschäftigungen zurückgetreten sind. Jetzt ist es uns gelungen, einen dieser Herren, der bereits bei uns seine genossenschaftliche Ausbildung erlangt hat, dauernd zu gewinnen und ihn an unseren Verband definitiv zu binden. Es ist dies der Ihnen ja schon lange bekannte Herr Rechtsanwalt Crecelius, der auch heute in unseren Verhandlungen mitwirkt. Ich glaube, Sie sind mit mir einverstanden, wenn ich den Wunsch und die Hoffnung ausspreche, daß diese so lange erstrebte Verbindung für den Verband recht erfolgreich und segensreich werden möge.

(Beifall.)

Das sind die Verhandlungen, von denen ich Ihnen Kenntnis zu geben habe. Ich kann mich auf diese Mitteilungen beschränken. Sollte aber einer der Herren noch eine Auskunft wünschen, so stehe ich ihm gern zur Verfügung. — Das ist nicht der Fall.

Dann kommen wir zu dem nächsten Punkt:

IV. b) Wahlen von Mitgliedern in den Engeren Ausschuß an Stelle der ausscheidenden Mitglieder (es scheiden nach dem Turnus aus: stellvertretender Verbandsdirektor Oppermann-Magdeburg und Stadtältester Kletke-Breslau und ferner Neugebauer-Breslau †).

Herr Oppermann kann wiedergewählt werden, dagegen würden für die Herren Kletke und Neugebauer neue Mitglieder zu wählen sein.

Verbandsdirektor **Wilser**-Karlsruhe: Es wird der Vorschlag gemacht, daß an Stelle von Herrn Kletke Herr Verbandsdirektor Nolte aus Lüdenscheid gewählt wird und an Stelle des verstorbenen Herrn Neugebauer Herr Verbandsdirektor Stein in Darmstadt, während bei Herrn Oppermann Wiederwahl vorgeschlagen wird.

Vorsitzender Verbandsdirektor Justizrat Dr. Alberti-Wiesbaden: Werden andere Vorschläge gemacht? Ich möchte Sie auf eine Bestimmung des § 16 unserer Geschäftsordnung aufmerksam machen. Danach kann, wenn kein Widerspruch erfolgt, die Wahl durch Zuruf vorgenommen werden. Ich stelle deshalb zunächst die Frage, ob gegen die Wahl durch Zuruf Widerspruch erhoben wird. — Das ist nicht der Fall. Erhebt sich gegen die vorgeschlagenen drei Herren Widerspruch? — Das ist auch nicht der Fall. Danach ist die

Wiederwahl des Herrn Oppermann und die Neuwahl der Herren Nolte und Stein einstimmig erfolgt. Die Herren sind also für die nächste Zeit Mitglieder des Engeren Ausschusses.

Wir gehen über zu:

IV. c) Wahlen von drei Mitgliedern in den Vorstand der Hilfskasse nach § 8 des Statuts der Hilfskasse (es scheiden aus die Herren Neugebauer † — Kurz — Wolski).

Wie mir eben mitgeteilt wird, wird die Wiederwahl der Herren Kurz und Wolski vorgeschlagen und für den verstorbenen Herrn Neugebauer Herr Direktor Goehlich aus Breslau. Ich darf auch hier die Wahl durch Zuruf vornehmen lassen, da andere Vorschläge nicht gemacht werden und ein Widersprnch sich nicht erhebt. Ich bitte diejenigen Herren, welche den drei genannten Herren ihre Stimme geben wollen, die Hand zu erheben.

(Geschieht.)

Auch hier ist die Wahl einstimmig erfolgt.

Wir kommen nun zu:

V. a) Bericht über die Prüfung der Jahresrechnung (1912), Beschlußfassung über die Anerkennung derselben und Erteilung der Entlastung.

Berichterstatter Verbandsdirektor **Feldheim**-Burg: Meine Herren! Die Rechnung des Allgemeinen Verbandes für 1912 und auch der Voranschlag für 1914 sind Ihnen bereits durch die „Blätter für Genossenschaftswesen" bekannt gegeben, und ich kann mich daher bei meinem Vortrag kurz fassen. Wie seit Jahren habe ich auch diesmal in Gemeinschaft mit unserem ältesten Kollegen, Herrn Oppermann, die Rechnung eingehend geprüft und dabei zu wesentlichen Erinnerungen keinen Anlaß gefunden.

(Beifall.)

Die Rechnung schließt ab in Einnahme mit 83 068.50 Mk., in Ausgabe mit 81 283.56 Mk., so daß ein Bestand von 1784.94 Mk. verbleibt. Es ist dies nur ein mäßiger Bestand, so mäßig, wie wir ihn seit Jahren nicht zu verzeichnen hatten; sonst konnten wir mit größeren Ueberschüssen rechnen. Aber das erklärt sich daraus, daß sich namentlich die Kosten des Jahrbuches um 1800 Mk. und die Reisen der Verbandsdirektoren, des Herrn Anwalts und seiner Stellvertreter um 1100 Mk. höher gestellt haben. Das kam hauptsächlich daher, daß wir im vorigen Jahre unseren Allgemeinen Genossenschaftstag in München hatten, wodurch bedeutend höhere Kosten erforderlich waren, als wir im Voranschlag vorgesehen hatten.

Weiter hat wohl Interesse für uns, zu erfahren, welche Beiträge die einzelnen Genossenschaften im Jahre 1912 geleistet haben. Wir hatten im Voranschlag 71 550 Mk. vorgesehen. Es sind eingekommen 74 288.50 Mk. Hierbei sind beteiligt die Kreditgenossenschaften mit 62 377.91 Mk., die Konsumvereine mit 6750.07 Mk., die Baugenossenschaften mit 3820.87 Mk. und andere Genossenschaftsarten unseres Allgemeinen Verbandes mit 1339.65 Mk.

Ich muß an dieser Stelle betonen, daß wir laut einem Beschluß des Allgemeinen deutschen Genossenschaftstages die Wertpapiere, welche wir besitzen, zu dem Wert einstellen, den wir bei der Anschaffung bezahlt haben. Würde man den Wert einstellen, der am 31. Dezember 1912 geltend war, so würden wir allerdings mit 11 193 Mk. weniger zu rechnen haben. Aber wir sagten uns bisher: der Allgemeine Verband braucht seine Papiere nicht zu verkaufen, wir können, namentlich da es stets so gehandhabt ist, es auch vorderhand weiter tun. Nun sind allerdings im Gesamtausschuß Bedenken dagegen erhoben, und wir haben uns dahin schlüssig gemacht, vom nächsten Jahre ab diese Papiere nur zu dem Werte einzustellen, den sie am 31. Dezember haben. Denn wir sind der Meinung, daß wir unseren Genossenschaften nicht mit einem schlechten Beispiel vorangehen dürfen.

(Sehr richtig!)

Wir haben weiter geprüft, ob die Papiere, welche einen Nennwert von 121 000 Mk. haben, auch vorhanden sind. Das war der Fall. Der Depotschein wurde uns vorgelegt. Weiter haben wir im Bureau des Herrn Anwalts festgestellt, ob der ermittelte Kassenbestand vorhanden war. Das war auch der Fall.

Bei den Ausgaben habe ich mitzuteilen — was für Sie von Interesse sein wird —, daß das Werk „Schulze-Delitzsch's Schriften und Reden“ nach dem, was uns damals mitgeteilt worden ist, einen Kostenbeitrag von ca. 40 000 Mk. erfordern dürfte. Die Kosten stellen sich nach der Berechnung, welche uns der Herr Anwalt in der Sitzung des Gesamtausschusses aufgemacht hat, auf 44—45 000 Mk. Bezahlt sind bis jetzt davon ca. 21 000 Mk., so daß ungefähr noch 24 000 Mk. zu decken sein würden.

Der Name „Thorwart“ wurde heute wiederholt erwähnt. Einmal von unserem Herrn Vorsitzenden und weiter von unserem Herrn Anwalt in seinem Bericht. Ich muß als Finanzreferent des Allgemeinen Verbandes den Namen hier noch einmal erwähnen; denn ich habe mitzuteilen, daß die Erben Thorwarts auf jedes Honorar für seine umfangreiche Tätigkeit verzichtet haben. Wir müssen das umsomehr anerkennen, als Ihnen ja bereits mitgeteilt ist, in welcher Weise Thorwart für das Werk von Schulze-Delitzsch tätig war. Wir alle wissen, daß es ohne ihn kaum zustande gekommen wäre.

Das wäre, was ich Ihnen über die Revision der Rechnung des Allgemeinen Verbandes mitzuteilen habe. Ich beantrage namens des Gesamtausschusses, dem Herrn Anwalt Entlastung zu erteilen.

Vorsitzender Verbandsdirektor Justizrat Dr. Albertt-Wiesbaden: Wird das Wort gewünscht? — Das geschieht nicht. Dann bringe ich den Antrag zur Abstimmung und bitte diejenigen, welche für den Antrag auf Entlastung sind, die Hand zu erheben.

(Geschieht.)

Der Antrag ist angenommen.

Wir gehen über zu:

V. b) Bericht über die Einnahmen und Ausgaben für das Jahr 1914.

Berichterstatter Verbandsdirektor **Feldheim**-Burg: M. H.! Ich käme nunmehr zu dem Bericht über den Voranschlag für 1914. Der Voranschlag für 1913 schloß ab mit 79 100 Mk. Für 1914 schließt er ab mit 84 050 Mk. Das ist eine Steigerung von ungefähr 5000 Mk. Die Steigerung rührt in der Hauptsache aus der Position „Gehälter" her, die im vorigen Jahre mit 21 300 Mk. angenommen wurde und in diesem Jahre 24 000 Mk. beträgt. Der Grund dafür ist Ihnen schon mitgeteilt worden. Er liegt hauptsächlich in der Anstellung des Herrn Stellvertreters für den Herrn Anwalt.

Weiter erfordert das Jahrbuch mehr an Kosten gegen das Vorjahr 2000 Mk. Im vorigen Jahre waren eingestellt 12 300 Mk., in diesem Jahre 14 300 Mk. Alle anderen Positionen haben sich wenig geändert. — Ich beantrage daher namens des Gesamtausschusses, den Voranschlag, wie er Ihnen in den „Blättern für Genossenschaftswesen" und in dem hier ausgelegten Sonderabdruck unterbreitet ist, anzunehmen.

Vorsitzender Verbandsdirektor Justizrat Dr. **Alberti**-Wiesbaden: Auch hier meldet sich niemand zum Wort. Dann bringe ich auch diesen Antrag zur Abstimmung und bitte diejenigen Herren, welche dafür sind, die Hand zu erheben.

(Geschieht.)

Der Antrag ist angenommen.

Wir kommen dann zu:

VI. Beschlußfassung über die Aufnahme von Mitgliedern in den Allgemeinen Verband nach § 4 des Statuts des Allgemeinen Verbandes.

Anwalt Dr. **Crüger**: Es handelt sich um die Aufnahme einer Baugenossenschaft, der Gartenstadtgesellschaft m. b. H. zu Scopau, die sich bereit erklärt hat, dem Unterverbande der Baugenossenschaften Deutschlands beizutreten. Die Genossenschaft ist nach den für uns maßgebenden Grundsätzen organisiert. Ich empfehle, die Aufnahme in den Allgemeinen Verband zu beschließen.

Vorsitzender Verbandsdirektor Justizrat Dr. **Alberti**-Wiesbaden: Das Wort wird nicht gewünscht. Ich bitte diejenigen Herren die dafür sind, die Hand zu erheben.

(Geschieht.)

Der Antrag ist angenommen.

Wir kommen zu:

VII. Ausschluß von Mitgliedern.

Anwalt Dr. **Crüger**: Es handelt sich um den Kreditverein e. G. m. u. H. zu Mittweida, der bisher dem Verbande der Sächsischen Kreditgenossenschaften angehört hat. Die Genossenschaft wird vielen von Ihnen dadurch bekannt sein, daß Sie um die Weihnachtszeit von dieser Genossenschaft aufgefordert werden, zur Ueberwindung der Unterbilanz ihr mit Unterstützungen behilflich zu sein. Der Verband der Sächsischen Kreditgenossenschaften hat sich in diesem Jahre entschlossen, die Genossenschaft auszuschließen, weil sie durchaus nicht dafür zu haben war, sich denjenigen Ratschlägen zu fügen, die der Verband für die Abwicklung der Geschäfte für erforderlich hält. Wir waren auf dem Verbandstage der

Sächsischen Kreditgenossenschaften der Meinung, daß es nicht im Interesse des Allgemeinen Verbandes liegt, daß eine seiner Genossenschaften — und dazu unter Berufung auf die Zugehörigkeit zu dieser Organisation! — sich von Jahr zu Jahr an die breiteste Oeffentlichkeit bittend wendet.

Wir haben hier wohl nicht nötig, in eine Erörterung der Einzelheiten einzutreten. Der Verband der Sächsischen Kreditgenossenschaften hat die Frage natürlich gründlich geprüft, und es liegt für uns wohl nur die Notwendigkeit vor, aus dem Vorgehen des Verbandes der Sächsischen Kreditgenossenschaften die Konsequenz für den Allgemeinen Verband zu ziehen.

Vorsitzender Verbandsdirektor Justizrat Dr. **Alberti**-Wiesbaden: Da Wortmeldungen nicht erfolgen, bringe ich diesen Antrag zur Abstimmung. Ich bitte diejenigen Herren, welche für den Antrag sind, die Hand zu erheben.

(Geschieht.)

Der Antrag ist angenommen.

Damit schließe ich die Vormittagssitzung.

(Schluß der Sitzung 12 Uhr 55 Minuten.)

Zweite Hauptversammlung am Mittwoch, den 20. August 1913.

(Angelegenheiten der Baugenossenschaften.)

Vorsitzender: Verbandsdirektor Landrat Berthold-Blumenthal.

Schriftführer: Verbandsdirektor Rechtsanwalt Brunner-Arolsen.

Eröffnung: Nachmittags 3 Uhr 10 Minuten.

Vorsitzender Verbandsdirektor Landrat **Berthold**-Blumenthal: Meine Herren! Ich eröffne die Sitzung. Die Baugenossenschaftssitzung des Allgemeinen Verbandes, die heute stattfindet, ist, wie das vorauszusehen war, nicht von so vielen Baugenossenschaften besucht, wie wir sie sonst die Freude hatten auf dem Genossenschaftstage zu sehen. Das liegt wohl daran, daß die Entfernung hierher ziemlich weit ist und daß Baugenossenschaften des Allgemeinen Verbandes in dieser Gegend dünn gesät sind. Ich danke den Herren, die den weiten Weg zu dieser Sitzung nicht gescheut haben, und hoffe, daß, wenn wir hier auch in kleiner Anzahl versammelt sind, wir doch durch das Gewicht unserer Beratungen ersetzen, was an Massenhaftigkeit etwa mangeln sollte.

Bei früheren Gelegenheiten habe ich davon abgesehen, offizielle Begrüßungen an die Herren bei diesen Baugenossenschaftssitzungen zu richten. Ich möchte mir aber heute doch die Freude nicht versagen, einzelne Herren hier besonders herzlich willkommen zu heißen; vor allen Dingen den Vertreter des Reichsamts des Innern, Sie, mein lieber Herr Scheidt, der Sie in einer ganz besonderen Weise von Anfang an zu uns gehört haben. Die Verbindung zwischen Ihnen und den Baugenossenschaften besteht jetzt seit 15 Jahren, wir sind Ihnen zu großem

Dank verpflichtet für das, was Sie als Verbandsrevisor für uns getan und gewirkt haben. Wir sind Ihnen zu noch größerem Danke dafür verpflichtet, daß Sie, gewissermaßen als Vermächtnis Ihrer verbandsrevisorischen Tätigkeit, uns jetzt das Handbuch für Baugenossenschaften hinterlassen haben. Wir wünschen Ihnen weiter eine ähnliche Entwicklung Ihrer Laufbahn, wie sie Ihnen bisher zu teil geworden ist, und wir bitten Sie, weiter in dem guten, kameradschaftlichen Verhältnis zu den Baugenossenschaften zu bleiben, das uns mit Ihnen bisher verbunden hat.

Ich freue mich, als Vertreter des Ministeriums der Oeffentlichen Arbeiten Herrn Rechnungsrat Bosch, unsern verehrten Freund, begrüßen zu können, und freue mich nicht minder, als Vertreter der Säugammen, die das Geld hergeben. in der Dreizahl die Herren Vertreter der Landesversicherungsanstalten Hannover, Sachsen Anhalt und Schleswig-Holstein begrüßen zu können. Es sind so viele Millionen Baugenossenschaftshypotheken da beisammen, daß man eigentlich befürchten müßte, es könnte der Fußboden unter ihnen einbrechen.

(Heiterkeit.)

Dann, verehrter Herr Dr Altenrath, habe ich die Ehre, Sie als den Vertreter des Albrechtschen Verbandes hier zu begrüßen. Wir rechnen es Ihnen hoch an, daß Sie gleich aus Ihrem Urlaub heraus mit in die Beratung eintreten.

Es ist von der Vorversammlung des Allgemeinen Verbandes bestimmt worden, daß ich hier den Vorsitz führe. Ich hoffe, daß die Herren damit einverstanden sind. — Für den Fall, daß ich in die Debatte eingreife, ist Herr Verbandsdirektor Feierabend aus München wie seit Jahren als Stellvertreter bestimmt.

Wir treten nunmehr in die Tagesordnung ein. Der erste Punkt ist:

I. Antrag des Gesamtausschusses.

In Anbetracht der Notwendigkeit einer richtigen Mietenkalkulation für alle die Baugenossenschaften, welche Wohnungen zur Vermietung an ihre Mitglieder herstellen, ist es dringend erforderlich, zu einer möglichst zutreffenden Schätzung der künftig entstehenden Reparaturkosten zu gelangen. Der auf dem Genossenschaftstage in Frankfurt a. M. angenommene Satz, wonach für Betriebskosten einschließlich Reparaturkosten mindestens 1 % des gesamten Anlagewertes der Mietshäuser in die Kalkulation einzustellen ist, erscheint nach Maßgabe der heutigen Verhältnisse zu niedrig, besonders für Genossenschaften an solchen Orten, wo mit hohen Gemeindeabgaben (Grundsteuer, Kanalisationsgebühren) gerechnet werden muß. Für Reparaturkosten allein sind 6/10 % des Grundstückswertes als Mindestsätze anzunehmen.

Ob es zum Zwecke der Niedrighaltung der von der Genossenschaft aufzubringenden Reparaturkosten angebracht ist, einen Teil der Wohnungsreparaturen dem Mieter aufzuerlegen, kann nur nach den besonderen Verhältnissen der einzelnen Genossenschaft entschieden werden. Dagegen

sollte überall schon bei Errichtung der Bauten durch solide und sachgemäße Ausführung auf die Verbilligung späterer Reparaturkosten hingewirkt werden.

Berichterstatter Geschäftsführer **Rabethge**-Berlin: M. H., auf einer ganzen Anzahl von Genossenschaftstagungen haben wir uns mit einer der allerwichtigsten Fragen für Baugenossenschaften intensiv beschäftigt, das ist die Frage der richtigen Mietenkalkulation bei denjenigen Genossenschaften, die nicht Erwerbshäuser bauen, sondern ihre Häuser im Allgemeinbesitz behalten und ihre Wohnungen nur vermieten. Ich erinnere daran, daß sowohl im Jahre 1908 auf dem Allgemeinen Genossenschaftstage in Frankfurt a. M. als 1910 in Bad Nauheim diesbezügliche Anträge uns von der Anwaltschaft unterbreitet waren, die in eingehenden Referaten behandelt und von uns angenommen wurden. Außerdem ist die Frage auf verschiedenen Verbandstagen des Verbandes der Baugenossenschaften Deutschlands erörtert, ebenso in mannigfachen Veröffentlichungen in den Bl. f. Gen. W. Auch darauf ist verschiedentlich, besonders von unserem Herrn Anwalt in seinem Referate in Bad Nauheim, hingewiesen worden, daß diese Frage der richtigen Mietenkalkulation ein ganzes Bündel weiterer Probleme in sich einschließt, von denen wir heute nur eins, allerdings vielleicht das wichtigste, herausgreifen wollen, das ist die Reparaturkostenfrage.

Nicht nur das wichtigste, sondern auch das schwierigste; denn bei der Kalkulation der Mieten stehen die anderen hierbei zu berücksichtigenden Unkosten, das sind Hypothekenzinsen, Zinsen für das eigene Kapital, Abschreibungen, Geschäftsunkosten, Rücklage für Reservefonds fest, sie können leicht und richtig in die Rechnung eingesetzt werden; der einzige Posten, der nicht fest steht, sind die unter die Betriebskosten fallenden Reparaturkosten. Diese sind nie vorher zu bestimmen, sie können nur schätzungsweise ermittelt werden, wobei sich Irrtümer schwer werden vermeiden lassen. Am häufigsten werden zu niedrige Schätzungen sein, woraus dann sehr unangenehme Folgen entstehen können. In dem Antrage des Anwalts auf dem Genossenschaftstage in Frankfurt a. M. war den neugegründeten Baugenossenschaften empfohlen, bei ihrer Mietenkalkulation für Betriebsunkosten, also einschließlich Reparaturen, mindestens 1 % des Anlagewertes der Häuser einzusetzen. Dieser Satz ist m. E. zu niedrig, sicherlich überall in den Gemeinden in denen mit hohen Steuern und Abgaben zu rechnen ist, was wohl in allen Großstädten zutreffen wird. In Berlin wird $^1/_3$ % Grundwertsteuer erhoben, ein ferneres $^1/_3$ % betragen die Kanalisationsabgaben und die Ausgaben für Gas und Wasser, $^1/_3$ % die übrigen Betriebsunkosten wie Müllabfuhr, Schornsteinfeger, Hausreinigung und Verwaltung; folglich bleibt von dem 1 % überhaupt nichts zur Deckung der Reparaturkosten übrig.

Welchen Prozentsatz sollen wir nun für Reparaturkosten in die Mietenkalkulation einzusetzen? Die Frage ist nicht leicht zu beantworten. Ich glaube sie ist generell überhaupt nicht zu beantworten, da die Ausgaben für Reparaturen bei den verschiedenen Genossenschaften sehr verschieden sein werden, verschieden nach der Bauart der Häuser, auch verschieden nach der Art und der Verschiedenheit der Ansprüche der Genossenschaftsmitglieder, auch verschieden je nach dem Domizil der Genossenschaft.

Wir müssen dankbar anerkennen, daß der Herr Anwalt seine Aufmerksamkeit fortdauernd der Frage der Reparaturkosten zugewandt und versucht hat, über die durchschnittliche Höhe derselben Klarheit zu erhalten und zu verbreiten. So hat der Herr Anwalt bereits im Jahre 1910 eine Rundfrage an 160 Baugenossenschaften gerichtet und die eingegangenen Antworten der Genossenschaften herausgenommen, die bereits längere Jahre bestanden, weil eine Baugenossenschaft die erst wenige Jahre besteht, für die Höhe der Reparaturkosten keine genügende Erfahrungen haben kann. Es waren dies 67 von den 160 und von diesen 67 Baugenossenschaften, haben nicht weniger als 19 über zu hohe Reparaturkosten geklagt, zweifellos ein hoher Prozentsatz. Alle diese Genossenschaften hatten die Reparaturkosten bei ihrer Mietenkalkulation nicht in genügender Höhe berücksichtigt, und waren nun vor die Notwendigkeit gestellt eine Mietserhöhung vornehmen zu müssen.

Sodann hat der Herr Anwalt im November des vorigen Jahres eine neue mehr ins einzelne gehende Rundfrage an 170 Genossenschaften gerichtet, die allerdings nur von etwa $^1/_3$ beantwortet worden ist. Die Reparaturkosten sollten diesmal gesondert aufgeführt werden für die einzelnen Häuser oder Baugruppen, je nach den Jahren in welchen dieselben erbaut worden sind. Die Absicht war, hierbei festzustellen, ob sich aus dem Alter der Häuser und aus den Preisen der Wohnungen Beziehungen zu der Höhe der Reparaturkosten ergeben. Nach der ersten Richtung hin scheint das Ergebnis allerdings ein negatives zu sein, es ist jedenfalls nicht festgestellt, daß die Reparaturkosten in den älteren Häusern in erheblicher Weise höher wären als in den später gebauten. Es widerspricht dieses Ergebnis allen unseren bisherigen Annahmen, wobei wir allerdings berücksichtigen müssen, daß die ganze Baugenossenschaftsbewegung relativ jung ist, so daß die Häuser, deren Alter besonders große Reparaturen nötig machte, noch nicht da sind. Von einer einzigen Baugenossenschaft liegen die Angaben vor für Häuser die schon in den Jahren 1873 und folgenden erbaut sind. Und gerade bei diesen Angaben sehen wir, daß die im Jahre 1911 ausgegebenen Reparaturkosten für in den Jahren 1902 und 1903 gebaute Häuser höhere gewesen sind als für die schon 10 Jahre früher gebauten, ja sogar höhere als für die in den Jahren 73—77 erbauten, also 30 Jahre älteren Häuser derselben Genossenschaft. Aus den Preisen der Wohnungen können wir Beziehungen zur Höhe der Reparaturkosten einwandfrei nicht feststellen, wenn es auch den Anschein hat, als ob bei einigen Genossenschaften, die vorwiegend 4 oder 5 Zimmerwohnungen bauen, die Reparaturkosten höhere sind als in den Genossenschaften die vorwiegend kleinere Wohnungen herstellen. Es läßt sich wohl erklären, daß von den Inhabern der größeren Wohnungen mehr Ansprüche für deren Instandhaltung gestellt werden, als bei den kleineren Wohnungen, dagegen ist anzunehmen, daß letztere, besonders durch die stärkere Belegung, schneller verwohnt werden.

Ich bin überzeugt, daß Häuser und ganze Baublocks mit größeren, d. h. 4, 5 und 6 Zimmerwohnungen weniger Reparaturkosten erfordern, als solche mit 1, 2 und 3 Zimmerwohnungen, schon weil ein Wohnungswechsel bei größeren Wohnungen lange nicht so häufig stattfindet, wie bei kleinen Wohnungen, und gerade durch den häufigen Wohnungswechsel wird der größte Teil aller Reparaturen hervorgerufen. Aber auch die Reparaturen während der Mietsdauer werden bei kleinen Wohnungen immer häufiger sein als bei größeren weil sich diese Reparaturen meist aus der größeren Inanspruchnahme der einzelnen Wohnräume durch die Mieter ergeben.

Die größeren Wohnungen haben in der Regel nicht mehr Insassen als die kleineren, häufig sogar weniger, und werden deswegen schon die Einrichtungen weniger in Anspruch genommen.

Bei allen Wohnungen werden stets die sogenannten Nebenräume, das sind die Küchen, Klosetts, Korridore, welche die zum gemeinschaftlichen Gebrauch bestimmten Einrichtungen haben, die meisten Reparaturen erfordern. Namentlich sind es die Küchen der kleinen Wohnungen, weil sie meistens nicht nur als Küche, sondern auch als Wohn-, Schlaf- und Waschraum benutzt, und dabei nur selten entsprechend behandelt werden, welche häufige und unverhältnismäßige Reparaturkosten beanspruchen. Auch die Reparaturen außerhalb der Wohnräume in den Treppenhäusern, Durchfahrten, Hauseingängen, Kellern, Boden und Gartenanlagen werden in Hausblocks mit kleineren Wohnungen höher sein wie in anderen Häusern, weil diese Räume durch die größere Zahl der Bewohner viel mehr in Anspruch genommen werden und hier die versehentlichen und mutwilligen Beschädigungen durch wenig oder gar nicht beaufsichtigte Kinder bedeutend größer sind.

Um nun einen Satz zu erhalten, den wir für Reparaturkosten in die Mietenkalkulation einsetzen sollen, habe ich mir das Ergebnis der letzten Rundfrage durchgearbeitet und komme auf Grund derselben dazu, Ihnen 0,6 % als Norm vorzuschlagen. Unter diesen Prozentsatz sollte bei der Kalkulation nicht heruntergegangen werden, wenn ja auch einzelne Genossenschaften weniger ausgegeben haben. Dagegen sind auch bei einer ganzen Anzahl die Kosten höher gewesen.

Ueber eins hat die letzte Rundfrage Klarheit geschaffen durch die Antworten auf die Unterfrage, wieviel von den Reparaturkosten für Anstrich von Fußböden, Türen, Fenstern, für Tapezieren und ähnliche Arbeiten verausgabt sei. Aus diesen Antworten geht hervor, was übrigens die von mir gemachten Erfahrungen vollauf bestätigen, daß die weitaus größere Hälfte, durchschnittlich 60 %, bei manchen Genossenschaften 70, 80 selbst 90 % der Reparaturkosten für diese Arbeiten aufgewendet sind, d. h. aufgewendet nur für Instandhaltung und Renovierung der einzelnen Wohnungen. Dieser Teil der Reparaturkosten ist also enorm hoch, die Ursachen sind, wie schon gesagt, in zu großen Ansprüchen und hauptsächlich in der zu geringen Seßhaftigkeit der Mieter zu suchen; eine Ursache bilden auch die schlechten Wohngewohnheiten eines großen Teiles der Mitglieder, die Angst vor frischer Luft in Verbindung mit der Unsitte des Waschens und Trocknens in der Küche; dann häufig die Unsauberkeit, wodurch schließlich die Wohnung schnell in einen Zustand gerät, daß der Mieter es selbst nicht mehr darin aushält und zieht. Es ist dies auch ein Grund der geringen

Seßhaftigkeit, häufig kommt allerdings auch der Wechsel der Arbeitsstelle als Ursache hierfür in Frage. Und bei Mieterwechsel sind die Renovierungskosten besonders groß, denn daß die Wohnung dem neuen Mieter vollständig neu hergerichtet werden muß, selbst wenn die ausziehende Partei dieselbe auch nur ein Jahr bewohnte, beweist die Erfahrung. Es sollte deshalb von den Genossenschaften versucht werden, die Seßhaftigkeit der Mieter zu vermehren; als Mittel hierzu wäre vielleicht zu erwägen, ob man solchen Mietern, welche längere Jahre in derselben Wohnung gewohnt und keine zu großen Ansprüche an Erneuerungen gestellt haben, als Prämie hierfür einen einmaligen Mietsnachlaß gewähren soll. Der Betrag wäre ihnen eventl. auf Anteilkonto gutzuschreiben. Es wäre mir interessant zu erfahren, ob in dieser Richtung schon Versuche gemacht sind.

Nach anderer Richtung sind allerdings schon radikale Mittel angewandt zur Verbilligung dieses Teiles der Reparaturkosten, indem eine Anzahl von Genossenschaften die Unterhaltungspflicht der Wohnung einfach dem Mieter auferlegt. Angewandt ist dieses Radikalmittel wohl kaum von vornherein, sondern nur dann, wenn infolge der unrichtigen Mietenkalkulation die Genossenschaft in die Zwangslage gekommen war, ihre Mieten zu erhöhen.

Um die hiermit verbundenen großen Schwierigkeiten zu vermeiden, hat man lieber die Unterhaltungspflicht der Wohnung auf den Mieter abgewälzt, es scheint, als ob diese Einführung leichter von den Mitgliedern angenommen worden ist, als dies mit einer Mietserhöhung der Fall gewesen sein würde.

Ob zu empfehlen ist, diese Praxis allgemein einzuführen, erscheint mir zweifelhaft, obgleich mir bekannt ist, daß von einzelnen Genossenschaften keine ungünstigen Erfahrungen damit gemacht worden sind. Selbstredend handelt es sich hierbei überhaupt nur um die Unterhaltungspflicht während der Dauer des Mietverhältnisses. Die Pflicht der Wohnungserneuerung bei Wechsel wird immer der Genossenschaft verbleiben, und gerade dies erfordert den größten Teil der Kosten. Als wir in Nauheim im Anschluß an das Referat unseres Herrn Anwalt über diesen Punkt debattierten, war es besonders der Vertreter einer großen Frankfurter Genossenschaft, der sich sehr scharf ablehnend gegen die Abwälzung auf die Mieter aussprach; seiner Ueberzeugung nach würde diese Praxis im Schlußeffekt die Genossenschaft noch stärker belasten. Ich glaube, daß man über diese Frage generell nicht urteilen soll, man kann nur aus den besonderen Verhältnissen heraus entscheiden, welche Praxis für die einzelne Genossenschaft zu empfehlen ist.

Jedenfalls soll man aber auf keinen Fall schon von vornherein bei der Mietenkalkulation mit einer etwa später möglichen Abwälzung der Reparaturkosten auf die Mieter rechnen.

Die Frage, ob und wie weit man schon beim Bau eines Hauses auf Ersparnisse bei den Reparaturen in der Zukunft hinwirken kann, läßt sich schwer beantworten. Selbstverständlich wird eine mehr oder weniger solide Ausführung wesentlich dabei mitsprechen, auch wird die Zeit der Herstellung und Fertigstellung des Bauwerks, also die Länge der Bauzeit, von nicht zu unterschätzendem Einfluß sein. Von ganz wesentlichem

Einfluß auf zukünftige Reparaturen wird es aber sein, daß alle diejenigen Arbeiten und Einrichtungen, welche erfahrungsgemäß später die meisten Reparaturen erfordern, in solidester Ausführung und mit bestem Material und erst dann hergestellt werden, wenn dies die ganze Beschaffenheit des Neubaues gestattet.

Zu diesen Arbeiten gehören vor allem alle Anstriche der Holzfußböden und Treppen, die Anstriche und Tapezierungen auf Wänden und Decken, die Anbringung und Aufstellung der Zapfhähne, Ausgüsse, Klosetts, Badeeinrichtungen, Beleuchtungskörper und dergleichen, da nicht selten hierbei schon beim Bezug der Häuser Reparaturen vorkommen, die durch verfrühte An- und Aufbringung entstanden sind.

Sehr oft werden Reparaturen namentlich an Anstrichen und Tapezierungen dadurch hervorgerufen, daß letztere zu kurze Zeit vor der Benutzung angefertigt werden, sodaß, trotz Verwendung guten Materials, nicht genügend Zeit zur Ausführung und Austrocknung ist.

Dies würde auch für die Einbringung der Zwischendeckungen und ihrer Schüttungen in den Balkenlagen, sowie für die Verlegung von Holzfußboden, Estriche, Linoleumbelägen usw. zutreffen. Daß bei den Dacheindeckungen besonders Wert auf solide Ausführung gelegt werden muß, ist dabei als selbstverständlich anzunehmen. Durch unsolide und billige Dacheindeckungen werden nicht allein häufige Reparaturen an den Dächern selbst, sondern auch an den Decken der darunter liegenden Wohnräume hervorgerufen.

Zum Schluß noch einige kleine Erfahrungen. Wir haben vor 25 Jahren etwa eine große Anzahl kleinerer 2 und 3 Familienhäuser gebaut, davon etwa $^3/_4$ in Ziegelsteinverblendung, $^1/_4$ mit glattgeputzten Fassaden. Letztere haben teilweise größere Kosten verursacht, weil sie schon mehrmals mit frischem Anstrich versehen werden mußten, während an ersteren so gut wie keine Renovierungsarbeiten nötig waren. Derartige Ziegelbauten sind zurzeit ja nicht mehr modern, sie sind aber am dauerhaftesten und billigsten und deshalb nur zu empfehlen.

Sodann noch eine Warnung vor der Anwendung neuerer Baumethoden oder Baumaterialien, ehe über die Güte derselben anderwärts genügende Erfahrungen vorliegen. In dieser Beziehung hat schon viel Lehrgeld gezahlt werden müssen, was bei etwas mehr Vorsicht hätte vermieden werden können. Es ist dies, wie überhaupt die ganze Frage der möglichsten Verhütung der aus Baumängeln entstehenden Reparaturkosten, ein dankbares Feld für die gemeinnützigen Bauberatungsstellen, an welche sich zu wenden allen den Genossenschaften zu empfehlen ist, die nicht über genügend erfahrene Baufachleute verfügen können. Von unserem Herrn Anwalt ist schon des öfteren eine Diskussion über Einrichtung einer bautechnischen Revisionsstelle angeregt worden, ich meine, die Bauberatungsstellen werden, gut geleitet, diese Aufgaben mit zu erfüllen haben.

(Lebhafter Beifall.)

Vorsitzender Verbandsdirektor Landrat Berthold-Blumenthal: Wir danken dem Herrn Referenten für sein Referat. Indem ich nun die Diskussion eröffne, möchte ich folgendes vorausschicken.

Dieses erste Thema, das auf der Tagesordnung der Baugenossenschaften steht, ist ein sehr nüchternes, von verhältnismäßig nicht sehr erheblichem allgemeinen Interesse. Wir haben es für unsere Pflicht gehalten, nicht blos mit besonders zugkräftigen Themen zu kommen, sondern haben geglaubt, vor allen Dingen, mögen sie unter Umständen auch ein bischen langweilig sein, solche Verhandlungsgegenstände in den Vordergrund stellen zu müssen, die auf eine solide kaufmännische Gebahrung der Baugenossenschaften hinzielen. Von der Mietenkalkulation hängt die richtige oder unrichtige Entwickelung in der Baugenossenschaft entscheidend ab. Wir haben die Erfahrung machen müssen, daß wir eigentlich ohne Ausnahme Sünder im Anfang gewesen sind. Es ist wohl keiner, der sich nicht den Vorwurf zu machen hätte, daß er anfangs die Mieten zu optimistisch kalkuliert hat. Das Eigenartige bei den Baugenossenschaften ist nun zwar, daß sie nicht aus den Erfahrungen anderer lernen, sondern nur aus eigenen schlechten Erfahrungen.

(Sehr richtig!)

Nichtsdestoweniger ist es gut, wenn bei jeder Gelegenheit gesagt wird: vorsichtig beim Kalkulieren und lieber beim Mietkalkulieren die Ausgaben nach oben abrunden als nach unten!

In diesem Sinne ist auch das heutige Thema zu verstehen. Wir können dem Herrn Anwalt, der unermüdlich nach der Richtung wirkt, und dem Herrn Referenten Dank wissen, daß sie uns auch hier wieder das Gewissen schärfen und sagen: Veranschlagt die Reparaturkosten vorsichtig und sorgfältig.

Ich möchte die Herren bitten, wenn sie sich zum Wort melden, laut und deutlich ihren Namen und Wohnort zu nennen.

Verbandsdirektor **Feierabend**-München: Meine verehrten Herren! Wenn zu diesem Punkt der Tagesordnung ich das Wort ergreife, so setze ich voraus, daß unter allen Umständen die Gebäude, die Wohnungen solide und gut hergestellt sind. Wenn ein Haus nicht solid und gut gebaut ist, ist es selbstverständlich, daß die Reparaturkosten mit der Zeit unendlich in die Höhe wachsen. Dabei unterscheide ich ausdrücklich zwischen gewöhnlichen und außergewöhnlichen Baufällen. Zu den ersteren rechne ich alle alljährlich wiederkehrenden voraussichtlichen Reparaturen, während die letzteren unvorhergesehene Baufälle betreffen. Diese außergewöhnlich anfallenden Reparaturkosten dürfen nicht als statistisches Material verwendet werden, sonst ergebe sich ein Zerrbild, das den wirklichen Verhältnissen nicht entspricht.

Nun hat — ich will nur die mir wichtig erscheinenden Punkte aus dem Referat herausgreifen — der Herr Referent in erster Linie davon gesprochen, daß es unendlich schwer sei, hier einen bestimmten Prozentsatz zu finden, der für alle Fälle genügt. Vollständig richtig, denn es wird ja viel darauf ankommen, auch wenn die Gebäude außerordentlich solid hergestellt sind, welchen Witterungseinflüssen und Einflüssen der örtlichen Lage sie ausgesetzt sind. Zum Beispiel in Städten mit einer großen Industrie, wo die Rauch- und Rußverhältnisse zerstörend auf die Bauten einwirken, wird selbstverständlich ein Haus größere Reparaturkosten erfordern, als in den ländlichen Bezirken und Städten mit geringer Industrie. Auch hat der Herr Referent darauf bezug genommen, daß man wohl einen Unterschied zwischen älteren und neueren Häusern machen müsse, er hat davon gesprochen, daß hier in den Baugenossenschaften noch nicht genügend Erfahrungen auf diesem Gebiete gesammelt werden konnten. Unsere Genossenschaft in München blickt bereits auf ein 41jähriges Bestehen zurück, und dem entsprechend haben wir auch Wohngebäude, die bereits vor vier Dezennien aufgeführt worden sind. Wenn ich hier meine Kalkulation aufstelle, so muß ich allerdings zugestehen, daß die Häuser älteren Datums prozentual viel höhere Reparaturkosten beanspruchen, als die Häuser neueren Datums.

(Referent Rabethge: Umgekehrt, Herr Direktor!)

Nein, da habe ich andere Erfahrung, d h. immer prozentual gerechnet. Ich kann das, was ich hier ausgesprochen habe, noch anderweitig belegen, nämlich mit den Schulgebäuden in München, die jetzt die Zahl 60 erreicht haben. Bei den einzelnen Schulhäusern, die vor mehr als einem halben Jahrhundert errichtet worden sind, die in keiner Weise mehr den hygienischen Anforderungen nach heutigen Begriffen entsprechen und zu Schulzwecken nicht mehr verwendet werden sollten, ist eine genaue Berechnung bezüglich der laufenden Reparaturkosten angestellt worden. Diese hat ergeben, daß die Schulgebäude älteren Datums einen höheren Prozentsatz an Reparaturkosten verursachen als die später errichteten Gebäude. Als ein wunder Punkt haben sich die den Witterungseinflüssen am meisten ausgesetzten Dachungen erwiesen; denn die Dachreparaturen verursachen in der Regel sehr hohe Kosten, ebenso die durch schlechte Dachungen hervorgerufene Lockerung der Weißdecken

Der Herr Referent hat auch davon gesprochen, ob es nicht als zweckdienlich angesehen werden könnte, daß den Mitgliedern unserer Baugenossenschaften, welche langjährige Mieter ein und derselben Wohnung sind, entsprechende Prämien zugedacht werden sollen. Der Gedanke erscheint im ersten Moment außerordentlich sympathisch. Ich weiß aber nicht, ob es im finanziellen Interesse der einzelnen Baugenossenschaft liegt, und zwar in bezug auf die Bemessung der Höhe der Prämien. Ich meine, die Feststellung der Skala für diese Prämien wird größere Schwierigkeiten bereiten und durch die festzulegenden Unterschiede bei den Mitgliedern Unzufriedenheit und den Vorwurf der Begünstigung und der Parteilichkeit hervorrufen. Wir in München haben die Uebung, wenn wir jetzt neue Gebäude herstellen, die natürlich einen viel größeren Kostenaufwand erfordern als die Häuser, die vor 20 oder 30 Jahren aber auch mit größerem Komfort ausgeführt worden sind, daß wir selbstredend für diese Wohnungen einen höheren Mietspreis beanspruchen. Wenn nun hier allzugroße Differenzen zwischen den alten und neuen Mietspreisen entstehen, so wird in der Regel ein mäßiger Prozentsatz auf die Mieten der Anwesen älterer Ordnung zugeschlagen, der sich durch die erhöhten Reparaturkosten, Erhöhung der Staatssteuern und Gemeindeumlagen rechtfertigt. Hierdurch wird auch ein billiger Ausgleich geschaffen. Immerhin sind aber die Mieten in den älteren Gebäuden verhältnismäßig billiger als in den neueren Häusern. Darin erblicke ich schon eine Prämie, die den älteren Mietern gewährt wird. Aber Geldprämien auszusetzen und sie dem Mitgliederguthaben oder in einer anderen Form den Mietern gutzuschreiben, halte ich für meine Person für nicht praktisch.

Es ist auch weiter von dem Herrn Referenten die Frage angeschnitten worden, ob es nicht zweckdienlich für die Baugenossenschaften wäre, einen Teil der Reparaturkosten den Mietern selber aufzuhalsen. Die Erfahrungen, welche die Baugenossenschaft München mit diesem Prinzip gemacht hat, waren nicht günstig. Wir haben bei der Gründung der Genossenschaft dieses Prinzip bei uns gelten lassen, wir sind aber mit der Zeit dazu gekommen, daß wir es aufgegeben haben. Der Herr Referent hat schon darauf hingewiesen, daß es selbstverständlich nicht als besonders empfehlenswert zu erachten sei, weil die Mieter in der Regel nicht die nötige Sorgfalt auf die Wohnungen verwenden, wie das im Interesse der baulichen Instandhaltung der Wohnung als notwendig erachtet werden muß. Wir hatten damals in unseren Verträgen die Bestimmung aufgenommen, daß die Mieter die Instandhaltung der Wohnung zu übernehmen haben, und daß beim Verlassen der Wohnung dieselbe den ursprünglichen Zustand erhalten muß, und nur natürliche Abnutzungen in Anrechnung gebracht werden dürfen. Nun entsteht aber die schwer zu entscheidende Frage, was ist als natürliche Abnutzung zu betrachten? Wo ist die Grenze zwischen natürlicher und unnatürlicher Abnutzung zu finden? Es ist deshalb den Genossenschaften dringendst zu empfehlen, wenn man den Mietern die Reparaturkosten nicht auferlegt und sie lediglich verpflichtet, die Wohnungen in gut baulichem, ordnungsgemäßen Zustand zu erhalten, die gesamten Reparaturkosten mit auf den Mietzins einzurechnen und durch genaue Kalkulation die Mietpreise festzustellen. Es wurde Ihnen auf Grund der Erhebungen empfohlen, für Reparaturkosten als Mindestsatz $^{6}/_{10}$ % des Anlagewertes festzulegen. Nach den Erfahrungen, die wir in München gesammelt haben, würde ungefähr dieser Satz für eine Gesamtbauanlage stimmen, nicht aber für die einzelnen Häuser. Ich möchte Ihnen deshalb empfehlen, die Anträge des Herrn Referenten anzunehmen und als Mindestsatz $^{6}/_{10}$% des Gebäudewertes bei der Mietenkalkulation in Anrechnung zu bringen.

Postsekretär **Balke**-Halle a. S. (Bauverein): Meine Herren! Ich habe mich zum Worte gemeldet, um einige Ausführungen des Herrn Referenten in etwas anderem Lichte erscheinen zu lassen. Wir haben in Halle, von dem Grundsatz geleitet, daß das Wohnen in Baugenossenschaftswohnungen nicht eine Sache für Eintagsfliegen ist, die gern mit der Wohnung wechseln, deshalb folgende Vertragsbestimmungen in unserem Mietsvertrage: Zieht ein Mieter vor Ablauf des ersten Jahres aus, so muß er 75 % der durch den Mietswechsel entstehenden Reparaturkosten der Baugenossenschaft ersetzen; zieht er vor Ablauf des zweiten Jahres, so hat er 50 %, zieht er vor Ablauf des dritten Jahres, 25 % zu ersetzen, und erst wenn er länger als drei Jahre in der Wohnung wohnt, kann er ungehindert ausziehen. Es ist das im Interesse der Genossenschaft gelegen; denn wie kommt die Genossenschaft dazu, für einzelne Leute, die gern mit der Wohnung wechseln, fortgesetzt große Ausgaben zu zahlen? Natürlich ist das immer nur möglich, wenn Angebot und Nachfrage auf dem Wohnungsmarkte für den Mieter nicht sehr günstig sind; aber das ist Voraussetzung für das Bestehen einer Baugenossenschaft überhaupt. Sind die Wohnungsverhältnisse in einer Stadt günstig, so liegt kein Grund vor, eine Baugenossenschaft zu gründen. Dieser Standpunkt muß als feststehend vertreten werden, weiter ist in Anspruch zu nehmen, daß auch die Baugenossenschaft den tatsächlichen Verhältnissen auf dem Wohnungsmarkte fortgesetzt Rechnung trägt. Ich stehe fortgesetzt mit dem städtischen Amte in Halle in Verbindung und unterrichte mich über den Stand auf dem Wohnungsmarkt. Jedes Jahr findet eine Zählung der leerstehenden Wohnungen statt, und auf Grund dieser Feststellungen richtet unsere Baugenossenschaft ihre Bautätigkeit ein.

Wir führen über jede Wohnung genau Buch, was sie uns zu unterhalten kostet. Sind Mieter darunter — das kommt auch bei uns vor — die die Kasse der Genossenschaft übermäßig in Anspruch nehmen, dann wird ihnen gesagt, wenn das nicht aufhört, werden wir die Miete steigern. Das kann selbstverständlich nur dann mit Erfolg geschehen, wenn keine sehr günstigen Wohnungsverhältnisse für den Mieter vorhanden sind.

Das trifft auch bezüglich eines dritten Punktes zu, daß man bei jedem Mieterwechsel verlangt, daß die Wohnung vollständig neu hergerichtet wird. Wir machen das nicht, und es ist uns noch nie schwer geworden, die Wohnungen zu vermieten; im Gegenteil, es liegt fortgesetzt eine große Anzahl von Vormerkungen vor, auch auf die Gefahr hin, daß die Wohnung nicht in allen ihren Teilen instand gesetzt ist. Es kommt aber darauf an, daß die Baugenossenschaft nicht über das wirkliche Bedürfnis hinaus Wohnungen schafft. Ich meine, nach diesem Rezept lassen sich die Kosten für die Instandhaltung schon wesentlich herabmindern. Ich stimme den Ausführungen des Herrn Referenten, daß der Satz von 0,6 % notwendig ist, durchaus zu und bitte Sie auch meinerseits, den Antrag anzunehmen.

Vorstandsmitglied Oberpostsekretär **Pinck**-Metz (Baugenossenschaft von Beamten in Metz und Umgegend, e. G. m. b. H.): Meine Herren! Ich wollte eine Erfahrung uns unserer Baugenossenschaft mitteilen, die sich auf die eben erörterte Angelegenheit bezieht. Wir haben bei einem Baublock seit 5 Jahren gefunden, daß die Betriebsunkosten fortgesetzt stiegen und sich schließlich höher stellten, als sie von vornherein berechnet waren. Wir wollten unsere Mieter durch eine allgemeine plötzliche Mietserhöhung, die im übrigen auch noch nicht unbedingt notwendig war, nicht beunruhigen. Da hat der Vorstand beschlossen, daß wir fortan bei jedem neu einziehenden Mieter 6 % zur Miete schlagen. Wir sind eine Beamten-Baugenossenschaft, die Mieter wechseln häufig, so daß schon nach 6—7 Jahren in etwa 50 % der Wohnungen die Mieter neu einzogen oder umgezogen sein werden. Auf diese Weise erhöhen wir die Mieteinnahme allmählich, und die alten Mieter bleiben berechtigterweise vor einer Steigerung bewahrt. So wird m. E. auf zweckmäßige Art eine Erhöhung der laufenden Einnahme erreicht und dadurch wirtschaftlich den größeren Betriebsunkosten dauernd Rechnung getragen.

Mader-München, Mitglied der „Baugenossenschaft München von 1871“: Meine Herren, ich bin mit dem vorgeschlagenen Satze einverstanden und möchte Ihre Aufmerksamkeit auf einen neuen Punkt richten. Eine Baugenossenschaft fängt mit 10 neuen Häusern ihren Betrieb an. Sie kalkuliert ihre Mieten richtig nach dem vorgeschlagenen Satze. Die für Reparaturen angesetzte Quote kommt im Reingewinn zum Ausdruck, da Reparaturen bei den Häusern nicht notwendig waren. Wenn nun die Mitglieder den hohen Reingewinn sehen, so werden sie mit Anträgen verschiedener Art kommen, daß der Reingewinn ihnen in Gestalt von Dividende, Wohnungsermäßigung usw. zu statten kommt. Wird diesen Anträgen entsprochen, so werden, wenn in 10 bis 15 Jahren sich größere Reparaturen notwendig machen, trotz der richtigen Mietenkalkulation die Mittel zur Reparatur nicht vorhanden sein. Ich glaube deshalb, daß der Antrag, wie er vom Gesamtausschuß vorliegt, nach dieser Seite einer Ergänzung bedarf, dahingehend, daß bei Neubauten von Anfang an der Satz für Reparaturen in Reserve zu stellen ist. Nur auf diese Weise werden die Mittel zur Deckung größerer Reparaturen, wenn sie nach 10 bis 15 Jahren oder später notwendig werden, auch wirklich vorhanden sein.

Ich komme nun auf einen anderen Punkt. Der Herr Referent hat ausgeführt, bei Einführung neuer Baumittel solle man sehr vorsichtig sein. Ich kann ein Beispiel erzählen, das sehr lehrreich ist Wir haben vor 10 Jahren bei Neubauten eine neue Dachung eingeführt. Nach 3—4 Jahren stockten die Latten infolge dieser neuen Art der Dachung. Das ganze Dach fing an zu rutschen und so mußten sämtliche Häuser neu umgedeckt werden. Und das ist einem so erfahrenen Baugenossenschaftler wie Herrn Direktor Feierabend passiert. Jetzt sind die Dachungen heruntergerissen worden, es mußte mittels sogenannter Luftziegel dem Uebelstand abgeholfen werden. Wie lange das dauert, wissen wir selbstverständlich noch nicht; das wird erst die Erfahrung der nächsten Jahre lehren. Infolgedessen ist es auch nicht richtig, daß uns die alten Häuser mehr an Reparaturen kosteten als die neuen. Es ist ja selbstverständlich, daß, wenn Häuser 40 Jahre stehen, sie einmal auch größerer Reparaturen bedürfen Aus diesem Beispiel sehen Sie, daß ein technisches Bureau als beratende Stelle für solche Neueinführungen sehr am Platze wäre.

Ich fasse also zusammen: ersten bei Neubauten den Reparaturkostensatz von Anfang an in Reserve zu stellen, und zweitens das technische Bureau im Verband zur Durchführung zu bringen, damit dieses den Baugenossenschaften mit erprobten Ratschlägen zur Hand gehen kann.

Kaiserlicher Regierungsrat **Scheidt**-Berlin: Meine Herren ich kann den Antrag, der von dem Gesamtausschuß gestellt worden ist, auf Grund der von mir gemachten Erfahrungen durchaus unterstützen. Ich bin der Ansicht, daß auch die Begründung, die dem Antrag durch den Herrn Referenten gegeben ist, zutreffend ist. Ich möchte zunächst darauf hinweisen, daß auf dem Allgemeinen Genossenschaftstage in Frankfurt (1908) seinerzeit der Satz von 1 % für die Betriebsunkosten als absoluter Mindestbetrag bezeichnet worden ist. Wenn ich diesen Betrag in meinem Handbuch beibehalten habe, so habe ich das getan mit dem Hinweis, daß dies derjenige Betrag sei, unter den in keinem Fall herunter gegangen werden darf. Selbstverständlich ist es zweckmäßig, wenn man sich nicht mit diesem, nur in sehr günstigen Fällen genügenden Mindestbetrag begnügt, sondern möglichst den Betrag, den man für die Reparaturen in die Mietenkalkulation einstellt, höher veranschlagt. Es ist überhaupt mißlich, sich auf einen bestimmten Mindestbetrag festzulegen. Gerade auf dem Gebiete der Mietenkalkulation und insonderheit auf dem Gebiet der Veranschlagung der Reparaturkosten ist vor Verallgemeinerungen zu warnen. Vor allen Dingen muß in Betracht gezogen werden, daß die Gesamtanlagekosten eines Hauses aus zwei Teilen bestehen, nämlich aus den Kosten für den Grund und Boden und aus dem Bauwert. Nur der letztere verursacht Reparaturkosten. Es ist deshalb überhaupt nicht zutreffend, die Reparaturkosten nach den gesamten Anlagekosten zu bemessen. Ich darf ein

Beispiel hierfür anführen. Nehmen wir an, daß zwei Baugenossenschaften je eine Anlage geschaffen haben, die je einen gesamten Buchwert von 1 Million Mark haben. Die eine Baugenossenschaft soll in Berlin auf sehr teurem Baugrunde gebaut haben, die andere in einem kleinen Ort, wo der Grund und Boden billig ist. Von dem Buchwert von 1 Million Mk. wird bei der Baugenossenschaft in Berlin natürlich ein sehr viel größerer Betrag auf das Grundstück entfallen als bei der Baugenossenschaft an dem kleineren Ort. Wenn der Reparaturkostensatz dem Antrage gemäß ausgerechnet werden soll, wäre in beiden Fällen der gleiche Betrag, nämlich 6000 Mk. anzunehmen. Mit diesem Betrage würde die Baugenossenschaft in Berlin, in der Annahme, daß sie 400000 Mk. im Grund und Boden angelegt hat, Bauwerte im Betrage von nur 600000 Mk. zu unterhalten haben, während in dem anderen Fall mit demselben Betrag ein Bauwert von vielleicht 950000 Mk. zu unterhalten wäre. Hieraus ergibt sich ohne weiteres, daß es richtiger wäre, den Satz für die Reparaturkosten nicht nach dem gesamten Anlagewert, sondern nur nach dem Gebäudewert zu berechnen.

(Sehr richtig!)

Ich habe darauf in meinem Handbuch hingewiesen und gesagt, man käme mangels eigener Erfahrungen am ehesten zu einer richtigen Veranschlagung der Reparaturkosten, wenn man für sie 3/4 % der Baukosten annähme. Aber ich bin trotzdem der Meinung, daß der Wortlaut des Antrages so bleiben kann; denn auch dann, wenn Sie dem in meinem Handbuche gegebenen Vorschlage folgten, würden Sie nicht zu einem Ergebnis kommen, das in allen Fällen als richtig bezeichnet werden kann. Die Höhe der Reparaturkosten richtet sich nämlich nicht allein nach der Höhe der Baukosten, sondern u. a. auch nach dem Alter der Häuser und nach den Mietsverträgen. In vielen Gegenden ist es z. B. üblich, daß der Fußbodenanstrich von dem Mieter zu übernehmen ist. Die Höhe der Reparaturkosten richtet sich ferner auch nach dem Klima, nach der Bauart der Häuser und vor allen Dingen nach den Ansprüchen, die die Mieter an die Instandhaltung der Wohnungen zu stellen gewöhnt sind. In dieser Beziehung muß zugegeben werden, daß namentlich die Mitglieder der Beamten-Wohnungsvereine mit ihren Ansprüchen besonders weit gehen, so daß bei diesen Genossenschaften die Reparaturkosten verhältnismäßig sehr groß sind. Wenn Sie alles dies berücksichtigen, werden Sie zugeben, daß es außerordentlich schwer ist, zu einem allgemein zutreffenden Satz für die Veranschlagung der Reparaturkosten zu kommen. Ich glaube, daß der Herr Referent auch nur die Absicht gehabt hat, uns einen gewissen Mindestbetrag in Vorschlag zu bringen, und in diesem Sinne halte ich den Satz von 6/10 % des Gesamtanlagewertes unter den heutigen Verhältnissen für angemessen.

Im übrigen ist Herr Rabethge noch auf einige andere Punkte eingegangen. Er hat ausgeführt, daß es nicht zweckmäßig sei, die Häuser so zu erbauen, daß sie am 1. April bezugsfertig seien. In dieser Beziehung kann ich seine Ausführungen nur voll unterschreiben. Sogenannte Winterbauten sollten nach Möglichkeit vermieden werden. Auch das ist richtig, daß es sich empfiehlt, die Neubauten in der ersten Zeit möglichst nicht tapezieren zu lassen.

Nicht überein stimme ich mit dem Referenten in Bezug auf die Verputzung der Häuser. Das Verputzen der Häuser — namentlich der kleinen Häuser mit dünnen Wänden — ist oft schon deshalb notwendig, um die Wohnungen warm zu halten. Die kleinen Ein- und Zweifamilienhäuser werden in vielen Teilen Deutschlands in Einsteinstärke gebaut. Auch wenn sie mit Luftschicht gebaut werden, sind die Umfassungswände nur 30 cm stark. In diesen Fällen ist eine Verputzung als Wärmeschutz notwendig.

Der Empfehlung des Herrn Rabethge, Bauberatungsstellen einzurichten, um eine gründliche Durcharbeitung der Projekte zu sichern, kann ich mich nur anschließen.

Wenn einer der Herren Vorredner befürwortet hat, den Antrag dahin zu ergänzen, daß die Ueberschüsse, die zur Dividende nicht benutzt werden, einem Hilfsreservefonds überwiesen werden, so muß ich diesem Vorschlag widersprechen. Diese Empfehlung ist den Baugenossenschaften bereits in dem Hauptantrage in Frankfurt a. M. gegeben worden. Es genügt, wenn wir in dem vorliegenden Antrage, der doch nur eine Ergänzung zu dem Frankfurter Antrage darstellen soll, darauf hinweisen, daß mit dem früher angenommenen Satze für Reparaturkosten unter den heutigen Verhältnissen meist nicht auszukommen ist.

(Bravo!)

Landesversicherungsrat **Hansen**-Kiel: Nachdem sich Herr Regierungsrat Scheidt so ausführlich über den Gegenstand geäußert hat, kann ich mich kurz fassen. Es ist vieles von ihm vorweggenommen, was mir auf dem Herzen lag. Die Frage, die uns beschäftigt, ist eine von denen, bei denen wir immer wieder sehen, wie außerordentlich verschieden die Verhältnisse bei den einzelnen Baugenossenschaften liegen. Das gilt nicht nur bei einem Blick auf die Baugenossenschaftsbewegung im ganzen deutschen Vaterlande, sondern auch innerhalb eines verhältnismäßig kleinen Bezirks, sagen wir innerhalb eines Verbandes. Da sehen wir eine ganze Reihe von Verschiedenheiten, die in den mannigfachsten Ursachen ihre Begründung haben.

Diesen Verschiedenheiten gegenüber sind aber einige Gesichtspunkte hervorzuheben, die unbedingt allgemein beachtet werden müssen. Da ist zunächst zu sagen, daß die Baugenossenschaften solide zu bauen haben und daß nach dieser Richtung alles geschieht, was billigerweise geschehen und vernünftigerweise verlangt werden kann. Es ist durchaus notwendig, daß die Geldgeber der Baugenossenschaften hier ein Wort mitzusprechen haben, also die Landesversicherungsanstalten, das Reich, die Staatseisenbahnverwaltung und dergl. Es ist gewiß kein unzulässiger Eingriff in die Selbstverwaltung der Baugenossenschaften, wenn von diesen Geldgebern die vorherige Einsendung der Baupläne gefordert wird und daß an diesen Stellen eine bausachverständige Prüfung der Baupläne auch in Bezug auf solide Ausführung erfolgt. Wir in unserer Provinz Schleswig-Holstein glauben jedenfalls, nach dieser Richtung hin durchaus günstige Erfahrungen damit gemacht zu haben, daß von Anfang an eine Prüfung der einzelnen Baupläne durch den Bausachverständigen der Provinzialverwaltung in die Hand genommen worden ist. So haben wir schon seit langer Zeit eine Art von Bauberatungsstelle die gewiß noch etwas besser durchgeführt und ausgebildet werden kann, die aber auch in der Form, wie sie bei uns besteht, unleugbar günstige Resultate erzielt hat.

Es ist dann die Ueberwachung oder die Vornahme der Reparaturen überall besonders zu beachten. Allerdings weisen manche Baugenossenschaften einen mehr oder weniger großen Teil der Reparaturen den Mietern zu. Wo das geschieht, da muß unbedingt die Verwaltung der Baugenossenschaft so verfahren, daß sie ganz genau über die Art und Weise der Ausführung unterrichtet ist. Wenn dabei etwas zu wünschen übrig bleibt, dann muß die Verwaltung der Baugenossenschaft in der Lage sein, rechtzeitig einzugreifen, damit hier nicht die Qualität der Häuser und der Wohnungen erheblich herabgeht. Es ist nach unseren Erfahrungen erforderlich, daß namentlich bei größeren Baugenossenschaften die Baugenossenschaft selbst die Durchführung der Reparaturen in die Hand nimmt. Selbstverständlich kann man die kleineren dem Mieter überlassen, aber dasjenige, was ins Gewicht fällt, was den Charakter der Wohnung beeinflußt, muß von der Genossenschaft selbst veranlaßt werden. Dementsprechend hat sie ihre Anordnungen zu treffen und auch die finanzielle Seite zu beachten. Die Baugenossenschaften, die bei uns so verfahren, haben entschieden billiger und besser gewirtschaftet, als wenn sie es anders gemacht hätten.

Sehr charakteristisch ist selbstverständlich der Unterschied, ob man es mit Häusern zu tun hat, die nach und nach in das Eigentum des Mieters übergehen, oder mit solchen, die dauernd im Eigentum der Genossenschaft verbleiben und nur mietweise abgegeben werden. Daß bei letzteren durchweg eine außerordentlich viel größere Abnutzung der Wohnungen stattfindet und daß man bei den anderen mit Fug und Recht den späteren Eigentümern die

Ausführung der meisten Reparaturen zur Pflicht machen kann, darüber brauche ich kein Wort zu verlieren. Aber es ist doch ganz charakteristisch, von einer wie großen Bedeutung diese Tatsache ist. Wir haben Baugenossenschaften, bei denen wir ganz genaue Vergleiche angestellt haben, zwei Baugenossenschaften, wo gewissermaßen dieselben Leute die Wohnung bewohnen. In dem einen Falle haben wir es mit sogenannten Eigentumshäusern zu tun, in dem andern mit Mietwohnungen. Hier ist der Unterschied ein ganz gewaltiger. Die außerordentlich viel größere Schonung der Wohnungen in den Eigenhaushäusern zeigt, in welchem Maße das „Eigene" geschätzt wird. Selbstverständlich können da auch die Maßnahmen der betreffenden Baugenossenschaften ganz anders gestaltet werden.

Anwalt **Dr. Crüger**: Meine Herren! Sie stimmen ja durchweg dem Antrage und den Ausführungen des Herrn Referenten zu. Ich weiß nicht, ob ein Widerspruch, der sich zwischen den Ausführungen des Herrn Referenten und des Herrn Feierabend findet, noch eine Aufklärung erfährt, ob hier ein Mißverständnis vorliegt oder nicht. Sie stimmen den Ausführungen zu mit verschiedenen Wenn's und Aber's. Das ist aber m. E. vollkommen unerheblich. Der Zweck dieses Antrages ist im wesentlichen der, von neuem Ihre Aufmerksamkeit auf die Notwendigkeit zu lenken, das Wachsen der Reparaturkosten mit der größten Aufmerksamkeit zu verfolgen. Ich hatte Gelegenheit, eine ganze Anzahl Revisionsberichte durchzusehen, fast überall finden sich Bemerkungen über steigende Reparaturkosten und die sich daraus ergebenden Folgen. Verschiedene Genossenschaften korrespondieren mit mir über die Mietssteigerung. Diese ist in der Regel in Erwägung gezogen, wenn sich ergibt, daß die Reparaturkosten so angewachsen sind, daß die bisher kalkulierte Miete nicht ausreicht. Wir haben erst vor einigen Jahren einen Satz auf der Hamburger Konferenz festgestellt. Dieser Satz reicht nicht mehr aus, wie der Antrag zeigt. Herr Regierungsrat Scheidt ist sogar schon der Meinung, daß es vielleicht zweckmäßig gewesen wäre, auch den Satz ein wenig höher zu nehmen. Daraus ergibt sich m. E. der Wink, daß wir bei den Reparaturkosten mit einem dauernd steigenden Faktor zu rechnen haben. Wenn die Aufmerksamkeit der Baugenossenschaften darauf hingelenkt wird, ist nach meinem Dafürhalten zunächst genug getan; denn wenn ich mir die Mittel und Wege vergegenwärtige, die hier und dort eingeschlagen werden, um die Last der wachsenden Reparaturkosten zu verringern, so ist das Bild so mannigfaltig und reichhaltig, daß ich beinahe daran verzweifeln möchte, einen Weg zu finden, der Ihnen allen gangbar erscheinen wird. Lokale Verhältnisse spielen hier eine außerordentlich große Rolle.

Ich möchte mich nur gegen eins aussprechen, das ist: die Reparaturkosten wesentlich den Mietern zuzuweisen. Ich teile die Bedenken der Herren, die sich dagegen ausgesprochen haben. Wenn ich mir vergegenwärtige, was zwischen den Genossenschaften und mir in der Beziehung korrespondiert ist, so finde ich den Gedanken in den Erfahrungen der Genossenschaften vollauf bestätigt.

Dann möchte ich Sie weiter aufs dringendste ersuchen, mit der Mietssteigerung nicht zu warten, wenn die wachsenden Reparaturkosten die Notwendigkeit ergeben haben. Die Genossenschaften haben natürlich eine gewisse Scheu, die Miete zu steigern. Einmal fühlen sie sich als Baugenossenschaften gewissermaßen verpflichtet, so lange an der alten Miete festzuhalten, als die Verhältnisse es irgendwie gestatten. Dann aber fürchten sie häufig natürlich auch, daß eine Anzahl Mitglieder die Wohnungen räumen und sie nicht nur leerstehende Wohnungen gewinnen, sondern auch in der Zahl der Mitglieder Einbuße erleiden. Aber man glaube doch nicht, daß die Frage der Reparaturkosten und der Mietenkalkulation sich einmal von selbst löst. Je länger Sie warten, desto tiefer wird wahrscheinlich der Schnitt sein, den Sie auf dem Gebiete der Mietenkalkulation vornehmen müssen. Ich kann Ihnen also nur den dringenden Rat geben, zögern Sie nicht, sondern wenn sich ergeben hat, daß die Mietenkalkulation nicht mehr standhalten kann, müssen Sie die Konsequenzen daraus ziehen und mit den Mieten in die Höhe gehen.

Im übrigen verfolgen Sie die Reparaturkosten mit der allergrößten Aufmerksamkeit. Mag man über die Mittel zur Beseitigung sehr verschiedener Meinung sein, darüber sind wir uns alle klar: wir werden kein Mittel finden, das in der Lage ist, die Reparaturkostengefahr zu verringern. Die Reparaturkosten werden wachsen, und die Konsequenz ergibt sich auf dem Gebiete der Mietenkalkulation.

Regierungsrat **Schilling**-Posen: Gestatten Sie, meine Herren, daß ich mich darüber etwas äußere, ob es zweckmäßig ist, die Reparaturen den Mietern aufzuerlegen. Wir haben hier in Posen einen großen Beamtenbauverein, der schon 600 Wohnungen errichtet hat. Wenn auch die Mieter im allgemeinen recht seßhaft sind — freiwillig ist, glaube ich, noch niemand ausgezogen, sondern höchstens bei Todesfällen oder bei Versetzungen —, so können Sie sich doch denken, daß die Unterhaltung der 600 Wohnungen für den Vorstand eine ganz erhebliche Belastung ist. Nun kam noch verschiedenes anderes hinzu. Zunächst der Umstand, daß die Rentabilität nicht mehr klappte. Die Reparaturen wurden immer höher, und der Verein kam nicht mehr aus. Aber noch etwas anderes führte zu der Notwendigkeit, den Mietern die Reparaturen aufzuerlegen; es zeigte sich nämlich, daß die Anforderungen der einzelnen Mieter an die Wohnungen ganz verschieden waren, daß die ruhigen Mieter, die nicht murrten, eigentlich zu kurz kamen gegenüber denjenigen, die immer neue Reparaturen hatten. Also eine ungleichmäßige Verteilung der Reparaturkosten, nicht nach Maßgabe der Reparaturbedürftigkeit, sondern nach Maßgabe der Ansprüche des Mieters und danach, ob er mehr oder weniger laut schrie. Jedenfalls konnte es nicht mehr länger aufgeschoben werden; entweder mußten die Mieten gesteigert werden, oder es hätte ein besonderer Beamter zur Durchführung der Reparaturen angestellt werden müssen. Da hat sich der Verein entschlossen — erst nach harten Kämpfen ist es bei uns in der Generalversammlung durchgegangen — die Reparaturen den Mietern aufzuerlegen. Es ist in der Weise geschehen, daß — ich bemerke, daß die Rentabilität der Häuser nach ministeriellen Bestimmungen auf 6% des Anlagewertes festgesetzt worden ist — den Mietern dafür ein Mietsnachlaß gewährt wird, welcher etwa einem halben Prozent des Anlagewertes gleich kommt.

Nun aber der Einwand: wird dann auch richtig renoviert? Da ist zu dem Ausweg gegriffen worden, daß ein Reparaturfonds angesammelt wird, und zwar in folgender Weise: die Mieter müssen 7 Jahre lang die bisherige volle Miete, also 6% Verzinsung, weiter zahlen. Dieser ½%ige Mietsnachlaß wird aber 7 Jahre lang in einen sogenannten Garantie- oder Reparaturfonds gelegt, sodaß erst nach 7 Jahren, wenn dieser Fonds angesammelt ist, ein wirklicher Mietsnachlaß in Höhe dieses ½% eintritt. Wenn nun der Mieter nach 7 Jahren auszieht, so wird dieser Garantiefonds zur Instandsetzung seiner bisherigen Wohnung herangezogen. Es sind dann noch Detailbestimmungen getroffen worden, — auf die ich nicht weiter eingehe — um Ungerechtigkeiten und Unbilligkeiten zu vermeiden, falls nämlich der betreffende Mieter während dieser 7 Jahre die ganze Wohnung oder einzelne ganze Zimmer instand gesetzt hat. Da darf ein gewisser Teil dieses Garantiefonds nicht in Anspruch genommen werden, damit wieder die Mieter gegenüber dem Vorstande geschützt sind, und dieser nicht etwa den ganzen Garantiefonds erschöpft, um eine Wohnung, welche vielleicht ein Jahr vor dem Ausziehen ganz hergestellt ist, zu renovieren.

Erfahrungen haben wir noch nicht gemacht, denn die Bestimmungen treten erst am 1. Oktober d. J. in Kraft. Aber ich habe die Ueberzeugung, daß durch diesen Garantiefonds auch ein Mittel geschaffen worden ist, die Wohnungen vor Verwahrlosung zu schützen. Solange der Mieter darin wohnt, ist er vollständig Herr in seinem Hause; da kann er machen, was er will. Ich halte das auch für unbedenklich.

Vorsitzender Verbandsdirektor Landrat **Berthold**-Blumenthal: Es wäre sehr schön, wenn wir nach sieben Jahren vielleicht einmal hierher kämen

(Heiterkeit)

und sähen, wie die Einrichtung sich bewährt hat. Es ist aber jedenfalls ein interessanter Versuch. Ich will wünschen, daß er Erfolg hat und sich als gangbar erweist. Wir würden bei größeren Vereinen aus manchen Schwierigkeiten herauskommen, wenn das der Fall ist.

Verbandsrevisor **Weymuth**-Cassel: Ich habe mir das Wort erbeten, um über einen Punkt Aufschluß zu erhalten.

Aus der Rede des Herrn Rabethge glaube ich entnommen zu haben, daß in den Ertragsberechnungen der Baugenossenschaften neben $^{6}/_{10}$ % für Unterhaltungskosten ein volles Prozent für die sonstigen Betriebsunkosten vorzusehen sind, nämlich $^{1}/_{3}$ % für Steuern, $^{1}/_{3}$ % für Kanalisation, Gas und Wasser, sowie $^{1}/_{3}$ % für Müllabfuhr. Hiernach würde eine Baugenossenschaft $6^{6}/_{10}$ % des Anlagewertes durch die Mieten aufzubringen haben. Ob dann eine Baugenossenschaft noch bauen kann, das möchte ich bezweifeln.

(Widerspruch.)

Geschäftsführer **Rabethge**-Berlin [Schlußwort]: Meine Herren! Wenn mich eins nachträglich mit Befriedigung erfüllt und damit ausgesöhnt hat, daß ich verdammt gewesen bin, hier ein derartiges trockenes Thema anzuschneiden, dann ist es die rege Beteiligung an der Diskussion gewesen. Ich habe daraus ersehen, daß doch unter unseren Baugenossenschaften ein großes Interesse für das Thema vorhanden ist. Ich bin nicht gern an das Referat herangegangen, wie der Herr Anwalt bestätigen wird, aber dies Ergebnis gereicht mir doch zu großer Freude.

Ich möchte auf einige Einzelheiten eingehen, die von den Herrn Vertretern in der Diskussion angeschnitten worden sind. Zunächst möchte ich Herrn Verbandsrevisor Weymuth sagen, daß er sich im Irrtum befindet. Ich habe nicht vorgeschlagen, daß für Betriebsunkosten 1 % in die Rechnung eingesetzt werden soll. Ich habe nur als Beispiel angeführt, daß bei der Berliner Baugenossenschaft bei dem Mietshause, welches wir haben, oder daß bei allen Genossenschaften, die in Berlin bauen, unbedingt 1 % für Betriebsunkosten eingesetzt werden muß, selbstverständlich außer diesen $^{6}/_{10}$ %. Ich habe erklärt, daß die Kalkulation der Betriebsunkosten sehr leicht sei, da diese Beträge vollständig feststehen. Da brauchen wir keine Sätze, denn es steht fest, was die Genossenschaft an Grundsteuer zu zahlen hat, was an Kanalisationsabgaben zu zahlen ist; es steht auch fest, was Schornsteinfeger-, Müllgeld usw. ausmachen. Die Betriebsunkosten kann sich also jede Gesellschaft vor dem Bauen ganz genau ausrechnen. Was sie nicht ausrechnen kann, das sind die entstehenden Reparaturen. Und da sind Sie alle mit mir der Meinung, daß ein Mindestsatz von $^{6}/_{10}$ % wohl das richtige sein wird. — Herr Regierungsrat Schilling sagte, man gehe damit um, die Reparaturkosten den Mietern aufzuerlegen, indem man vorher $^{1}/_{2}$ % für Reparaturkosten in einen Fonds legte. Dieses $^{1}/_{2}$ % müßten die Mieter zahlen.

(Regierungsrat Schilling: Ja, sieben Jahre lang!)

Das würde schließlich genau dasselbe sein, was wir sagen; denn dieses $^{1}/_{2}$ % entspricht genau dem, was wir empfehlen, den 0,6 % der Anlagekosten für Reparaturen.

Mit Herrn Direktor Feierabend befinde ich mich allerdings in einer argen Differenz, denn das Beispiel, das ich vorhin dafür anführte, daß bei älteren Häusern nicht größere Reparaturkosten herauskommen als bei neueren, stammt gerade von der Genossenschaft München-Süd von 1864. Bei dieser Baugenossenschaft München-Süd sind die Reparaturen für die Häuser, welche zehn Jahre bestehen, höhere gewesen als für die Häuser, welche zwanzig Jahre und vierzig Jahre bestehen. Es ist also das direkte Gegenteil richtig. Ich werde mir eine Freude daraus machen, wenn ich die Statistik von dieser Genossenschaft, die uns übergeben worden ist, Herrn Feierabend vorlegen darf. Z. B. sind im letzten Jahre in den zuletzt erbauten Häusern 15 % des Eingangs der Miete für Reparaturkosten aufgewandt worden, während für die älteren Häuser nur 8 %, 9 % oder 7 % herauskommen. Ich habe ja in meinen Ausführungen betont, daß mich dieses Ergebnis überrascht hat; denn allgemein wird angenommen, daß in den älteren Häusern größere Reparaturkosten entstehen müssen als in den neueren. Diese Tatsache resultiert daraus, daß die eigentlichen Reparaturkosten, auch die Dachreparaturkosten und die, die das Gebäude an sich erfordert, nicht den großen Prozentsatz bei den gesamten Reparaturkosten ausmachen, sondern der größte Teil der Reparaturkosten durch die Instandhaltung der Wohnungen und durch die Renovierungen der Wohnungen hervorgerufen wird. Alles andere ist nur ein kleiner Teil der Reparaturkosten. Diese Instandhaltung der einzelnen Wohnungen, das Streichen der Treppen, der Fußböden, das Tapezieren der Wohnungen ist selbstverständlich bei einem neuen Hause genau so erforderlich, vielleicht noch erforderlicher als bei einem alten Hause.

Mit Herrn Regierungsrat Scheidt bin ich ja selbstverständlich wie immer derselben Meinung. Ich habe mir das sehr wohl überlegt, von welcher Summe man den Prozentsatz der Reparaturkosten berechnen soll. Es ist ganz klar, wenn man die Reparaturen sich ausrechnet, daß man dann die Reparaturkosten nur von dem Teil des Objektes prozentual berechnet, an dem wirklich Reparaturen vorgenommen werden; und an Grund und Boden werden keine Reparaturen vorgenommen. Trotzdem bin ich dazu gekommen, den Prozentsatz vom Gesamtanlagewert auszurechnen, und zwar aus dem Grunde, weil wir unsere ganzen Mietenkalkulationen nicht auf den Baukosten aufbauen, sondern vom Anlagewert berechnen. Es wäre nicht richtig, wenn man die Mietenkalkulationen in einzelne Positionen zerreißt, indem man bei einzelnen Punkten den Prozentsatz vom Anlagewert nimmt, und bei den Reparaturkosten von den Baukosten. Das Bedenken hierbei, daß der Grund- und Bodenwert in den verschiedenen Gemeinden verschieden ist, ist zu zerstreuen; denn es ist zweifellos, daß in den Gemeinden, welche mit hohen Grundstückspreisen zu rechnen haben, auch die Handwerkerpreise und die Arbeitslöhne, und infolge dessen die Reparaturkosten höhere sind als in den Gemeinden mit niedrigen Grundstückspreisen. Infolge dessen gleicht sich das wieder aus. Aus diesem Grunde habe ich es für richtig gehalten, den Prozentsatz vom Anlagewert der Häuser zu berechnen und Ihnen zu empfehlen.

Einer der Herren Diskussionsredner erklärte, sehr gute Erfahrungen mit der Abwälzung der Reparaturkosten auf die Mieter gemacht zu haben. Es war wohl Herr Balke aus Halle. Herr Balke sagte: Wenn ein Mann auszieht, der nur so und so lange in der Wohnung gewohnt hat, werden ihm selbstverständlich die Wohnungsrenovierungen berechnet. Dann haben die Herren in Halle wahrscheinlich mit idealen Mietern zu tun. In vielen anderen Orten dürfte das weniger der Fall sein. Wenn jemand auszieht, dann bekommen wir nicht einen roten Sechser mehr von ihm.

(Sehr richtig!)

Und wie machen Sie es dann, wenn Sie vielleicht einen Mieter haben, mit dem Sie unzufrieden sind, wo Sie gerne noch die Reparaturkosten bezahlen würden, blos um ihn los zu werden? Es ist ja bedauerlich, auf einem Baugenossenschaftstage erzählen zu müssen, daß es auch solche Mieter gibt. Nun sagt Herr Balke: „das reguliert sich dadurch, daß wir ganz genau verfolgen, wie viel Wohnungen in Halle gebraucht werden; wir können das natürlich auch nur machen, wenn eine gewisse Wohnungsnot da ist, oder wenn die Mieter im Drang sind.“ Ja, verehrter Herr Balke, das ist ganz gut, heute haben Sie die Wohnungsnot in Halle und bauen infolgedessen eine Anzahl von Wohnungen. Wie ist es aber in 10 Jahren? Was nützt es Ihnen, wenn Sie 10 Jahre gebaut haben und sich ganz genau statistisch haben mitteilen lassen, wieviel Wohnungen Sie gebrauchen, und in den 10 Jahren hat die private Tättigkeit so stark eingesetzt, daß Sie einen Ueberfluß an Wohnungen haben? Dann sind die Mieter nicht mehr im Druck und dann sehen Sie zu, ob Sie von den ausziehenden Leuten die Reparaturkosten für den Umzug zurückbezahlt bekommen! Ich halte das für vollkommen ausgeschlossen.

Eins hat Herr Landesversicherungsrat Hansen erwähnt, daß bei den Häusern, welche zur Eigentumsübertragung an die Mitglieder gebaut sind, ganz besonders weniger Reparaturkosten erforderlich sind als bei denen, die im Besitz der Genossenschaft bleiben. Mein Referat und der Antrag haben sich aber nur mit den Häusern befaßt, die im Besitz der Genossenschaft bleiben und nur vermietet werden. Ganz selbstverständlich ist es bei den Häusern, die in den Besitz der einzelnen Mieter übergehen, Pflicht der einzelnen Hauserwerber, auch die Reparaturkosten voll zu tragen und die Reparaturen selbst vorzunehmen.

Auch die Erfahrung des Herrn Landesversicherungsrat Hansen kann ich bestätigen: diese Häuser sind in einem viel besseren Zustand als alle anderen Häuser; denn diejenigen Menschen, die sich freuen, wenn sie sich ein Eigentum erwerben können, haben natürlich ein ganz anderes Interesse an dem Hause und erhalten infolgedessen auch ihr Eigentum in einem ganz anderen Zustande als ein Mieter, der nur zur Miete wohnt. Von unseren Mietern könnte eine große Anzahl viele Reparaturen der Baugenossenschaft ersparen Man hat ja alle möglichen Kategorien von Arbeitern. Wenn ein Mieter z. B. Arbeiter in einer Jalousiefabrik ist und an seiner Jalousie die Schnur abgegangen ist, dann meldet er das dem Hausverwalter und verlangt eine neue Schnur, obgleich er es in fünf Minuten ohne Kosten selbst erledigt haben könnte. Aber er wird sich hüten, seinen Kollegen die Arbeit wegzunehmen Das muß alles die Baugenossenschaft machen.

(Heitere Zustimmung.)

Zum Schluß kann ich auch nur konstatieren, daß wir wohl vollständig einig gehen. Ich bitte Sie nochmals, die Sätze so anzunehmen, wie ich sie Ihnen empfohlen habe.

Vorsitzender Verbandsdirektor Landrat **Berthold**-Blumenthal: Es würde dann die Abstimmung kommen. Der Herr Referent hat selber vorgeschlagen, daß in der letzten Zeile des ersten Absatzes das Wort „$^{6}/_{10}$ % des Grundstückswertes“ ersetzt wird durch „$^{6}/_{10}$ % des Anlagewertes“. Die Begründung hat er gegeben. Ich bitte diejenigen Herren, welche diesen Antrag annehmen, wollen, die Hand zu erheben.

(Geschieht.)

Ich bitte um die Gegenprobe.

(Sie erfolgt.)

Der Antrag ist einstimmig angenommen. Ich gratuliere, Herr Rabethge.

(Heiterkeit.)

Sie bekommen demnächst wieder ein Referat.

(Erneute Heiterkeit.)

Wir kommen zum zweiten Punkt der Tagesordnung:

II. Die Erfolge der städtischen und ländlichen Baugenossenschaften im Osten.

Berichterstatter Gerichtsassessor Dr. **Waldecker** (Charlottenburg): Die Frage der Baugenossenschaftsbewegung im Osten hat seither noch keine Bearbeitung oder überhaupt Beachtung gefunden. Das vorhandene Material ist infolgedessen außerordentlich dürftig, es finden sich lediglich einige Anhaltspunkte in den Vorlagen des Reiches und Preußens über die Förderung des Kleinwohnungswesens; einige wenige Angaben lassen sich den Statistiken der Baugenossenschaftsverbände entnehmen, und schließlich fand ich einige Zahlen in den Mitteilungen zur deutschen Genossenschaftsstatistik für 1911, die Herr Geh. Regierungsrat Dr. Petersilie herausgibt. Berücksichtigt man nun, daß im Osten Deutschlands ganz besondere Verhältnisse herrschen, die sich wesentlich von jenen des Westens und des Südens unterscheiden, so liegt es auf der Hand, daß die Baugenossenschaftsbewegung des Ostens nur von einem genauen Kenner der Verhältnisse wirklich sachverständig und eingehend behandelt werden kann. Der Herr Anwalt war bemüht, einen solchen Sachverständigen für das vorliegende Referat zu gewinnen, jedoch vergeblich. So kann denn nicht die Rede davon sein, daß wir heute hier die Frage erschöpfend behandeln, allerhöchstens können vielleicht Richtlinien für etwaige spätere Untersuchungen — noch nicht einmal gewonnen — sondern nur angedeutet werden. Herrn Landesversicherungsrat Hansen und mir ist die Disposition städtisch — ländlich gegeben worden. Es mag dahingestellt bleiben, ob diese Disposition sich für eine Untersuchung der Baugenossenschaftsverhältnisse im Osten eignet. Einmal gibt es Stimmen, die die Baugenossenschaften überhaupt zu den städtischen Genossenschaften rechnen, — ich verweise hier z. B. auf die erwähnte Statistik von Geheimrat Petersilie, die S. 63 eine Uebersicht gibt über sämtliche Genossenschaften und zwar nach der Disposition überwiegend städtischen und überwiegend ländlichen Charakters. Und hier werden die Baugenossenschaften den Genossenschaften überwiegend städtischen Charakters zugerechnet, vermutlich von der Annahme ausgehend, daß Baugenossenschaften stets gewisse uniforme Bevölkerungskreise voraussetzen, wie sie sich eben vorwiegend in den Städten finden. Es kommt hinzu, daß sich im Osten überhaupt nur städtische Baugenossenschaften finden, daß wirklich ländliche Baugenossenschaften im Osten seither nicht begründet wurden. Es finden sich zwar etwa 8—10 Firmen, die auf einen ländlichen Charakter dieser Genossenschaft schließen lassen, doch soll es sich auch hier nach eingeholter Auskunft nicht um solche handeln. Vielleicht wird man richtiger zu scheiden haben: Baugenossenschaften, worunter man eben die bestehenden städtischen Baugenossenschaften zu verstehen hätte, denen die im Osten vorkommenden Ansiedlungsgenossenschaften entgegenzustellen wären. Eine andere Disposition wäre etwa nach den Berufskreisen der Mitglieder, was sich hauptsächlich deshalb empfehlen dürfte, weil im Osten seither die Baugenossenschaft für Beamten und Staatsarbeiter dominiert. Vielleicht kann man auch nach der Nationalität der Mitglieder scheiden. Wenn es richtig ist, daß die Genossenschaften des Ostens im allgemeinen in dem Nationalitätenkampf eine eigenartige Rolle spielen, wie Swart in „Ostland, Jahrbuch für ostdeutsche Interessen" 1912 S. 177 betont, so dürfte dies auch für die Baugenossenschaften gelten: Ich weise darauf hin, daß es eine ganze Reihe ausgesprochen polnischer Baugenossenschaften gibt. Eine weitere Eigenart des Ostens ist die sich aus dem vorwiegend ländlichen Charakter der Ostprovinzen ergebende Berufsstellung der Mitglieder der Genossenschaften, wozu ich wieder auf Swart S. 185 verweise. Inwieweit diese Eigenart für Baugenossenschaften in Betracht kommt, bedürfte einer weiteren Untersuchung. Indessen darf man nicht vergessen, daß die einzelnen östlichen Landesteile unter sich wieder recht verschieden sind, so hat z. B. Schlesien, das doch zweifellos zum Osten gehört, wesentlich andere Verhältnisse als Posen, Ost- und Westpreußen, es hat sich dort eine mächtige Industrie entwickelt. Diese Eigenart zeigt sich auch in der Zahl der Baugenossenschaften, die für Schlesien ein Drittel der sämtlichen Baugenossenschaften des Ostens beträgt, und zwar dominiert hier nicht der Beamtenwohnungsverein, wie in den anderen Provinzen. Es ist uns indessen einmal die Disposition städtisch-ländlich gegeben; Herr Landesversicherungsrat Hansen wollte den zweiten Teil des Vortrages übernehmen und über die ländlichen Baugenossenschaften referieren, während ich nach einem kurzen Bericht über den Stand des Baugenossenschaftswesens im Osten im allgemeinen an Hand zweier Beispiele untersuchen wollte, welche Erfolge die städtischen Baugenossenschaften des Ostens aufzuweisen haben. Ich hatte hierbei die Absicht, eine für den Osten typische Mittelstadt, d. h. mit vorwiegend landwirtschaftlicher Umgebung, und eine Industriestadt im Gegensatz zu stellen. Leider kann nun dieses Programm nicht durchgeführt werden. Der Herrn Landesversicherungsrat Hansen zugefallene Teil des Referats wird sehr kurz ausfallen, weil sich eben gezeigt hat, daß es eigentlich ländliche Baugenossenschaften im Osten garnicht gibt. Und der spezielle Teil meines Vortrags muß ganz ausfallen, weil ich trotz aller Bemühungen kein Material erhalten konnte. Ja, m. H., Material sammeln ist für alle Beteiligten eine wenig erheiternde Sache, besonders wenn der um Material angegangene Teil noch dritte bemühen muß. Sie kennen das ja wohl alle, und ich selbst bin gerade oft genug Leidtragender gewesen, um es den von mir angegangenen Stellen nachfühlen zu können, wenn sie von meinen Anfragen nicht gerade entzückt waren. Aber deshalb brauchte man mir doch nicht solche Schwierigkeiten zu machen, wie es hier geschehen ist, die mitunter fast an Unfreundlichkeit grenzen. Ich greife einige Fälle heraus: Genossenschaftsverbände haben meine Anfragen und Bitten entweder überhaupt nicht oder aber derartig beantwortet, daß mir die Lust zu weiteren Fragen verging.

(Heiterkeit.)

Ein Magistrat erklärt postwendend, keine Statistik zu führen und daher keine Auskunft geben zu können, obwohl u. a. nach der Bevölkerungsziffer gefragt war.

(Heiterkeit).

Der Vorsitzende einer zum Allgemeinen Verband gehörenden Baugenossenschaft, ein Beamter, antwortet auf mein Schreiben überhaupt nicht, obwohl ich stets Rückporto beigefügt habe usw.

(Anhaltende große Heiterkeit.)

Kurz und gut, ich habe eingehendes Material nicht erhalten können. Das wenige, das ich erhielt — den Gebern sei an dieser Stelle mein besonderer Dank ausgesprochen — habe ich so gut oder schlecht es ging, nachträglich in dem allgemeinen Teil meines Referates eingearbeitet. Ich bemerke dies vorweg, weil sich damit etwaige Unebenheiten erklären, die meinem Vortrag vielleicht anhaften.

Wenn wir die Baugenossenschaftsbewegung des Ostens untersuchen wollen, so wird man zunächst zu fragen haben: was versteht man unter

Osten. Ich hatte bei den Vorarbeiten für mein Referat hierbei die ausgesprochen östlichen Provinzen ins Auge gefaßt, nämlich Ost- und Westpreußen, Posen, Schlesien und von der Provinz Pommern den Regierungsbezirk Köslin. Die Mark Brandenburg wollte ich ausscheiden, weil ich alsdann die Verhältnisse in der Stadt Berlin, die ausgesprochen nicht östlich sind, mit hätte in Betracht ziehen müssen. Zu meiner Ueberraschung fand ich dann in einer amtlichen Statistik als Osten Deutschlands bezeichnet die genannten Landesteile einschließlich der übrigen pommerschen Landesteile und Brandenburg. Eine weitere Statistik ging sogar so weit, Mecklenburg und die Provinz Sachsen zum Osten Deutschlands zu rechnen. Soweit ich auf diese amtliche Statistik zurückzugreifen habe, werde ich darauf hinweisen, daß es sich hier um den erweiterten Begriff des Ostens handelt.

Wir unterscheiden in der deutschen Baugenossenschaftsbewegung drei Stadien: einmal die Zeit der ersten Blüte, die mit dem Krach der 70er Jahre zu Ende kam, — aus dieser Zeit werden Sie Baugenossenschaften im Osten vergeblich suchen, — dann die mit dem Genossenschaftsgesetz von 1889 einsetzende Bewegung, die die Gründung von Baugenossenschaften mit beschränkter Haftpflicht ermöglichte. Das dritte Zeitalter beginnt mit der Bereitstellung staatlicher Mittel zur Förderung des Kleinwohnungswesens. Wenn man weiter berücksichtigt, daß auch die Bereitstellung von Mitteln der Landesversicherungsanstalten für die Zwecke der Baugenossenschaften und für deren Entwicklung von großem Einfluß war, so wird man etwa als Grenzjahre der beiden letzteren Epochen die Jahre 1890 und 1900 annehmen dürfen. Diese beiden Jahre kommen auch als Marksteine für den Osten in Betracht. Die älteste der östlichen Baugenossenschaften ist der Wohnungsverein in Bromberg von 1889. Im Jahre 1900 waren vorhanden 21 Genossenschaften. Von 1900—1905 wurden 67 gegründet, und heute zählen wir im Osten unter Berücksichtigung der Auflösungen 188 Baugenossenschaften. Diese haben etwas über 32000 Mitglieder, sodaß durchschnittlich auf die Genossenschaft etwa 170 Mitglieder entfallen. Zum Vergleich bemerke ich, daß die gesamte Monarchie am 1. Januar 1911 814 Baugenossenschbften aufwies mit rund 160700 Mitgliedern, sodaß auf die einzelne Genossenschaft rund 197 Mitglieder entfallen. Wenn Sie mich nun fragen, was diese 188 Baugenossenschaften bis jetzt geleistet haben, so muß ich Ihnen ausweichen. Es liegt, wie gesagt, keinerlei Material vor, sogar innerhalb der veröffentlichten Statistiken finden sich erhebliche Lücken. Es müßte also eine eingehende Umfrage veranstaltet werden, wenn man diese Frage beantworten wollte. Ob aber eine solche Umfrage Erfolg hat, möchte ich nach den gehabten Schwierigkeiten bezweifeln. Ich kann Ihnen jedenfalls heute nur einige Anhaltspunkte geben, die indessen immerhin einen Schluß auf die Leistungen dieser Baugenossenschaften zulassen.

Preußen hat bis 1. Oktober 1911 rund 62 1/2 Millionen an Baugenossenschaften ausgeliehen. Davon sind nach dem Osten 22 1/2 Millionen geflossen, in die sich 91 Baugenossenschaften teilen. Das Reich hat bis 31. Dezember 1908 insgesamt 24 1/2 Millionen an Baugenossenschaften ausgeliehen, davon nach dem Osten etwas über 3 Millionen an

23 Genossenschaften. Da Preußen und das Reich nur an Beamtenbaugenossenschaften Gelder ausleihen bezw. an solche, in denen die Mitglieder zu einem erheblichen Teil Beamte sowie Angestellte und Arbeiter in fiskalischen Betrieben sind, so läßt sich hieraus der Schluß ziehen, daß die Mehrzahl der Baugenossenschaften des Ostens mehr oder weniger Wohnungsvereine dieser vom Reich und Staat unterstützten Personenklassen sind, die ich im folgenden kurz Beamtenwohnungsvereine nenne. Die Versicherungsanstalten haben ausgeliehen rund 6 Millionen Mark lt. Jahrbuch 1911, lt. Erkundigung $4^3/_4$ Millionen. Gegenüber andern Landesteilen ist das auffallend wenig, besonders für Schlesien, wo seither erst $1^3/_4$ Millionen ausgeliehen wurden. Von den preußischen Geldern sind insgesamt hergestellt 25150 Wohnungen, von denen über 14000 an Staatsbeamte oder -Bedienstete vermietet sind. Hiervon entfallen auf den Osten rund 6650 Wohnungen, von denen rund 3600 also mehr als die Hälfte an Beamte vermietet wurden.

Besonders stark ist die Beteiligung der Beamten usw. bei den von der Eisenbahnverwaltung subventionierten Baugenossenschaften, wo ca. $^4/_5$ aller Wohnungen an Staatsbeamte und -Arbeiter abgegeben sind. Bei den von der Verwaltung des Ministeriums des Innern unterstützten Baugenossenschaften ist das Verhältnis bedeutend niedriger, hier sind etwa $^2/_5$ der Wohnungen an Beamte abgegeben. Charakteristisch ist hier namentlich der Ausweis der beiden großen Baugenossenschaften in Königsberg, die bei zusammen rund 1500 Mitgliedern fast 1000 Wohnungen mit staatlichen Mitteln errichtet haben, von denen am 1. Januar 1912 nur 256 an Beamte vermietet waren.

Diese der amtlichen Statistik entnommenen mühsam zusammengestellten Zahlen sind aber nicht genau. Z. B. sind vielfach angeblich mehr Wohnungen vermietet, als hergestellt sind, so sollen, ich greife einen besonders krassen Fall heraus, bei einer Genossenschaft 183 Familien sich in 77 Wohnungen teilen.

(Heiterkeit.)

Von den 3 Millionen Reichsgeldern sind insgesamt 1311 Wohnungen hergestellt worden, während die vom Reich unterstützten 23 Baugenossenschaften insgesamt 2479 Wohnungen — davon 1311 aus Reichsmitteln — hergestellt haben. Der Statistik des Albrechtschen Verbandes entnehme ich, daß seine 77 östlichen Baugenossenschaften bis zum 1. Januar 1912 für rund 49 Millionen Mark Häuser hergestellt hatten.

Nach einer Reichsdenkschrift vom Jahre 1906, die sich auf 35 Orte bezieht und die Berichte von 43 Baugenossenschaften und 79 Postämtern hinsichtlich 1995 Genossenschaftswohnungen und 1705 im freien Verkehr befindlichen Wohnungen verarbeitet, ist in den genossenschaftlichen Wohnungen die Wohnfläche bis 50 qm bevorzugt. Hinsichtlich des Preises schneiden die Baugenossenschaften gegenüber den Wohnungen des freien Verkehrs insofern glänzend ab, als die Preise für diese Wohnungen bei den Baugenossenschaften zu 47,8% unter 250 und zu insgesamt 87% unter 350 Mk. blieben, während bei den Wohnungen des freien Verkehrs nur 35% unter 250 und nur 63% unter 350 Mk. kosteten. Am meisten benutzt sind vierräumige Wohnungen, und wenn man hier die

Jahresmiete pro qm ausrechnet, so ergibt sich wieder ein glänzendes Ergebnis für die Baugenossenschaften, indem hier der qm Bodenfläche zu 30% der gezählten Wohnungen unter 5,50 Mk., zu 77% unter 7,50 und zu 100% unter 9,50 Mk. blieb. Bei den Wohnungen des freien Verkehrs stellen sich die bezüglichen Zahlen auf 19%, 51% und 78%. Die Genossenschaftswohnungen zeichnen sich gegenüber den Wohnungen des freien Verkehrs weiter dadurch aus, daß 60,2% im Vorderhaus liegen gegen 23,9% der im freien Verkehr vermieteten Wohnungen. Bei der Hinterhauswohnung ist festgestellt, daß der Mietpreis für den qm Bodenfläche bei den Genossenschaften in 56% aller Fälle unter 5 Mk. blieb gegen 22% bei den frei vermieteten Wohnungen. Die Baugenossenschafts-Wohnungen liegen also vorwiegend im Vorderhaus und sind obendrein billiger als die Wohnungen des freien Verkehrs. Die Bedeutung dieser Feststellung wird dann erst in das rechte Licht gesetzt, wenn man erfährt, daß die Genossenschaftswohnung im Vorderhaus als Ideal angesehen wird, wenn man die Beteiligung der Baugenossenschaften an der Erschließung eines Geländes als Anerkennung auffaßt. So ist denn interessant, was ich den Schriften des Verbandes zum Schutze des deutschen Grundbesitzes und Realkredites, e. V., Heft Nr. 3 „Der Einfluß der privaten Bautätigkeit auf die Entwickelung der modernen Städte", S. 21 Abs. 2 entnehme:

„In Königsberg i. Pr. erschließt eine 1904 gegründete Gesellschaft ein Gelände von 60 Morgen außerhalb der alten Befestigungsanlage. Ein schöner Baumbestand, der sich dort fand, wurde dadurch erhalten, daß er in einen Schmuckplatz eingefügt wurde. Es findet nur Randbebauung statt. Hinterhäuser und Seitenflügel werden nicht angelegt, die Fassaden werden von der Gesellschaft genehmigt. *Als Zeichen der Anerkennung kann es angesehen werden, daß der Allgemeine Wohnungsverein zwei Blocks erworben hat, um sie für seine Mitglieder zu bebauen.*"

Doch bleiben wir dabei, was die Baugenossenschaften des Ostens seither geleistet haben.

Die zuletzt mitgeteilten Zahlen beziehen sich sämtlich auf den erweiterten Begriff des Ostens, sodaß also namentlich eine Verschiebung durch die Verhältnisse in Berlin bedingt sein dürfte. Ebenfalls für den erweiterten Osten stellt die Reichsstatistik des Jahres 1906 einen mittleren Bodenpreis von 20 Mk. pro qm fest, und die Baukosten betragen auf 100 Mk. Erwerbskosten 435 Mk. Im Osten würde man nach dieser Reichsdenkschrift am billigsten bauen, doch sind dies nur relative Zahlen, die meines Erachtens recht wenig beweisen, besonders wenn man die zugegebene Tabelle der Baukosten für jeden einzelnen Ort vergleicht. Und da ergibt sich denn, daß z. B. die Baukosten auf 100 Mk. Gelände Erwerbskosten betragen — ich wiederhole, daß das Mittel 435 Mk. beträgt — in Königsberg 992 Mk., in Osterode 1657 Mk., in Posen schwanken die Angaben zwischen 613 und 1016 Mk., in Danzig für gleichgroße Gelände zwischen 670 und 3380 Mk., für Lötzen sind 3 Angaben gemacht: 1500, 2000, 2250 Mk. Die Reichsdenkschrift gibt uns aber noch weiteres positives Material über die Erfolge der Baugenossenschaften im Osten, indem sie eine Reihe von Bemerkungen enthält über den Einfluß auf die Mietpreise. Es liegen 8 derartige Berichte vor, der günstigste Bericht lautet, daß ein weiteres Steigen der Mietpreise verhindert worden sei. Ein einziger Bericht kann von dem Fallen der Mietpreise in einem Stadtteil berichten; dieses Fallen ist jedoch nicht durch die Tätigkeit der Baugenossenschaften verursacht, sondern durch die Verlegung eines Postamtes.

Die Allgemeinen Genossenschaftstage in Kreuznach, Westerland und Stettin haben gewisse Grundsätze aufgestellt, die zunächst nur für die Errichtung von Arbeiterbaugenossenschaften, wie jedoch in der Debatte betont wurde, auch allgemein gelten sollen. Demnach müßten sie auch Geltung für die Verhältnisse im Osten Deutschlands beanspruchen. Da ist es denn nun interessant, daß sich die Richtigkeit dieser Sätze insofern ergibt, als nur die Orte ein Aufblühen der Baugenossenschaftsbewegung aufweisen, an denen sich uniforme Bevölkerungsklassen mit etwa gleichartigem Wohnungsbedürfnis zeigen, die sich von Berufs wegen nur vorübergehend an dem betreffenden Orte aufzuhalten pflegen; ich betonte bereits, daß, abgesehen von Schlesien, unter den vorhandenen Baugenossenschaften der Beamtenwohnungsverein bei weitem dominiert. Im Uebrigen findet sich eine lebhaftere Entwicklung der Baugenossenschaftsbewegung eben nur in Schlesien, wo sich industrielle Verhältnisse finden, und weiter in den größeren Städten, in denen sich Industrie anzusiedeln pflegt, ich mache hier aufmerksam auf Königsberg und Danzig. Speziell Danzig, über das ich im 2. Teil meines Vortrags näher sprechen wollte, weist 7 Baugenossenschaften auf, darunter eine von 1893 und eine von 1898. Eine davon baut Eigen-, die anderen Miethäuser. Ich konnte für die drei großen Genossenschaften (Wohnungsverein, Spar- und Bauverein, Wohnungsgenossenschaft Neuschottland) feststellen, daß in 148 Häusern 805 Wohnungen geboten wurden. Namentlich ist es die 1906 neugegründete Wohnungsgenossenschaft Neuschottland, die in jüngster Zeit mächtig emporstrebt, bei den beiden alten Genossenschaften stagniert die Bautätigkeit schon länger. Auf diese beiden bezieht sich denn auch wohl die Bemerkung der Reichsdenkschrift 1906, daß die Baugenossenschaften die Mietpreise nicht beeinflußt haben; bezeichnend ist, daß die Baugenossenschaften mitunter die Preise erhöhen mußten

Als Gegenstück nenne ich Gnesen, das eine rein ländliche Mittelstadt von jetzt ca. 25000 Einwohnern ist. Die Stadt nahm von 1900 bis 1905 und 1910 je um ca. 2000 Einwohner zu, die Zahl der Haushaltungen stieg um je ca. 500, die Zahl der Häuser um je ca. 40. Allzugemütlich scheinen die Wohnungsverhältnisse nicht zu sein; wenigstens ist von 1900 bis 1910 die Belegung pro Wohnhaus von 5,6 auf 6,2 Familien gestiegen. In Gnesen und dem mit der Stadt Gnesen den Kreis bildenden Städtchen Kletzko (ca. 1500 Einwohner) sind za. 2500 Arbeiter beschäftigt — und wir finden dort neben einer polnischen Baugenossenschaft, die 1912 liquidierte, einzig einen deutschen Beamtenwohnungsverein von 1902, von dessen 97 Mitgliedern am 31. Dezember 1911 80 Beamte und Staatsbedienstete waren. Er hat bis jetzt 49 Wohnungen hergestellt, außerdem waren 1912 24 Wohnungen im Bau. Er hat die Hälfte der aufgewandten Baukosten (insgesamt fast 400000 Mk.) von der Eisenbahnverwaltung erhalten. Auch hier ist bezeichnend, daß 1910 die Mieten erhöht werden mußten.

Eine auffallende Erscheinung bietet die Stadt Elbing, wo anscheinend die in Westerland aufgestellten Grundsätze eine Widerlegung erfahren; in Elbing, einer Stadt von za. 50000 Einwohnern, befinden sich eine Anzahl großer industrieller Betriebe mit vielen Tausenden von Arbeitern, — ich brauche blos die Namen Schichau, Gebr. Neufeld, Loeser & Wolff zu nennen. In Elbing wurde erst im Jahre 1908 eine Baugenossenschaft gegründet, die bereits 1910 in Liquidation trat und einem gemeinnützigen Arbeiterwohnungsverein Platz gemacht hat. Die Gründe für diese auffallende Erscheinung in Elbing habe ich nicht ermitteln können. Auf verschiedene Erkundigungen erhielt ich eine einzige ins Detail gehende Antwort, die ich des Interesses halber verlesen will, obwohl sie uns einen eigentlichen Aufschluß nicht gibt, sondern nur daraufhin zu deuten scheint, daß es an den rechten Männern fehlt.

„In Elbing sind recht viel Industrien mit Großbetrieben vorhanden und herrscht im allgemeinen Wohnungsnot.

Die Firma Schichau hat verschiedene Arbeiterwohnungen, za. 120 in alten Wohnhäusern, dieselbe baut gegenwärtig 10 Arbeiterhäuser à 12 Wohnungen, bestehend aus Stube, Kabinet und Küche. Sie beabsichtigt im nächsten Jahre weitere Häuser zu bauen.

Die im Jahre 1908 errichtete, 1910 liquidierte Baugenossenschaft, sollte die in Aussicht genommene Straße von der Königsberger Chaussee nach dem äußeren Mühlendamm zunächst ausbauen, bevor der Consens zur Bebauung erfolgen konnte. Dieselbe hatte indes keine, bezw. zu geringe Mittel, um dieses ausführen zu können und löste sich auf, da sich kein Unternehmer fand, welcher ein solches Unternehmen mit langathmigen Zahlungsfristen und kargem Gewinn auszuführen in der Lage war.

Die Bedingungen der Stadt, komplette Herstellung der Straßen mit Pflasterung, Gasleitung, Wasserleitung, Kanalisation usw., sind recht weitgehend und erfordern hohe Anliegerkosten.

(Zurufe.)

Jetzt hat sich ein gemeinnütziger Bauverein gebildet, welcher die Grundstücke mit Hilfe der Stadt, wenn ich nicht irre, bis zur Höhe von $^9/_{10}$ des Wertes beleihen wird.

Am 2. August war Termin über ein Etagenhaus mit 24 Wohnungen, über dessen Ausfall ich noch nichts erfahren habe. Die Ausschreibung von 12 Einzelhäusern soll bevorstehen.

Arbeiterwohnungen fehlen sehr, aber auch an Wohnungen mit 4 bis 8 Zimmern dürfte nach Einzug des Militärs Oktober 1914 Mangel eintreten. Zur Abhilfe ist bisher noch nichts erfolgt, zumal Baugelder zu teuer und Hypotheken nicht zu haben sind.“

Jedenfalls darf gesagt werden, daß das Interesse für die Baugenossenschaftsbewegung im Osten verhältnismäßig gering ist. Die Bevölkerung ist nicht sehr zahlreich, in manchen Landesteilen geht sie zurück. Wen sein Beruf nicht in absehbarer Zeit wieder von dem Orte seiner

Tätigkeit hinwegführt, der ist meist seßhaft. Alles in allem scheint also das Wohnungsbedürfnis meistens und zwar in ausreichendem Maße gedeckt zu sein. Auch das Bedürfnis nach besseren Wohnungen als die die üblichen Behausungen der Einwohnerschaft scheint nicht sehr groß du sein. Die einheimische Bevölkerung scheint höhere Ansprüche nicht zu stellen und mit dem angebotenen Wohnungsmaterial zufrieden zu sein. Die Berufskreise, die Ansprüche an bessere Wohnungen zu stellen pflegen, werden dieses Bedürfnis meist in eigenen Häusern befriedigen können, soweit sie nicht als Beamte sich einem der vorhandenen Wohnungsvereine angeschlossen haben. Was an Baugenossenschaften vorhanden ist, scheint meist einem vorhandenen Bedürfnis zu entsprechen. Die Zahl der Auflösungen ist verhältnismäßig gering. Ich konnte feststellen, daß in den Jahren von 1900 bis 1912 nur 11 Auflösungen stattgefunden haben, also etwa 5% des heutigen Bestandes. Es ist allerdings auffällig, daß manche Gründungen nur ein ganz kurzes Leben hatten und teilweise im Jahr der Gründung bereits zur Liquidation schritten. Ob man hieraus den Schluß ziehen darf, daß es sich um übereilte Gründungen gehandelt habe, will ich dahingestellt sein lassen. Ich habe speziell zwei Fälle von Königsberg im Auge, hinsichtlich deren eine dahin geäußerte Vermutung von einheimischer Seite energisch bestritten worden ist.

Hinsichtlich der Geschäftsgebahrung der Baugenossenschaften des Ostens ist zu bemerken, daß Genossenschaften, die eigene Häuser herstellen, sehr selten sind, was sich ganz von selbst versteht, wenn es richtig ist, daß die Baugenossenschaft dort im wesentlichen das Wohnungsbedürfnis fluktuierender Bevölkerungskreise zu befriedigen bestimmt ist. Aufgefallen ist mir bei der Durchsicht der amtlichen Statistiken, wie ungleichmäßig bei der Hergabe der staatlichen Gelder verfahren wurde. So hat z. B. eine 1907 errichtete Beamtenbaugenossenschaft in der Provinz Posen, die 1908 111 Mitglieder hatte, deren Haftsumme 33300 Mk. betrug, vom preußischen Staat rund 850000 Mk. Darlehen erhalten. Die amtliche Statistik gibt für diese Genossenschaft am 1. Januar 1912 an 310 Mitglieder — also 93000 Mk. Haftsumme — und 303 fertige, sowie 10 im Bau begriffenen Wohnungen.

(Zurufe: wo? Werkstattverlegung in Aussicht!)

Es ist mir interessant, aus Ihren Zurufen zu entnehmen, daß hier tatsächlich besondere Verhältnisse obwalten. Ich wollte nämlich fortfahren: Ob hier besondere Verhältnisse ein derartig hohes Engagement rechtfertigen, weiß ich nicht. Dieser Fall steht in auffallendem Gegensatz zu der Erscheinung, daß einer Reihe von später gegründeten Baugenossenschaften für den Anfang ihrer Bautätigkeit nur verhältnismäßig geringfügige Summen zur Verfügung gestellt worden sind, was man wohl kaum tadeln kann. Erhält die Baugenossenschaft zu leicht Gelder, so liegt die Gefahr nahe, daß sie allzuscharf ins Zeug geht und nach dem alten Sprichworte „allzuscharf macht schartig“ bald die Folgen zu spüren bekommt.

Eigenartig sind jedenfalls die Verhältnisse der Baugenossenschaften des Ostens. Das Dominieren des Beamtenwohnungsvereins deutet darauf, daß es in der Mehrzahl der Fälle weniger genossenschaftliches Interesse gewesen zu sein scheint, was den Zusammenschluß der seitherigen Genossenschaften veranlaßt hat, als das privat-wirtschaftliche Interesse an einer guten billigen Wohnung. Untersucht man im einzelnen, so findet sich vielfach ein Außerachtlassen bewährter Grundsätze. Es ist das um so auffallender, als die östlichen Baugenossenschaften in verhältnismäßig starkem Maße an Verbänden beteiligt sind. Während unser Allgemeiner Verband im Osten nur 7 Baugenossenschaften hat, weist z. B. der Albrecht'sche Verband dort 77 Genossenschaften auf. Insbesonders ist es auffallend, daß die Bildung ausreichender Vermögen und ausreichende Abschreibungen stark vernachlässigt erscheinen, wofür ich wieder auf meine Beobachtungen in Danzig und Gnesen hinweisen möchte. Die Danziger Genossenschaft von 1893 hat heute 730000 Mk. investiert. Die Geschäftsguthaben betragen 36587 Mk., die beiden Reserven zusammen 23711 Mk., die seitherigen Abschreibungen belaufen sich auf ca. 15000 Mk. Der Verein von 1898 hat 1600000 Mk. investiert bei einem Geschäftsguthaben von 73738 Mk., Reserven 10916 Mk., Abschreibungen ca. 50000 Mk. Die aufstrebende Wohnungsgenossenschaft Neuschottland hat seit 1906 1730000 Mk. verbaut und abgeschrieben sind seither 10000 Mk., Geschäftsguthaben 32000 Mk., Reserven 1659 Mk. Ich stelle lediglich diese Zahlen fest, die für sich selbst sprechen.

In Gnesen sind ca. 400000 Mk. investiert — abgeschrieben sind in 10 Jahren aber nur 6500 Mk.; die Geschäftsguthaben betragen 11345 Mark, die Reserven betragen 533 Mk. Dabei war hier wie in Danzig bereits Mieterhöhung nötig! Diese Erhöhung ist speziell in Gnesen um so bedenklicher, als nach den mir gewordenen Mitteilungen die Baugenossenschaft bereits Mieten in der für die gleiche Anzahl von Räumen ortsüblichen Höhe erhebt. Wenn also hier nicht etwa die bessere Qualität der Wohnungen eine in Zukunft anscheinend unvermeidliche weitere Mietsteigerung ermöglicht, dann sieht es sehr bedenklich um die Zukunft dieser Genossenschaft aus.

Vielleicht deuten diese Erscheinungen darauf, daß bei dem wohl meist vorübergehenden Charakter der Mitgliedschaft ein Gesamtinteresse wenig entwickelt zu sein scheint, daß auch die Leitungen der östlichen Baugenossenschaften häufig wechseln, wodurch das Interesse der Baugenossenschaften keineswegs gefördert wird. Daß die reiche staatliche Unterstützung nicht geeignet ist, hier erzieherisch zu wirken, liegt auf der Hand. Ich will indessen vorsichtig sein, ich kenne die Verhältnisse zu wenig und kann nur Vermutungen äußern, die möglicher Weise völlig unbegründet sind. Es ist das eben auch eine der vielen Fragen, die nur ein genauer Kenner des Ostens beantworten kann. Ist meine Ansicht richtig, so haben wir wohl einen Anhaltspunkt mehr gefunden dafür, weshalb im Osten die Baugenossenschaftsbewegung sich so verhältnismäßig wenig eingebürgert hat. Gerade die Baugenossenschaft verlangt einen besonders stark entwickelten Gemeinsinn und wenn es an diesen schon in der bestehenden Baugenossenschaft fehlt, wie soll man ihn da der Bevölkerung anerziehen? Fehlt es aber an dieser Voraussetzung, dann wird, zumal die treibenden Kräfte seither ganz gefehlt zu haben scheinen, die Baugenossenschaftsbewegung des Ostens auch in Zukunft gegenüber der anderer Landesteile stark zurückbleiben.

(Lebhafter Beifall.)

Vorsitzender Verbandsdirektor Landrat **Berthold**-Blumenthal: Wir danken dem Herrn Referenten für sein Referat. Die Schwierigkeiten, die er bei der Beschaffung von Material gehabt hat und über die er sich beklagt, werden sich, wenn er in seinem Leben später noch mehr mit diesen Dingen zu tun hat, schon noch öfter ergeben. Das ist jedem, der mit Statistik zu tun hat, etwas Geläufiges. Im übrigen ist in den Berichten über die Verbandstage des Albrechtschen Verbandes eine ausführliche Statistik über die Verhältnisse einer großen Anzahl von östlichen Baugenossenschaften vorhanden. Das ist zur Zeit das beste statistische Material, das für die Beurteilung der Frage auch wertvolle Fingerzeige gibt.

(Zuruf des Berichterstatters: ist berücksichtigt.)

Berichterstatter Landesversicherungsrat **Hansen** (Kiel): M. H.! Es ergibt sich aus den soeben gehörten Ausführungen, daß für mich nicht gar viel zu sagen übrig bleibt.

Im Osten bestehen keine ländlichen Baugenossenschaften und deshalb läßt sich auch nicht von Erfahrungen mit solchen reden. Unter der Bezeichnung „ländliche Baugenossenschaften" verstehe ich — damit darf ich beginnen — den Bestimmungen des Genossenschaftsgesetzes gemäß entsprechende Genossenschaften, die die Herstellung von Landarbeiterwohnungen oder die Errichtung von Wohnungen für in ähnlicher sozialer Lage befindliche sonstige Landbewohner zur Aufgabe haben und deren Träger namentlich diesen Kreisen selbst angehören. Solche Genossenschaften habe ich in dem Gebiete, das wir zum Osten unseres Vaterlandes rechnen, also in Ost- und Westpreußen, Posen, Schlesien, Pommern (teilweise) nicht ermitteln können, wobei ich freilich bemerke, daß ich nicht weiß, ob etwa in dem polnischen Sprachgebiete derartige Vereinigungen vorkommen und ob hierüber die in polnischer Sprache gehaltene Literatur irgendwelche Auskunft bietet.

Daß die, auf die Seßhaftmachung von Landarbeitern gerichteten Bestrebungen gerade im Osten eine ungemein wichtige Aufgabe bilden, darüber ist kein Wort zu verlieren. Die Aufgabe spielt hier eine noch weit größere Rolle als irgendwo anders im Staate und man kann wohl sagen im ganzen Reiche. Sie muß vom wirtschaftlichen und vom nationalen Standpunkte aus betrachtet, als das in der Gegenwart allerbedeutsamste Problem des Ostens bezeichnet werden. Gesetzgebung und Verwaltung beschäftigen sich während der letzten zwei und drei Jahrzehnte unausgesetzt mit den hierbei in Betracht kommenden Fragen. Da liegt es nahe, gerade an dem Orte, in dem wir diesmal tagen, zu erörtern, wie es kommt, daß die genossenschaftliche Form in dem vorhin von mir erwähnten Sinne, abgesehen von einigen hier und da betrachteten, ganz unwesentlichen Ansätzen, so gut wie garnichts in dieser Hinsicht geleistet hat. Ich werde den Versuch machen, soweit es einer den Verhältnissen örtlich fernstehenden Persönlichkeit gestattet sein mag, mit einem Urteile hervorzutreten, die Erklärung hierfür in kurzen Worten zu liefern.

Nicht die an sich so entscheidende Geldfrage hat im Wege gestanden. Sicherlich würde sich keine Hinderung ergeben haben, die erforderlichen

Baugelder unter günstigen Bedingungen von Seiten der Landesversicherungsanstalten und nötigen Falles aus anderen Quellen zu erlangen, wenn im übrigen die Voraussetzungen vorhanden gewesen wären. Schwieriger möchte es in einzelnen Gegenden schon geworden sein, die zweite Bedingung für die Errichtung einer Baugenossenschaft zu erfüllen, nämlich das nötige Bauland zu beschaffen — aber doch nicht überall. Weit mehr ins Gewicht fällt indes der Umstand, daß die Auffindung der persönlichen Kräfte in den ländlichen Verhältnissen des Ostens sich fast nirgends ermöglichen läßt. Damit spreche ich keine Kritik und keinen Vorwurf aus, sondern ich stelle eine einfache Tatsache fest, die schwerlich von irgend einer Seite geleugnet werden kann. Aber den etwaigen Einwendungen gegenüber wiederhole ich, was ich zu Anfang über Zweck und Wesen einer ländlichen Baugenossenschaft äußerte: „Eine ländliche Baugenossenschaft soll und will für Landarbeiter und ähnlich gestellte Landbewohner Wohnungen errichten und die Personen, die hierbei in Frage kommen, sollen vor allem selbst die wichtigsten Stützen der Genossenschaft sein." Die Genossenschaft ist eine völlig freie Schöpfung; der Anschluß an sie beruht auf der rein persönlichen Entschließung der Einzelnen und das Bestehen derselben hängt von einer weitreichenden persönlichen Verantwortlichkeit ab. Also nicht eine behördliche Veranstaltung, auch nicht eine solche von Arbeitgebern, die aus rein gemeinnützigen oder auch aus keineswegs tadelswerten, aber doch unleugbar selbstischen Beweggründen eine Genossenschaft bilden. Nein — die Landarbeiter selbst, mit denen wir es zu tun haben, müssen, wie nochmals nachdrücklich betont werden mag, als der eigentliche Mittelpunkt der Baugenossenschaft gelten; sie sollen die genügende Einsicht und Fähigkeit besitzen, um deren Verwaltung führen oder doch in entscheidender Weise bestimmen zu können. Diese für das Gedeihen einer Baugenossenschaft schlechthin unerläßliche Vorbedingung läßt sich in den ländlichen Verhältnissen überhaupt schwerer, als in der Stadt erfüllen, sie ist in den ländlichen Verhältnissen des Ostens ganz sicher nicht gegeben.

Die Form der Baugenossenschaft — wenigstens in dem jetzt durch das Gesetz gezogenen Rahmen — eignet sich jedoch, wie ich mit vollster Deutlichkeit bezeugen möchte, überall wenig oder garnicht für die Verhältnisse des platten Landes. Auch wenn es wirklich gelingen sollte, die rechten Kräfte für die Leitung einer solchen Genossenschaft zu finden, so wird der Zusammenhalt der doch durchweg über eine größere Fläche zerstreuten Mitglieder zu einem einheitlichen Ganzen auf Widerstände stoßen, die in den städtischen Baugenossenschaften nicht anzutreffen sind. Aus den dafür maßgebenden räumlichen Verhältnissen erwachsen dann weiter ebenso große, nahezu unüberwindliche Schwierigkeiten bei der Durchführung der eigentlichen Genossenschaftsarbeit, beim Grunderwerbe, bei der Grundverteilung, bei der Bautätigkeit, bei der Uebertragung der fertigen Häuser, bei der Ueberwachung ihrer Instandhaltung u. a. m. Diese Schwierigkeiten sind, wenngleich ihrer Art nach verschieden, gleich hoch anzuschlagen bei kleinen und großen Baugenossenschaften — bei den kleinen, handelt es sich von vornherein um nicht lebensfähige Gebilde, bei den größeren Genossenschaften treten die Hindernisse vielleicht etwas später ganz in Erscheinung. In beiden Fällen erwachsen Pflichten und Verbindlichkeiten, die die Mitglieder einerseits — aus wirtschaftlichen Gründen — kaum tragen, die andererseits sie jedenfalls nicht übersehen können. Die Verhältnisse, die ich hier angedeutet habe, sind keineswegs ausschließlich auf die östlichen Landesteile beschränkt, sie stehen vielmehr in Verbindung mit der Eigenart des platten Landes — einige wenige Ausnahmen abgerechnet — im Ganzen und daher komme ich zu der Ueberzeugung, daß die „ländliche" Baugenossenschaft, immer in dem vorhin bezeichneten Sinne gedacht, einen wirklichen Bestand nicht finden kann. Es mag für uns alte Genossenschafter schmerzlich sein, diese Tatsache offen zu bekennen, aber wir sind als Männer des praktischen Lebens verpflichtet, uns mit der Wirklichkeit abzufinden und wir wollen keinen Versuchen das Wort dort reden, wo die Sicherheit des Gelingens nicht gegeben ist.

Der 41. Allgem. Genossenschaftstag zu Hannover im Jahre 1900 hat erklärt: „Die Ansiedlung ländlicher Arbeiter mit Hilfe der genossenschaftlichen Organisation ist eine der bedeutungsvollsten und nächsten Aufgaben der genossenschaftlichen Organisation auf landwirtlichem Gebiete." Es sprachen damals gewichtige Gründe für eine solche Kundgebung; sie schloß durch ihre Begründung eine beachtenswerte Aufforderung in sich, die derzeit schon — wie heute — bedeutsame Frage der Seßhaftmachung landwirtschaftlicher Arbeiter auch auf dem Wege der genossenschaftlichen Organisation in die Hand zu nehmen. Dreizehn Jahre sind seitdem verflossen und diese Zeit hat nur gelehrt, daß der in Hannover empfohlene Weg nicht betreten worden ist und auch nicht zum Ziele führt. So wollen wir also auf die baugenossenschaftliche Form für das platte Land diesmal nicht zurückkommen. Welche sonstigen Mittel unmittelbar für die Förderung der Ansiedelung von Landarbeitern anzuwenden sind, das soll hier freilich auch nicht weiter erörtert werden. Nur das sei gesagt, daß mittelbar den gedachten Bestrebungen in mancher anderen Weise durch genossenschaftliche Organisationen gedient werden kann: namentlich durch die Entwickelung von Kreditgenossenschaften, Spar- und Darlehnskassen und des Sparkassenwesens gerade zur Befriedigung der Bedürfnisse der Kleinbesitzer und solcher, die es werden wollen, ferner durch die Begründung von Einkaufs- und Verkaufsgenossenschaften für das platte Land. Mittelst derartiger Einrichtungen, die Sparsamkeit und wirtschaftlichen Sinn voraussetzen und bilden, die ihre Mitglieder ökonomisch selbstständig und unabhängig machen, gewinnt der kleine Mann auf dem Lande die Kräfte auch für sein vollbegründetes Streben, um in den Besitz der eigenen Scholle zu gelangen. Insoweit hat die früher vom Allgemeinen Genossenschaftstage empfohlene Verwertung genossenschaftlicher Organisation ihre große Berechtigung und in solcher Begrenzung heute wie ehedem ihren vollen, nicht hoch genug anzuschlagenden Wert. (Lebhafter Beifall.)

Vorsitzender Verbandsdirektor Landrat **Berthold**-Blumenthal: Wir danken dem Herrn Verbandsdirektor Hansen für dieses zwar kurze, aber sehr inhaltreiche Referat, von dem ich, soweit ich mir über die Dinge im Osten ein Urteil erlauben kann, auch sagen möchte, daß das, was er ausgeführt hat, richtig ist. Ich hatte schon von jeher die Vermutung, daß im Osten eine baugenossenschaftliche Entwicklung und insbesondere eine Ansiedlung der

Arbeiter auf genossenschaftlichem Wege auf dem platten Lande nicht möglich sein würde. Die Erfahrung hat das vollständig bestätigt. Wir sind zur Ansiedlung von Arbeitern in genossenschaftlicher Form nicht gekommen und werden es auch nicht. Es fehlt die entscheidende Voraussetzung hierfür. Denn wir müssen uns darüber klar sein: wo die Baugenossenschaften im Westen auf das platte Land hinausgegangen sind, sind sie durch die Industrie ins Leben gerufen worden. Da nun im Osten auch nicht annähernd von einer derartigen Entwicklung der Industrie die Rede sein kann, wie wir sie im Westen erlebt haben, so sind auch entsprechend die Baugenossenschaften nicht zur Entwicklung gekommen. Bezeichnend ist die Tatsache, die der Herr Referent erwähnte, daß in Schlesien sich noch verhältnismäßig die meisten Baugenossenschaften befinden. Dort sind annähernd ähnliche Verhältnisse, wie wir sie im Westen beobachtet haben: eine großindustrielle Entwicklung, die auf das platte Land hinausgetragen ist. In dem Augenblick, wo im Osten eine starke industrielle Entwicklung überall einsetzen würde, würden auch überall auf dem platten Lande die Baugenossenschaften in Tätigkeit treten und sich in derselben Weise entwickeln, wie im Westen. Die Menschen im Osten haben ebenso gut das Zeug hierfür wie die Menschen im Westen. Das ist, was ich auf Grund meiner Erfahrungen sagen möchte.

Anwalt Dr. **Crüger**: Ich möchte meinerseits vor allen Dingen Herrn Landesversicherungsrat Hansen herzlich danken, daß er doch noch die Zeit hat erübrigen können, um das Referat zu erstatten. Herr Hansen hatte zunächst Bedenken, das Referat zu übernehmen, weil er meinte, er würfe den Beschluß in Hannover (1900) um und stelle sich zu mir gewissermaßen in einen Widerspruch, wenn er die Bedeutung der genossenschaftlichen Organisation für die Wohnungsfrage auf dem Lande rundweg bestreite. In der Beziehung besteht vielleicht ein innerer Zusammenhang zwischen diesem Gegenstand der Tagesordnung und dem nächsten Gegenstand.

Nun möchte ich doch bitten, kein endgültiges Urteil heute über diese Frage abzugeben, sondern ich will meinerseits wenigstens den Versuch machen, die Untersuchungen fortzusetzen. Es haben im Osten eine ganze Anzahl Baugenossenschaften gerade für die ländlichen Verhältnisse bestanden. Diese sind eingegangen, und die Gründe hierfür müssen festgestellt werden. Der geeignete Referent für diesen Gegenstand wäre Herr Landesrat Passarge gewesen, der leider das Referat nicht hat übernehmen können, weil der Genossenschaftstag in seine Urlaubszeit fiel. Ich habe die Absicht, mich mit ihm über diesen Gegenstand in Verbindung zu setzen und ihn zu hören, welche Erfahrungen er auf diesem Gebiete gemacht hat. Er hat einen besonderen Verband der Baugenossenschaften, er hat den Versuch gemacht, mit Hilfe der Baugenossenschaften auf dem Lande Mietwohnungen zu errichten, aber ohne nennenswerten Erfolg. Es ist wohl möglich daß wir schließlich im Endeffekt darauf hinauskommen werden, was Herr Landesversicherungsrat Hansen uns hier ausgeführt hat, daß die genossenschaftliche Organisation nicht die geeignete Form ist. Ob noch andere Momente dafür mitsprechen, daß mit Hilfe dieser Mittel auf dem Gebiet der Wohnungsfrage so gut wie nichts hat geschaffen werden können, das ist doch noch eine Angelegenheit, die einer besonderen Untersuchung bedarf.

Regierungsrat **Schilling**-Posen: Meine Herren, gestatten Sie mir, daß ich einige Worte über die Wohnungsgenossenschaftsfrage auf dem Lande zu Ihnen spreche. Ich bin ein alter Posener Beamter, der mitten drin in der Sache steht und sich wohl ein Urteil erlauben darf, der aber auch die großen Schwierigkeiten sehr wohl kennt. Wir haben hier außer den Beamtenbauvereinen, die hier ebenso zahlreich wie im Westen sind, noch eine Reihe von Genossenschaften, welche als ländliche vielleicht angesprochen werden können. Es sind das die kleinen Siedlungsgenossenschaften. Die Namen sind sehr verschieden, sie heißen teilweise „Gemeinnützige Baugenossenschaften", teilweise „Land-Genossenschaften" usw., der Zweck ist aber derselbe. Sie haben in erster Linie sich zur Aufgabe gestellt, Landarbeiter anzusetzen, eine Aufgabe, die sie bis jetzt nicht haben erfüllen können, weil sich ihr ganz gewaltige Schwierigkeiten entgegenstellen. Es sind das deutsche Genossenschaften, die nur deutsche Mitglieder haben. Sie, m. H., die Sie aus dem Westen kommen, werden doch noch nicht so gut in unsere posenschen Verhältnisse eingeweiht sein. Bedenken Sie, daß unser Regierungsbezirk, für den ich speziell zu arbeiten habe, zu zwei Dritteln polnisch ist. Das Land, die Güter sind fast ausschließlich polnisch; wir haben, von geringen Ausnahmen abgesehen, keine deutschen Landarbeiter. Ich muß da den Kreis Schwerin und zur Hälfte die Kreise Meseritz und Wollstein ausnehmen, die schon mehr märkische Verhältnisse haben; im übrigen aber ist der Landarbeiter hier polnisch. Das ist eine Schwierigkeit. Deutschtum und Polentum ist hier vollständig getrennt, die Polen wollen nicht mit uns Deutschen zusammen arbeiten.

Die zweite Schwierigkeit besteht in der Arbeitsverfassung auf den Gütern. Wir haben auf den Gütern keine freien Arbeiter, d. h. freie Arbeiter, die besonders wohnen und auf das Gut nur auf Arbeit gehen, sondern wir haben hier noch die Instverfassung; also die Arbeiterschaft wohnt auf den Gütern in Deputathäusern; und wenn die nicht ausreichen, werden Sachsengänger hereingeholt. Die Sachsengängerei ist aber bei uns noch nicht so weit gediehen wie im Westen. Der polnische Arbeiter ist recht gut. Die Besitzer und Pächter können sich ein besseres Arbeitermaterial nicht wünschen; die polnischen Arbeiter sind im allgemeinen auch in ausreichender Zahl vorhanden, zumal da sie meist auf die deutschen Güter lieber gehen als auf die polnischen. Die deutschen Besitzer behandeln sie besser als ihre eigenen polnischen Besitzer, eine Erfahrung, die Sie bei Arbeitern häufig hören werden, trotzdem der Probst — die Polen sind katholisch — sehr dahinter ist und einen großen Einfluß auf sie hat.

Nun haben wir auch Bauerngemeinden. Aber die Arbeiter in den Bauerngemeinden sind meist schlecht gestellt, weil der Bauer im Winter im allgemeinen keine Arbeit für sie hat. Ständige Arbeiter sind in den Landgemeinden eigentlich nur da, wo Forsten in der Nähe sind, wo die Arbeiter auch im Winter Arbeit haben. Deshalb legt die Ansiedlungskommission die Stellen nur so groß an, daß eine Familie mit ein paar erwachsenen Kindern sie bewirtschaften kann; über 60 Morgen wird sie kaum hinausgehen.

Aus diesen Darlegungen werden Sie die Schwierigkeiten schon ersehen haben, weshalb die Landarbeiteransetzung hier so außerordentlich schwer vor sich geht. Zunächst einmal, woher das Material nehmen? Wir müssen sodann, wo deutsche Arbeiter vorhanden sind, auch sehr vorsichtig vorgehen, damit man nicht den Gütern und Domänen die Instarbeiter aus den Insthäusern herauszieht; denn sonst haben wir es mit den Arbeitgebern zu tun.

Nun haben wir eine ganze Reihe von Genossenschaften — ich habe ungefähr fünfzehn gegründet —, denen reiche Staatsgelder von der Generalkommission wie auch bis zu einer gewissen Grenze von der Landesversicherungsanstalt zur Verfügung stehen. Diese Genossenschaften haben Hunderte von Stellen geschaffen; das sind aber meist gewerbliche Stellen in Industrieorten, und hier wirken die Genossenschaften außerordentlich segensreich. Die Genossenschaften sind deutsch und haben deshalb einen politischen Charakter. Unsere Städte sind auch wie das platte Land der Polonisierung außerordentlich stark ausgesetzt. Wir im Osten, namentlich in der Provinz Posen leiden sehr darunter, daß die deutsche Arbeiterschaft nach dem Westen abwandert, während umgekehrt der Pole, der im Westen, wie Sie wissen, in den Bergwerken und in der Industrie schon in Massen beschäftigt wird, immer wieder in seine Heimat zurückkehrt; die Millionen, die die polnischen Arbeiter im Westen ersparen, fließen zurück in die heimatlichen polnischen Kassen. Das polnische Genossenschaftssystem hat ungefähr 120 Millionen Mk. derartiger Spareinlagen, und jedes Jahr kommen 20 Millionen dazu. Das sind die im Westen verdienten Gelder. Wenn ein solcher Arbeiter sich ein paar tausend Mark erspart hat, kommt er wieder zurück, kauft sich eine Scholle und baut sich ein Häuschen darauf. Anders leider bei dem deutschen Arbeiter! Der wird durch die hohen Löhne des Westens und von Berlin auch angezogen, bleibt aber dann dort. Das ist ein außerordentlich schwieriges Problem und ein Problem, welches mit der Ansiedlungskommission und der ganzen Polenpolitik zusammenhängt, und der Grund ist, weshalb wir hier eigentlich zahlenmäßig erst recht wenig vorwärts kommen.

Nun haben diese Baugenossenschaften sich zur Aufgabe gemacht, in den Städten eine deutsche Arbeiterschaft und deutsche Handwerker seßhaft zu machen, und da sind schon ganz hübsche Erfolge verspürt worden. Die Schwierigkeiten sind auch da immens groß; es herrscht auch da unter den besitzenden Klassen, den Hausbesitzern vielfach ein großes Vorurteil. Was habe ich alles erlebt, wenn ich in die Städte und Kreise kam und Genossenschaften gründen wollte! Die Hausbesitzer sagten: ihr zieht uns unsere Mieter aus den Wohnungen! Die Gemeindeverwaltungen sagten: ihr bringt das Proletariertum her; — also die größte Agitation wurde gegen diese Unternehmungen entfaltet. Dazu kam noch das Uebelwollen der polnischen Bevölkerung, das so weit ging, daß sie aggressiv wurde, die herangezogenen Leute belästigte, Häuser demolierte usw. Heute aber kann gesagt werden: die Bewegung hat sich, was die Städte anlangt, durchgesetzt; die besitzenden Klassen und Gewerbetreibenden haben den Vorteil im großen und ganzen eingesehen. Kein Pfennig von Armenlasten für derartige Hausbesitzer. Daß hin und wieder Mietsbaracken leer stehen, kommt vor. Ich bedauere sehr, daß Sie keine Zeit haben, sich solche Ansiedlungen anzusehen. Da zeigt sich der Wert der eigenen Scholle. Wie fühlen sich die Arbeiter da wohl. Ja, sie müssen auch Steuern zahlen, ganz andere Steuern, als wenn sie in Mietskabachen wohnen und ihre Ersparnisse verheimlichen. Ich habe hier in der Nähe eine kleine Stadt; da ist man jetzt mit der Kleinkolonisation durchaus zufrieden: Die Arbeitgeber nehmen ohne weiteres jeden angesiedelten Arbeiter an und entlassen vielleicht einen polnischen. Die Stadt hat 3000 Einwohner, und es sind bereits fünfzig Familien angesetzt, die einen jährlichen Steuerzuwachs von mehr als 1000 Mk. bringen —, für eine kleine Stadt immer etwas Beachtenswertes. Wir haben da für Anpflanzungen guter Obstsorten gesorgt, wir haben eine Allmende Weide für Ziegenhaltung angelegt usw., Sie sehen dort ein blühendes deutsches Leben. Die Städte sollen auf diese Weise eine deutsche Arbeiterschaft erhalten, aus der sich die besten Elemente zu Handwerkern herausarbeiten können.

Ich will Sie, m. H., nicht länger aufhalten. Ich wollte nur sagen, eine ländliche Kleinkolonisation wird noch lange auf Schwierigkeiten stoßen, eine städtische gewerbliche Kleinkolonisation ist aber doch im Gange und wird weiter gedeihen. Ich hoffe, daß ich mit meinen Ausführungen etwas dazu beigetragen habe, um Ihnen ein Bild von den hiesigen Schwierigkeiten und Bestrebungen zu geben.

(Lebhafter Beifall.)

Vorsitzender Verbandsdirektor Landrat **Berthold**-Blumenthal: Wir danken Ihnen herzlichst für Ihre Ausführungen. Sie sehen aus dem reichen Beifall, wie erfreulich es war, aus Ihrem Munde zu hören, daß nicht bloß Schatten vorhanden ist, sondern auch die Sonnenstrahlen durchbrechen. Wir haben nur den Wunsch, daß die Sonne reichlicher nach der Richtung scheinen möchte.

Oekonomierat **Burmeister**-Berlin: Ich muß um Verzeihung bitten, wenn ich als Gast mir eine kurze Bemerkung erlaube. Aber ich glaube im Interesse meiner engeren Heimat, d. h. meines Verbandes, zu dem Brandenburg, Pommern, Posen und Mecklenburg gehören, zu handeln, wenn ich auch ein paar Worte zu der vorliegenden Frage spreche. Es könnte den Eindruck erwecken, als wenn infolge des Mangels an Baugenossenschaften hier für die Seßhaftmachung der Arbeiterschaft nichts geschähe. Der Herr Vorredner hat bereits die Schwierigkeiten dargelegt und auch gezeigt, wie trotz dieser Schwierigkeiten für die Arbeiterschaft hier im Osten gesorgt ist. Daß hier keine Baugenossenschaften auf dem Lande platzgreifen, kommt wohl daher, weil eben ein Bedürfnis zur Gründung von Baugenossenschaften nicht vorliegt, da zum großen Teil die Spar- und Darlehnskassen auf dem Lande selbst die Seßhaftmachung in den Verbandsbezirken in die Hand nehmen.

Allerdings ziehen sie meist nicht neue Arbeiter heran, sondern sie geben denjenigen Arbeitern, die wirklich das Bedürfnis haben, ein eigenes Haus, eine eigene Scholle zu erwerben, Darlehne. Sehr richtig wies daher der Herr Referent auch am Schluß seines Referates darauf hin, daß die Förderung der ländlichen Spar- und Darlehnskassen gleichzeitig eine Förderung der Seßhaftmachung der Arbeiter bedeute. Also in meinem Bezirk wird von den Raiffeisen-Vereinen den Arbeitern die Ansiedlung ermöglicht, indem ihnen Darlehne gegeben werden, und wir hoffen, daß durch eine Ausbreitung dieser Vereine eine Vermehrung der Ansiedlung der Arbeiter erfolgen wird.

Kaiserlicher Regierungsrat **Scheidt**-Berlin: Meine Herren, fassen wir zusammen, was die beiden Herren Referenten gesagt haben, so müssen wir feststellen, daß hier im Osten eigentliche ländliche Baugenossenschaften überhaupt nicht existieren, und daß die Tätigkeit der städtischen Baugenossenschaften sich in der Hauptsache auf die Herstellung von Beamtenwohnungen beschränkt.

Auf dem Genossenschaftstage in Westerland (1905) ist bereits darauf hingewiesen worden, daß das ganze Baugenossenschaftswesen Deutschlands eigentlich in zwei Teile geteilt werden kann, insofern die Baugenossenschaften entweder für gewerbliche Arbeiter oder für Beamte Wohnungen errichten. Hier im Osten, wo mit einem so starken Hervortreten der Industrie wie im Westen nicht gerechnet werden kann, fehlen von vornherein für bedeutende Baugenossenschaftsorganisationen, die für gewerbliche Arbeiter Wohnungen bauen, die notwendigen Voraussetzungen. Wir sehen deshalb in den östlichen Städten meist nur Beamten-Baugenossenschaften, die entweder vom Reich oder vom Staat finanziert sind.

Wenn das ländliche Baugenossenschaftswesen, d. h. die Erbauung von Wohnungen für eigentliche landwirtschaftliche Arbeiter durch Baugenossenschaften, im Osten versagt hat, so ist dem gegenüber festzustellen, daß die Erfahrungen im Westen in dieser Beziehung nicht viel besser sind. Auch hier haben Baugenossenschaften, deren Aufgabe darin bestand, für Landarbeiter Wohnungen zu bauen, versagt. An Versuchen hat es nicht gefehlt, aber diese Versuche sind als gescheitert zu bezeichnen. Es liegen hierfür zwei Gründe vor. Einmal ist es außerordentlich schwer für eine ländliche Genossenschaft, die sich über einen ganzen Kreis ausbreitet, überhaupt eine genossenschaftliche Organisation zu schaffen. Die Mitglieder der Genossenschaft haben bestimmte Pflichten; sie sind z. B. verpflichtet, ihre Beiträge in bestimmten Raten zu zahlen. Schon die Einziehung der Beiträge ist bei diesen ländlichen Baugenossenschaften, bei denen die Mitglieder über einen ganzen Kreis zerstreut weit auseinander wohnen, mit ganz außerordentlichen Schwierigkeiten verbunden. Dann ist es für den Vorstand und Aufsichtsrat einer solchen Genossenschaft sehr schwierig, eine zweckmäßige Bautätigkeit auszuüben oder zu überwachen, wenn sich diese Bautätigkeit auf einen ganzen Kreis erstrecken soll. Aber die Hauptschwierigkeit liegt darin, daß es unmöglich ist, Wohnungen so billig herzustellen, daß sie für die Landarbeiter begehrenswert werden. Selbst in den Industriebezirken hat man die Erfahrung machen müssen, daß in den kleinen Industrieorten die baugenossenschaftlichen Wohnungen für die gewerblichen Arbeiter oft zu teuer wurden. In den ländlichen Bezirken vermögen aber die Baugenossenschaften die Wohnungen regelmäßig nicht so billig herzustellen, wie sie die Landarbeiter zu mieten gewohnt sind.

Die Wohnungsfrage besteht nicht nur in den Städten, sondern auch auf dem Lande, aber sie hat in den Städten eine andere Form als auf dem Lande. Auf dem Lande gibt es meist genügend Wohnungen, aber sie sind schlecht. Es ist vielfach die Erfahrung gemacht worden, daß die Leute auf dem Lande lieber in den schlechten Wohnungen wohnen bleiben als höhere Mieten für gute Wohnungen zu zahlen. Diese Schwierigkeit wird — wenigstens von Seiten der Baugenossenschaften — einstweilen nicht aus der Welt zu schaffen sein, und aus diesem Grunde wird an eine Leistungsfähigkeit ländlicher Baugenossenschaften im Osten wie auch im Westen für absehbare Zeit nicht zu denken sein.

Ich bin mit dem Herrn Anwalt einverstanden, daß die Frage einer weiteren Beobachtung unterzogen werden muß, aber ich rate, die Gründung ländlicher Baugenossenschaften nur unter Anwendung größter Vorsicht zu wagen.

(Sehr richtig! und Bravo!)

Vorsitzender Verbandsdirektor Landrat **Berthold**-Blumenthal: Mit Rücksicht auf die vorgeschrittene Zeit möchte ich die Frage an Sie richten, ob noch eine weitere Diskussion gewünscht wird.

(Rufe: Nein!)

Das, was wir erfahren haben, war rein informatorisch, aber den Eindruck habe ich: es war schön und eindrucksvoll, insbesondere die Mitteilungen der Herren aus dem Osten.

Ich habe den Herrn Verbandsanwalt dahin verstanden, daß er den Gründen nachgehen will, aus denen das Wiedereingehen der errichteten Genossenschaften zu erklären ist. In einem Privatgespräch habe ich soeben aus seinem Munde vernommen, daß in Württemberg mit solchen Ansiedlungen Erfolge erzielt worden seien. Ich habe bisher nichts davon gehört. Sollte das der Fall sein, könnte man ja die Gründe erforschen, weshalb diese Genossenschaften dort vorwärts gekommen sind. Die Erörterung dieser schwierigen Frage anzuregen und in Gang zu bringen, dafür ist der heutige Tag, glaube ich, ein voller Erfolg gewesen.

Ich danke den Herren Referenten und den Herren, die das Wort in der Diskussion ergriffen und die Verhandlungen so schön und eindrucksvoll gestaltet haben.

Wenn wir uns die nötige Beschränkung auferlegen, können wir auch noch mit dem dritten Punkt der Tagesordnung fertig werden:

III. Die Rechtsreform.

Auch dieser Punkt soll erst eine Anregung geben zur öffentlichen Erörterung einer Frage, die im engeren Kreise schon viel besprochen worden ist.

Ich bitte den Herrn Verbandsanwalt, das Wort zu nehmen.

Berichterstatter Anwalt **Dr. Crüger**: Meine Herren! Auf dem Düsseldorfer internationalen Wohnungskongreß im Jahre 1902 ist die Genossenschaftsgesetzgebung verschiedener Staaten unter dem Gesichtspunkte der Baugenossenschaften einer Berichterstattung unterzogen worden. Am Genossenschaftsgesetz selbst ist damals keine Kritik geübt. Wir sind an der Frage, ob das Genossenschaftsgesetz in vollem Umfange für die Baugenossenschaftsbewegung paßt, vorübergegangen. In Kreuznach auf dem Allgemeinen Genossenschaftstage (1902) hat Herr Landrat Berthold die Frage angeschnitten, und er ist damals für einige Punkte zur Verneinung der Frage gekommen, ob das Genossenschaftsgesetz für die Baugenossenschaften paßt. Er hat damals die Ansicht vertreten, daß vielleicht das Genossenschaftsgesetz in einzelnen Bestimmungen den Baugenossenschaften angepaßt werden müßte. Ich habe von meinem allgemeinen genossenschaftlichen Standpunkt aus diese Frage verneint, weil ich nicht gern die Hand dazu bieten würde, daß das Genossenschaftsgesetz einer Revision unterzogen wird; denn wir müssen befürchten, daß diese Revision des Genossenschaftsgesetzes zur Beschränkung der geschäftlichen Freiheit der Genossenschaften führen wird. Es ist daher wohl zu erwägen, ob nicht ein anderer Weg gangbar ist, auf dem eine Rechtsform gefunden werden kann, die für die Baugenossenschaft paßt.

Lassen Sie mich in wenigen Worten nun darstellen, worin die Besonderheit der Genossenschaft als Gesellschaftsform liegt. Da ist zunächst die leichte Gründung der Genossenschaft, die Gründung der Genossenschaft ohne jedes Kapital. Die Genossenschaft hat eine Eröffnungsbilanz aufzustellen. Diese Eröffnungsbilanz ergibt aber in der Regel auf beiden Seiten Null. Ferner gehört zu den Besonderheiten der Genossenschaft das freie Ein- und Austrittsrecht der Mitglieder. Fernere Besonderheit der Genossenschaft ist das gleiche Stimmrecht der Mitglieder, weiter die Selbstverwaltung der Mitglieder, d. h. bei der Genossenschaft finden wir, daß die, deren Bedürfnisse durch die Gnossenschaft befriedigt werden sollen, auch gleichzeitig die Träger des Unternehmens sind. Bei jeder anderen Gesellschaftsart steht der, der mit der Gesellschaft in geschäftliche Beziehung zu treten bestimmt ist, in der Regel der Gesellschaft als dritter, völlig unabhängig gegenüber. In dieser Eigentümlichkeit finden Sie die Besonderheiten der Genossenschaft als Gesellschaftsform. Aus diesen Besonderheiten ergeben sich auch gleichzeitig die Vorteile für die Baugenossenschaften; denn es wäre ein Unrecht, etwa in Zweifel zu ziehen, daß diese Eigenart der Genossenschaft als Gesellschaftsart ganz wesentlich dazu beigetragen hat, den Baugenossenschaften in der letzten Periode die Entwicklung zu bieten, auf die sie erfreulicherweise hinblicken können. Die Vorteile aus dieser Eigenart beruhen für die Baugenossenschaft darin, daß die Wohnungsbedürftigen die Träger des Unternehmens sind. Die Baugenossenschaft beruht auf der Selbstverwaltung, d. h. also hier auf der Selbstverwaltung der Wohnungsbedürftigen, die ihre eigenen Geschäfte führen.

Ferner ist die Heranziehung der Wohnungsbedürftigen als Mitglieder der Genossenschaft möglich ohne daß erhebliche finanzielle Ansprüche an sie zu machen sind. Ich kann die Einzelheiten natürlich als bekannt voraussetzen. Bei jeder anderen Gesellschaftsart, die auf kapitalistischer Grundlage beruht, würde die Heranziehung neuer Gesellschafter notwendig machen, daß die, die der Gesellschaft beitreten wollen, nun auch mit entsprechendem Kapital ausgerüstet sind, um sich kapitalistisch an der Gesellschaft zu beteiligen. Die Folge ist insbesondere, daß bei der kapitalistischen Gesellschaft von der Selbstverwaltung der Wohnungsbedürftigen nicht im gleichen Maße die Rede sein kann, wie bei der Baugenossenschaft.

M. H.! Es hat eine Zeit gegeben, wo man in der Baugenossenschaft bereits die Lösung der Wohnungsfrage erblickte. Ich will auf diesen Gedanken hier nicht näher eingehen, ich will gleich zu der entscheidenden Frage kommen: ist die Genossenschaft nach ihrer ganzen Konstruktion auf die Dauer als die Gesellschaftsart zu betrachten, die für die Baugenossenschaften die Grundlage zu bilden hat, und wenn nicht, wie soll das Gesellschaftsgebilde aussehen, das wir an die Stelle der Baugenossenschaft zu setzen haben?

Noch eine Bemerkung allgemeiner Natur: Das die Baugenossenschaften als bedeutsamer Faktor zu betrachten sind, habe ich hervorgehoben, — aber unter ganz bestimmten Verhältnissen für ganz bestimmte Kreise. Auf einem Unterverbandstage ist es mir einmal sehr verübelt, als ich sagte: die Baugenossenschaft steht im Dienste der Elite der Arbeiter.

M. H., kürzlich ist eine unserm Freunde, Herrn Landesversicherungsrat Hansen gewidmete Schrift: „Die gemeinsame Bautätigkeit in Deutschland, ihre kulturelle Bedeutung und die Grenzen ihrer Wirksamkeit" von Fräulein Dr. Dorothea Jakobi erschienen. Ich empfehle diese Schrift Ihrer Lektüre. Sie werden in dieser Schrift den Beweis auf Grund sorgfältigster statistischer Untersuchungen dafür finden, daß tatsächlich die Baugenossenschaften im Dienste der Elite der Arbeiter stehen.

Nun betrachten wir einmal die Kehrseite der Medaille, d. h. sehen wir, welche Nachteile der Form der Genossenschaft bei der Baugesellschaft anhaften. Ich sprach vorhin von dem leichten Anschluß an die Genossenschaft und sah darin einen wesentlichen Förderungsfaktor für die Entwicklung der Baugenossenschaft. Aber dem freien Eintrittsrecht der Mitglieder entspricht das Austrittsrecht der Mitglieder, und so haben wir häufig genug die Gelegenheit gehabt, bei der Baugenossenschaft einen Massenzufluß in dem Augenblick zu beobachten, in dem man draußen erwartete, daß die Baugenossenschaft eine rege Bautätigkeit entwickeln würde, und dann, wenn die Enttäuschung kam, einen starken Rückgang der Mitglieder. Ich habe im Jahre 1910 über die Mitgliederbewegung der Baugenossenschaften Erhebungen veranstaltet. Das Ergebnis war sehr wenig erfreulich. Wir müssen im Durchschnitt bei der Baugenossenschaft mit einer Mitgliederbewegnng von 10% rechnen, d. h. also, daß eine Anzahl Baugenossenschaften vorhanden ist, bei der wohl ein erheblich geringerer Prozentsatz der Mitglieder ausscheidet, aber es gibt auch Baugenossenschaften die mit einem erheblich größeren Prozentsatz zu rechnen haben.

Dieser drohende Austritt der Mitglieder ist vor Allem eine höchst unliebsame Nebenerscheinung der Mietssteigerung. Die Baugenossenschaft geht häufig außerordentlich ungern an eine Revision der Mietenkalkulation, weil sie fürchtet, damit einen stärkeren Austritt ihrer Mitglieder herbeizuführen. Die Baugenossenschaft läuft also nicht nur Gefahr, daß die Zahl der leerstehenden Wohnungen sich vergrößert, sondern auch, daß zahlreiche Mitglieder den Austritt erklären. Nun müssen wir im Auge behalten: das Band, das die Mitglieder der Baugenossenschaften umschlingt, ist verhältnismäßig sehr lose.

In jener von mir erwähnten Schrift, ist mit vollem Recht darauf hingewiesen, daß wir in einer ganzen Anzahl Baugenossenschaften auch soziale Faktoren zu begrüßen haben, wir finden Baugenossenschaften, die auf ihre Mitglieder eine sehr bedeutsame erzieherische Wirkung ausgeübt haben. Aber das ist Menschen- und Personenfrage; das hängt von dem Material ab, das wir als Mitglieder in der Baugenossenschaft haben, — aber auch vor allen Dingen von den Personen ab, die an der Spitze der der Baugenossenschaft stehen. Nicht alle Baugenossenschaften haben das Glück, eine Persönlichkeit im Vorstande und Aufsichtsrat zu besitzen, die wirklich ihr ganzes Interesse zur Verfügung der Genossenschaft stellt, — über die nötige Zeit und die nötigen Mittel verfügt, um sich vollauf nach jeder Richtung hin zur Verfügung der Mitglieder zu stellen. In der Regel beruht das Interesse des Mitglieds für die Baugenossenschaft ausschließlich in der Erlangung und Behaltung der Wohnung zu einem vereinbarten Mietspreise. Hat das Mitglied Aussicht, bald eine Wohnung zu bekommen, gut, wird es der Baugenossenschaft treu bleiben. Aber nur eine gewisse Spanne Zeit. Dann wendet das Mitglied der Genossenschaft den Rücken, weil es nach seiner Meinung zu lange auf die Wohnung warten muß. Jede Baugenossenschaft muß weiter damit rechnen, daß in dem Augenblick, in dem die private Bautätigkeit zu günstigeren Bedingungen Mietswohnungen herstellt, — sie der Gefahr ausgesetzt ist, eine Anzahl Mitglieder zu verlieren.

Nun kommt der § 73 des Genossenschaftsgesetzes. Nicht nur der Mieter, nicht nur das Mitglied geht verloren, sondern es muß mit dem Mitgliede die Auseinandersetzung vorgenommen werden, dem Mitgliede ist das Geschäftsguthaben auszuzahlen.

Weiter: wir dürfen nicht vorbeigehen an den ungleichen Interessen, die wir innerhalb des Mitgliederkreises der Baugenossenschaften haben. Diese ungleichen Interessen sind mir vielleicht noch niemals so deutlich vor Augen gekommen, als in dem Falle einer sehr großen Baugenossenschaft, die Tausende von Mitgliedern ihr eigen nennt, von denen ungefähr die Hälfte in Wohnungen der Genossenschaft untergebracht sind und die übrigen keine Wohnungen in den Häusern der Genossenschaft haben. Es hatte sich herausgestellt, daß diese Baugenossenschaft auf falscher Mietenkalkulation beruhte. Man mußte die Mieten steigern. Nun konnten wir folgendes höchst eigenartiges Bild beobachten. Die Mitglieder, die im Besitz der Wohnungen waren, erklärten: mit nichten, wozu brauchen wir eine Steigerung der Miete, wir können ja die Dividende herabsetzen! Die Mitglieder, die nicht im Besitze der Wohnungen waren, revoltierten natürlich dagegen. Es kam zu sehr lebhaften Streitigkeiten. Fälle, in denen die ungleichartigen Interessen der Mitglieder hervortraten, sind gewiß nicht so selten.

Und nun ein weiteres Moment von der größten Bedeutung: wo bleibt in der Genossenschaft der Gläubiger? Der Gläubiger hat in die Baugenossenschaft, abgesehen davon, daß er allerdings die „kapitalistische" Macht in den Händen hat, herzlich wenig hineinzureden. Der Gläubiger aber nimmt bei der Baugenossenschaft eine ganz andere Stellung ein, wie bei den übrigen Genossenschaftsarten. Als Mitglied lehnen wir den großen Geldgeber, der mit bedeutendem Kapital die Genossenschaft unterstützen will, ab. Wenn uns die Frage vorgelegt wird: soll der, der der Baugenossenschaft wohl will, sich bei einer vielleicht mit 100000 Mk. als Mitglied beiteiligen, oder soll er außerhalb der Baugenossenschaft als Gläubiger bleiben, dann sagen wir: nehmt ihn als Gläubiger, denn als Mitglied kann er der Genossenschaft ungemein gefährlich werden. Er hat natürlich auch nur das gleiche Stimmrecht wie die übrigen Mitglieder. Tritt er aber aus, so muß er sein „Geschäftsguthaben" herausbekommen und bringt dadurch die Genossenschaft leicht in die größte Gefahr. Daraus ergibt sich, daß dieses Mitglied trotz des gleichen Stimmrechts einen überwiegenden Einfluß — vielleicht den entscheidenden — ausüben wird, den man nicht beschränken kann, da immer das Austrittsrecht bleibt. So tritt die Genossenschaft mit einer Persönlichkeit, die der Genossenschaft mit großen Kapitalien helfen will, in ein Gläubigerverhältnis.

Nun ist der Rat gegeben worden, in der Bildung starker Reserven bei der Baugenossenschaft ein Gegengewicht gegen solche Eventualitäten zu bieten. Das ist Zukunftsmusik, denn bis die Baugenossenschaft in der Lage ist, wirklich starke Reserven zurückzulegen, die auch nur in einem annähernden Verhältnis zu den Werten stehen, die in der Baugenossenschaft stecken, wird sehr lange Zeit vergehen.

Man hat noch eine andere Frage aufgeworfen: was wird denn eigentlich, wenn einmal die Amortisation durchgeführt ist? Nun nach meiner Kenntnis der Verhältnisse der Baugenossenschaften brauchen wir uns über diese Frage heute noch nicht den Kopf zu zerbrechen,

(Heiterkeit)

sondern können getrost abwarten, bis die Zeit an uns herantritt, und können dann unsere Entscheidung treffen.

Alles in allem sage ich also, daß die Bedenken, die ich hier selbstverständlich nur habe streifen können, nicht etwa nebensächlicher Art sind, sondern daß man allen Grund hat, ihnen volle Bedeutung beizulegen.

Es kommt noch ein anderes in Betracht. Da bin ich nun ganz und gar Genossenschafter, indem ich mir die Frage vorlege: paßt denn überhaupt die Baugenossenschaft nach ihrer ganzen Rechts- und Wirtschaftsnatur für die Geschäfte, die wir der Baugenossenschaft zur Aufgabe gemacht haben? Wir dürfen bei der Prüfung vor Allem nicht an der Entwicklung der Baugenossenschaften vorbeigehen. Solange sich in den Baugenossenschaften alles in engen, bescheidenen Grenzen hielt, hatten wir es nicht nötig, diese Fragen aufzuwerfen. Wenn wir heute aber auf Baugenossenschaften blicken, deren Bilanzsummen sich in die Millionen belaufen, und wenn wir dann auf der Passivseite ein nur allzubescheidenes eigenes Vermögen erblicken, dann liegt die Frage nahe: wo steckt denn eigentlich das Fundament dieser Baugenossenschaften? Und dann kommen wir zu der Beantwortung der Frage, die dahin geht: die Genossenschaft ist eine Personalgesellschaft, sie steht und fällt mit ihren Mitgliedern, sie hängt nicht ab von dem Vorhandensein bestimmter Kapitalien die unentziehbar sind, sondern der freie Wille der Mitglieder entscheidet schließlich darüber, ob eines Tages die Existenz der Baugenossenschaft in Frage gestellt wird. Und der Boden kann der Genossenschaft dabei ganz allmählich abgegraben sein.

Nun können Sie die Frage aufwerfen, ob denn die Erfahrungen zu diesen Ausführungen die Veranlassung gegeben haben. Da muß ich Ihnen sagen, m. H., daß Erfahrungen, — die Sache von all diesen Gesichtspunkten aus betrachtet — verhältnismäßig nur im beschränkten Umfange vorliegen. Das ist auch sehr erklärlich, denn die ernsten Ereignisse im Schicksal der Baugenossenschaften spielen sich in der Regel hinter verschlossener Tür ab. Gerät die Genossenschaft in Schwierigkeiten, so sprechen vielleicht einige wenige Geldgeber, meist Behörden mit. Möglichst wenig kommt an die Oeffentlichkeit. M. H., erinnern Sie sich aber an den Erlaß des Ministers der öffentlichen Arbeiten, mit dem wir uns im vergangenen Jahr beschäftigt haben, — jenen Erlaß, der einen sehr tiefgehenden Eingriff in die Selbstverwaltung der Baugenossenschaften in sich schließt. Ich glaube, jener Erlaß gibt zu denken. Wenn nicht sehr schwerwiegende Beobachtungen im Ministerium vorgekommen wären, dann hätte man wahrscheinlich den Erlaß nicht bekannt gegeben. Aus dem Erlaß haben wir unsere Rückschlüsse zu ziehen. Soll man über dies wirklich erst warten, bis man das teuere Lehrgeld bezahlt hat, bis schlimme Erfahrungen vorliegen? Man tut vielleicht richtiger, sine ira et studio die Verhältnisse zu prüfen, wie sie sind, um dann entsprechende Schlußfolgerungen daraus zu ziehen.

Hinweisen möchte ich auch darauf, daß die Zahl der Auflösungen der Baugenossenschaften verhältnismäßig groß ist. Werfen Sie einmal einen Blick in das Jahrbuch, lesen Sie die Tabelle über die Auflösungen der Baugenossenschaften. Als ich das erste Mal eine derartige Tabelle aufgestellt habe, habe ich einen Schreck bekommen. Man rechnet in der Regel nur von Jahr zu Jahr mit dem Zuwachs an Baugenossenschaften und man hat seine helle Freude daran. Um aber diesen Zuwachs richtig zu würdigen, muß man wissen, wie viel Neugründungen und wieviel Auflösungen darin stecken.

M. H.! Die Frage der rechtlichen Grundlage der Baugenossenschaften beschäftigt ja die Genossenschaftstage nicht zum ersten Mal; wir könnten bis zum Jahre 1872 zurückgehen. Da ist es Schulze-Delitzsch gewesen, der eine Verbindung der Aktiengesellschaft mit der Genossenschaft empfohlen hat. Die Aktiengesellschaft sollte gegründet werden, um das Kapital zu beschaffen, um den Grund und Boden zu erwerben und auf den Grund und Boden die Grundstücke zu errichten. Der Mieter der Grundstücke sollte die Genossenschaft sein. Ob es angebracht ist, auf diesen Gedanken heute noch einmal zurückzukommen, will ich hier dahin gestellt sein lassen. Was ich Ihnen hier ausführen will, bitte ich nur als allgemeine Ideen zu betrachten. Ich möchte mich hier nicht auf den einen oder andern Gedanken festgelegt sehen, sondern mit diesen ganzen Ausführungen soll überhaupt nur die Frage der Rechtsform der Genossenschaft in Fluß gebracht werden, soll diese Frage der allgemeinen Diskussion unterstellt werden, aus der dann, wie ich annehme, sich brauchbares Material ergeben wird, ohne daß wir auf den Gedanken zu kommen brauchen, daß es nötig wäre, die Klinke der Gesetzgebung zu ergreifen, um vielleicht mit Hilfe der Gesetzgebung eine Rechtsform zu schaffen, die für die Baugenossenschaft geeignet ist.

Mein Gedanke ist nun, die Gesellschaft mit beschränkter Haftung zu einer Form auszuarbeiten, daß der G. m. b. H. die baugenossenschaftliche Tätigkeit zu Grunde gelegt werden kann. Ich habe einen solchen Mustervertrag entworfen*). Herr Verbandsdirektor Landrat Berthold hat Kenntnis von dem Gesellschaftsvertrag. Er stimmt ihm vielleicht zu, im großen und ganzen will er aber, so glaube ich, auf eine andere Rechtsform hinaus. Wie die Dinge liegen, halte ich eine Verständigung nicht für ausgeschlossen.

---

*) Der Satzungsentwurf ist im „Anhang" den vorliegenden „Mitteilungen" beigegeben.

Ich möchte für die Rechtsform haben: feste Kapitalsgrundlage und ein Organ der Mieter. Habe ich die feste Kapitalsgrundlage, dann habe ich der Genossenschaft das Fundament gegeben, das sie haben muß, um in sich selbst gefestigt zu sein. Dann kann auch die Versicherungsanstalt, dann kann das Reich oder der preußische Staat oder wer sonst sich als Kapitalist beteiligen. Er wird Gesellschafter mit den einem Gesellschafter zukommenden Rechten und Pflichten.

Ich habe vorhin von dem gleichen Stimmrecht gesprochen. Das gleiche Stimmrecht ist für die Genossenschaft im allgemeinen von idealer Bedeutung — jedoch nicht für die Baugenossenschaft, wie wir gesehen haben. Mit dem Stimmrecht steht im engsten Zusammenhang die Selbstverwaltung bei der Genossenschaft und die Verantwortlichkeit. Hervorgehoben habe ich aber auch den großen Wert der Selbstverwaltung der Wohnungsbedürftigen für die Arbeit und Tätigkeit der Baugenossenschaften. Wir werden daher zu prüfen haben, ob nicht die Möglichkeit besteht, bei der G. m. b. H. den Mietern, die nicht Gesellschafter sind, einen Einfluß auf die Verwaltung der Genossenschaft zu sichern. Die G. m. b. H. ist außerordentlich anpassungsfähig. Ich vermag aus der G. m. b. H. eine Gesellschaft herauszukonstruieren, die durch und durch kapitalistisch ist, und ich vermag andererseits aus der G. m. b. H. eine Gesellschaft herauszukonstruieren, die der offenen Handelsgesellschaft oder auch der Genossenschaft sehr nahe kommt. Hier heißt es, einen mittleren Weg zu finden, und diesen mittleren Weg, glaube ich, kann man finden, wenn man die Mieter als ein Organ einschiebt. Ich denke mir, dieses Organ der Mieter so, daß wir eine Bewerberliste in dieser G. m. b. H. führen. In diese Bewerberliste werden alle diejenigen eingetragen, die auf eine Wohnung oder auf ein Haus reflektieren. Die in diese Bewerberliste eingetragenen Personen sind das Organ der Mieter, und diesem Organ der Mieter kann sehr wohl auf die Verwaltung der Genossenschaft ein entsprechender Einfluß gesichert werden. In dem von mir entworfenen Gesellschaftsvertrage habe ich es mir so gedacht, daß man diesem Organ der Mieter die Möglichkeit gibt, eine Anzahl der Mieter in den Aufsichtsrat hineinzuwählen, sodaß also der Aufsichtsrat teils aus den eigentlichen Gesellschaftern und teils aus den Mietern der Genossenschaft zusammengesetzt ist. Dadurch glaube ich einen entsprechenden Einfluß der Mieter auf die Verwaltung der Genossenschaft herbeizuführen. Ich möchte selbstverständlich den Grundsatz der Selbstverwaltung der Mieter nicht preisgeben. Ich will ihn festhalten, soweit sich irgendwie die Möglichkeit dazu bietet; und hier habe ich eine gewisse Möglichkeit durch diese Organstellung der Mieter und durch diesen Einfluß, den ich dem Organ auf die Zusammensetzung des Aufsichtsrates gebe. Weiter kann das Statut eine derartige Fassung bekommen, daß denjenigen, die sich um eine Wohnung oder um ein Haus bewerben, die Möglichkeit geboten wird, durch kleine Spareinlagen zu einer kapitalistischen Beteiligung bei der G. m. b. H. heranzuwachsen. Wir müssen selbstverständlich die Geschäftsanteile bei dieser G. m. b. H. niedrig fassen, nicht über 500 Mk. hinaus. Auf diese 500 Mk. brauchen nur 250 Mk. einbezahlt zu sein, sodaß derjenige Bewerber, der in der Lage ist, über 250 Mk. zu verfügen, bereits Gesellschafterrecht bei der Gesellschaft erwerben kann. Dann tritt er aus jenem Organ der Mieter heraus in das Organ der Gesellschafter.

Sie sehen, m. H., ausbaufähig ist die G. m. b. H., so wie ich es mir gedacht habe. Ob hiermit allerdings die Lösung der Frage gegeben ist, das lasse ich für den Augenblick dahin gestellt. Zweck dieser Ausführungen war es nur, das außerordentlich wichtige Thema überhaupt erstmal vor der Oeffentlichkeit zu erörtern. Ich hoffe, daß damit, daß das Thema jetzt einmal auf einem Allgemeinen Genossenschaftstag angeschnitten ist und nun durch die „Mitteilungen" über den Allgemeinen Genossenschaftstag zur Kenntnis unserer Baugenossenschaften und auch der übrigen Baugenossenschaftsverbände kommt, man sich nun auch in diesen Kreisen mit dieser Frage intensiver beschäftigen wird. Ich glaube natürlich nicht, hierbei den Stein der Weisen gefunden zu haben; nein, ich gebe rundheraus zu: es ist ein Notbehelf der hier geschaffen wird. Aber vorausgesetzt, daß wir uns davon überzeugen, daß die heutige Rechtsform auf die Dauer für die Baugenossenschaften nicht geeignet ist — daß gegen eine entsprechende Umgestaltung des Genossenschaftsgesetzes gewichtige Bedenken sprechen — daß die Erlangung eines besonderen Baugenossenschaftsgesetzes eine Frage der sehr späten Zukunft sein dürfte, scheint mir der vorgeschlagene Weg durchaus gangbar. Ich glaube, daß auch hier der Weg der Selbsthilfe der richtige ist. Wir haben in der G. m. b. H. eine Gesellschaftsform, mit der wir den Grundgedanken der Baugenossenschaft, die soviel zu dem Ausbreiten beigetragen haben, gerecht werden können und die einen Ausbau gestattet, bei dem die Schwächen des Genossenschaftsgesetzes, die dies Gesetz für die Baugesellschaften hat, nach Möglichkeit vermieden werden.

(Lebhafter Beifall.)

Vorsitzender Verbandsdirektor Landrat **Berthold**=Blumenthal: Meine geehrten Herren! Die Zeit ist so vorgeschritten, daß es wohl nicht möglich sein wird, noch in eine Diskussion einzutreten. Das empfiehlt sich, wie ich glaube, außerdem auch deshalb nicht, weil das Problem, das der Herr Verbandsanwalt uns in diesem besonders schönen Referat gestellt hat, so schwierig ist und so sorgfältig durchdacht werden muß, daß wir, ehe wir uns dazu äußern, nötig haben, uns die Sache gründlich mit uns selber zu überlegen. Ich beabsichtige nun folgendes: dieses Referat wird in dem Bericht über den Allgemeinen Genossenschaftstag gedruckt. Ich werde davon Abzüge machen lassen, werde den Baugenossenschaften der dem Allgemeinen Verbande angehörenden Verbände eine genügende Anzahl von Exemplaren zur Verfügung stellen und werde jedem der hier anwesenden Herren ein Exemplar zuschicken. Dann können wir bei nächster Gelegenheit, nach Jahresfrist, über die Frage wieder einmal sprechen.

Ich möchte nur noch hinzufügen: der Gedanke, den der Herr Verbandsanwalt hier entwickelt hat, ist ein Gedanke, mit dem ich selber seit einer Reihe von Jahren mich getragen habe. Es ist auch auf mein Anraten eine G. m. b. H. nach diesem Muster in der Provinz Hannover bereits gegründet worden. Da hat es an besonderen Verhältnissen gelegen, daß die Sache nicht gegangen ist. Ich würde, wenn ich mit den Erfahrungen, die ich inzwischen in zwanzig Jahren gesammelt habe, seinerzeit in unsere gemeinnützige Bautätigkeit hineingegangen wäre, sicherlich die Form der G. m. b. H. gewählt haben, unter Heranziehung der Mieter zu einer aktiven Beteiligung. Die Genossenschaftsform hätte ich nicht gewählt. Ich selber erwarte die wirkliche Hilfe von einer Aenderung der Gesetzgebung, die vielleicht nicht so fern liegt, wie der Herr Anwalt meint. Denn vor allem die Ansiedlungsfrage wird uns dazu drängen, zweckmäßige gesetzgeberische Bestimmungen zu erlassen, die nach meinem Dafürhalten nur nach der Richtung gehen können, daß die innere Kolonisation überhaupt — und als eine Unterabteilung von ihr der gemeinnützige Arbeiterwohnungsbau — öffentlich-rechtlichen Personenvereinigungen übertragen wird. Aber so lange wir solche öffentlich-rechtlichen Korporationen nicht haben, ist der Vorschlag des Herrn Anwalts ein guter Ausweg, der wohl versucht werden kann.

Ich möchte den Herrn Verbandsanwalt bitten, mir das Musterstatut zur Verfügung zu stellen, damit es auch noch als Anlage zur heutigen Verhandlung gedruckt und damit der Kritik unterstellt werden kann.

Sind die Herren damit einverstanden, daß eine Diskussion nicht mehr stattfindet?

(Zustimmung.)

Dann schließe ich mit herzlichem Dank für die Aufmerksamkeit, die Sie trotz der störenden Nebengeräusche bewahrt haben, die Sitzung mit einem: auf Wiedersehen in Mainz!

(Schluß der Sitzung 6 Uhr 23 Minuten.)

Dritte Hauptversammlung am Donnerstag, den 21. August 1913.

(Angelegenheiten der Handwerkergenossenschaften.)

Vorsitzender: Verbandsdirektor Justizrat Dr. Alberti-Wiesbaden.

Schriftführer: Gerichtsassessor Dr. Waldecker-Charlottenburg.

Eröffnung: Vormittags 8 Uhr 43 Minuten.

Vorsitzender Verbandsdirektor Justizrat **Dr. Alberti**-Wiesbaden: Ich eröffne die Sitzung.

Wir haben nur einen Punkt auf unserer Tagesordnung für die Handwerkergenossenschaften:

Schlußfolgerungen aus der Statistik über die Grundsätze und die wirtschaftliche Lage der Handwerkergenossenschaften.

Ich erteile Herrn Rechtsanwalt Crecelius hierzu das Wort.

Berichterstatter Stellvertreter des Anwalts Rechtsanwalt **Crecelius** (Charlottenburg): M. H.! Wenn man die schriftstellerischen Aeußerungen zur Handwerkergenossenschaftsbewegung überblickt, so wird man zwei Richtungen auseinander zu halten haben: Die einen behaupten, das Handwerk sei gegenüber dem Großbetrieb und der kapitalistischen Produktionsweise nicht mehr konkurrenzfähig, habe seine wirtschaftliche Rolle ausgespielt und sei rettungslos dem Untergang verfallen. Die andere Richtung teilt diese Auffassung nicht und ist vielmehr der Ansicht, daß auch unter den veränderten Verhältnissen der Neuzeit das Handwerk, wenn auch unter erschwerten Umständen, an sich noch lebensfähig sei, daß aber das Handwerk sich ebenfalls die Vorteile des Großbetriebs aneignen müsse, um konkurrenzfähig zu bleiben. Das wichtigste Mittel, dem Handwerker die Vorteile des Großbetriebs zu bieten, sei der genossenschaftliche Zusammenschluß. Wenn der Handwerker bisher von der genossenschaftlichen Organisation nur so sehr geringen Gebrauch gemacht habe, so sei dies im Interesse der Handwerker sehr zu bedauern; die Ursachen für die geringe Verbreitung seien aber lediglich bei den Handwerkern selbst zu suchen, die aus geschäftlicher Engherzigkeit, aus Konkurrenzneid und Nichtkenntnis oder Nichtbeachtung des eigenen Interesses sich den Handwerkergenossenschaften ferngehalten hätten, ein unerfreuliches Gegenbild zu den Landwirten, die die größten Vorteile aus den landwirtschaftlichen Genossenschaften ziehen.

Zu diesen beiden Auffassungen ist nun neuerdings eine dritte Auffassung getreten, die zwar ebenfalls dafür eintritt, daß das Handwerk — wenigstens in einzelnen seiner Zweige — noch lebensfähig sei, daß aber die Schwierigkeiten, in die das Handwerk durch die Konkurrenz des kapitalistisch organisierten Großbetriebs geraten sei, nicht durch Zusammenschluß zu Handwerkergenossenschaften behoben werden könnten. Denn die Genossenschaft sei zwar geeignet, die mangelnde Kapitalkraft des einzelnen durch das Zusammentreten: „Einer für Alle — Alle für Einen" zu ersetzen oder zu schaffen, nicht aber sei die Genossenschaft geeignet, die selbständige Arbeitskraft der einzelnen Handwerker im Wege des genossenschaftlichen Zusammenschlusses zu verstärkter wirtschaftlicher Wirkung zu vereinen. Im Handwerk sei nun aber gerade die Arbeit des Handwerkers (und seiner Gesellen) das geschäftlich Ausschlaggebende, nicht aber der Kapitalbedarf. Auf diese, aus der Struktur der Genossenschaft folgende Unzulänglichkeit des genossenschaftlichen Betriebs und nur auf sie sei der mangelnde Erfolg der Handwerkergenossenschaften zurückzuführen und man tue den Handwerkern bitter Unrecht, wenn man ihnen geschäftliche Engherzigkeit, kleinliche Beweggründe usw. vorwerfe. Die Handwerker ständen im Großen und Ganzen in der Fähigkeit zu beurteilen, wie sie ihren Vorteil am besten wahrnehmen können, anderen Berufskreisen nicht nach. Aber der genossenschaftliche Zusammenschluß biete bestenfalls den Handwerkern so geringe Vorteile, daß diese nicht zum Beitritt reizen könnten. Zum Beweise wird auf die Geschäftsberichte einzelner Genossenschaften verwiesen, um darzutun, wie wenig Vorteile die Handwerkergenossenschaften zu erringen vermöchten und wie wenig man es den Handwerkern, besonders den besser gestellten unter ihnen daher verdenken könne, wenn sie von den Handwerkergenossenschaften nichts wissen wollen.

M. H.! Es ist zweifellos für alle genossenschaftlich interessierten Kreise außerordentlich wichtig, festzustellen, ob und wie weit diese neuerdings auf dem Plane erschienene Auffassung zutreffend ist.

Ich sagte eben, daß diese Auffassung zum Beweise ihrer Richtigkeit sich auf die Geschäftsergebnisse von Handwerkergenossenschaften beruft und aus den wenig günstigen Resultaten ihre Schlüsse zieht. Es muß indessen gleich zu Anfang hervorgehoben werden, daß die Beweisführung sich auf verhältnismäßig nur wenige Genossenschaften bezieht; sie kann daher ohne weiteres als überzeugend nicht angesehen werden.

Schlechte Betriebe gibt es überall; nicht nur bei den Handwerkergenossenschaften, sondern auch bei den übrigen Genossenschaften wie überhaupt im ganzen Geschäftsleben. Man darf daher, wenn man zu einigermaßen zutreffenden Ergebnissen gelangen will, sich nicht mit Stichproben begnügen, sondern muß, soweit man das Material erreichen kann, versuchen, sich einen Einblick in die Gesamtheit der Betriebe zu verschaffen. Und auch dann, wenn einem dies gelungen ist, wird man mit Schlußfolgerungen vorsichtig sein müssen, denn ungünstige Ergebnisse können die verschiedensten Ursachen haben: sie können in Ursachen liegen, die sich im Betrieb selbst, in seiner Organisation finden, sie können aber auch in Ursachen liegen, die sich außerhalb des Betriebs finden.

M. H.! Ich habe mir nun das Vergnügen gemacht, die Geschäftsergebnisse der Handwerkergenossenschaften, soweit sie aus der Statistik der großen Verbände, insbesondere des Hauptverbandes gewerblicher Genossenschaften und unseres Verbandes ersichtlich sind, einer Durchsicht zu unterziehen, um ein Bild zu gewinnen, zunächst von der Lage der einzelnen Genossenschaften und aus der Zusammenfassung dann auch ein Bild von der Lage der Handwerkergenossenschaften überhaupt. Das Ergebnis dieser Durchsicht möchte ich Ihnen hier in Kürze unterbreiten. Sie brauchen keine Besorgnis zu haben, ich werde Sie nicht sehr mit Zahlen belästigen — es wird dies nur geschehen, wo es unumgänglich notwendig ist — ich werde Ihnen vielmehr nur das Ergebnis unterbreiten.

Noch eine kurze Vorbemerkung: Die Statistik der Handwerkergenossenschaften ist erst seit kurzem in einer systematischen Ausbildung begriffen. Gerade speziell die Handwerkergenossenschaftsbewegung bereitet nämlich der statistischen Erfassung die größten Schwierigkeiten, größer jedenfalls als bei allen anderen Genossenschaften. Das liegt einmal in der Verschiedenheit alles dessen, was man unter Hadwerkergenossenschaft zusammenfaßt. Sodann darin, daß die Abtrennung der einzelnen Gruppen der Genossenschaften Schwierigkeiten bereitet, ferner in der Verschiedenheit der lokalen Verhältnisse und schließlich auch darin, daß wir die Lage des Handwerks selbst, die sich immer nur für bestimmt begrenzte Bezirke erfassen läßt, nicht hinreichend kennen. Ich stimme durchaus Herrn Bibliothekar Lohr bei, wenn er (1904 in Breslau) sagte, daß der Arbeit, welche die genossenschaftliche Zusammenschließung der Handwerker zum Zwecke habe, die wissenschaftliche Grundlage fehle und daß diese Grundlage nur durch eine umfassende Handwerkerstatistik gewonnen werden könne.

Nur mit den Einschränkungen, die sich aus diesen Vorbemerkungen ergeben, kann ich Ihnen die nachfolgenden Ergebnisse unterbreiten.

M. H.! Ich sagte schon, daß ich bei meinen Untersuchungen das gesamte Geschäftsgebahren der Genossenschaften zu erkennen suchte. Meine Ausführungen erstrecken sich daher nicht nur auf das Geschäftsergebnis, ob dies gut oder schlecht ist, sondern ebenfalls auf das ganze Geschäftsgebahren. Wenn auch die einzelnen Handwerkergenossenschaftsarten in sich stark verschieden sind und, wie bereits angedeutet, nur für sich betrachtet werden können, so sind doch gewisse Gepflogenheiten allen gemeinsam. Diese allgemeinen oder doch weit verbreiteten Gepflogenheiten, möchte ich der Betrachtung dessen, was ich bei den einzelnen Genossenschaften gefunden habe, vorausschicken.

Zunächst ist mir aufgefallen, daß das Eintrittsgeld bei fast allen Genossenschaftsarten zu hoch ist. Das Eintrittsgeld hat gewiß seine Berechtigung, aber, m. H., es darf nicht zu hoch sein. Unsere Musterstatuten sehen für die meisten Handwerkergenossenschaftsarten einen bestimmten Betrag nicht vor. Es sollte aber als Regel gelten, daß niemals mehr als höchstens 10 Mk. erhoben werden. Nach meinem persönlichen Dafürhalten ist auch dieser Betrag schon zu reichlich und würden 3 oder 5 Mk. angemessener sein. Es haben aber z. B. bei den Rohstoffgenossenschaften der Bäcker $^1/_8$ der Genossenschaften ein Eintrittsgeld von 15 Mk. und darüber; bei einigen erreicht es den Betrag von 50 Mk., bei anderen Genossenschaftsarten steigt es gelegentlich sogar bis zu 100 Mk. und einem vielfachen davon, in einzelnen Fällen sogar bis 1500 und 3000 Mk. Die Genossenschaft, die 1500 Mk. erhebt, hat dabei einen Geschäftsanteil von sage und schreibe ganzen 50 Mk. M. H., das ist ein Fehler! Ich weiß zwar sehr wohl, was man zur Verteidigung des hohen Eintrittsgeldes anführt. Man sagt: das Geschäftsguthaben kann uns durch den Austritt wieder entzogen werden; wenn wir uns eine ständige Kapitalbasis schaffen wollen, so müssen wir ein hohes Eintrittsgeld erheben, das auch im Falle des Austritts eines Mitglieds der Genossenschaft verbleibt. — M. H., wer so sagt, hat nicht Unrecht, aber doch noch lange nicht Recht. Zweifellos soll die Genossenschaft darauf bedacht sein, hinreichendes Vermögen anzusammeln, das ihr unabhängig vom Austritt der Mitglieder verbleibt, also ausreichende Reserven zu bilden. Der durch hohes Eintrittsgeld eingeschlagene Weg ist aber sehr bedenklich. Die ganze Struktur der Genossenschaften beruht auf dem freien Austritt der Mitglieder. Glaubt man diesen unterbinden zu müssen, um das Geschäft auf eine sichere Basis zu stellen, so bleibt nur die Schlußfolgerung übrig, daß die Genossenschaftsform zu Zwecken verwandt wird, für die sie nicht recht paßt. Ist dies aber nicht der Fall, so sollte man es ruhig bei dem niedrigen Eintrittsgeld belassen. — Und, m. H., wie sieht es denn in der Praxis aus? Das Eintrittsgeld muß selbstverständlich in die Reserven fließen. Sieht man sich nun bei den Genossenschaften mit den hohen Eintrittsgeldern die Reserven an, so muß man zur Ueberraschung bemerken, daß dieselben in sehr vielen Fällen nicht die Höhe haben, die der Höhe des Eintrittsgeldes und dem Wechsel in der Mitgliedschaft entspricht. Wenn auch damit gerechnet werden muß, daß in manchen Fällen die Reserven zur Verlustdeckung herangezogen werden mußten, so kann ich mich doch nicht dem Eindruck verschließen, daß in gar manchem Falle das Eintrittsgeld auf dem Umweg über die Dividende wieder in die Taschen der Mitglieder zurückfließt oder doch zu Zwecken verwendet wird, denen die Reserven nicht dienen sollen. — Die Genossenschaften stellen sich aber auch selbst ein schlechtes Zeugnis aus, wenn sie glauben, mit einer hohen Austrittszahl rechnen zu müssen und sich nicht zutrauen, die Mitglieder durch die Vorteile, die ihnen geboten werden, an sich zu fesseln. Und schließlich, ehe die Mitglieder wieder austreten können, müssen sie doch zunächst in die Genossenschaft eingetreten sein, muß man sie zunächst doch mal haben! Durch hohes Eintrittsgeld macht man ihnen aber den Eintritt unmöglich. Ich beziehe mich hier auf eine Erfahrung, die ein Praktiker, Herr Hartmann-Görlitz, gemacht hat und der auf einem der letzten Genossenschaftstage ausführte: „Das Eintrittsgeld betrug bei uns 15 Mk. . . . Wir haben dann den Eintritt so billig wie möglich gemacht, bis auf 3 Mk. herabgesetzt, um neue Mitglieder heranzuziehen. Das Kapital wuchs und wir sind jetzt in der Lage, nur mit eigenen Mitteln zu arbeiten."

Sodann ist mir aufgefallen, daß eine außerordentlich große Anzahl von Genossenschaften einen zu hohen Kassenbestand hält. M. H. Ich will damit selbstverständlich nicht sagen, daß es nicht eine schöne Sache sei, wenn eine Genossenschaft auf flüssige Mittel hält. Die Sache bekommt aber erst ihr rechtes Gesicht, wenn man die Entdeckung macht, daß bei den Genossenschaften, die einen zu hohen Kassenbestand halten, das Bankguthaben d. h. die Bankverbindung fehlt. M. H. Nun will ich ganz gewiß die Bedeutung eines zu hohen Kassenbestandes nicht überschätzen, aber es ist doch immerhin eines von den wenigen Mitteln, durch die man mehr als man auf den ersten Blick annehmen möchte, der Sache dient und aus deren Anwendung man Rückschlüsse auf die Tätigkeit und Rührigkeit der Verwaltung ziehen kann. Zudem bildet das Bankguthaben erfahrungsgemäß die beste Grundlage dafür, den Barverkehr, der für die Handwerker doch so sehr wichtig ist, einzuführen und zu pflegen. Von dem Zinsverlust, der übrigens bei dem häufig geringen Reingewinnergebnis, immerhin beachtlich sein würde und von den Gefahren des hohen Barbestandes will ich garnicht reden.

Sodann, m. H., ist es erstaunlich, wie sehr das Geschäftsgebahren der einzelnen Genossenschaften von einander abweicht und zwar nicht nur bei den verschiedenen Genossenschaftsarten, sondern auch innerhalb einer und derselben Genossenschaftsart. Diese Abweichungen betreffen vornehmlich die Preisbestimmung, also die Kalkulation.

Bestimmte Grundsätze hierfür sind, soweit ich sehe, im einzelnen bisher durch Beschlüsse der Genossenschaftstage usw. noch nicht aufgestellt. Allerdings enthalten die Musterstatuten bestimmte Anhaltspunkte. So bestimmt z. B. unser Musterstatut für Rohstoffgenossenschaften:

„Bei der Preisbestimmung werden die von der Genossenschaft aufgewendeten Kosten einschließlich der Fracht, Portos und Spesen berechnet und danach der zur Deckung der Kapitalzinsen und Verwaltungskosten sowie zur Ansammlung eines Reservefoods und zur Erzielung einer Dividende erforderliche Prozentaufschlag auf den ermittelten Kostenpreis gemacht."

Auch sagt man gelegentlich wohl den Rohstoffgenossenschaften, sie sollten zu Marktpreisen verkaufen. Allein ich weiß nicht, ob diese Bestimmungen in den Statuten und gelegentlichen Hinweise ausreichen, um den Handwerkern verständlich zu machen, worauf es ankommt und ihre Beachtung zu erreichen. Wer weiß, welche Schwierigkeiten es gekostet hat, die Konsumvereine zum Verkauf zu Tagespreisen zu erziehen und eine ausreichende Mietenkalkulation bei den Baugenossenschaften durchzusetzen, der wird mir zustimmen, wenn ich sage, daß es mit den gelegentlichen und etwas versteckten Hinweisen nicht getan ist. Mit Recht sagte der Verbandsrevisor Schumacher auf einem der letzten Genossenschaftstage: „Man irrt sich, wenn man meint, der Handwerker sei genügend informiert“ und auch Schumacher hat aus seiner Praxis heraus die Erfahrung gemacht, daß in den Statuten der Rohstoffgenossenschaften überall zwar der Verkauf zu Marktpreisen vorgesehen sei, daß dies aber keineswegs immer eingehalten werde. Und ebenfalls Herr Schumacher war es, der betonte: „Fast durchweg mußte ich beobachten, daß man der Kalkulation mehr Aufmerksamkeit schenken muß und diesem Punkte sollte bei künftigen Genossenschaftskursen mehr Rechnung getragen werden.“

Gewiß ist die Frage der Preisbestimmung eine der schwierigsten Angelegenheiten der Genossenschaftsleitung. Aber gerade diese Schwierigkeit muß für die Genossenschaftsverbände zum Anlaß werden, der Frage näher zu treten. Langsam allerdings und vorsichtig und immer nur für bestimmte Genossenschafts- und Handwerkskategorien. Eine Verallgemeinerung dürfte leicht gefährlich werden.

M. H. Ich könnte Ihnen an Hand einer ganzen Reihe von Fällen zeigen, wie stark das Geschäftsgebahren von Genossenschaften derselben Art und desselben Handwerks von einander abweicht, indessen meinem Versprechen gemäß, will ich sie nicht mit Zahlen behelligen und mich mit diesen allgemeinen Bemerkungen begnügen.

Schließlich, m. H., veranlassen mich die Verwaltungskosten noch einige allgemeine Ausführungen zu machen. Hier ist allerdings eine gewisse Zurückhaltung geboten, weil die Verhältnisse allzusehr verschieden liegen und außerdem die Genossenschaften in der Art und Weise, wie sie die Verwaltungsunkosten verbuchen oder was sie unter Verwaltungsunkosten und sonstigen Unkosten verstehen, sehr stark von einander abweichen. Im allgemeinen aber läßt sich sagen, daß die Verwaltungsunkosten vielfach eine Höhe erreichen, die zu dem Geschäftsumfang und zu den Geschäftserträgnis in keinem Verhältnis steht. Man kann zwar aus den Bilanzen meist leider nicht ersehen, woher die Verwaltungskosten kommen und wie sie sich zusammensetzen, es will mir aber doch scheinen, daß gar manche Kosten unnötig gemacht werden und sich vermeiden ließen. Es erscheint mir daher auch in Bezug auf die Verwaltungskosten erwägenswert, ob man nicht den Genossenschaften mit Ratschlägen für die Kalkulation und die Bemessung der wichtigsten Posten z. B. der Gehälter an die Hand gehen sollte und könnte.

Auf diese Ausführungen möchte ich die allgemeinen Bemerkungen beschränken und nunmehr zu den einzelnen Genossenschaftsarten übergehen.

An der Spitze der Handwerkergenossenschaften marschieren die Rohstoffgenossenschaften und unter diesen die Bäckergenossenschaften voran.

Im großen und ganzen bieten die Bäckergenossenschaften, um zunächst von diesen zu sprechen, ein erfreuliches Bild. Es handelt sich dabei zum Teil um sehr bedeutende Unternehmen mit Millionen Umsatz. Es ist Entwicklung vorhanden, man merkt, daß es mit der Sache voran geht. Die Mitgliederbewegung ist im allgemeinen zunehmend, bei einigen sogar in letzter Zeit sehr stark. Einige allerdings haben einen Rückgang zu verzeichnen; diese sind indessen in der Minderheit, auch ist der Rückgang nicht stark und wenn man mehrere Jahre die Bilanzen verfolgt, auch nicht andauernd. Von dem Rückgang werden namentlich die kleinen Vereine betroffen, d. h. die mit unter 20 Mitgliedern. Ueberhaupt sind die kleinen Vereine die Schmerzenskinder jeder Genossenschaftsgruppe. Je kleiner der Verein ist, desto kleiner ist in der Regel auch der Umsatz pro Mitglied, wie überhaupt verhältnismäßig die ganze Geschäftstätigkeit. Die kleinen Vereine stagnieren in der Regel, wenn sie nicht gar zurückgehen. Je kleiner der Verein, desto größer ist schließlich auch verhältnismäßig die Zinsenlast. Vielfach stellen die kleinen Vereine Zwergbetriebe dar mit hohen Unkosten, geringem Nutzen und haben kaum Daseinsberechtigung.

Was das eigene Vermögen der Bäckerrohstoffgenossenschaften betrifft, so ist zu bemerken, daß der Geschäftsanteil in den meisten Fällen 100—300 Mk. beträgt. Es gibt aber auch noch Genossenschaften mit 1, 3 und 10 Mk. Grundsätzlich sollte der Betrag des Geschäftsanteils nicht unter 300 Mk. festgesetzt werden, möglichst sogar 500 Mk. Ließe sich letzteres erreichen, würde mit einem Schlage das Bild zweifellos noch viel günstiger werden. Die Reserven dürften stärker dotiert werden.

Was nun weiter die Schuldenwirtschaft betrifft, so ist zu bemerken, daß zunächst die Forderungen an die Mitglieder, wenn man nur das Bilanzbild betrachtet, verhältnismäßig beträchtliche Summen darstellen. Wenn man dagegen die Außenstände mit den Umsatzahlen vergleicht, so ändert sich das Bild. Aus einer solchen Vergleichung ergibt sich, daß über 3 Monate überhaupt nicht kreditiert wird, über 2 Monate nur in wenigen Fällen und die Hälfte der Genossenschaften haben Außenstände, die dem Umsatz nur eines Monats und darunter entsprechen. Ein nicht ganz unbeträchtlicher Teil ($^1/_5$) kommen ohne Außenstände aus.

Aehnliches gilt von den Lieferantenschulden, nur sind diese erheblich geringer als die Forderungen an Mitglieder; sie betragen ungefähr die Hälfte davon.

Wenn m. E. das Bild hinsichtlich der Schuldenwirtschaft nicht ungünstig ist, so soll damit nicht gesagt sein, daß sich nicht leicht noch vieles bessern ließe. Unzweifelhaft ist eine Besserung eingetreten; es ist dies hauptsächlich den Bemühungen der Verbände namentlich dem Hauptverbande gewerblicher Genossenschaften zu verdanken, die immer und immer wieder darauf hinweisen, daß die Rohstoffgenossenschaften nur dann ihren Zweck erfüllen können, wenn sie das Bargeschäft betreiben. Im Hauptverband scheut man gelegentlich auch nicht vor scharfen Ausdrücken und scharfem Tadel zurück. —

Auch der Warenbestand gibt kaum Anlaß zu Bedenken, wenigstens nicht nach dem Bilanzbild und erst recht nicht nach den Umsatzziffern. Der Bestand beträgt nur $^1/_{40}$ des Umsatzes. Allerdings ist dabei nicht bekannt, ein wie großer Teil des Umsatzes auf das eigene und ein wie großer Teil auf das Kommissionsgeschäft entfällt, was natürlich für die Beurteilung von großer Wichtigkeit ist. -— Nicht unterlassen möchte ich, darauf hinzuweisen, daß auch in Ansehung der Größe des Warenbestandes die kleinen Genossenschaften ungünstiger dastehen als die großen.

Die Inanspruchnahme der Genossenschaft durch die Mitglieder ist natürlich recht verschieden. Zu beachten ist, daß auch mit Nichtmitgliedern vielfach Geschäfte gemacht werden. Unter 1000 Mk. Umsatz pro Mitglied haben nur wenige Vereine, $^3/_4$ sogar über 3000 Mk. und beinahe die Hälfte über 5000 Mk. Ein nicht unbeträchtlicher Teil setzt sogar über 10000 Mk. pro Mitglied um.

Was schließlich das Gewinnergebnis betrifft, so verdient zunächst hervorgehoben zu werden, daß kein Verein mit einem Verlust abgeschlossen hat. Ausweislich der Statistik verteilen einige Vereine allerdings keine Dividende; doch weisen auch diese einen angemessenen Gewinn aus, der die Ausschüttung ermöglicht hätte. Weshalb dies nicht geschehen ist, oder ob die Ausfüllung der Rubrik versehentlich unterblieben ist, kann nicht nachgeprüft werden. Die meisten Vereine verteilen sowohl Kapital- wie auch Warendividende. Der Satz der Kapitaldividende ist angemessen, derjenige der Warendividende durchschnittlich nicht hoch, immerhini st der absolute Betrag der ausgeschütteten Beträge nicht gering.

Nur eine Genossenschaft befindet sich in Liquidation.

Alles in allem ist das Bild, das die Rohstoffgenossenschaften der Bäcker bieten, erfreulich. Ein absprechendes Urteil hat hier — immer natürlich nur soweit man aus den Bilanzen ein Urteil gewinnen kann — keine Berechtigung. Und wenn es mit der Entwicklung nicht recht oder nur langsam vorwärts geht, so ist zu bedenken, daß gar mancher Verein an einem kleinen Orte sitzt, wo eine Entwicklung und Ausdehnung nach Lage der Verhältnisse nicht möglich ist. —

Nun möchte ich einiges wenige über die Schuhmacherrohstoffgenossenschaften sagen.

Hier ist das Bild schon eine Nuance weniger erfreulich. Ich habe die Bilanzen von etlichen 60 Genossenschaften durchgesehen. Vorweg ist zu bemerken, daß nicht alle reine Rohstoffgenossenschaften darstellen, sondern auch Maschinen u. dgl. besitzen, also wohl auch als Werkgenossenschaften anzusehen sind.

Im allgemeinen ist aber auch hier in den einzelnen Vereinen Leben und Entwicklung wahrzunehmen. Bei vielen, speziell auch bei den älteren, ist in den letzten Jahren eine zwar langsame dafür aber stetige Zunahme der Mitgliederzahl zu konstatieren, Rückgang dagegen nur vereinzelt und geringügig. So große Vereine wie bei den Bäckergenossenschaften gibt es hier freilich nicht, doch sind auch größere Betriebe vorhanden.

Das eigene Vermögen ist in sehr vielen Fällen nur gering, zumal Geschäftsanteile von 100 Mk. und darunter die Mehrheit bilden. Auch hier läßt die Dotierung der Reserven zu wünschen übrig.

Die Schuldenwirtschaft ist hier etwas ungünstiger als bei den Bäckern. Bei den Mitgliedern stehen die Lieferungen für ungefähr $1^2/_3$ Monaten aus, während die Genossenschaften ihren Lieferanten und Banken den Umsatz von ca. $1^1/_2$ Monat verschulden.

Das Warenlager wird viermal umgesetzt. So viel mir scheint, kann man dies Verhältnis für die Schuhmacherbranche noch als ausreichend bezeichnen, vorbehaltlich einer Belehrung seitens der Praktiker.

Der Umsatz pro Mitglied ist ebenfalls erheblich geringer als bei den Bäckern und bewegt sich zwischen 100 und 3700 Mk.

Das Gewinnergebnis befriedigt. Mit Verlust schließen zwei Vereine ab. Einige (5) verteilen keine Dividende, wären aber dazu, soweit ersichtlich, in der Lage gewesen. Als Unikum sei erwähnt, daß ein Verein 75 % Kapitaldividende und 10 % Warendividende verteilt.

Alles in allem genommen, sind die Resultate hier nicht überwältigend, aber es zeigt sich doch, daß die Sache entwicklungsfähig ist und vorwärts geht, und das ist doch das Erfreulichste. Es gibt eine Anzahl recht guter Vereine. Wo geringe Erfolge oder gar Mißerfolge erzielt werden, dürfte der Grund wohl nirgends in der Sache, sondern fast ausschließlich in mangelhafter Leitung und Interesselosigkeit der Mitglieder zu suchen sein.

Nun einiges wenige über die Rohstoffgenossenschaften der Schneider. Hier ist leider das Bild schon erheblich ungünstiger. Ich habe 45 Genossenschaften untersucht. Die Zahl der kleinen Vereine und der Vereine mit kleinem Geschäftsanteil ist größer. Bei einigen ist eine Zunahme der Geschäftstätigkeit und der Mitgliederzahl zu verzeichnen; bei einer ganzen Anzahl aber auch ein Rückgang. Das eigene Vermögen ist durchweg nur gering, womit freilich nicht gesagt sein soll, daß nicht einige Vereine vorhanden sind, die ein angemessenes eigenes Vermögen angesammelt haben. Soviel ich beobachten konnte, werden hier die Reserven verhältnismäßig stärker dotiert, als bei den anderen Rohstoffgenossenschaften. Der Geschäftsumfang ist meist nur klein, desgleichen auch der Umsatz pro Mitglied. Es liegt die Vermutung nahe, daß die Mitglieder nur einen Bruchteil ihres Bedarfs durch die Genossenschaft beziehen oder die Genossenschaften sich nur auf die Beschaffung der Zutaten beschränken.

Besbnders auffallend ist aber der Warenbestand. Bei den Bäckern betrug der Warenbestand nur $^1/_{40}$ des Umsatzes; bei den Schneidern dagegen beträgt er die Hälfte. Das Warenlager wird also im Durchschnitt nur zweimal umgesetzt. Bei einer Anzahl ist das Verhältnis noch schlechter, es gibt Vereine, bei denen das Lager größer ist als der Umsatz.

Auch hinsichtlich der Schuldenwirtschaft verschieben sich die Zahlen etwas nach der ungünstigen Seite. Hervorgehoben zu werden verdient, daß die Lieferantenschulden höher sind als die Außenstände bei den Mitgliedern. Auch die Warenschulden sind nicht unbeträchtlich und verlangen erheblichen Zinsaufwand.

Nach der Dividende berechnet, ist das Ergebnis angemessen. Keine Dividende verteilen 7 Vereine, davon schließen 3 mit Verlust ab. Es sind diese 7 meist winzige Vereine, zum Teil mit nur 7 Mitgliedern.

Im allgemeinen ist hier zu sagen, daß mehrere Vereine anscheinend gefährdet sind. Bei diesen — aber auch bei anderen, namentlich aber bei den gefährdeten — ist ein starker Mitgliederwechsel vorhanden. Die Vereine, die eine einigermaßen einwandsfreie Bilanz haben, sind zu zählen.

Die Lage ist mithin nicht gerade besonders günstig. Uebereilt aber wäre es m. E., zu folgern, daß im Schneiderhandwerk durch Genossenschaften nichts erreicht werden könne. Auf die Gründe für die ungleich weniger günstigen Erfolge als bei den Bäckern und Schuhmachern will ich nicht eingehen, will aber bemerken, daß es unter den Schneidergenossenschaften auch gute Vereine gibt, woraus ohne weiteres folgt, daß sich die Sache machen läßt und zu einer grundsätzlichen Ablehnung kein Anlaß besteht.

Mit den drei Gruppen der Rohstoffgenossenschaften der Bäcker, Schuhmacher und Schneider sind diejenigen Kategorien der Genossenschaften erschöpft, die einer statistischen Betrachtung ausreichendes Material bieten. Von nun ab fließen die Quellen spärlicher. Es gibt zwar noch größere Gruppen, aber sie alle umfassen schon recht recht verschiedene Berufe und Elemente in sich, sodaß allgemeine Schlußfolgerungen nur mit großer Vorsicht zu ziehen sind.

Ich hebe folgende hervor:

Zunächst die Rohstoffgenossenschaften der holzverarbeitenden Gewerbe. Hier stand mir nur das Material von 20 Genossenschaften zur Verfügung. Diese sind indessen nur zum Teil reine Rohstoffgenossenschaften, zum Teil sind sie auch Werkgenossenschaften.

Einige Vereine sind gut, ein Teil aber auch recht schlecht. Mit Verlust schlossen drei Vereine ab, einer davon befindet sich allerdings erst im ersten Geschäftsjahr. Das Bilanzbild ist vielfach nicht günstig. Besonders auffällig ist auch hier der hohe Warenbestand. Im Durchschnitt ist das Lager allerdings noch 3—4 mal umgesetzt worden. Zu beachten ist indessen, daß ein Teil der Vereine gut ist und nur einen geringen Warenbestand hat. Das ergibt auf der andern Seite, daß ein Teil schlechter steht als der Durchschnitt. So ist in einem Falle das Warenlager doppelt so hoch als der Umsatz.

Auch das Bild, das Außenstände und Schulden bieten, ist nicht überall erfreulich. Im Durchschnitt stehen die Forderungen an die Mitglieder bereits fünf Monate aus.

Ich habe hier — wie auch bei den übrigen Genossenschaften — versucht, durch Vergleich mit den Bilanzen früherer Jahre ein Bild von der inneren Entwicklung zu bekommen, konnte allerdings nur einen Teil vergleichen. Von diesen wiesen der größere Teil leider einen Rückgang auf.

Wenn man häufig für die Erfolge der Handwerkerrohstoffgenossenschaften sich auf diejenigen der holzverarbeitenden Gewerbe, also der Tischler, Schreiner usw. bezieht, so kann ich dies nach dem Ausgeführten nur sehr beschränkt bestätigen. Es ist zutreffend, was die Zahl der Vereine, die Zahl der Neugründungen angeht. In Bezug auf die innere Entwicklung der einzelnen Genossenschaften ist es nur bedingt zutreffend. Doch muß hervorgehoben werden: es gibt auch gute Vereine, ja sogar bemerkenswerte Vereine. Und das ist wenigstens eine Hoffnung für die Zukunft.

Aehnliches gilt von den Genossenschaften der metallbearbeitenden Gewerbe. Auch hier sind die Verschiedenheiten zu groß — es sind darunter zu begreifen Genossenschaften der Schlosser, Klempner, Goldschmiede, Nagelschmiede — um allgemeine Schlüsse zu ziehen. Die Vereine sind vielfach nur klein, mit geringem eigenen Vermögen und zu wenig Umsatz. Doch hat man nicht den Eindruck, daß die Genossenschaften nicht lebensfähig seien. Eine gute Leitung würde vieles erreichen können. Ich habe 10 Vereine geprüft, von denen 3 mit Verlust abschlossen. Die Hälfte der Vereine verteilt Dividende.

Zum Schlusse der Betrachtung über die Rohstoffgenossenschaften will ich die Maler- und Tapezierergenossenschaften wenigstens kurz erwähnen. Ein großer Teil von den 14 Genossenschaften, die ich prüfte, stellen Neugründungen dar. Im großen und ganzen scheinen sie entwicklungsfähig zu sein. Ein abschließendes Urteil ist wegen der Dürftigkeit des Materials und dem geringen Alter der Vereine noch nicht möglich. In Baden ist man mit ihrer Entwicklung zufrieden. —

Soviel von den Rohstoffgenossenschaften. —

An die Rohstoffgenossenschaften möchte ich die Wareneinkaufsvereine der Handwerker anschließen. Hervorhebung verdienen die Vereine der Friseure, und der Klempner und Installateure.

Was die Friseure betrifft, so kann man hier mit dem Stand der Dinge zufrieden sein. Die meisten Vereine zeigen eine gute Entwicklung und erzielen erfreuliche Erfolge. Allerdings sind auch hier Rückschläge nicht ausgeblieben, zwei haben mit Verlust abgeschlossen. Diese ungünstigen Ergebnisse sind aber Ausnahmen. Mitunter scheint mir der Warenbestand etwas hoch zu sein, eine Beobachtung, die man auch im badischen Verbande gemacht hat. In Anbetracht des hohen Warenbestandes dürften des öfteren höhere Abschreibungen angebracht sein.

Bei den Vereinen der Klempner und Installateure ist das Bild ähnlich. Auch hier kann man sagen, daß es sich um ein Gebiet handelt, auf dem man sich mit Erfolg vorwagen kann. Auch hier sind zwar Mißerfolge zu verzeichnen, doch ist dies nur bei einem Vereine der Fall, dessen Bilanzbild zudem so sehr von dem der andern abweicht, daß man auch diesen Fall als Ausnahme wird ansprechen können. —

Damit, m. H., möchte ich die Rohstoffgenossenschaften und verwandten Genossenschaften verlassen und zu den Magazingenossenschaften übergehen.

Voranstellen möchte ich die Häute- und Talgverwertungsgenossenschaften.

Diese Genossenschaften, m. H., sind weiten Kreisen bekannt geworden wegen der vorzüglichen Resultate, die sie erzielen. Ihre Zahl ist in den letzten Jahren denn auch sehr stark gewachsen; sie beträgt jetzt schon beinahe 100. Und wenn man die Bilanzergebnisse sieht, möchte man sich beinahe wundern, daß nicht bereits viel mehr existieren. Ich habe allerdings nur die Geschäftsergebnisse von 15 Genossenschaften einsehen können. Aber überall ist Erfolg zu verzeichnen. Auffallend ist vielfach ein starker Mitgliederwechsel, auch sind in nicht wenigen Fällen die Geschäftsanteile wohl zu niedrig. Zwar ist der eigene Kapitalbedarf nicht sehr groß, aber wenn man bedenkt, daß einzelne Geschäfte einen Millionenumsatz haben, so ist doch gewiß wenigstens für diese großen Geschäfte eine angemessene Höhe des eigenen Kapitals nicht zu entbehren.

Ein Geschäftsanteil von 50 Mk. dürfte zu niedrig sein. Das Bilanzbild ist durchweg in Ordnung und gut. Von einer Schuldenwirtschaft ist nichts zu merken. Daß ein nennenswerter Warenbestand nicht vorhanden ist, liegt wohl in der Natur der Sache.

Wenn man sich fragt, worauf wohl dieser erfreuliche Erfolg zurückzuführen sei, so wird m. E. die Antwort dahin lauten können, daß die Gegenstände des Geschäfts durchweg gleichgeartet, vertretbar sind, im Verkehr also nicht nach dem einzelnen Gegenstand wie z. B. ein Stück Möbel gehandelt werden. Sie sind in gewissem Sinne Massenware. —

M. H.! Mit dieser soeben besprochenen Genossenschaftsart sind leider die günstigen Gruppen der Magazingenossenschaften alle aufgeführt. In gewissem Sinne eine Ausnahme bilden noch — bitte, m. H., erschrecken Sie nicht, der Gedankensprung von der vorherigen Genossenschaftsart ist etwas weit und die Sache, mit der sich diese Genossenschaften befassen, ist nicht gerade erfreulich — ich meine ein Teil der Tischlermagazine, die Sargmagazine. Diese Vereine sind zwar nach Mitgliederzahl und Umsatz meist nur klein. Doch ist das Geschäftsergebnis befriedigend.

Ich habe den Versuch gemacht, die Entwicklung dieser Genossenschaftsart durch mehrere Jahre zu verfolgen, doch war mir dies nicht möglich. Die Bilanzierungsart innerhalb der einzelnen Jahre war bei den Genossenschaften zu sehr verschieden.

An diese Genossenschaftsart möchte ich einige Bemerkungen über die Möbelmagazine anschließen.

Hier, m. H., ist das Bild wenig günstig. Die Zahl der Genossenschaften, die mit Verlust arbeiten, ist sehr groß, und zwar arbeiten diese Genossenschaften meist schon jahrelang mit Verlust, ja zum Teil seit der Gründung. Dazu kommt noch, daß ein nicht unbeträchtlicher Teil der Liquidation verfällt. Nur ganz wenige verteilen Dividende. Die Ursachen der Mißerfolge liegen in dem geringen Umsatz und den verhältnismäßig hohen Verwaltungskosten. Dazu kommt, daß vielfach hohes Eintrittsgeld erhoben wird, daß sich ein Teil der Genossenschaften an kleinen Orten befinden, wo kaum Möglichkeit zur Ausdehnung ist.

Die Vereine sind, was die Mitgliederzahl betrifft, nur klein. Die Mehrzahl hat 12 Mitglieder und darunter, ist also nicht weit von der gesetzlichen Mindestzahl entfernt. Ein Rückgang an Mitgliederzahl ist bei einer größeren Anzahl von Vereinen zu verzeichnen als eine Zunahme.

Manche Vereine erzielen zwar eine beträchtliche Bruttoeinnahme, aber auch bei diesen wird alles von den Unkosten verschlungen.

Das Ergebnis ist, von sehr dünn gesäten Ausnahmefällen abgesehen, also wenig befriedigend und es klingt sehr hart, ist aber nach den Bilanzen wenigstens richtig, daß ein beträchtlicher Teil dieser Magazingenossenschaften nicht lebensfähig ist und daher keine Existenzberechtigung hat. Die mangelnden Erfolge dieser Genossenschaften hebt auch der in diesen Tagen erschienene Bericht der badischen Handwerkergenossenschaften hervor.

Die Magazingenossenschaften in den übrigen Gewerbezweigen, deren Geschäftsergebnisse bekannt sind, sind leider so wenige, daß allgemeine

Betrachtungen sich kaum daran knüpfen lassen. Auch ist die Bilanzierungsart oft nicht ohne weiteres verständlich. Es läßt sich nur soviel sagen, daß neben einzelnen guten Vereinen, z. B. Schuhmacher, Wagenbauer und Korbmacher auch Vereine stehen, die nicht reüssieren. —

M. H.! Wenn ich jetzt zu den Werkgenossenschaften der Handwerker übergehe, so befürchte ich, daß ich mich mit meinen Ergebnissen vielleicht etwas von den Ansichten entferne, die früher auf den Allgemeinen Genossenschaftstagen in Ansehung der Handwerkerwerkgenossenschaften geäußert worden sind. Ich kann nämlich leider den Werkgenossenschaften keine günstige Diagnose stellen. M. H., um nicht mißverstanden zu werden: ich beschränke mich nur auf die Werkgenossenschaften der Handwerker und ich will von vornherein zugeben, daß einige erfreuliche Ergebnisse zu verzeichnen sind. Auch ist die Zahl der Genossenschaften, die mit Verlust abschließen, verhältnismäßig nicht allzu groß. Aber bei den übrigen Werkgenossenschaften ist das Geschäftsergebnis so gering, daß nur von bescheidenen Erfolgen die Rede sein kann. Gewiß, ich weiß, daß man vielfach sagt, die Werkgenossenschaft sei nicht dazu da, Geld herauszuwirtschaften, aber ich meine, daß eine Werkgenossenschaft mit minimalen Erträgnissen, eine Werkgenossenschaft, die selbst sozusagen ständig am Rande des Untergangs schwebt, kaum geeignet ist, den Handwerker zum Eintritt zu reizen und dem Handwerk klar zu machen, daß es noch lebensfähig sei.

Auch die Werkgenossenschaft soll in erster Linie ein geschäftliches Unternehmen sein, das nach geschäftlichen Grundsätzen geleitet wird. Alles andere wird sich dann schon von selbst ergeben.

Die Mitgliederzahl der meisten Vereine ist nur gering, dem entsprechen der Umsatz und die Bilanzziffern.

Herr Verbandsrevisor Schumacher hat auf einem früheren allgemeinen Genossenschaftstage die Auffassung vertreten, daß Werkgenossenschaften nnr dann angebracht seien, wenn zur Anschaffung der Maschinen wesentliche Mittel erforderlich seien. Ich kann mich diesem Grundsatze durchaus anschließen, muß aber bemerken, daß ausweislich der Bilanzen und der in Maschinen oder Inventar investierten Beträge nicht nach diesem Grundsatze gehandelt wird. Die in diesen Rubriken ausgewiesenen Beträge sind meist nur gering.

Am stärksten sind bekanntlich die Werkgenossenschaften bei den Holzverarbeitenden Gewerben vertreten. Aber auch hier ist die Zahl der Genossenschaften, deren Ergebnisse bekannt sind, nur gering. Von einer inneren Entwicklung dieser Vereine ist nicht viel zu verspüren. Bei einer größeren Anzahl ist ein Mitgliederrückgang zu verzeichnen. Auch die Zahl der berichtenden Genossenschaften geht zurück. Während z. B. 1909 zum Hauptverband noch 10 Genossenschaften berichteten, waren es 1910 nur 8 und 1911 gar nur 4. Auch dies ist schon ein bedenkliches Zeichen.

Ueber die Ursachen der geringen Erfolge der einzelnen Vereine ist natürlich schwer etwas zu sagen. Nach dem Eindruck, den ich gewonnen habe, wird das Bedürfnis nach Werkgenossenschaften vielfach überschätzt und außerdem belasten sich die Werkgenossenschaften zu früh mit Grundbesitz. Der Wert des Grundbesitzes steht vielfach außer allem Verhältnis zum Geschäftsumfang und belastet die Genossenschaft schwer.

Nach dem Eindruck, den ich gewonnen habe — entschuldigen Sie, es ist hart, aber es ist nun mal mein Eindruck — kann hinsichtlich der Errichtung der Werkgenossenschaften nur zur größten Vorsicht gemahnt werden.

Nun zu den Produktivgenossenschaften.

Hinsichtlich der Produktivgenossenschaften hat der Allgemeine Verband ja schon längst die Auffassung vertreten, daß in der Gründung die größte Zurückhaltung geboten sei. Ich kann die Richtigkeit dieser Auffassung nur bestätigen.

Durchweg stellen die Produktivgenossenschaften, die wir kennen, nur kleine Betriebe dar. Klein zunächst nach der Mitgliederzahl. Eine Ausnahme bilden die Fleischerproduktivgenossenschaften zur Verwertung der Nebenprodukte. Diese haben vielfach hohen Mitgliederbestand. Ferner handelt es sich aber auch um kleine Betriebe nach dem Geschäftsumfang und eigenem Vermögen. Es gibt Produktivgenossenschaften, m. H., mit 10 Mk. und 3 Mk. Geschäftsanteil. Eine Ausnahme bilden die Tischler, die zum Teil sehr hohe Geschäftsguthaben besitzen. Viele Produktivgenossenschaften arbeiten mit Verlust oder verteilen keine Dividende.

Lebens- und entwicklungsfähig erscheinen die Produktivgenossenschaften im Fleischerhandwerk. Hier herrscht Leben und Umsatz.

Die Produktivgenossenschaften der Weber stellen nur Zwergbetriebe dar, doch muß ich hervorheben, daß eine der Webergenossenschaften eine recht bedeutende Geschäftstätigkeit hat und entwicklungsfähig ist.

Die Tischler haben wenigstens angemessene Geschäftsanteile, leiden aber unter hohem Warenbestand.

Vielfach treffen bei den Produktivgenossenschaften alle Uebelstände zusammen: Hoher Warenbestand, Schuldenwirtschaft und zu geringe Abschreibungen.

Also auch hier ist das Bild, das die Bilanzbetrachtung im allgemeinen bietet, nicht erfreulich. —

Das sind, m. H., in aller Kürze die Eindrücke, die ich aus einem Studium der Bilanzen gewonnen habe. Sie werden vielleicht vermißt haben, daß ich mich nicht auch zur Liquidität der Handwerkergenossenschaften geäußert habe. M. H., das ist absichtlich geschehen. Ich habe mir zwar bei der Durchsicht der Bilanzen auch ein Urteil darüber gebildet, ob die einzelnen Genossenschaften liquid sind. Ich hielt mich aber nicht für berechtigt, ihnen dies Urteil zu unterbreiten. Man müßte sich nämlich zunächst darüber einigen, wann eine Handwerkergenossenschaft als liquid anzusehen ist. Wer nun weiß, wie schwer es geworden ist, eine Einigung darüber herbei zu führen, was unter der Liquidität der Kredit- und Konsumvereine zu verstehen sei, dürfte ein Verständnis dafür haben, daß ich nicht auf die Liquiditätsfrage eingehen mochte. —

Läßt man nun, m. H., das Bild, das die Handwerkergenossenschaften bieten, nochmals an seinem Auge Revue passieren, so muß man sie mit einem heitern und einem nassen Auge ansehen. Das heitere Auge ruht auf den Rohstoff- und einem Teil der Magazingenossenschaften. Das nasse Auge dagegen auf den andern Teil der Magazin- und der Werk- und Produktivgenossenschaften. Das Urteil, von dem ich einleitend ausgegangen bin und das behauptet, daß die Handwerkergenossenschaften schlechthin ungeeignet seien, dem Handwerker auf die Beine zu helfen, ist hiernach zweifellos in Ansehung der Rohstoff- und eines Teils der Magazingenossenschaften falsch. Das erweisen die Bilanzen. Die Werk- und Produktivgenossenschaften sowie ein Teil der Magazingenossenschaften haben allerdings vielfach ungünstige Resultate aufzuweisen. Doch kann ich einer grundsätzlichen Ablehnung dieser Genossenschaftsarten um so weniger das Wort reden, als alle diese Genossenschaftsarten doch auch günstige Ergebnisse aufzuweisen haben.

M. H.! Es ist nun möglich, daß Sie selbst der Auffassung zuneigen, ich habe zu schwarz gemalt. Es könnte diese Auffassung auch zutreffend erscheinen, wenn man die äußere Entwicklung der Handwerkergenossenschaften, namentlich die Zahl der Neugründungen ins Auge faßt. Gewiß, m. H., es ist richtig, daß insoweit auf allen Gebieten des Handwerkergenossenschaftswesens Fortschritte erzielt worden sind. Aber, m. H., wer wirklich ein Bild von der Lage des Handwerkergenossenschaftswesens gewinnen will, muß in die innere Entwicklung der Genossenschaften eindringen, muß feststellen, ob hier Entwicklung oder Stillstand oder gar Rückschritt eingetreten ist. Aeußere Zahlen besagen zunächst garnichts. Wer aber in die innere Entwicklung der Vereine eindringt, wird, glaube ich, zu dem gleichen Ergebnis kommen müssen, wie ich es Ihnen hier zu zeigen versucht habe. (Lebhafter Beifall.)

Vorsitzender Verbandsdirektor Justizrat Dr. Alberti-Wiesbaden: Meine Herren! Ich eröffne die Besprechung über diesen Bericht und frage, wer sich zum Wort meldet.

Anwalt Dr. Crüger: Meine Herren, es wäre doch recht wertvoll, wenn aus der Versammlung heraus die Herren, die an der Spitze von Handwerkergenossenschaften stehen, sich zu den Ausführungen äußern würden, sei es aus den Erfahrungen, die sie bei ihren eigenen Genossenschaften gemacht, oder die sie zu beobachten bei anderen Genossenschaften Gelegenheit gehabt haben. Mir scheint es, als wenn dies außerordentlich lehrreiche und interessante Referat nicht gerade den Schlußstein in der Reihe von Referaten und Beschlüssen bildet die auf den Allgemeinen Genossenschaftstagen in Handwerker-Genossenschaftsfragen gehalten bezw. gefaßt worden sind, sondern nur eine wesentliche Fortsetzung auf diesem Gebiete.

Wir haben uns durch Jahre hindurch mit der Theorie beschäftigt, wir haben die Grundsätze festgestellt, die für die Gründung und die Organisation der verschiedenen Handwerkergenossenschaften als maßgebend betrachtet werden können. Wenn Sie nun die Ausführungen, die Sie soeben gehört haben, mit den Beschlüssen vergleichen, die wir in früheren Jahren gefaßt haben, dann werden Sie finden daß diese Beobachtungen, die auf einem tiefen Studium der Bilanzen der Handwerkergenossenschaften fußen, sich vollkommen mit den Lehren decken, die wir den verschiedenen Handwerkergenossenschaften auf den Genossenschaftstagen gegeben haben. Meine Herren, nichts ist verfehlter — um das auch meinerseits hervorzuheben — als die Ansicht auszusprechen: mit den Handwerkergenossenschaften ist es nichts. Aber etwas muß allgemein in den Vordergrund gestellt werden: daß jedes Handwerk in seiner Eigenart ganz genau daraufhin geprüft werden muß, welche Genossenschaftsart für dieses Handwerk geeignet ist. Ich glaube, daß das nicht immer in genügendem Maße geschieht. Man hat zuweilen schematisch die Gründung von Handwerkergenossenschaften empfohlen, ohne Rücksicht auf die Eigenart der Branche zu nehmen, um die es sich im gegebenen Fall gehandelt hat.

M. H., um rückwärts anzufangen. Die Werkgenossenschaft und eine ganze Gruppe von Magazingenossenschaften haben eine starke Aehnlichkeit mit den Produktivgenossenschaften, und erhebliche Schwierigkeiten, wie wir sie bei den Produktivgenossenschaften haben, müssen wir auch bei dieser Genossenschaftsart verzeichnen. Nun die Zukunft der Werkgenossenschaft. Da erinnere ich mich in diesem Augenblick an eine Aeußerung von Werner Siemens, die in den achtziger Jahren auf einer Naturforscherversammlung gefallen ist. Da hat Werner Siemens gesagt, die Elektrizität müsse eine solche Vervollkommnung finden, daß die elektrische Kraft bis in die kleinste Werkstatt hineingeführt werden kann. Wir sind jetzt auf dem Wege dahin, und je weiter die Vervollkommnung auf diesem Gebiete, um so entbehrlicher werden die Werkgenossenschaften werden, und je mehr der Einzelne in seinem Betriebe in die Lage kommt, die Maschinenkraft mit Hilfe der Elektrizität zu benutzen, desto geringer wird der Wirkungskreis für die Werkgenossenschaften sein. Freilich, nicht alle Gewerbetreibenden können Maschinen benutzen auch bei der höchsten Vervollkommnung der Elektrizität; aber die Tatsache dürfte richtig sein, daß der Wirkungskreis der Werkgenossenschaften sich verringert, je mehr sich die elektrische Technik vervollkommnet. Da lege ich den allergrößten Wert auf jene Anstalten, die dazu bestimmt sind, den Gewerbetreibenden bei der Anschaffung von Maschinen mit Rat und Tat zur Seite zu stehen. Ich möchte auch in diesem Augenblick auf eine besondere Genossenschaftsart hinweisen, die nach meinem Dafürhalten von der größten Bedeutung ist, die aber stark ins Hintertreffen geraten ist: das ist die Genossenschaft zum gemeinschaftlichen Bezug von Maschinen. Dieser Genossenschaftsart lege ich deswegen so große Bedeutung bei, weil sich in ihr gleichzeitig auch die Möglichkeit zur Reparatur der Maschinen, zur sachverständigen Belehrung über die Benutzung der Maschinen bietet. Heute ist freilich auch auf diesem Gebiet das Bestreben zum Zentralisieren vorhanden, eine Stelle z. B. in der Provinz zu schaffen, von der aus die Versorgung der Gewerbetreibenden mit Maschinen vor sich gehen soll. Ich glaube, Dezentralisierung wäre auch hier am Platze, sodaß Raum bleibt für die Gründung von einzelnen Genossenschaften zum Bezug von Maschinen. So viel über die Werkgenossenschaft.

Ein Wort noch über die Magazingenossenschaften, und zwar über die Gruppe, die der Herr Referent zuletzt geschildert hat, ohne uns allerdings gerade mit allzu großem Vertrauen für die Zukunft zu erfüllen. Aber wir haben hier genau die gleichen Schwierigkeiten, denen wir auch selbst bei den landwirtschaftlichen Genossenschaften immer dann begegnen, wenn es sich darum handelt, die Produkte zu verwerten. Aber ich will an das anknüpfen, was ich gestern in meinem Bericht ausgeführt habe und was ich in diesem Augenblick noch ganz besonders unterstreichen möchte. Wir sollen die Magazingenossenschaft nicht nur von dem Standpunkt aus betrachten, daß sie das Lager zum Verkauf der von den Mitgliedern eingelieferten Waren abgibt, sondern wir sollen in ihr die Organisation des Handwerks erblicken, um so einen Weg zu schaffen, auf dem das Handwerk geschlossen sich an Submissionen beteiligen kann. Diese Betätigung der Magazingenossenschaft wird nach meinem Dafürhalten noch lange nicht genug gewürdigt. Ich kann mir sehr wohl Tischlermagazingenossenschaften vorstellen, die mit unendlichen Schwierigkeiten im regelmäßigen Geschäftsverkehr zu kämpfen haben — ich stimme hier vollkommen dem bei, was der Herr Referent in dieser Beziehung ausgeführt hat —; aber andere Tätigkeitsgebiete können sich erschließen, so das der Beteiligung an Submissionen. Auch die Schuhmachergenossenschaften haben keinen gerade glänzenden Verlauf zu verzeichnen, und die Sattlergenossenschaften verschwinden fast in der letzten Gruppe vollständig. Und doch möchte ich gerade auf diese Genossenschaftsart hinweisen, weil sie sich als Submissionsgenossenschaft ausgezeichnet bewähren kann. Genau so liegt es mit den Schneidergenossenschaften. Diese begegnen ganz naturgemäß großen Schwierigkeiten. Der Herr Referent ist auf Einzelheiten nicht näher eingegangen, und mit Recht. Wenn man erst auf Einzelheiten eingeht, findet man außerordentlich schwer ein Ende. Aber ein Moment möchte ich aus diesen Einkaufsgenossenschaften hervorheben. Das Geheimnis für die Rentabilität einer Einkaufsgenossenschaft liegt natürlich darin, daß sie einen möglichst großen Umsatz erzielt und ein geringer Warenbestand vorhanden ist. Das wird aber für die Gewerbe nicht zu erreichen sein, die mit Saisonartikeln, mit Modeartikeln zu arbeiten haben. Tuche z. B. sind in der Regel nicht Massenartikel. Ganz naturgemäß, daß sich hier außerordentliche Schwierigkeiten für die Entwicklung der Rohstoffgenossenschaften ergeben. Aber da knüpfe ich wieder an die gleiche Bemerkung an — und das ist das A und O der ganzen Bewegung —: sind die Schneider für den Einkauf organisiert, ist es nur noch ein Schritt weiter, um auch für das Schneidergewerbe die Möglichkeit zur Beteiligung an Submissionen zu schaffen.

Ich beschränke mich auf diese Ausführungen. Vielleicht sind Sie in der Lage, aus Ihren eigenen Beobachtungen heraus, einen Beitrag für diese außerordentlich wichtige Frage zu liefern; denn die genossenschaftliche Organisation für das Gewerbe ist eine Lebensfrage für das Gewerbe. Nicht nur die Kreditgenossenschaft kommt dabei in Frage, sondern auch die genossenschaftliche Organisation nach all den anderen Richtungen hin. Wir werden dem Gewerbe zweifellos einen sehr wesentlichen Dienst erweisen, wenn wir durch die Beobachtungen, die wir aus den Erfahrungen anderer Genossenschaften heraus sammeln können, die Nutzanwendung ziehen, um dem Gewerbe die Wege zu zeigen, die es einschlagen kann, ohne auch hier wieder schweres Lehrgeld zahlen zu müssen.

(Bravo!)

Vorstandsmitglied **Rumpf**-Wiesbaden: Der Herr Referent hat besonders betont, daß er herausgefunden habe, daß die einzelnen Genossenschaften einer allgemeinen Grundlage entbehren. Das ist tatsächlich der Fall. Man kann aber diesem Gedanken insofern näher treten, als man ausspricht, daß die Eintrittsgelder niedrig und die Geschäftsanteile hoch gehalten werden sollen. Ich weiß aus meiner Erfahrung — ich bin Vorsitzender einer Rohstoffgenossenschaft —, daß wir mit diesem Grundgedanken sehr weit gekommen sind. Wir haben das Eintrittsgeld auf 6 Mk. und den Geschäftsanteil auf 600 Mk. festgesetzt und ziehen durchschnittlich von den einzelnen Mitgliedern wöchentlich eine Mark ein, so daß im Laufe des Jahres sich der Geschäftsanteil um 52 Mk. vergrößert hat. Daß man das im allgemeinen nicht einführen kann, ist tatsächlich der Fall. Wenn wir die einzelnen Marken nicht bekommen haben, haben wir durch die Dividende, die verteilt worden ist, den Mitgliedern Gelegenheit geboten, nach und nach zu dem Geschäftsanteil von 600 Mk. zu kommen. Im Laufe der Jahre haben wir durchschnittlich 5 % Kapitaldividende und 6 % Einkaufsdividende verteilt. Unsere Reserven haben wir gestärkt, so daß wir im Verlauf von zehn Jahren ungefähr 36 000 Mk. Geschäftsanteile und 20 000 Mk. Reserven haben. Wir haben außerdem in den zehn Jahren ungefähr 100 000 Mk. an unsere Mitglieder als Dividende verteilt. Es ist tatsächlich der Fall, daß man nicht überall in der Lage ist, derartig zu wirtschaften. Die lokalen Verhältnisse sprechen da ganz besonders mit. Aber dem Gedanken muß ich Ausdruck geben, daß ich gefunden habe, daß der Neid und Mißgunst unter den Mitgliedern durch die Teilnahme an den Genossenschaften vielfach schwindet, daß die einzelnen Meister gegenseitig viel freundschaftlicher verkehren als früher und auch mehr zusammenhalten. Es steckt in einer Genossenschaft ein ganz anderes Leben, wie in einer Innung. Ich glaube auch aussprechen zu dürfen, daß gerade die Genossenschaften die Innungen der Zukunft sind. In ihnen werden die Mitglieder über alle Verhältnisse aufgeklärt, sie können von den Reisenden nicht mehr so übers Ohr gehauen werden. Es ist gewiß allgemein bekannt, daß ein kleiner Meister einen Reisenden, der mit schönen Worten zu ihm kommt, nur schwer abweisen kann, zumal ihm auch die Zahlungsbedingungen so vorteilhaft wie möglich gestellt werden. Der kleine Meister kauft nun von dem Reisenden und glaubt, eine gute Qualität bekommen zu haben, aber das Gegenteil ist oft der Fall. Wenn man Mitglied einer Genossenschaft ist, ist es ganz anders; man braucht nicht über seinen Bedarf zu kaufen. Die Genossenschaft hält das Lager, und der kleine Mann kauft nicht teurer als der große. Es ist ein ideales Geschäft, und in dieser Beziehung wird es für die Zukunft eine segensreiche Wirkung haben. Nur dürfen nicht Genossenschaften gegründet werden, wenn nicht Leute vorhanden sind, die die Leitung dieser Genossenschaften übernehmen. Daß wissenschaftliche Kurse und auch für die Einzelnen praktische Kurse notwendig sind, ist klar. Ich halte es für sehr erfreulich, wenn bei Gründung einer Genossenschaft sich die Meister erst einmal 4—6 Wochen bei anderen Genossenschaften umsehen, wie dort die Geschäfte betrieben werden, wie dort eingekauft, wie kalkuliert wird in den einzelnen Branchen des Geschäfts. Dann hat man ein ganz anderes Bild, als wenn man ganz neu in die Verhältnisse hineinkommt. Also, ich halte nicht allein die wissenschaftliche Vorbildung für nötig, sondern auch die praktische. Das im allgemeinen.

Im übrigen kann ich mich mit den Ansichten des Herrn Referenten einverstanden erklären. Ich wollte nur hervorheben, man sollte einer allgemeinen Grundlage nähertreten, man sollte einen Antrag stellen, daß man als Grundprinzip ein kleines Eintrittsgeld und große Geschäftsanteile annimmt und diese Gelder nach und nach mit Milde einzieht. Anders ist es nicht möglich.

Dann noch einen Punkt. Bei einzelnen Genossenschaften wird an Nichtmitglieder verkauft. Das halte ich für unbedingt notwendig. Der Verkauf in den Genossenschaften muß so geregelt werden, daß sie nicht als Konkurrenten der anderen Geschäftsinhaber dastehen, daß die Preise gleich sind; dann schwindet der Neid und der Haß bei konkurrierenden Geschäften, und diese sehen ein, das es nicht zu ändern ist. Wir tauschen unsere einzelnen Fabrikate, die wir kaufen, mit den anderen Lederhändlern, wenn sie bei diesen nicht vorrätig sind, aus und so kommen wir zu freundschaftlichen Verhältnissen, und die Erbitterung, die im Anfang vorhanden war, verschwindet und diese Leute sehen ein, daß sie mit uns rechnen müssen. Durch den Verkauf an Nichtmitglieder zieht man die Leute heran, und dadurch werden sie nach und nach Mitglieder. Wenn man mit 30 Mitgliedern anfängt und gibt anderen Geschäftsinhabern Gelegenheit, zu sehen, wie dort eingekauft wird, dann kann man auch neue Mitglieder werben. Aber Neid, Mißgunst und Haß, die sonst im Handwerk teilweise vorhanden sind, schwinden in der Genossenschaft.

(Bravo!)

Rektor Ziebe-Posen: Meine Herren, die ermunternden Worte des Herrn Anwalts veranlassen mich, auch von dieser Stelle aus über einige Erfahrungen, die ich im Genossenschaftswesen hier in Posen gemacht habe, Ihnen Mitteilung zu machen. Ich stehe bereits zehn Jahre im Handwerker-Genossenschaftswesen und habe eine Schuhmachergenossenschaft in Posen geleitet, die sich heute in günstigen Verhältnissen befindet, und bei der das zutrifft, was der Herr Referent ausgeführt hat, obwohl Schwierigkeiten sich am Anfang geradezu aufgetürmt haben. Es ist selbstverständlich, daß zum Bestehen und Gedeihen einer Genossenschaft in erster Linie ein geeigneter Führer da sein muß, und zwar ein Geschäftsführer, der der Träger der ganzen Sache ist. Weil wir solche zuverlässige Geschäftsführer auch in anderen Handwerker-Genossenschaften — ich erinnere an eine Tischler- und Schneidergenossenschaft hier in Posen — nicht gehabt haben, weil vielleicht auch die Vorstandsmitglieder genossenschaftlich nicht so durchgebildet waren, wie der Geschäftsbetrieb es erforderte, so geschah, was unausbleiblich war, daß nach großen Verlusten die Genossenschaften sich auflösten, und eine Verbitterung in den Genossenschaftern zurückblieb, sodaß es heute vielleicht nicht mehr möglich ist, die einzelnen Meister, die sich früher für den Genossenschaftsgedanken erwärmten, noch einmal für die Sache zu gewinnen.

Wenn ich auf die Schuhmachergenossenschaft hier in Posen zurückkomme, so muß ich sagen, die Schwierigkeiten waren bei uns verschiedener Art. Bekanntlich sind die Schuhmacher alle mehr oder weniger unvermögend. In der Großstadt weiß man auch nicht, in welchen Verhältnissen sich der einzelne befindet, in kleinen Orten kennt man sich darin besser, und da ist es nun leichter, die Kreditverhältnisse des einzelnen Genossen zu ergründen. Wir hatten sozusagen mit nichts angefangen, und obwohl ich nicht Fachmann bin, entschloß ich mich mit einigen Meistern, die mir treu zur Seite standen, entsprechend den bescheidenen Mitteln unsere Einkäufe zu machen. Wir schritten zunächst zum Ledereinkauf und dann kam die andere Sache. Es wurden uns diejenigen, die ihren Namen hergegeben hatten, um Genossenschafter zu sein, abspenstig gemacht, indem ihnen von anderer Seite vorgehalten wurde: wo bleibt dein Karpfen und deine Torte zu Weihnachten? Es ist mir auch passiert, daß ich von einem Lederfabrikanten den Bescheid bekam: wenden Sie sich an unseren Vertreter! Selbstverständlich waren wir genötigt, dorthin zu gehen, und wir haben uns das entsprechende Leder im Keller ausgesucht, aber auch entsprechend den Mitteln, die uns zur Verfügung standen. Weiter hieß es, wenn die Meister zu dem einen oder anderen Schäftefabrikanten kamen: Gehen Sie dorthin, wo Sie das Leder kaufen. Die Folge war, wir mußten auch Schäftefabrikation einrichten. Das war ein weiterer Schritt, der Mittel notwendig machte, denn zur Schäftefabrikation gehören Maschinen. Wir haben aber mit riesiger Geduld alle diese Schwierigkeiten allmählich überwunden, und ich darf heute sagen, daß die Posener Schuhmachergenossenschaft, die nur arme Schlucker zu ihren Mitgliedern zählt, über ein Vermögen von rund 25000 Mk. verfügt, und daß wir einen Umsatz von rund 75000 Mk. gehabt haben. Das ist gewiß ein erfreuliches Zeichen.

Wenn hier gerade in Posen das Handwerker-Genossenschaftswesen so spärlich vorhanden ist, wenn es nicht recht gedeihen will, so möchte ich die einzelnen Gründe hier gern auseinandersetzen und die Bitte daran knüpfen, auch von Ihrer Seite darauf hinwirken zu wollen, daß die einzelnen Meister nicht so rückständig bleiben möchten diesen Bestrebungen gegenüber. Ich erblicke einen Grund dafür, daß der genossenschaftliche Gedanke in unserer Provinz so wenig Wurzel gefaßt hat — wir haben in der Provinz wahre Schuhmacherstädte, da müßte eine Schuhmachergenossenschaft nicht nur bestehen, sondern geradezu florieren können — in den älteren Meistern. Diese üben, wie ich erst kürzlich bei Gelegenheit eines Vortrages habe erfahren müssen, einen Druck auf die intelligenten Meister, die vorwärts wollen, denen aber die Mittel fehlen, aus. Es ist sehr schwer, überhaupt manchmal nicht möglich, sie zu einer anderen Ansicht zu bekehren. Zum anderen erblicke ich auch in der Tüchtigkeit oder Nichttüchtigkeit der einzelnen Meister einen Grund für die Nichtentwicklung der Handwerker-Genossenschaften. Hier in Posen werden Meisterkurse für Schuhmacher und Schneider veranstaltet. Aber in diese Kurse kommen — ich weiß nicht, ob Sie mir das glauben — ältere Gehilfen, die nicht imstande sind, einen genähten Stiefel anzufertigen. Sie beschränken sich auf die Marktware und wundern sich dann, wenn andere, die in ihrer Arbeit tüchtig sind, ein besseres Geschäft machen. Weiter die Marktware der Schuhmacher: Hier teilen sich noch die Schuhmacher in ihre Arbeit insofern, als es Meister gibt, die n u r genagelte Ware auf den Markt bringen, andere, die nur Stiefel, und wiederum andere, die nur Schuhe auf den Markt bringen. Ja, wenn die Leute, die auf den Markt fahren — sie haben dieselben Unkosten — die genannten Fabrikate auf ihrem Stande vereinigen würden, dann wäre es besser. Ich habe auch in einzelnen Orten darauf hingewiesen, die Meister möchten doch dazu übergehen, beides zu vereinigen; aber es hält furchtbar schwer.

Ein dritter Uebelstand, daß insbesondere Schuhmachergenossenschaften so wenig entstehen, liegt darin, daß die Meister in einer zu großen Abhängigkeit von ihren Lieferanten stehen. Ich spreche da aus Erfahrung, weil ich die Posener Verhältnisse von Kindheit an genau kenne. Auch von dieser Seite wird ein entschiedener Druck auf die einzelnen Meister ausgeübt. Wurde mir doch kürzlich in einer Versammlung gesagt: es würden noch mehrere für die Sache sprechen und für die Bildung einer Genossenschaft eintreten, aber im Nebenzimmer sitze der am hiesigen Orte ansässige Händler und Lieferant, und nun fürchten sich die einzelnen, dafür einzutreten.

Dann fehlt es auch insofern, als daß der genossenschaftliche Gedanke noch nicht genügend Wurzel in unsern Handwerkern gefaßt hat. Es wird jetzt etwas mehr in dieser Beziehung getan insofern, als bei unseren Meisterkursen auch gerade das Genossenschaftswesen von der theoretischen Seite aus beleuchtet wird, insofern, als den Leuten Gelegenheit gegeben wird, den Geschäftsbetrieb in unserer Genossenschaft kennen zu lernen, der sich im Laufe der Jahre erweitert hat und der schon zur Werkgenossenschaft übergeführt werden sollte, was aber glücklicherweise verhindert worden ist. Im übrigen haben wir schon einen Uebergang zur Werkgenossenschaft insofern, daß wir als Rohstoffgenossenschaft auch für die angeschlossenen Genossen Maschinen auf unsere Kosten beziehen. Der Genosse bekommt die Maschine, ist dann unser Schuldner. Wir stehen also mit den einzelnen Fabriken in Verbindung. Es handelt sich allerdings um kleine Maschinen für Handbetrieb, nicht für einen großen Betrieb. Ich würde auch entschieden davon abraten, bei den Schuhmachern zu einer Werkgenossenschaft überzugehen. Die Maschinen kosten viel Geld und verzinsen sich nicht.

Im übrigen kann ich auch nur bestätigen, was mein Herr Vorredner gesagt hat, daß die Genossenschaften sich an Submissionen mit Erfolg beteiligen können. Wir haben es in Posen auch schon getan insofern, als ich die Mitglieder der hiesigen Rohstoffgenossenschaft veranlaßt habe, sich an der Submission für die Lieferung der Schutzmannschaft zu beteiligen. Wir haben die Lieferung bekommen. Aber auch hier ist wieder Vorsicht notwendig. Der eine Genosse glaubt, er könnte abliefern wie Kraut und Rüben, der andere stellt andere Ansprüche. Da wurde eine Kommission eingesetzt, die die fertigen Sachen zu begutachten hatte. In Bezug auf die Geschäftsführung würde es sich vielleicht empfehlen, wenn die Meister, die sich wirklich mit Ausnahme einiger Handwerksbetriebe in einer sehr drückenden Lage befinden, von uneigennützig denkenden Menschen unterstützt würden, die mit einem Geschäftsanteil der Genossenschaft beitreten — das wäre aber das wenigste —, die viel mehr ihr Wissen und ihre freie Zeit in den Dienst der guten Sache stellen würden. Ich habe da in letzter Zeit auch schon an diejenigen Leute appelliert, die berufen sind, den Handwerkernachwuchs mit der Theorie auszustatten. Das sind die Herren, die in der Fortbildungsschule tätig sind. Sie können auch hier dem Handwerk die Hand reichen und können hier recht zeigen, daß Handwerk und Fortbildungsschule auf einander angewiesen sind, daß sie sich gegenseitig unterstützen und fördern sollen. Ich meine, es wird nur wenige Meister geben, die hierin gleich ein Hineinsehen von diesen Betreffenden erblicken würden. Meine persönlichen Erfahrungen gehen dahin, daß ich hierbei mit den Meistern auf gutem Fuß stehe und daß mir die Meister alle Zeit dankbar gewesen sind.

Ich hoffe, daß Ihre Tagung mit dazu beiträgt, daß die genossenschaftliche Idee, der genossenschaftliche Gedanke etwas mehr um sich greift, daß die Leute wenigstens den guten Willen zeigen, sich zusammenzuschließen. Es ist auf diesem Gebiete tatsächlich noch immer etwas zu erreichen; das zeigt unsere Friseur-Einkaufsgenossenschaft und auch die Schuhmachergenossenschaft, und das hätte auch die Schneidergenossenschaft bewiesen, wenn die Verwaltung besser gewesen wäre. Wenn die Leute dahin angeleitet werden, dann haben sie das Bestreben und dann werden sie auch von selbst kommen und sich vereinigen wollen. Jetzt verlassen sie sich immer noch zu sehr auf andere. Sie klagen und schreien: das Handwerk geht zu Grunde! Ich habe aber noch keinen Handwerker in der Provinz gehört, der mir gesagt hätte, wie es besser gemacht werden sollte. Ich habe extra um Vorschläge gebeten nach der einen oder andern Richtung in Bezug auf die Ausbildung der Lehrlinge, auf die Ausgestaltung der Meisterkurse und auf den genossenschaftlichen Zusammenschluß. Es hat mir aber trotz der Klagen noch keiner gesagt: so wollen wir es einmal versuchen. Wenn die Tagung dazu führt, daß hier etwas mehr Leben hineinkommt, dann haben Sie einen idealen Erfolg auch in Handwerkerkreisen zu verzeichnen, und die Handwerker sind Ihnen sehr dankbar dafür.

(Lebhafter Beifall.)

Berichterstatter Rechtsanwalt **Crecelius**-Charlottenburg [Schlußwort]: Ich habe mich speziell über die Ausführungen des Herrn Vorredners außerordentlich gefreut. Diese Worte waren besonders geeignet, meine eigenen Ausführungen durch die Schilderungen der lokalen Verhältnisse, wie sie hier bestehen, zu ergänzen. Das Bild, das er gegeben hat, ist in vielen Beziehungen durchaus typisch. Typisch sind die Schwierigkeiten, die er geschildert hat und die seiner eigenen Genossenschaft anfänglich entgegengetreten sind. Typisch sind auch die Schwierigkeiten, die vom Handwerk selbst der Ausbreitung von Handwerkergenossenschaften entgegenstehen, einmal, was die Zahl der in Betracht kommenden Handwerker betrifft, dann aber auch, was die Interesselosigkeit der Handwerker und schließlich auch, was die technische Ausbildung der Handwerker im einzelnen betrifft. — Wenn der Herr Vorredner die Erwartung ausgesprochen hat, daß sich an unsere Verhandlungen ein Erfolg auch für das Handwerkergenossenschaftswesen hier im Osten und überhaupt im Deutschen Reiche knüpfen möge, so war das auch mein eigener Wunsch.

Einige wenige Worte möchte ich meinem Landsmann Herrn Rumpf widmen. Er hat hervorgehoben, daß in Wiesbaden auch mit Nichtmitgliedern Geschäfte gemacht werden, — wie das wohl allgemein bei den Rohstoffgenossenschaften der Fall ist. Es wird sich eben meist kaum vermeiden lassen. Immerhin hat es seine zwei Seiten. Daß die Genossenschaften gezwungen sind, mit Nichtmitgliedern Geschäfte zu machen, hängt sehr häufig mit dem hohen Eintrittsgeld zusammen. Die Nichtmitglieder sind nicht in der Lage, ein so hohes Eintrittsgeld, wie es vielfach verlangt wird, aufzubringen, und bleiben der Genossenschaft fern; erst recht dann, wenn sie die Möglichkeit haben, die Vorteile der Genossenschaft zu genießen, auch ohne daß sie der Genossenschaft als Mitglied angeschlossen sind. Wir können hier vielleicht von einer anderen Genossenschaftsart lernen. Ich meine: aus den Konsumvereinen. In dem Augenblick, wo den Konsumvereinen gesetzlich verboten wurde, auch mit Nichtmitgliedern Geschäfte zu machen, setzte eine starke Aufwärtsbewegung der Konsumvereine ein, insofern als die Mitglieder, die der Genossenschaft noch nicht beigetreten waren, sich gezwungen sahen, in die Genossenschaft einzutreten, wenn sie ihre Vorteile haben wollten. Insofern hat die Handhabung der Geschäfte auch mit Nichtmitgliedern jedenfalls ihre zwei Seiten.

Vorsitzender Verbandsdirektor Justizrat **Dr. Alberti**-Wiesbaden: Eine Beschlußfassung ist nicht beantragt. Wir haben von dem Referat und den Ausführungen der beiden Herren Diskussionsredner Kenntnis genommen und können damit die Sache für erledigt halten.

(Schluß der Sitzung 10 Uhr 10 Minuten.)

Vierte Hauptversammlung am Donnerstag, den 21. August 1913.

(Gemeinsame Angelegenheiten aller Genossenschaften.)

Vorsitzender: Verbandsdirektor Justizrat Dr. Alberti-Wiesbaden.

Schriftführer: Verbandsdirektor Rechtsanwalt Brunner-Arolsen.

Eröffnung: Vormittags 10 Uhr 12 Minuten.

Vorsitzender Verbandsdirektor Justizrat **Dr. Alberti**-Wiesbaden: Meine Herren! Ich eröffne nunmehr die zweite Versammlung für die Erörterung der gemeinsamen Angelegenheiten der Genossenschaften. Vor Eintritt in die Tagesordnung möchte ich Ihnen noch einiges bekannt geben. Zunächst bemerke ich, daß das Protokoll über die gestrige Sitzung zu Ihrer Einsicht bei dem Herrn Schriftführer ausliegt.

Zweitens habe ich Ihnen die Mitteilung zu machen, daß ein hochgeschätzter Gast, den ich gestern Morgen noch nicht begrüßen konnte, inzwischen eingetroffen ist. Es ist Herr Prof. Dr. Dufourmantelle aus Paris. Es ist uns das ein außerordentlich geschätzter Gast, mit dem wir seit über zwei Jahrzehnten in der regsten wissenschaftlichen Verbindung stehen. Es freut mich außerordentlich, daß er den weiten Weg von Paris hierher nicht gescheut hat.

Des weiteren mache ich Ihnen die Mitteilung, daß eine Anzahl herzlicher Begrüßungen teils schriftlich, teils telegraphisch eingelaufen ist, und zwar von unseren Freunden Dr. Scholz-Cassel, Herrn Blell, Herrn Luber und Herrn Micha aus Belgien usw. Ich kann Ihnen nicht alle Schreiben vorlesen.*) Eins möchte ich Ihnen aber bekannt geben, ein Telegramm, über das wir besonders erfreut waren. Es kommt aus Mainz und lautet:

> Freue mich aufrichtig über die Wahl von Mainz als Tagungsort für nächstes Jahr, rufe den deutschen Genossenschaften jetzt schon herzliches Willkommen zu, Oberbürgermeister Dr. Göttelmann.

(Lebhafter Beifall.)

M. H.! Ich glaube, wir können uns über diese Begrüßung schon jetzt außerordentlich freuen, denn sie zeigt, wie herzlich wir in Mainz aufgenommen werden. Ich darf vielleicht die Herren aus Mainz bitten, Herrn Dr. Göttelmann unseren herzlichsten Dank für diese Depesche zum Ausdruck zu bringen. (Bravo!)

Wir können in die Tagesordnung eintreten.

Wir fahren fort bei

IX. Antrag des Gesamtausschusses:

Der Allgemeine Genossenschaftstag erklärt gegenüber den auf Grund einzelner Zusammenbrüche von Genossenschaften hervortretenden Anregungen, die Bestimmungen über die Revision zu verschärfen, daß, wie zuletzt auf dem Allgemeinen Genossenschaftstag zu Cassel (1906) ausgesprochen ist, die Erfüllung der Aufgaben der Revision nicht gesichert werden könne durch Einführung von Zwangsmaßregeln in die Organisation, sondern durch Hebung des Verständnisses der Organe der Genossenschaft für die Zwecke der Revision.

Die Revision ist nicht bestimmt, in die Genossenschaft ein neues Organ einzufügen, vielmehr bleibt die Verantwortlichkeit von Vorstand und Aufsichtsrat im vollen Umfange trotz der Revision unberührt bestehen. Sache des Revisors ist es, zu prüfen, ob die Einrichtungen der Genossenschaft, die Geschäftsführung und die Kontrolle den bewährten genossenschaftlichen Grundsätzen entsprechen. Dabei wird der Revisor, und zwar unbeschadet der Verantwortlichkeit des Aufsichtsrats nach Möglichkeit sein Augenmerk auch zu richten haben auf die Prüfung der geschäftlichen Lage der Genossenschaft.

Unbedingt festzuhalten ist an der im Allgemeinen deutschen Genossenschaftsverband üblichen Fernhaltung des Revisionsverbandes von geschäftlichen Unternehmungen irgend welcher Art.

---

*) Sie gelangen im Anhang der „Mitteilungen" zum Abdruck.

Ich erteile das Wort dem Herrn Anwalt.

Berichterstatter Anwalt Dr. Crüger: Meine Herren! In gewissen Zeitabschnitten erscheint auf unserer Tagesordnung die Verbandsrevision. Unermüdlich müssen wir beschäftigt sein am Ausbau dieser außerordentlich wichtigen Organisation. Wenn ich nun aber in diesem Jahre die Anregung gegeben habe, die Verbandsrevision auf die Tagesordnung zu setzen, so war dafür noch ein ganz besonderer Umstand maßgebend, nämlich der, daß seit einiger Zeit die Stimmen sich mehren, die eine Revision des Genossenschaftsgesetzes fordern. An diesen Stimmen dürfen wir nicht ohne Beachtung vorbeigehen. Die Revision des Genossenschaftsgesetzes wäre für uns eine hochernste Sache. Wir haben, so glaube ich, allen Grund, eine Revision des Gesetzes zur Zeit nicht zu wünschen. Wenn wir aber diesem Wunsche Nachdruck geben wollen, dann sind wir auch verpflichtet, was in unseren Kräften steht, zu tun, um jene Stimmen, die aus gewissen Vorgängen heraus die Notwendigkeit einer Revision des Genossenschaftsgesetzes herleiten, zum Schweigen zu bringen, d. h. dahin zu wirken, daß möglichst keine Veranlassung zu derartigen Forderungen gegeben wird. Nun habe ich gestern Ihnen an der Hand der Zahlen ein Bild über die geschäftliche Tätigkeit der Genossenschaften geboten, ein Bild an und für sich sehr erfreulicher Natur. Aber das darf natürlich nicht verkannt werden: in diesem Bilde boten sich eigentlich nur Erfolge — hinter ihnen verschwinden die Mißerfolge. Die üblen Begleiterscheinungen dieser Mißerfolge treten weit zurück hinter der segensreichen Wirksamkeit der Genossenschaften. Deswegen bleiben aber doch jene unliebsamen Begleiterscheinungen bestehen. Die Frage ist die: wie ist diesen beizukommen? wie sind sie zu vermeiden? Auch ihren Umfang muß man selbstverständlich kennen lernen.

Ehe ich mich mit der eigentlichen Frage, dem Ausbau der Verbandsrevision im Sinne des Antrages beschäftige, einige Bemerkungen im voraus über die Eigenart der Genossenschaften. Ich halte es für richtig, mich hierzu zu äußern, weil ich dann am besten in der Lage bin, zu den ganz bestimmt geäußerten Forderungen auf eine Revision des Genossenschaftsgesetzes Stellung zu nehmen. Man hat zuweilen das Empfinden, als wenn die, welche die Revision des Genossenschaftsgesetzes verlangen, mit der Eigenart der Genossenschaft nicht recht vertraut sind. Worin beruht nun die Eigenart der Genossenschaften? In folgenden Momenten: zunächst einmal ist die Genossenschaft außerordentlich leicht zu gründen. Eine irgendwie kapitalistische Grundlage ist nicht notwendig. In der Verwaltung der Genossenschaft sitzen in der Regel nicht kaufmännisch geschulte Leute. Vor allen Dingen in der ersten Zeit wird die Genossenschaft von Laien verwaltet, und lange Zeit hindurch bildet das Laienelement in der Verwaltung der Genossenschaft den ausschlaggebenden Teil. Obgleich wir so auf der einen Seite die denkbar größte Einfachheit bei der Gründung der Genossenschaft, bei der Kapitalbeschaffung, bei der Organisation finden, so haben wir auf der anderen Seite die denkbar größte wirtschaftliche Freiheit der Genossenschaft. Sehen wir von jener Bestimmung des Gesetzes ab, die einzelnen Genossenschaftsarten den Verkehr mit Nichtmitgliedern verbietet, lassen wir dann noch einige sehr nebensächliche Bestimmungen beiseite liegen betreffend Kreditgewährung an Vorstandsmitglieder, Festsetzung der Maximalgrenze der Kreditgewährung durch die Generalversammlung usw. — mehr oder weniger für die Entwicklung der Genossenschaften unerhebliche Bestimmungen —, da müssen wir sagen, daß die Genossenschaft die denkbar größte Bewegungsfreiheit genießt.

Und nun noch ein Moment, das ist das Moment der genossenschaftlichen Duldungspflicht. Ein Novum in dem Gesellschaftsrecht, das vielleicht weiteren Kreisen wenig bekannt ist. Die genossenschaftliche Duldungspflicht besteht darin, daß die Minderheit durch einen Beschluß der Mehrheit gezwungen werden kann, ihre Leistungen gegenüber der Genossenschaft zu erhöhen. Bei jeder anderen Gesellschaft erscheint es als eine Selbstverständlichkeit, daß keiner der Gesellschafter gezwungen werden kann, über die einmal von ihm übernommene finanzielle Beteiligung hinaus seine Leistungen der Gesellschaft gegenüber zu erhöhen. Nur bei der Genossenschaft liegt es anders. Das Bergwerksrecht will ich außer Betracht lassen. Bei der Genossenschaft kann die Minderheit durch einen Mehrheitsbeschluß zu höheren Leistungen gezwungen werden. Die erhöhte Leistungspflicht gilt natürlich für alle Mitglieder. Hierbei kann sich die Sache aber so gestalten, daß die wirklichen Leistungen schließlich auf der Minderheit liegen bleiben, während die Mehrheit die Mitglieder in sich schließt, deren Leistungsfähigkeit nicht an die Opfer heranreicht, die die zahlungsfähige Minderheit nach der Statutenänderung aufzubringen hat. Diese genossenschaftliche Duldungspflicht mit ihren Schärfen, die zweifellos vorhanden sind, schließt die Möglichkeit in sich, Genossenschaften zu sanieren, über deren große wirtschaftliche Bedeutung ich mich in meinem Bericht ausgesprochen habe.

Was wir so als Eigenart der Genossenschaft betrachten, enthält nach unserer Auffassung Vorzüge der Genossenschaft. Aber wir verkennen keinen Augenblick, daß diese Eigenart auch nicht unerhebliche Gefahren in sich schließt.

Unser Grundsatz ist für alle Genossenschaftsarten stets gewesen: gründet Genossenschaften nur dort, wo ein Bedürfnis für die Genossenschaft vorhanden ist und wo die geeigneten Personen für die Verwaltung der Genossenschaft zu finden sind. Und endlich ein wesentliches Moment: die Genossenschaft soll beruhen und aufgebaut werden unter Wahrung kaufmännischer Grundsätze. In diesen Grundsätzen liegt ein Gegengewicht gegen die Gefahren, die die Eigenart der Genossenschaft mit sich bringt.

Wir betonen die Notwendigkeit der Selbsthilfe nicht aus irgendwelcher Liebhaberei, unter alleiniger Berücksichtigung theoretischer Erwägungen —, sondern weil wir der Meinung sind, daß das finanzielle Eigenrisiko in der Genossenschaft vorhanden sein muß. In diesem finanziellen Eigenrisiko erblicken wir gewissermaßen das Korrelat für die außerordentliche Bewegungsfreiheit der Genossenschaften.

Zusammenbrüche von Genossenschaften haben ganz besonders verhängnisvolle Folgen. Der Zusammenbruch einer Genossenschaft trifft die Kreise, die in der Regel gerade nicht sehr leistungsfähig sind. Und noch ein anderes kommt hinzu. Der Zusammenbruch einer Genossenschaft bedeutet für die Mitglieder die Aufbringung neuer Leistungen. Es werden ihnen weitere finanzielle Opfer zugemutet. Bricht eine andere Gesellschaft zusammen, dann verlieren Gesellschafter und Gläubiger, die kapitalistisch an der Gesellschaft beteiligt sind, ihre Einlagen und Anlagen. Das bedeutet, daß der, welcher von dem Verlust betroffen wird, aus seinem Vermögen einen Teil abschreiben muß. Bricht aber eine Genossenschaft zusammen, so verlieren die Gesellschafter nicht nur das, was sie in der Genossenschaft an Geschäftsguthaben stehen haben, sondern es werden von ihnen jetzt auch noch weitere Opfer erbracht, um die Gläubiger zu befriedigen. Der Zusammenbruch einer Genossenschaft kann daher für die Mitglieder eine Katastrophe bedeuten.

Als in den 70er Jahren unter dem Einfluß der großen Wirtschaftskrisis eine Anzahl Genossenschaften in Konkurs gerieten und sich ganz besonders verhängnisvolle Folgen für die Mitglieder ergaben — das Nachschußverfahren hatte nach dem Gesetz von 1868 schwere Mängel und der Konkurs einer Genossenschaft äußerte sich für die Mitglieder noch weit schwerer wie heute —, brachte das Reichstagsmitglied Ackermann bei dem Reichstag einen Antrag ein, der darauf abzielte, die Genossenschaften unter kommunale Aufsicht zu stellen. Schulze-Delitzsch parierte den Antrag, indem er s. Z. die Forderung stellte, die Revision, die bisher in den Verbänden nur freiwillig organisiert war, sollte durch die Gesetzgebung einen obligatorischen Charakter bekommen. Der Gesetzgeber von 1889 hat jede behördliche Kontrolle über die Genossenschaften abgelehnt. In der Begründung des Gesetzes wurden die Gründe dafür eingehend und sachverständig dargelegt.

Nach dem Jahre 1889 hat das Genossenschaftswesen eine Entwicklung genommen, wie sie von niemanden in den Jahren 1888 und 89, als das Gesetz beraten wurde, vermutet war. Ich rufe die, welche damals bei der Gesetzgebung mitgewirkt haben, als Zeugen dafür auf, ob auch nur Einer die Entwicklung der Zentralkassen, der Zentralgenossenschaften, die Entwicklung der beschränkten Haftpflicht — ja die Ausbreitung der Genossenschaften auch nur in seiner kühnsten Phantasie vor Augen gehabt hat. Man kann wohl behaupten, daß die Entwicklung des Genossenschaftswesens vielfach eine ganz andere geworden ist, als sie unter dem Einfluß des neuen Genossenschaftsgesetzes erwartet wurde. Die Ursache liegt zum Teil darin, daß sich in den 90er Jahren, als ganz neue Momente für die Entwicklung des Genossenschaftswesens und zwar solche von ausschlaggebender Bedeutung hervorgetreten sind. Ich rechne dahin vor allen Dingen die finanzielle Förderung, die dem Genossenschaftswesen fast in allen Bundesstaaten nach mehr oder weniger systematischen Grundgedanken zuteil geworden ist. Der allgemeine deutsche Genossenschaftsverband hat auf dem Nauheimer Genossenschaftstage im Jahre 1910 Stellung zu den Entwickelungstendenzen genommen, hat auf die Gefahren hingewiesen, die sich aus denselben ergeben. Hier kann ich nicht weiter auf die Einzelheiten eingehen, ich nehme auf die Bad Nauheimer Verhandlungen bezug. Einige Lücken des Genossenschaftsgesetzes haben ihrerseits zweifellos dazu beigetragen, daß jene Entwickelungsmöglichkeiten sich in dem Umfange gestalten konnten, wie es nun einmal tatsächlich der Fall ist.

Lassen Sie mich diese Lücken des Gesetzes hier hervorheben. Da ist zunächst das Fehlen einer gesetzlichen Bestimmung über die Begrenzung der Haftsumme nach oben hin. Ferner enthält das Gesetz keine Bestimmung über das Verhältnis des Geschäftsanteils zur Haftsumme, oder vielmehr es enthält wohl eine Bestimmung, die aber sehr wohl entbehrt werden kann. Dagegen fehlt eine andere, die man vermißt: das Gesetz enthält eine Bestimmung, die besagt, daß die Haftsumme nicht niedriger sein darf als der Geschäftsanteil; das Gesetz sagt aber nichts darüber, wie weit die Haftsumme über den Geschäftsanteil hinausgehen kann. Hier liegt eine sehr ernste Lücke. Und endlich haben wir in dem Genossenschaftsgesetz keine Bestimmung über die Höchstzahl der Geschäftsanteile, die nach Maßgabe des Statuts erworben werden kann. Das sind Lücken des Gesetzes, die sich fühlbar gemacht und aus denen ganz zweifellos schwere Mißstände in der Praxis sich ergeben haben. Sache der Genossenschaftsverbände scheint es nun zu sein, gemeinsam dahin zu wirken, daß die Lücken des Gesetzes nicht zu Mißbräuchen in der Organisation führen. Ich bin der Ueberzeugung, daß dann eine Aenderung des Gesetzes entbehrlich werden würde. So viel über die allgemeine Lage.

Wenn wir uns mit dem Abschnitt IV des Genossenschaftsgesetzes, der von der Revision handelt, auch heute wieder eingehend beschäftigen, so tun wir dies unter Berücksichtigung von drei Momenten. Zunächst einmal sind wir alle erfüllt von dem Gefühl der Verantwortung für die zukünftige Entwicklung des Genossenschaftswesens. Wir wollen aber auch mitarbeiten an einer gesunden Entwicklung des gesamten Genossenschaftswesens, weil wir in derselben den denkbar besten und sichersten Schutz gegen eine Revision des Genossenschaftsgesetzes erblicken, die zur Einschränkung der wirtschaftlichen Freiheit der Genossenschaften führen kann. Und endlich haben wir alle Veranlassung, Angriffen entgegenzutreten, die in der Oeffentlichkeit aus gewissen Vorgängen der letzten Zeit heraus gegen das Genossenschaftswesen in seiner Gesamtheit gerichtet sind. Wir haben allen Grund, diese Angriffe auf ihr richtiges Maß zurückzuführen. M. H., nichts verfehlter, als aus den Zusammenbrüchen von einzelnen Genossenschaften gleich allgemeine Schlußfolgerungen herzuleiten, die zu einer ungünstigen Beurteilung des gesamten Genossenschaftswesens führen. Wie liegt es denn bei anderen Unternehmungen? Die Genossenschaft ist ein geschäftliches Unternehmen. Sind denn andere geschäftlichen Unternehmungen von Konkursen und Zusammenbrüchen verschont geblieben? Ist denn jemand in der Lage, irgend eine Gesellschaftsart anzugeben, an der die Beteiligten noch niemals einen Verlust erlitten haben? Aber merkwürdig! Bricht einmal eine Genossenschaft zusammen, dann geht es wie ein Lauffeuer durch die ganze Presse. Auch mit Sanierungen von Genossenschaften beschäftigt man sich in der Oeffentlichkeit m. E. viel zu viel. Wenn sonst einmal irgendwo die bessernde Hand an ein geschäftliches Unternehmen gelegt wird, dann erweckt das das lebhafteste Interesse nur der Beteiligten, die daran mitwirken sollen.

Wenn aber heute an der Sanierung einer Genossenschaft gearbeitet wird, dann geht das wie eine Haupt- und Staatsaktion durch die ganzen Lande.

(Sehr richtig!)

Das ist selbstverständlich geeignet, Beunruhigung in den weitesten Kreisen hervorzurufen, die sich wunder was dabei denken. Ich möchte von dieser Stelle aus an die deutsche Presse die Bitte richten, doch diesen Sanierungsprozessen, den Zusammenbrüchen von Genossenschaften nicht mehr Aufmerksamkeit zu schenken, als sie wirklich vom objektiven Standpunkt aus verdienen.

(Zustimmung.)

Ich glaube, daß man damit dem Genossenschaftswesen in seiner Gesamtheit einen großen Dienst erweisen wird. M. H., wer weite Kreise mit Mißtrauen gegen das Genossenschaftswesen erfüllt, der ist zweifellos heute noch nicht vollständig von der unbedingten Notwendigkeit der Existenz der genossenschaftlichen Organisation durchdrungen.

Ganz etwas anderes ist es natürlich, Mißstände kritisch zu würdigen, die als ein Grundübel hervortreten. Mit solchen Mißständen beschäftigen ja auch wir uns. Wir wollen nichts beschönigen. Gerne nehmen wir da die Unterstützung der Presse an. Unser Wunsch geht nur dahin, daß nicht die Kritik aus einzelnen Vorgängen heraus die Allgemeinheit mit Mißtrauen gegen das Genossenschaftswesen als solches erfüllt. Dazu liegt gewiß keine Veranlassung vor. Die, die der Meinung sind, daß das Genossenschaftswesen heute so viele Schäden aufweist, daß man ernsthaft die Frage stellen kann, ob nicht dem Genossenschaftswesen überhaupt die Flügel zu beschneiden sind, möchte ich mal fragen: wie würde es wohl um unser wirtschaftliches Leben aussehen, wenn wir keine Genossenschaften hätten? Wer die Frage objektiv prüft, wird zu dem Ergebnis kommen, daß für unsere genossenschaftlichen Organisationen heute zweifellos noch mindestens das gleiche Bedürfnis vorhanden ist, wie es vor fünfzig Jahren bei der Gründung der ersten Genossenschaft bestand.

Eins wissen wir, daß es kein absolut sicheres Mittel gegen Verluste gibt. Wir erkennen gerne aber die Pflicht an, gerade mit Rücksicht auf die Eigenart der Genossenschaften dahin zu arbeiten und zu wirken, daß die Verluste, die nun auch bei der vorsichtigsten Organisation innerhalb der Verbände doch als unvermeidliche Begleiterscheinungen erscheinen, auf das denkbar geringste Maß beschränkt bleiben und vor allen Dingen — ich weiß, daß über diese Frage die Ansichten noch nicht innerhalb der Verbände überall geklärt sind, aber nach der Richtung wird sich eine Verständigung mit der Zeit erzielen lassen —, daß Verluste bei Genossenschaften möglichst lokalisiert werden.

Der Genossenschaftsverband kann keine Verantwortung dafür übernehmen, daß nicht bei einzelnen Genossenschaften Mißstände entstehen, die zum Verhängnis werden — aber die Grundlehren müßten so beschaffen sein, daß bei ihrer

Anwendung Zusammenbrüche von Genossenschaften ausgeschlossen sind.

(Sehr richtig.)

Hier kann der Verband heilsamer wirken wie das Gesetz.

Es war ursprünglich meine Absicht, bei dieser Gelegenheit die einzelnen Momente hervorzuheben, auf die die Zusammenbrüche in den letzten Monaten, die in weitem Umfang die Aufmerksamkeit auf sich gezogen haben, zurückzuführen sind. Ich möchte aber davon absehen; denn wir können zu der Beschlußfassung, die uns vorliegt, ein Eingehen auf diese Momente entbehren, und ich möchte um so mehr davon absehen, weil ich am gestrigen Tage hier vor allen Dingen bei den Begrüßungen durch die Herren vom Reichsverbande und vom Neuwieder Verbande die Ueberzeugung gewann: wir wollen ernstlich eine Verständigung über schwierige Probleme versuchen. Es würde diese Arbeit nicht erleichtert werden, wenn heute auf dem Allgemeinen Genossenschaftstage diese verschiedenen Probleme angeschnitten werden.

M. H., der Revisor wird hinausgeschickt, um die Genossenschaft auch daraufhin zu prüfen, ob sie die Beschlüsse der Allgemeinen Genossenschaftstage entsprechend berücksichtigt. Der Revisor geht hinaus, erfüllt mit den wirtschaftlichen und genossenschaftlichen Anschauungen, die er von der Zentralleitung seiner Organisation erhält. Wenn in der Organisation des Verbandes Anschauungen vertreten werden, die in der Praxis der Genossenschaften zu bedenklichen Folgen führen können, so kann es sehr leicht passieren, daß der Revisor an Mängeln der einzelnen Genossenschaften vorüber geht, aus denen früher oder später sich für die Genossenschaften und weitere Kreise große Nachteile ergeben können. Um nur eines hervorzuheben: wenn z. B. in der Organisation keine Bedenken dagegen bestehen, daß eine Genossenschaft mit unbeschränkter Haftpflicht Mitglied einer anderen Genossenschaft mit unbeschränkter Haftpflicht wird, und der Revisor kommt zu einer Kasse, die auf der unbeschränkten Haftpflicht beruht, und er findet, daß hier ein Konsumverein mit unbeschränkter Haftpflicht Mitglied ist, so rügt er es nicht, und doch — ich habe wenigstens diese Meinung, und auch in anderen Kreisen wird man sich dieser Meinung anschließen — muß man zu dem Ergebnis gelangen, daß hier eine Verbindung von Genossenschaften vorhanden ist, die eine große schwere Gefahr in sich schließt, wenn Sie wollen, in sich schließen kann. Eine Verkettung von Genossenschaften braucht nicht ohne weiteres zu einem Verhängnis auszuarten, so lange an der Spitze des Unternehmens ehrenwerte Männer stehen, die vorsichtig arbeiten. Da kann die Organisation aussehen wie sie will, es wird nichts passieren. In dem Augenblick aber, wo der unrichtige Mann in die führende Stellung bei der Genossenschaft gekommen ist, macht sich der Mangel jeder Organisation bemerkbar. Auf unseren Verbandstagen müssen wir sehr häufig gegen die Auffassung ankämpfen, die auf den Gedanken zurückzuführen ist, es ist 25 Jahre gegangen, warum soll es nicht noch 25 Jahre gehen! Jawohl, wenn die Genossenschaft uns die Garantie geben will, daß nach 25 Jahren auch noch ehrenwerte Männer der Verwaltung angehören werden, dann haben wir uns nicht weiter um die Revision zu bemühen. Eine Genossenschaft mit soliden geschäftlichen Grundsätzen ist uns lieber als eine Genossenschaft mit vollendeten Musterstatuten, aber elenden geschäftlichen Grundsätzen.

(Sehr richtig!)

Die Organisation muß aber so beschaffen sein, daß auch, wenn Männer, die nicht zur Führung geeignet sind, an die Spitze kommen, dann der Schaden, den sie anrichten, möglichst beschränkt wird.

Und nun komme ich zu dem Genossenschaftsgesetz. Das Gesetz kann immer nur Aeußerlichkeiten der Revision regeln. Wenn ein Gesetzgeber auf den Gedanken kommen sollte, durch das Genossenschaftsgesetz gewisse geschäftliche Grundsätze gewissermaßen zu sanktionieren, so muß ich doch aussprechen: so hoch wir unsere geschäftlichen Grundsätze halten, eine gesetzliche Sanktionierung derselben möchten wir nicht sehen. Denn in dem Augenblick, wo derartige geschäftliche Grundsätze in einem Gesetz verankert sind, besteht die große Gefahr, daß das Genossenschaftswesen versteinert, daß die zukünftige Entwicklung des Genossenschaftswesens unterbunden wird. Der § 53 des Gesetzes, der den Grundgedanken für die Revision der Genossenschaften enthält, bekommt seinen Inhalt durch die Revisionsverbände, durch die Lehren, die in den Revisionsverbänden vertreten werden, auf Grund deren der Revisor hinausgeschickt wird, um die Genossenschaft einer Revision zu unterziehen.

Nun die Stellungnahme zu den an verschiedenen Stellen hervorgetretenen Forderungen nach einer Revision des Gesetzes, die sich insbesondere auf den Abschnitt des Gesetzes beziehen soll, der von der Revision handelt. Ich glaube, es ist keine Zeitvergeudung, wenn wir uns mit dieser Frage eingehend beschäftigen, wenn Sie die Zeit aufwenden wollen, um mir einen kurzen Ueberblick über die Forderungen zu gestatten, die auf eine Revision des Genossenschaftsgesetzes gerichtet sind. Nach dem Zusammenbruch der Spar- und Darlehnskasse im Odenwald erschien in der Zeitschrift „Die Bank", einer hochangesehenen Zeitschrift, deren Ausführungen vielfach von uns die vollste Beachtung entgegengebracht werden muß, ein Artikel von Alfred Lansburgh, in dem es heißt:

„Dieser Anarchie muß unbedingt ein Ende gemacht werden. Es muß dafür gesorgt werden, daß die gesetzlich vorgeschriebene Revision wirklich vorgenommen und unter weitgehender Verantwortlichkeit des Revisors auf alle Einzelheiten des Geschäftsverkehrs ausgedehnt wird. Es muß ferner die Bestimmung getroffen werden, daß der Revisor von jeder Unregelmäßigkeit, die er findet, nicht nur seinem Verbande, sondern auch der Gesamtheit der Mitglieder der schlecht verwalteten Genossenschaft Kenntnis gibt. Es muß endlich dafür Sorge getragen werden, daß alle Bestimmungen des Gesetzes strikte eingehalten werden, und daß der Verband, der den Revisor bestellt, für jede Gesetzesverletzung der ihm angeschlossenen Genossenschaften wie für eine von ihm selbst begangene Unregelmäßigkeit einzustehen hat. Alles dies läßt sich ohne tiefgreifende Aenderungen des Genossenschaftsgesetzes erreichen, in der Hauptsache durch Einführung einiger Strafbestimmungen."

Es ist selbstverständlich, daß die Revision ordnungsgemäß vorgenommen werden muß — daß die Bestimmungen des Gesetzes befolgt werden. Dazu ist keine Aenderung des Gesetzes nötig. Ein Verband, der dagegen verstößt, geht des Rechts verlustig, den Revisor zu bestellen! Die Strafbestimmung haben wir im Gesetz. Mit der Frage, ob und in wie weit den Mitgliedern von dem Befund der Revision Kenntnis zu geben ist, werde ich mich vielleicht noch beschäftigen. Sie ist nicht so leicht zu beantworten, wie Lansburgh annimmt. Aber Strafbestimmungen im Gesetz gegen die Revisionsverbände müßten zur Folge haben — daß sich keine Revisionsverbände bilden, oder es sind Strafbestimmungen, die sich nur auf Aeußerlichkeiten beziehen, und dann würden sie das Ziel nicht erreichen, das dem Verfasser des Artikels vorschwebt.

Weiter! Die hessische Kammer hat sich in den letzten Monaten wiederholt mit der Revision des Genossenschaftsgesetzes beschäftigt. Da finden wir eine dringliche Anfrage von Dr. v. Helmolt und Gen. betreffend den Zusammenbruch von Kreditgenossenschaften. Unter Hinweis auf die Zusammenbrüche in Obermockstadt und Nieder-Modau und die erheblichen Verluste der Spar- und Darlehnskasse Langsdorf wird die Großherzogliche Regierung um Auskunft gebeten, ob nach ihrer Ansicht der Verband der Hessischen landwirtschaftlichen Genossenschaften der ihm obliegenden Pflicht zur Revision in vollem Umfang genügt, ob nach ihrer Ansicht die dem Revisionsverband gegenüber den einzelnen Genossenschaften zustehenden Rechte ausreichen, und ob und welche Maßnahmen die Regierung für erforderlich erachtet und zu ergreifen gedenkt, um weitere Zusammenbrüche von Genossenschaften zu verhüten und die entstandenen Schäden zu lindern.

Ja, m. H., die denkbar gefährlichste Aufforderung, die man an eine Regierung richten kann, sie möge sich ihre verehrten Häupter darüber zerbrechen, welche Maßregeln zu ergreifen sind, um Zusammenbrüche von Genossenschaften zu verhindern. Man stellt die Regierung vor eine unerfüllbare Aufgabe — man überschätzt die Macht des Gesetzes. Selbst ein Genossenschaftsgesetz, das die Genossenschaften und die Verbände in eine Zwangsjacke steckt, wird das Ziel nicht erreichen. Die Antragsteller kennen offenbar das Wesen der Genossenschaften nicht.

M. H., die Handelskammer in Oppeln hat sich mit der Frage beschäftigt und da heißt es in einer Denkschrift:

„. . . . . . als dringende Notwendigkeit, gesetzgeberische Aenderungen herbeizuführen, welche geeignet wären, die größten Mißstände bei diesen Depositenstellen (den Genossenschaften) zu beseitigen. Die Neuordnung müßte anstreben: 1. Veränderung der Revisionsvorschriften. — 2. Veränderung der Auflösungsmöglichkeit durch die Regierungen. — 3. Zwangsvorschriften für Anlegung wesentlicher Teile der Depositengelder bei Ueberschreitung eines bestimmten Verhältnisses zwischen eigenem Vermögen und Schulden. — 4. Aufhebung der Steuerfreiheit bei einem bestimmten Verhältnisse zwischen Mitgliederguthaben und Depositen und bei Beteiligung an anderen Unternehmungen. — 5. Vorschriften über Veröffentlichungen der Bilanzen und Geschäftsergebnisse.“

M. H., auch hier sind eine Reihe von Punkten enthalten, die zeigen, daß der Verfasser der Denkschrift, der zweifellos von dem ehrlichen Willen erfüllt ist, Mißstände bei den Genossenschaften zu beseitigen, Operationen vornehmen will, durch die nicht bloß die Auswüchse entfernt werden, sondern womit auch in gesunde Glieder der Genossenschaft eingegriffen wird. Die Entwicklung der Genossenschaften wird lahmgelegt — und Zusammenbrüche wird man doch nicht verhüten.

Die Gewerbekammer in Hamburg hat sich mit der Revision des Genossenschaftsgesetzes beschäftigt und ist zu der Ansicht gekommen, daß insbesondere das Revisionswesen einer Aenderung bedarf; sie fordert: Verbandszwang; Ersatz zweijähriger Revision durch einjährige; Recht des Verbandsdirektors, selbst eine Generalversammlung einzuberufen usw. „Verbandszwang“? Soll ein Verband gezwungen werden, Genossenschaften aufzunehmen? Das ist undenkbar. Sollen also die Genossenschaften, die nirgends aufgenommen werden, zwangsweise einen Verband bilden? Bei den meisten Genossenschaften ist für die „einjährige Revision“ kein Bedürfnis. Wichtiger ist die außerordentliche Revision — wo ein Bedürnis vorliegt. Dem Verbandsdirektor das Recht geben, die Generalversammlung zu berufen, heißt ihn mit einer unerträglichen Verantwortung belasten!

M. H., Sie sehen, es sind also nicht nur Privatpersonen, sondern jetzt kommen bereits offizielle Vertretungen des Handwerks und beschäftigen sich mit der Frage der Revision des Genossenschaftsgesetzes. Ich möchte die unserer Organisation angehörigen Handwerker bitten, die Verhandlungen in den Handwerkskammern genau daraufhin zu verfolgen, ob sich dort Stimmen bemerkbar machen, die auf eine Revision des Genossenschaftsgesetzes abzielen. Ich weiß nicht, ob die Gewerbekammer in Hamburg sich mit genossenschaftlichen Organisationen in Verbindung gesetzt hat, und mit welchen. Soweit ich unterrichtet bin, hat sie sich mit den alten großen Genossenschaftsverbänden nicht in Verbindung gesetzt. Ich glaube also, für uns die Lehre hieraus ziehen zu müssen, daß wir der Entwicklung der Dinge unsre vollste Aufmerksamkeit entgegenbringen müssen.

Und dazu kommt noch eines. In Oesterreich liegt eine Novelle zum Genossenschaftsgesetz vor, und diese Novelle zeichnet sich dadurch in wenig vorteilhafter Weise aus, daß sie auch eine Verschärfung der Revisionsbestimmungen enthält. Schon nach dem heutigen österreichischen Genossenschaftsgesetz ist der Verband dann, wenn die Genossenschaften schwerwiegenden Erinnerungen des Revisors durchaus nicht entsprechen wollen, verpflichtet, dem Handelsgericht — unserem Amtsgericht — den Revisionsbericht zur gefälligen weiteren Veranlassung einzureichen. Das Handelsgericht hat dann die Männer von der Genossenschaft verhört, ernstlich verwarnt — und es ist im übrigen alles beim alten geblieben!

(Heiterkeit.)

Nun kommt die Novelle zum Genossenschaftsgesetz und sagt: Handelsgericht jetzt will ich dich mit Machtbefugnissen ausstatten; wenn die Genossenschaft der Verwarnung nicht entspricht, hast du das Recht, die

Vorstandsmitglieder vom Amt zu entsetzen und neue Mitglieder zu ernennen. Da habe ich Mitleid mit den unglückseligen Amtsrichtern, die eine derartig schwerwiegende Verantwortung zu tragen haben, die mit einem solchen Recht verbunden ist. Das sind die Wege nicht, auf welchen man die Sanierung einer erkrankten Genossenschaft durchführen kann.

Bei allen diesen Forderungen habe ich mir die Frage vorgelegt: wenn alles das, was jetzt gefordert wird, Gesetz wäre, wäre auch nur einer der Zusammenbrüche jener Genossenschaften vermieden worden, die die Veranlassung zu den Forderungen gegeben haben? Für die Genossenschaften unseres Verbandes kann ich Ihnen die Versicherung abgeben: nicht ein einziger jener Verluste wäre unmöglich gewesen, wenn wir jene Verschärfung gehabt hätten; alle diese Verschärfungen wären den hier in Frage kommenden Zusammenbrüchen gegenüber wertlos gewesen. Und in den übrigen Verbänden liegen die Dinge wohl nicht anders.

Bei jeder Verhandlung über die Revision des Gesetzes ist meines Erachtens als wichtigster Grundsatz aufzustellen: die Verbandsrevision hat ihre Grenzen in der Selbständigkeit der Genossenschaft und der Verantwortlichkeit der Organe derselben. Das muß im Vordergrund stehen, und das muß die Richtschnur abgeben für jede Revision des Gesetzes.

(Sehr richtig!)

Nun ein Wort zur Stellung des Verbandsrevisors zum Aufsichtsrat. Die auf Verschärfung der Revision gestellten Forderungen scheinen mir diese Stellung nicht genügend zu berücksichtigen. Schon heute wird jeder, der bei Sanierungen mitgewirkt hat, die Beobachtung gemacht haben: wenn man an die Sanierung geht und dem Aufsichtsrat, der seine Schuldigkeit nicht getan hat, zureden will, größere finanzielle Opfer aus eigener Tasche zu bringen, so begegnet man dem Einwand: Wozu haben wir denn Verbandsrevisoren gehabt? Wenn der Verbandsrevisor diese und jene Konten nicht gefunden hat, können Sie es uns auch nicht verdenken, daß wir sie nicht gefunden haben. Es muß festgestellt werden, daß diese Auffassung eine vollständig schiefe ist. Der Aufsichtsrat kann niemals durch den Verbandsrevisor entlastet werden, sondern eher ist das Gegenteil möglich, nämlich dann, wenn der Verbandsrevisor den Aufsichtsrat auf seine Pflicht aufmerksam gemacht hat. Und das hat er doch zweifellos stets getan. So liegen die Dinge und nicht anders.

(Sehr richtig!)

Nun sehen wir uns die Dinge von einem anderen Gesichtspunkte an. Es scheint so, als wenn man hier und dort der Meinung ist: vielleicht ist es möglich, bei der Regierung, der Kommune oder sonst irgendwo eine Kontrollinstanz zu schaffen. Zunächst einmal glaube ich, daß schon die große Zahl der bestehenden Genossenschaften ein Sicherheitsmittel ist gegen die Einführung einer Kontrolle der Genossenschaften durch Staat oder Kommune. Da müßte ja ein besonderer gewaltiger Verwaltungsorganismus ins Leben gerufen werden, um die rd. 34000 bestehenden Genossenschaften einer ständigen Kontrolle durch die Staatsorgane zu unterziehen! Aber vor allem, es ist einer der fundamentalsten Sätze, die maßgebend sein müssen: die Verantwortlichkeit der Genossenschaftsorgane muß unberührt bleiben. Mit dieser Verantwortung und mit der Selbstverwaltung der Genossenschaften wäre es am Ende, wenn man die Genossenschaften unter die Kontrolle der Behörde stellte. Zu Ende auch wäre es mit der weiteren Entwicklung. Alle derartigen Forderungen sind treffend widerlegt — in der Begründung des deutschen Genossenschaftsgesetzes.

Jede Verschärfung des Gesetzes, des Abschnittes über die Verbandsrevision trägt die große Gefahr in sich, daß die Verantwortung den Genossenschaftsorganen zum Teil abgenommen wird. In dem Augenblick, in dem man die Organe der Genossenschaft, Vorstand und Aufsichtsrat, auch nur in etwas von ihrer Verantwortung entlastet oder in ihnen auch nur den Glauben erweckt, daß jetzt ein anderes Organ vorhanden ist, das ihnen einen Teil der Verantwortung abnimmt, verbessert man nicht die Zustände bei der Genossenschaft, sondern verschlechtert sie.

(Lebhafte Zustimmung.)

Und damit komme ich zum dritten Teil, zu dem Ausbau der Revision selbst. Vollkommenes gibt es nicht, auch auf dem Gebiet der Revision nicht, wir mögen noch so viel Verbesserungen durchführen. Darüber sind wir uns klar: es ist Menschenwerk,

(sehr richtig!)

es wird mit Menschen gearbeitet. Und diejenigen Verbandsdirektoren und Verbandsrevisoren, in denen wir die Ideale erblicken, kann uns kein Gesetzgeber geben, die kann uns kein Staat und Kommune mit ihren Kontrollorganen schaffen. Die haben ihre Entstehung allein in der freien Tätigkeit.

Betrachten wir die Revision und ihre Handhabung. Da haben wir zu unterscheiden zwischen gerichtlicher und Verbandsrevision. Die gerichtliche Revision hat herzlich wenig Erfolge, ihre Bedeutung ist eine sehr geringfügige. Wenn aber aus gewissen Kreisen heraus die Forderung gestellt wird: weg mit der gerichtlichen Revision, Verbandszwang für alle Genossenschaften! — so habe ich einem der Herren, der diese Forderung mir gegenüber ausgesprochen hat, erwidert: wir im Allgemeinen Verbande danken für alle jene Genossenschaften, nehmen Sie sie in Ihren Verband auf! Nein, sagte er, wir wollen sie auch nicht.

(Heiterkeit.)

Da müssen wir einen neuen Revisionsverband für alle die Genossenschaften gründen, die von allen anderen Verbänden abgelehnt sind.

(Erneute Heiterkeit.)

Ich glaube, daraus ergibt sich, daß die gerichtliche Revision, sie mag noch so mangelhaft sein, nicht zu entbehren ist. Ob nach der einen oder anderen Richtung hin vielleicht schärfere Kontrollvorschriften hier ausgeführt werden könnten, dazu möchte ich nicht Stellung nehmen, denn uns interessiert nur die Verbandsrevision. Da haben wir zu unterscheiden zwischen der Revision selbst und der Einwirkung des Revisionsverbandes auf die revidierte Genossenschaft.

Die Revision selbst! Wir haben zu unterscheiden: die Bestellung des Revisors, die Vornahme der Revision und den Bericht an die Genossenschaft.

Die Bestellung des Revisors! Man hat die Forderung aufgestellt, es soll ein Examen für die Revisoren eingeführt werden, sie sollen gewissermaßen einen Befähigungsnachweis erbringen. Ich verspreche mir nicht viel von derartigen Examinas, und die Ansprüche in diesen Examinas dürfen auch gewiß nicht zu hoch gestellt werden, denn sonst könnten wir der Gefahr ausgesetzt sein, daß wir für die rd. 34000 Genossenschaften nicht die nötigen Revisoren haben. Außerdem ist zwischen Genossenschaft und Genossenschaft ein himmelweiter Unterschied. Es kann einer durchaus die Qualifikation erhalten haben, Genossenschaften zu revidieren, und ich würde ihn als Verbandsdirektor für meinen Verband rundweg ablehnen, weil die Revision der Genossenschaften meines Verbandes einen Mann erfordert, der über besonders reiche Erfahrungen verfügt.

(Sehr richtig.)

Ist ferner ein solcher Revisor erst durch die Examenskommission abgestempelt, gilt er für uns Deutsche als unfehlbar, und dieser unfehlbare Revisor kann dank seiner Unfehlbarkeit unendlich viel Unheil anrichten.

(Heiterkeit.)

Wir brauchen Männer als Revisoren, die nach ihrer Vergangenheit, ihrer Ausbildung Gewähr dafür bieten, daß sie im stande sind, die Geschäftsführung der Genossenschaften in allen ihren Teilen einer sachverständigen Prüfung zu unterziehen. Die Verwaltung der Genossenschaft muß das Gefühl haben, daß der Revisor seine Sache versteht. Im übrigen eignet sich nicht jeder Revisor für jede Genossenschaft.

(Sehr richtig.)

M. H., die Ausführung der Revision ist durch den Zweck bestimmt, und dieser Zweck ergibt sich aus § 53. Ich möchte zunächst mal negativ mich ausdrücken, ich möchte sagen: diese Revision ist nicht zu vergleichen mit der Revision öffentlicher Kassen. Die Revision öffentlicher Kassen ist rein kalkulatorisch, die Revision unserer Genossenschaften ist in erster Linie eine Revision der Geschäftsführung auf die beobachteten geschäftlichen Grundsätze und auf die Organisation hin. In diesen Rahmen schließt sich erst die kalkulatorische Prüfung ein. Wir haben in der Revisorenkonferenz ein Referat über die Revision der Treuhandgesellschaft gehört. Es war außerordentlich instruktiv. Wenn wir auch zunächst einmal sagen müssen, die Revision der Treuhandgesellschaft hat eine andere Bedeutung als die Revision unserer Genossenschaften, so besteht aber doch eine gewisse Verwandtschaft zwischen diesen beiden Revisionen, und wir werden möglicherweise aus jenen, nach sachverständigen Grundsätzen durchgeführten Revisionen, wie sie bei der Treuhandgesellschaft üblich sind, für uns manches lernen können.

Die Revision unserer Genossenschaften erklärt sich historisch aus der Eigenart der Genossenschaft. Die Revisoren standen zunächst nur „zur Verfügung" der Genossenschaft für die Revision, falls der Revisor gewünscht wurde. Als dann später die Revision obligatorisch wurde, übernahm der Verband jedoch keinerlei Verantwortung für das Schicksal der Genossenschaft. Die Verantwortung blieb und bleibt bei der Genossenschaft. Daran wollen wir festhalten, das ist ein Moment von ausschlaggebender Bedeutung.

(Sehr richtig.)

Bei der Revision selbst ist zu unterscheiden: die Prüfung der Organisation, ferner die Prüfung der Grundsätze der Geschäftsführung und endlich die Prüfung der Bilanz, und damit steht in Zusammenhang die Prüfung der Aktiven. Ich glaube, wir werden uns mehr und mehr an die Dreiteilung dieser Arbeit des Revisors zu gewöhnen haben.

Zunächst die Prüfung der Organisation. Diese scheint bei uns Schwierigkeiten nicht zu begegnen; denn in unserem Allgemeinen Verbande sind die Grundsätze der Organisation festgelegt, und es ist für einen Revisor eine verhältnismäßig einfache Sache, sich davon zu überzeugen, ob die Organisation der Genossenschaft richtig oder falsch, gut oder schlecht ist.

Nun der zweite Teil: Prüfung der Grundsätze der Geschäftsführung. Hier komme ich zu jenem kleinen Zwischensatz in unserem Antrag, in dem die Notwendigkeit der materiellen Seite der Revision hervorgehoben wird. In ihm liegt keine Neuerung — sondern nur eine Klarstellung. In der Prüfung der Grundsätze der Geschäftsführung liegt die außerordentliche Schwierigkeit der Revision. Ganz unmöglich ist es, bestimmte Richtlinien aufzustellen, die für den Revisor maßgebend sein sollen bei der Prüfung der Grundsätze der Geschäftsführung.

Ich werde zum Schluß noch auf die Entscheidung des Reichsgerichts über die Haftpflicht des Revisionsverbandes zu sprechen kommen. Aber ich möchte doch in diesem Augenblick schon darauf hinweisen, daß wir bei dem Ausbau der Revision auch mit der Haftpflicht des Revisionsverbandes zu rechnen haben, daß wir bei dem Ausbau der Revision nur so vorgehen dürfen, daß wir damit nicht auch gleichzeitig eine weitergehende Haftpflicht des Revisionsverbandes heraufbeschwören. Dieses ist aus den verschiedensten Gründen unter allen Umständen von uns abzulehnen.

(Sehr richtig.)

Allen Wünschen auf Verschärfung der Haftpflicht gegenüber möchte ich aus der Praxis heraus erklären, daß sie gar nicht diskutabel ist. Das Weitere ergibt sich aus der Entscheidung des Reichsgerichts, das die Sache außerordentlich klar und sachverständig behandelt.

Wenn ich mich nun auf Grund einer bestimmten Genossenschaftsart mit der „Prüfung der Grundsätze der Geschäftsführung" beschäftigen will — nehmen wir einmal die Kreditgenossenschaft —, was soll da der

Revisor? Nun, er soll sich davon überzeugen, ob die Grundsätze, die von der Kreditgenossenschaft bei der Kreditgewährung beobachtet werden, solide sind. Das scheint eine Allgemeinheit — ist es aber nicht, denn damit ist eigentlich alles gesagt. Dazu wird er z. B. die Konten der Vorstands- und Aufsichtsratsmitglieder einer besonderen Prüfung unterziehen. Denn er weiß aus der Erfahrung, daß diese Konten eine besondere Kontrolle erfordern. Er wird prüfen, ob die Genossenschaft an industriellen Unternehmungen beteiligt ist, er wird prüfen, ob irgendwelche und welche Spekulationen sich in den Konten der Genossenschaft finden. Er wird die Höhe der Kredite feststellen, er wird prüfen, ob auf den größeren Konten — vor allem bei diesen — der entsprechende Umsatz stattfindet. Er wird prüfen, ob die Sicherheiten in Ordnung. Er wird prüfen, ob die Genossenschaft sich bei den Geschäften im Rahmen ihrer Leistungsfähigkeit hielt. Auf Einzelheiten einzugehen, ist hier nicht der Ort — es soll nur die Richtung gezeigt werden. Je nach dem Umfang der Genossenschaft wird diese Prüfung des Revisors eine einfache oder schwierige sein.

Bei den andern Genossenschaften, gewerblichen Genossenschaften, Konsumvereinen, Baugenossenschaften, brauchen Sie nur das Bild ein klein wenig zu verrücken, und Sie haben dann das Bild, wie es für die Revision dieser Genossenschaften paßt.

Das Endergebnis: Was verlangen wir von dem Revisor? Wir verlangen von ihm, daß er sich ein Urteil über die geschäftliche Lage der Genossenschaft bilden kann. Wie er zu diesem Urteil kommt, können wir ihm nicht mit bestimmten Anweisungen sagen; denn die Verhältnisse liegen bei den einzelnen Genossenschaften sehr verschieden und der Revisor muß diese Verhältnisse berücksichtigen. Wir müssen uns auf seine Sachverständigkeit verlassen. Wir müssen uns darauf beschränken, zu sagen: wenn der Revisor von der Genossenschaft geht, muß er wissen, wie es mit der geschäftlichen Lage der Genossenschaft aussieht; und wenn die heute für die Revision übliche Zeit dazu nicht ausreicht, muß der Revisor die Revision verlängern.

Wir haben uns in diesem Jahre ganz besonders eingehend im Engeren Ausschuß, im Gesamtausschuß und in der Revisorenkonferenz mit dieser Frage beschäftigt und werden die Verhandlungen in den Sitzungen des nächsten Jahres fortsetzen. Es handelt sich wesentlich dabei um einen Austausch von Erfahrungen, die für weitere Revisionen zu verwerten sind.

M. H.! Wir stehen hier vor außerordentlich schwerwiegenden und schwierigen Fragen. Man ist sich sowohl in der Revisorenkonferenz wie im Engeren Ausschuß und im Gesamtausschuß mit mir vollständig darüber klar, daß der Revisor erstreben muß, sich ein Urteil über die geschäftliche Lage der Genossenschaft zu bilden. Daraus ergibt sich, daß die Revision nicht nur formaler Art, sondern auch materieller Art ist.

Damit komme ich zum letzten Punkt, zum schwierigsten Punkt: der Revisor soll sich auch mit der Bilanz der Genossenschaft beschäftigen. Daß er die Richtigkeit der Bilanz durch Vergleichungen mit den Grundbuchungen festzustellen hat, versteht sich von selbst. Aber er soll sich nicht nur ein Bild machen über die kalkulatorische Richtigkeit der Bilanz, sondern auch über ihre innere Richtigkeit. Da kommen wir zu der großen Schwierigkeit, daß der Revisor sich mit den Aktiven der Genossenschaft, mit der Inventur der Genossenschaft zu beschäftigen hat. Auch hier werden wir unser Urteil in folgendem Satz zusammenfassen: Das sachverständige Ermessen des Revisors muß dafür entscheidend sein, wie weit er zu gehen hat, um ein Urteil darüber abgeben zu können, daß die Geschäftsführung als vorsichtig zu betrachten ist, daß gegen die materielle Richtigkeit der Bilanz keine erheblichen Bedenken vorliegen. Dem Revisor zumuten, zu erklären, daß alle Aktiven zum richtigen Wert eingesetzt sind, ist unmöglich. Der Revisor kann z. B. nicht die Richtigkeit der einzelnen Unterschriften nachprüfen, die wirkliche Höhe der einzelnen Sicherheiten feststellen usw. Was der Revisor kann, ist nur, sich ein Gesamturteil zu bilden, ob die Grundgedanken der Geschäftsführung richtig sind. Ob hier und dort sich Vorstand und Aufsichtsrat einmal verhauen haben, an einen Unrichtigen Kredit gegeben haben, das steht auf einem anderen Blatt. Wenn aber der Revisor bei der Genossenschaft z. B. Kontokorrentkonten findet, die Jahre hindurch sich durch nichts anderes gesteigert haben als durch Zinszuschrift, dann hat der Revisor einen genügenden Maßstab für sein Urteil; und wenn der Revisor bei der Genossenschaft verjährte Wechsel findet und die Genossenschaft ihm erklärt: aber das sind ja doch Schuldscheine — dann weiß er ganz genau, was er von der Genossenschaft zu halten hat.

(Sehr richtig!)

Und wenn der Revisor bei der Genossenschaft findet, daß 50 % der Zinsen rückständig sind, und daß sie Zinsen ausstehen hat, die auf zehn Jahre und länger zurückgehen, dann weiß er ganz genau, wie die geschäftliche Lage der Genossenschaft ist! Ich glaube, dem sachverständigen Revisor brauchen wir keine in die Einzelheiten ausgearbeitete Instruktion mit auf den Weg zu geben.

(Sehr richtig!)

M. H.! Sie werden aus diesen Ausführungen entnehmen, daß ich vor Fragebogen und Anweisungen keinen allzugroßen Respekt habe, daß der Fragebogen für den Revisor m. E. eigentlich nichts weiter ist als ein Hilfsmittel, das Gedächtnis zu stärken. Selbstverständlich, wie ein jeder, der an eine große Arbeit herangeht, bei der gewisse Dinge regelmäßig vorkommen, sich Notizen macht und diese Notizen braucht, um seinem Gedächtnis im entscheidenden Augenblick nachzuhelfen und sich dann, wenn er fertig ist, darüber zu vergewissern, ob er alles durchgesprochen hat, was durchzusprechen war — so muß auch der Revisor einen Anhalt haben. Im übrigen aber muß er als Sachverständiger an die Revision gehen. Gleichwohl müssen dort — und darüber mögen sich vor allen Dingen die Herren Verbandsdirektoren aus dem Verbandsstatut unterrichten —, wo sich in den Statuten des Verbandes die Bestimmung findet, daß Anweisungen zu erlassen sind, diese Anweisungen natürlich vorhanden sein.

Wir auf dem Allgemeinen Genossenschaftstage haben es eigentlich außerordentlich bequem. Denn was tun wir? Wir stellen die Grundsätze auf. Die Arbeit liegt draußen bei Ihnen. Sie haben die Grundsätze auszuführen. Aber wenn auch vielleicht die Aufstellung von Grundsätzen leichter sein mag als die Ausführung der Grundsätze in der Praxis, so bleibt uns doch auf dem Allgemeinen Genossenschaftstage natürlich nichts anderes übrig, als die Richtlinien anzugeben.

Noch ein Wort über die gemeinschaftliche Sitzung von Vorstand und Aufsichtsrat, die sich an die Revision anschließt, und zwar deswegen nur eine kurze Bemerkung, weil über die große Bedeutung der gemeinschaftlichen Sitzung von Vorstand und Aufsichtsrat gar kein Zweifel bestehen kann. Nur eins! Ueber diese Sitzung ist ein sorgfältiges Protokoll zu führen, aus dem sich die wichtigsten Gegenstände ergeben, die zur Sprache gekommen sind. Und wenn in dieser Sitzung Entscheidungen getroffen, wichtige Erklärungen abgegeben sind, müssen auch diese in das Protokoll aufgenommen werden. Die gemeinschaftliche Sitzung von Vorstand und Aufsichtsrat ist häufig wichtiger als der ganze Revisionsbericht.

Und nun zum Revisionsbericht! Hier stehen wir vor einer Streitfrage. Ich für meinen Teil bin der Meinung, daß der Revisionsbericht, da er zur Kenntnis der Generalversammlung zu bringen ist, verhältnismäßig keinen großen Wert hat. Andere sind der Meinung: um so schärfer muß der Revisionsbericht ausfallen, damit jedes Mitglied in der Generalversammlung auch nach dem Revisionsbericht sich ein klares Bild über die Lage der Genossenschaft machen kann. Sie haben gehört, daß verschiedene Forderungen, die an eine Revision des Gesetzes gerichtet sind, hierauf ganz besonderen Wert legen. Ich möchte da einmal an die Praktiker appellieren. Bepacken wir doch einmal den Revisionsbericht mit allen Erinnerungen! — wo sind die Mitglieder, die das richtige Verständnis für die Würdigung der Erinnerungen in ihrer verschiedenen Art haben? Wie steht es denn um den Besuch der Generalversammlung! Und dann: Mir haben schon Mitglieder von Genossenschaften, wo der Aufsichtsrat erklärte, der Revisionsbericht, der sehr ernste Erinnerungen enthielt, sei vorgelesen, gesagt: Aber merkwürdig, von den Stellen haben wir gerade nichts gehört.

(Heiterkeit.)

Abgesehen davon müssen wir, glaube ich, noch ein Moment in den Kreis der Erörterungen einbeziehen: es darf auch keine unnötige Beunruhigung hervorgerufen werden.

(Lebhafte Zustimmung.)

Der Gesetzgeber geht von dem Gedanken aus — und ich glaube, wir sind auch alle früher diesem Gedanken gefolgt —: bis der Revisionsbericht zur Generalversammlung kommt, können die schwerwiegenden Erinnerungen abgestellt werden.

M. H.! In der Theorie! Oft ist eine sehr lange Zeit erforderlich, bis Ordnung geschaffen ist. Ich denke hier wieder an Kreditgenossenschaften. Eine Kreditgenossenschaft hat schwache Konten, die Höchstkreditgrenze ist überschritten — wenn dies vor der Oeffentlichkeit bekannt wird, stürzt das betreffende Mitglied zusammen. Läßt man aber der Verwaltung Zeit, so gelingt es ihr vielleicht noch, Sicherheiten hineinzubringen, es kann zum mindesten der Verlust vermindert werden.

(Sehr richtig!)

Soll nun der Revisionsbericht alles in vollster Deutlichkeit aufdecken? Wer das fordert — und die Forderung wird durch das Gesetz erfüllt, erweist den Genossenschaften keinen guten Dienst. In einem Fall mag es von Vorteil sein — in einem Dutzend anderer Fälle führt es zu schweren Verlusten. Die heutige Bestimmung des Gesetzes über den Revisionsbericht muß natürlich von den Revisoren bei der Berichterstattung befolgt werden, aber sie läßt ihnen die Möglichkeit, noch unter Berücksichtigung aller Verhältnisse den Revisionsbericht zu erstatten.

Das Gesetz sagt: in der nächsten Generalversammlung soll der Revisionsbericht erstattet werden und soll der Aufsichtsrat sich über den Revisionsbericht erklären. Wenn wir dann so vorgehen, wie es von den Freunden der vollen Offenlegung der sämtlichen Vorgänge vor den Mitgliedern gefordert wird, so erleichtern wir nicht die Sanierung der Genossenschaft, sondern dann laufen wir Gefahr, daß aus jener Generalversammlung sich ein Sturm der Mitglieder und Gläubiger gegen die Genossenschaft entwickelt.

(Sehr richtig!)

Es handelt sich doch um die Sanierung der Genossenschaft — und diesem Zweck müssen alle Maßnahmen dienen, die zu ergreifen sind. Nicht das Strafgericht — sondern die Sanierung ist das Ziel!

(Sehr richtig!)

Ich mache für meinen Teil gar kein Hehl daraus und vertrete das ruhig vor der Oeffentlichkeit, daß die Sanierung der Genossenschaft zunächst nur im engsten Zusammenarbeiten mit Vorstand und Aufsichtsrat durchgeführt werden kann,

(Sehr richtig!)

daß die Generalversammlung erst dann heranzuziehen ist, wenn die Verhältnisse dies erfordern.

Nichts wäre auch verfehlter und verkehrter, als wenn voreilig Mitteilungen an die Generalversammlung gebracht werden. An die Generalversammlung kann man erst herantreten, wenn die Verhältnisse vollständig klar gestellt sind, wenn ein Sanierungsplan vorgelegt werden kann, aus dem die Mitglieder sich davon überzeugen können, daß die Genossenschaft auch wirklich zu halten ist.

§ 64 des Gesetzes — und das ist für die, die durchaus der Meinung sind, es müßten bessere Anweisungen ausgearbeitet werden und vor allen

Dingen müsse der Gesetzgeber kommen und den Behörden müsse eine weitere Zuständigkeit eingeräumt werden — lautet:

„Der Reichskanzler ist ermächtigt, allgemeine Anweisungen zu erlassen, nach welchen die Revisionsberichte anzufertigen sind."

Gott sei Dank, m. H., daß der deutsche Reichskanzler die übrigen Pflichten, die ihm obliegen, besser erfüllt hat als diese! Diese Ermächtigung ist im Gesetz — Buchstabe geblieben. Der Reichskanzler hat gar nicht daran gedacht, den § 64 des Gesetzes auszuführen, und zwar aus dem einfachen Grunde, weil er ihn nicht ausführen kann. Der preußische Minister des Innern hat im Jahre 1897 Mustervorschriften über die dienstliche Stellung der Revisoren und die Ausführung der Revisionen von Erwerbs- und Wirtschaftsgenossenschaften erlassen. Insoweit sich der Minister des Innern dabei an die Musterstatuten gehalten hat, unterschreibe ich die Bestimmungen. Insoweit er dabei sich aber außerhalb der Musterstatuten gehalten hat, kann ich für meinen Teil jene Bestimmungen nicht als Mustervorschriften anerkennen. Ich sage also: Das Gesetz kann uns nicht helfen.

Und nun zu dem Punkte: Einwirkung des Revisionsverbandes. Ich muß leider auf die Erledigung der Tagesordnung Rücksicht nehmen, und doch haben wir es hier mit einem außerordentlich wichtigen Punkte zu tun. Ich muß mich hier darauf beschränken, festzustellen, daß alle jene Wünsche der außerhalb der Genossenschaften stehenden Kreise, die auf die Heranziehung der Behörden, auf Zwangsmaßregeln für die Revisionsverbände, auf die Schaffung eines besonderen Beirates gerichtet sind, — wenn sie verwirklicht werden sollten, nur den Erfolg haben können, den Aufsichtsrat bei der Genossenschaft in die irrige Meinung zu versetzen, daß es nun weniger auf seine Tätigkeit ankäme, sondern daß Organe geschaffen seien, die ihm eine Reihe seiner Obliegenheiten abzunehmen verpflichtet seien — auf deren Kontrolle er sich verlassen könne.

M. H.! Zwangsmaßregeln in unseren Revisionsverbänden können wir nicht gebrauchen, denn in dem Augenblick, in dem der Revisionsverband eine Zwangsmaßregel bekommt, verschiebt sich die Verantwortung — in dem Augenblick belastet man den Revisionsverband mit einer Verantwortung, die seine Leiter nicht zu übernehmen in der Lage sind. Es ist leicht gesagt: der Verbandsdirektor soll das Recht haben, an Generalversammlungen teilzunehmen — der Verbandsdirektor soll das Recht haben, eine Generalversammlung zu berufen — und der Verbandsdirektor soll womöglich das Recht haben, den Antrag zu stellen, daß Vorstandsmitglieder vom Amt entsetzt werden. Für die Revisionsverbände des Allgemeinen Verbandes kann ich die Erklärung abgeben, daß wir auch nicht einen einzigen Verbandsdirektor mehr übrig behielten, wenn die Revisionsverbände mit diesen Zwangsmaßregeln ausgerüstet werden; und ich vermute, bei den Revisionsverbänden der anderen Verbände wird es nicht viel anders sein. Aus diesen „Rechten" ergibt sich eine unerträgliche Verantwortlichkeit, das weiß ein jeder, der in der Praxis steht. Der Antrag, der in Ihren Händen ist, sagt Ihnen nichts Neues. Ich möchte die Grundgedanken dieses Antrages hier nur scharf formulieren: Widerspruch wird durch den Antrag erhoben gegen jede Forderung nach einer Verschärfung der Revision. Betont wird, daß bei der Genossenschaft die Verantwortung bleiben muß. Die Grenzen für die Revision werden gezogen unter Betonung, daß die Revision sich nach Möglichkeit auch nach der materiellen Seite hin zu erstrecken hat; und Rücksicht wird auf die Entscheidung des Reichsgerichts genommen.

Aus jener Entscheidung des Reichsgerichtes will ich nur einen Satz hervorheben, es heißt da:

„Der 4. Abschnitt des Gesetzes ist veranlaßt durch das Aufkommen der sog. Verbandsrevision in den Unterverbänden des Allgemeinen Verbandes der deutschen Erwerbs- und Wirtschaftsgenossenschaften. Die Aufgabe jener Unterverbände in Ansehung der Revision bestand nur darin, sachverständige Personen bereit zu halten, die eine Revision veranstalten konnten. An eine Vornahme der Revision durch den Verband selbst, d. h. durch seine Organe wurde nicht gedacht. Als die Novelle von 1889 die Einrichtung obligatorisch machte und die Genossenschaften zwang, die ihnen von dem Verbande bestellten Revisoren ohne Einspruchsrecht hinzunehmen, lag eine Haftung des Verbandes für gehörige Bestellung und Beaufsichtigung in der natürlichen Entwickelung der Dinge. Das grundsätzliche Verhältnis aber, das Verband und Revisor bisher zur Revision eingenommen hatten, wurde durch die Aenderung nicht berührt..“

An diesem grundsätzlichen Verhältnis darf nichts geändert werden. Man würde nichts Gutes damit erreichen, sondern im Gegenteil: man würde die Revisionsverbände mit weitgehender Verantwortung belasten und würde bei den Genossenschaften nicht das erreichen, was man will: eine Verschärfung der Kontrolle; sondern man würde im Gegenteil bei den Genossenschaften ein Nachlassen der Kontrolle erreichen und dadurch die Mißstände nicht beseitigen, sondern vervielfachen.

(Lebhafter Beifall.)

Vorsitzender Verbandsdirektor Justizrat **Dr. Alberti**-Wiesbaden: Ich danke dem Herrn Anwalt für seinen interessanten Bericht und eröffne die Besprechung.

Aufsichtsratsmitglied Och-Gotha: Meine sehr geehrten Herren! Ich habe auf verschiedenen deutschen Verbandstagen von Mitgliedern manchmal vernommen, daß es nicht notwendig sei, jedes Jahr einen solchen allgemeinen deutschen Verbandstag stattfinden zu lassen. Wir haben aber gestern und heute aus den ausgezeichneten Referaten der einzelnen Herren, auch besonders aus den Referaten des Herrn Anwalts, vernommen, daß es jedenfalls eine unbedingte Notwendigkeit ist, daß die einzelnen Verbände, die einzelnen Genossenschaften jedes Jahr unterrichtet werden, und zwar von derjenigen Stelle aus, von der es bis jetzt geschehen ist. Man muß sich freuen, wenn man z. B. das letzte Referat des Herrn Anwalts anhört, wie viele Winke, wie viele neue Gegenstände er uns übermittelt, damit, wenn wir nach Hause kommen, wir aus den Erfahrungen, die wir gemacht haben, unseren Mitgliedern Mitteilung machen können. Das ist gewiß von allgemeinem Segen für alle Kreditgenossenschaften.

Der Herr Anwalt hat auch die Krisis im Großherzogtum Hessen einigermaßen gestreift, zumal den Krach im Odenwald. Ich bin im Mai, als dieser Prozeß vor sich ging, im Großherzogtum Hessen gewesen und habe von einer großen Anzahl Herren in der Umgegend folgendes gehört: wäre der Hauptleiter dieser Genossenschaften heute noch am Leben, so würden ihm nicht wie bei seiner Beerdigung ca. 40000 . . . .

(Glocke des Vorsitzenden).

Vorsitzender Verbandsdirektor Justizrat Dr. **Alberti**-Wiesbaden: Wir wollen uns doch auf die Besprechung des Vorschlages beschränken. Wir sind jetzt bei den Vorschlägen bezüglich der Revision.

Aufsichtsratsmitglied **Och**-Gotha: Dann will ich mich kurz fassen und mich vollständig mit dem Referat des Herrn Anwalts einverstanden erklären.

(Allgemeiner heiterer Beifall.)

Vorsitzender Verbandsdirektor Justizrat Dr. **Alberti**-Wiesbaden: Wird das Wort weiter gewünscht? — Das ist nicht der Fall. Wir haben bereits von einem Redner gehört, daß er mit allem einverstanden ist, was von dem Herrn Anwalt ausgeführt worden ist. Ich nehme an, daß das auch die Ansicht der anderen Herren ist.

(Allseitige Zustimmung.)

Ich kann deshalb die Diskussion schließen und bringe den Antrag, wie er hier vorliegt, zur Abstimmung. Ich bitte diejenigen Herren, welche für den Antrag sind, die Hand zu erheben.

(Geschieht.)

Der Antrag ist angenommen.

Wir kommen zum nächsten Gegenstand der Tagesordnung:

X. Die Schulze-Delitzschschen Kreditgenossenschaften und die Landwirtschaft unter besonderer Berücksichtigung der Verhältnisse im Osten.

Ich erteile dem Herrn Berichterstatter Justizrat Schultz das Wort.

Berichterstatter Justizrat **Schultz**-Filehne: Meine geehrten Herren! Wenn wir einen vergleichenden Blick auf die beiden Länder werfen in denen das Genossenschaftswesen seine höchste Entfaltung gefunden hat, Deutschland und England, so finden wir einen höchst bemerkenswerten Unterschied.

Bei den Engländern ist die Blüte des Genossenschaftswesens fast ausschließlich auf das Konsumvereinswesen zurückzuführen, bei uns finden wir im Jahre 1911 rund 29500 Genossenschaften, davon ca. 22000 Kreditvereine, 3700 fallen auf landwirtschaftliche Produktivgenossenschaften, während die Konsumvereine eine bescheidene Rolle dabei spielen. Sie sind nicht sehr zahlreich, wenn auch ihre Bedeutung von Tag zu Tag wächst.

Der Grund ist der, daß in England das Genossenschaftswesen in der Zeit großindustrieller Produktion entstand und sich entwickelte während die Entfaltung des deutschen Genossenschaftswesens aus einer Zeit stammt, in der die Großindustrie in Deutschland kaum nur in den Kinderschuhen steckte.

In England waren die Mitglieder der Genossenschaften Fabrikarbeiter, in Deutschland überwiegend kleine Landwirte und Handwerker. Die englischen Fabrikarbeiter wollten keinen Kredit, da sie ihn nicht brauchten, sie wollten billige Lebensmittel. Die deutschen Landwirte und Handwerker wollten produzieren und dazu brauchten sie Kredit.

Den kleinen Leuten stand in der Mitte des vorigen Jahrhunderts keine andere Kreditquelle zur Verfügung als der Wucherkredit. Für die Befriedigung des Personalkredits, insbesondere des kleinen Grundbesitzers war wenig gesorgt. Es gab damals nur wenige Kassen die den Personalkredit pflegten. Die Kreis- und Stadt-Sparkassen pflegten ihn nur in geringem Maße. Sie gewährten im Jahre 1909 sogar nur erst 5,51 % ihres Gesamtbestandes zum Personalkredit. Aus diesem Grunde war die Zahl der Kleingrundbesitzer die Personalkredit genossen äußerst gering und betrug beispielsweise im Jahre 1896 nach Seidel nur etwa 20 % der Gesamtzahl der ländlichen Kleingrundbesitzer. Diese Lücken der Kreditorganisation wurden von gewerbsmäßigen Wucherern ausgenutzt ohne daß es gelang in nennenswerten Maße dagegen strafrechtlich einzuschreiten. In erster Linie fielen den Wucherern solche Personen in die Hände, denen aus öffentlichen Kassen, nach statutarischen Bestimmungen, Hilfe nicht mehr gegeben werden konnte. Gerade diese wirtschaftlich Schwächsten sahen sich dann gezwungen sich Wucherern in die Hände zu geben.

Die Situation war dann folgende: Brauchte solch ein kleiner Bauer Geld, so wandte er sich mangels genossenschaftlicher Kassen an eine Privatperson die dafür bekannt war, Geld auf Zinsen zu verleihen. Er erhielt das Dahrlehn gegen Wechsel, deren Fälligkeitstermin auf eine Zeit unmittelbar vor der Ernte festgesetzt wurde, eine Zeit, in der der Bauer am wenigsten Geldüberschüsse besaß. Es ist klar, daß dann der Schuldner am Fälligkeitstermine den Wechsel nicht einlösen konnte, sondern um Prolongation bitten mußte. Diese wurde gewährt, der Zinsfuß aber bei der Gelegenheit bedeutend in die Höhe geschraubt, was der Schuldner sich gern gefallen ließ, da er in Not war und die Zinsen nicht gleich zu zahlen brauchte, die von dem Gläubiger „liebenswürdiger Weise" der Wechselsumme zugezählt wurden, dergestalt, daß der neue Wechsel auf die alte Wechselsumme plus rückständige Zinsen ausgestellt wurde. So wuchs die Schuld derart, daß der Bauer sie aus eigenen Mitteln nicht mehr bezahlen konnte, sondern in ein Abhängigkeitsverhältnis zum Gläubiger geriet, aus dem nicht mehr herauszukommen war.

Dazu kam noch folgender erschwerender Umstand: Die Zinsen wurden nicht nur in Geld stipulirt, sondern häufig, gerade wenn es sich um Landleute handelte, in gemischter Zahlungsweise bedungen, d. h., der Geldgeber bedang sich einen Teil des Talers als Zins, und verlangte nebenbei noch Naturalleistungen, wie Quanta Roggen, Kartoffeln, Stroh, Heu, Butter, Eier, zu bestimmten Jahreszeiten z. B. nach der Roggen- oder Kartoffelernte lieferbar.

Auf Lieferung dieser Naturalleistungen ging nun der kleine Besitzer um so lieber ein, als sie ihm, nach damaliger nicht nur, sondern auch wohl häufig noch nach heutiger Anschauung nichts kosteten.

Aus der Summe der baren Zinsen, erhöht durch die Summe der in Natura geleisteten Werte, ergab sich ein Prozentsatz, der das Kreditgeschäft auch bei mäßigen, baren Zinsen, also trotz äußerer Wohlanständigkeit bei genauerer Prüfung sich in Nichts von einem wucherischen unterscheiden ließ.

So lagen die Verhältnisse in den vierziger Jahren des vorigen Jahrhunderts, in denen der Großbetrieb auch in Deutschland zu wachsen und die Gefährdung des Handwerksbetriebes und des landwirtschaftlichen Kleinbetriebes in die Erscheinung zu treten begann.

Die genossenschaftliche Idee lag damals sozusagen schon in der Luft und es zeigten sich die ersten Spuren ihrer Verwirklichung. 1844 wurde in Berlin der Zentralverein für das Wohl der arbeitenden Klassen gegründet, der von dem sorgfältig prüfenden Genossenschaftshistoriker zum Mindesten als Symptom angesprochen werden muß, als ein Symptom zugleich für die sich in den nächsten Jahrzehnten immer mehr ausbildende Sozialpolitik, an der sich dann in Preußen, Deutschland, der Staat, in so hervorragendem Maße beteiligte.

Der vorerwähnte Verein unterstützte alles, was sich in genossenschaftlichen Ideen betätigte mit Rat und Geld. Die von ihm unterstützten, teilweise genährten Vereine sind aber früher oder später wieder zugrunde gegangen. Die Zeit war damals noch nicht reif für das Genossenschaftswesen. Sie waren aber Vorläufer und ihr, wenn auch erfolgloses Wirken ist, wenn ich so sagen soll, als Kulturdünger zu bezeichnen. Sie haben auch als solcher genützt und ihr Andenken wird insofern hiermit geehrt. Haben doch alle großen Ideen ihre Vorläufer gehabt, die auch durch ihre Mißerfolge wertvoll waren; ich erinnere nur an die große Idee der Flugtechnik und alle die vielen, an ihr zugrunde gegangenen Vorkämpfer, deren Wirken von immenser Bedeutung für die sich immer steigernde Vollkommenheit dieser großartigen Errungenschaft menschlichen Geistes geworden ist.

Ich rekapituliere: Die Vorläufer dessen, was auf jene wirtschaftlich trüben vierziger Jahre kommen mußte, düngten den Boden für die neue Idee und die Tätigkeit des Mannes, den die Zeit forderte für Schulze-Delitzsch.

Die Idee der Genossenschaft, sagte ich, lag in der Luft nur über die Art ihrer Verwirklichung war man sich noch nicht im klaren. Versuche über Versuche wurden gemacht und das Resultat waren Mißerfolge. Durch die dauernden Mißerfolge dieser Versuche, die nichts als Enttäuschungen und Verluste im Gefolge hatten, wurden aber den kleinen Landwirten und Handwerkern vor allen andern, sowie deren Gönnern, die Freude an solchen Experimenten gründlich verleidet und Unzufriedenheit und Mißtrauen gegen alles, was Genossenschaftswesen hieß, entstand.

Man konnte sich damals garnicht vorstellen, daß eine Genossenschaft lebensfähig sein sollte, — wenn nur wenig oder garnicht kreditfähige Personen als Mitglieder ihr angehörten — ohne Hinzutritt öffentlicher oder privater Subvention und hielt solche Genossenschaften von vornherein für totgeboren.

Diese Unzufriedenheit aber bereitete den Boden für die Schulze-Delitzsch'schen Ideen vor und sein großes Verdienst, die richtige Art für ihre Durchführung gefunden zu haben, leuchtet in umso hellerem Lichte auf diesem dunklen Hintergrunde. Sein großartiges und beneidenswert-praktisch-organisatorisches Talent befähigte ihn die Bahn zu eröffnen auf der wir unter ihm und seinen Nachfolgern fortgeschritten sind und fortschreiten.

Sein Grundprinzip — gewissermaßen das Staatsgrundgesetz unserer Genossenschaften — war es, daß diesen Fortschritt ermöglichte:

Die Selbsthilfe über alles.

Sie verherrlicht er geradezu und mit Recht, denn das Vertrauen auf sich selbst, das Verantwortlichkeitsgefühl sind es, die das Genossenschaftswesen unseres Systems zu der Größe geführt haben, in der es in Deutschland dasteht. Als ein besonderes Verdienst des würdigen Nachfolgers Schulze-Delitzsch, des Anwalts Dr. Crüger betrachte ich es — und sie alle wohl mit mir — daß er auf allen Allgemeinen Genossenschaftstagen und Unterverbandstagen es ganz besonders betont und den Mitgliedern zum Bewußtsein zu bringen weiß, daß die Erhaltung und Stärkung dieses Gefühls der Selbstverantwortlichkeit erste Pflicht unserer Genossenschaften ist.

Der Boden also für die Neuregelung des Genossenschaftswesens, so sagte ich, war vorbereitet und Schulze-Delitzsch trat auf den Plan. Er durchdrang sein System mit dem — wie er ihn selbst in seinem Assoziationsbuch bezeichnet — unerschütterlichen Glauben an eine große Zukunft des deutschen Mittelstandes und erkannte klar die Schwächen alles dessen, womit in genossenschaftlicher Hinsicht vor 1848 experimentirt worden war. Diese Erkenntnis drückte er damals dahin aus:

„Halte man doch bei allen dergleichen dem volkswirtschaftlichen Felde angehörigen Instituten fest, daß solange sie von der Gnade Dritter, von fremdem guten Willen abhängen, ihnen notwendig die echte Lebensfähigkeit fehlen muß, die sie nur erlangen, wenn sie durch eigene Kraft bestehen. Gewiß ist es ein sehr beachtenswertes Zeichen der Zeit, daß man von so vielen und verschiedenen Seiten her in Werk und Tat den Notstand der unteren Klassen anerkennt und Hand anlegt ihn zu mildern. Wollte man bei solchen Versuchen nur ein für alle Mal das ewige Geschrei nach Staatshilfe und Privatmildtätigkeit vermeiden, von denen die erstere auf dasselbe hinausläuft, als die letztere, indem der Staat, der ja weiter nichts ist, als die Gesamtheit der ihm Angehörigen, keiner Klasse derselben etwas geben kann, ohne es den Uebrigen zu nehmen. Die Massen daran gewöhnen — sagt der Franzose Bastiat mit Recht — den Staat für alles verantwortlich zu machen, was ihnen Gutes und Böses begegnet, dabei kann keine Regierung bestehen. Bedenkt man denn gar nicht, wie gefährlich es ist, wenn man der zahlreichsten, der physisch tatkräftigsten Klasse der Staatsinsassen so recht systematisch die Lehre beibringt, daß sie sich, ohne Unterstützung seitens ihrer wohlhabenderen Mitbürger, allein nicht zu helfen vermögen, also ohne Almosen nicht bestehen können. Nichts in der Welt müßte mehr diese Leute entsittlichen, als wenn sie sich auf diese Weise selbst aufgäben, und nichts wäre in seinen Konsequenzen bedenklicher für die, auf deren Unterstützung man sie verweist, da nicht abzusehen ist, wie dies auf die Dauer durchgeführt werden sollte. Gewöhne man die Menschen doch, statt dessen, ihre Hilfsmittel lediglich in sich selbst zu suchen, und wer leugnen wollte, daß es unsern arbeitenden Klassen daran gebräche, dem fehlt alle und jede Kenntnis der Verhältnisse und Zustände. Sie die in ihnen liegenden Hilfsmittel gehörig erkennen und ergreifen zu lehren, und ihr Selbstgefühl, das Vertrauen in die eigene Kraft zu stärken, das ist der einzige, der größte Dienst, den ihnen besonders diejenigen zu leisten vermögen, welchen eine glücklichere Lebensstellung den Weg zu umfassenderer Geistesbildung bahnte."

Diese Sätze finden sich in Schulze-Delitzsch Werk „Vorschuß- und Kreditvereine als Volksbanken", das er im Jahre 1855 verfaßte, ein gediegenes klassisches Werk, das von seinem jetzigen Nachfolger Dr. Crüger fortgeführt, sich einen Ruf als solches erhalten hat.

In seinem späteren Werke aus dem Jahre 1858 „Die arbeitenden Klassen und das Assoziationswesen" führt er dann weiter aus:

„Die eigene schlummernde Kraft zu wecken, ihnen den Grundsatz einzuprägen, daß jeder für sein eigenes Wohl und Wehe ganz allein verantwortlich und es unwürdig sei, nach Hilfe von außen sich umzuschauen, da jeder Kraft in sich selbst genug trage, damit allein erzeige man den Leuten den besten Dienst."

Und er fügt in dem „Assoziationsbuch für deutsche Handwerker und Arbeiter" hinzu:

„Darum fort mit den von der Mildtätigkeit Dritter abhängigen Darlehnskassen, ebenso wie mit der Schutzgesetzgebung, wie mit den Innungen, diesen Trümmern einer vergangenen Zeit, und freie Bahn für die auf reiner Selbsthilfe aufgebauten Genossenschaften: „die Innungen der Zukunft."

Läßt sich auch insbesondere über die letzten Sätze streiten, soweit sie die Schutzgesetzgebung und das Innungswesen generell verurteilen und wirkten sie in jener Zeit allgemeiner Kopflosigkeit und Mutlosigkeit befremdend, so waren es doch bedeutungsvolle und heilsame Lehren, erfüllt von hohen sittlichen Ideen, die später sein ganzes Genossenschaftssystem durchdrangen.

Die Saat dieser Ideen begann er dann praktisch auszustreuen. Nach Einrichtung zweier Rohstoffbeschaffungsvereine im Jahre 1849 gründete er im Jahre 1850, in seiner Vaterstadt Delitzsch, den ersten Vorschußverein, der sich, wenn man seinen eigenen Aeußerungen im Assoziationsbuch folgt, wenig von den von ihm gegeißelten unterschied, da auch er im Großen und Ganzen aus Geschenken und zinsfreien Darlehen begüterter Mitglieder sein Betriebskapital zusammensetzte. Aber auch in diesem Verein und dessen Satzungen zeigte sich bereits der Anfang der Durchführung materieller Selbsthilfe, unterschiedlich von früheren Vereinen darin, daß Schulze-Delitzsch von den Mitgliedern, insbesondere den Vorschußempfängern, außer den Zinsen monatlich einen Silbergroschen Beitrag zur Stärkung ihres eigenen Fonds erhob. Damit war gleichzeitig auch der Anfang gemacht zur Ausbidung des Prinzips der Beschaffung eigenen Vermögens der Genossenschaften, durch welches Prinzip sich sein System von dem anderer, späterer Verbände so wesentlich unterschied.

Aber auch diese, seine erste Gründung, mußte ihn enttäuschen, denn sein eigener Verein erwies sich als nicht lebensfähig, indessen zum Heile des Systems. Die Zuwendungen, auf welche hin er gegründet war und die systemwidrig, weil teilweise wohltätiger Natur, waren, blieben aus, man mußte sehr wählerisch in der Hingabe von Darlehen sein, das Interesse erlahmte und es trat die Folge ein die nach Schulze-Delitzsch eigenem Prinzip eintreten mußte, (weil nicht Selbsthilfe allein herrschte) der Rückgang. 1852 revidierte er seinen Verein und dieser gelangte zur Genesung durch die unabänderliche Festlegung erstens des Prinzips der absoluten Selbsthilfe, zweitens des auf die seit den vierziger Jahren gemachten Erfahrungen gestützten Prinzips:

„Daß die Genossenschaften sich nicht auf einen bestimmten Geschäftszweig festlegen dürften, wie dies vorher fast ausschließlich der Fall gewesen, sondern allen Kreditbedürftigen zur Verfügung stehen müßten, gleichviel in welchem Geschäftszweig diese sich betätigen."

M. H.! Ich komme zu dem zweiten Abschnitt meines Vortrages. Zum Uebergang auf ihn wähle ich ebenfalls ein Wort Schulze-Delitzsch's der sich über die Voraussetzungen einer gerechtfertigten Aufnahme als Mitglied folgendermaßen ausdrückte:

„Um einem Verein anzugehören, der auf Selbsthilfe, die eigene Kraft der Mitglieder, gegründet ist, muß man aber noch in der Lage sein sich selbst helfen zu können. Auf den Kreditpunkt angewendet, will dies sagen, daß die Verhältnisse des Aufzunehmenden von der Art sein müssen, daß ihm Vorschüsse von irgend welchem Belang mit der wahrscheinlichen Aussicht auf Wiedererstattung anvertraut werden können. Wer soweit heruntergekommen ist, daß er sich durch einen verhältnismäßigen Vorschuß unter der Bedingung der Verzinsung und Rückzahlung, nicht wieder empor zu helfen vermag, dem muß die Mitgliedschaft versagt werden. Denn die Vorschußvereine dürfen, wenn sie dauernden Bestand gewinnen sollen, durchaus nicht mit Almosenanstalten vermengt werden, da sie nicht bestimmt sind Arme zu unterstützen, sondern — was viel wichtiger ist — der Verarmung vorzubeugen. Solange jemand noch den eigenen Unterhalt und den der Seinigen, sei es auch kümmerlich, durch Arbeit zu erzwingen imstande ist, nehme man ihn auf, sobald ihm aber diese Eigenschaft abgeht, ist eine solche Person in wirtschaftlicher Hinsicht tot, und fällt der öffentlichen oder Privatmilde anheim, deren Organisation nicht in unseren Bereich gehört."

M. H.! Die Beziehungen der Schulze-Delitzsch'schen Genossenschaften zur Landwirtschaft sind es besonders, die diesen Grundsatz in vollstem Maße gerechtfertigt haben und auch die Behauptungen verschiedener Autoren dahin, daß das System Schulze-Delitzsch und seiner Nachfolger hauptsächlich in dem Ausbau der Kreditgenossenschaft bestehe. Das muß zugegeben werden, ohne daß man dabei die Konsumvereine, Baugenossenschaften und Genossenschaften anderweitigen Geschäftsbetriebes außer Acht läßt. Ich möchte aber feststellen, daß wenn einzelne Autoren die Kreditgenossenschaft das Lieblingskind der Schulze-Delitzsch'schen Genossenschaften nennen, diese Art der Genossenschaft jedenfalls das Lieblingskind vieler Väter, nämlich fast sämtlicher Verbände und insbesondere auch des Raiffeisenverbandes und der anderen wirtschaftlichen Verbände ist, so weit sie sich als speziell der Landwirtschaft dienende zu bezeichnen. Die Kreditgenossenschaft aber ist wohl auch diejenige Form durch die der Landwirtschaft am Besten gedient werden kann, und sie bietet für deren Betätigung ein außerordentlich geeignetes Feld. Wie ich Eingangs ausgeführt habe war die Entstehung des Genossenschaftswesens in Deutschland — im Gegensatz zu der durch das Verlangen der Industriearbeiter nach billigen Lebensmitteln in England hervorgerufenen Bewegung — bedingt durch das Verlangen der kleinen Landwirte nach Kredit, weil sie produziren wollten.

Die Landwirtschaft brauchte bei dem Uebergange zu immer größerer Intensität des Betriebes auch immer mehr Mittel um künstlichen Dünger zu kaufen, hervorragendes Saatgut und Maschinen anzuschaffen. Das Bestreben nach der Anschaffung der letzteren, in immer ausgedehnterem Maße, war in unserer Provinz ein besonders gesteigertes, weil die Industrialisierung des deutschen Westen immer größere Fortschritte machte und der Landwirtschaft in den östlichen Provinzen, insbesondere in unserer Provinz, in immer höherem Maße die Arbeitskräfte entzog. In Posen vielleicht deswegen gerade in höherem Maße, weil sich bei uns das Institut der Vorarbeiter und Leutemäkler, die sich mit ganzen Arbeiterkolonnen für Ziegelei-, Steinbruch-, Bergwerksbetriebe usw. von westlichen Interessenten anwerben ließen und lassen, seit Jahrzenten in hohem Maße florierte. Freilich soll nicht übersehen werden, daß auch sogenannte „Vorschnitter" mit Arbeiterkolonnen für landwirtschaftlichen Betrieb vielfach nach den mittleren Provinzen angeworben und so der Landwirtschaft des Ostens entzogen wurden, weil auch der Landwirtschaft der mittleren Provinzen wie Brandenburg und Sachsen durch die Industrie des Westens die Arbeitskräfte entzogen, und sie darauf angewiesen wurden Ersatz dafür bei uns zu suchen. Der Umschwung in der Landwirtschaft zu immer größerer Intensität in der Bewirtschaftung des Bodens hatte aber seinen Grund auch in dem riesigen Anwachsen der Stadtbevölkerung, die sich in deutschen Landen von 9000000 im Jahre 1859 auf 30000000 bis zum Jahre 1900, also in 50 Jahren vermehrte und in den nächsten 5 Jahren bis 1905 noch um 4,8 Millionen zunahm. Durch diese Tatsache und durch die Steigerung der Lebensbedürfnisse, sowohl derer der Stadtbevölkerung, als der eigenen der Landwirtschaft, sah sich diese vor die dringende Aufgabe gestellt dem Boden immer höhere Erträge abzuringen, den zum Verkauf verfügbaren Ueberschuß an landwirtschaftlichen Erzeugnissen beständig und bedeutend zu vermehren.

Aus dem primitiven Zustand einer im Wesentlichen auf Deckung des eigenen Bedarfs bedachten Naturalwirtschaft, entwickelte sich der Uebergang zu einer Verkaufsprodukte erzeugenden Geldwirtschaft.

Dem Landwirt zur Erreichung dieser neuen Ziele zu dienen, in dem man ihm — im Gegensatz zu dem oben geschilderten wucherischen Kredit — billigen und zweckmäßigen Personalkredit verschaffte, war die wichtigste damalige wirtschaftliche und soziale Aufgabe.

Der Lösung dieser Aufgabe bemächtigte sich die Schulze-Delitzsch-Genossenschaft und ihr folgten die übrigen Genossenschaften. Der Zustand den die Genossenschaften damals in der Landwirtschaft vorfanden, war ein solcher, daß aus seiner Betrachtung ohne weiteres als erstes Erfordernis die Beschaffung von Geldmitteln sich ergab. Gerade bei dem landwirtschaftlichen Mittelstande und den kleinen Besitzern lieferten die Ernten bei weitem nicht die Erträge, die sie liefern mußten, weil die Kräfte und Stoffe des Bodens und die durch die Industrie gebotenen Hilfsmittel zur Hebung der letzteren nicht genügend ausgenutzt wurden. Der Boden wurde nur einige Zoll tief umgepflügt, der Acker in der nachlässigsten Weise bestellt, es fehlte häufig an zweckmäßigen Ackergeräten und in Folge mangelnder Förderung der Zucht an geeigneten Zug- und Zuchtvieh. Die Pflege des Düngers wurde vernachlässigt, Millionen an Wert blieben in der unbenutzten kostbaren Jauche, die in den Boden versickerte oder sonstwie abfloß. Nebengewerbe, wie Obstbau, Bienenzucht, Weidenplantagen, die an einzelnen Orten hervorragende Erträge geben konnten, lagen fast ganz darnieder.

Und als Grund dafür hörte man überall die Klage, es fehle an Geldmittel, um die nötigen Anschaffungen zu machen und Verbesserungen eintreten zu lassen.

M. H.! Gerade dieser letzte Satz, der auf umfangreichen Feststellungen jener Zeit basiert und die damaligen Verhältnisse kennzeichnet, beweist ganz klar, daß die Idee der Landwirtschaft durch Beschaffung dieser Mittel zu helfen, die richtige war und ihr erster Verfechter war Schulze-Delitzsch. Da es sich im folgenden für mich darum handelt darzulegen, wie er diese Zwecke erreichte, und nach dem Ausgeführten die Kreditgenossenschaft gerade in unserer Provinz vorzugsweise der Landwirtschaft dient, so bitte ich, bei meinen Ausführungen diese immer in erster Linie im Auge zu behalten, ist und bleibt sie doch, wie sie auch von den bedeutendsten Genossenschaftern bezeichnet wird, die wichtigste landwirtschaftliche Genossenschaftsform. Daß der Landwirtschaft später auch im Osten entstehende Bezugs-, Produktions-, Verwertungs- und Produktions-Verbesserungs-Genossenschaften entstanden, soll dabei natürlich nicht vergessen werden, ebenso sollen die Bau- und Konsumgenossenschaften in ihrer Bedeutung für die Landwirtschaft betont werden.

M. H.! Die Tatsache steht fest, daß heutigen Tages die Mehrzahl der Mitglieder der Schulze-Delitzschschen Genossenschaften im Osten dem vorzugsweise Landwirtschaft betreibenden Teile der Bevölkerung angehört. Das trifft auch für die Provinz Posen zu und für ihre Schulze-Delitzschschen Vereine. Der Unterverband unserer Genossenschaften in der Provinz Posen umfaßt z. Zt. nur 37 Vereine und eine Mitgliederzahl von 23530, von diesen sind 11619, also fast auf die Ziffer 50 %, selbstständige Landwirte — darunter einige wenige Gärtner, Förster und Fischer —. Ein Zahlenbeweis für seine innige Verbindung mit der Landwirtschaft.

Diese Angabe führt mich zu der etwas tragischen Betrachtung darüber, daß die Schulze-Delitzschschen Genossenschaften ihrer Zahl nach und im Verhältnis zu den Zahlen der Genossenschaften der anderen Verbände eine so außerordentlich kleine ist, denn im Jahre 1909 wiesen die 5 in der Provinz Posen sich betätigenden Verbände folgende Ziffern auf:

der Verband der landwirtschaftlichen Genossenschaften (Reichsverband) 386
der Verband deutscher Genossenschaften nach Raiffeisen 262
der Ostdeutsche Handwerksgenossenschaftsverband 26
der Schulze-Delitzschsche Verband 37
der Verband der Erwerbs- und Wirtschaftsgenossenschaften der Provinzen Posen und Westpreußen (polnischer Verband) . . . 248

Das klingt zwar wenig erbaulich. Die Ziffer der vorhandenen Genossenschaften ist aber glücklicher Weise für ihre Leistungsfähigkeit nicht maßgebend. Um das zu beweisen muß ich nun allerdings, ihnen, m. H., mit einigen statistischen Notizen kommen, die ich indessen, was das Zahlenmaterial anlangt, auf das aller äußerste Maß beschränkt habe. Untersucht man die Verbände auf ihre relative Stärke und zieht man die innerhalb eines Verbandes auf eine Genossenschaft kommende Durchschnittszahl der Mitglieder in Betracht, so steht der Schulze-Delitzsch-Verband an erster Stelle im Jahre 1909 mit 610 Mitgliedern auf die Genossenschaft, dann folgt der polnische Verband mit 471, an letzter Stelle die beiden Verbände ländlicher Genossenschaften mit 97, bezw. 81 Mitgliedern. Letztere Ziffern setzen in Erstaunen, sind aber so zu erklären, daß Raiffeisen und Reichsverband mit ihren Kassen sich auf den Bezirk einer Dorfgemeinde meistens beschränken und daher numerisch in der Zahl der Genossenschaften stark, in der Durchschnittszahl der Mitglieder demgemäß aber schwach sein müssen.

Stellt man eine Statistik auf bezüglich des eigenen Kapitals, der erwähnten 5 Verbände, so findet man folgendes:

Auch von diesem Gesichtspunkt aus stehen die Schulze-Delitzschschen Genossenschaften am besten, indem sie zu verzeichnen haben insgesamt an Reserven, auf eine Genossenschaft 46681 Mk., auf den Kopf des Mitgliedes 76 Mk.

Bei Raiffeisen: auf die Genossenschaft 3515 Mk., auf das Mitglied 43 Mk.

Beim polnischen Verbande: auf die Genossenschaft 43920 Mk., auf das Mitglied 93 Mk.

Beim Reichsverband: auf die Genossenschaft 4095 Mk., auf das Mitglied 43 Mk.

Dabei ist interessant zu beobachten, wie sich das Prinzip Schulze-Delitzsch's, das sich auf Bildung eigenen Vermögens der Genossenschaften richtet, in diesen Zahlen klar zutage tritt; denn während unser Verband 46681 Mk. Vermögen aufweist, haben die andern beiden deutschen Verbände ein demgegenüber völlig verschwindendes, während der polnische Verband wieder fast ebensoviel eigenes Vermögen wie unser Verband aufweist.

Die Erklärung ist die, daß die anderen Verbände keinen Wert auf die Bildung eigenen Vermögens legen, Schulze-Delitzsch diese von Anfang an im Auge hatte, und die Genossenschaften des polnischen Verbandes bekanntlich sich, sehr bald nach Entstehung des Genossenschaftswesens unter den Polen, sein System zu Eigen gemacht haben. Bemerkenswert ist ferner, daß dieses eigene Vermögen sich bei uns auf 22584, bei den Polen auf 116849 Mitglieder verteilt.

Charakteristisch ist dann ferner eine Zusammenstellung der Kredite, die die einzelnen Genossenschaften an die Landwirtschaft gewährt haben im Verhältnis zu dem an andere Berufsklassen gegebenen. Ich will hier als Beispiel die mir zunächstliegende, weil von mir mit vertretene Genossenschaft herausgreifen, den Vorschußverein Filehne, dieser hat im Jahre 1908 gewährt: in Summa an Darlehen 823 742 Mk., davon an Landwirte 612 971 Mk. oder 74,4 % aller gegebenen Darlehne, an Handwerker und Kaufleute 127 135 Mk. oder 15,4 % aller gegebenen Darlehne, an Mitglieder anderer Berufsklassen 83 636 Mk. oder 10,2 % aller gegebenen Darlehne.

Auch die Verteilung der Darlehnssummen innerhalb der Mitglieder des landwirtschaftlichen Berufes zu erfahren, dürfte interessant sein.

Der Vorschußverein Filehne hat von sämtlichen an Landwirte im Jahre 1908 gewährten Darlehen gegeben: an Großgrundbesitzer 2 300 Mk. oder 0,4 %, an Kleingrundbesitzer 337 182 Mk. oder 55 %, an Häusler 273 489 Mk. 44,6 %, zusammen wie oben 612 971 Mk.

Auffallend ist, daß Pächter unter den Dahrlehnsempfängern bei dieser Genossenschaft sich überhaupt nicht befinden. Die geringe Zahl der Pächter, nicht nur im Kreise Filehne, sondern auch in der ganzen Provinz Posen, erklärt diese Tatsache, die konform der Tatsache ist, daß das Pächterwesen, wie hier eingeschaltet werden soll, in ganz Deutschland sehr wenig verbreitet ist. In Dentschland sind rund 86 % der landwirtschaftlich benutzten Flächen Eigenländereien und nur 14 % im Pachtbesitz, während in England, allerdings dem klassischen Boden des Pächtertums, genau das umgekehrte Verhältnis obwaltet, denn dort wird 6 mal so viel Boden durch Pächter bewirtschaftet als durch Eigentümer.

M. H., ich komme nun zu der großen und einschneidenden Frage: Wie kommt es, daß bei solch hervorragenden qualitativen Leistungen des Schulze-Delitzschschen Systems dieses sich im Hinblick auf die deutschen Genossenschaften quantitativ nicht so ausgebreitet hat, wie es ihm nach seiner Bedeutung zukommt, wie kommt es, daß die doch zeitlich erst später entstandenen Verbände deutscher Genossenschaften sich in so erheblich stärkerem Maße ihrer Zahl nach ausgebreitet haben.

Ich muß gestehen, daß es mir trotz der umfassenden Arbeiten über diese Fragen und zu diesem Vortrage nicht gelungen ist dahinter zu kommen, auf welche Ursachen diese Tatsachen zurückzuführen sind. Ich bin daher auch nicht in der Lage gewesen, dem in der Tagesordnung abgedruckten Thema Thesen anzufügen um diese zu verteidigen, habe es vielmehr darauf ankommen lassen müssen, daß die Frage als eine der Forschung noch offenstehende betrachtet wird. Ich will aber doch den Versuch machen eine Erklärung für die unsern Wünschen nicht entsprechende Entwicklung unseres Systems im Osten zu geben.

Die eine dieser Erklärungen führt mich auf den politischen Lebensgang des Schöpfers unseres Systems zurück.

Schulze-Delitzsch war seiner politischen Ueberzeugung nach streng fortschrittlich gesinnt, in seiner wirtschaftlichen Anschauung Manschester-man, das hatte er in seiner offenen Art in öffentlichen Versammlungen und im preußischen Landtage rücksichtslos ausgesprochen. Seine Stellung in dem bekannten Steuerverweigerungsprozeß, seine scharf oppositionelle Stellung s. Zt. gegen die Regierung in dem Verfassungskonflikt, das alles waren Momente die ihn öffentlichen Herabsetzungen durch seine politischen und sonstigen Gegner aussetzten. Wenn man dazu die politische Unreife der breiten Schichten der Bevölkerung und namentlich des damaligen Mittelstandes in Erwägung zieht, so wird man sich nicht wundern daß Schulze-Delitzsch nicht nur bei der Staatsregierung als mißliebige Persönlichkeit, sondern auch im sogenannten Volke „als verdächtig" betrachtet wurde, das, wie sich dies ja auch noch gegenwärtig öfters zeigt, das persönliche Wirken eines Mannes von seiner politischen Anschauung nicht zu trennen vermochte.

Ich werde auf diesen Satz zum Schlusse meiner Abhandlung noch einmal zurückzukommen haben.

Im engeren Kreise mußte Schulze-Delitzsch durch seine überragende Persönlichkeit und seine Ueberzeugungstreue immer wirken, sein System aber konnte er nicht überall selbst vertreten und diesem haftete damals die von der Regierung proklamierte Anrüchigkeit seiner Person an.

M. H., nehmen Sie eine damals viel urteilslosere Masse als wir sie heute haben und lassen Sie dieser Masse von autoritativ wirkenden Persönlichkeiten oder gar der Staatsregierung sagen: „Dieser Mann paßt uns nicht und daher ist sein System auch für euch nicht zu brauchen," und Sie sehen, daß die Masse die ganze Sache als mit einem Makel behaftet betrachtet, der außerordentlich schwer zu beseitigen war und wenn er auch von tapferer Hand zu entfernen gesucht wurde, doch immer eine Wunde hinterließ, denn: Semper aliquid haeret!

So wurde das Odium, das seiner Persönlichkeit von seinen Gegnern angehängt war, auch auf sein System übertragen, dessen Gegner deshalb die Einsichtslosen wurden, während so mancher der Einsichtsvolleren sich von ihm abwand, weil er damit eine Verbeugung vor Schulzes Gegnerschaft, nicht zum Mindesten vor der Staatsregierung machen zu sollen glaubte. Der Erfolg war der, daß allmählich, trotz der hervorragenden, später allseitig anerkannten Bedeutung dieses Mannes, von seinem System immer und immer abgebröckelt wurde, dergestalt, daß sogar unser größter Deutscher, „Bismarck", trotz seiner hervorragenden Menschenkenntnis sich von Schulze-Delitzsch abwandte und diese Abwendung bei folgender Gelegenheit zum Ausdruck brachte:

Im Jahre 1865 war bei der Preußischen Regierung eine Kommission zur Untersuchung über die Arbeiterverhältnisse gebildet, welche über die, durch Lassalle und Schulze-Delitzsch akut gewordene Arbeitergenossenschaftsfrage beraten sollte. Der Handelsminister Itzenplitz schlug Schulze-Delitzsch und andere Praktiker zu Mitgliedern der Kommission vor. Bismarck lehnte Schulze-Delitzsch prinzipiell und die anderen gleichfalls ab, indem er am 18. August 1865 an den Minister schrieb, daß er die vorgeschlagenen für politische Werkzeuge Schulze-Delitzschs halte, um einen Einfluß auf Handwerker und Arbeiter zu gewinnen und so die Fortschrittspartei gegen die Regierung zu stärken.

M. H.! Aus dieser sicherlich nicht logisch begründeten Gegnerschaft und aus diesem fortwährenden Verwechseln der politischen Persönlichkeit mit der im volkswirtschaftlichen Leben so segensreich wirkenden entstand eine Befangenheit, gegenüber Schulze-Delitzsch großem Gedanken, die manche Kreise ihm gegenüber auch heutzutage noch nicht ganz losgeworden sind und es erweckt stellenweise den Anschein, als wenn sein Grundprinzip: die Selbsthilfe unter allen Umständen und unter Ablehnung jeglicher staatlicher und wohltätiger Beihilfe oder Unterstützung die Veranlassung gerade behördlicher Abneigung gewesen ist. Anstatt daß man sich freute einen derartigen Idealisten, der aber im Stande war, Ideale in die Praxis umzusetzen, einen Apostel der Verkündung des Selbstverantwortlichkeitsgefühls gefunden zu haben auf dessen Fahne der Spruch stand: „Man muß die Menschen gewöhnen ihre Hilfsmittel lediglich in sich selbst zu suchen," tat man so, als wenn die Genossenschaften unseres Systems in der Proklamation dieses Prinzips und der Ablehnung der Staatshilfe der Regierung eine Beleidigung antun, als wenn man dadurch sie provozieren wollte. Psychologisch ein Rätsel, praktisch ein Unrecht, das in einem in den 60er Jahren gefallenen Ausspruch seinen Gipfel findet, der die Schulze-Delitzschschen Genossenschaften die Kriegskasse der Demokratie nennt.

Nun m. H., es sind wohl jetzt bessere Zeiten für die Genossenschaften im Allgemeinen und auch für die unseres Systems insbesondere gekommen. Das Genossenschaftswesen hat sich durchgesetzt. Seine Brauchbarkeit und hohe Bedeutung für unser wirtschaftliches Leben in sozialer und ethischer Richtung steht unzweifelhaft fest. Die Staatsbehörden unterstützen es nach allen Richtungen, auf allen Verbandstagen auch unserer Genossenschaften erscheinen Vertreter der Staatsbehörden und erkennen ihre hohe Bedeutung und ihre hervorragenden Leistungen an. Ich kann nicht umhin zu bemerken, daß dies insbesondere auf dem letzten Allgemeinen Genossenschaftstage des Allgemeinen Verbandes zu München vor einem Jahre der Fall war, wo nicht weniger als 15 Vertreter von Staatsbehörden und auch der jetzige Prinzregent von Bayern Prinz Ludwig erschienen waren und unsern Verband aufs herzlichste beglückwünschten. Unvergeßlich sind jedem Teilnehmer die goldenen Worte des hohen Herrn, die er sowohl bei der Eröffnungsversammlung, als bei der Festtafel an uns richtete und von überwältigender Wirkung war es, wie S. K. Hoheit als in üblicher Weise der schwere silberne Ehrenpokal Schulze-Delitzschs gefüllt mit köstlichem Frankenwein die Runde machen sollte, diesen zuerst hochhob einen Trunk und ein Hoch dem Verbande darbrachte. Der Fürst aus dem Pokal des angefeindeten Demokraten dessen Werke zutrinkend. Unendlicher Jubel begleitete diese Szene, die so hoch bedeutungsvoll ist für den eingetretenen Umschwung. Zitieren muß ich aber an dieser Stelle auch noch die Worte des Vertreters der Bayrischen Ministerien des Aeußeren und des Inneren des Herrn Geh. Legationsrats Dr. Rohmer, der bald danach das Wort ergriff und nachdem er das Genossenschaftswesen im allgemeinen gewürdigt hatte, folgenden außerordentlich charakteristischen Ausspruch tat:

„Ueber diese allgemeine Würdigung des Genossenschaftswesens hinaus aber ist es Ihrem Verbande gegenüber, der von Schulze-Delitzsch gegründet worden ist, und in seinem Geiste zu arbeiten sich müht, wohl angebracht, rühmend, wie das ja heute auch schon geschehen ist, den großen erzieherischen Wert hervorzuheben den die von Schulze-Delitzsch stets vertretenen Grundsätze der Selbsthilfe, der Selbstverantwortung und der Selbstverwaltung für das deutsche Bürgertum gehabt haben. Sehr geehrte Damen und Herren! der Staat hat keine Ursache sich über die grundsätzliche Abweisung seiner Hilfe, die in dem Programm von Schulze-Delitzsch liegt, zu grämen."

— Große Heiterkeit der Versammlung folgte diesen Worten und Herr Dr. Rohmer fuhr fort —

„In einer Zeit, in der so viele und häufig begründete Ansprüche an die Hilfe der Allgemeinheit gestellt werden, kann der Staat doppelt zufrieden sein, wenn der Grundsatz der Selbsthilfe mit solchem Erfolge verwirklicht wird, wie es in den Genossenschaften Ihres Verbandes geschieht."

Auch diesen Worten folgte lebhafter Beifall der Versammlung.

M. H.! ich darf nicht weitläufig werden, die Zeit ist kostbar und knapp sonst könnte ich Ihnen noch ein Dutzend ähnlicher Worte staatlicher Vertreter von dem Genossenschaftstage in München vorhalten. Sie haben sie ja aber zum großen Teile selbst in jener erhebenden Versammlung, die das Herz jedes Schulze-Delitzschschen Genossen erfreuen mußte, gehört.

Das m. H. ist die neue Zeit. Die alte Zeit aber mit ihren uns wenig geneigten Anschauungen — und das ist das Fazit meiner Untersuchungen — war es, die die Entwickelung unseres Systems besonders in Preußen und im Osten der Monarchie so viele Jahrzehnte hindurch gehemmt hat.

Ich komme zu einem zweiten Punkt der eine Veranlassung dieser Hemmung meines Erachtens gewesen ist. Ich meine das Empor- und Weiterkommen der nachfolgenden Verbände die sich offensichtlicher Unterstützung und Förderung durch Behörden und staatliche Mittel zu erfreuen hatten. Und zu diesen gehört vor allen auch der Raiffeisenverband.

Sein Verdienst, wie das seines Gründers soll in keiner Weise verkleinert werden, in der Art aber, wie die Gründungen der Raiffeisenkassen vor sich gingen, ist auch ein Grund zu finden dafür, daß die alt eingesessenen Schulze-Delitzschschen Genossenschaften zu einer Art Stillstand Jahre hindurch gelangten.

Raiffeisen wollte den Wirkungskreis der Genossenschaften auf einen möglichst kleinen Bezirk, womöglich auf eine Dorfgemeinde beschränkt wissen, mit der Motivierung:

> daß je kleiner der Wirkungskreis sei, man desto leichter die finanzielle Lage der Mitglieder und ihren Charakter beurteilen könne.

Schulze-Delitzsch dagegen vertrat den Standpunkt, daß der Wirkungskreis der Genossenschaft mindestens so groß sein sollte, daß die Kräfte der Genossenschaft sich voll entfalten können, daß ihre Lebensfähigkeit und Sebstständigkeit gesichert sei, — aber auch nur so groß, daß die Genossenschaft nicht Geschäfte einzugehen in die Gefahr kam, die sie nicht übersehen konnte.

Demgemäß sitzen die Schulze-Delitzschschen Genossenschaften meist in den Kreisstädten und erstrecken ihre Tätigkeit auf die Stadt und die Ortschaften des Kreises oder auf die Städte des Kreises.

Hier drang nun das Raiffeisensystem und andere Verbände ein und setzte in fast jedes Dorf eine Kasse ein, häufig ohne Rücksicht auf deren Lebensfähigkeit. Das tat den Schulze-Delitzschschen Genossenschaften natürlich Abbruch oder erzeugte zum Mindesten einen Stillstand, besonders in solchen Bezirken in denen unsere Genossenschaften sich nicht fest genug eingebürgert hatten oder nicht rührig genug gewesen waren. Da freilich, wo sie fest fundiert waren, hatte das genossenschaftliche Gründungsfieber, das besonders in den 90er Jahren des vorigen Jahrhunderts förmlich grassierte, keine Wirkung. Ich wähle als Beispiel auch hier den Vorschußverein Filehne der gerade in jenen Jahren einen immer mächtigeren Aufschwung nahm, trotzdem 50 % seiner Mitglieder als Kleingrundbesitzer in den Ortschaften des Kreises ansässig waren und der trotzdem nach Ablauf jener Periode, z. B. im Jahre 1908, insgesamt 823 742 Mk. an Darlehen ausgab und davon 612 971 Mk. oder 74 % dieses Betrages an solche Landwirte des Kreises.

Und das war der Fall trotzdem im Kreise Filehne in den 90er Jahren ca. 20 Raiffeisengenossenschaften gegründet waren, von denen allerdings mehrere bald wieder eingingen wegen mangelnder Lebensfähigkeit. Auch diese Tatsachen bilden einen Grund für die in der Vergangenheit liegende Hemmung unserer Genossenschaften und ich stelle fest, daß heute aus allen diesen Gründen nur 36 Genossenschaften unseres Systems in der Provinz arbeiten: Während in der ersten zehnjährigen Periode von 1860—1871 27 gegründet waren, kamen in der Zeit von 1871—1890 sieben weitere dazu, in den nächstfolgenden Jahren bis heute noch drei, von denen eine aus dem Verbande wieder ausgeschieden ist.

Der Umstand aber, daß die meisten Gründungen in die erste Periode von 1860—1870 fallen, will an sich nichts sagen, denn wenn eine Bewegung in ihrem Beginne stark einsetzt und ein weitgehendes Bedürfnis befriedigt, so tritt bald von selbst ein entsprechendes Nachlassen ein. Zu Anfang waren es mitunter auch Versuche, aber was leben geblieben ist, ist gut.

M. H., ich kann hier die Frage nicht unberührt lassen: Wie kommt es, daß unsere Genossenschaften sich nicht im gleichen Maße ausgedehnt haben wie die polnischen, trotzdem unser System gerade in den polnischen Genossenschaften zu glänzenden Erfolgen geführt hat, die es, nach Wygodzinski und Pawlicki, fast durchweg akzeptiert haben.

Sollte etwa die straffe nationale Organisation der Polen die Veranlassung dazu sein. Nein m. H., das kann ich nicht glauben! Auch die Polen haben das starre Nationalitätsprinzip ebenso wenig durchgeführt und durchführen können, wie die deutschen Genossenschaften, auch die polnischen Genossenschaften nehmen gern deutsche Mitglieder auf und gewähren ihnen Kredit, wie auch die Schulze-Delitzschschen Genossenschaften die polnischen Antragsteller nicht zurückweisen und m. E. auch nicht zurückweisen können, weil ein solches Verfahren, abgesehen davon, daß es dem Genossenschaftsgedanken zuwider läuft, in vielen Fällen zum Ruin der sich so verhaltenden Genossenschaft führen würde. Daß es nicht möglich ist in den Ostprovinzen und häufig heutzutage ja auch schon im Westen sich nach dem reinen Nationalitätsprinzip zu verhalten, ergibt auch die Tatsache, daß die zwar vorwiegend den Realkredit betreibenden, aber doch auch den Personalkredit pflegenden Stadt- und Kreis-Sparkassen ebenfalls den Eingesessenen polnischer Nation Darlehen geben und geben müssen und zwar mitunter dieses so reichlich tun, daß vor einigen Jahren beispielsweise eine Sparkasse im Norden unserer Provinz bekannt machte, sie sehe sich genötigt, eine größere Zahl von an Polen ausgegebenen Hypotheken zu kündigen, da der Prozentsatz der polnischen Darlehnsempfänger im Verhältnis zu der Gesamtzahl der beliehenen Kreiseingesessenen sich zu Ungunsten des deutschen Besitzes verschoben habe und ein Ausgleich stattfinden müsse.

Ich komme also zu dem Resultat, daß auch straffere Organisation der Polen nach der nationalen Richtung nicht der Grund dafür sein kann, daß unser System ihnen zu größeren Erfolgen geholfen hat, als wir ihn für unsere Genossenschaften zu verzeichnen haben.

Meine geehrten Herren! ich kann am Schlusse dieses Abschnitts nur wiederholen, daß ich zu einer Beantwortung der Frage, weshalb unsere Genossenschaften sich der Bedeutung des Systems nicht entsprechend entwickelt haben, nicht gelangen konnte, vielleicht auch deshalb, weil ich erst seit Monaten mit dem Spezialstudium dieser Frage beschäftigt bin und das Material ein außerordentlich reichhaltiges ist. Ich will aber der Anregung des Herrn Professor Dr. Crüger folgen, den Ursachen weiter nachzugehen bemüht sein und kann vielleicht auf einem späteren Genossenschaftstage Ihnen das Resultat dieser Untersuchungen unterbreiten.

M. H., damit könnte und müßte ich eigentlich für heute schließen, zumal die mir zur Verfügung gestellte Zeit fast abgelaufen ist, indessen die letzten Betrachtungen des vorigen Abschnitts führen mich dazu Ihre liebenswürdige Aufmerksamkeit auch durch mich heute nochmals auf ein für unser Schulze-Delitzschsches Genossenschaftswesen aktuelles Ereignis hinzulenken:

Ich habe soeben ganz leise politische Seiten angeschlagen. Politik aber gehört nicht in unsere Erörterungen, sie ist sogar durch das Genossenschaftsgesetz als Gegenstand unserer Erörterungen verboten, insofern als dieses eine Genossenschaft die sich politischen Zwecken zuwendet, für auflösbar erklärt. Nun ist aber wiederholt früher den Schulze-Delitzschschen Genossenschaften — wie ich oben an einigen Beispielen dargelegt habe — der Vorwurf gemacht worden, sie verfolgten politische, ja sogar demokratische Zwecke. Diese Vorwürfe liegen teilweise schon ein halbes Jahrhundert zurück und in unserer verständnisreicheren Zeit hört man sie seltener, zumal sie keinesfalls haltbar sind. Nun hat aber, wie Sie teils gelesen, alle aber gestern von Herrn Professor Dr. Crüger gehört haben, der berühmte Nationalökonom, Professor Dr. Gustav Schmoller in dem zweiten Heft des 37. Jahrganges des nach ihm benannten Jahrbuchs für Gesetzgebung, Verwaltung und Volkswirtschaft im deutschen Reich den Satz aufgestellt:

„Die Schulze-Delitzschschen Genossenschaften entsprechen dem Prinzip der politischen Neutralität am wenigsten, denn sie sind von jeher und bis heute freisinnig-fortschrittlich gewesen."

Die Entstehungsgeschichte dieses Ausspruchs, die einen Briefwechsel zwischen Schmoller und unserem Anwalt, Professor Dr. Crüger über die gegensätzliche Auffassung dieser beiden bedeutenden Männer über das Buch „Die Ostmark" und insbesondere einen darin enthaltenen Abschnitt von Dr. Swart „Ueber die deutschen Kreditgenossenschaften der Provinz Posen" zum Hintergrunde hat, ist sehr interessant, ich muß es mir aber versagen, des Breiteren darauf einzugehen und kann mich heute hier nur mit dem letzteren Ausspruch beschäftigen und daran die Bemerkung knüpfen, daß ich redlich geglaubt habe, die Behauptung, daß wir Politik trieben oder auch nur im Entferntesten unsere genossenschaftliche Tätigkeit irgendwie politisch oder gar partei-politisch färbten, längst abgetan sei. Ich kann daher ein unbehagliches Gefühl nicht los werden, daß ich beim Lesen dieser Behauptung Schmollers in seinem „Nachwort" zu Crügers Abhandlung über die Swartschen Ausführungen empfand, besonders als ich später noch den Zusatz dazu fand:

„Das wird Crüger keinem Menschen von politischem Urteil ausreden."

M. H., wann und wo, so frage ich Sie, die Sie in allen Teilen Deutschlands den Gedanken unseres Genossenschaftssystems vertreten und verbreiten, hat jemals einer Ihrer Vereine sich politisch betätigt oder wollen wir sagen, politische Gedanken mit denen, die die Genossenschaft zu betätigen hat, in Verbindung gebracht. Ich muß gestehen, ich habe noch nie, auch in intimen Vorstands- und Aufsichtsrats-Sitzungen unseres Vereins, auf keinem Unterverbandstag, keinem Allgemeinen Genossenschaftstag je einen Hauch politischen Geistes verspürt, als des der Sozialpolitik, die die Grundlagen alles Genossenschaftswesens bildet. Es könnte vielleicht eingewendet werden, irgend eine Einrichtung könne eine — sagen wir mit Schmoller — freisinnig-fortschrittliche Tendenz haben, ohne daß diese in Aeußerungen oder dem Verhalten ihrer Mitglieder in die äußere Erscheinung tritt. M. H., aber gerade die Tendenz unseres Systems ist doch so in die Augen springend unpolitisch, daß man sie nie als freisinnig, nationalliberal oder konservativ oder begrifflich als irgend etwas anderes politisches bezeichnen könnte. Fast hätte ich auch gesagt sozialdemokratisches. Ich will aber jedes Mißverständnis vermeiden, das aus der Gemeinsamkeit des Grundsatzes:

„Hilfe dem Schwachen,"

entstehen könnte, den auch die Sozialdemokratie auf ihre Parteifahne geschrieben hat. Denn in der praktischen Ausführung dieser Idee durch uns und jene besteht ein so himmelweiter Unterschied, daß eine Vergleichung garnicht möglich ist, schon deswegen nicht, weil diese Hilfe von uns ohne jede Nebenabsicht in politischer Beziehung und ohne Gewissens- und Parteizwang gewährt wird, während bei der Sozialdemokratie alle und jede Betätigung nach dieser Richtung auf politischen Momenten beruht und das politische Endziel im Auge hat, Umsturz der bestehenden Verhältnisse. Ich kann daher den Ausspruch Schmollers um so weniger begreifen, als wir doch gerade in unseren Vereinen und Verbänden und im ganzen Genossenschaftswesen eine so einzigartig und vortrefflich „gemischte Gesellschaft" sind.

Alle Berufsklassen, Arm und Reich, Gebildete und weniger Gebildete, Gelehrte und Nichtgelehrte, Konservative, Nationalliberale, Fortschrittliche, Zentrumsleute und auch wohl einer oder andere mit sozialdemokratischen Neigungen Behaftete, kurz aller Arten Menschen finden wir unter uns und alle ziehen an demselben Strang, der die hell und rein tönende Glocke zum Läuten bringt, die da klingt:

„Menschenliebe, Hilfe dem Schwachen, Stütze des Starken in Zeiten der Not."

Und da soll dieses Bild der Einigkeit gerade im politischen Leben so oft sich widerstreitender Elemente getrübt sein durch die garstige Färbung mit dem Pinsel der Politik:

„Politisch Lied ein garstig Lied."

Nein und abermals Nein, wenn dieses Lied auch draußen gesungen werden muß, unter den Angehörigen des Genossenschaftswesens soll es nie einen Widerhall finden, unter uns, die wir uns trotz vielem was uns äußerlich trennt „Genossen im edelsten Sinne des Wortes" nennen. Wir wollen bleiben was wir gewesen sind, unpolitische Idealisten, die nichts wollen, als dem Mitmenschen helfen und die ohne Schielen nach äußerer Anerkennung und unbeeinflußt das Ziel der Genossenschaft im Auge behalten:

„Alle für Einen, Einer für Alle!"

(Lebhafter Beifall.)

Meine sehr geehrten Herren, ich kehre noch einmal zu meinem Thema zurück: Wir können auch in der Ostmark im Großen und Ganzen zufrieden sein mit dem Erfolge unseres Systems im Allgemeinen und in seinen Leistungen für die Landwirtschaft. Wenn ich vorher gesagt habe, daß bei Bewegungen die in ihrem Beginn stark einsetzen, ein Nachlassen ganz von selbst entsprechend eintritt, so komme ich zu dem Schlusse, daß die Zeit des Nachlassens wohl nun vorüber sein wird, die wirtschaftlichen Verhältnisse Deutschlands und, insbesondere auch unsere durch ihre grenzlich gefährdete Lage in letzter Zeit schwer betroffene Provinz, wird aus dem Zustand der Unsicherheit, der Schwankungen hierhin und dorthin — so wollen wir hoffen — in ruhigere Bahnen sich lenken und so wie der Umschwung in der Beurteilung unserer Genossenschaften im Osten eintrat wird auch der Erfolg nicht ausbleiben.

Ich schließe endgiltig mit einem Satze Crügers aus der vorerwähnten Abhandlung in Schmollers Jahrbuch:

„Es ist ein glänzendes Zeugnis für die Leistungsfähigkeit des Schulze-Delitzschschen Genossenschaftswesens wenn es unter solchen Schwierigkeiten seine Stellung nicht nur erhalten, sondern die vorhandenen Genossenschaften vertiefen und ausbauen konnte. Blieben nicht nur die alten Mitglieder den Schulze-Delitzschschen Genossenschaften trotz aller Angriffe treu, sondern erweiterte sich der Mitgliederkreis der bestehenden Genossenschaften, so zeigt dies, daß sie in vollem Umfange ihre Aufgaben erfüllt haben und daß die Angriffe unbegründet waren. Für letzteres spricht denn auch besonders der Umstand, daß alle Agitationen nicht im Stande waren etwas Besseres an ihre Stelle zu setzen."

M. H., etwas Besseres ist nicht an unsere Stelle getreten, halten wir fest am Guten und streben wir weiter vorwärts zum Besseren, zur Vollendung.

(Lebhafter Beifall.)

Vorsitzender Verbandsdirektor Justizrat Dr. **Alberti**-Wiesbaden: Ich stelle den Bericht zur Besprechung und frage, wer sich zum Wort meldet. — Es meldet sich niemand. Ich hoffe, dann feststellen zu können, daß wir alle mit großer Freude und Genugtuung von diesem Bericht Kenntnis genommen haben.

M. H.! Wir haben jetzt noch zwei Anträge für heute auf unserer Tagesordnung. Die Zeit ist schon etwas vorgeschritten. Es handelt sich einmal um die Mitgliedschaft der Genossenschaft bei der Genossenschaft und dann um den Scheckstempel. Letzterer ist jedenfalls der eiligere, da mit ihm schon jetzt etwas erzielt werden soll, was erst für 1916 vorgesehen worden ist. Ich darf vielleicht etwas aus der Schule plaudern, wenn ich sage, daß der erste Antrag nicht allzueilig ist. Wenn die Herren etwa wünschen sollten, daß wir nur noch einen Antrag heute erledigen, so würde ich vorschlagen den Antrag unter Nummer XII.

(Zustimmung.)

Wir können vielleicht nachher uns noch darüber klar werden, ob wir den anderen Antrag noch folgen lassen. Ihr Einverständnis vorausgesetzt erteile ich dem Herrn Anwalt das Wort zu:

XII. Antrag des Gesamtausschusses:

Der Allgemeine Genossenschaftstag hält es für dringend erwünscht, daß die durch das „Gesetz über Aenderungen im Finanzwesen" vom 3. Juli 1913 ausgesprochene Aufhebung des Scheck- und Quittungsstempels möglichst sofort in Kraft gesetzt wird und richtet an die Reichsregierung das Ersuchen, im Interesse der allgemeinen Wirtschaftslage und Förderung der Einschränkung des Bargeldumlaufs den vorhergesehenen Termin für die Aufhebung des Scheckstempels: 31. Dezember 1916 fallen zu lassen.

Berichterstatter Anwalt Dr. **Crüger**: Auf dem Allgemeinen Genossenschaftstage Bad Nauheim (1910) haben wir die Bestrebungen der Reichsregierung anerkannt, die Kreditgenossenschaften vor den nachteiligen Wirkungen des Quittungsstempels nach Möglichkeit zu schützen. Wir sprachen die Erwartung aus, daß Scheck- und Quittungsstempel keine Erweiterung erfahren werden. Wir waren also außerordentlich bescheiden. Auf dem Allgemeinen Genossenschaftstage in München (1912) gingen unsere Erwartungen erheblich weiter: „Es ist mit allen gesetzlichen Mitteln — hat der Allgemeine Genossenschaftstag beschlossen — dahin zu wirken, daß der Scheck- und Quittungsstempel möglichst bald wieder beseitigt wird." Das haben wir getan. Die Reichsregierung kam uns zu Hilfe mit der Wehrvorlage. Ob es uns gelungen wäre, aus eigener Kraft ganz allein den Scheck- und Quittungsstempel zu beseitigen, wollen wir dahingestellt sein lassen. Er soll aufgehoben werden, aber erst mit dem 31. Dezember 1916. In den kaufmännischen und gewerblichen Kreisen hat man nun allgemein den Wunsch, daß dieser Scheck- und Quittungsstempel bereits früher, mit dem 31. Dezember dieses Jahres aufgehoben werden möchte. Aus den Kreisen der Genossenschaften ist mir der Wunsch nahe gelegt worden, dem Allgemeinen Genossenschaftstage einen entsprechenden Antrag zu unterbreiten. Dem Wunsch bin ich gern nachgekommen und bitte Sie jetzt um Annahme des Antrages, damit alsdann der Beschluß dem Reichskanzler übermittelt werden kann.

(Allgemeiner Beifall.)

Vorsitzender Verbandsdirektor Justizrat Dr. **Alberti**-Wiesbaden: Wird das Wort hierzu gewünscht? — Das ist nicht der Fall. Ich glaube auch, daß die Tendenz von allen gebilligt wird. Ich bitte diejenigen Herren, welche für den Antrag sind, die Hand zu erheben.

(Geschieht.)

Ich bitte um die Gegenprobe. Ich kann feststellen, daß der Antrag einstimmig angenommen worden ist.

Wir kommen dann zu dem Antrag XI. Ich nehme an, daß Sie wünschen, ihn noch heute zu erörtern.

(Rufe: Jawohl!)

Ich erteile also dem Herrn Anwalt das Wort zu Punkt:

XI. Antrag des Anwalts:

Der Allgemeine Genossenschaftstag erklärt:

I. Die Mitgliedschaft der Genossenschaft bei der Genossenschaft mit unbeschränkter Haftpflicht ist grundsätzlich zu verwerfen.

II. Insoweit hiernach die Mitgliedschaft einer Genossenschaft bei einer Genossenschaft für zulässig erachtet wird, gelten die folgenden Grundsätze:

1. Unbedingt zu vermeiden ist, daß bei Beteiligung einer Genossenschaft an einer anderen die Geschäftsguthaben und Haftsummen nach der Höhe der geschäftlichen Inanspruchnahme seitens der Mitgliedsgenossenschaft bemessen werden.

2. Die Höhe der Beteiligung einschließlich der Haftsumme sollte die Reserven der Mitgliedsgenossenschaft niemals übersteigen.

3. Unter allen Umständen ist zu vermeiden, daß die Mitgliedschaft einer Genossenschaft zu dem Zweck herbeigeführt wird, daß der Kredit der anderen Genossenschaft eine Steigerung erfährt.

Berichterstatter Anwalt Dr. **Crüger**: Meine Herren! Nun müssen Sie aber auch Ihr „Jawohl" einlösen und hier bleiben.

(Heiterkeit.)

Der Gegenstand der Tagesordnung, mit dem wir uns jetzt zu beschäftigen haben, enthält einen Grundgedanken, der zu den ganz besonders strittigen gehört. Ich glaube aber in der Fassung, in der die Angelegenheit Ihnen hier zur Entscheidung unterbreitet wird, werden sich starke Widersprüche nicht bemerkbar machen; denn ich vermute, daß auch die, die der Meinung sind, daß die Zentralgenossenschaftsbewegung an sich durchaus gesund ist, die Gedanken, die hier in den Antrag hineingearbeitet sind, akzeptieren und sagen werden: in diesem Antrage sind Auswüchse der Zentralgenossenschaftsbewegung bezeichnet, denen entgegen zu treten auch die Anhänger der Zentralgenossenschaften alle Veranlassung haben.

Der Antrag ist mit der denkbar größten Vorsicht formuliert. Es soll mit dem Antrage der Entwickelung der Verhältnisse bis zu einem gewissen Grade Rechnung getragen werden. Auch wir haben ja im Allgemeinen deutschen Genossenschaftsverbande zwei Verbandskassen. Wir haben ferner Mitgliedschaften der Genossenschaften untereinander. Dazu durch einen Beschluß des Allgemeinen Genossenschaftstages Stellung zu nehmen, liegt mir vollkommen fern, sondern ich will mich nur nach der Richtung hin bewegen, die in dem Antrage ausdrücklich festgestellt ist.

Die Mitgliedschaft der Genossenschaft bei der Genossenschaft ist ein sehr altes Problem im Genossenschaftswesen. Zu Schulze-Delitzsch's Zeit ist es bereits eifrig erörtert. Schulze-Delitzsch und Ludolf Parisius waren verschiedener Meinung, ob nach dem Gesetz von 1868 die Genossenschaft einer anderen Genossenschaft als Mitglied beitreten könne. Parisius bejahte es, Schulze-Delitzsch nahm den entgegengesetzten Standpunkt ein.

Die von Ihnen, die sich mit der Geschichte des Genossenschaftswesens beschäftigt haben, werden sich erinnern, daß Raiffeisen als erster in den siebziger Jahren Zentralgenossenschaften ins Leben rief und zwar für Hessen, die Rheinlande und Westfalen. Es waren das eingetragene Genossenschaften mit unbeschränkter Haftpflicht, deren Mitglieder eingetragene Genossenschaften mit unbeschränkter Haftpflicht waren. Dann wollte er diese drei Zentralkassen, die auf der unbeschränkten Haftpflicht beruhten, zu einer einzigen mit unbeschränkter Haftpflicht vereinigen. Schulze-Delitzsch interpellierte wegen der Zulässigkeit solcher genossenschaftlichen Gebilde im Reichstage — es war im Jahre 1876 —, und die Reichsregierung erklärte, daß derartige Gebilde im Rahmen des Gesetzes von 1868 nicht möglich wären.

Schulze-Delitzsch' Stellungnahme zu der Frage der Mitgliedschaft einer Genossenschaft bei einer Genossenschaft ist zunächst unter der Geltung der unbeschränkten Haftpflicht erfolgt. Ich glaube, Sie Alle werden sich auch zu der Ansicht bekennen, daß jedenfalls etwas außerordentlich Gefährliches in der Mitgliedschaft einer Genossenschaft mit unbeschränkter Haftpflicht liegen kann, indem nicht nur die Mitglieder der einen Genossenschaft mit unbeschränkter Haftpflicht eintreten für die Geschäfte, die ihre eigene Verwaltung kontrahiert, sondern auch für die Geschäfte, die die Verwaltung der anderen Genossenschaft eingeht! Schulze-Delitzsch aber war ein grundsätzlicher Gegner der Mitgliedschaft der Genossenschaft bei einer Genossenschaft.

Als Schulze-Delitzsch fühlte, daß er die Revision des Genossenschaftsgesetzes nicht mehr erleben würde und gewissermaßen sein genossenschaftliches Testament in den Materialien zur Revision des Gesetzes im Jahre 1883 niederlegte, vertrat er in dieser Schrift den Standpunkt, daß durch das Gesetz die Zulassung der Mitgliedschaft der Genossenschaft bei der Genossenschaft ausgeschlossen werden sollte. Dann kam das Gesetz von 1889, das in den allermeisten Fragen die Anschauungen Schulze-Delitzsch übernahm — aber ihnen nicht in der Frage folgte, ob die Genossenschaft Genossenschaften als Mitglieder aufnehmen könne. Die Begründung des Gesetzes hierzu ist eine sehr eingehende. Aus ihr aber ist weiter zu entnehmen, wie die Entwicklung der Dinge eine andere gewesen ist, als der Gesetzgeber sie sich gedacht hat. Die Begründung befaßt sich mit den verschiedenen von Schulze-Delitzsch geltend gemachten Bedenken und nimmt zunächst Stellung zu dem Bedenken, das sich aus der Haftpflicht ergibt. Der Gesetzgeber sagt: Eine besondere Gefahr für die Teilnehmer der Mitgliedsgenossenschaft könne jedenfalls dann nicht anerkannt werden, wenn entweder für diese Genossenschaft oder für die Hauptgenossenschaft die beschränkte Haftpflicht gilt. Der Gesetzgeber aber hat nicht daran gedacht, daß Riesenhaftsummen bei einzelnen Genossenschaften eingeführt werden, — er hat nur an die beschränkte Haftpflicht im eigentlichen Sinne gedacht. Heute aber begegnen wir Genossenschaften, bei denen die beschränkte Haftpflicht in Wirklichkeit auf eine unbeschränkte Haftpflicht herauskommt, — so hoch ist die Haftsumme bemessen oder wächst an in Folge der Uebernahme vieler Geschäftsanteile.

Ferner sagt der Gesetzgeber, sei darauf Rücksicht zu nehmen, daß in dem neuen Gesetz eine Realisierung der persönlichen Haftpflicht vorgesehen sei, ein Nachschußverfahren unter zurückstellen des Einzelangriffs, — daß die Gefahren, die sich aus der unbeschränkten Haftpflicht ergeben, nicht mehr ungewöhnlich groß seien. Wenn man sich nun aber die Nachschüsse vergegenwärtigt, die bei einzelnen Genossenschaften in den letzten Jahren aufgebracht werden mußten, wird man zu dem Ergebnis kommen, daß der Gesetzgeber an eine solche Höhe des Nachschusses wahrscheinlich nicht gedacht hat.

Wie verhält sich die ganze Tendenz des Gesetzes zu der Möglichkeit der Mitgliedschaft bei der Genossenschaft? Lassen sie mich, bitte, in diesem Augenblick eine in den Augen Vieler wohl ganz böse ketzerische Ansicht vertreten, indem ich erkläre, daß, — wenn auch kein Zweifel darüber bestehen kann, und zwar infolge bestimmter Einzelvorschriften, daß die Genossenschaft die Mitgliedschaft bei einer Genossenschaft erwerben kann — dies in den ganzen Gedankengang des Gesetzes nicht hinein paßt. Das Kammergericht hat in einer Entscheidung ausgeführt: die Mitglieder der Genossenschaften müssen in ihrem ihnen eigentümlichen Erwerb oder in ihrer Wirtschaft durch die Genossenschaft gefördert werden. Mit dieser Definition des Begriffs der Genossenschaft läßt sich die Mitgliedschaft der Genossenschaft bei der Genossenschaft nicht vereinbaren, denn das Gesetz scheint mir nur von der „Förderung des Erwerbs und der Wirtschaft" physischer Personen auszugehen. Und ferner: die Genossenschaft hat zweifellos lokale Tendenz. Es liegt in dem ganzen Wesen der Genossenschaft, daß die Mitglieder, sagen wir, in greifbarer Entfernung von dem Ort an dem die Genossenschaft ihren Sitz hat, wo die Generalversammlung abgehalten wird, ihren Wohnsitz haben müssen. Eine Uebertragung des Stimmrechts gibt es nicht. Die Aktionäre einer Aktiengesellschaft können in Südamerika oder sonstwo wohnen, und sie können ihre Rechte in der Generalversammlung wahrnehmen. Das Mitglied der Genossenschaft muß selbst zur Generalversammlung kommen, um seine Rechte wahrnehmen zu können. Wenn nun von einem Anhänger der Zentralgenossenschaft dieser Hinweis damit widerlegt wird, daß er sagt, — die Zentralgenossenschaft hat jedenfalls keinen lokalen Charakter, dann hat er darin vollkommen Recht, aber den Einwand hat er nicht widerlegt.

Und nun noch zwei Gründe wirtschaftlich-geschäftlicher Natur. Die Mitglieder der einzelnen Genossenschaft haften bei der Mitgliedschaft der Genossenschaft bei der Genossenschaft für die Verfehlungen des Vorstandes einer anderen Genossenschaft. Das ist etwas ganz anderes als die Solidarität, die in der Genossenschaft liegt. Ich möchte nicht dahin verstanden werden, daß ich hier gegen die Solidarität bei der Genossenschaft Stellung nehme, sondern ich sage nur: die Mitglieder einer Genossenschaft, die einer andern Genossenschaft beigetreten sind, haften von dem Augenblick an, wo ihre Genossenschaft Mitglied dieser anderen Genossenschaft geworden, auch für die Rechtsgeschäfte, die bei dieser anderen Genossenschaft kontrahiert werden.

Endlich: die für die einzelne Genossenschaft geltenden geschäftlichen Grundsätze bleiben bei den Zentralgenossenschaften, insbesondere bei den Zentralkassen, so gut wie außer Anwendung. Das liegt wiederum in der Natur der Verhältnisse. Wollte ich die geschäftlichen Grundsätze, die für die Einzelgenossenschaft gelten, z. B. für die Zentralkreditgenossenschaft anwenden, brauchte ich den Geschäftsbetrieb der Zentralkreditgenossenschaft gar nicht zu beginnen, denn die Zentralkreditgenossenschaft kann, wie die Dinge liegen, einfach nicht die für die Kreditgenossenschaften allgemein geltenden genossenschaftlichen Grundsätze befolgen! Einer der wichtigsten Grundsätze für die Kreditgenossenschaft ist z. B. der: haltet euch mit der Kreditgewährung im Rahmen der Reserven, und wir sind so vorsichtig gewesen, und haben hinzugesetzt: damit soll nicht die Anregung gegeben werden, immer bis zur Grenze der Reserven zu gehen. Das heißt, die Genossenschaft soll ihre Geschäfte so führen, daß, wenn sie von einem Verlust getroffen wird, dieser nicht so groß ist, daß auch in das eigene Vermögen der Mitglieder eingegriffen werden muß. M. H., machen Sie da die Probe auf das Exempel bei der Zentralgenossenschaft. Da wird dieser geschäftliche Grundsatz nicht beachtet — und muß außer acht gelassen werden, wenn die Zentralgenossenschaft überhaupt einen Zweck haben soll. Wir würden bei den meisten genossenschaftlichen Grundsätzen zu dem gleichen Ergebnis kommen. Die Grundgedanken, die für einen gesunden Geschäftsbetrieb der einzelnen Genossenschaften maßgebend sind, müßten ausgeschaltet werden aus dem Geschäftsbetrieb der Zentralgenossenschaft!

Lassen wir die Erfahrungen der letzten Jahre sprechen, so glaube ich behaupten zu dürfen, daß gegen die für die Einzelgenossenschaft aufgestellten geschäftlichen Grundsätze aber auch auf die Dauer von der Zentralgenossenschaft nicht ungestraft verstoßen werden kann.

M. H., ein Anderes! Der Gesetzgeber hat hauptsächlich — und das ergibt sich aus der Begründung des Gesetzes — an Vereinigungen gedacht, die bestimmt sind, beim Einkauf eine gewisse Verbilligung zu erzielen. Wie ist die Entwickelung gewesen? Wir müssen die Zentralgenossenschaften unterscheiden, je nach dem es sich um eine Zentralgenossenschaft für die Beschaffung des Kredits handelt oder um eine Zentralgenossenschaft für den Warenbezug. Der Gesetzgeber hat an die letztere gedacht, er hat gesagt: Konsumvereine, landwirtschaftliche Einkaufsgenossenschaften sollen sich organisieren, zusammenschließen und sollen wiederum Genossenschaften bilden. Wie haben sich die Dinge entwickelt? Für die Konsumvereine haben wir in Deutschland eine geschlossene Einkaufsorganisation, und diese beruht nicht auf der genossenschaftlichen, sondern der kapitalistischen Grundlage, auf der Gesellschaft mit beschränkter Haftung. Die Vorgängerin dieser Gesellschaft hat in Bremen bestanden, die Parisius 1893 ins Leben gerufen hatte — als Gesellschaft mit beschränkter Haftung. Und nun das landwirtschaftliche Genossenschaftswesen! Im Reichsverband gibt es eine Anzahl Bezugsgenossenschaften auf der Grundlage der eingetragenen Genossenschaft. Sie sind meistenteils gegründet noch unter dem Einfluß des Gesetzes zu einer Zeit, als es selbstverständlich erschien, die genossenschaftliche Form für diese Organisation zu wählen.

Wie liegen die Dinge im Neuwieder Verbande?

Dieser Verband hat vor einigen Jahren das Warengeschäft mit dem Kreditgeschäft in der landwirtschaftlichen Zentralkasse vereinigt, hat üble Erfahrungen damit gemacht und stößt nun das Warengeschäft ab. Welche Rechtsform wählte er? die Genossenschaft? Nein, die Gesellschaft mit beschränkter Haftung oder die Aktiengesellschaft. Was ist daraus für ein Schluß zu ziehen? Es handelt sich hierbei um wirtschaftliche Betriebe, die über ein großes Kapital verfügen müssen, wie wir es bei der Genossenschaft nicht haben.

Sie ersehen daraus, daß die Entwickelung, die dem Gesetzgeber vorgeschwebt hat, nicht eingetreten ist.

An Verbandskassen aber hat der Gesetzgeber kaum gedacht, und hier haben wir das Gebiet, auf dem die Zentralgenossenschaften sich entwickelt haben.

Wenn wir nach wie vor im Allgemeinen Verband zum allergrößten Teil Gegner der Verbandskassen auf genossenschaftlicher Grundlage sind, so will ich hier doch gleich hinzufügen, daß die Rechtsform allein nicht entscheidend ist. Wir haben gerade in der letzten Zeit Gelegenheitgehabt, zu beobachten, daß mit der Aktienform genau ebensolche Fehlgriffe vorgenommen werden können, wie mit der genossenschaftlichen Form. Ich möchte mein Bedenken gegen den Grundgedanken der Verbandskassen in die Sätze zusammen fassen: das Kredit gebende Institut muß stärker sein als das Kredit nehmende, und der Zusammenbruch des Kredit gebenden Instituts darf nicht den Zusammenbruch des Kredit nehmenden Instituts zur Folge haben, endlich: der Zusammenbruch einer Genossenschaft muß in den Folgen möglichst lokalisiert sein.

(Sehr richtig!)

Damit ist in kurzen Worten das Programm zusammengefaßt, das wir auf diesem Gebiet vertreten.

M. H., wenden wir uns zu dem Antrag selbst.

Der Antrag nimmt an sich nicht Stellung zur Mitgliedschaft der Genossenschaft bei der Genossenschaft zur Verbandskassenfrage, sondern nur zu Auswüchsen, die sich aus gewissen Lücken des Gesetzes und deren Mißbräuche ergeben haben. Gesetzgeberische Maßregeln hier in Vorschlag zu bringen, liegt uns durchaus fern.

Nr. I lautet: „die Mitgliedschaft der Genossenschaft bei der Genossenschaft mit unbeschränkter Haftpflicht ist grundsätzlich zu verwerfen." Also wir wollen erklären, daß keine Genossenschaft die Mitgliedschaft bei einer anderen Genossenschaft mit unbeschränkter Haftpflicht erwerben soll. Die Gefahr liegt in der Uebernahme der unbeschränkten Haftpflicht, auch wenn die einzelne Genossenschaft auf der beschränkten Haftpflicht beruht. Lassen wir uns nicht irreführen dadurch, daß die Einzelgenossenschaft ja auf der beschränkten Haftpflicht beruht, ihre Haftpflicht eine begrenzte ist; denn aus der Mitgliedschaft der Genossenschaft mit beschränkter Haftpflicht bei der anderen Genossenschaft, die auf der unbeschränkten Haftpflicht beruht, ergibt sich, daß die Einzelgenossenschaft, soweit sie überhaupt Vermögen hat, und soweit die persönliche Haftpflicht ihrer Mitglieder reicht, bei der anderen Genossenschaft verpflichtet ist. Wir geben den Genossenschaften doch allgemein den Rat, sich zurückzuhalten bei den Geschäften, z. B. bei der Kreditgewährung über eine gewisse Grenze nicht hinaus zu gehen. Durch die Mitgliedschaft der Genossenschaft bei einer Genossenschaft mit unbeschränkter Haftpflicht übernimmt sie aber Verpflichtungen, für die sie mit ihrem ganzen Vermögen und mit der persönlichen Haftpflicht ihrer Mitglieder haftet — selbstverständlich im Rahmen der Haftsumme. Aber sicher setzt sie alles, was sie hat, in diesem Falle ein — weil sie die Mitgliedschaft bei der Genossenschaft mit unbeschränkter Haftpflicht erworben hat.

Insoweit die Mitgliedschaft der Genossenschaft bei einer Genossenschaft hiernach zulässig bleibt, also wenn die Genossenschaft, die Zentralkasse, auf der beschränkten Haftpflicht beruht, stellen wir nur Bedingungen auf, die als Richtschnur dienen sollen, ohne daß wir uns über die Grundfragen selbst erklären.

Da heißt es zunächst:

> Unbedingt zu vermeiden ist, daß bei Beteiligung einer Genossenschaft an einer anderen die Geschäftsguthaben und Haftsummen nach der Höhe der geschäftlichen Inanspruchnahme seitens der Mitgliedsgenossenschaft bemessen werden.

Hier liegt meines Erachtens einer der wundesten Punkte in der Entwickelung der Zentralkassenbewegung, daß von der Genossenschaft, die den Kredit bei der Zentralkasse in Anspruch nehmen will, gefordert wird: nun übernimm aber auch eine deiner Kapitalinanspruchnahme entsprechende Anzahl von Geschäftsanteilen und die sich daraus ergebende Haftsumme. Welch unerhört grober Unfug geradezu damit getrieben wird, dafür einen Fall aus der Praxis. Eine unserer Genossenschaften war — wir können wenigstens sagen, wo diese Genossenschaft ihr Domizil hat, in Schlesien — infolge von Spekulationen ihrer Vorstandsmitglieder in große Schwierigkeiten geraten. Es gelang uns aber, diese Genossenschaft so weit wieder auf die eigenen Beine zu bringen, daß sie ganz gut wieder marschieren konnte. Da warf ein anderer Verband — eine Verbandskasse — nach dieser Genossenschaft, die zunächst eigentlich doch nicht als ein so begehrenswertes Objekt erschien, ihre Netze aus. Aber dazu war notwendig, daß man dieser Genossenschaft auch einen großen Kredit sicherte. Der Genossenschaft war während der Sanierung von der Dresdner Bank, Genossenschaftsabteilung, der notwendige Kredit zur Verfügung gestellt. Jetzt sollte anstelle der Dresdner Bank, Genossenschaftsabteilung, die bewußte Zentralkasse treten. Welche Bedingungen wurden der Genossenschaft gestellt, um Kredit bei der Zentralkasse zu bekommen? Nun, sie erwarb zehn Geschäftsanteile à 1000 Mk. bei der Zentralkasse, — zusammen 10000 Mk., die Haftsumme dafür betrug 100000 Mk. Eine Genossenschaft, die soeben ihr ganzes Vermögen abgeschrieben hat, übernimmt jetzt bei einer Verbandskasse 100000 Mk. Haftsumme! Ich meine, grober Unfug ist eine ganz zahme Bezeichnung dafür.

(sehr richtig!)

und einem System, das derartige Auswüchse zuläßt, müßte nicht bloß von unserer Seite entgegentreten werden, sondern das müßte geschlossen von allen Verbänden und der Preußischen Central-Genossenschafts-Kasse bekämpft werden.

(Erneute Zustimmung.)

Aber die betreffende Zentral-Genossenschaft steht in Verbindung mit der Preußischen Central-Genossenschafts-Kasse!

Ich habe vor mir den Brief einer anderen Zentralkasse an eine Genossenschaft unseres Verbandes — diese scheinen außerordentlich begehrenswert zu sein.

(Heiterkeit.)

Da wird dieser Genossenschaft geschrieben: „Da sie 586 Mitglieder haben, so wäre die Vertretbarkeit Ihrer Haftsumme ca. 175000 Mk.“ Das heißt: Sie brauchen nur entsprechend Geschäftsanteile bei uns zu zeichnen, dann bekommen Sie bei uns einen Bankkredit von 175000 Mk.

(Hört! Hört!)

In einer Zeit, m. H., in der von der Reichsbank immer wieder gemahnt wird: Vorsicht in der Kreditgewährung, wo wir das ernste Bestreben haben, den Bankkredit der Genossenschaften gesund zu organisieren — die Genossenschaften dürfen doch niemals vergessen, daß Bankkredit etwas anderes ist als Betriebskredit —, da wird einer schlesischen Genossenschaft geradezu der Bankkredit aufgedrungen. Es gehört doch tatsächlich schon ein großes Maß von Einsicht bei der Verwaltung einer Genossenschaft dazu, einen solchen Kredit dankend abzulehnen, ihn nicht anzunehmen. Es tritt der Versucher in der bedenklichsten Gestalt an unsere Genossenschaft heran, und daher möchte ich, daß der Allgemeine Genossenschaftstag erklärt: Unbedingt zu vermeiden ist, daß die Beteiligung einer Genossenschaft an einer anderen mit Geschäftsguthaben und Haftsummen sich in Höhe und Zahl in ein Verhältnis stellt zu der geschäftlichen Inanspruchnahme seitens der Mitgliedsgenossenschaft. Wir nehmen damit zu einer überaus wichtigen geschäftlichen Frage auch grundsätzlich Stellung.

Ferner: Die Höhe der Beteiligung einschließlich der Haftsumme soll die Reserven der Mitgliedsgenossenschaften niemals übersteigen. Wir wollen grundsätzlich aussprechen, daß das Risiko, das die einzelne Genossenschaft durch ihre Mitgliedschaft auf sich nimmt, von vorneherein begrenzt wird, und daher sagen wir: Die Höhe der Beteiligung einschließlich der Haftsumme soll die Reserven der Mitgliedsgenossenschaft niemals überschreiten. Wir übertragen den allgemeinen geschäftlichen Grundsatz über die Begrenzung des Risikos auf die Folgen des Erwerbs der Mitgliedschaft der Genossenschaft bei der Genossenschaft, natürlich auch mit den gleichen Einschränkungen, wie wir sie für den regelmäßigen Geschäftsverkehr haben.

Nun ist weiter unter allen Umständen zu vermeiden, daß die Mitgliedschaft einer Genossenschaft zu dem Zweck herbeigeführt wird, daß der Kredit der anderen dadurch eine Steigerung erfährt. Ja, da kann vielleicht der Eine oder Andere, der der Sachlage etwas ferner steht, auf den Gedanken kommen: welche abenteuerliche Idee, eine Genossenschaft mit unbeschränkter Haftpflicht ins Leben zu rufen, um den Kredit einer Zentralgenossenschaft zu erhöhen! Ich versuche mir manchmal Mitgliederlisten von Zentralkassen zu beschaffen. Wenn ich dann finde, daß eine Verbandskasse in schwieriger Lage ist, daß sie ein sehr großes Kreditbedürfnis hat — dabei ihr aber im letzten Jahr eine Anzahl neugegründeter Genossenschaften mit unbeschränkter Haftpflicht beigetreten sind, so ist mit Sicherheit anzunehmen, daß jene neue Genossenschaften ins Leben gerufen — auf Veranlassung der Verbandskasse, um deren Kredit zu stärken! Selbstverständlich geht das nicht in der breiten Oeffentlichkeit vor sich, sondern das spielt sich hinter den Kulissen ab. Genossenschaften werden gegründet, für die die beschränkte Haftpflicht vollkommen ausreichen würde, denen die unbeschränkte Haftpflicht nur deswegen gegeben wird, um damit einfach nach oben hin den Kredit der Zentralkassen zu stärken.

Das die Begründung dieses Antrages. Ich glaube, die Erwartung aussprechen zu können, daß ich mich hier im Einverständnis auch mit den Kreisen befinde, die auf dem Boden der Zentralkassenbewegung stehen, die da sagen: Für uns sind die Zentralkassen unentbehrlich. Die Dinge liegen bei den landwirtschaftlichen Genossenschaften zum Teil anders als bei uns. Gut, m. H., dann mag man dort mit den Zentralkassen arbeiten. Aber ich denke, man wird mir darin Recht geben, daß dieser Antrag, um dessen Annahme ich Sie bitte, Auswüchse der Zentralkassenbewegung enthält, und zwar die schlimmsten und schwerwiegendsten, und daß aus diesen Auswüchsen sich gerade Katastrophen für ganze große Gebiete des Genossenschaftswesens entwickeln können. Ich zweifle nicht daran, daß Sie den Antrag annehmen werden. Aber mein Wunsch ist auch, daß diesem Antrage in jenen Verbänden Beachtung geschenkt werden möge, die mit den Zentralkassen arbeiten. Ich würde es mit einer ganz besonderen Freude und Genugtuung begrüßen, wenn jene Verbände, deren Vertreter ja heute bei uns sind, diesen Fragen nähertreten wollten, um auf ihren nächsten Genossenschaftstagen in gleichem Sinne sich zu äußern; denn einen Erfolg können wir auf diesem Gebiete selbstverständlich nur erreichen, wenn die großen Verbände Hand in Hand gehen.

(Langanhaltender Beifall.)

Vorsitzender Verbandsdirektor Justizrat **Dr. Alberti-Wiesbaden:** Ich stelle den Bericht zur Besprechung. Es meldet sich niemand zum Wort. Dann bringe ich den Antrag zur Abstimmung. Ich bitte diejenigen Herren, welche dafür sind, die Hand zu erheben.

(Geschieht.)

Ich bitte um die Gegenprobe. — Ich stelle die einstimmige Annahme fest.

M. H.! Hiermit ist unsere Tagesordnung erledigt. Mitteilungen habe ich nicht weiter zu machen. Ich schließe für heute morgen unsere Beratungen.

(Schluß der Sitzung 12 Uhr 56 Minuten.)

Fünfte Hauptversammlung am Donnerstag, den 21. August 1913.

(Angelegenheiten der Konsumvereine.)

Vorsitzender: Verbandsdirektor Fabrikbesitzer Nolte (Lüdenscheid).

Schriftführer: Gerichtsassessor Dr. Waldecker (Charlottenburg).

Eröffnung: Nachmittags 3 Uhr 14 Minuten.

Vorsitzender Verbandsdirektor **Nolte**-Lüdenscheid: Meine Herren! Von dem Allgemeinen Genossenschaftstage zur Leitung der heutigen Konsumvereinsverhandlungen berufen eröffne ich die heutige Versammlung, indem ich zunächst meinem Bedauern darüber Ausdruck gebe, daß es unserem langjährigen Leiter der Konsumvereinsverhandlungen Herrn Verbandsdirektor Oppermann infolge längerer Krankheit, von der er sich noch nicht genügend erholt hat, nicht möglich war, die heutigen Verhandlungen zu leiten. Ich spreche dabei gerne den Wunsch und die Erwartung aus, daß unser lieber, alter Freund sich bald so weit wieder gekräftigt hat, daß er im nächsten Jahre wieder die Leitung der Verhandlungen übernehmen kann.

M. H.! Ich muß zu meinem größten Bedauern feststellen, daß die Beteiligung, von der ich mir angesichts der Veranstaltungen, die von dem Posener Kreditverein für heute nachmittag in Aussicht genommen sind, nicht allzuviel versprach, doch noch geringer als erwartet ist durch die Nichtteilnahme solcher, die eigentlich hier zu erscheinen verpflichtet gewesen wären. Es ist ja zu entschuldigen, daß die Kreditgenossenschaften hier nicht vollständig erschienen sind. Aber ich sehe, daß auch viele von den Konsumgenossenschaftern, von den Vertretern der Konsumvereine, die nach der Anwesenheitsliste wenigstens die Zahl von 70 bis 80 erreichen müßte, nicht zugegen sind. Ich kann das nur bedauern, denn wenn selbst die Konsumvereinler nicht zu den Konsumvereinsverhandlungen erscheinen, kann man es von den übrigen Genossenschaftern nicht verlangen.

Wir werden aber in die Tagesordnung eintreten. Ich bemerke dabei, daß, wenn heute nachmittag die Zeit zur Erledigung der Tagesordnung nicht reichen sollte, der Herr Anwalt sich bereit erklärt hat, die Verhandlungen morgen nachmittag gegen 4 Uhr fortzusetzen, sodaß wir jedenfalls gnügend Zeit haben, die auf der Tagesordnung stehenden Gegenstände eingehend und ausführlich zu besprechen.

Erster Gegenstand der Tagesordnung ist:

I. Antrag des Gesamtausschusses:

Auf dem Evangelisch-sozialen Kongreß ist die These aufgestellt, daß es Aufgabe der Konsumgenossenschaften sei, durch Zusammenschluß aller Konsumenten und entsprechende Angliederung aller Produktion die Gemeinwirtschaft an Stelle des heutigen Geschäftsverkehrs zwischen den Einzelnen zu setzen.

Der Allgemeine Genossenschaftstag betont gegenüber dem hier aufgestellten Ziel der Genossenschaft den von dem Allgemeinen Genossenschaftstag zu Leipzig (1907) gegenüber der Forderung auf Einführung der föderativen Organisation der Genossenschaften durch die zentralisierten Volksgenossenschaften eingenommenen Standpunkt, daß in der Tätigkeit der freien selbständigen Genossenschaft die Grundlage aller geschäftlichen Arbeit zu liegen hat.

Grundgedanke des deutschen Genossenschaftswesens nach seiner geschichtlichen Entwicklung und Bestimmung ist, daß die Genossenschaft die Aufgabe hat, die existenzberechtigten schwächeren Faktoren unseres Wirtschaftslebens zu festigen und zu befähigen, sich „der Vorteile der Fabrikeinrichtungen, des kaufmännischen Betriebes zu bemächtigen und das Kapital dienstbar zu machen" (Schulze-Delitzsch) und damit die freie individuelle Bewegung ihrer Mitglieder zu sichern.

Der Allgemeine Genossenschaftstag erblickt ferner in allen Bestrebungen, die auf die Errichtung der Gemeinwirtschaft gerichtet sind, eine Gefahr für das deutsche Genossenschaftswesen, da sie die Genossenschaften in zwei Lager teilen, je nachdem die Genossenschaften der Erhaltung der Grundlage der heutigen Wirtschaftsordnung dienen oder dieselbe ersetzen wollen durch die Gemeinwirtschaft.

Der Allgemeine Genossenschaftstag erachtet daher insbesondere auch die Bestrebungen auf Bildung von Bezirkskonsumvereinen, die eine Etappe auf dem Wege zur Gemeinwirtschaft sein sollen, sowie den Ausschluß der Konkurrenz beim Wareneinkauf für unvereinbar mit den wirtschaftlichen und sozialen Grundgedanken des deutschen Genossenschaftswesens.

Zusatz-Antrag des Verbandes der Konsumvereine der Provinz Sachsen und der angrenzenden Provinzen und Staaten:

Der Allgemeine Genossenschaftstag weist gleichzeitig die ungerechtfertigten Angriffe gegen die auf dem Boden der heutigen Wirtschaftsordnung stehenden und in deren Rahmen arbeitenden Konsumvereine mit Entschiedenheit zurück. Die in dieser Angelegenheit gefaßten Beschlüsse haben noch heute volle Gültigkeit.

Ich erteile dem Herrn Anwalt dazu das Wort.

Anwalt **Dr. Crüger:** Nicht das erste Mal ist es, daß wir uns mit Aeußerungen zu beschäftigen haben, die auf dem Evangelisch-sozialen Kongreß gefallen sind. Das letzte Mal, als wir derartigen Aeußerungen nähertraten, handelte es sich um einen Appell Harnacks an die Selbsthilfe. Harnack erklärte auf dem Evangelisch-sozialen Kongreß vor einigen Jahren, daß in einer Zeit, in der die soziale Tätigkeit so weite Ausdehnung gewonnen habe, daß zu befürchten stände, diejenigen welche von der sozialen Tätigkeit des Staates nutzen zögen, könnten möglicherweise das Gefühl für die Verantwortung verlieren, auf derartige Nebenerscheinungen hingewiesen werden müßte, und daß solche Organisationen lebhaft zu begrüßen wären, die den einzelnen an die Selbstverantwortung erinnerten. Im Anschluß an diese Betrachtungen habe ich wiederholt darauf aufmerksam gemacht, daß unsere Genossenschaften nicht nur Wirtschaftsgebilde seien, die an die Selbstverwaltung und an die Selbstverantwortlichkeit erinnerten, sondern daß unsere Genossenschaften auch in ihrer Arbeit sich nach diesen in der Theorie vertretenen Grundsätzen richteten. Schulze-Delitzsch und seine Genossenschaften sind nicht bloß Lehrer der Selbsthilfe, sondern die Selbsthilfe und Selbstverantwortung bilden die geschäftliche Grundlage der Genossenschaften.

Heute haben wir von einem andern Standpunkte aus Stellung zu Aeußerungen zu nehmen, die auf dem Evangelisch-sozialen Kongreß gefallen sind. Da handelt es sich nicht mehr um einen Appell an die Persönlichkeit, nicht der einzelne soll in seinem Selbstgefühl, in dem Bewußtsein seiner Selbstverantwortlichkeit gestärkt werden, sondern die Thesen, die von Professor **Wilbrandt** dem Evangelisch-sozialen Kongreß unterbreitet sind, gehen nach einer andern Richtung. Um alle Mißverständnisse zu vermeiden, will ich darauf hinweisen, daß es sich hier nicht um Thesen handelt, die von dem Evangelisch-sozialen Kongreß beschlossen sind, sondern um Thesen, die nur die Grundgedanken eines Vortrags bildeten. Der Evangelisch-soziale Kongreß faßt keine Beschlüsse, er nimmt Anträge entgegen und debattiert über die Anträge, ohne festzustellen, ob die Mehrheit der Anwesenden für oder gegen diese Anträge ist. Die Persönlichkeiten, die sich für die Thesen, die uns jetzt beschäftigen, ausgesprochen haben, scheinen es mir zu erfordern, daß der Allgemeine Genossenschaftstag sich mit der Angelegenheit beschäftigt. Es ist nicht nur der ja auch sonst in weiteren Kreisen bekannte Nationalökonom Professor **Wilbrandt**, sondern es ist auch der noch weit mehr bekannte Professor **Wagner**, der in der Debatte sich zu den Ausführungen **Wilbrandts** bekannt hat.

Da heißt es: „der kalt egoistische Geschäftsverkehr der Gegenwart, die rohe Gewalt der Vergangenheit" sollen durch „die Gemeinwirtschaft" ersetzt werden. Professor **Wilbrandt** hat — das ist ja gewiß nicht zu bestreiten — in außerordentlich geistreicher Weise die Bedeutung der Konsumgenossenschaften für die Zukunft dargestellt, die er als „eine Vorstufe für den noch höheren Aufbau, dem das soziale Ideal des Gebens im Christentum zustrebt", betrachtet. Die Organisation der Konsumenten, die auch die Produktion in sich einbeziehen soll, ist für **Wilbrandt** der Ausgangspunkt einer Neugestaltung der Wirtschaftsordnung. Für uns sind das keine neuen Gedanken, denn über diese Gedanken und über deren Erörterung ist es zwischen uns und den Konsumvereinen des Zentralverbandes deutscher Konsumvereine zum Bruch gekommen. Das sind im großen und ganzen die Grundlehren, mit denen wir uns auf dem Allgemeinen Genossenschaftstage zu Hannover 1900 und Baden-Baden 1901 beschäftigt haben. Als es da nicht möglich war, eine Verständigung zu erzielen, kam der Bruch auf dem Allgemeinen Genossenschaftstage zu Kreuznach 1902.

Die Wilbrandtschen Voraussetzungen sind, wie ich eben erwähnte, der „kalt egoistische Geschäftsverkehr der Gegenwart" und „die rohe Gewalt der Vergangenheit". Lassen wir die rohe Gewalt der Vergangenheit; sie zu untersuchen haben wir heute keine Veranlassung, sondern betrachten wir nur einen Augenblick die kalt egoistische Geschäftsweise der Gegenwart. Diese Voraussetzung, von der Prof. Wilbrandt ausgeht, ist zum mindesten nur sehr bedingt richtig. Ja, man kann möglicherweise auch dazu kommen, zu sagen: sie ist in sich unrichtig. Ist es denn nur kalt egoistischer Geschäftsverkehr, der in der Gegenwart waltet? Ich glaube, wir haben nur notwendig, auf die genossenschaftliche Arbeit hinzuweisen, die doch einen sehr wesentlichen Bestandteil des heutigen Geschäftsverkehrs darstellt, um den Beweis zu erbringen, daß nur kalt egoistischer Geschäftsverkehr heute nicht waltet. Denken wir doch an die umfangreiche soziale Gesetzgebung! Kann man von einer Zeit, in der — man mag zu der Frage, ob die Industrie diese Lasten zu tragen verpflichtet ist oder nicht, ob sie es kann oder nicht, sich stellen wie man will — die Industrie in der sozialen Gesetzgebung derartige Lasten zu tragen hat, sagen, daß sie nur von dem kalt egoistischen Geschäftsverkehr geleitet ist?!

Auch manches andere Moment läßt sich hier heranziehen. Ich denke an die freiwilligen sozialen Aufwendungen, ich denke an die Einführung der Gewinnbeteiligung, die gerade nicht in Deutschland, aber in anderen Staaten immer mehr und mehr Eingang findet. Das dürften doch alles nicht Zeichen von einem kalt egoistischen Geschäftsverkehr sein.

Meine Herren! Lassen wir aber nun einmal das und betrachten wir uns die Gemeinwirtschaft, auf die Wilbrandt hinweist. Diese Gemeinwirtschaft ist tatsächlich nur die deutsche Uebersetzung eines Wortes, mit dem wir im allgemeinen sonst in der volkswirtschaftlichen Sprache weit mehr vertraut sind: Kommunismus. Jene Gemeinwirtschaft, wie sie Wilbrandt vorschwebt, hat in sich überhaupt gar keinen Sinn, wenn sie nicht auch gleichzeitig von der Uebernahme der sämtlichen Produktionsmittel in die Gemeinwirtschaft begleitet ist. Ferner kann niemand ernsthaft glauben, daß eine derartige Organisation, die alle Konsumenten umfaßt, die die gesamte Produktion in sich aufgenommen hat, ausschließlich auf dem Boden der Freiheit und der Freiwilligkeit beruhen kann. Eine derartige Organisation kann nur durchgeführt und aufrecht erhalten werden unter dem starken Schutze des Staates, sodaß also die Wilbrandtsche Gemeinwirtschaft auf nichts anderes herauskommt als auf eine unter ausschließlicher Machtvollkommenheit des Staates stehende Gemeinwirtschaft. Ob wir nun jene Gemeinwirtschaft der heutigen kapitalistischen Wirtschaftsordnung vorzuziehen haben, ich glaube, wir haben nicht nötig, im Augenblick dazu Stellung zu nehmen. Aber lassen Sie mich jetzt auf einen Gedanken hinweisen, dem Schulze-Delitzsch wiederholt Ausdruck gegeben hat, und zu dem wir als Schulze-Delitzschsche Genossenschaften, als Allgemeiner Verband, der Schulze-Delitzschschen Genossenschaften uns zweifellos auch heute bekennen werden.

Es liegt ja außerordentlich nahe, Genossenschaft und Sozialismus in Parallele zu stellen. Selbstverständlich war auch Schulze-Delitzsch die nahe Verwandschaft zwischen Genossenschaft und Sozialismus nicht entgangen. Wenn Sie so wollen, ist jede Genossenschaft ein Stück Gemeinwirtschaft für sich, und die Frage ist nur: wo liegt denn eigentlich die Grenze? Darauf hat Schulze-Delitzsch hingewiesen, wenn er da sagt: der Unterschied zwischen der Genossenschaft und dem Sozialismus beruht darin, daß bei der Genossenschaft die Verantwortlichkeit für das Vorwärtskommen bei dem Einzelnen liegt, bei der Person, während unter der Herrschaft des Sozialismus die Verantwortlichkeit für das Vorwärtskommen des Einzelnen auf die Allgemeinheit übertragen wird. Wenn wir uns diesen Grundgedanken des Unterschiedes zwischen Ge- Genossenschaft und Gemeinwirtschaft vergegenwärtigen, wenn wir an dem festhalten, dann werden wir allerdings zu dem Ergebnis kommen, daß zwischen Schulze-Delitzschschen Genossenschaften und der Gemeinwirtschaft im Wilbrandtschen Sinne keine Brücke besteht, daß es sich hier um zwei vollständig verschiedene Wirtschaftsanschauungen handelt, die sich durch keinerlei Brücken verbinden lassen.

Ist es nun etwas Neues, was Wilbrandt auf dem Evangelisch-sozialen Kongreß vorgetragen hat? Nach seinem Referat, nach der Art und Weise, wie auf dem Evangelisch-sozialen Kongreß insbesondere auch von Wagner zugestimmt wurde, müßte man beinahe annehmen, daß das ein ganz neues Evangelium ist, das Wilbrandt verkündet hat. Wenn Sie sich aber einmal die Mühe nehmen wollen, insbesondere die Mitteilungen über den Allgemeinen Genossenschaftstag in Baden-Baden von 1901 nachzulesen, dann werden Sie finden, daß in den damaligen Auseinandersetzungen sich viele Momente finden, die schon darauf hinweisen, daß auch da die selbständige Genossenschaft auf der einen und die Gemeinwirtschaft auf der anderen Seite sich gegenüberstanden. Aber wir brauchen nicht soweit zurückzugehen; wir können Halt machen beim Allgemeinen Genossenschaftstage in Leipzig im Jahre 1907. Es war unser verehrter Vorsitzender, Herr Verbandsdirektor Nolte, der dort ein ein Referat über Genossenschaftsbund und Genossenschaftsstaat gehalten hat und der in diesem Referat — und wir dann im Anschluß an dieses Referat durch den Beschluß des Allgemeinen Genossenschaftstages — gegen Forderungen Stellung genommen hat, die der verstorbene Generalsekretär des englischen Genossenschaftsverbandes Gray aufgestellt hatte. Ich werde vielleicht nachher darauf noch mit einigen Worten zu sprechen kommen. Ich möchte hier nur noch einmal, und zwar um die Erörterungen nicht lückenhaft erscheinen zu lassen, Verwahrung gegen die Kritik einlegen, die Wilbrandt an unserer genossenschaftlichen Arbeit geübt hat. Wilbrandt bemerkt, daß unsere Arbeit die Arbeit „rückständiger Verständnislosigkeit“ sei; und als er Literaturangaben macht, aus denen sich die Besucher des Evangelisch-sozialen Kongresses Material beschaffen können, um sich über die Grundlagen und die Geschichte des Genossenschaftswesens zu informieren, fügt er hinzu: „Sie — die Besucher des evangelisch-sozialen Kongresses — müssen zwar vermeiden, sich in dem Handwörterbuch der Staatswissenschaften zu orientieren, denn unter der Flagge objektiver Wissenschaft segelt da die langsame Fracht rückständiger Verständnislosigkeit." M. H., wir legen Verwahrung dagegen ein. Ich brauche blos auf die Erfolge unserer Arbeit hinweisen. Das genügt, um den Nachweis zu erbringen, daß der Mann, der derartige Behauptungen aufstellt, sich zum mindesten stark ununterrichtet zeigt. Er mag seinem eigenen Standpunkt nachgehen, er mag seine eigene wirtschaftspolitische Auffassung haben, aber das gibt ihm, der in der Praxis des Genossenschaftswesens wahrscheinlich noch niemals tätig gewesen ist — das zeigen auch seine Ausführungen — auch nicht das geringste Recht, dem Allgemeinen deutschen Genossenschaftsverbande und dessen Leitung derartige Vorwürfe entgegenzuschleudern und die Arbeit dieser Organisation, die sich täglich und stündlich zeigt, in der Weise zu diskreditieren, wie es hier seinerseits geschehen ist.

(Sehr richtig!)

Ich wiederhole: wenn seine Gedanken noch neu wären! Das sind sie nicht. Denn was er vorbringt, hat mindestens ebensogut ein französischer Volkswirt Proudhon ausgeführt. Die älteren Konsumvereine werden sich vielleicht noch an die Bücher von Mülberger und Busch erinnern. In diesen Büchern im Anschluß an die Proudhonsche Lehre waren die Grundgedanken der Gemeinwirtschaft mindestens ebenso glänzend durchgeführt wie in dem Wilbrandtschen Referat auf dem Evangelisch-sozialen Kongreß.

Ich selbst — das liegt mindestens schon 15 Jahre zurück — habe mich im „Arbeiterfreund" mit dem Thema „Beseitigung des Gewinnes am Preise" beschäftigt, Was heute unter der Flagge der Gemeinwirtschaft segelt, ging damals unter der Fahne „Beseitigung des Gewinnes am Preise". Es kommt genau auf dasselbe heraus: Ob man sich für Organisation der Gemeinwirtschaft, für Organisation der Konsumenten unter Einbeziehung der gesammten Produktion erklärt — oder ob man die Regelung der Produktion in dem Sinne begehrt, daß jeder Gewinn am Preise vermieden wird; so daß jeder Unternehmergewinn fortfällt und den Konsumenten zugute kommt. Nur ein anderer Ausgangspunkt! Im Wesen der Sache sind die beiden Systeme durchaus nahe verwandt.

Wir könnten hier auch die Lehren von dem Kampf gegen Zins und Rente einbeziehen. Auch in der Beziehung ist vollkommen das gleiche Bild. Was Wilbrandt auf dem Evangelisch-sozialen Kongreß vorgebracht hat, kann also durchaus nicht den Anspruch für sich erheben, irgendwas Neues in die Diskussion der Nationalökonomie hineingebracht zu haben.

Nun lassen Sie mich an den Leipziger Genossenschaftstag anknüpfen und lassen Sie mich einige Worte aus dem Referat des Herrn Verbandsdirektor Nolte zitieren. Nolte führte aus, und zwar indem er gegen das Verlangen Stellung nimmt, an die Stelle der heutigen Einzelgenossenschaften eine einzige Genossenschaft zu setzen:

„Gerade darin erblicken wir den eigentlichen Wert der Genossenschaftsbewegung, daß sie ein Mittel ist, um die breite Masse des Volkes zu aktiven und brauchbaren Gliedern des modernen Wirtschaftsorganismus zu machen, sie zur Selbständigkeit zu erziehen und in ihnen das Gefühl für Selbstbestimmung, aber auch für Selbstverantwortlichkeit zu wecken. Dadurch erheben wir sie auf ein geistig und sittlich höheres Niveau; und das ist unendlich viel mehr wert, als die Sicherung einiger materieller Vorteile, die ihnen das Programm Grays verspricht."

Worauf kommt das Programm Grays heraus? Ich glaube, wir können es auf eine einzige Formel zurückführen: daß der Großbetrieb leistungsfähiger ist als der kleinere und Mittelbetrieb, und daß der große Konsumverein, der ganz Deutschland umfaßt, leistungsfähiger ist als der kleine Konsumverein in der Kleinstadt und Mittelstadt. Zugegeben, daß die Leistungsfähigkeit der größeren Konsumvereine größer sein mag, aber dann gibt es doch gewisse Imponderabilien; und die sind es, auf die Nolte in seinem Referat hingewiesen hat. Selbständigkeit, Selbstbestimmungsrecht des einzelnen. Wer allerdings das Selbstbestimmungsrecht des einzelnen, die Selbstverantwortung des einzelnen ganz und gar gering bewertet, wer meint, es könne sich nur darum handeln, einem jeden die größtmöglichen materiellen Vorteile zuzuführen, mit dem ist selbstverständlich über diese Frage nicht zu debattieren; denn er wird gern das Selbstbestimmungsrecht und die Selbstverantwortlichkeit des einzelnen für den Preis der Verbilligung des Lebensunterhalts opfern.

Alle diese Ausführungen könnten Ihnen nun, meine Herren, vielleicht mehr oder weniger theoretischer Natur erscheinen. Denn darüber wird sich wohl auch Wilbrandt nicht im Zweifel sein: die ihm vorschwebende Gemeinwirtschaft werden wir ganz gewiß nicht erleben. Er kann sich vielleicht von dem Gedanken leiten lassen; daß wir eine ganz kleine Etappe auf diesem Wege im Laufe der Jahre zurücklegen können. Was veranlaßt uns denn im Augenblick, dazu Stellung zu nehmen? Nun, nach meinem Dafürhalten schließt diese Bewegung eine recht große aktuelle Gefahr in sich. Diese Gefahr sehe ich darin, daß jene Ziele, die da gesteckt werden, Wasser auf die Mühle der Gegner der Konsumvereine sind. Denn nun haben die Gegner der Konsumvereine eine außerordentlich bequeme und jederzeit bereite Waffe in den Händen. Sie sind in der Lage, auf die „Gemeingefährlichkeit" der Konsumvereine hinzuweisen. Gemeingefährlichkeit ist ja ganz gewiß ein außerordentlich dehnbares Wort, das viel mißbraucht wird. Die Konsumvereine wissen es aus Erfahrung. Aber nun handelt es sich ja nicht mehr um einen neuen Konkurrenten im Rahmen der heutigen Wirtschaftsordnung, sondern um eine Organisation, die zielbewußt die kapitalistische ersetzen soll durch die — Gemeinwirtschaft. Wir identifizieren uns nicht mit den ängstlichen Gemütern, die schon sehen, wie die Wirtschaftsordnung erschüttert ist. Aber es ist ja heute nicht zum ersten Male, daß ich darauf hingewiesen habe, daß die Konsumvereine nicht ihre Gegner zu fürchten haben, sondern ihre Ueberfreunde, daß die Gefahr, die den Konsumvereinen entstehen kann, nicht im gegnerischen Lager liegt, sondern dort, wo man in maßlosen Uebertreibungen das Ziel der Konsumvereine steckt und wo man die Konsumvereine als ein Mittel — ich sage nicht: des

Umsturzes — aber jedenfalls als ein Mittel betrachtet, das gegen existenzberechtigte wirtschaftliche Gebilde gerichtet ist.

Stammverwandt sind die Ausführungen Wilbrandts mit denen, denen wir im Zentralverbande Deutscher Konsumvereine begegnen. Wilbrandt betont auch die Neutralität des Zentralverbandes deutscher Konsumvereine. Es schien dem Zentralverbande deutscher Konsumvereine eine aufrichtige Freude zu bereiten — das geht aus verschiedenen Aeußerungen seines Organs hervor —, daß dem Allgemeinen deutschen Genossenschaftsverbande von Schmoller zum Vorwurf gemacht wird, er habe eine politische Tendenz. Der Zentralverband Deutscher Konsumveine sagt: Siehst du, auch dir wird der Vorwurf gemacht, du wärest politisch; sei daher vorsichtig, wenn du gegen andere Richtungen einen ähnlichen Vorwurf erheben willst.

Im Zentralverbande Deutscher Konsumvereine übersieht man dabei nur etwas, was ich nicht als Kleinigkeit betrachtet sehen möchte. Der Zentralverband Deutscher Konsumvereine hat sich gegen ihm außerordentlich nahestehende Freunde zu wehren, die ihn für ihre politischen Bestrebungen einfangen möchten und die bei seinen Genossenschaften den Gedanken der Neutralität bekämpfen; wir dagegen haben uns zu wehren gegen den Vorwurf der politischen Tendenz, der von den Gegnern des Allgemeinen Verbandes herkommt. Es ist ein himmelweiter Unterschied, ob politische Freunde die Organisation für sich mit Beschlag zu belegen suchen, oder ob von anderer Seite der unberechtigte Vorwurf der politischen Tendenz gemacht wird.

M. H., das Bündnis zwischen dem Zentralverband Deutscher Konsumvereine und den Gewerkschaften ist von mir in meinem Bericht gestreift. Ich muß in diesem Augenblick auch darauf hinweisen, weil dieses Bündnis für Professor Wilbrandt merkwürdigerweise gar nicht zu bestehen scheint. Verfolgen Sie die Geschichte der Konsumvereinsbewegung. Die Bewegung ist langsam aber stetig Schritt für Schritt vorwärts gegangen — hat dem Bedürfnis nach der Gründung weiterer und der Entwicklung alter Konsumvereine entsprochen. Dann aber setzte ein Augenblick ein, wo die Konsumvereinsbewegung völlig sturmflutartig in die Höhe ging. Sind nun mit einem Male den Konsumenten die Schuppen von den Augen gefallen? Haben sie sich mit einem Male von der vorzüglichen Arbeit der Konsumvereine überzeugt? Strömen sie deswegen in hellen Scharen zu den Konsumvereinen? Keine Rede davon. Nein, die Aenderung in dem Bilde vollzog sich in dem Augenblick, als die Gewerkschaften für die Konsumvereine mobil gemacht wurden, nachdem die Sozialdemokratie auf dem 8. Internationalen Sozialistenkongreß in Kopenhagen 1910 und auf dem Deutschen Parteitag in Magdeburg 1910 ihre freundliche Verbeugung vor den Konsumvereinen gemacht hatte, und die Gewerkschaften aufforderte: Geht in die Konsumvereine, um sie zu sozialisieren. Das war der Wendepunkt, der offenbar Wilbrandt ganz entgangen ist. Die sprungweise Entwicklung der Konsumvereine kommt nicht auf das Konto der Erkenntnis der Konsumenten — sondern auf den Einfluß der Gewerkschaften. Die Gewerkschaften sind es gewesen, die die Konsumvereine zu der Entwicklung gebracht haben, in der sie sich heute befinden. Und diese wieder unter dem Einfluß sozialdemokratischer Tagungen. So sieht das richtige Bild aus.

Nun, m. H., der Mittelstand! Gewiß ein Wort, mit dem unendlich viel Mißbrauch getrieben wird, ein Wort, mit dem sehr schwer zu arbeiten ist. Mittelstandspolitik ist ein dehnbarer Begriff, der eine legt ihn so aus, der andere so. Das Wort Mittelstandspolitik ist ein Schlagwort oder ein Wort des politischen Kampfes. Hier habe ich nicht nötig, mich mit dem Wort Mittelstandspolitik etwa eingehend zu beschäftigen. Indem Wilbrandt die Gemeinwirtschaft in ihren hellsten Farben schildert und nun zeigen will, was bei der Entwicklung auf dem Wege liegen bleibt, sagt er, der Mittelstand ist ein kleiner Rest, der von den Selbständigen noch übrig geblieben ist. Da sind wir anderer Meinung, und ein jeder, der mit offenen Augen das wirtschaftliche Leben ansieht, wird gefunden haben, daß der Rest von Selbständigen, der noch übrig geblieben ist, denn doch nicht gar so klein ist.

(Sehr richtig!)

M. H., vielleicht berührt sich Wilbrandt mit Sombart, der vom Traume des Genossenschaftswesens gesprochen hat. Aber auch Sombart geht von falschen Voraussetzungen aus. Er meint, es wäre Aufgabe der Genossenschaften, den gewerblichen Mittelstand, das Handwerk in der Verfassung zu halten, in der der Mittelstand früher gewesen ist. Das ist die falsche Voraussetzung. Aufgabe der Genossenschaften ist es nicht, das Handwerk in der alten Verfassung zu erhalten, sondern zur kapitalistischen Betriebsweise auszubilden. Die Erfolge, die unsere Genossenschaften aufzuweisen haben, reden eine außerordentlich beredte Sprache, sie zeigen, daß die Arbeit, die auf diesem Gebiet aufgewendet ist, keine vergebliche war. Wenn mithin Wilbrandt von einem kleinen Reste spricht, der von den Selbständigen noch übrig geblieben ist, so befindet er sich zum mindesten in einem starken Irrtum.

(Sehr richtig!)

M. H., lassen Sie mich nun auch hier die programmatische Erklärung abgeben, die für die Arbeit in unserem Allgemeinen Genossenschaftsverbande maßgebend ist. Wir stehen auf dem Boden der heutigen Wirtschaftsordnung, weil wir sie aus wirtschaftlichen und politischen Gründen erhalten wissen wollen, weil wir der Meinung sind, daß die Gemeinwirtschaft jede Lebenskraft im einzelnen ertötet. Wilbrandt verurteilt die Bekämpfung der Konsumvereine; aber ich wiederhole: er liefert die Konsumvereine den Gegnern aus mit den Zielen, die er der Konsumvereinsbewegung steckt. Mit seinen Uebertreibungen kann Wilbrandt auf allen Gebieten des Genossenschaftswesens weite Ziele stecken; er kann die Behauptung aufstellen, daß es auch das Endziel des landwirtschaftlichen Genossenschaftswesens ist, die einzelne Existenz aufzuheben und zu ersetzen durch den Allgemeinbetrieb. Wilbrandt wäre auch in der Lage, die Wohnungsfrage in ähnlicher Weise zu behandeln. Das sind die Uebergenossenschafter, die die natürlichen Reibungen und Schwierigkeiten nicht kennen oder nicht sehen wollen, die in dem Menschen schließlich nur eine lebende Figur sehen, die möglichst billig und gut zu ernähren ist.

M. H., lassen Sie uns nun das Bild von einem anderen Standpunkt aus betrachten, indem ich jetzt zu dem Teil des Antrags komme, der sich auf die Bezirkskonsumvereine bezieht. Bezirkskonsumverein ist auch ein dehnbarer Begriff. Was wir aber hier unter den Bezirkskonsumvereinen sehen, das sind gewisse Entwicklungstendenzen; auch dieser Bezirkskonsumverein ist nichts anderes als eine vorübergehende Erscheinung. Ich komme noch darauf zu sprechen.

Auch mit den Bezirkskonsumvereinen beschäftigen wir uns auf diesem Allgemeinen Genossenschaftstage nicht zum erstenmal, sondern wir haben uns bereits auf dem Freiburger Genossenschaftstage (1909) mit diesem Gegenstand befaßt. Seitdem hat die Bezirkskonsumvereinsbewegung eine ganz außerordentliche Ausdehnung angenommen, und ich möchte mir gestatten, Ihnen aus den auf dem Bureau des Allgemeinen Verbandes aufgestellten Zusammenstellungen hier einige Angaben zu machen. Die Bezirkskonsumvereinsbewegung hat sich vor allen Dingen bemerkbar gemacht in Thüringen, den Rheinlanden, Westfalen und Nord-Westdeutschland. Allein in Thüringen sind in den letzten drei Jahren 27 Verschmelzungen vollzogen worden. Die Aufstellung ist schon einige Wochen alt. Wer in den letzten Wochen die „Konsumgenossenschaftliche Rundschau" gelesen hat, wird wissen, daß kaum eine Woche vergeht, ohne daß sich Verschmelzungen von Konsumvereinen vollziehen. Auch in Süddeutschland, vor allem in Bayern, in der Lausitz, in Schlesien, im Erzgebirge, in Hannover, Hessen-Nassau, Mecklenburg, im Harz, — überall begegnen wir der Entwickelung der Bezirkskonsumvereinsbewegung. Nach einer Schrift von Verbandssekretär Rupprecht vom Thüringer Verband, die vor einiger Zeit erschien, bestanden, soweit der Zentralverband in Betracht kommt, 108 Bezirkskonsumvereine. Man hält diese Zahl in jenen Kreisen noch nicht für groß, es seien nur 9,4% der Verbandsvereine. Die 108 Bezirkskonsumvereine unterhalten 1701 Verkaufsstellen, ihre Mitgliederzahl beträgt 683583, das sind 52% der Gesamtmitgliederzahl der Konsumvereine des Zentralverbandes.

M. H., soviel über den augenblicklichen Stand der Bezirkskonsumvereinsbewegung. Um diese Bewegung richtig zu ergreifen, müssen wir uns schon in die Ziele des Zentralverbandes Deutscher Konsumvereine hineinversetzen oder vielmehr, was in diesem Augenblick richtiger ist, in die Ziele der Hamburger Großeinkaufsgesellschaft. Ehe ich da weiter auf die Bezirkskonsumvereine eingehe, will ich halt machen bei der Frage der Produktivgenossenschaft. Auch Sie, m. H., wird es vielleicht interessieren zu hören, welche Stellung die Hamburger Großeinkaufsgesellschaft zu den Produktivgenossenschaften eingenommen hat und einnimmt.

Schon oft ist auch bei uns auf die englischen Konsumvereine hingewiesen worden als Vorbilder für die deutschen Konsumvereine, vor allen Dingen, was die Organisation anlangt; und weiter auch als ein

Vorbild für den gemeinschaftlichen Wareneinkauf. Nun zeigt sich in England der gewiß interessante Vorgang, wie der fest geschlossene Wareneinkauf ein Hindernis für das Aufkommen selbständiger Produktivgenossenschaften ist. Es ist darüber in England noch zu Neale's Zeiten zu schweren Kämpfen zwischen der Leitung des Verbandes und der Großeinkaufsgesellschaft gekommen. Letzterer ist als Sieger aus dem Kampf herausgekommen. Wie steht es nun damit in Deutschland in dem Verbande, der sich für den gemeinschaftlichen Wareneinkauf streng an den englischen Verband angelehnt hat? Allerdings zu Kämpfen im wahren Sinne des Wortes um die selbständigen Produktivgenossenschaften ist es hier nicht gekommen, die Kämpfe haben sich außerordentlich einfach geregelt. Es ist zwischen dem Zentralverband Deutscher Konsumvereine und der Generalkommission der Gewerkschaften über die Gründung von Produktivgenossenschaften ein Abkommen getroffen, und in dieses Abkommen ist sogar die Produktion der Konsumvereine eingeschlossen. Das Abkommen geht dahin, daß der einzelne Konsumverein zur Produktion nur insoweit übergehen soll, als es sich um die Befriedigung des lokalen Bedürfnisses handelt, es soll keinem Konsumverein einfallen, etwa eine Produktion in die Wege zu leiten, die über die Befriedigung des lokalen Marktes hinausgeht, und insofern etwa der Hamburger Großeinkaufsgesellschaft Konkurrenz machen könnte. Es muß alles vermieden werden, was auch nur wie Konkurrenz aussehen könnte. Und da in den Kreisen der Gewerkschaften eine Bewegung sich entwickelt hatte, die daraufhin zielte, Arbeiter, die im Streik brotlos geworden, in Arbeiterproduktivgenossenschaften zu beschäftigen — wurde weiter zwischen dem Zentralverband Deutscher Konsumvereine und den Gewerkschaften vereinbart, daß derartige Produktivgenossenschaften nur als vorübergehende selbständige Genossenschaften betrachtet werden sollen, denn der Hamburger Großeinkaufsgesellschaft ist alle Produktion vorzubehalten. Das stimmt weiter vollständig überein damit, daß die Hamburger Großeinkaufsgesellschaft bestehende Produktivgenossenschaften aufgekauft hat. Ich denke dabei an die Tabakarbeitergenossenschaft Hamburg, für deren Beseitigung als selbständige Genossenschaft gewiß kein Bedürfnis vorlag — abgesehen von dem Bedürfnis der Hamburger Großeinkaufsgesellschaft. Also: die Gewerkschaften sollen nicht die Möglichkeit haben, selbständige Produktivgenossenschaften zu gründen und den Konsumvereinen soll die Produktion möglichst beschnitten werden.

Ich habe schon an einer anderen Stelle auf die finanziellen Verhältnisse der Hamburger Großeinkaufsgesellschaft hingewiesen. Auch bei dieser Gelegenheit möchte ich mich ein paar Augenblicke mit den finanziellen Verhältnissen beschäftigen. Auch in diesem Zusammenhang nehme ich keinen Anstand zu erklären: alle Hochachtung vor der gewaltigen wirtschaftlichen Organisation, die sich dort entwickelt, freilich mit dem Zusatz: diese Entwickelung ist nicht zurückzuführen auf die dem Zentralverbande innewohnende eigene Kraft, sondern auf die Unterstützung, die der Zentralverband von den Gewerkschaften bekommen hat. Nun hat man um den finanziellen Einfluß zu festigen und zu sichern, dem Verband die „Volksfürsorge“ angegliedert; sie wird selbstverständlich neue Mittel der Hamburger Großeinkaufsgesellschaft zuführen. Aber zur Zeit scheint man denn doch bei der Hamburger Großeinkaufsgesellschaft nicht über zu viel flüssige Mittel zu verfügen. Das beweist nicht nur die letzte Kapitalerhöhung — daraus allein würde man es nicht folgern können —, sondern die Art und Weise, wie Gesellschafter oder solche, die es werden wollen, von der Hamburger Großeinkaufsgesellschaft angegangen sind, an der Kapitalerhöhung teilzunehmen. Auch das nur nebenbei, um darauf hinzuweisen, daß doch anscheinend so groß und schön die Früchte dort nicht werden, wie man es vielfach hinzustellen sucht.

Lassen Sie mich jetzt noch einmal Stellung nehmen zu den Bezirkskonsumvereinen. Man spricht von Selbstverwaltung auch dort drüben im Zentralverbande Deutscher Konsumvereine, und doch meine ich, daß die Ziele, die man mit der Gründung der Bezirkskonsumvereine verfolgt, der Selbstverwaltung so feindlich gegenüber stehen, wie es überhaupt nur denkbar ist. Der Bezirkskonsumverein bedeutet das Aufgeben der Selbständigkeit bei den einzelnen Konsumvereinen. Die einzelnen Konsumvereine fusionieren sich, sie bilden nicht blos eine Interessengemeinschaft, sondern schließen sich zu einer einheitlichen Genossenschaft zusammen. M. H., Sie haben vorhin von den 108 Bezirkskonsumvereinen mit einer halben Million Mitglieder gehört. Ein jeder von diesen Bezirkskonsumvereinen stellt in sich eine stattliche wirtschaftliche Größe da. Haben wir es in diesen Bezirkskonsumvereinen überhaupt noch mit einer Genossenschaft im wahren Sinn des Wortes zu tun? sind diese Bezirkskonsumvereine überhaupt noch Organisationen der Selbstverwaltung ihrer Mitglieder? Nach meinem Dafürhalten muß das mit aller Entschiedenheit bestritten werden. Und jede Verwaltung eines Konsumvereins, an die die Frage herantritt: willst du dich fusionieren? muß sich darüber vollständig im klaren sein, daß es mit ihrer Selbständigkeit zu Ende ist, daß der bisher selbständig bestandene Konsumverein zu einer Filiale des Bezirkskonsumvereins herabsinkt.

Der Verband, den ich als den Westdeutschen Konsumvereinsverband auch heute noch bezeichnen möchte, hat in der letzten Nummer seines Organs sich auch mit der Frage der Bezirkskonsumvereine beschäftigt. Er bespricht den hier vorliegenden Antrag, und während er einer Reihe Absätze dieses Antrags zustimmt, ist er der Meinung, daß das, was wir hier über die Bezirkskonsumvereine äußern, der inneren Begründung entbehre. Das erklärt sich sehr einfach, denn die Entwicklung, die im Westdeutschen Konsumvereinsverbande, im sog. „Reichsverbande" der Deutschen Konsumvereine sich vollzieht, ist eine vollständige parallele Bewegung zu der Entwickelung im Zentralverbande Deutscher Konsumvereine.

(Sehr richtig!)

Ich betone und wiederhole noch einmal: wie die Dinge heute liegen, steht und fällt der Zentralverband Deutscher Konsumvereine mit den Gewerkschaften. Im Verbande der Westdeutschen Konsumvereine sehen wir eine Annäherung der Westdeutschen Konsumvereine an die christlichen Gewerkschaften, und der Westdeutsche Konsumvereinsverband hat einen gemeinschaftlichen Einkauf organisiert nach dem Muster des gemeinschaftlichen Wareneinkaufs im Zentralverbande Deutscher Konsumvereine.

Es ist eine Eigenart dieses so konstruierten gemeinschaftlichen Wareneinkaufs, daß es sich nicht darum handelt, in freier Konkurrenz den Konsumvereinen das Beste zu bieten, in freier Konkurrenz und Wettbewerb den Konsumvereinen zu zeigen: hier unsere Waren sind besser und billiger! — darauf gehen jene Bestrebungen nicht hinaus, sondern im Gegenteil, sowohl bei der Hamburger Großeinkaufsgesellschaft wie bei der Großeinkaufsgesellschaft des Reichsverbandes der Deutschen Konsumvereine heißt es: unter Ausschluß der Konkurrenz sich selbst zum einzigen und alleinigen Lieferanten der Konsumvereine machen.

Ich habe es nicht nötig, das im einzelnen weiter auseinander zu setzen. Es liegt auf der Hand, wie tief der Unterschied zwischen unseren wirtschaftlichen Auffassungen und denen des Zentralverbandes ist. Aus dieser verschiedenen Auffassung heraus sind auch zum allergrößten Teil die Differenzen schon früher entstanden zwischen der Hamburger Großeinkaufsgesellschaft und dem Allgemeinen Deutschen Genossenschaftsverbande, als die Hamburger Großeinkaufsgesellschaft noch Mitglied des Allgemeinen Verbandes war, — als man vom Allgemeinen Verbande und den Unterverbänden forderte, daß von den Einkaufstagen die Konkurrenz ausgeschlossen sein, daß hier allein die Hamburger Großeinkaufsgesellschaft erscheinen sollte. Dagegen nahmen wir Stellung. Der Hamburger Großeinkaufsgesellschaft war es schon damals nicht darum zu tun, den Konsumvereinen das Beste zu liefern, sondern sie unter ihren alleinigen Einfluß zu bringen. Ich wiederhole auch: die Parallelbewegung zum Zentralverbande der deutschen Konsumvereine zeigt sich im Westdeutschen Konsumvereinsverbande, hier die christlichen Gewerkschaften, dort die freien Gewerkschaften — und darauf baut sich das Gebäude auf.

Wenn Sie sich nur vergegenwärtigen wollen die Entwicklung der Großeinkaufsgesellschaft unter dem Gesichtspunkte der Beeinflussung der Produktion, — und wie sie seinerzeit im Allgemeinen Verbande schon jegliche Konkurrenz ferngehalten zu sehen wünschte, dann werden Sie mir zustimmen, daß auch die Bezirkskonsumvereine nur eine Etappe auf dem weiter zu verfolgenden Wege sind. Ueber die Bezirkskonsumvereine wird die Organisation und der Einfluß der Hamburger Großeinkaufsgesellschaft ebenso zur Tagesordnung übergehen, wie man heute zur Tagesordnung übergeht über die Einzelkonsumvereine. Je größer das Gebilde, desto leichter der Einfluß der Hamburger Großeinkaufsgesellschaft. Die Fäden zwischen den Bezirkskonsumvereinen und der Hamburger Großeinkaufsgesellschaft wird man schon so ziehen, daß sie fest in der Hand der Hamburger Großeinkaufsgesellschaft bleiben. Die Bezirkskonsumvereine werden schließlich nichts anderes sein als Filialen der Hamburger Großeinkaufsgesellschaft — wie die einzelnen Konsumvereine nur Filialen der Bezirkskonsumvereine sind.

(Sehr richtig!)

M. H., es könnte vielleicht die Frage aufgeworfen werden: ja, wohin geht denn eigentlich die Reise? Wird es der Hamburger Großeinkaufsgesellschaft gelingen, sich alles untertan zu machen? Da muß ich auf den Ausgangspunkt meiner Ausführungen zurückkommen. Die Verbindung zwischen den Konsumvereinen und den Gewerkschaften hat zurzeit einen ganz gewaltigen wirtschaftlichen Vorteil für die Konsumvereine; aber man muß sich auch darüber im klaren sein, daß in dem Augenblick, in dem etwa eine Spaltung eintritt in den freien Gewerkschaften, die mit diesen verbundenen Konsumvereine aufs tiefste in ihrem Bestande werden erschüttert werden. Das Band, das die Konsumvereine umschließt, ist ein verhältnismäßig loses. Lassen Sie einmal eine Gewerkschaft sich spalten und lassen Sie in der Gewerkschaft, die absplittert, die Parole ausgeben: gründen wir einen neuen Konsumverein! — und mit fliegenden Fahnen gehen die Mitglieder hinüber und gründen einen neuen Konsumverein.

(Sehr richtig!)

M. H., unsere Konsumvereine gehen schweren Zeiten entgegen. In den Generalversammlungen unserer Konsumvereine werden sich immer schwerere Kämpfe abspielen. Sie haben es bis jetzt nur zu tun gehabt mit den Abgesandten der freien Gewerkschaften, die Einfluß auf die Zusammensetzung des Aufsichtsrates und Vorstandes gewinnen wollen. Schon machen sich Anzeichen dafür bemerkbar, daß die Generalversammlungen unserer Konsumvereine den Tummelplatz für die freien und christlichen Gewerkschaften abgeben sollen.

(Sehr richtig!)

In den Generalversammlungen wird der Versuch gemacht werden, den Konsumverein mal hier und mal dort herüberzuziehen, Welches Rezept dagegen anzuwenden ist? Ich bin selbstverständlich nicht in der Lage, jedem ein Rezept zu verschreiben. Ich kann Sie nur aufmerksam machen auf die außerordentlich großen Schwierigkeiten, denen die Konsumvereine, die selbständig bleiben wollen, entgegengehen.

M. H., alles, was die Gegner bisher versucht haben zu tun, um die Entwicklung der Konsumvereine aufzuhalten, ist ins Gegenteil umgeschlagen. Aber was diese Ueberfreunde der Konsumvereine den Konsumvereinen antun, das wird sicher auf die Dauer nicht spurlos an den Konsumvereinen vorübergehen. Das sind nicht etwa genossenschaftliche Interessen, die im Vordergrunde stehen — sondern das sind ganz anders geartete Interessen!

Der Antrag, mit dem wir uns hier zu befassen haben, ist von grundsätzlicher Bedeutung. In diesem Antrage habe ich absichtlich keine Einzelheiten hineinkonstruiert, sondern ich wollte mit diesem Antrage programmatisch den von uns in diesen Fragen eingenommenen Standpunkt zum Ausdruck bringen. So ist auch der Antrag erfreulicherweise in der Presse meist verstanden worden. Und da möchte ich nun einen Mann über die Tätigkeit der Schulze-Delitzschschen Genossenschaft zitieren, den wir gestern und heute nicht als unsern Freund kennen gelernt haben. M. H.! Schmoller muß nicht immer in den Schulze-Delitzschschen

Genossenschaften nur freisinnig-fortschrittliche Konventikel erblickt haben, sondern es hat eine Zeit gegeben, wo er der Arbeit der Schulze-Delitzsch'schen Genossenschaften voll gerecht wurde. Aus jener Zeit stammt eine Aeußerung von Schmoller, die da lautet:

„Die Genossenschaften können die Tausende von teilnehmenden kleinen Bürgern und Arbeitern nicht plötzlich zu etwas ganz anderem machen, aber sie heben sie technisch, geschäftlich und sozial empor. Sie schaffen eine große Zahl von neuen Organen, die modern wirtschaften, teilweise einen vollendeten Mittel- und Großbetrieb haben und doch in Leitung, Mitgliedschaft und Besitzanteilen bis in die untersten Kreise hinabreichen; sie erhalten die bestehenden kleinen und mittleren gesunden Betriebe und füllen die soziale Kluft zwischen dem Großunternehmer und den kleinen Leuten aus."

Das gilt für alle Genossenschaftsarten. Das ist die richtige Bewertung von der Aufgabe der Genossenschaften. Unter diesen Gesichtspunkten arbeitet unsere Schulze-Delitzsch'sche Organisation. Nicht die Gemeinwirtschaft ist das Ziel der Schulze-Delitzsch'schen Genossenschaft, sondern die technische, geschäftliche und soziale Hebung des einzelnen. Das habe ich in diesem Antrage zum Ausdruck bringen wollen, indem ich Worte unseres Altmeisters Schulze-Delitzsch zitierte. In diesem Rahmen hat der Konsumverein volle Existenzberechtigung. Die Bestimmung des Konsumvereins ist nicht Kampf und Vernichtung. Der Konsumverein bietet nicht den Boden der Gemeinwirtschaft, sondern in dem Konsumverein sehen wir die Wahrung der berechtigten Interessen auch der kleinsten Haushaltungen, um Vorteile aus kaufmännischen Betrieben zu ziehen. Nicht der — möchte ich zum Schluß behaupten — ist der beste Freund des Genossenschaftswesens, der alles in den Rahmen der genossenschaftlichen Organisation zwängen will, sondern der, der das Genossenschaftswesen in den durch die heutige Wirtschaftsordnung gegebenen Grenzen zu halten wünscht. Hier hat das Genossenschaftswesen in seinen vielfach verzweigten Gebilden große und wirtschaftliche Aufgaben zu erfüllen. Diesen Aufgaben wird sich aber das Genossenschaftswesen nur so lange gewachsen zeigen, als es sich von allen Fremdkörpern fernhält.

Ich sagte: der Antrag, der Ihnen unterbreitet wird, enthält eine programmatische Erklärung. Auf dem Verbandstage der Konsumvereine der Provinz Sachsen hat man es für notwendig erachtet, ihm noch einen Zusatz zu geben, in dem ausdrücklich die Existenzberechtigung der Konsumvereine anerkannt werden soll. Ich habe in meinem Antrag einen derartigen Satz nicht eingefügt, weil ich der Meinung war, daß ich, indem ich die Tendenz der Genossenschaften unter Hinweis auf die Worte von Schulze-Delitzsch festlegte, auch gleichzeitig die Konsumvereine mit einbegriffen habe. Ich möchte von vornherein aber erklären, daß ich damit einverstanden bin, wenn Sie noch diesen Zusatzantrag annehmen wollen.

Wenn Sie mich nun fragen, meine Herren, welche wirtschaftliche und soziale Bedeutung dieser Antrag eigentlich hat, so ist es außerordentlich schwierig, darauf die Antwort zu erteilen. Aus meinen vorherigen Ausführungen werden Sie schon entnommen haben, daß ich die heutige Lage der Konsumvereine für recht schwierig erachte, daß ich keinen Augenblick die schwierigen wirtschaftlichen Kämpfe verkenne, in denen die Konsumvereine sich befinden und in die sie noch weiter hineingezogen werden. Das darf uns aber nicht abhalten, das Ziel, das wir erstreben, fest im Auge zu halten und gelegentlich auch auf einem Allgemeinen Genossenschaftstage uns immer wieder zu diesem Ziele zu bekennen.

Im übrigen habe ich die Ueberzeugung, daß man sich in den Kreisen der Konsumvereine über die Bedeutung der Bezirkskonsumvereinsbewegung keineswegs überall im klaren ist, daß man dort vielfach in die Bezirkskonsumvereinsbewegung hineinsteuert, ohne recht zu wissen, wohin der Weg geht, daß man die Selbständigkeit preisgibt, ohne sich darüber im klaren zu sein, wie groß eigentlich der Kaufpreis dafür ist. Ich habe die Hoffnung, daß nach der Richtung mit diesem Antrag aufklärend gewirkt werden wird, und möchte Sie nur bitten, in all den Kreisen, die Ihnen zugängig sind, dafür Sorge zu tragen, daß dort von diesem Antrage Notiz genommen wird, nicht im Interesse einseitiger Interessen, sondern im Interesse der Erhaltung selbständiger Lebewesen; und selbständige Lebewesen sind Konsumvereine, die als einzelne Wirtschaftsgebilde ihren Weg zu verfolgen in der Lage sind. Leicht sind derartige Lebewesen zu vernichten, aber sehr schwer ist es, für sie Ersatz zu schaffen. Die Konsumvereinsbewegung, die unter den Fittichen des Zentralverbandes deutscher Konsumvereine sich vollzieht, ist die Vernichterin der einzelnen Konsumvereine, der einzelnen Genossenschaften. Und wenn im Zentralverbande Deutscher Konsumvereine und in der „Konsumgenossenschaftlichen Rundschau“ nach wie vor das Banner entrollt wird und wir die Behauptung hören und lesen, dort finde sich der eigentliche Hort für die Konsumvereinsbewegung — nun, ich zweifle keinen Augenblick an der Ehrlichkeit derer, die derartige Behauptungen in die Welt setzen, aber ich sage: das, was ihr tut, steht im Gegensatz zu dem, was ihr behauptet; denn die Bezirkskonsumvereinsbewegung zielt nicht ab auf den Ausbau und auf die Erweiterung selbständiger Konsumvereine, sondern diese Bewegung vollzieht sich zur höheren Ehre der Hamburger Großeinkaufsgesellschaft.

(Sehr richtig!)

Die Hamburger Großeinkaufsgesellschaft ist der Ausgangspunkt und der Endpunkt der ganzen Konsumvereinsbewegung im Zentralverbande Deutscher Konsumvereine, und der Zentralverband Deutscher Konsumvereine, mag er es mir übel nehmen, ich kann ihm nicht helfen, der Zentralverband Deutscher Konsumvereine in seiner heutigen Verfassung ist nichts anderes als die Schutztruppe der Hamburger Großeinkaufsgesellschaft.

(Stürmischer anhaltender Beifall.)

Vorsitzender Verbandsdirektor Nolte-Lüdenscheid: Meine Herren! Der Antrag des Herrn Anwalts, den Sie soeben in so vorzüglicher Weise begründet gehört haben, hat, wie eben schon erwähnt, einen Zusatzantrag des Verbandes der Konsumvereine der Provinz Sachsen und der angrenzenden Provinzen und Staaten zur Folge gehabt, der mit dem ersten Antrag in engem Zusammenhang steht. Ich halte es deshalb auch für richtig,

daß wir zunächst die Begründung des Zusatzantrages hören und dann in die Besprechung beider Anträge eintreten.

Ich bitte jetzt Herrn Verbandsdirektor Senator Ernst, den Zusatzantrag zu begründen.

Berichterstatter Verbandsdirektor **Ernst**-Grund: Sehr geehrte Herren! Es wird mir naturgemäß sehr schwer werden, nach den überaus interessanten Ausführungen des Herrn Anwalts, die Sie auf lichtere Höhen geführt haben, mit den Ausführungen, die ich mehr oder weniger der nüchternen Wirklichkeit zu entnehmen habe, in etwas Ihr Interesse zu fesseln. Ich werde mich ja auch nicht sehr lange an Sie zu wenden haben, denn der größte Teil dessen, was unser Zusatzantrag begründen soll, ist von dem Herrn Anwalt vorweg genommen worden.

Vor Abhaltung des Verbandstages in Holzminden war mir gegenüber der Wunsch zum Ausdruck gebracht worden, daß auf diesem Verbandstage wieder einmal Stellung zu den vielseitigen Angriffen genommen werden möchte, deren sich die Konsumvereinsbewegung gerade in den letzten Jahren zu erfreuen hatte. Ich persönlich muß sagen, ich habe zunächst recht ungern und mit einem gewissen Widerstreben diesem Wunsche Rechnung getragen; denn es ist mir im Laufe der Jahre bekannt geworden, daß auf diesem Gebiete sich sehr leicht eine unfruchtbare Polemik hüben und drüben entspinnt, die zu nichts führt, und daß sich daraus auch mitunter unerwünschte Konsequenzen ergeben, die man nicht vorhersehen kann. Wenn ich mich trotzdem schließlich gern damit einverstanden erklärt habe, daß auf dem Verbandstage in Holzminden der Gegenstand zur Besprechung kommen sollte, so leitete mich dabei der Umstand, daß mir von den Holzmindener Freunden gesagt werden konnte, Holzminden sei der Sitz sowohl einer Handelskammer wie einer Handwerkskammer, und es würde sich Gelegenheit bieten, Auge in Auge mit den Vertretern dieser Organisationen zu verhandeln und sich vielleicht über das, was uns von ihnen trennt, etwas zu verständigen. Nur unter diesem Gesichtspunkte hatte ich, ehrlich gesagt, ein Interesse daran, daß die Materie auf die Tagesordnung unseres Verbandstages gesetzt wurde. Der beabsichtigte Zweck ist nun leider dadurch illusorisch geworden, daß weder die Vertreter der Handelskammer noch der Handwerkskammer sich zu unseren Beratungen eingefunden haben, obwohl sie von mir zeitig und in jedenfalls liebenswürdiger Weise dazu eingeladen waren.

Was wir nun heute durch unseren Zusatzantrag wollen, und was wir gern von ihnen bestätigt sehen möchten, m. H., ist ja schon früher vom Allgemeinen Genossenschaftstage zum Ausdruck gebracht worden. Aber der Herr Anwalt hat bereits ausgeführt, daß die Konsumvereine nicht allein augenblicklich schon mitten in einem ganz besonderen Kampfe stehen, sondern daß dieser Kampf wahrscheinlich noch immer heftiger entbrennen wird. Das ist wohl auch die Voraussetzung des Wunsches gewesen, daß der Allgemeine Genossenschaftstag in seiner Zusammensetzung in Kreditgenossenschaften, Baugenossenschaften und Konsumvereinen uns durch Annahme dieses Zusatzantrages in dem uns bevorstehenden Kampfe den Rücken stärken möchte.

Zum Antrage selbst möchte ich als selbstverständlich vorausschicken, daß die Konsumvereine des Allgemeinen Verbandes auf dem Boden und in dem Rahmen der heutigen Wirtschaftsordnung arbeiten und auch weiter arbeiten möchten. Das wird auch jedenfalls Ihre allgemeine Zustimmung finden. Wir alle haben die Auffassung, daß die heutige Wirtschaftsordnung, die dem deutschen Volke ungeahnte Erfolge auf wirtschaftlichem Gebiet verschafft hat, die der deutschen Bevölkerung und nicht zuletzt der minderbemittelten Bevölkerung eine gar nicht vorherzusehende Verbesserung ihrer Lebenshaltung gebracht hat, ganz gewiß — in absehbarer Zeit wenigstens — diejenige sein wird, mit der wir uns wirtschaftlich wohl fühlen und unter welcher wir auch gern weiter arbeiten möchten. Obwohl wir nun aber auf dem Boden dieser Wirtschaftsordnung stehen und obwohl wir des öfteren gelegentlich unserer Verbandstage und sowohl in unserer Literatur wie durch unsere Betätigung selbst zum Ausdruck gebracht haben, daß wir ruhige, friedliche und fruchtbringende Arbeit leisten möchten und dabei niemandem in ungerechter Weise in den Weg treten wollen, sind die Konsumvereine trotzalledem der Gegenstand fortwährender heftiger Angriffe. Diese Angriffe kommen ja, wie Ihnen bekannt ist, von verschiedenen Seiten. Einmal erfolgen diese Angriffe aus dem Lager, das der Herr Anwalt als das unserer Ueberfreunde bezeichnet. Dann erfreuen wir uns selbstverständlich auch nicht der Freundschaft derjenigen Berufsklassen, die als Privatleute demselben Erwerbszweig nachgehen, den wir für unsere Mitglieder ins Leben rufen möchten.

Was die Angriffe aus dem eigenen Lager anbetrifft, so darf ich mich dabei bescheiden, daß ich alles das, was der Herr Anwalt bezüglich dieser Angriffe und bezüglich der Freundschaft aus diesem Lager angeführt hat, auch für die Begründung unseres Zusatzantrages in Anspruch nehmen möchte. Ich möchte nur noch erklären, daß die Konsumvereine des Allgemeinen Verbandes es ablehnen möchten, bei Beurteilung ihrer Tätigkeit mit den Konsumvereinen des Zentralverbandes schlechthin in einen Topf geworfen zu werden. Die Konsumvereine des Allgemeinen Verbandes haben ihre Aufgabe von jeher so aufgefaßt, daß sie meinen: ein Konsumverein kann und soll nur begründet werden an einem Platze, wo ein *wirkliches* Bedürfnis dafür besteht. Aber wir haben uns nicht nur darauf beschränkt, das Bedürfnis allein maßgebend sein zu lassen, sondern wir verlangen auch noch weiter, daß die Personen- und auch die Lokalfrage gehörig geordnet ist. Wir gründen also nicht etwa aus Prinzip Konsumvereine, wie das auf jener Seite geschieht. Darin soll ja wahrscheinlich auch die Rückständigkeit liegen, die uns vorgeworfen wird. Im Gegenteil, wir suchen tastend vorwärts zu kommen, damit nachher keine unangehmen Ueberraschungen eintreten. Wir, in dem größten Konsumvereinsverbande des Allgemeinen Verbandes, haben z. B. im vergangenen Jahre drei Genossenschaften, die sich zur Aufnahme meldeten, zurückgewiesen. Eine dieser Genossenschaften ist endgültig zurückgewiesen worden, zwei weiteren ist empfohlen, sich nach einem Jahre wieder zu melden, wenn ihre Verhältnisse sich inzwischen besser gestaltet haben sollten. Wir suchen durch Vor- und sogenannte Orientierungsrevisionen festzustellen, ob das genossenschaftliche Gebilde, das an uns herankommt und in die Verbände eintreten möchte, den Anforderungen entspricht, die wir stellen müssen. Wir senden keine Agitatoren in Stadt und Land, sondern wir lassen die Entstehung eines Konsumvereins sich direkt aus dem Bedürfnis heraus entwickeln.

Die Angriffe, die von dieser Seite kommen, gipfeln immer darin, daß man die Konsumvereine des Allgemeinen Verbandes von dem Zentralverband und auch neuerdings von dem Reichsverband deutscher Konsumvereine mit Spott und Hohn zu überschütten sucht, und zwar aus dem einfachen Grunde, weil wir zu keiner Zeit und unter keinen Umständen gewillt sind, uns dem Zentralverbande in die Arme zu werfen.

Etwas anderes ist es nun mit den Angriffen, die aus dem andern Lager kommen. Ich habe die Presse ziemlich aufmerksam und genau verfolgt, diejenige Presse nämlich, die im Dienste des Kleinhandels steht, die Presse, die sich naturgemäß zur Aufgabe gemacht hat, die Entwicklung der Konsumvereine zu verfolgen und die es sich zur ganz besonderen Aufgabe gemacht hat, Schäden und Nachteile, die sich hier und da bei Konsumvereinen herausgestellt haben oder haben sollen, ans Licht zu ziehen.

Da ist mir nun eins besonders aufgefallen. Man hat sich zunächst auf jener Seite wahrscheinlich auch nicht mit dem Gedanken befreunden können, daß für die Arbeiter Konsumvereine bestehen. Aber wie ein roter Faden zieht es sich doch in der letzten Zeit durch die von mir oben bezeichnete Presse hindurch, daß man sich, wenn auch süß-sauren Gesichtes, allmählich mit dem Gedanken vertraut gemacht hat, daß es dem Arbeiter schlechthin nicht verdacht werden soll, wenn er zur Besserung seiner Lebenslage sich in Konsumvereinen zusammenfindet. Dagegen urteilt man nach meinem Dafürhalten sehr streng darüber, wenn andere Leute, wenn das bürgerliche Element, wie es sich meinetwegen aus kleinen Beamten, aus Handwerkern, überhaupt aus all' den Leuten zusammensetzt, welche zu den untersten Schichten des Mittelstandes rechnen, sich in Konsumvereinen zusammenfinden und betätigen. Ich halte diese Beurteilung für ungerecht. Es kann doch keinen Augenblick bestritten werden, daß der Arbeiterstand prozentual in den letzten 20 Jahren am allerstärksten an dem allgemeinen Aufstieg in der Lebenshaltung teilgenommen hat. Wenn ich mir den Beamtenstand dagegen vergegenwärtige, so ist er zunächst doch auf das Wohlwollen der Volksvertretung angewiesen. Er ist in weiterer Linie dann auf das Wohlwollen der Behörden angewiesen, und bis das Wohlwollen der Volksvertreter durch den Kanal des Wohlwollens der Behörden zu ihm gelangt, ist eine ganz erkleckliche Reihe von Jahren vergangen, und der Beamte hinkt bezüglich seiner Besserstellung gegenüber der allgemeinen Teuerung recht wesentlich nach. Dann unterliegt es wohl auch keinem Zweifel, daß der Kleingewerbetreibende durch das Großkapital zu recht bescheidener Stellung verurteilt ist. Wenn nun diese und ähnliche Leute sich in Konsumvereinen zusammen finden und versuchen, ihre Lebenslage zu verbessern, so sollte man in jenen Kreisen nicht so sehr streng darüber urteilen. Mindestens halte ich die Verurteilung solcher Tätigkeit für ungerecht. Wenn man den Arbeitern die Berechtigung hierzu wohl oder übel zuerkennt, dann ist es für andere auch recht und billig.

Die Interessen des Kleinhandels werden nun verschieden wahrgenommen. Ich verwies schon darauf, daß dem Kleinhandel eine ganz besondere Presse für diesen Zweck zu Gebote steht. Es sind auf unserem Verbandstage in Holzminden ganz markante Ausführungen und Beispiele dieser Presseäußerungen vorgetragen worden. Ich möchte darauf verzichten, sie in diesem Kreise zu wiederholen. Ich kann Ihnen aber versichern, daß durch die Verhandlungen eine starke Bitterkeit hindurchklang, daß man den konsumgenossenschaftlichen Bestrebungen, wie wir sie im Rahmen des Allgemeinen Verbandes auf dem Boden der bestehenden Wirtschaftsordnung und jedenfalls in äußerst ruhiger und vernünftiger Weise betätigen, leider eine so sehr abfällige Kritik zuteil werden läßt. Es gibt aber auch noch eine andere Stelle, die die Interessen des Kleinhandels zu vertreten hat; und dieser Stelle messe ich größere Wichtigkeit bei. Das sind die Handelskammern. Die Handelskammern sind die berufenen Vertretungen des Handels und der Industrieorganisationen, die Behörden und die einzelnen höheren Beamten, die sich mit der Beobachtung wirtschaftlicher Ziele und wirtschaftlicher Entwicklung zu beschäftigen haben. Da könnte man doch füglich erwarten und verlangen, daß die Handelskammern vorurteilsfrei und sachlich unseren Bestrebungen gegenüberständen. Nun will ich ja nicht behaupten, daß die Art und Weise, wie unsere Bestrebungen in den Handelskammerberichten behandelt werden, nicht im großen und ganzen als sachlich bezeichnet werden könnten. Aber man findet fast in jedem Jahresbericht jeder Handelskammer immer wieder dieselbe stehende abfällige Bemerkung, und man gibt sich offenbar auch gar keine Mühe, einmal tiefer auf den Grund zu gehen und eingehendere Erhebungen und Erwägungen anzustellen, in wie weit denn gerade die Konsumvereine des Allgemeinen Verbandes derart lähmend und verheerend auf den Kleinhandelstand einwirken, wie das nach den Ausführungen der Berichte den Anschein haben könnte. Mir ist nur eine einzige Handelskammer, soweit mir die Berichte zugänglich gewesen sind, überaus vorteilhaft durch ihre Aeußerungen aufgefallen. Ich glaube, es ist die Handelskammer zu Lüdenscheid, die sich in durchaus sachlicher und auch nicht unfreundlicher Weise zu unseren Bestrebungen gestellt hat.

Ich hatte nun in meinem letzten Jahresbericht — es sollte quasi der Auftakt für die Behandlung dieser Frage auf unserem Verbandstage sein — die Aeußerung eines Handelskammerberichtes aus unserm Verbande gebracht. Ich fand in diesem Handelskammerbericht zu meinem Erstaunen, daß der Begriff „Kleinhandel“ — die Herren werden es ja gelesen haben, die „Bl. f. Genossenschaftsw.“ haben diese Wendung meines Jahresberichtes wiedergegeben — ungefähr mit 25 bis 55 Worten gestreift wurde; aber man hatte es sich nicht versagen können, als Ursache für das behauptete angebliche Daniederliegen des Handels den am Sitz der Handelskammer bestehenden Konsumverein, der unserer Verbandsorganisation angehört, vorwiegend verantwortlich zu machen. Der Berichterstatter der Handelskammer hat jedenfalls seiner Organisation keinen guten Dienst erwiesen, wenn er die Angelegenheit in dieser Weise behandelt hat. Er hat nämlich zum Ausdruck gebracht, daß in Goslar — das ist der Sitz der in Betracht kommenden Handelskammer — eigentlich gar kein Geschäft von Bedeutung zu machen sei, weil der Konsumverein der Berg- und Hüttenleute mit seinen 123000 Mk. Umsatz jedes Geschäft allmählich illusorisch mache. Ich kann nun mit besonderer Befriedigung konstatieren, daß der Konsumverein der Berg- und Hüttenleute in Goslar mit zu den allergrößten Vereinen unseres Verbandes gehört. Der Konsumverein in Goslar erfüllt jedenfalls auch seine genossenschaftliche Aufgabe in ganz hervorragender Weise am Platze. Aber nicht 123000 Mk. Umsatz hat der Konsumverein erzielt, sondern wenn der Sekretär der Handelskammer sich besser orientiert hätte, würde er gefunden haben, daß der Konsumverein Goslar im Eigengeschäft 350523 Mk. erzielt hat und im Lieferantengeschäft 275279 Mk. also ca. 430000 Mk. Umsatz. Diese Ziffer wäre vielleicht eher geeignet gewesen, den Außenstehenden, der nicht näher mit den Dingen bekannt ist, glauben zu machen, daß der Konsumverein in einer besonders lähmenden Weise auf das Geschäft einwirkt als jene Umsatzziffer von 123000 Mk.

Ich habe mir nun aber, weil diese Wendung meines Jahresberichts auch in den „Bl. f. Genossenschaftsw." gebracht ist, und sie zu Ihrer aller Kenntnis kam, die Mühe gemacht, einmal die Angaben des Berichts noch in anderer Weise zu beleuchten. Ich habe von zuverlässigen Vertrauensleuten — ich muß dazu bemerken, daß ich die Genossenschafter am Platze nicht benutzt habe, weil man sehr leicht behaupten könnte, daß ich irgendwie parteiisch bei der Information vorgegangen sei, — feststellen lassen, daß in Goslar außer dem dort bestehenden Konsumverein 44 Geschäfte für Kolonial- und Materialwaren bestehen. Es arbeiten außerdem 11 Geschäfte in Manufakturwaren, ein großes Magdeburger Haus hat eine Filiale in Goslar, und außerdem existiert dort ein großzügig angelegtes Warenhaus.

Wenn wir nun die Umsatzziffern dieser Geschäfte, die ich mir einigermaßen zutreffend zu verschaffen versucht habe, betrachten, so hatten von diesen 44 Geschäften für Kolonial- und Materialwaren 15 je einen Umsatz bis zu 10000 Mk., 14 je einen Umsatz von 10—12000 Mk., 7 je einen solchen von 15—30000 Mk., 3 je einen Umsatz von 50—60000 Mk., 1 mit einem Umsatz von 75—80000 Mk., 2 von je 100—125000 Mk. und 2 von je ungefähr 150000 Mk. Das sind wie gesagt, ausschließlich die Geschäfte für Kolonial- und Materialwaren. Für die Manufakturwarengeschäfte habe ich mir die Ziffern auch verschafft, ich will Sie aber damit nicht aufhalten.

Aus dieser kurzen Zusammenstellung werden Sie ersehen, wie durchaus unrichtig es ist — das ist der gelindeste Ausdruck —, wenn man in einem Handelskammerbericht zum Ausdruck gebracht hat, daß die Tätigkeit des dortigen Konsumvereins verhängnisvoll auf das Bestehen und Gedeihen der übrigen Geschäfte dort einwirkt. Nein, es bestätigt und wiederholt sich auch hier dasselbe, was die Konsumgenossenschafter des Allgemeinen Verbandes oft ausgesprochen haben: nicht in unserer Tätigkeit ist der Grund dafür zu suchen und zu finden, wenn hier und da der Handel nicht in der gewünschten Weise florieren will, sondern einzig und allein darin, wenn infolge Mißbrauchs der Gewerbefreiheit recht viele Geschäfte überhaupt, oder besser gesagt, recht wenig leistungsfähige Geschäfte in größerer Zahl sich mit dem Kleinhandel befassen. Unsere Gegner sollten doch aber auch nicht übersehen, daß dank der steigenden Konjunktur und dank der steigenden Lebenshaltung die weitesten Kreise des Volkes stärkere Bedürfnisse haben, und daß schon um deswillen die Umsätze aller Geschäfte, nicht allein der Konsumvereine gesteigert werden. Die Gegner aus diesen Kreisen sollten doch auch weiter nicht vergessen, daß aus ihren eigenen Kreisen heraus das Warenhaus entstanden ist, das jedenfalls viel verhängnisvoller auf den Kleinhandel einwirkt, als es den Konsumvereinen überhaupt möglich ist.

M. H., ich könnte zu dem Antrag noch recht viel anführen, ich will aber in dieser Beziehung mich bescheiden.

Wenn der Verband der Konsumvereine der Provinz Sachsen diesen Zusatzantrag eingebracht hat, so möchte ich nochmals wiederholen, daß er dadurch die Bitte an Sie richten wollte, daß Sie den Konsumvereinen in dem uns unzweifelhaft bevorstehenden heftigen Kampfe nach verschiedenen Seiten hin dadurch Rückenstärkung zuteil werden lassen, daß Sie den Antrag vielleicht in unveränderter Form annehmen. Ich möchte aber auch bei dieser Gelegenheit erklären — und das dürfte auch Ihre Zustimmung finden —, daß die Gegner der Konsumvereine, soweit sie im Lager der Kleinhändler zu finden sind, davon überzeugt sein mögen, daß die Konsumvereine des Allgemeinen Verbandes nicht einen Augenblick den Grundsatz vertreten, daß der Kleinhandelsstand aus reiner Profitgier existiert. Nein, wir geben gern unserer Auffassung Ausdruck, daß der wirklich tüchtige, fähige Kaufmann, der bereit ist, sich in den Dienst der Allgemeinheit zu stellen, sofern ihm auch die nötigen Mittel zu Gebote stehen, als ein durchaus berechtigtes Glied in der Kette, die zwischen Warenhersteller und Warenverbraucher geknüpft ist, anerkannt werden kann. Es ist mir aber auch bekannt, daß wirkliche Kaufleute — ich mache immer einen Unterschied zwischen wirklichen Kaufleuten und Auchkaufleuten — die ihren Beruf richtig erfaßt und gelernt haben, die Konsumvereinsbewegung, wie sie in dem Allgemeinen Verbande ihren Ausdruck gefunden hat, als durchaus anständige Konkurrenz ansehen. Ich bitte Sie also, daß Sie uns die gewünschte Rückendeckung dadurch zu teil werden lassen, daß Sie unserem Zusatzantrag auch Ihre Zustimmung geben.

(Bravo!)

Vorsitzender Verbandsdirektor **Nolte**-Lüdenscheid: Ich eröffne die Besprechung.

Verbandsdirektor **Feierabend**-München: Meine Herren! Ich möchte meinen Ausführungen vorausschicken, daß ich nicht bloß auf dem Standpunkte des Antrages des Gesamtausschusses stehe, sondern auch durchaus der Begründung dieses Antrages, die er durch den Herrn Anwalt gefunden hat, zustimme. Es handelt sich heute darum, festzustellen, daß wir einmütig den Grundsätzen, wie sie Schulze-Delitzsch aufgestellt, treu bleiben. Unter den heutigen Verhältnissen ist das doppelt notwendig. Ich darf wohl Ihrer Aller Zustimmung voraussetzen, daß wir die Wilbrandtsche Theorie über die Gemeinwirtschaft unter allen Umständen verwerfen. Auch hinsichtlich der Bezirkskonsumvereine sind wir alle, wie ich voraussetze, gleicher Meinung mit dem Herrn Anwalt, indem wir nach wie vor an den Grundsätzen der Selbstverwaltung und der Selbstverantwortlichkeit festhalten, die durch die Bezirkskonsumvereine vollständig gefährdet sind.

M. H., der Herr Anwalt hat in seinen Ausführungen betont, daß die Konsumvereine schlimmen Zeiten entgegengehen, da dieselben von den verschiedensten Seiten befehdet und angegriffen werden. Dieses Bewußtsein tragen wir leider schon lange in uns; denn tatsächlich ist keine Genossenschaftsart so heftig bekämpft worden wie die Konsumvereine. Es ist ja richtig, auch die jüngere Genossenschaftsart, die Baugenossenschaften haben von den Hausagrariern usw. viel zu leiden gehabt; aber mit solcher Heftigkeit und mit solcher Ausdauer sind sie noch nie bekämpft worden wie gerade unsere Konsumvereine. In unserem Verbande haben wir schon frühzeitig, insbesondere in den größeren Vereinen die Erfahrung machen müssen, daß zu den äußeren Feinden die innerhalb der Vereine vorhandenen Gegner sich gesellten, daß Mitglieder, welche der sozialdemokratischen Richtung angehören, in den Vereinen selbst eine wohlvorbereitete Wühlarbeit vollzogen haben, um die Verwaltung der betroffenen Genossenschaft an sich zu reißen und um dann mit fliegender Fahne in das Hamburger Lager überzugehen. Diese Taktik besteht fort und fort, und es wird nur auf eine günstige Gelegenheit gewartet, wo man die Genossenschaften überrumpeln und die Führung an sich nehmen kann. Bisher waren wir dieser Gefahr nur durch die Hamburger ausgesetzt. Seit einigen Jahren macht sich eine zweite Richtung geltend — der Herr Anwalt hat es bereits betont —: der Westdeutsche Verband. Dieser Verband will sich jetzt über unser ganzes deutsches Vaterland ausdehnen, und ich habe in den letzten Tagen von einem unserer Verbandsvereine eine Nachricht erhalten, wonach im nächsten Monat eine große Agitationsversammlung von diesem Verband in Nürnberg geplant ist. Nun besitzen wir in unserem Süddeutschen Verbande eine Reihe von Genossenschaften, die durch die Initiative christlicher Gewerkschaftsführer gegründet und uns voraussichtlich abtrünnig gemacht werden sollen. Insbesondere wendet sich der Westdeutsche, nunmehr Reichsverband, an solche Vereine, von denen er voraussetzt, daß sie sich gerne unter die Fittiche des Herrn Schlack begeben werden. Wir werden deshalb, wenn wir bisher in den einzelnen Vereinen noch nichts davon verspürt haben, in der nächsten Zeit erleben, daß auch von Vereinsmitgliedern, welche der christlichen Gewerkschaftsrichtung angehören, gleich den Sozialdemokraten Agitation getrieben werden wird. Wir haben uns nicht nur gegen unsere äußeren Feinde zu wehren, sondern hauptsächlich gegen die Feinde innerhalb unserer eigenen Organisation, die teils der freien, teils der christlichen Richtung angehören, Front zu machen.

Nun ist aber ein Punkt, der nach meiner persönlichen Ueberzeugung als ausschlaggebend zu betrachten ist, um eine Gegenwehr gegenüber solchen Agitationen zu schaffen, heute nicht berührt worden. Der Herr Anwalt hat gesagt, daß, wenn derartige Machinationen an die Vereine herantreten, er noch nicht in der Lage sei, bestimmte Gegenmaßnahmen anzuempfehlen. Als solche Gegenmaßnahme erachte ich den gemeinsamen Wareneinkauf. Von den kleinen Vereinen ist öfter, wenigstens in unserem Verbande, darauf hingewiesen worden, daß wir einen gemeinsamen Wareneinkauf nicht besitzen, und deshalb den kleinen Vereinen die Vorteile entzogen werden, die sie in den gegnerischen größeren Verbänden besitzen. Selbstverständlich sind Vereine in guter finanzieller Lage, die womöglich Tausende von Mitgliedern zählen, nicht darauf angewiesen, sich für einen gemeinsamen Wareneinkauf zu erwärmen, sondern sind in der vorteilhaften Lage, das nötige Machtwort mit den Lieferanten zu sprechen. Anders liegt es bei den kleinen Vereinen, die nicht genügend finanzkräftig sind. Diese brauchen unter allen Umständen eine Unterstützung, die ihnen nur durch die Organisation des gemeinsamen Wareneinkaufs geboten werden kann. Wenn ich von einem gemeinsamen Wareneinkauf spreche, so denke ich nicht an eine Verkaufszentrale, wie die Hamburger Großeinkaufsgesellschaft ist, sondern an eine Organisation innerhalb unseres Verbandes, in welcher der freie Wettbewerb der Lieferanten zur

Geltung gelangt und wir nicht gezwungen sind, um verhältnismäßig teures Geld minderwertige Waren zu kaufen, sondern daß wir in freier Konkurrenz das Beste und Preiswürdigste uns aussuchen können.

M. H., es ist kein Zweifel, daß durch die Organisation, wie sie durch die Hamburger Richtung geschaffen worden und jetzt durch den Reichsverband ins Leben gerufen wird, für die Agitationsmöglichkeiten der Konsumvereine größere Summen zur Verfügung gestellt werden können und uns deshalb unsere Werbungen stark erschwert und damit auch unsere Stoßkraft beeinträchtigt wird. Trotzdem werden wir niemals, zum Schaden unserer Vereine, ein anderes Einkaufssystem als das der freien Konkurrenz begutachten und einführen. Es könnte auch hier Vorsorge getroffen werden, daß zu bestimmende Gewinnprozente zu Agitationszwecken Verwendung finden. Es ist jetzt gerade die höchste Zeit, daß wir in unseren Konsumvereinen eine solche Organisatian schaffen, damit wir gegenüber den Vereinen der Hamburger und Schlackschen Richtung ein Paroli bieten können. Deshalb habe ich mir erlaubt, anzuführen — ich werde auf diese Frage nicht weiter eingehen, sie steht nicht auf der Tagesordnung —, daß es für uns notwendig erscheint, wo es irgendwo gemacht werden kann, den gemeinsamen Wareneinkauf in freier Konkurrenz einzuführen. Damit werden wir eine Reihe von Vereinen befriedigen, und wir werden auch von vornherein der Gefahr entgehen, daß kleine Vereine sich uns entfremden und anderen Verbänden sich anschließen.

(Bravo!)

Aufsichtsratsmitglied Och-Gotha: Meine Herren, ich habe mich zum Wort gemeldet, obwohl ich einem Konsumvereine weder angehört habe noch angehöre, aber ich erkläre, daß ich ein Freund der Konsumvereine bin. Ich halte es für zweckmäßig und gut, wenn der Arbeiter sich einem Konsumverein anschließt. Ich halte es auch nicht für unberechtigt, wenn der kleine Beamte dasselbe tut. In den Konsumvereinen wird nur gegen bare Kasse gekauft. Das ist sehr wertvoll für den Arbeiter wie für den kleinen Beamten, und es ist auch für die Familie ein großes Glück, daß es geschieht. Aber es muß alles seine Grenze haben und dementsprechend können Sie es auch nicht für unberechtigt ansehen, wenn im Publikum sich Gegner finden, die meinen, daß es nicht am Platze ist, wenn reiche Leute, Beamte mit hohen Einkommen sich an den Konsumvereinen beteiligen. Vor einer Reihe von Jahren wurde in Gotha ein Konsumverein gegründet. Die Gründer waren eine Anzahl Beamte hauptsächlich von der Lebens- und der Feuerbank, es gehörten auch eine große Anzahl von Justizbeamten, Rechtsanwälten, die ein Einkommen von 20 bis 30 000 Mk. und darüber und außerdem Hunderttausende in ihrem Vermögen hatten. Ob das richtig ist, darüber will ich mich nicht auslassen, ich will es Ihrer Beurteilung anheimgeben.

Was ist nun aus dem Gothaer Konsumverein geworden? Das wird Sie wohl interessieren. Mit der Zeit hat die Sozialdemokratie über den Konsumverein in Gotha die Arme ausgebreitet und hat es fertiggebracht, daß alle diejenigen Gründer, die ich vorhin genannt habe, aus der Verwaltung hinausgeworfen wurden. Es ist heute nicht ein einziger mehr vorhanden, der seinerzeit in der Verwaltung, im Vorstand oder Aufsichtsrat saß. Aber es gibt noch eine ganz erkleckliche Anzahl von Männern, die ein hohes Einkommen besitzen, wie ich es vorhin gekennzeichnet habe, und noch Mitglieder des Konsumvereins sind.

(Zuruf: Sehr richtig von diesen Leuten!)

Aber von diesen Herren finden wir keinen in der Verwaltung, sie besuchen auch keine Generalversammlung. Deshalb hat die Sozialdemokratie eine so leichte Handhabe in diesen Konsumvereinen; sie wird nie und nimmermehr in die Verlegenheit kommen, einen ihr nicht genehmen Mann in die Verwaltung wieder hinein zu bugsieren. Der Konsumverein Gotha hat eine ungeheure Ausdehnung erfahren, er setzt weit über eine Million Mark um und hat auch seine Arme über das Land ausgebreitet. Er macht die Sache so, wie es von dem Herrn Anwalt charakterisiert worden ist.

Der Konsumverein Gotha hat auch eine Fleischerei seit etwa anderthalb Jahren eingerichtet. Er hat zwei Lokalitäten in verschiedenen Stadtteilen, die sehr fein ausgestattet sind —

Vorsitzender Verbandsdirektor **Nolte**=Lüdenscheid: Ich muß den Herrn Redner unterbrechen. Die Einzelheiten des Gothaer Konsumvereins interessieren uns jetzt weniger. Zur Diskussion steht vor allem die Frage der Stellungnahme zu den Bezirkskonsumvereinen. Außerdem muß ich darauf aufmerksam machen, daß die Redezeit nach unserer Geschäftsordnung für Diskussionsredner nur zehn Minuten beträgt, ausgenommen sind die Herren Referenten und der Herr Anwalt.

Aufsichtsratsmitglied **Och**=Gotha (fortfahrend): Zehn Minuten rede ich noch gar nicht. — Der Herr Referent hat vorhin auch betont, daß der Arbeiterstand sich wesentlich in seinen pekuniären Verhältnissen gebessert hat. Das ist selbstverständlich. Aber auf der anderen Seite ist nicht zu verkennen, daß der Beamtenstand wesentlich in den letzten 20 Jahren in seinen Gehaltsbezügen gebessert worden ist. Ich will nur kurz sagen: unsere Herren städtischen Lehrer, deren Endgehalt im Jahre 1892 1800 Mk. betrug, beziehen seit 1910 ein Endgehalt von 3800 Mk. (Lebhafte Rufe: Zur Sache!)

Vorsitzender Verbandsdirektor **Nolte**=Lüdenscheid: Meine Herren, ich bitte dringend um Ruhe für den Redner. Wenn seine Ausführungen Ihren Beifall nicht finden, so haben Sie nachher Gelegenheit, ihm zu erwidern und ihre gegenteilige Ansicht zum Ausdruck zu bringen.

Aufsichtsratsmitglied **Och**=Gotha (fortfahrend): M. H., Sie wollen bloß Leute anhören, die unbedingt Ihrer Meinung sind. Dann danke ich bestens dafür, hier weiter zu reden. Sie haben auch durch Ihre Zwischenrufe bewiesen, daß Sie nicht einmal einen Mann anhören wollen, der überhaupt kein Gegner der Konsumvereine ist.

Vorsitzender Verbandsdirektor **Nolte**=Lüdenscheid: Ich muß die Versammlung gegen diesen Vorwurf in Schutz nehmen. Es ist keinem der Herren eingefallen, den Herrn Referenten zu unterbrechen, so lange er rein sachlich blieb. Es handelte sich nur darum, ob wir uns mit dem Herrn Redner in die Einzelheiten des Gothaer Konsumvereins vertiefen wollten oder nicht. Das ist nach meiner Ansicht überflüssig gewesen.

Aufsichtsratsmitglied **Och**=Gotha: Die Herren Referenten und mein Vorredner Herr Feierabend haben auch Einzelheiten angeführt, und es hat sich niemand dagegen gewendet. Aber ich sage nochmals: ich bedaure, daß ich mich zum Wort gemeldet habe und konstatiere, daß, wenn man auch nur den geringsten Anlauf nimmt, um das Gegenteil zu beweisen, man nicht gehört wird.

Vorsitzender des Aufsichtsrats **Gruner**=Pforzheim: Meine Herren, ich will nur ganz kurz bemerken, daß ich vollständig auf dem Boden der Ausführungen des Herrn Anwalts wie auch des Herrn Verbandsdirektors Ernst stehe. Ich will noch einige Ausführungen machen, die Ihnen zeigen werden, daß die Angriffe, wie sie in letzter Zeit gegen die Konsumvereine ohne Unterschied, also auch unseres Verbandes, gemacht werden, nicht unwidersprochen hingehen dürfen.

M. H., Sie haben vielleicht gelesen, daß diesen Sommer in Würzburg der Verband der deutschen Rabattsparvereine getagt hat. Da wurden schwere Vorwürfe gegen die Konsumvereine im allgemeinen gerichtet, und es ist auch dort kein Unterschied zwischen den Konsumvereinen des Allgemeinen Verbandes und denen des Zentralverbandes gemacht worden. Es wurde dort der schwere Vorwurf gegen die Konsumvereine erhoben, daß sie einfach den Mittelstand ruinieren, und daß alle Hebel in Bewegung gesetzt werden müßten, um die Konsumvereine zu beseitigen. In Baden haben wir schon seit zwei Jahren gegen derartige Anfeindungen zu kämpfen, und zu den Rabattsparvereinen in Baden hat sich auch noch der badische Bäckereiverband gesellt der wiederholt Petitionen an die Großherzogliche Regierung und an die Reichsregierung gerichtet hat, in denen er verlangt, daß den Konsumvereinen die Eigenproduktion der Backwaren untersagt werde. Das kann man vom Standpunkt der Bäcker wohl begreifen. Ferner soll den Beamten verboten werden, sich in Konsumvereinen zusammenzuschließen oder solche zu leiten. Das sind Anfeindungen und Angriffe, die wir ganz entschieden auf einem Allgemeinen Genossenschaftstage zurückweisen müssen. Wir beanspruchen und dürfen beanspruchen, daß auch dem Beamten das Recht zuerkannt werden muß, da seine Waren einzukaufen, wo es ihm beliebt.

(Sehr richtig!)

Das müssen wir verlangen im Interesse der bürgerlichen Freiheit. Wenn man die Rechte der Beamten in dieser Beziehung einschränken will, müssen wir das mit aller Entschiedenheit zurückweisen.

(Erneute Zustimmung!)

Die Regierungen haben ohnehin schon die Tätigkeit der Beamten bei Konsumvereinen eingeschränkt, soweit es zulässig ist, ihnen verboten, bezahlte Stellungen in den Vereinen zu bekleiden; sie dürfen nur ehrenamtlich in derartigen Vereinen wirken. Das halte ich für durchaus richtig. Der Beamte soll nicht noch einen zweiten bezahlten Beruf neben seinem Hauptberuf ausüben.

(Sehr richtig!)

Wenn er aber seine Kraft unentgeltlich Organisationen widmet, die der Allgemeinheit dienen, so muß ihm dieses Recht zuerkannt und darf ihm nicht geschmälert werden.

Dann haben wir in Pforzheim in unserem Verein, wie dies in einer Industriestadt begreiflich ist, eine große Anzahl von Arbeitern. Die Mehrzahl der Mitglieder, 2400, sind Arbeiter, und wir haben wiederholt seit der Tagung der sozialdemokratischen Parteitage in Kopenhagen und Magdeburg erlebt, daß Gewerkschaftsführer in unsere Generalversammlungen hineingeschickt worden sind, um für die Hamburger Großeinkaufsgesellschaft und den Zentralverband Propaganda zu machen. Obwohl nun die Mehrzahl in der Generalversammlung Arbeiter waren, so sind jene Herren mit ihren Anschauungen in unserer Generalversammlung nicht durchgedrungen, im Gegenteil, die Generalversammlung wollte von derartigen Bestrebungen nichts wissen, weil man mit der Entwicklung des Pforzheimer Konsumvereins zufrieden ist, und weil durchaus kein Anlaß vorliegt, eine andere Verwaltung zu wünschen.

Wir haben im Aufsichtsrat des Pforzheimer Konsumvereins zur Zeit nicht einen einzigen Arbeiter. Ich bedaure das. Die Arbeiter, die darin waren, sind hinausgewählt worden, und die jetzigen Angehörigen des Aufsichtsrates haben bis jetzt keine Veranlassung gehabt, freiwillig herauszugehen, und die Gegner haben es nicht fertig gebracht, ihre Leute hineinzubringen. So ist tatsächlich schon seit fünf bis sechs Jahren der Aufsichtsrat unverändert beisammen geblieben, und es hat sogar den Anschein, daß es auch in Zukunft so bleiben wird; denn gerade bei der letzten Generalversammlung haben die Gewerkschaftssozialdemokraten noch einmal den Versuch gemacht, den Aufsichtsrat zu revidieren, indem sie gleich die größere Hälfte herauswimmeln wollten, allein sie haben in einer Versammlung von 300 Mitgliedern für ihren Vorschlag nur ca. 65 Stimmen zusammengebracht. Das ist ein gutes Zeichen für den gesunden Sinn der Vereinsmitglieder. Aber warum ist das in Pforzheim so gekommen? Weil die Verwaltung ihre Schuldigkeit tut, weil sie dafür sorgt, daß ungerechtfertigte Angriffe jederzeit zurückgewiesen werden, und daß die Freunde einer ruhigen Entwicklung auch in die Generalversammlung kommen und dafür sorgen, daß der Konsumverein nicht zu parteipolitischen Umtrieben benutzt wird. Wenn das überall geschieht, dann werden auch sicherlich die Konsumvereine nicht in ein politisches Gewand gekleidet, und sie werden nicht ein Werkzeug der Gewerkschaften werden können. Da müssen eben Vorstand und Aufsichtsrat dafür sorgen, daß in den Generalversammlungen aufklärend gewirkt wird, damit die Mitglieder wissen, worum es sich bei derartigen Organisationen handelt.

(Lebhafter Beifall.)

Vorsitzender Verbandsdirektor **Nolte**-Lüdenscheid: Weitere Wortmeldungen liegen nicht vor. Wir kämen zur Abstimmung über den Antrag. Vorher hätte ich noch die Herren Referenten zu fragen, ob sie das Schlußwort wünschen.

(Verbandsdirektor Ernst verzichtet.)

Das Wort hat der Herr Anwalt.

Anwalt Dr. **Crüger** [Schlußwort]: Die Debatte hat einen eigenartigen Verlauf genommen. Zu den Anträgen ist eigentlich wenig gesprochen.

(Heiterkeit.)

Es waren wohl nur Mitteilungen der einzelnen Genossenschaften, aber immerhin waren es außerordentlich beachtenswerte Beiträge. Ich möchte nur feststellen, daß sich gegen die Anträge keine Stimme erhoben hat. Auch Herr Och-Gotha hat nicht gegen die Anträge gesprochen, auch er hat nicht etwa ein Verbot von der Regierung gefordert, das den Beamten die Mitgliedschaft oder die Beteiligung an der Verwaltung verboten wird.

(Zustimmung des Aufsichtsratsmitgliedes Och.)

Herr Och bestätigt dies ausdrücklich. Herr Och hat nur eine Zwischenbemerkung gemacht, die dahin abzielte, ob den finanziell sehr gut stehenden Beamten der Allgemeinheit gegenüber zu empfehlen sei, Mitglied eines Konsumvereins zu sein. Also Herr Och hat sich nur an einzelne Beamte gewandt, ohne daß er in das Verlangen der Gegner der Konsumvereine hat einstimmen wollen, die den Beamten Beschränkungen auferlegen wollen.

(Aufsichtsratmitglied Och: Sehr richtig!)

Soweit ich Herrn Och kenne, wird er auch nicht einmal dafür zu haben sein, daß den hochbesoldeten Beamten irgend welche Beschränkungen durch die Behörde auferlegt werden.

Also nach dieser Richtung ist kein Widerspruch gegen die Anträge erfolgt, und ich glaube, es wird daher wohl einmütig festgestellt werden können, daß die Anträge angenommen werden.

Vorsitzender Verbandsdirektor **Nolte**-Lüdenscheid: Ich stelle die vorliegenden Anträge zur Abstimmung. Wer für die Annahme beider Anträge ist, den bitte ich die Hand zu erheben.

(Geschieht.)

Ich bitte um die Gegenprobe. — Die Anträge sind einstimmig angenommen.

Ich hätte noch die eine Bitte daran anzuknüpfen, die Ausführungen des Herrn Anwalts in einem Sonderdruck erscheinen zu lassen und sie dann allen den Konsumvereinen zur Verfügung zu stellen, die Interesse daran haben und die glauben, dadurch eine gute Waffe in die Hand zu bekommen sowohl unseren sogenannten Ueberfreunden gegenüber wie auch gegenüber denjenigen Elementen, die unsere Vereine entweder nach dem Zentralverband Deutscher Konsumvereine oder nach dem neuen Reichsverbande hinüberzuziehen wünschen. Ich glaube sicher, daß gerade die Ausführungen des Herrn Anwalts nach beiden Richtungen hin den Vereinen als gute Abwehr dienen können. Ich stelle der Versammlung anheim, darüber abzustimmen, ob diese Ausführungen gedruckt in einem Sonderbericht erscheinen sollen.

Anwalt Dr. **Crüger**: Es ist nur notwendig, daß die Herren Verbandsdirektoren bei ihren Vereinen anfragen, ob sie Separatabzüge wünschen, und mir dann den Auftrag übermitteln. Dann führe ich ihn selbstverständlich aus.

Vorsitzender Verbandsdirektor **Nolte**-Lüdenscheid: Wir können dann in der Erledigung der Tagesordnung fortfahren. Wir kommen zu:

II. Antrag des Anwalts.

Der Allgemeine Genossenschaftstag empfiehlt, daß von den Konsumvereinen bei der Aufstellung der Bilanz, für die das von dem Allge-

meinen Genossenschaftstag in Freiburg (1909) beschlossene Schema zugrunde zu legen ist, folgende Leitsätze zu beobachten sind:

1. **Wertpapiere und Waren, die einen Börsen- oder Marktpreis haben, dürfen höchstens zu dem Börsen- oder Marktpreis des Zeitpunktes, für welchen die Bilanz aufgestellt wird, sofern dieser Preis jedoch den Anschaffungs- oder Herstellungspreis übersteigt, höchstens zu dem letzteren angesetzt werden.**
2. **Minderwertige Waren dürfen nur zu dem Werte angesetzt werden, der tatsächlich dafür zu erzielen ist.**
3. **Auf Gebäude ist regelmäßig mindestens 1 % vom Herstellungs- bezw. Anschaffungswert abzuschreiben. Sie dürfen nicht durch Zuschreibung von Erneuerungen und Ausbesserungen oder auf Grund neuer erhöhter Taxen unrechtmäßig gesteigert in der Bilanz erscheinen.**
4. **Auf Inventar und Maschinen sind regelmäßig mindestens 10 % vom Anschaffungswert abzuschreiben.**
5. **Gehören die von den Angestellten hinterlegten Kautionen auch nicht zu den Vermögenswerten der Genossenschaft, so ist es doch erwünscht, die Kautionen auf der Aktiv- wie auf der Passivseite erscheinen zu lassen.**
6. **Die aus der Warenkreditgewähr entstehenden Außenstände sind nur nach ihrem tatsächlichen Wert einzustellen. Als Warenkredit ist auch der vom Lagerhalter gewährte Kredit zu betrachten.**
7. **Alle Außenstände (Warenforderungen, Lagerhaltermanki usw.) dürfen nicht zu ihrem Buchwert, sondern nach ihrem wirklichen beitreibbaren Werte in die Bilanz eingesetzt werden.**
8. **Die Gewinn- und Verlustrechnung ist unter Beachtung des Beschlusses des Allgemeinen Genossenschaftstages zu Bad Nauheim (1910) aufzustellen.**

Ich bitte den Referenten Herrn Wilms seinen Bericht zu erstatten.

Berichterstatter Verbandsrevisor **Wilms**-Lüdenscheid: Auf Veranlassung des Anwaltes habe ich die Behandlung seines Antrages übernommen, dessen Tesen zwar für die meisten Vereine im allgemeinen wohl wenig neues bieten, nach meinen Erfahrungen aber doch durchaus nicht immer befolgt werden und daher verdienen, einmal grundsätzlich behandelt zu werden. Es sollte mich freuen, wenn eine Einigung über die von mir im Verein mit der Anwaltschaft und der Verbandsleitung aufgestellten Leitsätze erzielt würde, die zwar keine bestimmte Norm darstellen sollen, doch aber noch manchen Genossenschaften, namentlich neugegründeten und auch solchen, die noch nicht nach bestimmten Grundsätzen handeln, bei Aufstellung der Bilanz und bei Bewertung der einzelnen Bilanzposten als Richtschnur dienen können. Nach § 17/2 des Genossenschaftsgesetzes gelten Genossenschaften als Kaufleute im Sinne des Handelsgesetzbuches, soweit das Gen.-Ges. keine abweichenden Bestimmungen enthält. Das H. G. B. enthält in § 40 allgemeine Vorschriften über die Aufstellung der Bilanz, doch sind in § 261/1 für die Aktiengesellschaften schärfere Bestimmungen aufgestellt, welche der erste Leitsatz wörtlich wiedergibt. Solche Sonderbestimmungen fehlen für die Genossenschaften, doch muß es nach dem Kommentar von **Parisius** und **Crüger** zulässig sein, daß die Genossenschaft die für die Wertbemessung gewisser Aktiven strengere Bilanzvorschriften der A.-G. statutarisch übernimmt oder auch selbst durch einfachen Generalversammlungsbeschluß ihren Bilanzen zugrunde legt. Die Anlage überflüssiger Gelder in **Wertpapieren** wird man wohl für gewöhnlich nur bei großen Konsumvereinen vorfinden. Es sind in einem solchen Falle zunächst unter Zuhilfenahme der Schlußnoten der Banken die Anschaffungswerte zu verschaffen und diese mit den Notierungen der Börse am Bilanztage zu vergleichen. War zu diesem Zeitpunkte der Kurs der Papiere höher als der Anschaffungswert, so ist dieser einzusetzen, war der Kurs niedriger, so sind die Wertpapiere zu diesem anzusetzen. Ist aus irgend einem Grunde eine Entwertung der Papiere zu befürchten, wenn z. B. Gerüchte über große Verluste des betreffenden Unternehmens umlaufen, so wird man die Bewertung nur auf Grund besonders vorsichtiger Schätzung vornehmen können. Es wird in dem erwähnten Kommentar ferner auf ein Urteil des Reichsgerichts vom 2. März 1905 Bezug genommen. In diesem wird zunächst dargelegt, daß unter dem nach Maßgabe des § 40 H. G. B. zu bestimmenden Werte von Warenbeständen nur der Anschaffungs- und Herstellungswert verstanden werden kann, da nur dieser eine Garantie bietet, daß der aus den Waren durch den Verkauf erzielte Gewinn zur Verteilung gelangt. Weiter heißt es in dem Urteil: „Es ist aber kein stichhaltiger Grund abzusehen, warum die für A.-G. in dieser Hinsicht geltenden Rechtsgrundsätze nicht auch auf **Erwerbsgenossenschaften** analoge Anwendung sollten finden können." — Aus diesen Ausführungen ergeben sich für die Bewertung der Waren, soweit sie einen Marktpreis haben, die gleichen Grundsätze wie für die der Wertpapiere. Alle übrigen Waren und Materialien wird man zu dem Preis bewerten, den man dafür bezahlt hat. Die Auslagen für Frachten, Zölle, Fuhrlöhne usw. wird man in beiden Fällen den Warenpreisen zuschlagen können. **Nicht gutzuheißen** ist es m. E., wenn man, um sich die Arbeit zu erleichtern, den Bilanzwert dadurch feststellt, daß man von dem Verkaufspreis der Waren einen Prozentsatz in Abzug bringt. Dieses Verfahren wird immer ein ungenaues Resultat ergeben. Wo man nicht davon abgehen will, sollte aber zum mindesten ein dem durchschnittlichen **Aufschlag** entsprechender Prozentsatz **abgezogen** werden. In einem mir bekannten Falle hatte man, nur um die Dividendenwut der Mitglieder befriedigen zu können, dieses selbstverständliche Gebot außer Acht gelassen und sich dadurch eine Täuschung der Genossen zuschulden kommen lassen, die sich dadurch rächen wird, daß, wenn im nächsten Jahre, wie dies der Revisor verlangen müßte, der Bestand zu seinem wirklichen Werte eingesetzt wird, der Gewinn an Waren entsprechend geringer ist. Ein einziges solches Beispiel genügt meiner Meinung nach, um zu zeigen, wie notwendig die Aufstellung dieses ersten Leitsatzes ist.

2. Die zweite These, daß minderwertige Waren nur zu dem Werte angesetzt werden dürfen, der tatsächlich dafür zu erzielen ist, stellt eine so selbstverständliche Forderung dar, daß darüber nicht viel gesagt zu werden

brauchte, wenn nicht die Erfahrung lehrte, daß man sich auch hierbei nicht überall von kaufmännischen Grundsätzen leiten läßt. Eine besonders vorsichtige Geschäftsführung wird solche Waren, wenn sich der dafür zu erzielende Wert im voraus nicht genau festsetzen läßt, nur äußerst gering bewerten, zumal es sich ja doch meistens um kleine Bestände handeln dürfte. Ergibt der Verkauf einen höheren Betrag als der in der Bilanz zum Ausdruck gebrachte, so kommt der Mehrwert den Mitgliedern später zugute.

3. Der dritte und der vierte Leitsatz decken sich inhaltlich mit den auf dem Allgemeinen Genossenschaftstag in Stettin aufgestellten Grundsätzen für die kaufmännische Prüfung und Beurteilung der Bilanz, bei denen es unter II. 3 und 4 heißt, daß Immobilien in ihrem Werte durch Zuschreibung von Erneuerungen und Ausbesserungen nicht unrechtmäßig gesteigert, sondern durch regelmäßige Abschreibungen möglichst weit unter dem Einkaufswert und den staatlichen oder sachverständigen Taxat gebracht werden, und daß Inventar und Maschinen nach einer der Abnutzung entsprechenden regelmäßigen Abschreibung möglichst niedrig zu Buche stehen. — Als Abschreibung auf Gebäude ist in Leitsatz 3 mindestens 1 % vorgesehen, die aber stets vom Anschaffungs- bezw. Herstellungswert erfolgen soll, da eine Abschreibung von 1 % nur vom Buchwerte durchaus nicht genügen würde. Bei Zuschreibung von Erneuerungen und Ausbesserungen zum Werte der Gebäude kann man nicht vorsichtig genug verfahren und muß sich stets fragen, ob der Wert auch tatsächlich gestiegen und ob daher die Erhöhung des Gebäudekontos zu verantworten ist. Daß gerade in dieser Beziehung sich manche Konsumvereine Täuschungen hingeben, wird am besten beleuchtet durch die Verhandlungen der Baugenossenschaften vom gestrigen Tage, aus denen hervorging, daß die mit den Gebäuden verbundenen Reparaturen doch wesentlich höher sind, als im allgemeinen angenommen wird. Häufig genug wird man die Frage verneinen müssen. Eingeschrieben ist in den Stettiner Leitsatz die Bestimmung, daß die Gebäude auch nicht auf Grund einer aus irgend einer Veranlassung aufgestellten neuen Taxe gesteigert in der Bilanz erscheinen sollen. Besonderen Anlaß zu dieser Vorschrift gab ein Verein, der die Absicht hatte, statt des Buchwertes den Taxwert in die Bilanz einzusetzen. Man betonte dabei allerdings, daß man durchaus nicht die Absicht habe, den dadurch scheinbar erzielten Mehrgewinn zu verteilen. Der Anwalt wies aber mit Recht daraufhin, daß die Generalversammlung leicht zu einem anderen Beschluß kommen könne, der dann aber bei dem vielfach recht illusorischen Taxwert ein ungesetzlicher sei. Ist der Wert des Grundbesitzes wirklich ein höherer, als der in der Bilanz angegebene, so verfügt der Verein dann über stille Reserven, die für ihn von großem Nutzen sind. Deren Bildung wird eine besonders vorsichtige Geschäftsführung auch bei der Bewertung anderer Aktiva, so namentlich des Warenbestandes ins Auge fassen. Man kann dann, wenn erforderlich, in ungünstigen Jahren auf sie zurückgreifen.

4. Bei den Abschreibungen auf Inventar und Maschinen wird für gewöhnlich eine solche von 10 % genügen, aber auch diese muß dann stets vom Anschaffungswert erfolgen, damit auch wirklich die betreffenden

Gegenstände nach Verlauf von 10 Jahren völlig abgebucht sind. Erfolgt die Abschreibung nur vom Buchwert, so beträgt sie z. B. nach 10 Jahren nur noch 3,874 %. Der Satz von 10 % erscheint mir andererseits genügend, weil die Gegenstände in jedem gut geleitenen Betriebe durch Reparaturen usw. stets leistungsfähig gehalten werden. Das hindert natürlich nicht auf solche Objekte, die einer besonders raschen Abnutzung unterworfen sind, größere Abschreibungen vorzunehmen, sie unter Umständen sogar sobald wie möglich ganz abzuschreiben. Das dürfte z. B. bei manchen Maschinen zutreffen, die heute noch wirtschaftlich arbeiten, in Folge der sich in unserer Zeit überstürzenden neuen Erfindungen aber binnen kurzem in ihren Leistungen überholt werden können und bei einem dadurch notwendig werdenden Verkauf nur noch den Wert von Altmaterial besitzen.

5. Der fünfte Leitsatz kann nach den Erfahrungen der Verbandsrevisoren noch manchem Verein zur besonderen Beherzigung empfohlen werden, denn recht oft bemerkt man noch, daß die Kaution als Betriebskapital Verwendung findet. Dann kann sie natürlich als Schuldposten nur auf der Haben-Seite stehen. Immer wieder sind solche Genossenschaften darauf aufmerksam zu machen, daß die Kautionen jeder Zeit frei verfügbar sein sollen, sei es, daß sie für etwaige Schädigungen in Anspruch genommen oder sei es, daß sie den Kautionsstellern zurückgegeben werden müssen. Daß die Kaution eines neu eintretenden Lagerhalters benutzt wird, um seinen Vorgänger für seine Forderung zu befriedigen — ein Fall der mir in meiner Praxis schon vorgekommen ist —, ist durchaus nicht gutzuheißen. Wird die Kaution in barem Gelde gestellt, so soll sie unverzüglich getrennt von den übrigen Spar- oder Bankguthaben in einem auf den Namen des Vereins lautenden Buche hinterlegt werden. Dann ist es erwünscht, sie ebenso wie eine in Wertpapieren gegebene Kaution auf beiden Seiten der Bilanz erscheinen zu lassen, denn, wenn auch der Gewinn bezw. Verlust dadurch nicht verändert wird und Beträge aufgeführt werden, die eigentlich weder zu den Aktiven noch zu den Passiven gehören, so haben doch die Mitglieder ein Recht darauf, ersehen zu können, daß der Vorstand die Interessen ihres Vereins auch nach dieser Richtung hin wahrgenommen hat.

6. Besondere Beachtung verdient der folgende Leitsatz. Hier ist mit größter Sorgfalt zu prüfen, welchen tatsächlichen Wert die aus der Warenkreditgewähr entstehenden Außenstände haben. Nur dieser, nicht der Buchwert, kann für die Bilanz in Frage kommen. Gar häufig wird man es dabei an der unbedingt notwendigen Gründlichkeit absichtlich und unabsichtlich fehlen lassen. — Daß die Konsumvereine grundsätzlich keine Waren auf Borg abgeben sollen, ist schon so oft betont worden, daß ich darüber nicht viel Worte zu verlieren brauche. Ist aber eine solche Gewährung von Kredit an die Genossen schon an sich zu verwerfen, so noch vielmehr, wenn nicht der Verein selbst, sondern mit oder ohne seine Genehmigung der Lagerhalter der Kreditgeber ist, also gewissermaßen heimlich Kredit gewährt wird. Es sollte eine unbedingte Regel sein, daß, wenn schon einmal sich die Gewährung von Warenkredit aus irgend welchen Gründen nicht vermeiden läßt, wo-

bei es sich dann meistens um Massenkonsumartikel wie Kohlen, Kartoffeln usw. handeln wird, dieser nur durch die Genossenschaft selbst gegeben werden darf, und daß dann auch die auf solche Weise entstehenden Außenstände in der Bilanz in die Erscheinung treten. Gar oft wird einem gelegentlich der Revision auf die Frage, ob etwa Waren auf Borg abgegeben würden, mit einem stolzen Nein geantwortet, forscht man aber weiter, so hört man, daß allerdings der Lagerhalter Kredit gebe. Er tue dies aber für eigene Rechnung und Gefahr. Dabei steht dann im Vertrage: Dem Lagerhalter ist bei Strafe sofortiger Entlassung verboten, Waren anders als gegen Bar abzugeben. Wie mancher Lagerhalter hätte dann schon entlassen werden müssen? Was nützen solche Bestimmungen, wenn sie nur auf dem Papier stehen! Ist der Lagerhalter wirklich im Stande, am Jahresschluß sein Konto dadurch stimmend zu machen, daß er aus eigenen Mitteln das Geld für die von ihm verschuldeten Außenstände vorschießt, so bleibt doch immer bestehen, daß die Genossenschaft von einem unserer allerwichtigsten Grundsätze abgewichen ist. Ist er aber dazu nicht in der Lage, so hat der Verein mit Forderungen zu rechnen, die er absolut nicht kontrollieren kann, und die er dann meistens, will er korrekt verfahren, weit unter Buchwert ansetzen muß. Noch eins kommt hinzu. Will der Lagerhalter Forderungen einklagen, so wird ihm das Gericht, wie in einem mir bekannten Falle, bedeuten, daß er dazu gar kein Recht besitze, denn die abgelassenen Waren seien Eigentum des Konsumvereins gewesen, dessen Angestellter er doch nur sei. Dann hat also die Genossenschaft das Vergnügen, für seine Fehler, sich mit dem Gericht herumzuschlagen. Schärfste Kontrolle darüber, daß ohne Zustimmung des Vorstandes keine Waren auf Borg abgegeben werden, ist erforderlich, und ich wiederhole nochmals, lassen sich Kreditaußenstände nicht vermeiden, so soll der Verein der Kreditgeber sein, die Außenstände in der Bilanz erscheinen lassen und zwar nur zu ihrem tatsächlichen Wert. Der vorauszusehende Verlust ist über Gewinn- und Verlustkonto zu buchen. Wie unangenehm es für Arbeitgeber sein kann, wenn sie sich bestimmen lassen, Konsumvereinsmitgliedern ihre bei einem Verein gemachten Schulden von ihrer Löhnung und zwar mit ihrer Zustimmung einzubehalten, lehrt das folgende Vorkommnis. Das Statut des Konsumvereins in N. enthält nachstehende Bestimmung: „Der Verein verkauft gegen Barzahlung, jedoch können diejenigen Mitglieder, welche in Diensten der Firma N. N. stehen, einen Kredit erhalten, dessen Höhe seitens der betr. Firma festgesetzt wird, wenn sich dieselbe verpflichtet, die bezgl. Beträge allmonatlich den betr. Mitgliedern an ihrem Lohn zu kürzen und der Vereinskasse zu überweisen." Von dieser Vergünstigung wurde jahrelang seitens der Käufer ausgiebiger Gebrauch gemacht. Eines Tages aber wurde der Direktor der Firma von einem feindlich gesinnten Gewerbetreibenden denunziert, er hatte sich beim Amtsgericht in A. wegen der ungesetzlichen Lohneinhaltung zu verantworten und wurde zu 6 Mk. Strafe verurteilt. Seine Berufung beim Landgericht hatte zwar Erfolg, aber nur weil die Richter den Konsumverein — eine Art Werkkonsumverein — als Wohlfahrtseinrichtung anerkannten. Den Aerger und den Verdruß aber hatte er weg. Bei der Genossenschaft wird jetzt sicher kein Kredit mehr gegeben. Viele ihrer bis dahin so sehr verwöhnten Mitglieder decken ihren Bedarf jetzt wieder beim Händler, der sie durch bereitwilligst gewährten Kredit wohl bald ganz in Händen haben wird, und was das bedeutet, weiß jeder, der die Borgwirtschaft und ihre schädlichen Folgen kennen gelernt hat.

7. Wie die aus der Warenkreditgewähr entstehenden Außenstände dürfen auch alle übrigen Warenforderungen, Lagerhaltermanki usw. nicht zu ihrem Buchwerte, sondern nur nach ihrem wirklich beitreibbaren Werte in die Bilanz eingesetzt werden. Ist dieser wirklich zu niedrig angegeben, so wird der etwa erzielte Mehrerlös dem Vereine bei späteren Abschlüssen wieder zugute kommen. Wenn z. B. in einer Bilanz mehrere Jahre hinter einander, wie ich es beobachten konnte, eine Forderung an den Lagerhalter immer wieder in gleicher Höhe aufgeführt wird, so ist mit Sicherheit anzunehmen, daß die Sache einen Haken hat. Einmal wird sich ein solches Verfahren aber sicher rächen. Erwähnt sei bei dieser Gelegenheit die noch häufig anzutreffende Unsittte, die Kasse über den Jahresschluß hinaus offen zu lassen. Veranlassung dazu bietet meistens der Wunsch, daß die Bilanz keine Waren- usw. Schulden mehr aufweisen soll. So lobenswert dieses Bestreben an sich ist, so steht es doch im offenen Widerspruch mit dem H. G. B., wenn man dies Ziel durch Verschönern der Bilanz, das ist eben meistens durch das erwähnte Offenhalten der Kasse, erreichen will. Es heißt im H. G. B., daß der Kaufmann für den Schluß des Geschäftsjahres seine Bilanz aufzustellen hat, und daß die Dauer des Geschäftsjahres 12 Monate nicht überschreiten darf. Die Schulden für Steuern, Gehälter, Vergütungen und Waren werden sich fast nie ganz vermeiden lassen, die letztgenannten namentlich dann nicht, wenn das für die betr. Lieferungen gewährte Ziel ausgenutzt werden soll. Ebenso zu verwerfen ist es natürlich, wenn man die am Jahresschluß noch bestehenden Verpflichtungen für noch zu zahlende Unkosten, soweit sie eben das abgelaufene Geschäftsjahr betreffen, erst im neuen Jahre, dann wenn sie beglichen werden, dem Unkostenkonto belastet.

8. Als Grundlage für die Spezialisierung der Gewinn- und Verlustrechnung empfahl der Allgemeine Genossenschaftstag zu Bad Nauheim (1910) die in den Tabellenformularen (Statistische Fragebogen) des Allgemeinen Verbandes enthaltenen Aufstellungen. Ich darf mich auch bei diesem letzten Leitsatz darauf beschränken, auf die damals gemachten Ausführungen zu verweisen, da der derzeitige Antrag einstimmige Annahme fand.

In den Eingangsworten zu den vorliegenden Leitsätzen heißt es, daß für die Aufstellung der Bilanz das von dem Allgemeinen Genossenschaftstage in Freiburg (1909) beschlossene Schema zugrunde zu legen ist. Aus ihm ist namentlich dann, wenn darin die bereiten Mittel und die kurzfristigen Verbindlichkeiten hervorgehoben werden, die Liquidität der Genossenschaft ohne Mühe zu beurteilen. Das Bilanzmuster ist daher von besonderem Wert, weil auch der nicht kaufmännisch geschulte Leser desselben bei einiger Anleitung in die Lage versetzt wird, sich ein klares Bild von den Verhältnissen seiner Genossenschaft zu machen. Dabei wird man dann auch die Geschäftsguthaben der verbleibenden von denen der ausscheidenden Mitglieder trennen und zwar nicht nur, um einer Entscheidung des Reichsgerichts zu entsprechen, sondern vor allem, weil diese Trennung auch zur Beurteilung der Liquidität erforderlich erscheint. Denn während die Guthaben der verbleibenden Genossen das Betriebskapital bilden, gehören die der ausscheidenden zu den kurzfristigen Verbindlichkeiten. Dabei genügt es dann m. E., wenn die beiden Posten in der Bilanz vor der Linie getrennt, sonst aber in einer Summe aufgeführt erscheinen. Das gleiche gilt auch von den auszuzahlenden bezw. in Kürze zu tilgenden und den unkündbaren Hausanteilscheinen.

Ich habe versucht, die Ihnen vorliegenden Leitsätze zu begründen resp. zu erläutern. Ich bitte Sie nun auf Grund ihrer Erfahrungen zu einer Vervollständigung und Verbesserung derselben beizutragen, damit wir danach zu einem möglichst einheitlichen Beschluß kommen, der in seinen Leitsätzen den Konsumvereinen des Allgemeinen Verbandes als Richtschnur dienen kann. (Lebhafter Beifall.)

Vorsitzender Verbandsdirektor **Nolte**-Lüdenscheid: Ich stelle den vorliegenden Antrag zur Besprechung und bitte, sich zum Wort zu melden.

Direktor **Welck**-Breslau: Meine sehr verehrten Herren! Der Herr Referent hat in so überzeugender und klarer Weise sein Referat erstattet, daß ich sagen muß: ich halte es für eine Musterarbeit. Ich möchte mir aber dennoch erlauben, in zwei Punkten meine Ansicht, die doch wesentlich anders ist als die des Herrn Referenten, hier zum Ausdruck zu bringen.

Zunächst bezüglich der Bilanz, des Bilanzschemas, das seinerzeit in Freiburg i. B. beschlossen worden ist! Dort standen zwei Bilanzschemas zur Verhandlung. Eins war von Herrn Kofahl und meiner Wenigkeit aufgestellt, das andere von unserem verehrten Herrn Dr. Schneider. Das letztere Schema ist damals angenommen worden, und zwar deshalb, weil das andere eine Gruppierung der Aktiva und Passiva vorgesehen hatte. Von verschiedenen Seiten wurde damals geltend gemacht, es sei nicht üblich, in den Bilanzen Gruppierungen vorzusehen. Ich hatte damals widersprochen und erklärt, ich hätte das schon oft in Bilanzen gefunden. Ich habe in den letzten drei Jahren darauf geachtet und habe es recht häufig gefunden, daß man sagt: sonstige Passiva oder sonstige Aktiva, daß man die bereiten Mittel links als Aktiva und die Schulden und Verpflichtungen rechts als Passiva aufgeführt hat. Wer so ein Schema in die Hand nimmt, der sieht auf den ersten Blick, welche Summe der bereiten Mittel der Summe der Schulden und Verpflichtungen gegenübersteht. Jeder Laie kann sich sofort — er braucht nicht kaufmännisch vorgebildet zu sein — aus einer solchen Aufstellung ein Urteil darüber bilden, ob die Bilanz liquid ist oder nicht.

Es sind damals bestimmte Grundsätze beschlossen worden, die für die Beurteilung der Liquidität maßgebend sind. Steht heute die Angelegenheit auch nicht auf der Tagesordnung, so darf ich Ihnen aus meiner Praxis mitteilen, daß in Schlesien wenigstens mehrere Konsumvereine außer dem Breslauer Verein diese Praxis mit der Gruppierung befolgen und in jedem Geschäftsbericht außerdem noch dauf hinweisen, in welchem Maße die Liquidität für die Bilanz besteht. Ich kann diese Einrichtung aufs beste empfehlen. Ich weiß zwar nicht, wie es der Herr Anwalt auffaßt, wenn man weiter geht mit der Klarstellung der finanziellen Verhältnisse, als der Allgemeine Genossenschaftstag beschlossen hat. Ich hoffe jedoch, daß dieses Bilanzschema, welches die Gruppierung vorsieht, immer mehr Anklang bei den Verbandsvereinen finden wird.

Ich möchte aber zunächst zu einem Kompromiß raten, und zwar in der Form, daß die Vereine wenigstens die einzelnen Positionen der Aktiva und Passiva in einer bestimmten Reihenfolge in der Bilanz folgen lassen.

Das ist, wie Sie mir wohl alle zugeben werden, heute in der Regel nicht der Fall. Heute findet man die Verpflichtungen und das Vereinsvermögen, also die Geschäftsanteile und den Reservefonds mit Darlehen, Hausschulden, Hypotheken usw. durcheinandergemengt vor. Es würde schon einen Schritt vorwärts bedeuten, wenn wir eine bestimmte Reihenfolge sowohl in der Aktivseite als auch in der Passivseite einführen würden. Die Angelegenheit eilt ja auch nicht; sie kann vielleicht einmal einen besonderen Gegenstand der Verhandlungen unserer Konsumvereine bilden.

Dann komme ich zu dem zweiten Punkt: das ist die leidige Frage des Offenhaltens des Kassenbuches. Ich bin mir wohl bewußt, daß eine große Mehrheit für eine Momentaufnahme besteht, wie unser Verbandsrevisor Herr Dr. Schneider den sofortigen Schluß des Kassenbuches genannt hat. Aber ich meine, aus praktischen Gründen ist es für die Vereine doch gut, mehrere Tage, sagen wir bis zu einer Woche, das Kassenbuch offen zu halten, um all die Schulden, die sich auf das verflossene Geschäftsjahr beziehen, noch möglichst begleichen zu können. Das muß natürlich nicht ganz so formlos geschehen, wie es zu der Zeit wohl geschehen ist, als die Reichsgerichtsentscheidung erschien und diese Art der Buchung verbot. Ich meine, wenn die Vereine am Inventurtage ein Inventurprotokoll führen und die einzelnen Posten, sowohl Schulden als auch Aktiva-Posten, in dieses Protokoll aufnehmen, sodaß dem Revisor jederzeit Gelegenheit geboten ist, eine genaue Revision der Beträge vorzunehmen, die nach erfolgter Feststellung des Barbestandes vom Inventurtage das Kassenbuch aufweist, so ist dem Gesetz m. E. vollständig genügt, dann würden doch die Gründe, die zu der erwähnten Entscheidung führten, fehlen. Jetzt stehen wir vor dem Dilemma: sollen wir die Reichsgerichtsentscheidung befolgen oder sollen wir in dem bisherigen Rahmen einer ordnungsmäßigen Buchung fortfahren? Ich nenne diese nur dann eine ordnungsmäßige, wenn sie ein am Inventurtage festgestelltes Aufnahmeprotokoll als Unterlage aufweisen kann. Wahrscheinlich — ich nehme das an — ist die Reichsgerichtsentscheidung infolge unklarer Rechnungsverhältnisse bei irgend einer Genossenschaft erfolgt. Beim Vorhandensein eines Inventurprotokolls mit einem genauen Nachweis wäre sie wohl nicht ergangen. Nun fragt es sich, wie bereits erwähnt, ob wir diese Reichsgerichtsentscheidung respektieren oder mehr dem Bedürfnis der einzelnen Vereine Rechnung tragen wollen. Wir haben uns bisher im schlesischen Verbande fast einmütig dafür ausgesprochen, das Kassenbuch möglichst so lange offen zu halten, bis die letzten Unkosten, Zinsen usw., soweit ihre Begleichung vor Abschluß des Kassenbuches überhaupt möglich ist, bezahlt sind. Der Grund, der früher einmal für den sofortigen Kassenbuchschluß geltend gemacht wurde, ist nicht stichhaltig. Es wurde nämlich gesagt, es werde durch das Offenhalten des Kassenbuches der finanzielle Stand des Vereins verschleiert und verdunkelt. Das trifft m. E. nicht zu. Für die Praxis ist es bei uns sehr wesentlich, wenn wir bis zur Erledigung der Verpflichtungen des abschließenden Jahres warten können. Unsere Bilanz ist dann rein, wir haben alle Unkosten, alle Waren bezahlt, wir haben Zeit genug gehabt, noch den Erlös aus auswärtigen Verkaufsstellen einzubringen usw. Wenn ich das alles erst später erledige, den Kassenschluß aber sofort vornehme, so kann bei diesem Verfahren mindestens ebenso leicht ein Irrtum entstehen und eine Verschleierung des Vermögensstandes vorkommen; denn bei dieser kommt eventuell nicht nur der Kassenbestand in Betracht, gleichviel ob er am Inventur- oder am Kassenabschlußtage ermittelt ist, sondern auch der Bilanzwert irgend eines anderen Kontos.

Ich wollte hier nur diese Anregung geben. Ich glaube, es lohnt sich, auch über diesen Punkt später einmal hier zu verhandeln. Mit den sonstigen Ausführungen des Herrn Wilms bin ich vollkommen einverstanden, und bitte daher um Annahme des Antrages.

(Beifall.)

Vorsitzender Verbandsdirektor Nolte-Lüdenscheid: Bevor ich dem Herrn Anwalt das Wort zur Geschäftsordnung erteile, möchte ich dringend bitten,

15

die Redezeit von 10 Minuten unter keinen Umständen zu überschreiten. Es liegt noch ein weiterer Antrag vor und wir möchten doch heute noch fertig werden.

Anwalt **Dr. Crüger** [zur Geschäftsordnung]: Ich möchte dringend bitten, auf den Freiburger und Nauheimer Beschluß betreffend Bilanz und Gewinn- verlustberechnung nicht einzugehen; denn das ist die Voraussetzung für die weitere Entwicklung dieses Antrages. Uns liegt auch weder das Material des Freiburger noch des Nauheimer Beschlusses vor. Ich würde es daher für im Interesse der Förderung der Angelegenheit halten, wenn weder auf den einen noch den andern Beschluß weiter eingegangen wird.

Verbandsdirektor **Dr. Schneider**-Potsdam: Ich werde mir diesen Fingerzeig zunutze machen. Ich hatte durchaus nicht die Absicht, auf die Entstehungsgeschichte des Freiburger Beschlusses näher zurückzukommen und mich über die Gruppierung der Bilanz zu äußern. Herr Direktor Welck hat gesagt, das könnte der Zukunft vorbehalten bleiben. Ich glaube, das wird auch das Richtige sein.

Ich wollte eine Bemerkung zur Ziffer 4 machen. Damit bin ich doch nicht einverstanden. Mir scheint, daß die sehr eingehenden und sachgemäßen Ausführungen des Herrn Referenten selbst dagegen sprechen, einen einheitlichen Prozentsatz von 10% Abschreibungen auf Inventar und Maschinen zu empfehlen. Der Herr Referent hat selbst ganz zutreffend geäußert, daß bei den Abschreibungen von Maschinen nicht bloß die gewöhnliche Abnutzung, die natürlich bei eisernen Maschinen so gering sein wird, daß dieselben wahrscheinlich noch viel länger als 10 Jahre ziemlich unverändert bleiben, in Betracht kommen kann, sondern daß auch die Möglichkeit von neuen Verbesserungen und Erfindungen auf dem betreffenden Gebiete der Maschinentechnik und damit die Notwendigkeit vorliegen kann, daß verbesserte Maschinen angeschafft werden müssen, ehe die alten als aufgebraucht angesehen werden können. Wenn ein Konsumverein in der Anschaffung solcher verbesserten Maschinen dadurch behindert würde, daß er von den bisher gebrauchten Maschinen regelmäßig zu wenig abgeschrieben hat, so würde das m. E. der Entwicklung des Vereins durchaus nicht förderlich sein. Deshalb bin ich sehr dafür, daß man für Maschinen eine erheblich höhere Abschreibung als Norm ansetzt als für das Inventar. Ich meine, eine Abschreibung von mindestens 15% dürfte oft sachgemäß sein. Ich empfehle daher, je nach dem die Verhältnisse liegen und um welche Maschinen es sich handelt, eine Abschreibung von 20%. Wenn das zu viel ist, so ist das auch weiter kein Unglück, dann hat der Verein in der zu großen Abschreibung eine stille Reserve, die ihm jedenfalls niemals schaden, sondern nur nützen kann.

Dann möchte ich Ihre Aufmerksamkeit besonders auf die Ziffer 6 und 7 lenken. Ich kann auch hier nur die sehr sachgemäßen Ausführungen des Herrn Referenten unterstreichen. Es ist in der Tat eine eigentümliche Praxis, die sich bei den Konsumvereinen eingebürgert hat, daß dem Lagerhalter angedroht wird, daß er bei jedem Verkauf auf Kredit sofort seine Stellung riskiert; und nichtsdestoweniger wird in manchen Vereinen bei jeder Inventur eine ganze Liste von solchen Schuldnern, die etwas auf Borg entnommen haben, dem Aufsichtsrat und Vorstand vorgelegt, da der Posten doch für die Bilanz in Betracht kommt. Es bleibt dann dem Lagerhalter überlassen, für die Einziehung dieser Gelder zu sorgen. Und das geschieht auf sein Risiko. Ich habe mich davon durch die Revisionen immer mehr überzeugt, daß dieses Verfahren gegenüber dem Lagerhalter mit der Moral schwer vereinbar ist. Ich meine, wenn der Verein die Kreditgewährung für Waren zulassen will, dann mag er das deutlich aussprechen und die Bedingungen dafür festsetzen, sollte aber dem Lagerhalter nicht mit der Drohung kommen, daß er bei einem Verstoß gegen die Vorschrift der Barzahlung an die Luft gesetzt wird. Der Verein muß aber dann auch dafür sorgen, daß bei der Inventur diese Forderungen dem Aufsichtsrat einzeln vorgelegt werden, damit er sich darüber schlüssig wird, ob diese Forderungen wirklich so viel wert sind, wie die Waren dem betreffenden Kunden berechnet sind. Das ist in der Tat ein Widerspruch gegen die strenge Aufrechterhaltung des Grundsatzes der Barzahlung, der doch für unsere Konsumvereine in allererster Linie maßgebend sein sollte.

Betreffs der Offenhaltung des Kassenbuches bin ich ja mit dem Vorredner schon immer in Meinungsverschiedenheiten gewesen. Ich will nur betonen, daß es nicht ganz zutreffend ist, wenn er meint, daß bei den schlesischen Konsumvereinen allgemein diese Offenhaltung des Kassenbuches eingeführt wäre. Das ist nicht der Fall. Es sind jetzt schon mehrere Vereine dazu übergegangen, die Kasse mit dem 30. September — das ist in der Regel der Abschlußtag bei den Konsumvereinen — zu schließen und den Bestand, der dann vorhanden ist, auch wirklich in die Bilanz einzustellen und dadurch allerdings etwas mehr Positionen in der Bilanz zu haben, weil dann natürlich irgendwelche Reste vorkommen können, die in der Bilanz berücksichtigt werden müssen, während sie dann aus der Bilanz verschwinden, wenn das Kassenbuch so lange offen gehalten wird, bis diese Reste bezahlt sind. Ich als Revisor war selbstverständlich niemals in der Lage, mit den betreffenden Vereinsvertretern die Frage zu erörtern, ob es angemessen sei, eine Entscheidung des Reichsgerichts zu beobachten oder nicht. Darüber kann eigentlich kein Streit entstehen, daß, wenn das Reichsgericht einen ganz bestimmten Grundsatz in handelsrechtlicher Beziehung ausspricht, dieser Grundsatz auch von den Vereinen so lange zu befolgen ist, als er nicht durch eine andere Entscheidung des Reichsgerichts aufgehoben wird. Ich erkenne aber an, daß bei manchen Vereinen, namentlich bei dem großen Breslauer Konsumverein, bisher aus dieser Nichtbeachtung der Reichsgerichtsentscheidung irgendein Schaden nicht erwachsen ist. Aber das kann mich doch nicht davon abhalten, auf den grundsätzlichen Standpunkt zu verharren, daß derartige sachgemäße Auslegung des Reichsgerichtes, die in materieller Beziehung wohl nicht anfechtbar ist, von den Vereinen immer beachtet werden muß.

Abgesehen von dem Prozentsatz für die Abschreibung in Punkt 4 bei Maschinen kann ich Ihnen den Antrag sonst nur zur Annahme empfehlen.

Rechtsanwalt **Crecelius**-Charlottenburg: Ich wollte nur noch mit einigen Worten auf die Frage der Offenhaltung des Kassenbuches zurückkommen. Nicht nur ein Teil der schlesischen Konsumvereine verfährt so, sondern es ist leider Gottes im Geschäftsleben allgemein Gepflogenheit, das Kassenbuch über den Jahresschluß hinaus offen zu halten. Es kann aber vom rechtlichen Standpunkte aus gar keinem Zweifel unterliegen, daß dieses Verfahren unzulässig ist, und zwar brauchen wir da gar nicht auf eine Entscheidung des Reichsgerichts zu rekurrieren. Die Frage ist ganz ausdrücklich und unter Ausschluß jeden Zweifels im Gesetz geregelt. Das Gesetz bestimmt nämlich, daß sämtliche Vermögensgegenstände, die die Bilanz aufweist, mit dem Werte einzusetzen sind, den sie für den Tag ausweisen, für welchen die Bilanz aufgestellt ist. Zu den Vermögenswerten, die eine Gesellschaft oder Genossenschaft hat, gehört natürlich auch die Kasse. Wenn nun die Bilanz per 30. September aufgestellt wird, so muß die Kasse den Betrag und genau nur den Betrag angeben, den die Kasse am 30. September hat, und es ist nicht zulässig, in der Bilanz einen Kassenbestand auszuweisen, den sie vierzehn Tage später oder überhaupt nicht gehabt hat. Wenn die Bilanz einen derartigen Betrag ausweist, ist sie eben nicht richtig.

Nun spricht zweifellos ein praktisches Bedürfnis dafür, diejenigen Posten, die noch das alte Jahr betreffen, auch noch im letzten Jahre zu verbuchen. Die Praxis hat bereits einen Ausweg gefunden. Sie richtet für solche Zwecke ein „Interimskonto" ein, verbucht solche Posten über das Interimskonto und erhält auf diese Weise eine ganz einfache glatte Verbuchung.

Anwalt **Dr. Crüger**: Es liegt hier nur eine Anregung vor, eine Aenderung vorzunehmen. Sie geht von Herrn Dr. Schneider aus und bezieht sich auf die Abschreibung an Maschinen bei Ziffer 4. Einen bestimmten Vorschlag hat Herr Dr. Schneider auch nicht gemacht.

(Verbandsrevisor Dr. Schneider: 15% bei Maschinen!)

Ich kann Ihnen verraten, meine Herren, daß der Herr Vorsitzende sich mit mir darüber unterhalten hat, ob nicht 10 % auf Inventar und Maschinen für einen jungen Verein schon recht reichlich sind. Außerdem steht hier noch das Wort „mindestens". Für das Inventar reichen die 10 % zweifellos aus. Es bleiben also nur die Maschinen übrig. Zwischen Maschinen und Maschinen ist auch ein großer Unterschied. Ich kann mir denken, daß eine Genossenschaft Maschinen hat, die veraltet und von der Technik überholt sind, und diese Genossenschaft benutzt diese Maschinen weiter, ohne daß sie deswegen in ihrem Betriebe rückständig wird. Diejenigen Genossenschaften dagegen, bei denen es außerordentlich viel darauf ankommt, daß sie auch mit der Technik gleichen Schritt halten, werden, so glaube ich, schon ohne weiteres an das Wort „mindestens" sich halten und größere Abschreibungen vornehmen. Wir müssen doch auch an die jüngeren Genossenschaften denken. Wenn wir diesen jüngeren Genossenschaften hier mindestens 10 % auferlegen, dann können wir wirklich, glaube ich, diese Position so annehmen, wie sie Ihnen hier vorgeschlagen wird.

(Zustimmung.)

Verbandsrevisor Dr. **Schneider**-Potsdam: Bei den Genossenschaften, die mit Maschinen arbeiten, wird man in der Regel doch wohl anzunehmen haben, daß sie nicht gerade zu den jüngeren oder jüngsten Genossenschaften gehören, sondern daß bei ihnen schon ein Produktionszweig besteht, für den die Maschinen angeschafft sind, daß sie für diesen Produktionszweig eine längere Tätigkeit als Voraussetzung haben, sodaß für sie auch die höhere Abschreibung von 15 % nicht so schwer aufzubringen sein kann. Ich mache darauf aufmerksam, daß, wenn da auch das Wort „mindestens" steht, dessen Bedeutung ich gar nicht unterschätzen will, es doch sehr wünschenswert ist, wenn man unter Umständen namentlich einer dividendenlustigen Generalversammlung gegenüber bei Abschreibungen darauf hinweisen kann, daß ein solcher Mindestsatz von 15 % dort schon vorgesehen ist. Sonst kann man gewärtig sein, daß die Mitglieder in der Generalversammlung, die mehr Dividenden haben wollen, sich immer wieder darauf berufen werden, daß sie den Mindestsatz, den der Allgemeine Genossenschaftstag empfohlen hat, für vollständig ausreichend erachten und die Generalversammlung ersuchen, die Abschreibungen auf diesen Mindestsatz zu ermäßigen.

Vorsitzender Verbandsdirektor **Nolte**-Lüdenscheid: Der Herr Anwalt hat schon darauf hingewiesen, daß wir uns darüber unterhalten haben, ob 10 % nicht vielleicht zu hoch gegriffen seien. Ich möchte das damit begründen, daß speziell vom Anschaffungswert die Rede ist. Das ist natürlich ganz etwas anderes, als wenn man vom verbleibenden Wert abschreibt. Ich bin allerdings der Meinung, daß eine Abschreibung von 10 % vom Anschaffungswert, wonach die Maschine nach 10 Jahren abgeschrieben ist, wohl genügen müßte; denn Maschinen bleiben im allgemeinen weit länger im Gebrauch als 10 Jahre, und es müßten schon ganz besondere Umstände eintreten, wenn eine Maschine nach 10 Jahren schon ganz gebrauchsunfähig wäre. Ich bin im allgemeinen für große Abschreibungen, namentlich bei Genossenschaften. Aber ich glaube, daß wir den Passus 4 hier ruhig so stehen lassen können, weil das Wort „mindestens" eine ja auch noch größere Abschreibung zuläßt, als es selbst Herr Dr. Schneider will. — Ich frage den Herrn Referenten, ob er noch das Schlußwort wünscht?

(Wird verneint.)

Herr Wilms verzichtet auf das Schlußwort. Dann können wir über den Antrag abstimmen.

(Anwalt Dr. Crüger: Stellt Herr Schneider einen bestimmten Antrag? — Verbandsrevisor Dr. Schneider: Nein!)

Wer für die ursprüngliche Fassung ist, den bitte ich die Hand zu erheben.

(Geschieht.)

Ich bitte um die Gegenprobe. — Der Antrag ist einstimmig angenommen. Dann nehme ich noch Veranlassung, dem Herrn Referenten für seine vorzüglichen Ausführungen zu danken.

Wir gehen nun weiter in der Erledigung der Tagesordnung:

III. Antrag des Konsumvereins zu Görlitz, e. G. m. b. H.:

Da die kaufmännische Kalkulation die Grundlage für das Gedeihen eines jeden Geschäftsbetriebes ist, wird den Konsumvereinen empfohlen, den größten Wert auf eine solche zu legen; besonders die immer wachsende Eigenproduktion erfordert schärfste und sich öfter wiederholende Kalkulationen.

Zu diesem Zweck ist ein sogenanntes Kalkulationsbuch anzulegen, in welches sämtliche Waren zum Einkaufspreise zuzüglich aller Spesen in übersichtlicher Form geordnet eingestellt sind, derart, daß sich nicht nur die Einkaufspreise ergeben, sondern auch die Mengen der im Laufe des Geschäftsjahres bezogenen Waren und die Konditionen, zu welchen die einzelnen Käufe getätigt wurden.

Dieses Kalkulationsbuch bietet:

1. **bei Inventuren eine Gewähr dafür, daß die Waren zum wirklichen Einstandspreise in die Bilanz eingesetzt werden;**
2. **eine zahlenmäßige Uebersicht über den Verbrauch der einzelnen Artikel in jedem Geschäftsjahr;**
3. **eine leichte Uebersicht über die verschiedenen Konditionen der einzelnen Lieferanten, was bei Tätigungen der Käufe immer von Vorteil ist.**

Ich bitte Herrn Direktor Berger, das Wort zu nehmen.

Berichterstatter Direktor **Berger** (Görlitz): Als der Herr Anwalt so liebenswürdig war, mir zum heutigen Tage ein Referat anzubieten, schlug ich ihm einen Vortrag über Kalkulation im Warenhandel vor. Das Thema war mir recht sympatisch, nur bat er mich, dasselbe so vorzutragen, daß sich daraus gewisse Grundsätze herleiten lassen, deren Annahme den Konsumvereinen empfohlen werden kann.

Ich bin mir wohl bewußt, daß ich hiermit nur eine recht trockne Arbeit bringen kann, welche manchem ziemlich uninteressant erscheinen wird, ein Thema, aus dem viele der Anwesenden nicht viel Neues entnehmen werden. Für diejenigen nun, welche in ihrem Betriebe schon eine geordnete Kalkulation haben, will ich auch nichts neues bringen, oder neue Methoden zeigen, ich will nur Allbekanntes in gedrängter Form vorführen, so wie es für unsere Konsumvereine paßt.

Die kaufmännische Kalkulation ist die Grundlage für das Gedeihen eines jeden Geschäftsbetriebes. Durch sie wird ermittelt, wie hoch eine von auswärts bezogene Ware oder eine nach auswärts zum Verkauf gesandte Ware mit Einschluß aller darauf fallenden Spesen zu stehen kommt.

Die Prinzipien, nach welchen kalkuliert wird, sind im allgemeinen dieselben und können daher in jedem Geschäft ob groß oder klein, angewendet werden. Wenn beim Einkauf der Ware ein Voranschlag gemacht wird, welcher den Einkaufspreis der Ware plus aller Spesen und Unkosten feststellt, so nennt man dies eine Vorkalkulation; ist die Ware abgesetzt worden, so wird ein richtiger Kaufmann nach Verlauf einer gewissen Zeit eine Nachkalkulation anstellen, um zu sehen, ob sein Voranschlag richtig gewesen ist oder um Fehler desselben richtig zu stellen und überhaupt die Gewißheit weiterhin zu haben, daß seine Vorberechnungen richtig sind.

Ich denke hier speziell an den Einkauf, wobei die einzelnen Offerten schnell gegeneinander abgewogen werden müssen, denn manchmal erscheint das eine Angebot billiger als das andere, was aber eben nur Schein ist, wenn die beiderseitigen Bedingungen, Fracht- und Lieferungsverhältnisse usw., erst verglichen werden.

Als hauptsächliche Punkte kommen für den Voranschlag bei An- und Verkauf von Waren folgende in Betracht:

1. die Selbstkosten der betreffenden Ware,
2. die allgemeinen Betriebsunkosten,
3. der erzielte Gewinn,
4. der Gesamtumsatz in einem gewissen Zeitraum.

Die Selbstkosten setzen sich zusammen aus dem Fakturenpreis und den zuzuschlagenden Spesen für Fracht, Steuer, Versicherung usw. Bei der Aufnahme der Inventur am Jahresschlusse, d. h. bei der Feststellung des Wertes des Warenbestandes sind nur diese Punkte in Ansatz zu bringen, dagegen nicht die allgemeinen Geschäftsunkosten. Unter diesen versteht man die laufenden, mit der Führung eines Geschäfts verbundenen Unkosten, wie Mieten, Steuern, Gehälter, Reinigungs- und Beleuchtungskosten u. a. Diese Geschäftsunkosten sind unabhängig vom Jahresumsatz.

Der erzielte oder zu erzielende Gewinn wird bei einem Geschäftsgange, der auf einer geregelten Kalkulation beruht, im voraus vom Geschäftsführer bestimmt werden müssen in Form eines in Prozenten ausgedrückten Zuschlages zum Selbstkostenpreise der Waren. Dieser Bruttogewinn muß ausreichend groß sein, um einerseits alle Geschäftsunkosten, andererseits den erhofften Nettogewinn zu decken. Dieser Bruttogewinn hängt nun von vielerlei Umständen ab, wie Konjunktur, Verkehrslage, Preise der Konkurrenz und anderem. Den meisten Einfluß aber dürfte der Umsatz haben, denn je größer derselbe bei denselben Spesen, desto reichlicher bei kleinerem Bruttogewinn der Reingewinn.

Voraussetzung jeder technisch richtigen Kalkulation ist, 1. die vollständige Beherrschung der sämtlichen Gebiete des Rechnens und 2. die Vertrautheit mit allem, was mit dem An- und Verkaufe, mit dem Transport, der Lagerung, der Produktion und Konsumtion zusammen hängt. Die rechnerischen Fähigkeiten dürften wohl jedem, der kaufmännisch zu tun hat, zugemutet werden, anders aber verhält es sich mit den sachlichen Erfahrungen und Kenntnissen, denn diese setzen nicht nur eine gute umfassende Vorbildung, sondern auch lange Erfahrungen voraus.

Die Grundlage der kaufmännischen Kalkulation ist die Faktura. Bei ihr kommen in Betracht:

1. die Einkaufsmenge,
2. der Preis,
3. der Geldbetrag,
4. die Spesen.

Zu 1. Die Waren werden berechnet nach Gewicht, nach Stückzahl, nach Längen- und Flächen- und Hohlmaßen. Eine genaue Kenntnis der verschiedenen Maße und Gewichte zu einander ist daher erste Voraussetzung. Bei Ermittlung des in Rechnung zu ziehenden Gewichts bestehen an jedem Platze feste Usancen. So verkaufen einige Mühlen Brutto für Netto, wo also der Käufer den Sack als Mehl mit bezahlen muß, während andere den Preis für den Netto Zentner Mehl machen und den Sack extra in Rechnung stellen. Ebenso ist es bei Marmeladen, Zuckerhonig, Mostrich und anderen in Eimern gehandelten Waren, wo der Käufer, resp. der Verkäufer genau vergleichen muß, ob der Preis sich für das Brutto- oder Nettogewicht versteht.

Heringe werden in Schottland in größere Tonnen gepackt als in Deutschland und Holland. Eine Tonne deutscher Heringe hält weniger Inhalt, weniger Stückzahl als eine Tonne Schotten-Heringe, wenn die einzelnen Fische beider Provenienzen die gleiche Größe haben. Der Liter amerikanisches Petroleum wiegt weniger als ein Liter russisches oder galizisches Petroleum. Da die großen Handelsgesellschaften diesen Artikel im Engros zentnerweise handeln, derselbe aber im Detail literweise abgegeben wird, ist beim Einkauf damit zu rechnen.

Bezüglich der Tara unterscheidet man reelle oder wirkliche Tara und Usance-Tara. Erstere ist das tatsächliche Gewicht der Emballage, letztere wird im Handelsgebrauch festgestellt. Sie wird entweder per Stück oder in Prozenten des Bruttogewichts angegeben. So gibt es z. B. bei Petroleum in Holzfässern 20 % Tara, bei Kaffee in Hamburg 2 % Tara, während es in Stettin und im Inlande bei Santos Kaffee nur 1 Pfd., bei blauen Kaffees $1\frac{1}{2}$ bis 2 Pfund Tara gibt. Hieraus sieht man schon, daß die Tara den Wert der Waren beeinflußt und einen bedeutenden Faktor für die Kalkulation bildet. Z. B. in Hamburg gekaufte

100 Sack Santos Kaffee wiegen
Brutto 12000 Pfd., Tara 2 % = 240 Pfd.
Netto 11760 Pfd.

diese 100 Sack aber in Stettin gekauft

100 Sack Santos Kaffee
Brutto 12000 Pfd., Tara 100 Pfd.
Netto 11900 Pfd.

d. h. es werden 140 Pfd Kaffee mehr in Rechnung gestellt.

Für die meisten Artikel wird für die Tara kein Zuschlag gerechnet. Die Umhüllung, die manchmal sehr wertvoll ist, wird also gratis geliefert. Das ist jedoch nur Schein, denn der Lieferant muß die Kosten der Verpackung auf den Preis schlagen. Deshalb kostet auch meistens ein Artikel in kleinen Packungen mehr, als wenn er in größeren Mengen bezogen wird.

Hat die Umhüllung einen Verkaufswert, so mindert sie den Ankaufspreis. Man läßt diesen Faktor bei der Kalkulation aber meistens außer acht, weil dieser Wert sehr schwankend und unsicher ist, überhaupt meistens nicht voll ausgenützt werden kann. Natürlich gibt es auch Ausnahmen, wie z. B. bei Petroleum, wo das leere Faß direkt Handelsartikel ist, im Preise fällt und steigt, und wurde speziell früher von vielen Geschäften dieser Artikel oft zum Einkaufspreise im Detail weiterverkauft, nur um durch flotten Umsatz recht viele leere Fässer zu haben, deren nicht unbeträchtlicher Wert dann den Verdienst ausmachte.

Die Tara erhöht die Transportkosten. Hamburg verlangt z. B. für Schmalz in Firkins 60 Mk. per Zentner. Wenn die reine Fracht per Zentner 2 Mk. beträgt, so kostet das Schmalz nicht etwa 62 Mk., sondern es kostet 62,30 Mk., denn das ganze Gebind wiegt Brutto 112 bis 114 Pfd., also erhöht sich die Fracht um je 12 bis 14 Pfd. per Gebind resp. um ca. 15 %, in diesem Falle also um ca. 30 Pfg. per Fäßchen.

Wird die Umhüllung nicht abgerechnet, sondern zum Preise wie die Ware selbst berechnet, also Brutto für Netto, so erhöht sie den Preis für die Ware. Dies ist z. B. bei Brodzucker der Fall. Beträgt der Preis für 100 Pfd. Brodzucker 20 Mk. und die Tara 2 %, so ergibt sich

100 Pfd. Brode = 98 Pfd., Zucker = 20 Mk.
also 1 Pfd. Zucker 20,40 Pfg.

Ich will hier auch darauf aufmerksam machen, daß sich in einer Kiste Würfelzucker niemals wie berechnet 100 Pfd. Zucker befinden, sondern 1 bis 2 Pfund weniger, da das Ausschlagpapier immer mitgewogen wird. Solche Differenzen bestehen im allgemeinen noch bei Candiszucker, Aepfeln in Kisten und Fässern, Pflaumen in Kisten, Pflaumenmus und allen Südfrüchten in Kisten. Ebenso wiegt ein sogenanntes Zentnerfäßchen Schmalz auch nicht 100 Pfd. Netto. Die Amerikaner verkaufen diese Gebinde überhaupt nicht nach Gewicht, sondern nur stückweise, also nach Firkins oder sagen „in Amerika mit 100 Pfd. gefüllt". Daß inzwischen natürlich Manko eingetreten ist, kümmert sie nicht mehr; es fakturieren daher reelle deutsche Firmen ebenfalls nur nach Anzahl der Fässer, indem sie sagen, das Firkin kostet so und so viel.

Es ist bereits auf den Genossenschaftstagen in Berlin 1899 und Hannover 1900 über solche Mißstände gesprochen worden und wurden damals Resolutionen gefaßt, welche eine Besserung dieser Mißstände herbeiführen sollten. Viel ist dabei wohl nicht herausgekommen, weil sich diese Taragebräuche wohl aus der Praxis ergeben und da mit Theorie nicht viel zu machen ist. Ich will ja zugeben, daß es Firmen gibt, speziell ausländische, welche wissentlich die Tara niedriger ansetzen und so ein anscheinend billigeres Angebot als das reeller Firmen vorzutäuschen. In den meisten Fällen obig angeführter Artikel ist es wohl kaum möglich, eine genauere Tara durchzuführen, denn wenn z. B. in ein neu gefertigtes Schmalzfaß, welches leer 65 Pfd. wiegt, in Amerika 350 Pfd. Netto eingelassen werden, so ist es doch ganz klar, daß sich diese Gewichte nach einigen Monaten, denn so lange braucht der Artikel Zeit, um vom Ursprungslande zu uns transportiert und in Verkauf genommen zu werden, verändert haben müssen. Das Holz ist neu und frisch, zieht also Feuchtigkeit und Fett aus dem Inhalt an, d. h. das Nettogewicht wird kleiner, das Taragewicht größer, während das Bruttogewicht dasselbe bleibt. Bei anderen Artikeln, wie Marmeladen, Seifen usw., welche in Blecheimern gehandelt werden, läßt sich die Einzeltara auch schwer feststellen; da jeder Eimer verschieden wiegt, würden schließlich Grammteile zu berücksichtigen sein, was für die Berechnung und Verladung doch recht umständlich wäre.

Ich möchte daher von Mißständen bei Taradifferenzen nur dort sprechen, wo tatsächlich unreelle Tara vorliegt, in anderen Fällen aber nur von Unbequemlichkeiten. Diese Unbequemlichkeit kann aber für denjenigen, welcher die Kalkulation beherrscht keine Schwierigkeit bedeuten, denn er braucht eben nur damit zu rechnen. Durch längere Praxis muß er aber wissen, um welche Artikel es sich handelt und wieviel Prozent er zum Nettopreis zuschlagen muß.

Interessant ist es, wie leicht es sich die Zollbehörde bei solchen Artikeln macht, bei denen selten eine genaue Tara festzustellen ist. Sie verzollt einfach Brutto statt Netto, d. h. die Emballage wird als Ware mit verzollt, z. B. Petroleum, Kognak, Reis und andere.

Außer Tara gibt es noch andere Gewichtsabzüge. Meist treten solche nur ein, wenn es sich um ganz große Bezüge handelt, weil sie nur da in die Wagschale fallen.

So nennt man Ausschlag oder Abschlag die Gewichtsvergütung dafür, daß mehrere Kolli zusammen gewogen werden, außerdem gibt es noch Gutgewicht für Gewichtsverluste, dem viele Waren ausgesetzt sind, oder Bonifikation oder Dekort- oder Naturalrabatt.

Wird von einem anderen Platze Ware bezogen, so muß bei Ankunft derselben das Gewicht festgestellt werden. Alsdann wird unter Berücksichtigung der Platz-Usance Tara und Netto berechnet. Da die meisten Waren auf dem Transporte Gewichtsverluste erleiden, so wird das Ankunftsgewicht fast immer kleiner sein, als das Fakturengewicht. Solche Differenzen werden manchmal dadurch ausgeglichen, daß die Tara am Bezugsorte eine andere ist, als am Ankunftsorte und so das Nettogewicht ziemlich ausgeglichen ist. So z. B. gibt Hamburg für Kaffee 2 % Tara, was immer ein Plus gegenüber der wirklichen Tara bedeutet und wird dadurch oft ein Manko ausgeglichen. Selbstredend kommt es auch vor, daß bei manchen Bezügen ein Plus ist; da dies aber ein zwar öfters vorkommender, aber doch immerhin anormaler Fall ist, empfehle ich solches bei der Kalkulation nicht zu berücksichtigen.

Für die Warenberechnung kommt der Preis in Betracht und zwar:

1. die Geldwährung,
2. die Mengeneinheit, für welche sich der Preis stellt.

Die Geldwährung rechnet man zum Kurse um, resp. setzt den Betrag ein, der nach Abrechnung mit dem Bankhause bezahlt wurde.

Bei der Mengeneinheit ist sehr aufzupassen, denn es gibt Firmen, welche das Gewicht nach Pfunden einsetzen, den Preis aber nach Kilo. Bei Brennspirtus z. B. wird der Preis für 100 Liter r. A. berechnet. Bei Lieferungen von 90 % oder 95 % Ware muß also der Preis umgerechnet werden. Wenn also 100 Liter r. A. 35,78 Mk. kosten, so kosten 100 Liter 95 % 34 Mk.

Ein weiterer Usance-Abzug ist der Diskont. Er wird gewährt, um den Termin der Bezahlung abzukürzen resp. zu bewirken, daß der Betrag in bar bezahlt wird. Es ist dies eine veraltete überflüssige Rechnerei, denn es ist klar, daß der Verkäufer diesen Abzug vorher zum Nettopreise zuschlagen muß. Der Diskont ist hier also eine Scheinvergütung, die von denjenigen Firmen, welche in der Lage sind, Kredit zu gewähren, beibehalten wird, um nicht zweierlei Preise zu machen. Kostet z. B. 1 Zentner Zucker 19,20 Mk. und wird bei Barzahlung 1 % Diskont gewährt, so heißt das, der Zucker kostet 19 Mk. Netto. Es gibt leider noch immer sehr viele Einkäufer, welche sich durch solche Abzüge reizen lassen und tatsächlich glauben, daß sie billiger kaufen als wenn sie gleich den Nettopreis bezahlen.

Den wichtigsten und am meisten in die Wagschale fallenden Faktor bei der Kalkulation bilden die Spesen. Man nennt so alle Kosten, welche beim Einkauf, Transport, Lagerung, Kontrolle, Zinsverlust und Versicherung entstehen.

Als Einkaufsspesen kommen Provisionen an Makler und Agenten in Betracht. Die Transportspesen bestehen aus Frachtkosten, Prämien für Transportversicherung, Kosten für Ein- und Ausladen, Rollgeld, Wiegegeld usw. Lagerungskosten machen aus, Feuerversicherung, Lagergeld, Umpacken, Musterziehen usw. Zinsverlust besteht in dem Zins des ganzen Betrages, den man für die ganze Ware aufwendet (Ankaufswert und Spesen) vom Datum der Faktura ab bis zu dem Zeitpunkt, wo das Geld in die Kasse zurückfließt.

Der Anteil der allgemeinen Geschäftsunkosten wird bei der allgemeinen Kalkulation nicht berücksichtigt, sondern dem ermittelten Einkaufspreise zugeschlagen. Bei Geschäften, welche längere Zeit bestehen, ist bereits bekannt mit wieviel Prozent Unkosten gearbeitet wird. Werden Waren vom Auslande bezogen, darf nicht vergessen werden, den Zoll mit in die Kalkulation zu setzen. Ich will vorhergesagtes an folgenden Beispielen zeigen:

100 Sack Salvador Kaffe von Hamburg bezogen
Brutto 15000 Pfd., Tara 2 % = 300 Pfd.

Netto 14700 Pfd. à 81 Pfg.	11907	Mk.
Schlepperfracht à 80 Pfg.	120	„
Diverse Spesen und Assekuranz	30	„
Rollgeld	15	„
	12072	Mk.
Reise- und Lagerzinsen $^{70}/_{6}$ %. (Der Kaffee bleibt 40 Tage unterwegs und noch 4 Wochen auf Lager, ehe er in Gebrauch genommen resp. verkauft ist)	140	„
	12212	Mk.
Zinsen $^{30}/_{6}$ %. (Zinsdifferenz 30 Tage, denn der Verkäufer gewährt nur 60 Tage Ziel, während der Empfänger beim Weitergeben 90 Tage gewähren muß)	61	„
	12273	Mk.
Steuer (2 % Tara, da schwere Säcke)	4410	„
	16683	„

Manko 125 Pfd.
Hier gewogen, Brutto 14875 Pfd., Tara 200 Pfd., Netto 14675 Pfd.
kostet 1 Pfd. also 113,7 Pfg.

Bei Waren, welche dem Verderben ausgesetzt sind, wie Fische, Räucherwaren, Apfelsinen usw. empfiehlt es sich, damit zu rechnen, daß ein Teil unverkäuflich ist und gleich einen diesem Ausfall entsprechenden Zuschlag zu machen.

Bei Konsumvereinen, welche nicht gerade überseeische Bezüge machen, ist also, wenn vorstehendes berücksichtigt wird, die praktische Kalkulation sehr einfach und wird am besten in folgender Weise durchgeführt. Sämtliche vorkommenden Unkosten und Spesen werden genau in der Reihenfolge in Rechnung gestellt, wie sie zu bezahlen sind. Man rechnet dann diese Spesen dem Fakturenbetrage zu und ermittelt, nachdem zuvor evtl. fremde Geldsorten in inländische reduziert und die Ware am Bestimmungsorte gewogen oder gemessen ist, durch Division des Nettogewichtes der Ware in den Bruttobetrag, wie hoch die Wareneinheit, (Zentner, Kilo, Liter) an letzterem zu stehen kommt. Hierzu einige Beispiele:

Es werden von Hamburg bezogen:

250 Sack Moulmain-Reis

Brutto 55000, Tara 500, Netto 54500 Pfd., à 14 Pfg.	7630.—	Mk.
Diskont 1 1/4 %	95.40	„
	7534.60	Mk.
Porto auf Proben	0.20	„
	7534.80	Mk.
Fracht ab Mühle Hamburg bis frei Bahn Bestimmungsort (bis Dresden per Schlepper, dann weiter per Bahn) per Ztr. 80 Pfg.	440.—	„
Zollabfertigung	2.—	„
Stempel, Steuer, Abfertigung, Porti, kleine Spesen usw.	5.—	„
	7981.80	Mk.
Rollgeld per Ztr. 10 Pfg.	55.—	„
	8036.80	Mk.
Assekuranz	7.50	„
	8044.30	Mk.
Reise- und Lagerzinsen 60/6 %	80.45	„
	8124.75	Mk.
Steuer	1100.—	„
	9224.75	Mk.

Manko nichts.

Es kostet also ein Zentner Reis 16.92 Mk.

Von Stettin werden bezogen:

100 Tonnen Heringe à 40 Mk. transito	4000.—	Mk.
Diskont 1 1/4 %	50.—	„
	3950.—	„
Spesen ex Dampfer	18.—	„
Wachgeldanteil, Zollabfertigung, Böttcherlohn, kleine Kosten, Begleitschein, Porti, Konossementstempel usw.	21.—	„
	3989.—	Mk.
Rollgeld per Tonne 30 Pfg.	30.—	„
Fracht per Tonne 1.80 Mk.	180.—	„
Schutenkosten	10.—	„
Zu übertragen	4209.—	Mk.

	Uebertrag . . .	4209 Mk.
Reise- und Lagerzinsen 5²/₆ %		36.50 „
		4245.50 Mk.
Steuer		300.— „
		4545.50 Mk.

kostet also 1 Tonne Heringe 45.45 Mk.

Bei Vereinen, welche Spirituosen selbst herstellen, Backobst mischen usw., ist die Kalkulation durch einfachen Ansatz der einzelnen Bestandteile zu machen. Zum Beispiel:

Rotweinpunsch.

50	Liter	Rotwein	70 Pfg.	35.— Mk.
50	„	Barletta	70 „	35.— „
15	„	echt. Rum	450 „	67.50 „
15	„	echt. Arak	380 „	57.— „
100	„	Weinsprit	183 „	183.— „
264	Pfd.	Zucker	19¹/₂ „	51.50 „
330	Liter			429.— Mk.

1 Liter 130 Pfg.

³/₄ Liter . . .	97 Pfg.
Glas und Korken	13 „
³/₄ Liter Flasche	110 Pfg.

Vogelfutter.

800 Pfd.

200	Pfd.	Rübsaat	17¹/₂ Pfg. . . .	35.— Mk.
50	„	Kanariensaat . .	28 „	14.— „
200	„	gesch. Hafer . .	16¹/₂ „	33.— „
100	„	Leinsaat	15³/₄ „	15.75 „
200	„	Glanzhirse . . .	8¹/₂ „	17.— „
50	„	Mohn	30 „	15.— „
800	Pfd.	kosten	. . . . . .	129.75 Mk.

also 1 Pfd. 16.22 Pfg.

Backobst.

80	Pfd.	Pflaumen	26,25 Pfg.	21.— Mk.
50	„	Ringäpfel	35.25 „	17.65 „
15	„	Pfirsiche	43 „	6.45 „
15	„	Prünellen	67 „	10.05 „
25	„	Datteln	28 „	7.— „
20	„	Feigen	22.50 „	4.50 „
5	„	Kirschen	65 „	3.25 „
5	„	Trauben-Rosinen .	70 „	3.50 „
215	Pfd.	kosten	. . . .	73.40 Mk.

also 1 Pfd. 34.10 Pfg.

Bei Vereinen, welche selbst Kaffee brennen, ist zu beachten: Kaffee brennt je nach Qualität und Alter 20—25% ein, d. h. er wird durch das Rösten um so und so viel leichter. Ich kenne viele Einkäufer, welche nur einfach wie folgt rechnen:

100 Pfd. Santos-Kaffee kosten roh 100 Mk., 20 % Einbrennen, also kostet der Kaffee gebrannt plus den 5. Teil, d. h. 120 Mk. Diese Rechnung ist aber falsch. Es muß vielmehr gerechnet werden:

Wenn 100 Pfd. roher Kaffee 20 % einbrennen, ergeben sie nur 80 Pfd. gebrannten Kaffee. Wenn 100 Pfd. Rohkaffee 100 Mk. kosten, kosten folglich 80 Pfd. gebrannter Kaffee auch 100 Mk.

$$\text{also 1 Pfd. } \frac{100}{80} = 125 \text{ Pfg.}$$

Man muß also, wenn mit einem Einbrand von 20 % gerechnet wird, 25 % des Wertes darauf rechnen.

Welche Bedeutung und Wichtigkeit solche Kalkulationen für die Eigenproduktion haben, brauche ich wohl nicht mehr darzulegen.

Da, wie ich schon am Anfang sagte, die kaufmännische Kalkulation die Grundlage für das Gedeihen eines jeden Geschäftsbetriebes ist, wird den Konsumvereinen empfohlen, den größten Wert auf eine solche zu legen und sich ein sogenanntes Kalkulationsbuch anzulegen, in welches sämtliche Waren zum Einkaufspreise, zuzüglich aller Spesen in übersichtlicher Form geordnet, eingestellt sind; dieses Buch läßt sich leicht so einrichten, daß auch die Mengen der im Laufe des Geschäftsjahres bezogenen Waren und die Konditionen, zu welchen die einzelnen Käufe getätigt wurden, ersichtlich sind. Die Kalkulation als solche wird am besten am Fuße oder auf der Rückseite der einzelnen Rechnungen oder auch in einem besonderen Buche vorgenommen.

Ich habe mir nun erlaubt, für solche Eintragungen ein Schema vorzuschlagen, welches Sie augenblicklich alle in Händen haben*). Aus dem Vordrucke am Kopfe sehen Sie, wie ich mir die Aufstellung dachte. Nach dem Datum folgt die Nummer der Rechnung (wir geben jeder Rechnung eine fortlaufende Nummer, was das Finden der Originalrechnung sehr erleichtert). Es folgen dann Zeichen und Nummer der Sendung, weiter Anzahl, Art, Menge und Preis der gekauften Ware. In der Rubrik Konditionen liest man, ob die Ware ab Station, cif, franko usw. gekauft ist, wieviel Rabatt und Diskont bewilligt ist. Es folgt dann der Kalkulationspreis und der Lieferant. In die Rubrik „Bemerkungen" kann allerlei Notwendiges eingetragen werden. So z. B. bei Kaffee die Nummern, welche derselbe am Lager bekommt u. a. mehr. Da es natürlich sehr oft vorkommt, daß dieselbe Ware zu denselben Bedingungen von derselben Firma öfter bezogen wird, erübrigt sich eine erneute Eintragung und es genügt vielleicht die Nummer der anderen Rechnung, oder das bezogene Quantum in die Rubrik „Bemerkungen" zu setzen, wie Sie es bei Käse oder Heringe sehen.

Wenn das Kalkulationsbuch in dieser Weise geführt wird, bietet es eine Gewähr dafür, daß die wirklichen Einstandspreise (sofern solche richtig ermittelt sind) jederzeit ersichtlich sind; vor allem ist dies bei

(Fortsetzung des Textes Seite 240.)

*) Siehe folgende Seiten (238/39).

Reis.

Datum		Fakt.-Nr.	Zeichen	Nr.	Anzahl	Art	Menge	Einheit	Bezeichnung	Einkaufspreis	Konditionen		Kalkul.-Preis	Lieferant	Bemerkungen
1913 Mai	10.	4464	C. V.	321	50	Sack	10900	Pfd.	Bruch-Reis Nr. 321	9.25	fr. ab Hbg.	1 %	11,83	Horn & Samsche, Hbg.	
„	10.	4465	„	33	200	„	43600	„	„ „ 33	9.65	„	1 %	12,23	„ „ „	
„	16.	4875	C.V.G.		100	„	19800	„	Java-Reis	17.50	fr.a.Zaand.	1¼%	20,09	C. Kamphuijs, Zaand.	
„	19.	4916	664	1/200	200	„	43600	„	Bassein-Reis Nr. 1904	13.70	fr. ab Hbg.	1¼%	16.28	Metzger & Möring, Hg.	
„	23.	5001	C.V.G.	278	100	„	21800	„	Patna-Reis Nr. 278	14.25	„	1¼%	17,18	„ „ „	

Kaffee.

1913 März	1.	3890	843	1/100	100	Sack	12780	Pfd.	Guatamala Nr. 843	78	frei ab	1 %	108,43	Lassally & Sohn, Hbg.	Nr. 1704
„	18.	4196	C. V. G. 75	1/40	40	„	5845	„	Mexico Otuxo Nr. 75	86	cif. Hbg.	1 %	117,12	Wilh. Bcesch, Hbg.	Nr. 1714
April	4.	4226	714	1/100	100	„	11690	„	Sant.-Kaffee Nr. 714	68	frei ab	1 %	98,64	Jarchow & Co., Hbg.	Nr. 1718
„	16.	4302	C.V.G	101/180	80	„	11840	„	Guat.-Kaffee Nr. 320	70½	„	1 %	100,82	D. Embden & Co., Hbg.	Nr 1720
Mai	28.	4392	S Juan	261/300	40	„	5960	„	Mexico Perl	92	cif. Hbg.	1 %	123,25	Kuhn & Co., London.	Nr. 1729

Käse.

1913 März	15.	3996			1	Kübel	1099	Pfd.	Emmenthaler Käse	94	franko	1½%	100,58	Max Köhler, Goßholz	
„	16.	3999			1	Rolle	138	„	Tilsiter Käse	68	ab Tilsit	N.C.	71,56	F. Ropertz, Tilsit	4318 4796
„	28.	4291	C.V.G.	1284	2	Laib	128	„	Parmesan-Käse	64	franko	2%	71,87	Locatelli Mattia, Lecco	
April	2.	4308					300	Stck.	Delikateß-Milch-Käse	11	„	N.C.	11	Görlitzer Käsefabrik	4628
„	4.	4327			20	Schtl.	160	„	Brie-Käse	40 Stck. 7.50	„	„	18,75	Türk & Pabst, Frankf.	

Heringe.

1913 August	4.	604					132	To.	Crownfulls	35/6	cif. Stettin	1 %	41,83	Günther&Rohde, Phd.	
„	5.	608					66	„	Crownlarge Fulls	38/	„	1 %	44,32	Günther&Rohde, Wick	15./8. 66 T. 7./9. 66 T.
„	16.	807					132	„	Sortierte Vollheringe	44	ab	1½ %	47,44	Brem.-V.-F.-G., V.-gef.	
„	16.	808					132	„	Pr. Vollheringe, schott.	34	—	2 %	39,88	Wwe. Groen, Ymuiden	24./9. 100
Septbr.	21.	1196					132	„	Yarmuth Fulls	39	—	1¾ %	43,50	Beier & Schulze, Stett.	26./12. 100

Apfelsinen.

1913 Februar	20.	3485		2			30	Kist.	Valencia-Apfels. 420	10,50	ab Hbg.	1 %	16,50	Schnors&Weiler, Hbg.	5./3. 20 K.
„	20.			3			20	„	Val.-Apfels. e. large 420	16,50	„	1 %	22,44	„ „ „ „	5./3. 20 K.
„	20.			4			20	„	Val.-Apfels. large 714	15,—	„	1 %	21,17	„ „ „ „	5./3. 30 K.
„	20.			5			10	„	Val.-Apfelsinen 1064	16,50	„	1 %	23,50	„ „ „ „	5./3. 15 K.

Diverse.

1913 Oktober	2.	1126					3000	Stck.	Strohhülsen 1/1	‰ 15	ab Station	N. C.	% 1,72	Strohh.-F. Cielemowo	
„	5.	1178					100	„	Steinkruken 3 Liter	18	„	+10 % A. ·/. 2 % St.	21,23	Ver. Thonw., Muskau	
Novbr.	16	1818					20000	„	Metallplomben Nr. 9	‰ 2,10	franko	N. C.	7,10	Paul Hirsch, Stettin	
„	26.	1523		29069	2	Kisten	20	Dtzd.	Köln. Wasser 1/1 Fl.	13,50	„	10 % 5 %	96,18	Paul Otto Farina, Köln	
„	26.	1523					20	„	„ „ ½ „	7,25	„	10 % 5 %	51,67	„ „ „ „	

Inventuren nötig und wichtig, denn in die Bilanz soll der Netto-Einstandspreis, nicht aber ein ungefährer Einstandspreis eingesetzt werden.

Wenn die einzelnen Posten addiert werden, ergeben sich nach Abzug des Inventur-Bestandes die Verbrauchszahlen der einzelnen Artikel im Laufe des Geschäftsjahres. Voraussetzung ist natürlich, daß jeder Bezug eingetragen wird. Es kommt dies aber nur bei kleineren Vereinen in Frage, denn größere Vereine, welche ein Zentrallager haben, haben diese Uebersicht am besten durch das Hauptlagerbuch.

Von größtem Wert aber für jeden Einkäufer ist die Rubrik „Konditionen", denn aus dieser ersieht er am schnellsten, welche Konditionen die einzelnen Firmen haben, was bei Käufen mit das Wichtigste ist, und bei jedesmaligem Voranschlage im Kopfe berücksichtigt werden muß. —

Wir in Görlitz haben das Kalkulationsbuch so eingerichtet und kann ich Ihnen versichern, daß es mir unentbehrlich ist. Es ist mir ein Ratgeber, Wegweiser, ich möchte fast sagen, ein Freund geworden, welchen ich bei meiner geschäftlichen Tätigkeit nicht mehr missen könnte und deshalb kann ich die Führung eines solchen allen Vereinen empfehlen.

(Lebhafter Beifall.)

Vorsitzender Verbandsdirektor **Nolte**-Lüdenscheid: Ich stelle den Antrag zur Besprechung.

Direktor **Maucher**-Karlsruhe: Meine Herren, ich habe nur eine kurze Bemerkung zu machen.

Ueber den ersten Absatz des Antrages des Konsumvereins Görlitz werden wir alle nicht im Zweifel sein. Das wird jeder selbst wissen und gefunden haben, daß die Kalkulation tatsächlich die Grundlage eines Geschäftes bildet. Die Kalkulation muß, wie der Herr Referent mit Recht hervorgehoben hat, in gründlicher Weise vorgenommen werden, und zwar nicht nur von Zeit zu Zeit, sondern regelmäßig, sobald größere Preisänderungen eingetreten sind. Es ist selbstverständlich, daß man nicht wegen jeder kleinen Preisänderung im Verkaufspreis eine Aenderung eintreten lassen kann, aber es treten trotzdem häufig Fälle ein, wo eine Preisänderung vorgenommen werden muß. Wir machen das so: Wenn wir einen größeren Artikel abschließen, und der Preis hat sich wesentlich geändert, wir wollen aber das, was wir noch haben, so lange wir noch größeren Vorrat haben, zum alten Preise verkaufen, so machen wir in unserem Bestellbuch eine Bemerkung, um zu sehen, daß dieser Preis, sobald die neue Ware in Sicht ist, geändert werden muß. Das sind Sachen, die sich für jeden einzelnen aus der Praxis ergeben, und wofür sich keine Vorschriften machen lassen.

Aber mit dem vorgelegten Schema kann ich mich nicht einverstanden erklären. Wir selbst verbinden — was der Herr Referent auch von sich aus hervorgehoben hat — das Kalkulationsbuch mit dem Lagerbuch, aber das Schema, wie wir es verwenden, würde anders lauten als das vorgelegte. Ich glaube, wir sollten den kaufmännischen Grundsatz, in möglichst knappen Ausführungen alles zu Papier zu bringen, hochhalten und nicht ein Buch, das Kalkulationszwecken dient, mit Zeichen und Nummern belasten. Das kann ja unter Umständen auch seinen Zweck haben, aber für notwendig halte ich es in diesem Fall nicht. Ein Schema, wie wir es verwenden, würde folgende Rubriken haben: Datum, Lieferant, Ankaufspreis ohne Spesen, Ankaufspreis mit Spesen, Verkaufspreis, dann das Quantum und dann schließen sich die Rubriken für die Abgaben an die Verkaufsstellen an. Wir haben also hier die vollständige Kalkulation bei dem angeschafften Quantum und auch den Verbrauch. Dadurch wird die Sache übersichtlicher, als wenn wir Posten hineinbringen, die eigentlich mit der Kalkulation nichts zu tun haben. Es kann unter Umständen auch die Kondition beigefügt werden, wie der Herr Referent gemeint hat, ich halte es aber nicht für nötig, denn die Rechnung ist durch das Datum gekennzeichnet. Die Rechnungen werden ja chronologisch geordnet, so daß wir dieselben stets zur Hand haben und leicht nachsehen können, wie die Konditionen sind.

Also, wie gesagt, ich möchte gern dafür stimmen, daß der Kalkulation ein großer Wert beigelegt wird, daß sie regelmäßig, gründlich und pünktlich vorgenommen wird, dagegen möchte ich empfehlen, ein Schema hierfür nicht aufzustellen.

Vorsitzender Verbandsdirektor **Nolte**-Lüdenscheid: Ich glaube, der Herr Referent hat die Vorlage des Formulars nicht so aufgefaßt, daß es nun ohne weiteres von allen Vereinen akzeptiert werden soll. Ich würde es auch nicht für richtig halten, ein feststehendes Schema aufzustellen. Das richtet sich stets nach den speziellen Bedürfnissen, die in den Vereinen vorliegen. Die Hauptsache ist, daß sich Herr Direktor Maucher mit dem Inhalt des Antrags einverstanden erklärt hat. Es ist ja klar, daß die Kalkulation, wie der Herr Referent und Herr Maucher besonders betont haben, die Grundlage jedes gesunden Geschäfts bildet und nicht genau genug genommen werden kann.

Was der Herr Referent über das Kalkulationsbuch selber gesagt hat, steht wohl auch außer allem Zweifel, so daß wir dem Antrage m. E. ohne weiteres zustimmen können.

Vorsitzender des Aufsichtsrats Oberrechnungsrat **Kirsch**-Karlsruhe: Auch ich halte das vorgelegte Schema nur als eine Erläuterung zu dem Antrag. Im Antrag ist nichts erwähnt; wir können daher ruhig dem Antrage zustimmen, ohne daß wir das Schema annehmen. Ich glaube, das wird im Sinne des Herrn Referenten liegen und ich möchte deswegen den Antrag empfehlen.

Direktor **Welck**-Breslau: Meine Herren, ich glaube in Ihrem Sinne zu sprechen, wenn ich sage, der Herr Referent hat sich um die Konsumvereine durch die Einführung dieses Kalkulationsbuches verdient gemacht. Ich erinnere mich nicht, daß schon auf früheren Genossenschaftstagen diese Sache so ausführlich behandelt worden ist. Ich glaube sogar, daß dies heute zum ersten Mal geschehen ist.

Zur Sache selbst muß ich sagen, daß ich ein Gegner von unnötigem Schreibwerk bin, und daß es mein Wunsch ist, Neuanlagen, bevor sie zur Einführung kommen, erst daraufhin zu prüfen, ob ihre Einführung nicht in kürzerer Form erfolgen könne. Herr Kollege Maucher hat sich dafür auch schon ausgesprochen. Ich möchte mich dem anschließen. Ich führe für den Breslauer Konsumverein natürlich auch ein Kalkulationsbuch. Das aber macht sehr wenig Schreibwerk und genügt vollauf unseren Ansprüchen bei einem Umsatz von 25 Millionen Mark. Ich möchte Ihnen empfehlen, ein Kalkulationsbuch zu führen, das für jeden Artikel, Zoll, Fracht, Spesen usw. nach der Menge und dem Preise getrennt angibt. Dann braucht man für alle angekauften Artikel nur immer Preis und Menge einzutragen. Der Zoll, Rabatt und die Fracht bleiben im großen und ganzen unverändert. Ob die Zitronen aus Triest oder aus Hamburg kommen, ob Sie Kaffee in Hamburg oder sonstwo kaufen, läßt sich im Spesenteil des Kalkulationsbuches leicht ausdrücken, denn in der Regel stehen die Sätze für längere Zeit fest. Dann bleibt für die jedesmalige Eintragung nur noch die Verbrauchsmenge und der Preis übrig. Da ist es zweckmäßig, diese beiden Rubriken mit Sorgfalt zu führen; denn sie bilden für die Anfertigung des Geschäftsberichts gleich die nötigen Unterlagen, auch die nötigen Unterlagen bei einem Neuabschluß von Waren, und das ist von großer Wichtigkeit. Wird ein Warenskontro geführt, das den Warenverbrauch nachweist und das die Vereine mit Zentrallager nicht entbehren können, so genügt natürlich sogar eine Rubrik im andern Teile des Kalkulationsbuches, nämlich „Einkaufspreis“. Das Buch muß man auch immer à jour halten, um jederzeit zu ersehen, welche Aenderungen vorgekommen sind.

Ich hätte mir erlaubt, noch einige redaktionelle Aenderungen vorzuschlagen, aber es geht auch ohne diese. Ich wollte darauf hinweisen, daß man gerade bei Festsetzung der Verkaufspreise das Kalkulationsbuch zur Hand nehmen könnte, und hätte es für empfehlenswert gehalten, mit weniger Schreibwerk die Sache abzutun. Aber es genügt für viele Vereine vollkommen, wenn sie es so machen, wie Herr Kollege Berger vorgeschlagen hat. Es ist richtig, es läßt sich nicht jede Einrichtung gleichmäßig für alle Vereine behandeln. Ein kleiner Verein wird sich ein Kalkulationsbuch in der vorgeschlagenen Art nicht leisten können. Da möchte ich den Vereinen einigermaßen Selbstbestimmungen empfehlen, im übrigen aber bitte ich, die Thesen unverändert anzunehmen.

(Bravo!)

Vorsitzender Verbandsdirektor **Nolte**-Lüdenscheid: Es hat sich niemand mehr zum Worte gemeldet, die Diskussion ist geschlossen. Wünscht der Herr Berichterstatter das Schlußwort?

(Wird verneint.)

Es bleibt mir nur noch übrig, Herrn Direktor Berger (Görlitz) für seine mühevolle und vortreffliche Arbeit verbindlichen Dank auszusprechen. Es ist zweifellos, daß die Arbeit weit über den Rahmen eines Referats hinausgeht. Der Antrag bietet jedem Fachmann wertvolles Material, das dann erst richtig geschätzt werden kann, wenn das Referat im Druck vorliegt, und dann eingehend studiert werden kann. Ich bin fest überzeugt, daß der Herr Referent sich ein Verdienst um die Konsumvereinssache erworben hat, und daß seine Ausführungen bei genauer Lektüre und sorgfältigem Studium gute Folgen zeitigen können.

Der Herr Anwalt teilt mir mit, daß auch von diesem Referat auf Wunsch Separatabzüge zu beziehen sein werden, und es würde sich empfehlen, auch neu eintretenden Konsumvereinen Abzüge davon zuzuschicken.

Wir haben über den Antrag des Konsumvereins Görlitz abzustimmen. Wer für den Antrag ist, den bitte ich aufzustehen.

(Geschieht.)

Ich bitte um die Gegenprobe.

(Dieselbe erfolgt.)

Der Antrag ist einstimmig angenommen.

Direktor **Welck**-Breslau: Meine Herren, ich bitte Sie, bevor wir auseinander gehen, noch einen Augenblick um Ihr Gehör. Wir haben heute zu dem ersten Punkte unserer Tagesordnung einen vorzüglichen lichtvollen Vortrag unseres verehrten Herrn Anwalts gehört, für den ich ihm meinen besonderen Dank abstatten muß. Es war eine großzügige Arbeit des Herrn Professors Dr. Crüger, die uns mit Befriedigung erfüllen muß. Ich meine, nun ist es aber in erster Linie unsere Pflicht, auch danach zu handeln. Wir haben auch aus seinem Munde gehört, wie die Hamburger Richtung und der Westdeutsche Verband vorgehen und daß deren Vorgehen für unsere Verhältnisse und Grundsätze nicht paßt und diese schädigen will.

Vorsitzender Verbandsdirektor **Nolte**-Lüdenscheid: Ich möchte mir die Frage erlauben, zu welchem Punkte der Tagesordnung Sie, Herr Direktor Welck, im Augenblick sprechen.

Direktor **Welck**-Breslau: Ich muß sagen, daß es mir ein Bedürfnis ist, für diese wirklich gediegene Arbeit und den energischen Schutz unserer Interessen dem Herrn Anwalt zu danken, und ich bitte, den Dank hierfür auch Ihrerseits zum Ausdruck zu bringen durch Erheben von den Plätzen.

(Geschieht.)

(Anwalt Dr. Crüger: Das ist geschäftsordnungswidrig.)

Vorsitzender Verbandsdirektor **Nolte**=Lüdenscheid: Ich schließe die heutigen Verhandlungen der Konsumvereine, und danke Ihnen, m. H., für die Aufmerksamkeit, mit der Sie den Verhandlungen bis zum Schluß gefolgt sind.

(Schluß der Sitzung 6 Uhr 45 Minuten.)

Sechste Hauptversammlung am Freitag, den 22. August 1913.

(Angelegenheiten der Kreditgenossenschaften.)

Vorsitzender: Verbandsdirektor Feldheim=Burg b. Magdeburg.

Schriftführer: Verbandsdirektor Justizrat Schuler=Zweibrücken.

(Eröffnung 8 Uhr 30 Minuten vormittags.)

Vorsitzender Verbandsdirektor **Feldheim**=Burg b. Magdeburg: Meine Herren, die sechste Hauptversammlung unsers 54. Genossenschaftstages zwecks Erledigung der Angelegenheiten unserer Kreditgenossenschaften zu eröffnen, habe ich hiermit die Ehre.

Wir können sofort in unsere Tagesordnung eintreten. Ich schlage Ihnen indes vor, die Punkte 1 und 2 vor der Hand nicht zu verhandeln, da die Herren Berichterstatter verhindert sind, und empfehle, dafür Punkt 3, den Antrag des Engeren Ausschusses vorwegzunehmen:

III. Antrag des Engeren Ausschusses:

Der Allgemeine Genossenschaftstag spricht sich gegen die Errichtung besonderer Schifferkreditkassen aus. Durch umfangreiche Erhebungen ist einwandfrei festgestellt, daß die Schiffer den benötigten Betriebskredit bei den bestehenden Kreditinstituten, insbesondere der Schulze=Delitzschschen Kreditgenossenschaften in ausreichender Weise bisher erhalten haben und ferner erhalten können. Auch haben die Erhebungen ergeben, daß die Geschäftseinrichtungen der Schulze=Delitzschen Genossenschaften den Eigenheiten des Kreditverkehrs der Schiffer vollauf gerecht werden.

Dagegen erscheint die Errichtung besonderer deutscher Realkreditinstitute als wünschenswert, die entsprechend den Hypothekenbanken die Befriedigung des Anlagekreditbedürfnisses der Schiffer zum Gegenstand haben.

Das Referat hat freundlichst Herr Verbandsdirektor Kurz übernommen. Ich bitte ihn, das Wort zu nehmen.

Berichterstatter Verbandsdirektor **Kurz**=Stettin: Herr Pastor Ebert in Hamburg=Veddel hat am 13. März 1912 im Hamburger Schifferverein einen Vortrag gehalten über „Schiffer=Kreditkassen, ein Weg aus der Not des Schifferstandes."

Herr Pastor Ebert beginnt seinen Vortrag mit der Behauptung, die Not im Schifferstande in den gegenwärtigen Zeiten sei so allgemein bekannt, daß er darüber nicht viel zu sagen brauche. Schuld an diesem Zustande seien der andauernde Tiefstand des Frachtenmarktes und die Ausnahmetarife der Eisenbahnen. Sodann das mangelnde Zusammen=

gehörigkeitsgefühl der Schiffer, von denen fast jeder ein Einspänner für sich sei und der Eine sich freue, wenn es dem Anderen schlecht gehe und sich ärgere, wenn es einem Andern gutgehe. Redner behauptet, wenn die Schiffer einig wären, könnten sie zum Besten des ganzen Standes und jedes Einzelnen Wunderdinge verrichten. Sie müßten begreifen lernen, daß der Vorteil des Einzelnen auch ein Vorteil des ganzen Standes sei. Die Schiffer dürften sich aber nicht auf die öffentliche Teilnahme oder die Regierung verlassen, sondern müßten zur Selbsthilfe schreiten. Es wäre ja bekannt, daß die genossenschaftlich organisierten Transportgesellschaften und auch einige Schiffersparkassen und Darlehnskassen dem Schifferstande von Nutzen wären. Ebenso gäbe es einige Kassen in wichtigen Umschlagplätzen und in den größeren Heimatorten der Schiffer, wo man Geld anlegen oder leihen könne, aber die Schifferverhältnisse seien so besonderer Art, daß nur solche Kassen, welche sich dem geschäftlichen Leben der Schiffer angepaßt haben, im Stande seien, den modernen Ansprüchen des Geldverkehrs im Schifferstande zu genügen.

Als solche Musterkassen denkt sich der Redner „geschäftlich und statutarisch miteinander verbundene Kassen" zunächst etwa in Hamburg, Magdeburg und Berlin. Redner erachtet es als erste und notwendigste Aufgabe dieser Kassen, den Schiffern das sogenannte flüssige Handgeld zur Ueberwindung augenblicklicher Schwierigkeiten zu geben, um die für den ganzen Schifferstand unwürdigen „Frachtenvorschüsse" zu beseitigen. Später könnte noch die Beleihung der Kähne mit Schiffshypotheken in Frage kommen. Das System dieser Kassen denkt sich Redner dem Muster der Raiffeisenschen ländlichen Spar- und Darlehnskassen angepaßt.

Es kann übergangen werden, wie sich der Redner die Einrichtung der Kassen und ihren Geschäftsbetrieb denkt, weil die Vorschläge sich teils widersprechen, teils so geringe praktische Kenntnisse des Geschäftsbetriebes einer Kreditkasse verraten, daß man besser mit Stillschweigen darüber hinweggeht. Auch was der Redner über die Anlage der Gelder von Stromfahrzeug-Versicherungs- und ähnlicher Vereine oder Gesellschaften anführt, denen er vorwirft, daß sie das aus Schifferkreisen stammende Geld in Wertpapieren, Hypotheken oder bei Sparkassen anlegen, zeigt, wie wenig der Herr Pastor von den Verhältnissen solcher Versicherungsvereine kennt. Derartige Gesellschaften müssen ihre Gelder nach den gesetzlichen Vorschriften mündelsicher anlegen und dürfen damit keine Kreditgeschäfte machen.

Dagegen glaube ich, die von dem Herrn Pastor gleich zu Anfang seiner Rede aufgestellte Behauptung, daß der eine Schiffer sich freue, wenn es dem andern schlecht gehe, oder sich ärgere, wenn es dem andern gut gehe, nicht unwidersprochen zu lassen. Der Herr Pastor mag vielleicht einige derartige Exemplare von Schiffern kennen gelernt haben, aber daraufhin einen großen achtbaren Erwerbs-, und Gewerbsstand als eine Klasse von Menschen hinzustellen, die voll von Neid, Mißgunst und Schadenfreude gegenüber ihren ihnen am allernächsten stehenden Mitmenschen seien, geht denn doch wohl zu weit. M. E. leidet diese Behauptung an derselben Uebertreibung und Verallgemeinerung, wie seine Behauptung von der außerordentlichen Kreditnot in den Kreisen der Schiffer.

Im Gegensatz zu dem Herrn Pastor behaupte ich:

1. Es besteht keine Kreditnot in Schifferkreisen und
2. Es sind Kreditkassen vorhanden, die das Kreditbedürfnis der Schiffer befriedigt haben und weiter befriedigen können.

Es liegt mir nun ob, Beweise für meine Behauptungen zu erbringen, wobei ich mir vorbehalte, zum Schlusse meines Vortrages näher auf die Frage einzugehen, in welcher Beziehung eine Besserung der bestehenden Schifferkreditverhältnisse wünschenswert erscheint.

Als unser Herr Anwalt von dem Vortrage des Herrn Pastor Ebert Kenntnis erhalten hatte, richtete er an die Verbände, von denen er annahm, daß deren Genossenschaften teilweise mit Schifferkreisen in Verbindung ständen, eine Anfrage, um zunächst festzustellen, ob, in welchem Umfange und unter welchen Bedingungen etwa die Schulze-Delitzsch'schen Kreditgenossenschaften Kreditgeschäfte mit Schiffern machten. Das Ergebnis dieser Rundfrage war geradezu überraschend. Die Antworten kamen von Kreditgenossenschaften am Rhein, der Weser, Elbe, Oder, Weichsel, Memel und deren Nebenflüssen. Eine ziemlich große Zahl unserer an schiffbaren Flüssen oder Kanälen gelegenen Kreditgenossenschaften hat Schiffer als Mitglieder, darunter eine Genossenschaft 292. Eine Genossenschaft hatte bei 50 Schiffern rund 205000 Mk. ausstehen. Besonders hervorgehoben muß dabei werden, daß es bei keiner der berichtenden Genossenschaften nötig gewesen ist, die allgemein für Kreditgewähr gültigen Bedingungen zu ändern und doch haben unsere Genossenschaften den Schiffern nicht nur Vorschuß- und Kontokorrentkredite gegeben, sondern mehrere auch Schiffshypothekendarlehne in erwähnenswertem Umfange. Dies letztere gilt insbesondere von dem Spar- und Vorschußverein zu Aken a. d. Elbe, der Spar- und Kreditbank zu Parey a. d. Elbe, dem Vorschuß- und Kreditverein zu Caub a. Rhein, dem Vorschußverein zu Krappitz a. Oder, in geringerem Umfange von den Vorschußvereinen zu Neckargemünd, Eberbach, Nienburg a. d. Saale, Oderberg i. d. Mark, Ohlau und außerdem in vereinzelten Fällen von einer größeren Zahl unserer Kreditgenossenschaften.

Ich nenne hier absichtlich die Namen unserer Kreditgenossenschaften, die sich bisher in größerem Umfange mit Schifferkrediten befaßt haben, einmal um meine voraufgegangenen Behauptungen einwandfrei zu beweisen, sodann aber auch, weil es mir notwendig erscheint, die Kreise, die sich für diese Frage interessieren, auf die bestehenden Institute aufmerksam zu machen. Ich glaube, daß diese Institute und namentlich deren Geschäftstätigkeit in den betreffenden Kreisen nicht hinreichend bekannt ist und auch nach dieser Richtung eine Aufklärung von Nutzen für alle Beteiligten sein wird. Hierbei will ich zugleich hervorheben, unter wie günstigen Bedingungen unsere Genossenschaften diese Schiffshypothekendarlehne bisher gegeben haben. Nennen doch einige Genossenschaften nur einen Zinssatz von 4 ½ und 5 % ohne jede Provision. Man vergleiche hiermit die hohen Sätze der holländischen Banken, die dies Geschäft in erheblichem Umfange in Deutschland betreiben.

Betriebskredite und Kredite in laufender Rechnung, vielfach gegen Sicherstellung durch Schiffshypotheken und durch solche in Gemeinschaft von Bürgen, werden fast von allen Schulze-Delitzschschen Kreditgenossenschaften gegeben, die sich in Orten an schiffbaren Strömen befinden und Schiffer zu ihren Mitgliedern zählen. Mehrere Genossenschaften berichten, sie würden ihren Schiffermitgliedern gern Kredite gewähren, aber diese beanspruchten gar keinen Kredit.

Die Abwickelung der Geschäfte vollzieht sich ohne irgendwie nennenswerte Schwierigkeiten, wie dies von den berichtenden Genossenschaften ausdrücklich hervorgehoben wird. Die Zahlungen erfolgen zumeist durch Familienglieder oder durch die Post.

Mehrere Genossenschaften schreiben, daß sie besonders gern mit Schiffern arbeiten, weil diese ihre eingegangenen Verpflichtungen stets pünktlich erfüllen. Eine Genossenschaft, die nach ihrer eigenen Angabe eine große Zahl Schiffer unter ihren Mitgliedern hat, hebt besonders anerkennend hervor, daß sie an Schiffern bisher so gut wie gar keinen Verlust erlitten habe. Eine andere Genossenschaft schreibt, sie habe gern mit Schiffern zu tun, denn in 27 Jahren habe sie nur einmal gegen einen Schiffer klagbar werden brauchen und auch da habe sie keinen Verlust erlitten, weil die Bürgen — gleichfalls Schiffer — den Betrag nach gefälltem Urteil bezahlt hätten.

Ich will indes auch nicht verschweigen, daß zwei Genossenschaften von mit Schiffern gemachten trüben Erfahrungen berichten. Es wäre ja geradezu ein Wunder, wenn unter soviel tausend Menschen nicht auch eine Anzahl unlauterer und sogar betrügerischer Elemente vorhanden sein sollte. Fragwürdige Existenzen gibt es in allen Berufsklassen, auch in den höchsten Kreisen, aber immerhin ist es auffällig, das nur zwei Genossenschaften hierüber berichten. In einem Falle ist vor etwa 30 Jahren ein Kahn in Rußland spurlos verschwunden und in dem zweiten Falle hat ein Schiffer seinen Kahn in Hamburg verlassen und ist davon gelaufen.

Von allen berichtenden Genossenschaften, ohne Ausnahme, wird ganz bestimmt bestritten, daß unter den Schiffern eine Kreditnot bestehe. Jeder kreditwürdige Schiffer habe den ihm zukommenden Kredit ebenso, wie jeder andere Gewerbetreibende und zu den gleichen Bedingungen.

Es ist für mich zweifellos, daß eine Rundfrage bei den ländlichen Spar- und Darlehnskassen, die sich in Orten befinden, die an unsern schiffbaren Strömen und Nebenflüssen liegen, dasselbe Ergebnis haben würde.

Nun könnte man mir entgegenhalten, ich hätte meine Ausführungen zu einseitig auf die Berichte unserer Kreditgenossenschaften aufgebaut und sei deshalb nicht berechtigt, ein allgemein gültiges Urteil abzugeben. Darauf kann ich erwidern, daß ich mich mit den Berichten unserer Kreditgenossenschaften nicht begnügt, sondern außerdem noch an andern maßgebenden Stellen persönlich Auskunft eingezogen habe.

Ich habe in Stettin mehrmals längere Unterhaltungen über diese Frage mit Personen gehabt, die mitten in diesem Gewerbe stehen und täglich mit Schiffern zu tun haben. Hierbei waren mir besonders wertvoll die Ausführungen eines Vorstehers der Kaufmannschaft in Stettin, der im Vorstande des Pommerschen Binnenschiffahrtsverein ist und eine der größten Flußschiffahrts-Reedereien vertritt. Ferner die Aeußerungen eines Firmeninhabers, der, selbst aus den kleinen Schifferkreisen hervorgegangen, heute Besitzer einer großen Anzahl Kähne, Schleppdampfkähne usw. ist. Weiter waren mir wertvoll die Angaben eines Firmeninhabers, der sich ausschließlich mit der Vermittelung der Kahnbefrachtung befaßt und endlich diejenigen eines kleinen Maklers für Kleinschiffer.

Alle diese Herren, die doch ihre Anschauungen zum Teil aus direkt entgegengesetzten Interessen und Erfahrungen gesammelt hatten, erklärten einstimmig, daß von einer Kreditnot unter den Schiffern nicht gesprochen werden könnte. Es wurde sogar behauptet, es sei ein Uebermaß an Kredit vorhanden und gerade durch dies Uebermaß von Kredit würden manche Schiffer in Not gebracht, nämlich dann, wenn ein Schiffer, dem nur eine kleine Summe Kapital zur Verfügung stände, sich verleiten lasse, einen teuren Kahn zu kaufen und nachher die hohen Zinsen und sehr hohen Amortisationsbeträge nicht zahlen könne.

Einstimmigkeit herrschte darüber, daß bei der immer vollkommeneren Einrichtung der Schiffahrtsstraßen und deren Ausbau zur Aufnahme größerer Schiffsgefäße, eine Anzahl Besitzer von Schiffen mit geringer Tragfähigkeit aus dem Verkehr ausgeschaltet würden, weil sie mit den größeren Schiffsgefäßen nicht konkurieren könnten. Dies wäre aber ein Vorgang, der auch in andern gewerblichen Betrieben vorkomme, wo der leistungsfähigere den schwächeren unterdrücke.

Einstimmigkeit herrscht ferner darüber, daß die Schiffer sich häufig beim Erwerb von Fahrzeugen Abzahlungsbedingungen aufbürden ließen, denen sie beim geringsten Niedergang der Verhältnisse in dem Gewerbe nicht nachkommen könnten. Wenn früher bei aus Holz hergestellten und deshalb schnell abnutzbaren Fahrzeugen ein Amortisationsbeitrag von jährlich 10 % ausbedungen werden mußte, so genüge heute bei den stabil aus Eisen hergestellten Fahrzeugen eine jährliche Amotisation von 5 % vollkommen.

Behauptet wurde auch, daß die Staatsregierung sehr viel zur Hebung des Schifferstandes beitragen könne, wenn die Eisenbahntarife nicht zum Nachteil der Schiffahrt festgesetzt und namentlich die viel zu hohen Schleusengebühren und sonstige Schiffahrtsabgaben ermäßigt würden.

Nur in einem Punkte standen sich die Ansichten und Behauptungen direkt gegenüber. Das war die Antwort auf meine Frage, wie es komme, daß so viele Kähne, die auf deutschen Flüssen fahren, in Holland gebaut würden. Von einer Seite wurde behauptet, die in Holland gebauten Kähne wären 10 bis 12 % billiger, wie die auf deutschen Werften gebauten, weil in Holland ein Ausfuhrzoll auf Eisen bestehe und die Löhne niedriger seien. Ferner würden die Kähne in Holland infolge der langen Praxis in ihrer gesamten Einrichtung und inneren Ausstattung wesentlich vorteilhafter hergestellt, wie bei uns und endlich wären die holländischen Kahnbauwerften den deutschen dadurch überlegen, daß sie mit Banken für erststellige Beleihung der Fahrzeuge in direkter Verbindung ständen.

Demgegenüber wurde von anderer Seite behauptet und nachgewiesen, daß bei einer diesjährigen Einholung von Angeboten auf den Bau von 10 größeren Kähnen, eine böhmische und eine deutsche Kahnbauwerft an der Elbe 10 % billiger gewesen sind, wie die holländischen Werften. Auch soll die Ausstattung und Einrichtung der deutschen Kähne vollkommen so gut sein, wie die der holländischen. Vielleicht erklärt sich der Widerspruch so, daß die deutschen Kahnbauwerften in den letzten Jahren bemüht gewesen sind, den holländischen gleich zu kommen.

Nach dieser kleinen Abschweifung komme ich zurück zu der von Herrn Pastor Ebert angenommenen „Kreditnot des Schifferstandes", von der er behauptet, sie aus eigener Erfahrung kennen gelernt zu haben. Es ist für mich zweifellos, daß Herr Pastor Ebert tatsächlich eine große Not unter den Schiffern kennen gelernt hat. Wenn wir berücksichtigen, daß er seinen Vortrag in Hamburg im März 1912 gehalten hat, so leuchtet sofort ein, daß dem Redner die durch die lange Dürre des Sommers 1911 und die dadurch herbeigeführte Austrocknung der Ströme, besonders der oberen Elbe, eingetretene völlige Darniederliegung des größten Teils der Flußschiffahrt vorgeschwebt hat. Nur verwechselt der Herr Pastor diese tatsächliche außergewöhnliche wirtschaftliche Not mit einer gar nicht vorhandenen Kreditnot. Derartige Nöte — man kann sie auch berechtigter Weise Katastrophen nennen — können sowohl bei Dürre, bei Hochwasser, bei lange anhaltendem Frost, wie auch bei längerem Darniederliegen einzelner oder mehrerer großer Industriezweige eintreten. Sind sie von kurzer Dauer, dann reichen wohl in den meisten Fällen die den Schiffern zur Verfügung stehenden Kredite aus, um darüber hinwegzuhelfen, wachsen sich derartige Zustände aber zu großen Notständen aus, wie dies im Sommer 1911 der Fall war, dann tritt an die Allgemeinheit die Pflicht zur Mithilfe heran, dann sind Zustände vorhanden, wo auch wir die Staatshilfe fordern dürfen. Außergewöhnliche elementare oder wirtschaftliche Notstände rechtfertigen auch außergewöhnliche Hilfsmittel und ich stehe nicht an es auszusprechen, daß in solchen Fällen die Staatshilfe neben der Selbsthilfe nicht nur ihre Berechtigung hat, sondern gefordert werden darf und muß.

Wie ich schon vorhin erwähnt hatte, ging aus den von den maßgebenden Genossenschaften eingegangenen Berichten unzweifelhaft hervor, daß Herr Pastor Ebert mit seinem Schrei über die Not des Schifferstandes über das Ziel hinausgeschossen hatte. Dies ergab sich besonders deutlich aus einem zwischen unsern Herrn Anwalt und Herrn Pastor Ebert stattgehabten Briefwechsel.

Am 18. November v. J. schrieb unser Herr Anwalt an Herrn Pastor Ebert, daß unsere Kreditgenossenschaften auf eine Anfrage ausnahmslos mitgeteilt hätten, der Geschäftsverkehr mit den Schiffermitgliedern wickele sich glatt ab und es hätten sich durch den Beruf der Schiffer keine besonderen Schwierigkeiten ergeben. Es wäre daher sehr wichtig, von dem Herrn Pastor etwaiges Material zu erhalten, aus dem sich ergebe, daß die bestehenden Kreditinstitute in ganz bestimmten Fällen versagt hätten.

Das Antwortschreiben des Herrn Pastor Ebert vom 21. desselben Monats erbringt auch nicht den geringsten Beweis für die aufgestellten Behauptungen, zeigt aber deutlich, daß der Herr Pastor die wirklichen Verhältnisse des Kreditwesens und Kreditverkehrs nicht kennt. Er glaubt die neuzugründenden kleinen Personalkreditkassen zweckmäßig mit einem

Realkreditinstitut in Verbindung bringen zu können und stellt abermals und wieder ohne jede Beweisführung die Behauptung auf:

„Die allgemeine Eingliederung des Schifferstandes in andere gewerbliche Verbände und Genossenschaften begegnet in dem Schifferstande selber bis auf den heutigen Tag noch immer dem größten Mißtrauen. Der Schifferstand hat immer eine isolierte Stellung für sich eingenommen und es wird sehr schwer halten, in aus dieser Isolation herauszubekommen, weswegen die Angliederung an bestehende Verbände, z. B. auch an ihren allgemeinen Verband, erst dann möglich wäre, wenn eine lange Aufklärungsarbeit im Schifferstande vorangegangen wäre."

Unser Herr Anwalt beantwortete dies Schreiben am nächsten Tage und erklärt zunächst, daß ihm der Gedanke einer Eingliederung der zu gründenden Genossenschaften etwa an den Allgemeinen Verband gar nicht gekommen sei, da er sehr ernstliche Zweifel habe, ob überhaupt die Gründung besonderer Schifferkreditkassen richtig sei. Sehr ausführlich und zutreffend widerlegt dann der Anwalt die Anschauung des Herrn Pastors, daß die allgemeine Eingliederung des Schifferstandes an andere gewerbliche Verbände und Genossenschaften dem größten Mißtrauen begegne, weil nach den Berichten unserer Genossenschaften die Schiffer in ganz erheblicher Zahl an diesen Genossenschaften beteiligt seien und die Befriedigung des Kreditbedürfnisses der Schiffer keinerlei Schwierigkeiten verursache. Es müßte deshalb, bevor der Anwalt an einer etwaigen Neugründung mitwirken könne, zunächst der Beweis erbracht werden, daß die heutige Organisation nicht ausreiche, da sonst jede Neugründung nur auf eine Kraftzersplitterung herauskomme.

Unser Herr Anwalt empfiehlt nochmals das Studium der einschlägigen Literatur, sendet dem Herrn Pastor eine Anzahl Blätter für Genossenschaftswesen, in denen die Schiffshypothekenfrage behandelt ist, erklärt, daß zwischen der Hypothekenbeschaffung für die Schiffer und der Versorgung der Schiffer mit Personalkredit scharf unterschieden werden müsse, daß das Tätigkeitsgebiet der Genossenschaften der Personalkredit sei, wenngleich manche Genossenschaften auch recht viel Immobiliarkredit gegeben hätten und ersucht nochmals um genauere Angaben über die von dem Herrn Pastor angestellten Beobachtungen, da er sich für die Sache sehr interessiere und gerne bereit sei, die Bestrebungen des Pastors, das berechtigte Kreditbedürfnis der Schiffer zu befriedigen, nach Möglichkeit zu unterstützen. Der Anwalt hält es für sehr wohl denkbar, daß die Schiffer die ihnen zur Verfügung stehenden Kreditanstalten nicht genügend kennen und den Schiffern deshalb in erster Reihe — Belehrung nottue.

Auf dies Schreiben, das in vornehmer Form die unzutreffenden Anschauungen und Behauptungen des Herrn Pastors widerlegt und die Unterstützung der Bestrebungen des Herrn Pastors in entgegenkommender Weise zusagt, so weit Beweise für die Notwendigkeit oder Nützlichkeit dieser Bestrebungen erbracht werden, ist bis heute keine Antwort eingegangen. Da in dem Schreiben des Anwalt auch nicht ein Wort zu finden ist, durch das der Herr Pastor sich verletzt fühlen könnte und das ihn zum Abbruch des Schriftwechsels veranlassen konnte, so glaube ich berechtigt zu sein, aus dem Schreiben des Herrn Pastors den Schluß ziehen zu dürfen, daß er außer Stande war und noch ist, den Inhalt seines im März 1912 in Hamburg gehaltenen Vortrages zu beweisen und ferner aufrechtzuerhalten.

Trotzdem haben wir alle Veranlassung, dem Herrn Pastor für seinen Vortrag dankbar zu sein. Haben wir doch durch seine öffentliche Besprechung der Schifferkreditfrage erst die Gelegenheit und die Anregung erhalten, diese Frage gründlich zu prüfen und dabei einwandfrei feststellen zu können, daß die bestehenden Kreditinstitute, insbesondere unsere Schulze-Delitzschschen Kreditgenossenschaften, in der Lage gewesen sind und noch sind, den Schiffern den benötigten Betriebskredit unter günstigen Bedingungen zu geben und daß der Geschäftsverkehr zwischen Genossenschaften und Schiffern sich ohne jede Schwierigkeit abgewickelt hat.

Ich bin deshalb in der angenehmen Lage, Ihnen aus vollster Ueberzeugung die Annahme des ersten Teiles des Antrages unseres Engeren Ausschusses zu empfehlen. Der Antrag lautet:

„Der Allgemeine Genossenschaftstag spricht sich gegen die Errichtung besonderer Schifferkreditkassen aus. Durch umfangreiche Erhebungen ist einwandfrei festgestellt, daß die Schiffer den benötigten Betriebskredit bei den bestehenden Kreditinstituten, insbesondere den Schulze-Delitzschschen Kreditgenossenschaften, in ausreichender Weise bisher erhalten haben und ferner erhalten können. Auch haben die Erhebungen ergeben, daß die Geschäftseinrichtungen der Schulze-Delitzschschen Genossenschaften den Eigenheiten des Kreditverkehrs der Schiffer vollauf gerecht werden."

Mit der Annahme dieses Antrages bekräftigen wir von Neuem unsern alten Grundsatz gegen Errichtung besonderer Kreditkassen für einzelne Gewerbezweige. Ich würde mich aber nicht gescheut haben, hier diesen Grundsatz aufzugeben, wenn ich zu der Ueberzeugung gelangt wäre, daß für die Schiffer besondere Kreditinstitute zweckdienlich oder notwendig wären.

Ich komme nun zu dem zweiten Teil des gestellten Antrages, der da lautet:

„Dagegen erscheint die Errichtung besonderer deutscher Realkreditinstitute als wünschenswert, die entsprechend den Hypothekenbanken die Befriedigung des Anlagekreditbedürfnisses der Schiffer zum Gegenstand haben.

In diesem Punkte gehen wir mit dem Herrn Pastor, der gleichfalls, schon aus nationalem Interesse, ein deutsches Realkreditinstitut nach Art der Hypothekenbanken wünscht, überein. Aber nicht nur mit dem Herrn Pastor, sondern zugleich mit einer größeren Zahl unserer eigenen Genossenschaften und vielen mit den Schiffern in Berührung kommenden Personen und Vereinigungen, insbesondere auch mit dem Zentralverein für deutsche Binnenschiffahrt.

Vor etwa fünf Jahren hat der Inhaber einer Stettiner Flußschiffahrt-Reederei in Verbindung mit einem Charlottenburger Herrn und dem Vertreter eines kleinen Berliner Bankhauses sich bemüht, eine deutsche Bank für Schiffshypotheken ins Leben zu rufen. Die Bemühungen sollen an dem heftigen Widerstande der großen Schiffahrtsgesellschaften gescheitert sein.

In ähnlicher Weise hat sich nach den Berichten der Hamburger Filiale der „Dresdner Bank“ ein Herr Rechtsanwalt Dr. Kleinschmidt in Hamburg bemüht, bisher gleichfalls ohne Erfolg.

Nach verschiedenen Zeitungsberichten beschäftigte sich im Dezember 1912 der „Große Ausschuß des Zentralvereins für deutsche Binnenschiffahrt“ gleichfalls sehr eingehend mit dieser Frage. Der Berichterstatter, Herr Dr Walter Schwabe-Koblenz, hielt einen Vortrag über das „Hypothekenwesen in der Binnenschiffahrt“, in dem er eingehend die ungünstigen Kreditverhältnisse für die Binnenschiffer auf diesem Gebiet schilderte und zu dem Schlusse gelangte, daß zur Beseitigung vieler auf diesem Gebiet bestehender Uebelstände die Vormachtstellung fremden — namentlich holländischen — Kapitals gebrochen werden müsse und es Pflicht der Regierung sei, mit Hilfe der Gesetzgebung der deutschen Kredithingabe Vorschub zu gewähren. Diesen Ausführungen schlossen sich im wesentlichen an, der zweite Berichterstatter, Herr Kommerzienrat Tonne-Magdeburg und Herr Justizrat Eschenbach-Berlin, welch letzterer erwähnte, er habe die Frage untersucht, ob man den Kleinschiffern durch das Genossenschaftswesen helfen kann und sei dabei zu dem Ergebnis gekommen, daß teilweise genossenschaftliche Hilfe in Anspruch genommen werden könne, aber die Hauptsache sei, daß an ein großes bestehendes Hypothekeninstitut eine Schiffshypothekenbank angeschlossen werde und dazu hätten sich maßgebende Finanzkreise bereit erklärt.

Herr Reichstagsabgeordneter Gothein glaubt, das in Geldfragen nationale Gesichtspunkte ausscheiden könnten, da es an sich kein Nachteil sei, wenn ausländisches Kapital den deutschen Geldmarkt befruchte.

Gegen diese Anschauung wäre kaum etwas zu sagen, wenn nur das fremde Geld in einer Weise hergegeben würde, daß die dadurch beglückten nicht allzuschwer geschädigt würden. Nun geht aber aus den von den verschiedensten Seiten eingegangenen Berichten hervor, daß die Bedingungen, unter denen das holländische Kapital an die deutschen Schiffer gegeben wird, ungemein schwere sind, wozu noch mehrere unangenehme und gleichfalls drückende Nebenbedingungen kommen. Ganz besonders wird aber über die Rücksichtslosigkeit der holländischen Geldgeber geklagt, wenn aus irgend einem Anlaß eine der vereinbarten Zahlungen nicht rechtzeitig erfolgt ist.

Nach den Berichten nehmen die holländischen Banken 5 bis 5½ % Zins und 2 bis 3 % Provision. Dazu kommt die Provision des Vermittlers mit 1 bis 2 %. Beliehen werden die Fahrzeuge nur bis zur Hälfte des ermittelten Wertes und festgeschrieben wird das Darlehen nur auf fünf Jahre. In der Regel wird eine jährliche Abzahlung von 10 % auf das Dahrlehen verlangt und wenn der Schuldner nach Ablauf der fünf Jahre den nicht abgezahlten Kapitalteil behalten will, muß er von neuem eine sehr hohe Belassungs-Provision zahlen. In letzter Zeit haben die holländischen Banken den Geldsuchern auch noch für die Versicherung der Fahrzeuge eine Gesellschaft vorgeschrieben, mit der sie selbst in engster Verbindung stehen und die sich recht hohe Versicherungsbeiträge zahlen läßt. Hierbei muß berücksichtigt werden, daß die Banken diese Bedingungen bereits im Vorjahre und noch früher hatten, also zu einer Zeit, wo der diesjährige ganz außergewöhnlich ungünstige Geldmarkt nicht vorhanden war.

Wenn wir diese Bedingungen denen gegenüberstellen, die unsre Genossenschaften, von denen ich bereits zu Anfang meines Berichtes sprach, für Hergabe von Schiffshypothekendarlehne festsetzen — es waren zum Teil $4\frac{1}{2}$ bis 5 % Zins ohne jede Provision — so muß man zu dem Schluß kommen, daß auswärtiges Geld, welches unsern kleinen Gewerbetreibenden unter derartig ungünstigen Bedingungen gegeben wird, diesen Kreisen nicht zum Nutzen, sondern zum Schaden gereicht. Aus dieser Anschauung heraus, halte ich es für die Pflicht aller derjenigen Organisationen, die mit dem deutschen gewerbetreibenden Mittelstande in Verbindung stehen und es gut mit ihm meinen, und dazu zähle ich unsere Schulze-Delitzschschen Kreditgenossenschaften in erster Reihe, alles daran zu setzen, daß die erkannten Mißstände so bald wie möglich beseitigt werden.

Nun könnten sie sagen, wozu ist ein besonderes deutsches Kreditinstitut für Schiffshypotheken nötig, wenn eine ganze Zahl unserer Kreditgenossenschaften Geld auf Schiffshypotheken hergibt?

Darauf kann ich nur erwidern, daß die Mehrzahl dieser Genossenschaften derartige Darlehne nur in vereinzelten Fällen gegeben hat und nur wenige Genossenschaften Schiffshypothekendarlehne in größerem Umfange gegeben haben. Bei diesen letzteren hat sich dieser Geschäftszweig allmählich entwickelt und die betreffenden Genossenschaften mögen ja auch bisher keine schlechten Erfahrungen bei dieser Art von Kreditgabe gemacht haben, aber der Allgemeine Genossenschaftstag kann unsere altbewährten Grundsätze nicht ohne schwerwiegende Gründe verleugnen. Unsere Kreditgenossenschaften sind ihrer ganzen Organisation nach und in Betracht der ihnen zur Verfügung stehenden meist kurzfristigen Gelder zur Hergabe von langfristigen Hypothekendarlehen nicht geeignet. Für unsere Genossenschaften ist bisher der Betriebskredit für Schiffer die Hauptsache gewesen und dabei muß es auch bleiben.

Ich empfehle Ihnen deshalb auch die Annahme des zweiten Teils des gestellten und vorhin von mir verlesenen Antrages.

Zum Schluß bemerke ich noch, daß ich mich im Einverständnis mit mit unserm Herrn Anwalt an die Dresdner Bank gewandt habe, um dort die Prüfung der Frage einer etwaigen Gründung einer Schiffshypothekenbank anzuregen. Ein bestimmtes Ergebnis ist bisher nicht erzielt und wir werden das Weitere abwarten können. Für uns kommt es darauf an, zu einer Frage, die wiederholt die hierfür in Betracht kommenden Kreise beschäftigt hat, bestimmte und klare Stellung zu nehmen.

Leider hat die Staatsregierung die Sache ziemlich unberücksichtigt gelassen und die Ausführungen des Herrn Oberregierungsrat Meyer vom Preußischen Handelsministerium in der von mir erwähnten Sitzung des „Großen Ausschusses des Zentralvereins für deutsche Binnenschiffahrt" erwecken keine großen Hoffnungen. Wir dürfen indeß dennoch vertrauen, daß, wenn von irgendeiner Seite ernstliche Anstrengungen gemacht werden, um die von allen Seiten, auch von dem Herrn Oberregierungsrat zugegebenen Mißstände zu beseitigen, es an der wohlwollenden Förderung seitens der Regierung nicht fehlen wird. Anerkannte Mißstände müssen beseitigt werden und wo ein Wille ist, da ist auch ein Weg!

Ich wünsche von Herzen, daß meine Ausführungen dazu beitragen mögen, die Schiffer über die ihnen zur Verfügung stehenden Kreditinstitute aufzuklären und ihnen das noch fehlende Realkreditinstitut baldigst zu verschaffen. (Lebhafter Beifall.)

Vorsitzender Verbandsdirektor **Feldheim**-Burg b. Magdeburg: Ich danke dem Herrn Verbandsdirektor Kurz namens der Versammlung für die klare Durchführung der ihm gestellten Aufgabe. Ich bin fest überzeugt, wir alle haben gern Kenntnis von dem interessanten Vortrag genommen.

Ich stelle den Antrag zur Debatte.

Direktor **Gutschmidt**-Havelberg: Aus dem Antrag des Herrn Verbandsdirektors Kurz habe ich entnommen, daß der Kredit für die Schiffer vollständig durch die Kreditgenossenschaften gedeckt werden kann. Ich halte deshalb die Gründung einer extra Realkreditgenossenschaft durch die Bedürfnisse nicht für geboten. Es genügt ja, wenn der Kredit gedeckt werden kann.

Verbandsdirektor **Kurz**-Stettin: Herr Direktor Gutschmidt hat mich falsch verstanden. Es besteht garnicht die Absicht, ein neues genossenschaftliches Kreditinstitut zu gründen. Aber es ist notwendig, ein Realkreditinstitut zu gründen, durch das Schleppdampfer, Küstenfahrzeuge usw. zu normalen Bedingungen, wie das sonst bei uns üblich ist, beliehen werden können. Das ist der Zweck des zweiten Teil des Antrages.

Ziegeleibesitzer **J. Cohn**-Havelberg: Meine Herren, wenngleich wir im großen und ganzen auf dem Standpunkt des Referenten stehen und die Bestrebungen warm unterstützen, so kann ich doch einzelne Ausführungen desselben, welche den tatsächlichen Verhältnissen nicht entsprechen nicht unwidersprochen lassen.

Vorausschicken möchte ich, daß wir den Geschäftszweig „Beleihung von Kähnen und Dampfern" seit Jahren pflegen und ca. 700 000 Mk. hierin investiert haben. Den Ausführungen, daß die Kahnbesitzer ihre Zinsen und die 10% betragenden Amortisationsraten pünktlichst bezahlen, ja mit Leichtigkeit eine 20%ige Amortisationsquote leisten könnten, muß ich auf Grund meiner gemachten Erfahrungen entschieden entgegentreten. Bei der äußerst traurigen Lage des Frachtenmarktes waren sowohl die Dampfschiffs- als auch die Kahnbesitzer fast ausnahmslos nicht in der Lage, die ihnen von uns auferlegte 5%ige Amortisationsquote zu bezahlen, und hatten zu tun, um den Betrag der Zinsen aufzubringen. Wir haben, soweit es sich um ordentliche, solide Leute handelte, diese Amortisationsbeträge in den beiden letzten Jahren gestundet und beginnen jetzt wieder mit der Einforderung derselben. Eine Nachzahlung zu leisten, dürfte auch jetzt wohl kaum möglich sein. Diese Kredite resp. Stundungen brauchten wir, da ja die Abnutzung der Fahrzeuge keine stetige bleibt, im Gegensatze zu der Beleihung der Fahrzeuge, welche einen Realkredit darstellen, als einen Personalkredit. Wenn ferner ausgeführt wurde, daß man die Beleihung von Dampfern, weil Schwierigkeiten und Gefahren damit verknüpft, unterlassen sollte, so steht das ja im direkten Widerspruch mit der Behauptung, daß dem Kreditbedürfnisse vollauf Genüge geschehe. Es würde auch nicht dem Gusto der Schulze-Delitzsch Genossenschaften entsprechen, berechtigte Kreditansprüche unberücksichtigt zu lassen, nur weil man der Mühe aus dem Wege gehen will. Es müssen eben Kautionen geschaffen werden, welche den eigentümlichen Verhältnissen entsprechend Rechnung tragen, und genügende Gewähr für die Sicherheit der angelegten Kapitalien gewähren.

Es würde zu weit führen, bei der vorgerückten Zeit dieses ausführlich zu behandeln. Eine Eintragung in das Schiffsregister kann niemals die Sicherheit einer Hypothek auf Ländereien und Grundstücke liefern. Ein Dampfer ist eine sehr bewegliche Sache, und wenn ein solcher gebaut und bestimmt ist, ein bestimmtes Flußgebiet zu befahren, so können leicht Umstände eintreten (Verkauf, Ueberlassung an Gesellschaften, ungenügender Wasserstand), welche es mit sich bringen, daß z. B. Elb- und Haveldampfer die Oder, Weichsel usw. befahren, hierbei nach Rußland kommen und dort verbleiben. Welche Sicherheit bietet dann die Eintragung in das Schiffsregister?

Ferner wären die Versicherungspolicen zu revidieren und eventuell abzuändern. Bei Maschinenexplosionen usw. bezahlen die Versicherungsgesellschaften keine Entschädigungen, und es kann leicht vorkommen, daß in solchen Fällen das Vermögen der Besitzer nicht ausreicht, um den Schaden zu tragen. Hier muß für genügende Sicherheit des Hypothekengläubiger gesorgt werden, eventuell durch gesetzliche Maßnahmen. Ebenso ist die größte Vorsicht geboten bezüglich der pünktlichen Zahlung der Versicherungsprämien und bei eventueller Bezahlung von Havarieschäden.

Wenn ferner die Schuld an dem Darniederliegen des Frachtenmarktes darauf zurückgeführt wird, daß die Eisenbahn durch ihre billigen Ausnahme- und Notstandstarife die Konkurrenz unterbiete und lahmlege, so ist das nur im bedingtem Maße zutreffend; denn diese Tarife sind der Regierung ja zum Teil gegen ihren Willen abgerungen worden. Es ist doch in solchen Fällen stets zu prüfen, ob die Interessen der Gesamtheit nicht höher stehen als die eines Interessentenstandes. Wir sind gern bereit die bei der Beleihung gemachten Erfahrungen in den Dienst der guten Sache zu stellen.

Vorsitzender Verbandsdirektor **Feldheim**-Burg b. Magdeburg: Ich muß doch die Herren Redner dringend bitten, hier vom Rednerpult aus ihre Ausführungen zu machen. Wozu haben wir denn das Rednerpult. Die Stenographen können bei der weiten Entfernung, wenn die Herren Redner vom Platze sprechen, nicht Notiz von ihren Reden nehmen, die doch einen wichtigen Beitrag zu dem Referat darstellen.

Anwalt **Dr. Crüger**: Meine Herren, ich habe die Herren Vertreter von Havelberg dahin verstanden, daß sie der Meinung sind, es läge kein Bedürfnis vor für die Gründung besonderer Realkreditinstitute, die Genossenschaft könne auch den Anlagekredit der Schiffer befriedigen. Ja, es gibt einzelne Genossenschaften, die in dieser Weise vorgehen; aber die große Mehrzahl der Kreditgenossenschaften hat auf die Umfragen — ich möchte das einfügen und damit meinen Dank an die Genossenschaften verbinden, die in freundlicher und ergiebiger Weise Antworten auf die Umfragen erteilt haben — erklärt, daß sie ihrerseits nur das Personalkreditbedürfnis, den Betriebskredit des Schiffers zu befriedigen in der Lage seien, und sie heben ausdrücklich hervor, daß sie für die Befriedigung des Anlagekredites den Schiffer an andere Institute weisen müssen, und sie betonen, daß an solchen Instituten in Deutschland ein fühlbarer Mangel bestehe. Die Herren in Havelberg werden sich auch ihrerseits, selbst wenn sie Anlagekredit gewähren, entschließen, den Antrag anzunehmen. Denn wenn Havelberg vielleicht durch ganz besondere Einrichtungen im stande ist, auch ihrerseits derartigen langfristigen Kredit den Schiffern zu gewähren, so weiß ich doch, daß die Herren in Havelberg so gute Kreditgenossenschafter sind, daß sie nicht allen Kreditgenossenschaften den Rat geben, langfristigen Kredit den Schiffern zu gewähren. Ich würde es für außerordentlich bedenklich halten, wenn wir hier eine derartige Empfehlung den Genossenschaften mit auf den Weg geben. Wenn wir den Absatz 2 streichen, würden wir die Kreditgenossenschaften auffordern, auch für den Kahnbau den Schiffern Kredit zur Verfügung zu stellen. Das will man zweifellos in Havelberg auch nicht.

Im übrigen waren die Ausführungen des Herrn Vorredners geeignet, um zu zeigen, worin die Eigenart des Schifferkredits liegt. Aber trotz aller Eigenart des Schifferkredits möchte ich auch im Anschluß an die Ausführungen des Herrn Referenten hervorheben, daß dieser Schifferkredit in vollem Umfang von unseren Kreditgenossenschaften bewilligt wird. Es ist mir auch so gegangen wie dem Herrn Referenten, als ich die Antworten der Kreditgenossenschaften durchlas: wie einmütig das Urteil über die Erledigung des Schifferkredits, wie günstig es allgemein von den Kreditgenossenschaften abgegeben worden ist. Gewiß versteht sich von selbst, daß, wenn Notstände eintreten, wie wir es eben von Havelberg gehört haben, und die Schiffer nicht die großen Abzahlungen leisten können, ihnen auch unter allen Umständen die Zinsen prolongiert werden. Das sind Dinge, die außerhalb des regelmäßigen Geschäftsbetriebes liegen.

Alles in allem — und darin stimmt Havelberg bei — ein Bedürfnis zur Gründung besonderer Schifferkreditkassen liegt unter keinen Umständen vor, denn unsere Genossenschaften befriedigen den Personalkredit. Ich hoffe mit dem Herrn Referenten, daß dieser Antrag wesentlich dazu beitragen wird, die Kreise der Schiffer über die tatsächlichen Verhältnisse aufzuklären. Dem Herrn Pastor können wir insofern dankbar sein, als er die Veranlassung gegeben hat, diesen Aufklärungsdienst einmal vorzunehmen. Freilich können wir nicht verkennen, daß, wenn die Anschauungen des Herrn Pastors in die Kreise der Schiffer hineinkommen, sie geeignet sind, in den Köpfen der Schiffer eine gewisse Verwirrung hervorzurufen. Darauf habe ich in diesen Tagen wiederholt hingewiesen: das ist eben die höchst unangenehme Begleiterscheinung aller derartiger genossenschaftlicher Experimente. Irgend jemand macht plötzlich die Beobachtung eines Notstandes. Er weiß, daß es Genossenschaften gibt, also muß eine Genossenschaft gegründet werden. Daß der betreffende Herr sich zunächst einmal hinsetzt und sieht, was überhaupt in dem Genossenschaftswesen bisher gearbeitet und geleistet worden ist, das erfordert zu viel Zeit; es muß sofort gegründet werden!

Sie sehen, m. H., wie man derartigen Behauptungen nachgehen muß. Der Herr Referent hat Ihnen einen Auszug aus der Korrespondenz vorgelegt. Wie kann schließlich der, der als Gründer auftreten will, die Antworten schuldig bleiben auf Fragen, wie sie hier gestellt sind! Ich lege meinerseits recht großen Wert darauf, daß der Antrag einstimmig angenommen wird, und ich glaube auch, daß die Herren aus Havelberg vom allgemein genossenschaftlichen Standpunkte aus keine begründete Einrede dagegen erheben werden. — Herr Gutschmidt bestätigt mir das. Ich glaube, daß wir damit zu einer einstimmigen Resolution gelangen werden.

Kaufmann **Häfner-Aken**: Meine Herren! Von dem Herrn Referenten wurde auch der Spar- und Vorschußverein Aken genannt. Unser Verein besteht im nächsten Jahre 50 Jahre und möchte ich erklären, daß er sich seit mehr als 25 Jahren mit dem Schifferkredit befaßt hat. Es ist uns kein anderer Weg gegeben, die uns zur Verfügung stehenden Gelder nutzbar anzulegen, denn Aken ist bekanntlich die größte Schifferstadt an der Elbe. Der gewerbliche Mittelstand fehlt sozusagen, weil Aken über 300 Fahrzeuge beheimatet. Wir haben uns nun ebenfalls mit der Beleihung von Fahrzeugen befaßt, zunächst nur bei unserer Akener Schiffahrt, sind jedoch in der letzten Zeit, nachdem uns mehr Mittel zur Verfügung standen und der Kreditanspruch der Akener Schiffahrt nicht mehr so reichlich war, noch weiter gegangen und haben Fahrzeuge auf der Saale, Oder und auf der Warthe ebenfalls beliehen. Wir können im großen und ganzen bestätigen, daß wir dabei nur wenig schlechte Erfahrungen gemacht haben. Wir sind mit dem Verkehr, den wir mit unseren Leuten haben, sehr zufrieden. Die Zinsen laufen pünktlich ein, ausgenommen allerdings in der von den Herren aus Havelberg schon genannten Periode im vorigen Jahr. Damals wurden durch die große Dürre und auch infolge des Wehrbruches auf der Neiße viele Schiffer schwer geschädigt, und erhielten wir damals einige Gesuche um Fristung der Zinsen. Wir haben sie selbstverständlich ruhig gewährt, und die Leute sind nachher alle pünktlich ihren Verpflichtungen nachgekommen. Auch die Abzahlungen laufen erfreulicherweise pünktlich ein. Es kommt selten vor, daß jemand um eine Frist bezüglich der Abzahlung bittet.

Allerdings sind bei der Beleihung von Fahrzeugen besondere Vorsichtsmaßregeln nötig. In der Hauptsache können solche Beleihungen auch nur die Kreditgenossenschaften ausführen, die an Wasserstraßen liegen und die die geeigneten Leute in ihrem Aufsichtsrat haben, welche die Sache beurteilen können. Natürlich darf man bei der Beleihung die Höchstgrenze nicht so sehr ausdehnen. Wir sind der Ansicht, daß Schiffer, die über 50 bis 60% fremdes Kapital aufnehmen, sehr schwer zu kämpfen haben. Darin liegt heute der Schwerpunkt, worauf auch der Pastor Ebert hinausgehen mag. Die Leute lassen sich verleiten, Fahrzeuge zu bauen. Das liegt wohl teilweise an den Schiffbauereien, die alles mögliche aufbieten, um einen Kahn zu verkaufen und den Leuten vorreden, daß sie ihnen Geld besorgen. Dann fallen sie in die Hände der ausländischen, namentlich der holländischen Gesellschaften. Durch die hohe Provision, die dort zu zahlen ist, werden sie sehr belastet.

Der Herr aus Havelberg hat die Beleihung von Dampfern angeführt. Das ist ein Gebiet, das grundsätzlich abzulehnen ist. Das Geschäft ist zu riskant. Allerdings hat der Herr Verbandsdirektor Kurz darin sehr recht, daß in der Hauptsache die Not der Schiffer an den Eisenbahnfrachten liegt. Würden die Ausnahmetarife eingeschränkt werden, dann würde den Schiffern mehr Gelegenheit gegeben, ihre Kähne mehr zu beladen, und dann würde der Frachtenmarkt nicht so sehr gedrückt werden. Wir sind in Aken nicht allein. Es besteht außerdem noch eine Genossenschaft, die sich ebenfalls mit der Beleihung von Fahrzeugen und dem Schifferkredit befaßt. Ich kann blos nochmals sagen, daß wir nur gute Erfahrungen gemacht haben und daß uns die guten Erfahrungen dahin gebracht haben, von dem eingeschlagenen Wege nicht abzugehen, weil wir absolut keinen andern Ausweg haben.

Vorsitzender Verbandsdirektor **Feldheim**=Burg b. Magdeburg: Weitere Wortmeldungen sind nicht erfolgt. Ich erteile daher dem Herrn Referenten das Schlußwort.

Verbandsdirektor **Kurz**=Stettin [Schlußwort]: Nur wenige Worte! Als der Herr aus Havelberg zu reden begann, glaubte ich, ich hätte vielleicht etwas übersehen, was in den Berichten der Genossenschaften stände; aber seine weiteren Ausführungen haben diese Befürchtung sofort wieder bei mir zerstreut; denn er konnte nur anführen, was ich auch angeführt hatte, daß im Jahre 1911 außergewöhnliche Zustände existierten. Ich habe ausdrücklich in meinem Bericht gesagt: außergewöhnliche Zustände erforderten außergewöhnliche Mittel, und zu denen rechne ich auch die Forderung von Abzahlungen auf gegebene Darlehen bei einem Manne, der unverschuldeter Weise nicht zahlungsfähig ist.

Im übrigen aber, glaube ich, haben die beiden Herren durchaus meine Ausführungen bestätigt. Gerade Herr Häfner aus Aken sagte, es wäre notwendig, die Schifferverhältnisse genau zu kennen, wenn man solche Schiffshypothekarkredite geben will, wie sie von seiner Genossenschaft in größerem Umfange und zu günstigen Bedingungen gegeben werden. Das erfordere einen Aufsichtsrat, der die ganzen Verhältnisse genau kennt. Darin liegt aber auch die Schwierigkeit. Wir haben deshalb recht, wenn wir den Genossenschaften im allgemeinen nicht die Hergabe von Schiffshypothekarkrediten empfehlen. Von einzelnen Genossenschaften, bei denen sich eine besondere Art von Kreditgabe historisch entwickelt hat, können wir dabei natürlich nicht sprechen, wir müssen von der Allgemeinheit ausgehen; und weil wir überzeugt sind, daß in der Allgemeinheit derartige urteilsfähige Köpfe fehlen, können wir solche Kredithergabe nicht allgemein empfehlen.

Nun hat der Herr von Havelberg ausgeführt, die Kähne wären ein beweglicher Besitz, wären keine Häuser. Darüber bin ich ganz ruhig. Wenn ein solches Institut begründet wird, dann finden die Gründer schon Vorsichtsmaßregeln nach allen Richtungen, um sich, soweit es überhaupt möglich ist, ihr geliehenes Geld zu sichern. Gegen Explosionsgefahr ist auch ein Haus nicht versichert. Wenn ein Haus in die Luft gesprengt wird, hat der erste Hypothekengläubiger genau denselben Schaden zu befürchten wie bei einem explodierten Kahn. Ich wohne an einem breiten Strom, aber in der ganzen Zeit, daß ich in Stettin wohne — es sind bald 44 Jahre — weiß ich nur einmal von einer größeren Kesselexplosion, und das war bei einem großen überseeischen Dampfer. Die Explosion hat das Schiff nicht zertrümmert, sondern nur das Deck hochgehoben und leider 2—3 Menschenleben vernichtet.

Ich empfehle Ihnen also nochmals — und ich bin überzeugt, die beiden Herren sind damit einverstanden — die Annahme des Antrages des Engeren Ausschusses.

Ziegeleibesitzer **Cohn**=Havelberg [persönlich]: Ich wollte hervorheben, daß es uns Havelbergern fern gelegen hat, die Ausführungen widerlegen zu wollen. Wir stehen auf dem Standpunkt, daß nur durch eine Diskussion der einschlägigen Verhältnisse die Sache gefördert werden kann. Wenn wir einzelne Bedenken geltend machen, so ist das nicht etwa eine Opposition gegen die Ausführungen im allgemeinen. Wenn aber eben gesagt worden ist, daß, wenn ein derartiges Institut gegründet wird, sich schon Leute finden werden, die die Sache so einrichten, daß auch diese Gefahr beseitigt wird, dann überläßt man dem lieben Herrgott das Zudecken von Schäden. Man muß vorbeugen und vorher darauf hinweisen, damit das Uebel nicht erst in die Erscheinung tritt.

Ferner möchte ich darauf hinweisen, daß, wenn der Herr von Aken gesagt hat . . .

Vorsitzender Verbandsdirektor **Feldheim** Burg b. Magdebnrg: Das ist aber nicht mehr persönlich. Es tut mir leid, daß ich Sie unterbrechen muß. Ich habe aber ausdrücklich festgestellt, daß niemand mehr das Wort wünscht, ehe ich dem Referenten das Schlußwort gegeben habe.

(Ziegeleibesitzer Cohn: Ich hatte mich noch gemeldet!)

Es ist schon immer besser, wenn Sie so liebenswürdig sein wollen, bei Wortmeldungen hier einen Zettel zu überreichen. Dann kann so etwas nicht vorkommen. Ich kann Ihnen nur noch das Wort zu einer persönlichen Bemerkung geben. — Ich stelle nunmehr fest, daß die Herren aus Havelberg Abänderungsanträge nicht gestellt haben und daß nur noch der Antrag des Engeren Ausschusses vorliegt. Ich lasse über diesen Antrag abstimmen. Wer für den Antrag ist, den bitte ich, die Hand zu erheben.

(Geschieht.)

Ich bitte um die Gegenprobe. — Ich stelle fest, daß der Antrag einstimmig angenommen ist.

Ich schlage vor, falls ein Widerspruch nicht erfolgt, Punkt II zu nehmen:

II. Bericht der Genossenschaftsabteilungen der Dresdner Bank.

Widerspruch erfolgt nicht. Ich bitte Herrn Direktor Brodführer, das Wort zu nehmen.

Berichterstatter Direktor **Brodführer**=Berlin: Konnten wir in dem auf dem Münchener Genossenschaftstage erstatteten Bericht von einer ruhigen Entwicklung sprechen, auf welche die Genossenschaftsabteilungen der Dresdner Bank zurückblicken durften, so müssen wir heute sagen: es ist ein lebhaftes und bewegtes Jahr, welches hinter uns liegt.

Die günstige Wirtschaftslage und die politischen Ereignisse des Jahres 1912 gaben ihm sein Gepräge: die allgemeine Geldknappheit. Handel und Industrie waren außerordentlich gut beschäftigt; Deutschlands Außenhandel zeigte gegen das Vorjahr einen Mehrumsatz von über einer Milliarde Mark und aus den Güterverkehrseinnahmen der deutschen Eisenbahnen ergibt sich ein Plus von 138 Millionen, d. h. eine Steigerung der Güterbewegung um etwa $7^1/_2$ %. Der hieraus resultierende außerordentliche Bedarf an Betriebskapital bedingte an sich schon eine Versteifung des deutschen Geldmarktes, der nach Zurückwanderung der ausländischen Leihgelder im wesentlichen auf sich selbst angewiesen war.

Die Situation wurde aber ungewöhnlich erschwert, als im Verlauf des Balkankrieges eine hochgradige politische Beunruhigung einsetzte, als die Kriegsfurcht zu jener kopflosen Spargelderabhebung und Thesaurierung baren Geldes führte, welche die Geldknappheit nur noch verschärfen und die Kreditanspannung wesentlich vermehren half.

Auch bei unseren Genossenschaftsabteilungen hat sich die wesentliche Erhöhung der Kreditansprüche, die schon im 1. Semester 1912 zu konstatieren war, dauernd, man kann sagen bis in die Gegenwart hinein, fortgesetzt. Im gleichen Maße aber, wie sich die Kreditansprüche steigerten, war ein Zurückgehen der Kreditoren zu konstatieren. Zwar müssen wir auch diesmal feststellen, daß bei der Berliner Abteilung das Kreditbedürfnis weit mehr in Erscheinung trat, als im Frankfurter Geschäftsgebiet, wo die Kreditinanspruchnahme keine wesentliche Steigerung gegenüber dem — allerdings bereits erhöhten — Stand des Vorjahres bedeutete, aber auch in Frankfurt machte sich ein Rückgang der aus dem Kreise der Genossenschaften zur Verfügung gestellten Gelder dauernd bemerkbar. Im ganzen zeigte sich eine Anspannung, die diejenige der Krisenjahre 1907/08 weit überholte.

Damit soll nicht gesagt sein, daß wir uns in einer Krise befunden haben oder gegenwärtig noch befinden, aber nach unseren Beobachtungen ist das vergangene Jahre auch für die Genossenschaften im allgemeinen kein leichtes gewesen. Es hat teilweise großer Anstrengungen bedurft, um den neuen Anforderungen der Mitglieder gerecht zu werden, umsomehr, als gleichzeitig erhöhte Spargelder-Rückforderungen zu befriedigen waren.

Im Jahre 1907/08 handelte es sich um eine wirtschaftliche Krisis, ausgelöst durch die amerikanische Geldkrisis. Die Schwierigkeit der vergangenen 12 Monate entstand durch politische Ereignisse und Befürchtungen, die hineinfielen in eine Periode wirtschaftlicher Hochkonjunktur, in eine Zeit hoher Geldsätze und empfindlicher Geldknappheit, die sich infolge der Kriegsfurcht und ihrer Begleiterscheinungen noch erhöhte.

Es sei gestattet, hier einmal auf die Ursachen näher einzugehen, welche zu der außergewöhnlichen Inanspruchnahme unserer Abteilung geführt haben. Die Untersuchung dürfte um deswillen des allgemeinen Interesses nicht entbehren, weil sich in diesen Ursachen zugleich die Wirkungen dokumentieren, welche die außergewöhnlichen Verhältnisse des Berichtsjahres auf unsere Kreditgenossenschaften gehabt haben.

Wie bereits erwähnt, machte sich bei unserer Frankfurter Abteilung das Kreditbedürfnis weniger dringend geltend, in Berlin dagegen kam neben der Guthabenrückforderung eine ganz erhebliche Vermehrung der Kreditinanspruchnahme in Betracht. Süddeutschland hatte 1911 infolge seiner günstigen Weinernte Reserven ansammeln können, auf die es nun allerdings zurückgreifen mußte. Denn 1912 war auch in Süddeutschland, ebenso wie in Mittel- und Norddeutschland die Ernte keine gute gewesen. Geringe Qualität und späte Verwertbarkeit beeinträchtigten den Ertrag, sodaß aus den Kreisen der Landwirte den Genossenschaften im letzten Herbst und Frühjahr Gelder nur spärlich zugeflossen sind.

Die Teuerung der Lebensmittel, die noch anhält, wirkt einer intensiven Spartätigkeit an und für sich entgegen, von ihr wird aber namentlich die Beamtenschaft, der Kreis der Festbesoldeten und der Arbeiter getroffen, sodaß auch diese Kategorie der Sparer, die erfahrungsgemäß einen erheblichen Prozentsatz der Einleger bildet, nicht so wesentlich wie sonst zur Vermehrung des Spareinlagenbestandes unserer Kreditgenossenschaften hat beitragen können.

Zwar dürfte, im ganzen genommen, die Summe der Spareinlagen unserer Genossenschaften keinen Rückgang erfahren haben, aber im einzelnen sind doch die Fälle nicht selten, in denen der Einlagenbestand abgenommen oder nicht in dem Maße gewachsen ist, wie in früheren Jahren, weil auch die Abhebungen von Einlagen im letzten Jahre relativ größer als sonst gewesen sind.

Abgesehen davon, daß die teuere Lebenshaltung einen Teil des Sparkapital absorbierte, wurden auch in Handel und Gewerbe, die von der industriellen Hochkonjunktur profitierten, erhöhte Betriebsmittel gebraucht und der Anlage bei der Genossenschaft entzogen. Die Landwirtschaft war aus dem oben erwähnten Grunde teilweise genötigt, ihre Rücklagen anzugreifen. Es kommt hinzu, daß die Leutenot auf dem Lande immer mehr zur Anwendung des maschinellen Betriebes nötigt, den die Errichtung der Ueberlandzentralen erleichtert. Letztere hat in den vergangenen Jahren außerordentliche Fortschritte gemacht und kommt in gleicher Weise wie der Landwirtschaft auch dem Kleingewerbe zu statten. Aber der Anschluß an den jetzt bis in das kleinste Dorf geleiteten elektrischen Strom, die Anschaffung von Motoren, Maschinen usw. bedeutet für Landwirte und Kleingewerbetreibende immerhin eine nicht unerhebliche Ausgabe, zu der in vielen Fällen die Ersparnisse herangezogen werden mußten.

Große Summen sind auch, namentlich in den größeren Städten, gebraucht worden für die Hypothekenregulierung: für die Abschlußprovision und die Abzahlung bei Prolongation erster Stellen, für die Damno-Zahlung bei zweiten Hypotheken, die teilweise eine ganz exorbitante Höhe angenommen hat und oftmals nur unter Aufopferung des Ersparten geleistet werden konnte.

Eine Reihe von Genossenschaften ist auch in Mitleidenschaft gezogen worden durch die Vorkommnisse in anderen genossenschaftlichen Verbänden und durch die Zusammenbrüche von Privatbankgeschäften am gleichen Orte oder in der Nachbarschaft, während allerdings andere Kreditgenossenschaften der gleichen Bezirke nicht nur keine Abhebungen, sondern sogar teilweise recht beachtenswerte Vermehrungen ihrer Einlagenbestände zu verzeichnen haben.

Aehnlich verhält es sich mit den Folgen der Kriegsfurcht, die an manchen Orten des Ostens, wo man ihr ja eine gewisse Berechtigung nicht absprechen konnte, kaum fühlbar war, an anderen wieder panikartige Formen annah und die Einlagenbestände dezimierte. Auch einzelne Genossenschaften in Mittel- und Süddeutschland blieben in dieser Beziehung nicht verschont, wenn es auch nicht zu stürmischen Abhebungen gekommen ist. Immerhin steht fest, daß die Kriegsfurcht nicht nur zu umfangreichen Angstabhebungen führte, sondern auch vielfach an der

Anlage eingehender, sonst verfügbarer Gelder hinderte und zu einer empfindlichen Verschärfung der ohne dies vorhandenen Geldknappheit beitrug.

Es ist unmöglich, zahlenmäßig den Betrag zu bestimmen, der auf diese Weise der werbenden Arbeit im Wirtschaftsleben entzogen worden ist. Volkswirte schätzen ihn auf 500 Millionen. Was das bedeutet, wird erst klar, wenn man berücksichtigt, daß der reguläre Goldumlauf in Deutschland nur etwa $2^1/_2$ Milliarden betragen dürfte, daß also da die Thesaurierung meist in Gold vorgenommen wurde, etwa der fünfte Teil des gemünzten Goldes dem Verkehr entzogen war. Denkt man ferner daran, daß diese 500 Millionen Gold, wenn sie sich im Tresor der Reichsbank befunden hätten, dieser die Mehrausgabe von $1^1/_2$ Milliarden Mark in Banknoten ermöglicht haben würden, so kann man erst ermessen, wie ungeheuer schwer der Geldmarkt von der Kriegsfurcht und ihren Begleiterscheinungen in Mitleidenschaft gezogen worden ist.

Hierunter haben aber nicht nur die Kreditgenossenschaften, sondern in noch größerem Umfange die öffentlichen Sparkassen zu leiden gehabt und die auf den Absatz ihrer Pfandbriefe angewiesenen öffentlichen und privaten Hypothekeninstitute. Sie mußten die Ausleihungen beinahe vollständig einstellen. Die hierdurch veranlaßte oder vielmehr vergrößerte Hypothekennot wirkte aber zurück auf die Kreditgenossenschaften, namentlich auf solche, die sich mit dem Baugeldergeschäft befaßt haben, weil keine Hypotheken zur Ablösung des Baugeldes abgeschlossen werden konnten. Die Entwickelung der Verhältnisse hat gelehrt, wie zutreffend der Genossenschaftstag in Westerland geurteilt hat, als er in seiner Resolution die Pflege des Baugeldgeschäftes durch die Genossenschaften in erster Linie von der Höhe ihres eigenen Vermögens abhängig gemacht wissen wollte. Jetzt liegt eine Anzahl von Genossenschaften mit diesen Baugeldern fest und ist zur Inanspruchnahme des Bankkredites gezwungen, um anderweitige Verpflichtungen erfüllen zu können, die im Vertrauen auf die rechtzeitige Baugeldablösung eingegangen worden sind. Vielfach sieht sich daneben auch die Genossenschaft genötigt, mit Zwischenkrediten für gekündigte Hypotheken einzuspringen, um den Zusammenbruch von Existenzen zu verhüten, an denen sie bereits größeres Interesse genommen hat.

Ueberhaupt ist eine ganze Reihe der hier gestreiften Momente nicht allein der Neuanlage von Spargeldern hinderlich und Veranlassung zu größeren Abhebungen gewesen, sondern auch die Ursache neuer Kreditansprüche der Mitglieder geworden. Die Befriedigung dieser Ansprüche war nicht immer leicht und nicht immer angängig; dies namentlich im Hinblick auf die verminderte Bewertung und Verkäuflichkeit der Immobilien. In vielen Fällen hat man sich daher Zurückhaltung auferlegen müssen, mitunter aber machten es die Verhältnisse unmöglich, sich diesen Ansprüchen zu entziehen, selbst wenn zu ihrer Befriedigung der Bankkredit benutzt werden mußte.

Während man aber meist in der Lage war, auf den Bankkredit zurückzugreifen, weil man ihn sich für schwierige Zeiten offen gehalten hatte, bot auf der andern Seite das vergangene Jahr verschiedene sehr drastische Beispiele für die verhängnisvollen Folgen einer lediglich auf den Bankkredit aufgebauten geschäftlichen Expansion. Es zeigte sich, daß man mancherorts ohne Bedenken alle nur möglichen Kreditquellen, die in geldleichteren Zeiten auch sehr reichlich flossen, nicht zuletzt den Kredit der Schwestergenossenschaft, benutzt hatte, um das Geschäft auszudehnen. Als dann die Geldverhältnisse sich schwieriger gestalteten und Krediteinschränkungen von den Notenbanken vorgenommen wurden, als die Schwestergenossenschaft ihr Geld im eigenen Betriebe brauchte und rücksichtslos auf Zahlung drängte, da ergab sich die Unmöglichkeit, die Außenstände dementsprechend zu realisieren. Es bedurfte langer Verhandlungen mit den beteiligten Kreditgebern, und auch einer beträchtlichen Intervention unsererseits, um ein langsames Abbauen der Kredite und eine allmähliche Reduktion der Verbindlichkeiten zu ermöglichen. Am unzulänglichsten erwies sich in solchen Fällen die Schwestergenossenschaft, eine Bestätigung der alten Erfahrung, daß die Kreditgenossenschaft der unbequemste Gläubiger der Kreditgenossenschaft ist, und eine Illustration zu dem Thema: Verkehr der Genossenschaften untereinander! Unsere Stellung hierzu ist gelegentlich unseres vorjährigen Berichtes gekennzeichnet: wir halten den Verkehr der Genossenschaften untereinander für gefährlich, nicht zum wenigsten deshalb, weil die Kredite meist lediglich auf Grund persönlicher Bekanntschaft der Vorstandsmitglieder gegeben werden, in viellen Fällen ohne Rücksicht auf die gegenseitige Leistungsfähigkeit und die Verwendungsart der Gelder. Es besteht für die kreditbedürftigen Genossenschaften die doppelte Gefahr, daß sie zeitweise durch Benutzung zahlreicher genossenschaftlicher Hilfsquellen zuviel Geld empfangen und daß sie durch die Zurückziehung solcher Kredite dann leicht in Verlegenheit geraten können. Von unseren Bestrebungen, diesen Verkehr einzuschränken, werden wir uns niemals einen vollständigen Erfolg versprechen dürfen, es wird aber auch an dem Standpunkt festgehalten werden müssen, daß die genossenschaftlichen Abteilungen es unter allen Umständen ablehnen sollen, andere Genossenschaften auszulösen, wenn diese den Zeitpunkt gekommen sehen, sich zurückzuziehen.

Ernstliche Schwierigkeiten haben sich im übrigen auch aus anderen Gründen bei einzeinen Genossenschaften wieder ergeben. Die Hauptursache hierfür ist in der Gewährung zu hoher Einzelkredite zu suchen, bei welcher eine fehlerhafte Geschäftsführung, die Leistungsfähigkeit der Genossenschaft überschätzend, sich über die Grenzen hinauswagte, welche der genossenschaftlichen Aufgabe ihrer Natur nach gezogen sind. Die bedenklichsten Ausschreitungen in dieser Beziehung liegen auf dem Gebiet des Bau- und Industriekredites. Die Nichtachtung der von den Genossenschaftstagen aufgestellten Grundsätze, über die man sich in geldflüssigen Zeiten ungestraft hinwegsetzen konnte, hat sich bitter gerächt, als die wirtschaftlichen Verhältnisse sich schwieriger gestalteten. Wir haben teilweise sehr erhebliche Hilfskredite zur Verfügung gestellt, um die Sanierung von Genossenschaften in die Wege zu leiten. Auch hierin hat die erhöhte Inanspruchnahme unserer Abteilung zum Teil ihren Grund.

Neben diesen Wirkungen der kritischen Verhältnisse des letzten Jahres, die eine höhere Inanspruchnahme des Bankkredits verursachten, erscheint es angebracht, auf eine weitere Begleiterscheinung aufmerksam zu machen:

das ist die Verschlechterung der Liquidität. Abnahme der Bankguthaben, Kursrückgang der Effekten auf der einen, Erhöhung der Bankschulden und Giroverbindlichkeiten auf der anderen Seite kommt darin zum Ausdruck. Daneben aber wird das Liquiditätsverhältnis in einzelnen Verbänden auffällig beeinträchtigt dadurch, daß eine Verschiebung der fremden Gelder hinsichtlich deren Kündigungsfristen stattgefunden hat; die kurzfälligen Gelder haben in dem gleichen Maße zugenommen wie die langfristigen Einlagen zurückgegangen sind. Es scheint, als ob Umschreibungen stattgefunden haben, und der Schluß liegt nahe, daß abgehobene „Angstgelder" wieder hervorgekommen sind, dann aber vorsichtigerweise als tägliches Geld eingezahlt wurden. Diese Verringerung der Liquidität legt den Kreditgenossenschaften umsomehr die Pflicht auf, in der Ausleihung ihrer Mittel hierauf Rücksicht zu nehmen und durch möglichst flüssige Anlagen das Gleichgewicht wieder herzustellen.

Im allgemeinen ist auch heuer wieder zu berichten, daß sich die Gesamtumsätze unser Abteilungen weiter erhöht haben. Auch die Anzahl der mit uns in Verbindung stehenden Genossenschaften hat sich, wenn auch nur mäßig, vermehrt. Unter den neu hinzugekommenen befinden sich zum Teil auch solche Vereine, welche seither außerhalb des Allgemeinen Verbandes gestanden und genossenschaftlichen Zentralkassen angehört haben. Die dort gemachten Erfahrungen haben diesen Genossenschaften ihre Haftpflicht und die darin liegende Gefahr erst eigentlich zum Bewußtsein kommen und sie den Anschluß an uns suchen lassen, obgleich unsere Grundsätze nur einen geringeren Kredit gestatten, als ihn die Zentralkasse auf Grund der übernommenen Haftsumme zur Verfügung gestellt hate. Dies bestärkt uns, unseren seitherigen Prinzipien treu zu bleiben, obwohl uns die Bemühungen in bestimmten Bezirken bekannt sind, die auf den Uebergang Schulze-Delitzschscher Genossenschaften zu anderen Organisationen abzielen. Wir haben demgegenüber die Genugtuung, daß in den Beziehungen dieser Genossenschaften zu uns keine Aenderung eingeteten ist und daß im übrigen die Leistungen, sowie die Geschäftsführung der Genossenschaftsabteilungen durchweg Anerkennung finden. Die Verbandstage, deren Besuch wir uns angelegen sein lassen und denen wir uns auch heuer wieder durch die Uebernahme von Referaten zur Verfügung stellten, haben dies von Neuem bestätigt.

Ueber die Entwicklung des von uns geleiteten genossenschaftlichen Giroverbandes haben wir auch in diesem Jahre in einer besonderen Druckschrift berichtet, welche die weitere Steigerung dieses der Allgemeinheit der Genossenschaften dienenden Verkehrs erkennen läßt. Erfreulicherweise hat sich auch im Berichtsjahre die Zahl der dem Inkassoverband angeschlossenen Mitglieder aus dem Allgemeinen Verband vermehrt. Wir glauben aber, daß der Zugang noch lebhafter sein könnte, wenn die angeschlossenen Genossenschaften selbst, die ja an der Erweiterung der Inkassoliste das größte Interesse haben, bei den noch fernstehenden Genossenschaften ihrer Verbände eine intensive Werbetätigkeit entfalten wollten.

Wir können unseren Bericht nicht schließen, ohne auch hier des Mannes zu gedenken, dem das gesamte deutsche Genossenschaftswesen unendlich viel verdankt, der sich um seine wirtschaftliche und soziale Entwickelung und um seinen Ausbau die höchsten Verdienste erworben hat, der auch unseren Genossenschaftsabteilungen ganz besonders nahestand und dessen unerwarteter Tod für uns einen unersetzlichen Verlust bedeutet: Friedrich Thorwart! Ist er es doch gewesen, dessen Mitwirkung es in erster Linie zu verdanken ist, daß gelegentlich der Fusion der Deutschen Genossenschaftsbank mit der Dresdner Bank in den Genossenschaftsabteilungen eine Organisation geschaffen wurde, welche die Aufgaben der Genossenschaftsbank fortzusetzen geeignet und vermöge ihrer Mittel imstande ist, diese Aufgaben in reichlicherem Maße zu erfüllen, als es der Deutschen Genossenschaftsbank möglich war. Mit lebhaften Interesse hat Thorwart die Entwickelung unserer Abteilungen verfolgt, auch nachdem er sich in das Privatleben zurückgezogen hatte, nicht um zu ruhen, sondern um seine reichen Erfahrungen, sein umfassendes Wissen und Können in den Dienst der Allgemeinheit zu stellen. So ist er auch uns ein treuer Freund und gewissenhafter Berater geblieben, dessen sachverständiges Urteil uns in mancher grundlegenden und schwierigen Frage außerordentlich wertvoll war. Wir werden sein Andenken stets in hohen Ehren bewahren!

Einen weiteren schmerzlichen Verlust haben wir in dem Tod des Herrn Direktor Neugebauer-Breslau erlitten, der unserem genossenschaftlichen Beirate seit Bestehen angehörte und dessen eifriger Mitarbeit wir manch guten Rat und wertvolle Anregung verdanken. Ehre auch seinem Andenken! An seine Stelle hat die Dresdner Bank nach Anhörung des Gesamtausschusses des Allgemeinen Verbandes, Herrn Direktor Spitz-Cosel in den genossenschaftlichen Beirat berufen und es darf wohl hier unserer Freude Ausruck gegeben werden, daß mit ihm sowohl ein Vertreter des großen schlesischen Verbandes gewonnen ist, als auch eine Persönlichkeit, die in weiten Kreisen des Allgemeinen Verbandes bekannt und geschätzt ist.

(Lebhafter Beifall.)

Vorsitzender Verbandsdirektor **Feldheim-Burg**: Ich danke Herrn Direktor Brodführer namens der Versammlung für seinen interessanten Vortrag. Wünscht jemand das Wort? — Das ist nicht der Fall. Dann nehmen wir dankend Kenntnis von den Ausführungen.

Wir kommen nunmehr zur Erledigung des Punktes

I. Antrag des Anwalts.

Der Allgemeine Genossenschaftstag hält es für erforderlich, zur Gesundung der Verhältnisse auf dem Hypothekenmarkt im Wege der Gesetzgebung die Verfügungsmöglichkeit über Mieten im Interesse des Hypothekengläubigers zu beschränken. Die Mieten müssen in erster Linie zur Erhaltung des Grundstücks und zur Befriedigung wegen wiederkehrender Leistungen wie Hypothekenzinsen usw. dienen. Insoweit ist eine Beschränkung der Verfügungsfähigkeit des Eigentümers berechtigt. Der Personalkredit des Eigentümers darf nicht aufgebaut werden auf Mieten, die bei ordnungsgemäßer Wirtschaft für das Grundstück verwertet werden müssen.

1. **Der Allgemeine Genossenschaftstag hält deshalb eine Aenderung des § 1124 des BGB für erforderlich, durch die eine Verfügung**

über den Miet- und Pachtzins dem Hypothekengläubiger gegenüber für unwirksam erklärt wird, soweit sie sich auf eine spätere Zeit, als des zur Zeit der Beschlagnahme laufenden Vierteljahres erstreckt.

2. Zur Erleichterung der Verwertung eines Grundstücks in der Zwangsversteigerung ist § 57 des Gesetzes über die Zwangsversteigerung und Zwangsverwaltung dahin zu ändern, daß dem Ersteher des Grundstücks gegenüber eine Verfügung über den Mietzins für eine spätere Zeit als das laufende Kalendervierteljahr unwirksam ist.

3. Es empfiehlt sich, dem § 1150 BGB folgende Zusätze zu geben:

Befriedigt ein nach § 268 BGB dazu berechtigter Dritter den Hypothekengläubiger wegen seiner Zinsforderung, so muß der Gläubiger den aus dem Grundbuch ersichtlichen nachstehend dinglich Berechtigten unverzüglich von dem Uebergang der Forderung Mitteilung machen.

Wird die Zinsforderung an einen Dritten, der den Hypothekengläubiger wegen der Forderung befriedigt, ohne nach § 268 BGB dazu berechtigt zu sein, abgetreten, so kann er Befriedigung aus der Hypothek mit dem Range derselben nur beanspruchen, wenn nicht ein nachstehender dinglich Berechtigter auf die unverzügliche Mitteilung hin widerspricht. Andernfalls erhält die Zinsforderung den Rang von Ziff. 8 § 10 ZwVG. Die Erhebung des Widerspruches eines von mehreren dinglich Berechtigten wirkt für die anderen mit.

Ich bitte den Herrn Berichterstatter Justizrat Jarecki das Wort zu nehmen.

Berichterstatter Justizrat **Jarecki**-Posen: Meine sehr geehrten Herren! Ich bin dem Ersuchen Ihres Herrn Anwaltes, über einige Fragen des Hypothekenrechtes vor Ihnen zu sprechen, um so lieber gefolgt, als ich seit vielen Jahren Gelegenheit habe, das ersprießliche Wirken Ihres hiesigen Vereins aus der Nähe beobachten zu können, und als es mir daher eine besondere Freude bereitet, an ihrer diesjährigen Tagung durch meine Ausführungen tätigen Anteil nehmen zu können.

Meine sehr geehrte Herren! Aus der Fülle der wirtschaftlichen Zwecke, denen die Schulze-Delitzschschen Genossenschaften zu dienen berufen sind, hat Ihr hiesiger Verein sich die Befriedigung des Kreditbedürfnisses seiner Mitglieder erwählt, und er hat sich daher wie die andern Kreditorganisationen auch im Laufe der letzen Jahre vor eine Reihe außerordentlich interessanter, aber auch außerordentlich schwieriger Erscheinungen gestellt gesehen. Unter diesen Erscheinungen gibt es aber kaum eine, die in gleicher Weise, wie sie das Erwerbsleben mit vielen Sorgen belastet, das aufmerksame Interesse der Volkswirte, der praktischen und theoretischen, zu fesseln vermocht hat wie der sinkende Kreditwert des städtischen Grundbesitzes. Wir brauchen ja in unseren Erinnerungen nicht allzuweit zurückzugreifen, um uns zu vergegenwärtigen, wie früher die Erwerbung zweiter Hypotheken eine ganz besonders beliebte Art der Kapitalsanlage, namentlich in den Kreisen der kleineren und mittleren Kapitalisten gewesen ist. Wenn jemand den Wert des zu beleihenden Grundstücks einigermaßen richtig einschätzte und wenn er sich dann in einer angemessenen Grenze dieses Wertes hielt, dann waren Verluste in der Allgemeinheit der Fälle so gut wie ausgeschlossen. Andererseits hatte diese Beleihnng den Vorzug, daß der Kapitalist einen höheren Zinsfuß erhielt als bei den meisten staatlichen und gleichartigen Papieren und daß er unabhängig vom Kurszettel war. Wer sich vergegenwärtigt, wie viele Millionen im Laufe der letzten Jahre allein an den besten staatlichen Papiere verloren gegangen sind, der wird diesen Vorzug nicht gering veranschlagen dürfen. Das wissen wir alle. Aber wir wissen auch, daß es im Laufe des letzten Jahrzehntes anders geworden ist, daß das Kapital sich immer mehr von der Anlage in städtischen Werten zurückgezogen hat und daß man bereits ohne Uebertreibung von einer Not der zweiten Hypotheken reden durfte.

(Sehr richtig!)

Wir werden uns die Frage vorlegen müssen, worauf das beruht. Gewiß ist der städtische Realkredit nur ein Teil des Kredites überhaupt. Alle Schläge, die den Kredit im allgemeinen treffen, berühren auch ihn. Wenn hinten weit in der Türkei die Völker aufeinanderschlagen und wenn feinorganisierte Ohren allzuhäufig die Kriegsdrommete dem eigenen Lande sich nähern hören, dann wird das Kapital naturgemäß ängstlich, es verschwinden, wie wir es ja erlebt haben, Millionen und aber Millionen in Strümpfen und anderen geeigneten Behältern

(Heiterkeit.)

und der Zinsfuß steigt. Aber unsere Erscheinung kann dadurch allein nicht erklärt werden; denn sie war bereits hervorgetreten, als von den politischen Unruhen der letzten Jahre noch keine Rede war und als der friedliche und schlichte Bürger in der Geographie des Balkans noch nicht so Bescheid wußte wie heute. Es hat sich ja bereits im Jahre 1909 der Deutsche Maklertag in Frankfurt a. M. mit unserm Problem beschäftigt. Und dann: wenn die Kapitaldecke zu knapp wird, steigt der Zinsfuß, aber beliebte Werte sind zu einem entsprechend höheren Zinsfuß immer noch beleihbar. Jetzt ist es aber die allgemeine Klage, daß auch zu einem höheren Zinsfuß zweite Hypotheken nur sehr schwer zu erlangen sind. Es müssen allhier also Gründe vorwalten, die abseits von den allgemeinen politischen und wirtschaftlichen Erscheinungen liegen. Und in der Tat, wenn man sich früher vielleicht darüber noch im Unklaren befunden haben mag, es hat sich, glaube ich, im Laufe der letzten Jahre bei den Sachverständigen eine ziemliche Uebereinstimmung darin ergeben, daß — mögen auch immer andere Gründe mitwirken; und ich meinerseits glaube, daß die schwere steuerliche Belastung des städtischen Hausbesitzes unter diesen Gründen nicht an letzter Setlle steht —

(Lebhafte Zustimmung.)

es vor allem aber Mängel der Gesetzgebung gewesen sind, die beim großen Publikum die zweiten Hypotheken so arg diskreditiert haben.

Wenn Sie mir nun gestatten wollen, Ihnen dies des Nähern zu erläutern, so kann ich selbstverständlich ins Detail nicht eindringen. Ich kann mich bei der knappen Zeit, die mir im Rahmen Ihrer vielgestaltigen und reichlichen Tagesordnung gegönnt sein kann, bloß auf die Hauptpunkte beschränken. Und zwar möchte ich, um mich gegen die Gefahr eines übermäßigen Theoretisierens zu schützen und Ihnen meine Ausführungen möglichst anschaulich zu machen, von einem praktischen Beispiele ausgehen, einem Fall, wie er sich alle Tage ereignet, zum Mindesten ereignen kann, und möchte an diesem Fall Ihnen klarlegen, welchen Fährlichkeiten die zweite Hypothek ausgesetzt sein kann, möchte mit Ihnen untersuchen, worauf dies beruht, und nach Mitteln suchen, diesen Fährlichkeiten zu begegnen.

Denken wir uns ein städtisches Grundstück, das an erster Stelle mit einer Hypothek von 40000 Mk. zu 4½ % belastet gewesen ist. Der Eigentümer hat eine Neuanlage, einen Anbau errichtet und hat zu diesem Zwecke eine weitere Hypothek von 20000 Mk. aufgenommen. Da diese Hypothek gewissermaßen nur eine Ergänzung der ersten Hypothek war, hat er sie auch zu 4½ % bekommen. Das Haus bringt einen jährlichen Mietsertrag von 6500 Mk. Der Hauseigentümer tritt nun an einen kleineren Kapitalisten heran und bietet ihm eine weitere Hypothek von 20000 Mk. zu 5 % an. Der Kapitalist prüft den Sachverhalt und kommt zu dem Ergebnis, daß wohl keine Gefahr vorhanden sei, wenn er das Geld gäbe. Er erwägt, daß das Grundstück ja 6500 Mk. Miete bringt, während der Zinsendienst für die ersten beiden Hypotheken nur 2700 Mk. beträgt. Rechnet man 20 % der Miete als Unkosten, so kämen erst 4000 Mk. heraus. Und schlimmsten Falls, denkt er, müßte das Grundstück in der Subhastation so viel bringen, daß er mit seiner Hypothek zur Hebung kommt. Er gibt das Geld, und jahrelang geht alles in Ruhe und Frieden ab; er bekommt regelmäßig seine Zinsen. Da plötzlich — nehmen wir an, im Januar eines Jahres — wird die Sache böser. Der Eigentümer bezahlt im Anfang Januar nicht die ganzen Zinsen, sondern nur einen Teil, und erst im Laufe des Quartals ist es dem Hypothekengläubiger möglich, in Teilzahlungen den ganzen Rest zu erhalten. Im April bleiben die Zinsen vollständig aus. Der Hausbesitzer ist ein Kaufmann. Sein Geschäft ist in der letzten Zeit zurückgegangen. Er ist in Bedrängnis gekommen. Die Warengläubiger verfolgen ihn, und er hat schon im Laufe der letzten Zeit die Mieten verwenden müssen, sie zu befriedigen, Jetzt aber hat ein Warengläubiger, der viele Tausende zu bekommen hat, die Mieten des Hauses mit Beschlag belegt.. Der Hausbesitzer ist also nicht in der Lage, die Zinsen zu zahlen. Unser Hypothekengläubiger ist in der Verfolgung seiner Rechte nicht säumig, er geht sofort vor; und schon Anfang Mai — so wollen wir annehmen — ist er in der Lage, die Zwangsverwaltung eingeleitet zu sehen. Er beantragt auch die Zwangsversteigerung. Der Zwangsversteigerungstermin steht schon im Juli an. Als die Zwangsverwaltung eingeleitet wird, sieht sich der Zwangsverwalter vor einer Reihe außerordentlich wichtiger Ausgaben. Man kann sich denken, daß im Laufe der letzten Jahre für die Wohnungen nicht viel geschehen ist. Der Hauseigentümer hat die Mieter immer von Monat zu Monat vertröstet. Nun kommen die Mieter und erklären, sie würden zum 1. Oktober kündigen, wenn keine Renovationen erfolgten. Der Zwangsverwalter sieht das Berechtigte dieses Verlangens ein. Er erhält dazu auch die Zustimmung des Gerichtes, und es wird nun von unserm Gläubiger ein Vorschuß verlangt. Wer den praktischen Verhältnissen nahesteht, kann sich herausrechnen, daß, wenn man die gerichtlichen Kosten der Zwangsverwaltung ansetzt, wenn man weiter berücksichtigt, daß auch der Zwangsverwalter seine Vergütung haben will, und wenn man die Kosten der Renovationen in Anschlag bringt, die Kosten der Zwangsverwaltung sich im Ganzen sehr leicht auf 1000 Mk. belaufen können.

Nun kommt es zur Zwangsversteigerung, und unser Gläubiger, der mit diesen Dingen nicht genügend vertraut ist, wendet sich an einen Anwalt und bittet ihn, festzustellen, welchen Preis das Grundstück erzielen müßte, wenn er mit seiner Hypothek zur Hebung kommen sollte. Der Anwalt berichtet ihm, daß auch der erste Hypothekengläubiger sich der Zwangsversteigerung angeschlossen habe, nachdem er seine Forderung ausgeklagt, und daß dadurch sämtliche eingetragene Forderungen fällig geworden seien. Er berichtet ihm ferner, daß an erster Stelle der erste Hypothekengläubiger seine 40000 Mk. angemeldet habe, mit den laufenden Zinsen und den Kosten der Betreibung, zusammen etwa 41000 Mk. Und weiter berichtet er — und das ist eine Mitteilung, durch die unser Gläubiger außerordentlich unliebsam überrascht wird —, daß ein Anderer, von dessen Existenz er bisher nichts gewußt hat, von dessen Existenz ihm das Grundbuch nichts verriet, ein Kaufmann X, nebenher an der Stelle dieser Hypothek einen Zinsanspruch von 2 Jahren angemeldet habe. Er habe, so begründet er es, für den Eigentümer die Hypothekenzinsen für diese Forderung schon seit längerer Zeit bezahlt und mache nun sein Vorrecht wegen des Zinsrückstandes geltend. Das ist ein Betrag von 3600 Mk. Dann hat der zweite Hypothekengläubiger seine 20000 Mk. angemeldet, mit den Zinsen und Kosten sind es etwa 20500 Mk. Auch hier figuriert wieder als Adlatus dieses zweiten Hypothekengläubigers der Kaufmann X, dieser Freund des Eigentümers, der für ihn auch die Zinsen dieser Hypothek seit längerer Zeit bezahlt hat. Hier sind 1800 Mk. angesetzt. Der Anwalt belehrt also seinen Klienten, daß, wenn er noch die 1000 Mk. Zwangsverwaltungskosten hinzurechnet und die Kosten des Zwangsversteigerungsverfahrens mit 600 Mk. angesetzt werden, 89000 Mk. nötig wären, um seine Forderung von 20000 Mk. mit den Kosten der Beitreibung und den laufenden Zinsen zu decken. Er muß ihn aber pflichtmäßig auch belehren, daß mit diesen 89000 Mk. die Aufwendungen bei weitem noch nicht erschöpft sind; denn ersteht er das Grundstück in der Subhastation, dann hat er naturgemäß die vielen Steuern zu zahlen, die auf solchem Umsatze lasten und die mit 2500 Mk. wohl nicht zu hoch veranschlagt sind. Weiter aber klärt der Anwalt diesen Gläubiger auf, daß er, wenn er das Grundstück erstände noch sehr erhebliche Kosten auf die Verwaltung des Grundstücks zu verwenden haben würde, bevor er auf irgend eine Nutzung des Grundstücks rechnen könnte. Der Anwalt weist darauf hin, daß jene Pfändung des Warengläubigers noch bis zum 31. Dezember des Jahres wirksam ist, er also keine Aussicht hätte, am 1. Oktober die Mieten zu erhalten, mithin bis zum 31. Dezember die Zinsen und Lasten des Grundstückes aus eigener Tasche tragen müßte. So kommt er zu dem Ergebnis, daß etwa 92 bis 93000 Mk. nötig sein würden, um das Grundstück in der Zwangsversteigerung zu erstehen.

Nun, m. H., den Mut, einen so hohen Betrag zu bieten, hat unser Gläubiger nicht. Er sagt sich, daß der Fall, den der Anwalt ihm ausgemalt, immerhin noch ein günstiger sei; denn es werde vorausgesetzt, daß die vorstehenden Hypothekengläubiger, die die 40000 und 20000 Mk. zu verlangen haben, das Geld stehen lassen. Eine Sicherheit, daß das geschieht, hat er nicht, ebensowenig, ob es nicht nur gegen ein beträchtliches Damnum möglich wäre. Dieser Begriff ist ja im Laufe der letzten Jahre in die weitesten Kreise eingedrungen und hat sogar in solchen Kreisen eine außerordentlich verständnisvolle Aufnahme gefunden,

(Heiterkeit.)

die sonst im Lateinischen nicht so bewandert sind. Unser Gläubiger entschließt sich, über 80000 Mk. hinaus nicht zu bieten. Ein Anderer bietet 1000 Mk. mehr, und er hat an seiner Forderung etwa 8 bis 9000 Mk. verloren. Kann er sich überhaupt nicht entschließen, mitzubieten, so kann sein Verlust natürlich noch viel größer sein. Daß hier Mißstände vorhanden sind, leuchtet ein. Der Hypothekengläubiger beleiht das Grundstück bis 80000 Mk. und weit mehr als 90000 Mk. sind notwendig, um es zu erstehen. Das Grundstück hat 6500 Mk. Mietsertrag, während die Kosten und Zinsen nur etwa 5000 Mk. erfordern, und die Gläubiger bekommen die Zinsen nicht. Worauf beruht das? Diejenigen von Ihnen, die diesen Dingen im Leben einigermaßen fernstehen, werden zunächst mit Erstaunen gehört haben, daß dem Hypothekengläubiger die Mietszinsen bis zum 31. Dezember zugunsten eines Gläubigers entgehen konnten, der nicht die geringste dingliche Sicherheit hatte und so nicht den leisesten Anspruch, vor dem eingetragenen Hypothekar befriedigt zu werden. Diese Situation beruht auf gesetzlichen Vorschriften, denen der Rechtsprechung des Reichsgerichts — ich möchte an dieser Stelle ununtersucht lassen, ob diese Rechtsprechung unvermeidlich war — noch eine Verschärfung zu ungunsten des Hypothekengläubigers gegeben hat. Die Hypothek ist ein Pfandrecht an dem Grundstück. Sie unterscheidet sich aber wirtschaftlich von anderen Pfandrechten dadurch, daß der Gläubiger in der Regel dadurch eine Sicherung für eine dauernde Kapitalsanlage bezweckt. Deswegen liegt dem Hypothekengläubiger nicht nur daran, daß er dereinst bei Fälligkeit zu seinem Gelde kommt, sondern es liegt ihm vor allem auch an einem pünktlichen Eingang der Zinsen. Dem will unser Bürgerliches Gesetzbuch auch Rechnung tragen, wenn es in § 1123 bestimmt: „ist das Grundstück vermietet oder verpachtet, so erstreckt sich die Hypothek auf die Miet- oder Pachtzinsforderung."

Würde diese Bestimmung konsequent durchgeführt, dann könnten dem Hypothekengläubiger die Mietzinsen ja nicht entgehen. Aber wir müssen anerkennen, konsequent kann diese Bestimmung nicht durchgeführt werden, sonst müßte man dazu kommen, daß der Eigentümer zum Einziehen der Mieten der Genehmigung des Hypothekengläubigers bedürfte, wovon ja die Rede nicht sein kann. Es steht dem Interesse des Hypothekengläubigers das Interesse des Eigentümers gegenüber, der in der Verfügung über den ihm rechtlich zustehenden Mietszinsanspruch nicht beeinträchtigt werden kann, solange er sich in der Verwaltung des Grundstücks befindet. Es muß hier ein vernünftiger Ausgleich der Interessen gefunden werden, und diesen glaubt das B. G. B. zu finden, wenn es in § 1124 bestimmt:

„Wird der Miet- oder Pachtzins eingezogen, bevor er zugunsten des Hypothekengläubigers in Beschlag genommen worden ist, oder wird vor der Beschlagnahme in anderer Weise über ihn verfügt, so ist die Verfügung dem Hypothekengläubiger gegenüber wirksam . . . Die Verfügung ist dem Hypothekengläubiger gegenüber unwirksam, so weit sie sich auf den Miet- oder Pachtzins für eine spätere Zeit als das zurzeit der Beschlagnahme laufende und das folgende Kalendervierteljahr bezieht."

Der Gesetzgeber geht davon aus, daß der Mieter ganz unbefangener Weise den Mietzins nicht nur für das laufende, sondern auch das folgende Kalenderquartal bezahlen kann, und er will ihn vor allem davor schützen, doppelt zahlen zu müssen. Der Gesetzgeber ging aber wohl weiter davon aus, daß in der Regel der Fälle die vorausgezahlten Mietzinsen zur ordnungsmäßigen Verwaltung des Grundstücks verwendet, und so indirekt dem Hypothekengläubiger zugute kommen würden. In der guten, alten Zeit wird es so wohl auch gewesen sein. Aber es wurde anders, als erfinderische Köpfe entdeckten, ein wie ausgezeichnetes Instrument dieser § 1124 sei, um aus fremder Leute Haut Riemen zu schneiden und als ihre Weisheit schnell weite Verbreitung fand. Denn kann über die Mietszinsen von 2 Quartalen verfügt werden, ohne daß der Hypothekengläubiger Widerspruch erheben kann, so gibt es kein bequemeres Objekt für Pfändungen und Zessionen. Weiß der Privatgläubiger, daß sein Schuldner ein Mietshaus besitzt, so ist nichts einfacher, als die Personen der Mieter festzustellen. Selbst ein stummer Portier ist in dieser Hinsicht von ergiebiger Beredsamkeit.

(Heiterkeit.)

Und kommt heute ein Hauseigentümer in finanzielle Bedrängnis, — mir scheint, es hat allmählich fast ein Gewerbe herausgebildet, ihm gegen Abtretung der Zinsen und das in vielen Fällen mehr berüchtigte als berechtigte Damnum aus der Verlegenheit zu helfen.

(Sehr richtig!)

Sind dem Hausbesitzer aber erst die Mieten entzogen, so ist sein Schicksal meistens besiegelt. Er kann die Hypothekenzinsen nicht mehr bezahlen und die Zwangsversteigerung ist unabwendbar, um so unabwendbarer, als allein durch die Tat sache der Pfändung oder Zession der Mieten, insbesondere aber durch die Tatsache der Pfändung die Einnahmen des Hauses an sich leiden. Denn anspruchsvolle Mieter wohnen nicht gern in einem Haus, wenn sie sich erst bei einem Rechtsanwalt erkundigen müssen, an wen sie die Mieten zu bezahlen haben. Kleinere Mieter allerdings sind in dieser Hinsicht so empfindlich nicht. Wenn sie vom Gericht die Aufforderung erhalten, an den Vermieter nicht mehr zu zahlen, so beunruhigt sie das nicht.

(Heiterkeit.)

Im Gegenteil, es klingt wie Musik in ihren Ohren. Sie zerbrechen sich natürlich nicht den Kopf, an wen sie denn die Miete sonst zu bezahlen haben, sie zahlen einfach gar nicht.

(Erneute Heiterkeit.)

Und was das bedeutet, wenn solche kleinen Mieter mit der Miete auch nur für ein Quartal zurückbleiben, das weiß wohl jeder, dem diese Dinge geläufig sind. In den meisten Fällen gehören noch die Kosten des Exmissionsprozesses dazu, um diese Mieter aus dem Hause zu entfernen.

Also die Zwangsversteigerung ist unabwendbar, und so ist es nicht verwunderlich, wenn die von dem Verbande zum Schutz des deutschen Grundbesitzes und Realkredits veranlaßte, verdienstliche Untersuchung durch die Berichte der Zwangsverwalter ergab, daß in 90 % der Fälle über die Mieten Verfügungen vorlagen. Ich kann mir nicht versagen, Ihnen einige Berichte der Zwangsverwalter vorzutragen.

Ein Zwangsverwalter C. schreibt:

Von den ca. 300 von meiner Abteilung im Jahre 1911 durchgeführten Zwangsvermaltungen lagen mir ca. 100 ob. Verfügungen über die Mieten lagen dabei fast in sämtlichen Fällen vor. Ausnahmen kamen nur vor bei Unkenntnis oder Ueberrumpelung der Schuldner.

(Heiterkeit.)

Zwangsverwalter Z. schreibt:

Verfügungen über die Mieten lagen bei meinen Zwangsverwaltungen in 90 % aller Fälle vor. Zweimal waren sogar die Mieten noch unfertiger Häuser schon vorweg genommen.

(Heiterkeit.)

Hypothekengläubiger waren Pfändungsgläubiger bezw. Zessionare in 25 % aller Fälle, sonst offene Schiebungen.

Zwangsverwalter W. schreibt:

Von den von mir bishergeführten 254 Zwangsverwaltungen betrafen 63 Neubauten, bei 79 bebauten Grundstücken waren die Mieten gepfändet oder zediert, oder war ein Nießbrauchrecht eingetragen, welches nicht ordnungsmäßig ausgeübt wurde. Bei 22 Grundstücken waren die Mieten frei, oder wurde das Nießbrauchsrecht ordnungsmäßig ausgeübt. Tatsächlich für die Zwangsverwaltungsmasse frei waren die Mieten nur in wenigen Fällen, und auch in diesen Fällen konnte ich mich des Eindrucks zum Teil nicht erwehren, daß hier ein Zufall mitspielte oder die besonders rege Aufmerksamkeit des Hypothekengläubigers schuld war.

Bei ca. 60 % der bewohnten Häuser waren die Mieten offenbar an einen guten Freund abgetreten oder von diesem gepfändet.

Und ein Zwangsverwalter N. schreibt:

„Es ist jetzt eine Seltenheit, wenn ein Grundstück, welches unter Zwangsverwaltung kommt, frei von Pfändungen und Zessionen ist. Erst in den letzten Tagen ist es vorgekommen, daß der Vermerk, daß über ein Grundstück die Zwangsverwaltung eingeleitet war, um 2 Uhr nachmittags in das Grundbuch eingetragen wurde. Der Eigentümer hatte um 12 Uhr desselben Tages noch schnell die Mieten zediert, und das Grundstück mit seiner Familie und den Möbeln fluchtartig verlassen. Es wird meistens gegen derartige durchsichtige Manipulationen von seiten der Geschädigten nichts unternommen. Es ist mir nur ein Fall erfolgreicher Anfechtung bekannt, in dem der Eigentümer die Mieten seiner Frau zediert hatte."

Ich will die Verlesung der Berichte nicht weiter fortsetzen; sie sind fast alle in ähnlichem Ton gehalten. Wir sehen also wohl, daß das an sich löbliche Bestreben des Gesetzgebers, den Mieter gegen die Gefahr von Doppelzahlungen zu schützen und dem Eigentümer die Freiheit seines Eigentums möglichst zu wahren, Opfer erfordert, um die es zu teuer erkauft ist. Aber diese Opfer wären noch eher erträglich, wenn nicht eine grundlegend gewordene Entscheidung des Reichsgerichts vom 5. Dezember **1906** der Situation des Hypothekengläubigers eine weitere erhebliche Verschlechterung gebracht hätte.

M. H., erinnern wir uns unseres Beispiels. Im Mai wurde die Zwangsverwaltung eingeleitet, im Juli fand der Zwangsversteigerungstermin statt. Wir begreifen jetzt, daß dem Hypothekengläubiger die Mieten vom April und Juli entgingen. Wieso entgehen ihm aber auch die Mieten vom 1. Oktober, wieso kann er diese nicht in seinen Kalkül einbeziehen? Das Reichsgericht kommt zu seinem Ergebnis, indem es als den entscheidenden Gesichtspunkt hervorhebt, daß durch den Zuschlag der Hypothekengläubiger als solcher aufhört, und Ersteher des Grundstücks werde. Es läßt von diesem Moment an die Vorschriften gelten, die unser B. G. B. für den Fall des Uebergangs eines Grundstückes in andere Hände hinsichtlich der Wirksamkeit einer Vorausverfügung über die Mieten gibt. Sie wissen, daß im allgemeinen bei uns der Grundsatz gilt: Kauf bricht nicht Miete. Wird das Grundstück verkauft, so hat dieser Verkauf auf die Mietsverträge keinen Einfluß, diese setzen sich zwischen den Mietern und den andern Eigentümer fort. Konsequent durchgeführt würde das bedeuten, daß von dem Tage des Erwerbs an der Erwerber Anspruch auf die Mietszinsen hat. Diese Konsequenz läßt sich naturgemäß auch hier nicht ziehen. Das Bedürfnis, den Mieter gegen die Gefahr von Doppelzahlungen zu schützen, waltet auch hier ob. Der Gesetzgeber will dem Rechnung tragen, und so bestimmt § 573 des B. G. B.:

„Eine Verfügung, die der Vermieter vor dem Uebergang des Eigentums über den auf die Zeit der Berechtigung des Erwerbers entfallenden Mietszins getroffen hat, ist insoweit wirksam, als sie sich auf den Mietszins für das zurzeit des Ueberganges des Eigentums laufende und das folgende Kalendervierteljahr bezieht."

Und § 57 des Zwangsversteigerungsgesetzes erstreckt diesen Grundsatz auf den Fall des Zuschlags in der Zwangsversteigerung. So kommt es, daß dem Hypothekengläubiger durch die Zession oder Pfändung der Mieten diese auch für ein drittes Quartal entgehen, ja, daß er von Glück reden kann, wenn es dabei bleibt. Denn vergegenwärtigen Sie sich den Fall, daß unser Gläubiger den vollstreckbaren Schuldtitel nicht so schnell erlangt hätte, daß die Zwangsverwaltung erst im Juli eingeleitet worden wäre und der Versteigerungstermin — wegen der Ferien — erst im Oktober stattgefunden hätte. In diesem Falle hätte die Vorausverfügung über die Mieten ihre Wirksamkeit bis zum Ende des März des folgenden Jahres geübt, es wären somit dem Hypothekengläubiger die Mieten eines ganzen Jahres verloren gegangen.

Nun. ich denke, eine Gesetzgebung, die zu solchen Konsequenzen führt, darf nicht aufrecht erhalten werden.

(Sehr richtig!)

Deswegen empfehle ich Ihnen, mit den zahlreichen Stimmen, die sich in dieser Hinsicht schon geäußert haben, heute hier die Ueberzeugung auszusprechen, daß eine Abänderung des Gesetzes unumgänglich notwendig ist. Wie diese Abänderung im einzelnen auszusehen habe, darauf kommt es, scheint mir, heute hier nicht so sehr an, als daß Sie als die Vertreter eines so großen und so wichtigen Teiles der erwerbstätigen Bevölkerung laut und vernehmlich aussprechen: So geht es nicht weiter.

(Lebhafte Zustimmung.)

Es ist von manchen Seiten angeregt worden, daß eine Vorausverfügung über den Mietzins dem Hypothekengläubiger gegenüber überhaupt keine Wirkung haben solle, mit der Einschränkung allerdings, daß der Mieter, der für das laufende Quartal den Mietzins bezahlt habe, von seiner Verpflichtung befreit werde. Ich halte eine solche Anregung für diskutabel; aber ich möchte ihr nicht das Wort reden. Die Mieten werden in der Regel im voraus bezahlt. Der Zessionar oder Pfandgläubiger, der ihn erhielt, wäre also zur Rückzahlung des auf die Zeit bis zur Beschlagnahme des Grundstücks fallenden Teils verpflichtet, wodurch störende Komplikationen verursacht würden. Ich glaube, das Richtige wäre, wenn die Wirksamkeit der Vorausverfügung über die Mieten dahin eingeschränkt wird, daß sie dem Hypothekengläubiger gegenüber nur für das laufende Vierteljahr bestehen bleibt. In unserem Falle würden also die Mieten für Juli dem Zwangsverwalter zu zahlen gewesen sein und am 1. Oktober wäre bereits der Ersteher in den Genuß der Mietzinsen gelangt. Das würde naturgemäß ein großer Vorteil für den Fall sein, daß es zur Zwangsversteigerung kommt. Aber fast noch bedeutsamer scheint mir der Wert der Aenderung in der Richtung zu sein, daß sie in zahlreichen Fällen zur Vermeidung der Zwangsversteigerung führen würde, weil schon die Zwangsverwaltung ausreichte, um dem Hypothekengläubiger zu seinem Rechte zu verhelfen. Denken Sie sich wie in unserem Fall ein Grundstück mit 6500 Mk. Mietsertrag und 5000 Mk. Zinsen und Kosten, also einen Ueberschuß von 1500 Mk. Setzen Sie den Fall, daß der Eigentümer bis zum 1. April aus eigenen Mitteln die Zinsen der sämtlichen Hypotheken gezahlt hat, erst am 1. April kann er infolge der Pfändung der Mieten nicht mehr weiter. Wird wie in unserm Fall im Mai die Zwangsverwaltung eingeleitet; so erhalten die Hypothekengläubiger ihre Zinsen im Juli schon aus den Mieten durch den Zwangsverwalter, es sind mithin lediglich die Aprilzinsen einzuholen, dies ist doch aber aus den Mietsüberschuß in absehbarer Zeit zu erzielen. Die

Hypothekengläubiger kommen also allmählich zu ihren Zinsen und der Eigentümer bleibt im Besitz seines Grundstücks — ein gewiß höchst erfreuliches Ergebnis.

(Sehr richtig!)

Allerdings in unserm Fall war es nicht gut zu erzielen; denn da handelte es sich nicht bloß um die Zinsen des letzten April, sondern auch, wie wir sehen, darüber hinaus um die rückständigen Zinsen aus den letzten beiden Jahren.

In § 10 des Zwangsversteigerungsgesetzes ist nämlich bestimmt, daß in der gleichen Rangordnung mit der Hypothek auch ihre Zinsen einschließlich der Amortisationsbeiträge, und zwar die laufenden und die aus den letzten 2 Jahren rückständigen, angesetzt werden dürfen. Schwerlich hat der Gesetzgeber angenommen, daß es sich in mehr als verschwindend seltenen Ausnahmefällen um erheblichere Zinsrückstände handeln würde. Er hat wohl nicht geahnt, daß durch das Dazwischentreten dritter Personen, die statt des Eigentümers die Zinsen zahlen und sich den Zinsanspruch zedieren lassen, die Ansetzung von Zinsrückständen geradezu zur Regel werden könnte. In manchen Fällen darf der Hypothekengläubiger, auch wenn er wollte, die Zinszahlung seitens eines Dritten nicht ablehnen. Ich kann im einzelnen nicht hierauf eingehen. Es genügt, wenn ich darauf hinweise, daß nach §§ 1150, 268 des B. G. B. und auch nach besonderen Bestimmungen über die Bürgschaft der Hypothekengläubiger in gewissen Fällen verpflichtet ist, die Zinsen von dritter Seite anzunehmen, und daß dann kraft Gesetzes der Zinsanspruch auf den zahlenden Dritten übergeht. Aber das sind immerhin die selteneren Fälle. Auch in den Fällen, wo der Hypothekengläubiger die Zinszahlung seitens eines Dritten nicht anzunehmen braucht, hindert ihn nichts, sie anzunehmen und den Zinsanspruch auf den Dritten zu übertragen. Davon wird nun in sehr vielen Fällen Gebrauch gemacht. Fern sei es von mir, anzunehmen, daß hier etwa immer unlautere Machinationen vorliegen. Aber aus den Erfahrungen der letzten Jahre heraus können wir uns nicht der Erkenntnis verschließen, daß die Gesetzesvorschrift zu unlauteren Machinationen der schlimmsten Art benutzt worden ist.

(Sehr richtig!)

So kommt es nicht selten vor, daß der Eigentümer, der die Versteigerung des Grundstücks voraussieht, die Mieten einzieht und damit einen Privatgläubiger befriedigt, indem er diesem die Verpflichtung auferlegt, statt seiner die Zinsen an einen vorstehenden Hypothekengläubiger zu zahlen. Damit verschafft er dem Privatgläubiger einen dinglichen Anspruch auf Kosten der nachstehenden Hypothekengläubiger. Aber auch zu reinen Scheinmanövern ist es auf diesem Gebiete gekommen. Es ist vorgekommen, daß der Eigentümer die Zinsen aus eigenen Mitteln zahlte, daß er aber nicht selbst zahlte, sondern durch einen Strohmann zahlen ließ. Der Strohmann kam dann mit dem ihn abgetretenen Zinsanspruch in der Zwangsversteigerung zur Hebung und teilte sich mit dem Eigentümer in den Raub.

(Sehr richtig!)

Wie erfindungsreich auf diesem Gebiete das Hirn der Schieber ist, lehrt die Praxis alle Tage von neuem. Gewiß wird man einwenden, daß ja gegen derartige fraudulose Machinationen der Weg der Anfechtung offen steht. Dieser Trost ist aber doch nur theoretisch. Denn auf einen, unter Umständen sehr kostspieligen Anfechtungsprozeß läßt sich nur jemand ein, der den Sachverhalt genau kennt. Die Wege dieser Art von Schiebereien sind aber meist in Dunkel gehüllt.

(Sehr richtig!)

Und so, m. H., glaube ich, bleibt auch auf diesem Gebiete nichts Anderes übrig, als mit der Gesetzgebung nachzuhelfen, und Sie werden sich um eine Gesundung des Realkredits ein Verdienst erwerben, wenn Sie diese Ueberzeugung hier in wirkungsvoller Weise aussprechen. Ich bin mir bewußt, daß es nicht unsere Aufgabe hier sein kann, eingehende Vorschläge für eine Abänderung des Gesetzes zu machen. Ich glaube, es reicht aus, wenn wir durch unsere Entschließungen dem Reichsjustizamt die Anregung geben, auf die geeigneten Mittel zur Behebung der hervorgetretenen schweren Mißstände bedacht zu sein.

(Sehr richtig!)

Ich persönlich würde garnichts dagegen haben, wenn man soweit ginge, zu sagen: An der Stelle der Hypothek darf niemand, auch der Hypothekengläubiger selbst nicht, Zinsen über eine bestimmte Zeit hinaus — sagen wir: 1/4, 1/2 Jahr — ansetzen. Aber es sind in dieser Hinsicht Bedenken auch aus führenden Kreisen Ihres Allgemeinen Verbandes geäußert worden, und ich gebe zu, durch eine solche allgemeine Bestimmung könnte in manchen Fällen ein Hypothekengläubiger veranlaßt werden, die Zwangsversteigerung zu betreiben, wiewohl sie sich vermeiden ließe. So mag es ausreichen, wenn man dem Hypothekengläubiger einen möglichst starken Schutz gegen den Uebergang der Zinsforderungen vorstehender Gläubiger auf Dritte gewährt. In denjenigen Fällen, wo der Hypothekengläubiger die Zinsen von dritter Seite annehmen muß, würde es schon einen wirksamen Schutz der Nahestehenden bedeuten, wenn der Hypothekengläubiger die Pflicht hätte, ihnen von einer solchen Zahlung durch Dritte Kenntnis zu geben.

(Sehr richtig!)

Denn heute werden diese nachstehenden Hypothekare meistens überrascht. Denken Sie doch an die Fälle, wo die Hypothek seit langer Zeit bereits fällig ist, wo sie immer stillschweigend verlängert wird. Der Hypothekar bekommt immer pünktlich seine Zinsen, und läßt deshalb das Kapital von einem Jahr zum andern stehen, da er sich sagt: der Eigentümer ist doch ein sehr gewissenhafter Schuldner.

(Heiterkeit.)

Würde er von dem vorstehenden Hypothekengläubiger die Mitteilung bekommen: ich habe zwar heute die Zinsen erhalten, aber nicht vom Eigentümer, sondern von einem Dritten — dann würde dies wie ein Alarmschuß wirken und er würde zu einer Verteidigung seiner Rechte in der Lage sein.

(Sehr richtig!)

Aber diese Fälle sind nicht die wichtigsten. Die wichtigsten Fälle sind diejenigen, wo der Hypothekengläubiger die Zinszahlung von dem Dritten annimmt, ohne daß er gesetzlich dazu gezwungen ist. In einem solchen Falle, meine ich, sollte nicht nur die Verpflichtnng zu einer Mitteilung bestehen, sondern es sollte der Rechtsnachfolger einen positiven Nachteil erleiden, wenn die nachstehenden Hypothekengläubiger mit der Abtretung nicht einverstanden sind. Wird von einem nachstehenden Hypothekengläubiger gegen die Abtretung Widerspruch erhoben, so soll der Rechtsnachfolger das Vorrecht verlieren und soll im Range hinter die Nacheingetragenen zurücktreten.

(Sehr richtig!)

Ich glaube, wenn man eine solche gesetzliche Aenderung vornimmt, wird man unlauteren Machinationen steuern, und wird man in Zukunft Zessionen von Zinsansprüchen nur begegnen, wo sie wirtschaftlich wirklich gerechtfertigt sind. Den auch solche Fälle sind natürlich möglich, wo der Nacheingetragene selbst einsehen muß, daß die Zahlung durch den Dritten auch durchaus in seinem Interesse liegt.

Deswegen möchte ich in Uebereinstimmung mit dem Herrn Anwalt Ihnen vorschlagen, folgende Entschließung zu fassen:

1. Der Allgemeine Genossenschaftstag hält deshalb eine Aenderung des § 1124 des B. G. B. für erforderlich, durch die eine Verfügung über den Miet- und Pachtzins dem Hypothekengläubiger gegenüber für unwirksam erklärt wird, soweit sie sich auf eine spätere Zeit, als des zurzeit der Beschlagnahme laufenden Vierteljahres erstreckt.
2. Zur Erleichterung der Verwertung eines Grundstücks in der Zwangsversteigerung ist § 57 des Gesetzes über die Zwangsversteigerung und Zwangsverwaltung dahin zu ändern, daß dem Ersteher des Grundstücks gegenüber eine Verfügung über den Mietzins für eine spätere Zeit als das laufende Kalendervierteljahr unwirksam ist.
3. Es empfiehlt sich, dem § 1150 B. G. B. bezw. § 10 des Zwangsversteigerungsgesetzes folgende Zusätze zu geben:

   Befriedigt ein nach § 268 B. G. B. dazu berechtigter Dritter den Hypothekengläubiger wegen seiner Zinsforderung, so muß der Gläubiger den aus dem Grundbuch ersichtlichen nachstehend dinglich Berechtigten unverzüglich von dem Uebergang der Forderung Mitteilung gemacht.

   Wird die Zinsforderung an einen Dritten, der den Hypothekengläubiger wegen der Forderung befriedigt, ohne nach § 268 B. G. B. dazu berechtigt zu sein, abgetreten, so kann er Befriedigung aus der Hypothek mit dem Rang derselben nur beanspruchen, wenn nicht ein nachstehender dinglich Berechtigter auf die unverzügliche Mitteilung hin widerspricht. Andernfalls erhält die Zinsforderung den Rang von Ziff. 8 § 10 des Zwangsverwaltungsgesetzes. Die Erhebung des

Wiederspruches eines von mehreren dinglich Berechtigten wirkt für die anderen mit.

M. H.! Ich habe die Mißstände, die ich mir zu schildern erlaubte, vom Standpunkte des Hypothekengläubigers aus dargestellt. Aber Sie wollen daraus nicht etwa den Schluß ziehen, daß an einer Aenderung der Gesetzgebung vorwiegend das Kapital ein Interesse hätte. Das ist m. E. durchaus nicht der Fall. Vom Großkapital zumal läßt sich das gewiß nicht sagen. Es ist meistens an ersten Hypotheken beteiligt, die das Grundstück nur bis zu $^{6}/_{10}$ belasten und auch bei einer ungünstigen Konjunktur schwerlich Gefahr laufen. Nach meiner Auffassung hat das dringendste Interesse an einer Aenderung der Hausbesitz selbst,

(Sehr richtig!)

weil ihm bei einer Fortdauer der herrschenden Mißstände eine weitere Entwertung droht, und weil ja der Hausbesitz schon heute nur mit Bangen der Kündigung einer zweiten Hypothek entgegensehen kann. Aber ein dringendes Interesse hat m. E. auch das Bauhandwerk. Es ist ja nicht immer so glücklich, den ganzen Lohn für seine Arbeit in barem Gelde zu bekommen, sondern es muß sich sehr oft mit der Eintragung zweiter Hypotheken begnügen. Ein Interesse an der Durchführung unserer Forderungen haben auch die Kommunen. Sie haben im Laufe der Jahre den Hausbesitz mit einer ganzen Reihe von Lasten belegt, und sie müssen doch zu verhindern suchen, daß diese Lasten auf Schultern ruhen, die ihnen auf die Dauer nicht gewachsen sind.

(Sehr richtig!)

Wir wollen aber nicht verkennen, daß darüber hinaus die ganze Volkswirtschaft ein Interesse an der Beseitigung der herrschenden Mißstände hat. Denn mit einem Zipfel berührt sich unsere Reform auch mit dem großen Problem unserer Zeit, mit der Wohnungsfrage. Wie sollen denn preiswerte Wohnungen in ausreichender Zahl insbesondere für die unbemittelte Bevölkerung geschaffen werden, wenn die Erlangung des erforderlichen Kredits mit so großen Schwierigkeiten verbunden ist! Heute liegt das Baugewerbe danieder, und die vielen mit ihm zusammenhängenden Erwerbsgruppen haben schwere Zeiten durchzumachen. Gewinnt erst das Kapital zu Anlagen im städtischen Grundbesitz wieder mehr Vertrauen, dann werden viele fleißige Hände, die heute beschäftigungslos sind, in fruchtbarer Arbeit sich wieder regen können, und es wird, hoffen wir, zu einer Belebung des Baumarktes führen, die nach der Stagnation der letzten Jahre uns nur allzusehr not tut.

(Lebhafter wiederholter Beifall.)

Vorsitzender Verbandsdirektor **Feldheim**-Burg b. Magdeburg: Geehrter Herr Justizrat! Der reiche Beifall war Dank für Ihre klaren wertvollen Anregungen über die zur Gesundung der Verhältnisse auf dem Gebiete des Hypothekenmarktes dringend notwendigen Aenderungen. Ich halte es für meine Pflicht, an dieser Stelle Ihnen noch einmal den Dank der Versammlung auszusprechen.

(Lebhafter Beifall.)

Ich eröffne die Besprechung über den Vortrag.

Direktor **Dr. Treuner**-Berlin: Meine Herren! Wie schon eben von dem Herrn Vorsitzenden ausgeführt wurde, bedarf es wohl nach den anschaulichen Schilderungen des Herrn Referenten keiner Betonung mehr, daß eine Aenderung der Gesetzgebung unbedingt erforderlich ist. Man kann über die Wege, wie der Herr Referent bereits ausgeführt hat, verschiedener Ansicht sein. Ich meinerseits habe eine abweichende Ansicht. Aber ich habe nicht die Absicht, hier abweichende Meinungen in Form von Gegenanträgen vorzubringen. Ich habe bloß die Absicht, dabei anzuregen, daß man bei der notwendig werdenden Aenderung des Gesetzes auch nach anderer Richtung hin vorgeht.

Es ist bis jetzt immer darauf Rücksicht genommen worden, daß die Verfügung über die Miet- und Pachtzinsforderungen zeitlich beschränkt werden. Es ist auch auf ein anderes Moment in dem Gesetz mit Rücksicht zu nehmen, auf das Wort: „Beschlagnahme." Die Beschlagnahme im technischen Sinne dieses Gesetzesparagraphen bedeutet: Festlegung der Miet- und Pachtzinsforderungen auf Grund eines dinglichen Schuldtitels, also seitens eines an dem Grundstück dinglich Berechtigten. M. H.! Ich will mich nicht in langen juristischen Ausführungen ergehen, ich will nur in knappen Sätzen ungefähr darlegen, um was es sich handelt. Diese Beschlagnahme der Miet- und Pachtzinsforderungen kann auf verschiedene Weise erfolgen. Sie ist insbesondere nicht identisch mit der Beschlagnahme des Grundstückes. Wir haben eine Beschlagnahme des Grundstückes durch die Einleitung der Zwangsversteigerung. Mit der Einleitung der Zwangsversteigerung allein wird die Miet- und Pachtzinsforderung nicht erfaßt. Wir haben ferner eine Beschlagnahme der Miet- und Pachtzinsforderungen, ohne daß das Grundstück beschlagnahmt wird. Diese geschieht wieder auf Grund eines dinglichen Schuldtitels durch Pfändung der Mieten auf Grund dieses Schuldtitels, durch Arrestierung der Mieten oder einstweilige Verfügung auf Grund eines dinglichen Schuldtitels, und wir haben endlich eine Beschlagnahme der Miet- und Pachtzinsforderungen gemeinsam mit der Beschlagnahme des Grundstückes. Das ist der normale Fall der Zwangsverwaltung.

Gerade der eine Punkt, die Erfassung der Miet- und Pachtzinsforderungen ohne die Beschlagnahme des Grundstückes hat nun in vielen Fällen zu Mißständen geführt, auf die ich mir erlaube hinzuweisen. Es ist dadurch unmöglich geworden, daß ein nachstehender Hypothekar — und es gibt leider Gottes ja sehr viele weit hinten nachstehende Hypothekare, die sog. Schornsteinhypothekare, die eventuell gerade mit dem Eigentümer zusammen wirken können — durch Pfändung der Mieten im Sinne der Beschlagnahme den vorstehenden Hypothekaren zuvorkommt. Diese Beschlagnahme wirkt gegen jeden anderen persönlichen Gläubiger, sie wirkt ebenso gegen den Hypothekar; und was noch weiter geht: dieser nachstehende Hypothekar kann sich auf diese Weise nicht nur etwa wegen seiner rückständigen Hypothekenzinsen befriedigen, nein, er kann sich auch wegen seines Kapitals befriedigen, soweit es möglich ist.

Man kann ja nun von dem Grundsatz ausgehen: wer zuerst kommt, der hat das erste Anrecht. Das ist vielleicht berechtigt bei rein persönlichen Ansprüchen, die vollständig gleichartig einander gegenüberstehen. Ich halte es aber nicht für berechtigt, wenn dieser Grundsatz in Fällen durchgreift, wo das Gesetz, das Grundbuch eine gewisse Rangfolge innerhalb der betreffenden Forderungen an dem Grundstück durchgeführt hat. Es muß infolgedessen gerade hier eine Aenderung der Gesetzgebung eintreten. Man muß die Beschlagnahme, welche diese Erfassung der Miet- und Pachtzinsforderungen ohne Beschlagnahme des Grundstückes ermöglicht, so fassen, daß die vorstehenden Hypothekare nicht dadurch benachteiligt werden.

Ich erlaube mir, einen Vorschlag zu machen. Ich würde meinerseits die Sache so vorschlagen, daß man sagt: Derjenige Hypothekar, welcher die Miet- und Pachtzinsforderungen beschlagnahmt, nimmt ungefähr dieselbe Stellung ein wie ein Nießbraucher, für den der Nießbrauch in gleichem Range mit seiner Hypothek eingetragen ist. Wie der Nießbraucher hat er sämtliche Unkosten für das Grundstück zu zahlen, damit das Grundstück ertragsreich bleibt. Er hat vor allen Dingen aber auch die Zinsen sämtlicher ihm vorgehenden Hypotheken aus den Erträgnissen des Grundstückes zu bestreiten. Mit diesem

Moment fällt die Möglichkeit weg, daß Schornsteinhypothekare die Mieten für sich in Anspruch nehmen.

Außerdem ist noch ein weiterer Mißbrauch in den Grundstückverhältnissen eingerissen, das ist die Ausdehnung des Nießbrauches. Der Nießbrauch an sich schafft nur ein Recht zwischen dem Eigentümer und dem Nießbraucher. Der Hypothekar und der Nießbraucher stehen in keinem rechtlichen Verhältnis zu einander. Auch die Beschlagnahme des Grundstücks berührt den Nießbraucher nicht, wenn nicht der Hypothekar einen Schuldtitel auf Duldung gegen den Nießbraucher erwirbt, was bei dem vorstehenden Hypothekar gesetzlich möglich ist. Diese Zustände konnte man als gesund betrachten, solange der Nießbrauch lediglich das war, was er sein sollte: ein Rechtsinstitut, welches jedem, dem die dingliche Nutznießung zugewendet werden sollte, diese zuwandte, ohne ihm das dingliche Recht über diesen Gegenstand selbst zu gewähren. Aber dieses Institut, dem früher keine erhebliche Bedeutung beigekommen ist, hat einen derartigen Umfang angenommen, daß man beinahe schon in vielen Städten fragen kann, bei welchem Grundstück überhaupt kein Nießbrauch eingetragen worden ist. Das Institut selbst hat einen ganz anderen Charakter angenommen. Es wird teilweise verwandt zur Sicherung des Hypothekars, als Mittel der Schuldentilgung, und vor allen Dingen, um recht unsaubere Schiebungen unter diesem Deckmantel vorzunehmen. In diesem Falle reicht es natürlich nicht aus, wenn lediglich dem Grundstückseigentümer der Nießbraucher verpflichtet ist zur Erhaltung des Grundstückes, zur Zahlung der Lasten und der Zinsen der vorstehenden Hypothekare. Wenn der Grundstückseigentümer gegen den Nießbraucher nicht vorgehen will oder kann, dann kann der Hypothekar natürlich nichts weiter machen, er hat eben den Schaden, der ihm dadurch entsteht, zu tragen.

Hier schafft nun die grundsätzliche Haftung der Mieten für die Hypotheken eine Wandlung. Der Eigentümer kann das Grundstück zur Nutznießung überhaupt nicht anders übernehmen als mit der Haftung der Zinsen für die Hypotheken. Hier soll jedenfalls das Mittel, das ich vorgeschlagen habe, auf eine möglichst leichte Art und Weise dem Hypothekengläubiger auf Grund nicht gezahlter Zinsen eine Verfügung über die Mieten zu verschaffen, das Recht geben, auch gegen den Nießbraucher in diesen Fällen einschreiten zu können, daß er also seinerseits das Grundstück gewissermaßen in einen Nießbrauch nimmt und dadurch dem Nießbraucher die Verfügungsmöglichkeit über die Mietszinsen entzieht.

Es ist noch zu erwähnen, daß auch im Falle des Konkurses des Grundstückseigentümers nicht unlautere, aber für den Hypothekar sehr unangenehme Erscheinungen eintreten können. Es kann dadurch, daß dem Hypothekar die Möglichkeit abgeschnitten ist, dingliche Schuldtitel gegen den Grundstückseigentümer zu erlangen, und ihm lediglich noch übrig bleibt, die Zwangsverwaltung des Grundstückes einzuleiten, die natürlich auf irgend eine Weise sehr erschwert werden kann, der Konkursverwalter in die Lage kommen, die Mieten und Pachtzinsen einzuziehen. Er bezahlt die Unkosten nicht, soweit sie nicht unbedingt von ihm verlangt werden. Er bezahlt auch die Hypothekenzinsen nicht. Er verwendet die Einkünfte, die von dem Grundstück bleiben, zu gunsten der persönlichen Gläubiger, die eigentlich gar kein Anrecht auf diese Beträge haben. Das erste Anrecht an die Forderung aus dem Grundstück hat lediglich der Hypothekar oder die Hypothekare.

Auch hier würde ein schnelles Eingreifen auf Grund einer möglichst erleichterten Verfügungsfähigkeit seitens der Hypothekare dem Konkursverwalter diese Möglichkeit entziehen. Man könnte hier auch z. B. vorschlagen, daß gleichzeitig mit dem Eintragen des Konkursvermerkes der Zwangsverwaltungsvermerk eingetragen wird.

Auch bezüglich des ersten Punktes des Antrages bin ich anderer Meinung. Ich stehe z. B. darin auf einem andern Standpunkt, wie man die Zeit zu bemessen hat, für welche Verfügungen maßgebend sind. Ich würde noch differenzieren. Ich würde sagen: die Verfügung gegenüber Dritten über Mietszinsen hört überhaupt mit dem Moment auf, wo die Beschlagnahme erfolgt. Die Verfügungen über Mietszinsen, welche zwischen Grundstückseigentümer und Mieter stattgefunden haben, müßten mehr berücksichtigt werden. Aber ich will mich nicht auf nähere Ausführungen einlassen. Das würde zu weit führen.

(Beifall.)

Zum Schluß möchte ich bloß noch bemerken, daß meiner Ansicht nach hier alle Momente möglichst berücksichtigt werden müssen; denn wenn wir einmal die Gesetzgebungsmaschine in Gang setzen wollen, dann muß gründlich geändert werden; denn gründliche Aenderung tut not. Deshalb möchte ich bitten, daß möglichst vielseitige Anregungen gegeben werden und alle Anregungen einer eingehenden Berücksichtigung unterzogen werden. Denn wenn einmal geändert worden ist, ist es kaum anzunehmen, daß es jemals gelingen wird, eine neue Aenderung, auch wenn sie sich noch so notwendig erweist, durchzuführen.

(Lebhafter Beifall.)

Verbandsdirektor Justizrat Dr. **Alberti**-Wiesbaden: Meine Herren! Ich möchte nur erwähnen, daß die letzten Anregungen des Herrn Vorredners meines Ermessens unsere Sache nicht fördern. Nachdem das bürgerliche Recht erlassen ist, entschließt sich die Behörde, insbesondere das Reichsjustizamt, nur sehr schwer, an eine Aenderung heranzugehen. Wenn die Aenderung sich einfach erzielen läßt in der Weise, wie es der Herr Berichterstatter vorgeschlagen hat, dann haben wir Hoffnung, daß sie erfolgt und daß sie auch wohl bald erfolgt. Wenn wir aber jetzt zugleich eine Aenderung der Konkursordnung, eine Aenderung des Rechtes über den Nießbrauch und vielleicht noch über alle möglichen sonstigen Gebiete verlangen, die sich schließlich als eine systematische Aenderung unserer ganzen Gesetzgebung auf diesem Gebiete darstellt, dann können wir noch viele Jahre darauf warten.

(Lebhafte Zustimmung.)

Und das liegt nicht im Dienste der Sache. Wir werden überhaupt die Bestimmungen nicht so formulieren können, daß in aller Zukunft keine Schäden mehr möglich sind. Dafür sind die Leute auf diesem Gebiete viel zu findig, als daß sie sich nicht doch wieder eine Hintertür offen lassen. Es ist die Hauptsache, daß wir heute erreichen, daß auf die Mißstände, die vorliegen, in so ungemein wirkungsvoller Weise aufmerksam gemacht wird, wie das hier geschehen ist. Der Herr Berichterstatter hat selbst gesagt, wir können nicht erwarten, daß das, was wir hier formulieren, einfach Gesetz wird. Die gesetzgebenden Faktoren werden sich mit der Formulierung der Sache viel eingehender befassen müssen, als uns das heute möglich ist. Deshalb würde ich Ihnen vorschlagen, daß wir uns nicht dahin verlieren, alle einzelnen Mißstände, die sonst noch festgestellt sind und festgestellt werden können, darzulegen und auch eine Formulierung für diese versuchen. Das hat gar keinen Zweck. Es wird genügen, wenn wir feststellen, daß auf diesem Gebiete ganz kolossale Mißstände bestehen und daß wir nur im allgemeinen die Wege weisen, auf denen etwas erreicht wird, und wenn wir namentlich durch die Beschränkung hier zeigen, daß das geschehen kann, ohne die ganze Gesetzgebungsmaschine in allzu umfangreicher Weise in Anspruch zu nehmen. Wenn wir das erzielen, dann haben wir Aussicht, daß etwas erreicht wird, und das ist zunächst die Hauptsache.

(Starker Beifall.)

Vorsitzender Verbandsdirektor **Feldheim**-Burg b. Magdeburg: Wünscht noch jemand das Wort? — Das ist nicht der Fall. Dann erteile ich dem Herrn Berichterstatter das Schlußwort.

Berichterstatter Justizrat **Jarecki**-Posen [Schlußwort]: Ich verzichte auf das Wort; ich kann mich nur der Bitte des Herrn Vorsitzenden anschließen, daß wir uns auf diejenigen Punkte, die ich mir zu begründen erlaubt habe, beschränken, und daß wir der Sache nicht eine Ausdehnung geben, durch die wir nach meiner Ansicht ihre Wirkung beeinträchtigen.

(Lebhafte Zustimmung.)

Vorsitzender Verbandsdirektor Feldheim-Burg b. Magdeburg: Wir kommen zur Abstimmung. Ich bitte diejenigen, welche für den Antrag sind, die Hand zu erheben.

(Geschieht.)

Ich bitte um die Gegenprobe. — Ich stelle fest, daß der Antrag einstimmig angenommen ist.

Wir kommen nun zu:

IV. Antrag des Verbandes der Erwerbs- und Wirtschaftsgenossenschaften im Regierungsbezirk Magdeburg, Herzogtum Braunschweig und der Provinz Hannover:

Der Allgemeine Genossenschaftstag erklärt:

Es ist eine dringende und dankbare Aufgabe der Kreditgenossenschaften und eine diesen obliegende genossenschaftliche Pflicht, in Ausführung des Beschlusses des Allgemeinen Genossenschaftstages zu Stettin im Jahre 1911 über die Bekämpfung der Borgwirtschaft dauernd alle Maßnahmen zu fördern, deren Zweck die Ausbreitung des Barzahlungssystems und die Einbürgerung kaufmännischer Grundsätze im Geschäftsverkehr der Handwerker und Kleinhandeltreibenden ist.

Ich bitte Herrn Berichterstatter Direktor Renke, das Wort zu nehmen.

Berichterstatter Direktor **A. Renke**-Hannover: Meine Herren! Auf dem Allgemeinen Genossenschaftstage in Stettin im Jahre 1911 hatte ich die Ehre, einen Antrag des Herrn Anwalts betr. die Bekämpfung der Borgwirtschaft zu begründen, der in jener Versammlung gestellte Antrag lautet wie folgt:

„Zwecks wirksamer Bekämpfung der Borgwirtschaft im Kleinhandel und Handwerk und ihren schädlichen Folgen ist den Genossenschaften zu empfehlen:

1. die dem Kleinhandel und Handwerk angehörigen Mitglieder anzuregen:
   ihre Geschäfte nach kaufmännischen Grundsätzen zu führen, namentlich eine möglichst einfache, aber übersichtliche Buchführung einzurichten,
   die hierfür nötigen Kenntnisse sich durch den Besuch von Buchhaltungsschulen, Teilnahme an Meisterkursen usw. anzueignen,
   in Korporationen, wie Händlervereinigungen und Innungen, Vereinbarungen über Zahlungsbedingungen zu erstreben,
   vor der Gewährung von Krediten zuverlässige Auskünfte über die Kreditwürdigkeit der Kreditnehmer einzuholen.
2. die Errichtung von Buchhaltungsschulen, Buchführungsgenossenschaften und Meisterkursen ideell und erforderlichenfalls auch materiell zu unterstützen.
3. Das Barzahlungssystem zu fördern durch Unterstützung des Rabattwesens, durch Pflege des Scheck- und Ueberweisungsverkehrs, durch Gewöhnung des Publikums an den Gebrauch von Bankkonten."

Dieser Antrag wurde einstimmig genehmigt.

M. H.! Die außerordentliche Bedeutung, die die Beseitigung des Borgunwesens für die Erhaltung eines wirtschaftlich gesunden Mittelstandes hat, wird heute von niemanden mehr verkannt werden, der dem Mittelstande nahesteht und weiß, wie tief sich dieses Uebel in unserm Geschäftsleben eingewurzelt hat. In den letzten beiden Jahren ist denn auch das Thema Borgunwesen in zahlreichen wirtschaftlichen Vereinigungen Gegenstand ernsthafter und sorgsamer Arbeit gewesen und, m. H., da ist es nur eine natürliche Konsequenz des Stettiner Beschlusses, daß auch wir uns wieder auf einem Allgemeinen Genossenschaftstage mit dieser Frage beschäftigen.

Der Verband der Erwerbs- und Wirtschaftsgenossenschaften im Regierungsbezirke Magdeburg, Herzogtum Braunschweig und der Provinz Hannover hat durch Einbringung des Ihnen vorliegenden Antrages die Anregung hierzu gegeben, und meine Aufgabe wird es nun sein, bevor ich Ihnen den Antrag zur Annahme empfehle, zu untersuchen, welche Erfolge auf dem Gebiete der Bekämpfung der Borgwirtschaft erzielt sind, welchen Anteil die Genossenschaften an diesen Erfolgen haben, ob die in dem Stettiner Beschlusse enthaltenen Anregungen die gebührende Beachtung seitens der Genossenschaften gefunden haben.

Gestatten Sie mir, zu diesem Zweck mit ganz wenigen Worten die Momente zu rekapitulieren, die zur Annahme des Stettiner Beschlusses führten.

Als Borgwirtschaft haben wir derzeit bezeichnet: Die leichtfertige Gewährung von Krediten an zahlungsschwache und zahlungsunfähige Personen, also Kreditgewährung ohne genügende Prüfung der Bonität des Kreditnehmers oder seiner Kreditwürdigkeit.

Ferner haben wir als Borgwirtschaft bezeichnet: Die Inanspruchnahme von Krediten seitens zahlungsfähiger Personen, also solcher Personen, die sehr wohl in der Lage sind zu zahlen, die es aber unterlassen aus Bequemlichkeit, Gleichgültigkeit oder auch wohl um aus der langen Inanspruchnahme des Kredites einen Zinsgewinn zu erzielen. Diese Gattung von Kreditnehmern wird — wie Sie aus ihren eigenen Beobachtungen wissen — von den Geschäftsinhabern geradezu gezüchtet durch unpünktliches Ausschreiben von Rechnungen, durch das Unterlassen von Anmahnungen aus Furcht, dadurch Kunden zu verlieren.

Die Bekämpfung der Borgwirtschaft durch die Genossenschaften sollte sich nach zwei Richtungen bewegen und zwar einmal in der Richtung, daß die Genossenschaften es als ihre Aufgabe ansehen sollten, ihren dem Kleinhandel und dem Handwerk angehörigen Mitgliedern die sorgfältigste Beachtung folgender kaufmännischer Grundsätze zur Pflicht zu machen:

Der Umfang des Geschäfts muß sich dem vorhandenen Betriebskapital anpassen.

Die Betriebsmittel müssen zwecks Erfüllung der laufenden Verbindlichkeiten zu einem angemessenen Teile flüssig bezw. leicht einziehbar gehalten werden.

Der Geschäftsinhaber muß jederzeit seine laufenden Zahlungsverpflichtungen sowie seine voraussichtlichen Einnahmen erkennen können.

Auf die pünktliche Einziehung ausstehender Forderungen ist fortgesetzt Obacht zu geben.

Kredite dürfen nur kreditwürdigen Personen gewährt werden.

M. H.! Diese Grundsätze sind deshalb so bedeutungsvoll, weil die ernste und sorgsame Beachtung derselben jeden Geschäftsinhaber zwingt, das wichtigste Fundament zu legen für die erfolgreiche Bekämpfung der Borgwirtschaft und damit für die gedeihliche Fortentwicklung seines Geschäfts, das leider in so vielen Geschäften nur mangelhaft vorhanden ist oder häufig ganz fehlt, nämlich eine ordnungsmäßige und übersichtliche Buchführung einzurichten.

Außer der direkten Einwirkung auf ihre Mitglieder sollten es die weiteren Aufgaben der Genossenschaften sein, einerseits alle Einrichtungen zu unterstützen, die bezwecken, den Mitgliedern des Kleinhandels und des Handwerks die Kenntnis von Buchführung und Kalkulation zu verschaffen und andererseits schließlich die Ausbreitung des Barzahlungssystems zu fördern und zwar durch Pflege des Rabattwesens, des Scheck- und Ueberweisungsverkehrs, der Gewöhnung des Publikums an den Gebrauch von Bankkonten.

Soviel über den Stettiner Antrag und die ihm zugrunde liegenden Ideen.

M. H.! Um ein möglichst objektives und umfassendes Bild über die in der Bekämpfung der Borgwirtschaft erzielten Resultate zu gewinnen und um ferner feststellen zu können, ob die in dem Stettiner Beschlusse gegebenen Empfehlungen sich als richtig erwiesen haben oder ob es zweckmäßiger wäre, in anderer Weise gegen die Borgwirtschaft Front zu machen, war es nötig, Material aus denjenigen Kreisen zu beschaffen, die sich vornehmlich mit der Bekämpfung der Borgwirtschaft befaßt haben. Es kommen hierfür in Betracht 3 große auf wirtschaftlichem Gebiete arbeitende Gruppen: die Handelskammern, die Handwerkskammern, die Kreditgenossenschaften und ferner als kleinere Gruppe die Einziehungsgenossenschaften und die Einziehungsämter. Auf eine von dem Herrn Anwalt zwecks Beschaffung zuverlässigen Materials veranstaltete Umfrage sind eingegangen:

87	Berichte	von	Handelskammern,
45	„	„	Handwerkskammern,
ca. 450	„	„	Kreditgenossenschaften,
4	„	„	Einziehungsgenossenschaften bezw. Einziehungsämtern.

M. H.! Die wider Erwarten große Zahl der eingegangenen Berichte beweist, welch außergewöhnliches Interesse der Bekämpfung der Borgwirtschaft überall in Mittelstandskreisen entgegengebracht wird. Ich kann aber zu meiner großen Freude noch hinzufügen, daß diese Berichte auch in ihrem Inhalte recht viel Interessantes enthalten, wodurch die Möglichkeit gegeben wird, wertvolle Schlüsse über die Weiterbehandlung der vorliegenden Frage zu ziehen.

Ich wies bereits darauf hin, daß die Grundlage aller Bestrebungen für die Bekämpfung der Borgwirtschaft sein müsse: die Einbürgerung kaufmännischer Grundsätze, und die Einführung einer geordneten Buchführung. Nur da, wo kaufmännische Grundsätze beachtet werden, wo ordnungsmäßige und zweckentsprechende Bücher geführt werden, wird der Geschäftsmann imstande sein, sich ein zutreffendes Bild über die Rentabilität seines Geschäfts zu machen, sich vor Verlusten zu schützen, seine Außenstände pünktlich einzuziehen und damit für die rechtzeitige Erfüllung seiner Zahlungsverpflichtungen sorgen zu können.

Die mir vorliegenden Berichte ergeben nun, daß gerade nach dieser Richtung in dem Kampfe gegen die Borgwirtschaft in den letzten Jahren eine sehr lebhafte Tätigkeit und ganz vorzügliche Erfolge erzielt sind.

Von den 87 berichtenden Handelskammern hat mehr wie die Hälfte sich damit beschäftigt, die Beachtung kaufmännischer Grundsätze namentlich die Einrichtung von Buchführung, nicht nur in den Kreisen der kleinen Handelstreibenden, sondern stellenweise auch in den Kreisen der Handwerker zu verbreiten.

Unterrichtskurse für Handelstreibende, die zum Teil auch von Handwerkern besucht werden konnten, sind von vielen Handelskammern eingerichtet und unterstützt worden.

Wenn auch mancherorts der Besuch dieser Kurse ein recht guter war, so ist doch leider der Erfolg nicht überall ein erfreulicher gewesen, ein Beweis wie wenig Verständnis und Interesse gerade die Nächstbeteiligten — die kleinen Kaufleute und Handwerker — der Sache entgegenbringen.

So wird aus Oppeln berichtet, daß die Kurse dort wenig Erfolg gehabt haben und aus Mainz sogar, daß dort 1910 Kurse eingerichtet, 1911 mangels Beteiligung wieder eingestellt sind.

Viele Handelskammern wirken auch fortgesetzt im Sinne des Stettiner Beschlusses durch Vorträge, durch mündliche Aufforderungen, in der Presse und in Druckschriften. Interessant ist aus dem Bericht der Handelskammer Zittau, daß das Königlich-Sächsische Ministerium des Innern die Gewährung von Darlehen an Gemeinden zur Anschaffung von Antriebs- und Arbeitsmaschinen davon abhängig macht, daß die betreffenden Handwerker sich verpflichten, Bücher zu führen; das, m. H., ist ein Vorgehen, das man als durchaus berechtigt und nützlich bezeichnen muß.

Außerordentlich rührig und erfolgreich auf dem Gebiete der Verbreitung kaufmännischer Grundsätze und der Einführung einer guten Buchführung in Handwerkerkreisen sind, was ich besonders hervorheben möchte, die Handwerkskammern gewesen. War die Tätigkeit der Handelskammern mehr darauf gerichtet, auf den kleinen Handelstreibenden einzuwirken, so wandte sich naturgemäß das Interesse der Handwerkskammern mehr den Handwerkerkreisen zu. Von den 45 berichtenden Handwerkskammern ist nicht eine, die nicht in ihrem Jahresbericht, in den Fachorganen, durch Vorträge, Verbreitung von Druckschriften, in der Tagespresse, vor allen Dingen aber durch Abhaltung zahlreicher Meisterkurse und Vorbereitungskurse zur Meisterprüfung für die Hebung des Handwerks und besonders auch für die Beseitigung des Borgunwesens gewirkt hätte. In den Unterrichtskursen ist nicht nur Buchführung und Wechselrecht, sondern namentlich auch Kalkulation gelehrt worden. Dieser letzte Unterrichtsgegenstand — die Kalkulation — ist für unsere Geschäftsleute von größter Wichtigkeit und mit Recht schreibt eine Kreditgenossenschaft in ihrem Berichte: „Die Unkenntnisse in der Kalkulation sind das Grundübel vieler geschäftlicher Mißerfolge.“

Um ein Bild von der kolossalen Ausdehnung dieser Unterrichtskurse zu geben, muß ich einige Zahlenangaben machen. Es sind abgehalten worden:

in Stettin: über 300 Meisterkurse mit günstigem Erfolg,
in Aurich: 45 Kurse mit 904 Teilnehmern,
in Saarbrücken: Kurse mit jährlich 800 Teilnehmern,
in Aachen: Kurse mit jährlich 500 Teilnehmern,
in Kassel: 137 Meisterkurse mit 3678 Teilnehmern, ferner 20 Buchführungskurse für Frauen und Töchter der Handwerker mit 395 Teilnehmerinnen,
in München: 108 Meisterkurse mit 3628 Teilnehmern, 20 Buchführungskurse mit 881 Teilnehmern,
in Posen: 60 Buchhaltungskurse mit 1350 Teilnehmern,
in Gotha: 21 Kurse mit 552 Teilnehmern,
in Halle: seit 1901 Kurse mit zusammen 5000 Teilnehmern,
in Heilbronn: Kurse mit zusammen 2093 Teilnehmern, darunter auch Lehrlinge sowie Frauen und Töchter von Handwerkern.

Ganz besonders ist hierbei zu begrüßen, daß zu sehr vielen Kursen weibliche Personen zugelassen und damit den Frauen und Töchtern der Handwerker Gelegenheit geboten wurde, sich über kaufmännische Dinge zu unterrichten und speziell Buchführung zu erlernen. Gerade für den kleinen Handwerker ist es von unschätzbarem Werte, wenn die Frau es versteht, die Bücher zu führen, Rechnungen auszuschreiben, für pünktliche Einziehung der ausstehenden Forderungen und für rechtzeitige Erfüllung der eigenen Verbindlichkeiten zu sorgen.

Ich möchte nicht unterlassen, an dieser Stelle noch die Tätigkeit zahlreicher Gewerbevereine zu erwähnen, die in gleichem Sinne, wenn auch nicht in dem Umfange wie die Handwerkskammern, gewirkt und in anerkennenswerter Weise die Einführung von Buchführung in den Handwerkerkreisen gefördert haben.

Ueberhaupt wird man sagen können, daß Handelskammern, Handwerkskammern, Gewerbevereine, Kreditgenossenschaften (auf die Tätigkeit der letzteren werde ich noch zurückkommen), auch Staat und Kommunen ganz außerordentlich bestrebt gewesen sind, durch Errichtung und Unterstützung von Handelsschulen, Forbildungsschulen, Meisterkursen, Vorbereitungskursen, zur Meisterprüfung jedem Geschäftsmanne Gelegenheit zu bieten, sich die zur Ausübung seines Berufes erforderlichen kaufmännischen Kenntnisse anzueignen.

Wir sehen hier, daß die Zahl derjenigen, die in den letzten Jahren Kurse besucht haben, um Buchhaltung und Kalkulation zu erlernen, eine ganz bedeutende gewesen ist und das ist gewiß ein höchst erfreuliches Resultat. Man darf aber nicht vergessen, daß nicht die große Zahl der Teilnehmer den Erfolg darstellt, sondern daß es darauf ankommt, wie viele Teilnehmer nach dem Kursus die erlangten Kenntnisse in der Praxis verwerten und da könnten m. E. diejenigen Korporationen, von denen die Kurse veranstaltet sind, sehr segensreich wirken, wenn sie sich bemühten, durch geeignete Personen noch längere Zeit mit den Teilnehmern in Fühlung zu bleiben und diese bei der Einrichtung der eigenen Buchführung, die — wie wir alle aus der Praxis wissen — in recht vielen Fällen der Einrichtung und dem Umfange des Geschäfts unter Berücksichtigung der persönlichen Befähigung des betreffenden Geschäftsmannes angepaßt werden muß, mit Rat und Tat zu unterstützen. Dann erst werden diese Unterrichtskurse den vollen Erfolg haben, der durch ihre Veranstaltung erstrebt wird und den sie durchaus verdienen.

Für unsere heutige Versammlung ist es von besonderen Interesse, festzustellen, in wie weit die Kreditgenossenschaften die ihnen in Stettin zugewiesene Aufgabe, in der in dem dort genehmigten Antrage formulierten Weise das Borgunwesen zu bekämpfen, erfüllt haben. Da läßt der Inhalt der mir zugegangenen ca. 450 Berichte von Kreditgenossenschaften erkennen, daß eine recht große Anzahl von Genossenschaften mit ganz außerordentlichem Verständnis und genossenschaftlichem Geiste an die Lösung der Aufgabe herangetreten sind. Es scheint mir aber im Interesse der Sache notwendig, es ruhig an dieser Stelle auszusprechen, daß ich aus einer nicht unerheblichen Anzahl von Berichten, darunter auch solche großer Genossenschaften, die gleiche Ueberzeugung nicht gewinnen konnte. Eine eigenartige und beachtenswerte Erscheinung ist es, daß manche ausführlichen Berichte von Genossenschaften an kleineren Plätzen eine geradezu intensive Tätigkeit im Sinne des Stettiner Beschlusses und zwar nach jeder Richtung hin erkennen lassen, während andererseits Berichte von Genossenschaften an größeren Plätzen über ihre eigene Tätigkeit nichts oder nur recht wenig zu sagen wußten.

Eine große Anzahl von Genossenschaften hat es sich angelegen sein lassen, in ihren Jahresberichten, durch Vorträge, in ihren Generalversammlungen, besonders aber im persönlichen Verkehr mit ihren Mitgliedern auf diese einzuwirken, ihre Geschäfte im Sinne des Stettiner Beschlusses zu führen. Das, m. H., ist die geeignetste Form, den Stettiner Beschluß auszuführen. Es kann doch garnicht zweifelhaft sein, daß gerade die Kreditgenossenschaften es in der Hand haben, eine Verminderung der Borgwirtschaft herbeizuführen, indem sie da, wo es ihnen zweckmäßig und notwendig erscheint, einen berechtigten und nützlichen Zwang auf die Mitglieder ausüben, in ihrem Geschäftsbetrieb kaufmännische Grundsätze zu beachten, namentlich sich eine ordnungsmäßige Buchführung anzulegen. Mit einer solchen Tätigkeit vertreten die Genossenschaften ihr eigenes Interesse, damit vertreten sie aber auch das Interesse ihrer Mitglieder, die sie auf diesem Wege zu kaufmännisch denkenden Geschäftsleuten erziehen. Sehr mit Recht beanspruchen manche Genossenschaften in geeigneten Fällen die Vorlegung von Bilanzen und Einsichtnahme der Bücher ihrer Mitglieder und machen weiter die Bewilligung von Krediten abhängig von der Einrichtung einer ordnungsmäßigen Buchführung.

Eine recht verständige und zur Nachahmung zu empfehlende Maßnahme mancher Genossenschaften ist es, alljährlich — meist nicht unerhebliche Beträge — aus ihrem Reingewinn zur Unterstützung von Buchführungskursen zur Verfügung zu stellen. Eine respektable Zahl von

Genossenschaften ist sogar soweit gegangen, durch einzelne ihrer Vorstandsmitglieder — meist unentgeltlich — Unterricht erteilen und auch ihren Mitgliedern Bücher einrichten zu lassen. Die Tätigkeit dieser Vorstandsmitglieder, die sich in so hervorragender und selbstloser Weise in den Dienst der guten Sache stellen, verdient gewiß die größte Anerkennung.

Von einer süddeutschen Genossenschaft wird berichtet, daß sie nach Eröffnung ihres neuen Bankgebäudes beabsichtige, eine Abteilung für Buchführung einzurichten. Den dieser Abteilung beitretenden Mitgliedern sollen die Bücher in deren Wohnung von einem Beamten der Genossenschaft geführt und die entstehenden Kosten nach der Zahl der Teilnehmer berechnet werden. Die Genossenschaft ist zu diesem Vorgehen — wie sie mitteilt — veranlaßt durch die Beobachtung, daß bei den Geschäftsleuten, die auf Anregung der Genossenschaft Buchführung eingerichtet haben, jetzt Ordnung und Pünktlichkeit herrscht.

Recht bitter beklagen sich einige Genossenschaften über die Schwerfälligkeit und Nachlässigkeit der Handwerker, die wohl Zeit haben, sich bei den verschiedenen Sports zu betätigen, aber keine Zeit haben, Rechnungen auszuschreiben und deshalb selbst die Schuld tragen, wenn sie nicht vorwärtskommen. Eine dieser Genossenschaften erläßt vierteljährlich Zeitungsannoncen: „Handwerker und Gewerbetreibende schreibt Eure Rechnungen aus".

Sie sehen, daß die Wirksamkeit der Kreditgenossenschaften in der Bekämpfung der Borgwirtschaft eine sehr umfangreiche, vielseitige und nutzbringende gewesen ist, aber sie werden auch mit mir der Ansicht sein, daß noch recht viel zu tun für sie übrig bleibt auf diesem Gebiete, das gerade für den Geschäftsbetrieb der Kreditgenossenschaften von so großer Wichtigkeit ist.

Ich möchte an dieser Stelle noch mit einigen Worten auf Buchhaltungsgenossenschaften zu sprechen kommen, deren Unterstützung in dem Stettiner Beschlusse empfohlen wird. Es sind das Genossenschaften, deren Mitglieder sich zusammen tun, um ihre Bücher gemeinschaftlich durch geeignete Personen führen zu lassen. Solche Genossenschaften erscheinen zweckmäßig für kleine Geschäftsleute, die nicht in der Lage sind, Buchführung selbst zu erlernen. Soweit mir bekannt, besteht bislang noch nirgend eine Buchhaltungsgenossenschaft, wohl aber höre ich, daß der Landesverband der badischen Gewerbe- und Handwerkervereinigungen beabsichtigt, eine Buchhaltungsgenossenschaft ins Leben zu rufen. Wir werden uns also voraussichtlich demnächst ein Urteil darüber bilden können, ob diese Genossenschaftsart für das praktische Leben sich eignet oder nicht.

Recht schwierig scheint es mir, die beiden Fragen sachlich und richtig zu beantworten, ob die gemeinnützigen Einziehungsinstitute (ich verstehe darunter Einziehungsgenossenschaften und Einziehungsämter) überhaupt geeignet und ob sie mit ihren jetzigen Geschäftsprinzipien geeignet sind die Borgwirtschaft zu bekämpfen, weil es mir leider nicht gelungen ist, ein für diesen Zweck ausreichendes Material von den Einziehungsinstituten zu erhalten.

Es ist in den letzten Jahren eine ziemlich große Anzahl solcher Institute entstanden, die allerdings zum Teil erst auf eine recht kurze Lebensdauer zurückblicken können. Manche dieser Institute haben recht gute Erfolge erzielt, wenn man nämlich — wie es meist geschieht — für die Beurteilung der Resultate nur den Umfang der erteilten Aufträge und das prozentuale Verhältnis der eingegangenen Beträge zu den zur Einziehung überwiesenen Forderungen zugrunde legt. Solche Erfolge können aber auch — das sollte man doch sehr prüfen — in Wirklichkeit gerade das Gegenteil sein, nämlich Mißerfolge, und das ist m. E. ein Umstand, der bei den Anhängern der Einziehungsinstitute vielleicht nicht immer die genügende Berücksichtigung findet.

M. H.! Ich möchte tatsächlich glauben, und die auffallende Erscheinung, daß auf die seitens des Verbandes gehaltene Umfrage nur insgesamt 4 Einziehungsinstitute reagiert haben, daß ferner nicht eine einzige davon die sorgfältig spezialisierten Einzelfragen beantwortet hat, bestärkt mich in meiner Ansicht, daß die doch nur zum Zwecke der Bekämpfung der Borgwirtschaft gegründeten Einziehungsinstitute selbst über den Weg, den sie zur Erreichung dieses Zieles beschreiten müssen, sowie über die Gesichtspunkte, die bei der Bewertung ihrer Resultate in Rechnung zu ziehen sind, ein klares Bild noch nicht gewonnen haben. Es ist dies auch sehr wohl erklärlich, wenn man berücksichtigt, daß die Einziehungsinstitute zu denjenigen Institutionen gehören, die sich gewissermaßen erst aus der Praxis heraus entwickeln und die für ihren Zweck geeigneten Formen annehmen müssen.

Da mir — wie ich bereits erwähnte — positives Material fehlt, bin ich genötigt, meine Schlußfolgerungen aus allgemeinen Betrachtungen herzuleiten, in denen man selbstverständlich häufig sehr verschiedener Ansicht sein kann. Es würde mir deshalb durchaus erwünscht sein, wenn nachher in der Debatte auch entgegengesetzte Ansichten begründet würden.

Betrachtet man die den Einziehungsinstituten überwiesenen Forderungen näher, so wird man zwei große Gruppen unterscheiden müssen und zwar erstens faule Forderungen.

Hier kommen in Frage zunächst solche Forderungen, die entstanden sind aus leichtfertiger Kreditgewährung an erkennbar kreditunwürdige Personen, und ich vermute, hierunter wird ein sehr erheblicher Prozentsatz der den Einziehungsinstituten überwiesenen Forderungen zu rechnen sein. Bei diesen Forderungen handelt es sich also unverkennbar um Borgunwesen. Die Einziehung solcher Forderungen ist aber an sich niemals ein Mittel zur Bekämpfung der Borgwirtschaft; denn die Tätigkeit der Einziehungsinstitute ist ja in diesem Falle nur darauf gerichtet, durch Hereinholen dieser Forderungen die schädlichen Folgen der Borgwirtschaft wieder aufzuheben; die wichtigste Aufgabe bei der Bekämpfung der Borgwirtschaft ist aber — darüber wird doch niemand im Zweifel sein können die Entstehung fauler Forderungen zu verhindern. Die täglichen Erfahrungen in den Kreditgenossenschaften, die dauernde Beobachtung des Denkens und Handelns der Handwerker und Kleinkaufleute lehren uns aber, daß der kleine Geschäftsmann, dem es mit Hülfe des Einziehungsinstituts gelungen ist, eine faule Forderung hereinzuholen, bei Eingehung eines neuen Geschäfts selten daran denken wird, aus der früheren gefahrdrohenden Kreditgewährung die Konsequenz zu ziehen, jetzt größere Vorsicht zu beobachten, sondern daß ihm bei Eingehung eines neuen Geschäfts viel näher der Gedanke liegen wird: Solltest du bei diesem Geschäft Gefahr laufen, so hast du schlimmsten Falls ja noch das Einziehungsinstitut hinter dir, das schon — wie in früheren Fällen — dir dein Geld hereinholen wird.

M. H.! Sind diese meine Ausführungen richtig, und ich glaube, erfahrene Genossenssenschaftler werden sie mir nach ihren Beobachtungen bestätigen müssen, so ergibt sich daraus, daß die Einziehung fauler Forderungen an erkennbar kreditunwürdige Personen an sich kein Mittel zur Bekämpfung der Borgwirtschaft ist, sondern im Gegenteil die Gefahr besteht, daß die auf diesem Wege erzielten scheinbar guten Erfolge der Einziehungsinstitute die unglaubliche Gleichgültigkeit recht vieler kleiner Geschäftsleute verstärken und damit geradezu eine Förderung der Borgwirtschaft bewirken können. Die Einziehung solcher Forderungen kann nur insoweit zur Bekämpfung der Borgwirtschaft mitkämpfen, als sie den Einziehungsinstituten Gelegenheit bietet, die Gläubiger anzuhalten, kaufmännische Grundsätze zu beachten und derartigen Forderungen zugrunde liegende riskante Geschäfte zu vermeiden.

Die zweite Kategorie fauler Forderungen sind solche, die entstanden sind durch Kreditgewährung an als kreditunwürdig nicht erkennbare Schuldner oder solche, die erst nach der Kreditgewährung in Vermögensverfall geraten sind.

Kein Mensch in der Welt wird — selbst bei der allergrößten Sorgfalt und Vorsicht — die Entstehung solcher Forderungen verhindern können; niemand wird aber auch diese Kreditgewährungen als Borgwirtschaft bezeichnen können, da die Forderungen ja garnicht durch Leichtfertigkeit entstanden sind. Die Einziehung solcher Forderungen, sei es durch Einziehungsinstitute oder auf anderem Wege, ist demnach an sich ein reines Inkassogeschäft, das mit der Bekämpfung der Borgwirtschaft absolut nichts zu tun hat.

Die Einziehung fauler Forderungen kann ich sehr wohl als eine gemeinnützige Tätigkeit der Einziehungsinstitute bezeichnen, jedoch auch nur, solange die zu zahlenden Gebühren die Selbstkosten decken und niedriger sind als die Gebühren berufsmäßiger Einziehungsstellen.

Die zweite große Gruppe der den Einziehungsinstituten überwiesenen Forderungen sind solche an zahlungsfähige Personen, die aus Gleichgültigkeit, Bequemlichkeit oder um Zinsen zu verdienen nicht zahlen, also im allgemeinen leicht einziehbare Forderungen. In der schnellen Einziehung dieser Forderungen würde ich allerdings eine Bekämpfung der Borgwirtschaft erblicken. Es entsteht hier aber die Frage, ob es im Interesse des kleinen Geschäftsmannes liegt, solche Außenstände selbst einzuziehen oder ob dieser zweckmäßiger handelt, die Einziehung einem Einziehungsinstitute zu übertragen. Ich würde diese Frage im ersten Teile bejahen, im zweiten verneinen; denn gerade das scheint mir notwendig und darauf muß von allen Seiten hingearbeitet werden, den kleinen Geschäftsmann zum selbstständigen und verständigen Handeln zu erziehen, sein Verantwortlichkeitsgefühl sich selbst und seiner Familie gegenüber zu stärken, ihn an ein geschäftlich folgerichtiges Denken zu gewöhnen. Wird der kleine Geschäftsmann auf diesem Wege weitergebracht, so wird er sehr bald selbst imstande sein, diejenigen Maßnahmen zu treffen, durch die er derartige leicht einziehbare Außenstände zum allergrößten Teil von vornherein vermeiden und die etwa entstehenden Forderungen selbst einziehen kann.

Ich verkenne nun durchaus nicht, daß für die Einziehungsinstitute ein reiches Feld bleibt, sich in der Bekämpfung der Borgwirtschaft zu betätigen. Es ist mir auch sehr wohl bekannt, daß es den Einziehungsinstituten gelungen ist, Forderungen und zwar in namhaften Beträgen hereinzuholen, die längst gänzlich verloren gegeben waren. Aber ein Einziehungsinstitut, daß in dem zahlenmäßigen Nachweis — so und so viele Mark Forderungen eingezogen zu haben — seine Befriedigung findet und damit seine volkswirtschaftliche Aufgabe erfüllt sieht, hat diese Aufgabe vollkommen verkannt. Einziehungsinstitute müssen, wenn sie mitwirken wollen, die Borgwirtschaft zu bekämpfen, es als ihre wichtigste Aufgabe auffassen und den Schwerpunkt ihrer Tätigkeit dahin verlegen, durch entsprechende Belehrung, durch einen sanften Zwang zur Buchhaltung und Auskunftseinholung usw. die Beachtung kaufmännischer Grundsätze unter den kleinen Geschäftsleuten zu verbreiten.

Die Einziehung von Forderungen darf unter keinen Umständen der Selbstzweck eines Einziehungsinstitutes sein, sondern er darf nur das Mittel sein, dem Institut die Gelegenheit zu bieten, durch entsprechende Einwirkung auf Gläubiger und Schuldner die Entstehung fauler Forderungen nach Möglichkeit zu verhindern und zahlungsfähige Schuldner zur pünktlichen Erfüllung ihrer Verpflichtungen zu erziehen. Gerade die Einziehungsinstitute haben bei den meist mündlichen Verhandlungen mit ihren Auftraggebern die günstigste Gelegenheit, auf diese einzuwirken, sie auf den Weg zu führen, den ich soeben gekennzeichnet habe.

Ein Einziehungsinstitut, das sich die Bekämpfung der Borgwirtschaft zum Ziele gesetzt und in diesem Sinne seine Geschäftsprinzipien ausgestaltet hat, wird ganz erheblich zur Verminderung des Borgunwesens beitragen können.

Zum Schluß noch eine Frage: Ist es Sache der Genossenschaften, im Interesse der Einziehungsinstitute finanzielle Aufwendungen zu machen? Dazu will ich bemerken, daß ich es durchaus für angebracht halte, wenn die Genossenschaften die Gründung von Einziehungsinstituten durch Hergabe von Geldmitteln unterstützen, dagegen halte ich es nicht für gerechtfertigt, fortlaufend finanzielle Beihülfen zu gewähren. M. E. müssen die Gebühren so hoch normiert sein, daß von denjenigen, die den Nutzen aus der Tätigkeit der Einziehungsinstitute ziehen, auch die Kosten getragen werden. In der durch Beihülfen herbeigeführten Verbilligung der Kosten, soweit es sich um die Einziehung von Forderungen an erkennbar zahlungsunfähige Personen handelt, würde ich geradezu eine Prämiierung des Borgunwesens erblicken.

Ich habe mich absichtlich etwas eingehender mit den Einziehungsinstituten beschäftigt, weil anscheinend eine lebhafte Bewegung eingesetzt hat, die mir zugegangenen Berichte — namentlich von Kreditgenossenschaften — lassen das erkennen, an recht vielen Stellen derartige Institute ins Leben zu rufen. Manche Kreise glauben heute das Allheilmittel für die Bekämpfung der Borgwirtschaft in den Einziehungsinstituten gefunden zu haben und halten den Zeitpunkt bereits für gekommen, Deutschland mit einem ganzen Netz von Einziehungsinstituten zu überziehen. Im Königreich Sachsen ist die Bewegung soweit vorgeschritten, daß in dem nächsten Landtage die Summe von 35000 Mk. bewilligt werden wird, um die Gründung von Einziehungsinstituten zu unterstützen. Wegen des gesunden Gedankens, der darin liegt, die Einziehung von Forderungen zu benutzen, um auf eine Verminderung des Borgunwesens hinzuwirken, scheint es mir gerade in diesem Augenblick zweckmäßig und notwendig, übertriebene Erwartungen einzuschränken und auf diejenigen Grundsätze hinzuweisen, die das Fundament für den Geschäftsbetrieb der Einziehungsinstitute bilden müssen. Auch hier muß es Vorbedingung sein, ausreichende Erfahrungen zu sammeln und der natürlichen Entwicklung der Dinge nicht allzusehr vorzugreifen.

Schließlich möchte ich noch erwähnen, daß eine Anzahl Kreditgenossenschaften an kleinen Plätzen als besonderen Geschäftszweig die Einziehung von Forderungen aufgenommen hat. Einige haben damit recht gute Erfolge erziehlt; so berichtet eine kleine Genossenschaft, daß sie innerhalb einiger Monate 21 Aufträge über zusammen 7000 Mk. übernommen habe und davon 5700 Mk. — also 80 % — eingegangen seien; den Rest hoffte sie durch Gewährung von Ratenzahlungen hereinzuholen. Das ist ein ganz vorzüglicher Erfolg. Ich glaube auch, daß sich dieser Geschäftszweig für Genossenschaften an kleinen Plätzen mit genügend geschulten Beamten sehr gut eignet; die Genossenschaften lernen dabei die Geschäftsführung ihrer Mitglieder, die Bonität der Schuldner kennen und haben die beste Gelegenheit, durch entsprechende Einwirkung ihre Mitglieder zur Beachtung kaufmännischer Grundsätze in ihrer Geschäftsführung zu veranlassen.

Als eins der wirksamsten auf dem Stettiner Genossenschaftstage empfohlenen Mittel zur Förderung des Barzahlungssystems und zur Bekämpfung der Borgwirtschaft hat sich zweifellos das Rabattwesen erwiesen, das in den letzten Jahren einen geradezu rapiden Aufschwung genommen hat.

Gestatten Sie mir, hierzu einige Angaben zu machen.

Dem Verbande der Rabattsparvereine Deutschlands gehörten
im Jahre 1904 an: 64 Vereine mit 12000 Mitgliedern,
im Jahre 1913 an: 467 Vereine mit 70400 Mitgliedern,
außerdem bestehen noch ca. 275 meist jüngere, dem Verbande noch nicht angeschlossene Vereine mit ca. 25000 Mitgliedern, also zusammen rund
750 Vereine mit über 95000 Mitgliedern.

Die Verbandsvereine zahlten im verflossenen Jahre für Rabattmarken aus:
38 Millionen Mark auf einen Warenumsatz von 800 Millionen Mark,

die nicht angeschlossenen Vereine zahlten für Rabattmarken
12 Millionen Mark auf einen Warenumsatz von 250 Millionen Mark;
es wurden demnach für Rabattmarken ausgezahlt in einem Jahre
50 Millionen Mark bar als Rabatt auf 1050 Millionen Mark Warenumsatz.

Das sind gewaltige Summen und Beweise für die unverkennbare Entwicklung des Rabattwesens und damit des Barzahlungssystems. Besonders möchte ich noch darauf hinweisen, daß eine Reihe von Handelskammern und Kreditgenossenschaften in ihren Berichten ausdrücklich die Zunahme der Barzahlung als eine Folge der Vermehrung des Rabattwesens hervorheben.

So schreibt eine Handelskammer, daß das Borgunwesen durch die Rabattsparvereine um 2/3 zurückgegangen sei; eine andere, daß die Zunahme der Barzahlung eine ganz bedeutende geworden und die Geschäftsleute nie wieder von dem Rabattwesen abgehen würden; eine dritte, daß ihrerseits gegen das Borgunwesen nichts geschehen sei, weil das Borgunwesen durch die Rabattgewährung eine erhebliche Einschränkung erfahren habe. Eine Reihe von Genossenschaften sprach sich in gleichem Sinne aus. Eine Genossenschaft erwähnt besonders, daß das lästige Handeln beim Einkauf — namentlich seitens der Landleute — aufgehört habe.

Nach den dem Verbande der Rabattsparvereine Deutschlands von den Verbandsvereinen zugegangenen Mitteilungen hat eine überraschende Einschränkung der Außenstände bei allen Branchen stattgefunden und zwar sind diese Außenstände teilweise bis auf ein Zehntel der früheren Beträge zurückgegangen. Es liegen beim Verbande hunderte von Briefen von Geschäftsleuten vor, in den bestätigt wird, daß das Verhältnis der sofort bei Lieferung bezahlten Waren zu den schuldig gebliebenen Waren gegen früher genau das umgekehrte geworden ist; während früher der größte Teil der Waren auf Wochen und Monate geborgt wurde, wird jetzt fast alles bar bezahlt, da andernfalls keine Rabattmarken verabfolgt werden.

Das Rabattwesen ist nun nicht allein konzentriert in den Rabattsparvereinen, sondern es gibt noch recht viele Geschäftsleute, die eigene Marken ausgeben und diese — sobald ein bestimmter Betrag angesammelt ist — selbst in bar einlösen oder Waren dafür liefern. Eine große Anzahl Geschäftsleute gewährt auch Rabatt bei sofortiger Barzahlung durch Abzug vom Kaufpreise, andere gestatten die Wahl zwischen Barabzug und Rabattmarken. Bezüglich dieser letzteren ist mir die interessante Mitteilung geworden, daß viele Käufer die Rabattmarken dem Barabzuge vorziehen, um statt der kleinen Barabzüge größere Beträge anzusammeln. Verbindet man diese Erscheinung mit der Tatsache, daß die Käufer die in den sogenannten Rabattsparbüchern eingeklebten Marken zu einem großen Teil zu bestimmten Terminen, namentlich z. B. Weihnachten, einziehen, so läßt sich daraus mit ziemlicher Sicherheit schließen, daß das Ansammeln von Rabattmarken vielfach als eine Sparkasse angesehen wird, daß also das Rabattwesen nicht allein zur Förderung der Barzahlung und Bekämpfung der Borgwirtschaft dient, sondern daß es auch auf der anderen Seite als ein zweckmäßiges Mittel — den Sparsinn zu wecken — angesehen werden muß.

Es ist unverkennbar, daß das Rabattwesen zur Verminderung der Borgwirtschaft ganz hervorragend beigetragen hat und seine weitere Ausbreitung durchaus wünschenswert ist. Gerade weil ich hiervon fest überzeugt bin, möchte ich den rabattgebenden Geschäftsleuten die Mahnung zurufen, in der Höhe der Rabattsätze Maß zu halten, damit nicht etwa aus dem gesunden Rabattwesen ein Rabattunwesen wird. Die als Rabatt in einem Jahre gezahlten 50 Millionen Mark bedeuten auch eine erhebliche Belastung der betr. Geschäftsleute und wenn — wie mir von einigen Genossenschaften berichtet wird — im gewöhnlichen Warenverkehr mehrfach ein Rabattsatz von 6 % vergütet wird, so scheint mir das denn doch über das zulässige Maß hinauszugehen. Eine wichtige Aufgabe für die rabattgebenden Geschäftsleute muß es deshalb sein, die Rabattsätze so festzusetzen, daß der zu vergütende Rabatt in einem angemessenen Verhältnis zu dem durch die Barzahlung erreichten Nutzen steht.

Als ein weiteres Mittel, das Barzahlungssystem zu fördern, wurde in dem Stettiner Antrage empfohlen, die Pflege des Scheck- und Ueberweisungsverkehrs und die Gewöhnung des Publikums an den Gebrauch von Bankkonten. Da ist nun das betrübende Resultat zu verzeichnen, daß im Scheckverkehr ein Stillstand, vielerorts sogar ein bedeutender Rückgang eingetreten ist. Das ist zum Teil zurückzuführen auf den enorm gewachsenen Postscheckverkehr. Es bestanden im Juli dieses Jahres im Reichspostgebiet 81722 Postscheckkonten, auf denen in diesem einen Monat 1537 Millionen Mark Gutschriften und 1532 Millionen Mark Lastschriften verbucht wurden. In der Hauptsache sind die bedauernswerten Zustände im Scheckverkehr zurückzuführen auf den unglücklichen Scheckstempel. Eine Reihe von Genossenschaften hat leider bedeutende Rückgänge auf diesem Gebiete zu beklagen. Manche Genossenschaften haben diesen Geschäftszweig sogar gänzlich wieder aufgegeben. Wenn wir auch jetzt mit Sicherheit damit rechnen können, daß der Scheckstempel mit Ablauf des Jahres 1916 verschwindet, vorausgesetzt, daß nicht bis dahin eine neue Finanzreform einen Strich durch die Rechnung macht, so vergehen doch bis dahin noch über 3 Jahre und weitere Jahre werden vergehen, bevor das durch den Scheckstempel verlorene Gebiet wieder gewonnen ist. Sehr wünschenswert wäre es daher, wenn eine frühere Beseitigung des Scheckstempels erreicht werden könnte. Es scheint mir eine dankenswerte Aufgabe für die großen genossenschaftlichen Verbände, in diesem Sinne bei der Regierung vorstellig zu werden, wie dies — soweit mir bekannt — seitens des Hansabundes bereits geschehen ist.

Der Ueberweisungsverkehr und der Gebrauch von Bankkonten hat nach zahlreichen Berichten der Kreditgenossenschaften in recht vielen Fällen zugenommen und damit ist eine wertvolle Förderung des Barzahlungssystems eingetreten. Nichts ist besser geeignet zahlungsfähige Schuldner zur pünktlichen Erfüllung ihrer Zahlungsverpflichtungen zu erziehen, als der Ueberweisungsverkehr und der Gebrauch von Bankkonten. Wir müssen zu erreichen suchen, daß nicht nur jeder Geschäftsmann, sondern jeder Beamte, jeder Rentner, jeder Privatmann, der häufiger Zahlungen leisten muß, sein Bankkonto hat. Wird der Geschäftsmann soweit kommen, auf Rechnungen und Briefbögen seine Bankverbindung anzugeben, regelmäßig, nicht etwa halbjährlich oder jährlich, sondern möglichst monatlich seine Rechnungen auszuschreiben, jeder Rechnung eine Zahlkarte mit der Adresse seiner Bankverbindung beizulegen, mit dem Vermerk, daß dieser Betrag seinem Konto gutzuschreiben ist, so wird er zweifellos viel schneller in den Besitz seiner Außenstände kommen wie jetzt. Er wird über diese Gelder in seinem Betriebe wieder verfügen können; es werden vor allem aber auch recht viele unnötige Wege, Rechnungsdifferenzen und Klagen vermieden werden. Gelingt es, auch den Privatmann mehr wie bisher an den Gebrauch von Bankkonten zu gewöhnen, ihn zu überzeugen, daß er durch die Benutzung eines Bankkontos und des Ueberweisungsverkehrs einen Zinsgewinn erzielt, Portokosten und Zeit erspart und dann auch von dieser Seite die Bargeldzahlung in Fortfall kommt, so wird ein bedeutsamer Schritt auf dem Wege zum bargeldlosen Zahlungsverkehr und damit auch zur Beseitigung der Borgwirtschaft getan sein. Was eine Genossenschaft darin leisten kann, das Publikum an den Gebrauch von Bankkonten zu gewöhnen, hat die Bank für Handel und Gewerbe in Lübeck bewiesen, die mit Stolz berichten kann, daß sie ca. 1000 Scheckkonten führt, davon allein 600 für Handwerker und daß dort fast jeder Handwerker ein Scheckkonto hat.

Bei der seitens des Allgemeinen Verbandes veranstalteten Umfrage ist selbstverständlich Wert darauf gelegt worden, zu ermitteln, welches Buchführungssystem für Handwerker und kleine Handelstreibende am besten geeignet ist; denn darauf muß vor allen Dingen Bedacht genommen werden, daß diesen teilweise recht ungeschulten Geschäftsleuten nur eine Buchführung empfohlen werden darf, die leicht verständlich ist, wenig Schreibwerk erfordert und eine genügende Uebersicht über Kreditoren und Debitoren, über Unkosten sowie über den Vermögensstand, Gewinn oder Verlust gestattet. Zahlreiche Handelskammern, Handwerkskammern und Kreditgenossenschaften haben sich denn auch in gleichem Sinne geäußert und verschiedene Buchführungssysteme empfohlen; manche Handwerkskammern haben auch eigene Systeme ausarbeiten lassen. Ich hatte die Absicht, die Vorteile und Nachteile der einzelnen Systeme hier eingehend zu erläutern, habe aber davon absehen müssen, weil es mir nicht möglich war, der Versammlung die für eine solche vergleichende Besprechung unbedingt erforderlichen Formulare zur Verfügung zu stellen. Vielleicht wird es mir gestattet werden, demnächst in den Bl. f. G. auf diesen Gegenstand zurückzukommen. Ich muß mich deshalb darauf beschränken, die in den vorhin genannten Korporationen besonders empfohlenen Systeme hervorzuheben; es sind das die Buchführung von Hoffmeister, Wüster und Hartjenstein in Hannover-Hildesheim, die Hansa-Buchführung des Hansa-Bundes, die Buchführung von Prof. Kohlhepp in Karlsruhe, von A. Trenkner in Altona, von Möllmann in Iserlohn, von Gruner in Stuttgart und von Walchner in Wangen.

Es wird ihnen bekannt sein, daß der Hansa-Bund in seinen sogenannten Richtlinien aufgenommen hat, wirken zu wollen für alle positiven Maßnahmen, welche geeignet sind, den gewerblichen Mittelstand, das Kleingewerbe, den Detailhandel und das Handwerk in ihrer Leistungs- und Konkurrenzfähigkeit zu erhalten und zu heben.

Diesem Programm entsprechend hat der Hansa-Bund in Verbindung mit dem Zentralausschuß vereinigter Innungsverbände Deutschlands und der deutschen Mittelstandsvereinigung es sich zur besonderen Aufgabe gemacht, die kleinen Geschäftsleute zur Einführung einer einfachen, übersichtlichen Buchführung zu veranlassen. Die von den genannten drei Korporationen zu diesem Zweck gegründete Deutsche Mittelstands-Revisions- und Buchhaltungsgenossenschaft in Berlin hat alsdann eine eigene Buchführung nach dem System der doppelten Buchführung, die sog. Hansa-Buchführung, bearbeitet und eine Reihe von Buchhaltungskursen nach den vorliegenden Berichten von Handelskammern, Handwerkskammern und Kreditgenossenschaften mit recht gutem Erfolg abgehalten. Die Kosten der Buchführungskurse sind größten Teils vom Hansa-Bund getragen worden.

Von anderer Seite sind im Vorjahre Bestrebungen hervorgetreten, mit Hilfe der Gesetzgebung den Kreis der Buchführungsverpflichteten zu erweitern. Der Verein der Schuhwaren- und Lederinteressenten in Hamburg hat es unternommen, die Frage zu untersuchen, ob die Bestimmungen des § 4 Abs. 1 des H. G. B. noch zeitgemäß sind, wonach die sog. Minderkaufleute, also Handwerker und Personen deren Geschäftsbetrieb über den Umfang des Kleingewerbes nicht hinausgeht, generell von der Buchführungspflicht entbunden sind und ist zu dem Resultat gekommen, daß diese Frage unbedingt mit „nein“ zu beantworten ist. In der ausführlichen Begründung erklärt der Verein diese Bestimmungen nicht mehr als zeitgemäß, weil der Handwerker heute meist auch Händler sei und weiter als unzweckmäßig weil der Handwerker ohne Buchführung die Uebersicht über sein Geschäft verliere, schließlich als schädlich, weil aus dem böswilligen Mißbrauch dieser Bestimmungen dem Handel und der Industrie — namentlich bei Konkursen — bedeutende Schädigungen erwachsen.

Der Verein der Schuhwaren- nnd Lederinteressenten hat im Oktober v. J. in Gemeinschaft mit 61 größeren Vereinigungen eine Eingabe an das Reichs-Justizamt, an den Reichstag und an die Justizministerien der Bundesstaaten gerichtet, in welcher vorgeschlagen wird, den § 4 Abs. 1 des H. G. B. dahin abzuändern, daß alle Personen, die für ihren Gewerbebetrieb in der Regel Kredit in Anspruch nehmen, der wenigstens zeitweise den Betrag von 500 Mk. übersteigt, verpflichtet sein sollen, selbst Bücher zu führen.

Ferner wird die Einrichtung sogenannter Kreditrollen empfohlen. Es sollen das Register sein, die bei den Handwerkskammern, Detaillistenkammern und Handelskammern zu jedermanns Einsicht zu führen wären und in die die bücherführenden Kleingewerbetreibenden eingetragen werden sollen, eine Einrichtung, aus der für die bücherführenden Minderkaufleute eine erhöhte Kreditfähigkeit erwartet wird.

Es liegt dem Antrage zweifellos ein guter Gedanke zugrunde. Das ist auch im Reichstage anerkannt, indem der Antrag dem Reichskanzler als Material überwiesen wurde. Der Staatssekretär des Reichsjustizamtes bringt der Frage ebenfalls Interesse entgegen und hat eine Prüfung zugesagt. Auch eine Reihe von Handelskammern steht dem

Antrage durchaus sympathisch gegenüber, wenn auch hier und da nicht unerhebliche Bedenken geltend gemacht werden. So wird bemängelt, daß die Einrichtung von Kreditrollen ganz bedeutende Kosten verursachen würde, deren Höhe nicht in einem angemessenen Verhältnis zu dem Nutzen stände, den diese Kreditrollen gegebenenfalls schaffen könnten.

Eine andere Handelskammer, die dem Antrage grundsätzlich zustimmt, möchte zunächst nur erstreben, das im ganzen Reiche der Fortbildungsschulzwang eingeführt und Buchführungsunterricht obligatorischer Unterrichtsgegenstand dieser Schulen würde, ferner auch die Handelskammern und Handwerkskammern es als ihre Aufgabe betrachten müßten, die Abhaltung von Buchführungskursen fortgesetzt zu entwickeln.

Ich glaube, man dürfte hier ruhig noch einen Schritt weitergehen und verlangen, daß die Buchführung sowohl in den Volksschulen, wie auch in den höheren Schulen als obligatorischer Unterrichtsgegenstand eingeführt würde. Es wird in unsern Schulen leider so vieles gelehrt, was nachher für das praktische Leben ziemlich wertlos ist, daß man wirklich daran denken sollte, hier auszumerzen und praktische Gegenstände — wie kaufmännisches Rechnen und Buchführung — an die Stelle zu setzen.

Eine andere Handelskammer empfiehlt, nicht die vorgeschlagene Kredithöhe von 500 Mk. als Verpflichtung zur Buchführung festzulegen, sondern diese Verpflichtung abhängig zu machen von einer bestimmten Höhe des Gewerbesteuerkapitals bezw. einer angemessenen Höhe der Gewerbesteuer, ein Vorschlag, der m. E. außerordentlich beachtenswert ist.

Die hier vorliegende Frage, auf gesetzlichem Wege durch Abänderung des § 4 Abs. 1 des H. G. B. eine Vermehrung der zur Buchführung verpflichteten Geschäftsleute herbeizuführen, scheint mir für unser wirtschaftliches Leben von sehr großer Wichtigkeit, namentlich auch für das Genossenschaftswesen, und ich halte es daher für eine Pflicht der Genossenschaften, sich überall da, wo sich die Gelegenheit bietet, ernstlich mit dieser Frage zu beschäftigen und gegebenenfalls Stellung zu derselben zu nehmen.

In dem Stettiner Beschlusse ist den Kreditgenossenschaften empfohlen, ihre Mitglieder anzuregen, in Händlervereinigungen und Innungen Vereinbarungen über Zahlungsbedingungen zu treffen, gemeint sind damit nicht etwa Festsetzungen von Preisen, sondern Vereinbarungen über das Ausschreiben von Rechnungen zu bestimmten Terminen, über Zielgewährung, Zinsberechnung bei Ueberschreitung des Zieles und ähnliches, wie sie im Großhandel und in der Großindustrie schon lange bestehen; beabsichtigt ist, auf diesem Wege der regellosen Kreditgewährung entgegen zu arbeiten und in den einzelnen Vereinigungen bestimmte Normen zu schaffen. Es ist mir nicht bekannt geworden, ob nach dieser Richtung Erfolge erzielt sind, ich halte aber derartige Maßnahmen für so wichtig, daß ich heute erneut die Aufmerksamkeit darauf lenken möchte.

Ich glaube, in meinen Ausführungen eine wenn auch nicht erschöpfende, so doch — wie ich hoffe — objektive Darstellung der Resultate gegeben zu haben, die in der Verminderung der Borgwirtschaft erzielt sind, und sie werden mit mir die Ueberzeugung gewonnen haben, daß in den letzten Jahren vieles erreicht ist, daß aber die Bestrebungen zur Bekämpfung des Borgunwesens nur dann von einem vollen Erfolge begleitet sein können, wenn alle in Frage kommenden Organe hierzu beitragen. Es sind das in erster Linie die Handwerker und kleinen Kaufleute selbst, dann die auf volkswirtschaftlichem Gebiete arbeitenden Korporationen, wie Handelskammern, Handwerkskammern, Genossenschaften, Innungen und Händlervereinigungen.

Der Allgemeine Verband hat in dem Stettiner Beschluß genau festgelegt, in welcher Weise die Genossenschaften das Ziel zu erreichen suchen sollen. Wir sind zweifellos auf diesem Wege einen guten Schritt vorwärtsgekommen; es ist auch nichts erkennbar, was uns veranlassen könnte, unsern derzeitigen Beschluß in irgend einem Punkte abzuändern. Da könnte es wohl scheinen, als sei es eigentlich überflüssig, daß wir uns heute wieder mit diesem Gegenstande beschäftigen und doch war diese Besprechung notwendig geworden mit Rücksicht auf die erhebliche Erweiterung des Kreises derjenigen, die sich neuerdings mit der Bekämpfung der Borgwirtschaft beschäftigen. Denn eins müssen wir uns immer wieder vor Augen halten. Das deutsche Genossenschaftswesen, in dem der Allgemeine Verband unter der zielbewußten Leitung seines Anwalts wohl die bedeutungsvollste Stelle einnimmt, ist zu einem gewaltigen Machtfaktor auf volkswirtschaftlichem Gebiete geworden, mit dem alle übrigen wirtschaftlichen Machtfaktoren rechnen müssen. Diese Machtstellung bringt aber auch Pflichten mit sich, die unter allen Umständen erfüllt werden müssen, wenn die Machtstellung nicht verloren gehen soll und dazu gehört besonders die Pflicht mitzuwirken und zwar in erster Reihe, wenn es gilt, wirtschaftliche Fragen zu lösen oder sie doch ihrer Lösung näherzubringen. Und gerade hier bei der Bekämpfung des Borgunwesens handelt es sich um eine Frage von weittragendster wirtschaftlicher Bedeutung, von größtem Einfluß auf die Erhaltung eines gesunden und entwicklungsfähigen Mittelstandes, gerade hier handelt es sich um eine Aufgabe, an der nicht nur der Verband im Allgemeinen, sondern jede einzelne Genossenschaft mitarbeiten kann und mitzuarbeiten die Pflicht hat.

Aus diesem Gedankengange ist der vorliegende Antrag:

> „Es ist eine dringende und dankbare Aufgabe der Kreditgenossenschaften und eine diesen obliegende genossenschaftliche Pflicht, in Ausführung des Beschlusses des Stettiner Genossenschaftstages vom Jahre 1911 über die Bekämpfung der Borgwirtschaft dauernd alle Maßnahmen zu fördern, deren Zweck die Ausbreitung des Barzahlungssystems und die Einbürgerung kaufmännischer Grundsätze im Geschäftsverkehr der Handwerker und kleinen Handelstreibenden ist“

hervorgegangen, und ich bitte Sie, diesem Antrage Ihre Zustimmung zu erteilen. Aber ich knüpfe noch den Wunsch daran, daß Sie sich nicht damit begnügen, diesen Beschluß nur anzunehmen, sondern daß Sie, wenn Sie in Ihre Heimat zurückgekehrt sind, es als Ihre genossenschaftliche Pflicht ansehen mögen, auch für die Ausführung dieses Beschlusses in ihrem Kreise zu sorgen und damit zur Bekämpfung der Borgwirtschaft beizutragen.

(Lebhafter Beifall.)

Vorsitzender Verbandsdirektor **Feldheim**-Burg b. Magdeburg: Ich glaube in Ihrem Einverständnis zu sprechen, wenn ich Herrn Direktor Renke für seinen sehr ausführlichen, lichtvollen Vortrag namens der Versammlung danke.

Ich eröffne nunmehr die Besprechung.

Anwalt Dr. **Crüger**: Meine Herren! Es ist zweifellos ein sehr schöner Erfolg, den wir mit unserem Stettiner Beschluß auf diesem Gebiete zu verzeichnen haben. Wenn der Posener Beschluß eine ähnliche Wirkung zeitigen wird, was wir ja alle hoffen, so können die Kreditgenossenschaften unseres Verbandes das Verdienst für sich in Anspruch nehmen, an der Bekämpfung eines der schwersten Uebel im gewerblichen Leben, an der Bekämpfung der Borgwirtschaft, einen wesentlichen und erfolgreichen Anteil genommen zu haben.

Ich möchte in diesem Augenblick den Kreditgenossenschaften, den Handelskammern und den Handwerkskammern und den Einziehungsgenossenschaften danken, die die Freundlichkeit gehabt haben, auf meine Anfrage uns mit dem Material zu versehen, das dann Herrn Direktor Renke in die Lage versetzt hat, in so ausführlicher Weise und in so umfassender Art dieses außerordentlich wichtige Thema zu behandeln.

Ich glaube, es liegt kaum im Interesse der Sache, hier in die Debatte der einzelnen Mittel zur Bekämpfung der Borgwirtschaft einzutreten. Der eine schätzt dieses Mittel, der andere schätzt ein anderes Mittel höher. Der eine schwört z. B. auf die Rabattsparvereine, der andere hat Bedenken, ob die wirtschaftliche Bedeutung der Rabatt- und Sparvereine wirklich so groß ist usw. Das würde aber die Sache nicht fördern, wenn wir uns hier in Meinungsverschiedenheiten zersplittern, ob das eine oder andere Mittel mehr wünschenswert ist. Ich möchte auch von meinem Standpunkt aus mit einem endgültigen Urteil über die Einziehungsgenossenschaften zurückhalten. Die Zeit des Bestehens der Einziehungsgenossenschaften ist wohl zu kurz, um zu einem Schlußurteil darüber zu gelangen, ob sie empfehlenswert sind oder nicht. Die Bedenken, die Herr Direktor Renke hier geäußert hat, sind zweifellos außerordentlich beachtenswert, und alle diejenigen, welche an die Gründung derartiger Genossenschaften gehen, werden klug tun, sich die Bedenken aus dem Referat des Herrn Renke vor Augen zu halten.

Herr Direktor Renke ist dann auf den Scheck- und Ueberweisungsverkehr zu sprechen gekommen. Das veranlaßt mich, an Sie die dringende Bitte zu richten, doch den Passus aus dem Jahrbuch durchzulesen, der sich auf den Scheck- und Ueberweisungsverkehr bezieht. Ich verkenne nicht, daß es für die Kreditgenossenschaften sehr schwer ist, bestimmte Angaben über den Umfang des Scheck- und Ueberweisungsverkehrs zu machen; vor allen Dingen schwierig bei jenen Genossenschaften, die den Scheckverkehr über Kontokorrentkonto führen, und denen nicht gut zugemutet werden kann, hier eine Auszählung vorzunehmen. Aber ich glaube, dies ist auch nicht nötig, wenn Sie den Weg wählen, der durch besonderes Rundschreiben und in den Genossenschaftsblättern, sowie auch in dem ersten Teil des Jahrbuchs für 1912 zu Ihrer Kenntnis gebracht ist. Ich glaube nicht, daß insbesondere auf dem Gebiete des Ueberweisungsverkehrs ein Stillstand eingetreten ist, sondern ich vermute, daß wir sehr große Erfolge hier zu verzeichnen haben, aber ich kann sie nicht zahlenmäßig feststellen, und das bedauere ich. Wir könnten sonst auf viele andere Genossenschaften einwirken, um sie zu veranlassen, dem Ueberweisungsverkehr größere Aufmerksamkeit zu widmen.

Herr Direktor Renke hat Zweifel daran gehabt, ob wir uns allzulange an der Aussicht werden erfreuen können, von dem Scheckstempel freizukommen, er witterte so eine Art neuer Finanzreform. Das würde allerdings heißen, uns einen bedrohlichen Querstrich machen. Hoffentlich erreichen wir mit unserem Beschluß, daß schon mit Ende dieses Jahres der Scheckstempel aufgehoben wird. Ich will aber auch bei dieser Gelegenheit empfehlen, die Platzanweisung nicht zu vergessen. Das ist ein ganz besonders wertvolles Ergänzungsmittel.

Nun hat Herr Direktor Renke auf die Mitarbeit der Mittelstandsvereinigungen bei der Bekämpfung der Borgwirtschaft und bei der Gewöhnung der Handwerker an eine bestimmte Buchführung hingewiesen. Vor mir liegt ein Heft der Mittelstandsvereinigung, in der ein Referat enthalten ist „Mittelständische Kreditfragen unter besonderer Berücksichtigung des Borgunwesens.“ Da wird von dem Referenten in einem Falle hingewiesen auf die Einziehung von Forderungen und deren Beleihung durch die Kreditgenossenschaften. Es wird insbesondere Bezug genommen auf die sehr erfreulichen Erfahrungen, die man in Neiße — nicht bei unserem Vorschußverein, sondern bei der zweiten dort bestehenden Genossenschaft — gemacht hat, die unter Leitung des Stadtrats Jung steht. Dieses Referat stammt aus dem Jahre 1909. Inzwischen hat Herr Jung in Neiße seine Ansichten über die Diskontierung von Buchforderungen einer Revision unterzogen. In dem letzten Geschäftsbericht seiner Genossenschaft hat er ausdrücklich darauf hingewiesen, daß er heute voll auf unserem Standpunkt steht und die Diskontierung von Buchforderungen nicht weiter in seiner Genossenschaft betreiben will. Kürzlich ist übrigens auch durch die Presse eine Kundgebung von den Handwerkskammern gegangen, die vom Handelsministerium angefragt worden sind, wie sich die Handwerkskammern zur Diskontierung von Buchforderungen stellen, und die Handwerkskammern nehmen auch den Standpunkt ein, der von uns von Anfang an vertreten wurde. Wenn wir nun aber in diesem Heft der Mittelstandsvereinigung, das zweifellos in den weitesten Kreisen des Handwerks Eingang gefunden hat, in dem hier erwähnten Referat eine Stelle finden, in der es heißt:

„Die Schulze-Delitzschschen Genossenschaften haben sich zwar große Verdienste um den gewerblichen Mittelstand erworben. Man wird auch anerkennen müssen, daß sie heute noch weiten Kreisen des gewerblichen Mittelstandes eine gute Kreditquelle sind. Indessen wird gegen sie, und zwar allem Anscheine mit Recht, der Vorwurf erhoben, daß sie zum Teil im Laufe der Zeit zu mehr „kapitalistischen“ Institutionen sich entwickelt haben und dementsprechend für die Bedürfnisse des kleinen Mannes weniger Interesse und Verständnis mehr haben“ —

so wissen die Gewerbetreibenden, die unseren Kreditgenossenschaften angehören, ganz genau, daß unsere Kreditgenossenschaften keine kapitalistische Entwickelung in dem Sinne genommen haben, daß sie das Kreditbedürfnis des kleinen und mittleren Mannes ganz übersehen.

M. H., es muß bei dieser Gelegenheit auch darauf hingewiesen werden, daß die größten Kreditgenossenschaften, die über Millionen Umsatz verfügen, durch und durch genossenschaftlich arbeiten können. Die Größe des Umsatzes, die Größe der Bilanzzahlen, hat für die Beurteilung der Genossenschaft als Genossenschaft nur eine sehr geringe Bedeutung. Eine Genossenschaft kann klein sein und kann entartet sein, und eine Genossenschaft kann sehr groß sein und vernachlässigt doch nicht das Geschäft des kleinen Gewerbtreibenden.

(Sehr richtig!)

Ich bin der festen Ueberzeugung, wenn ich heute in die Lage komme — ich habe das Heft erst vor wenigen Tagen in die Hände bekommen — und an den Referenten schreiben würde, wie ich ungefähr an den Pastor geschrieben habe, und ihn bitten würde, mir die Kreditgenossenschaften namhaft zu machen, die kapitalistisch entartet sind, die das Geschäft des kleinen Gewerbtreibenden vernachlässigen, dann bekomme ich entweder gar keine Antwort oder eine Antwort mit allgemeinen Redensarten. Noch nicht in einem einzigen Falle ist mir der Name einer Kreditgenossenschaft genannt worden, auf die das zutrifft. Das Bedauerliche liegt natürlich darin, daß in den Kreisen, die uns fernstehen, Mißtrauen gegen unsere Kreditgenossenschaften erweckt wird. Ich glaube, daß das Referat, das wir soeben gehört haben, Momente enthält, aus denen jeder Gewerbetreibende sich überzeugen muß, daß die Kreditgenossenschaften des Allgemeinen Deutschen Genossenschaftsverbandes nicht bloß das sogenannte warme Herz für den gewerblichen Mittelstand haben, sondern daß sie, was unendlich viel mehr wert ist, im Interesse des gewerblichen Mittelstandes arbeiten, und das in einer Weise, daß sie mit Stolz und Genugtuung auf die großen Erfolge hinweisen können, die sie zur Zeit errungen haben.

(Bravo!)

Vorstandsmitglied **Requadt**=Guben: Meine Herren! Im Anschluß an die Ausführungen des Herrn Berichterstatters möchte ich meiner vollen Anerkennung Ausdruck geben über die wertvollen Anregungen, die die „Blätter für Genossenschaftswesen" in dem schon von Herrn Direktor Renke angezogenen Artikel vom Frühjahr dieses Jahres gegeben haben. Ich muß bekennen, daß ich auf demselben Standpunkt stehe, wie Herr Professor Crüger, der soeben sagte, ein Mann der Tat wäre dem Mittelstande wertvoller als einer, der nur schöne, gute Worte hat. Da möchte ich auch sagen: „der Worte sind genug gewechselt, laßt mich auch endlich Taten sehen" — und möchte hier befürworten, daß sich recht viele jüngere Vorstandsmitglieder innerhalb der Kreditgenossenschaften finden möchten, die sich der dankenswerten Aufgabe unterziehen, eine neue, oder sagen wir, wenn es dazu kommen wird, die neue Handwerkerbuchführung zu lehren. Ich muß gestehen, ohne mir damit ein Verdienst herausrechnen zu wollen, daß der Artikel für mich doch Veranlassung genug war, mich sofort mit der Deutschen Mitelstands=Revisions- und Buchführungsgesellschaft in Verbindung zu setzen, und ich hatte die Freude, daß mir für unseren engeren Bezirk Guben und Umgebung die Vertretung dieser Gesellschaft übertragen wurde. Es kommt darauf aber nicht allein an, sondern man muß diesen Willen auch in die Tat umsetzen, und da muß ich, ohne für den Hansabund Reklame zu machen, sagen, daß der Hansabund ebenso bereitwillig, wie an anderen Orten, so auch in Guben die Kosten für die verschiedenen Handwerkerzweige auf seine Kappe zu übernehmen erklärt hat.

Nicht vorenthalten möchte ich Ihnen auch den Ausdruck eines Innungsmitgliedes in Guben. Ich hielt nämlich in diesem Verein in Guben einen Vortrag und zwar über Ziele der Handwerker-Buchführung, und dieser Herr erklärte: wenn es nichts kostet, bezahlen wir alles.

(Heiterkeit.)

Darin liegt auch der Kern der ganzen Sache. Die Opferwilligkeit auf Seiten der Handwerker ist nicht allzugroß, und es wird unendlicher Mühe bedürfen, ihnen zum Teil wenigstens die Notwendigkeit und Zweckmäßigkeit einer praktischen und kurzen Buchführung beizubringen. Aber ich glaube, daß da ein Punkt vorliegt, an dem gerade die jüngeren Vorstandsmitglieder ansetzen müssen, um sich das Vertrauen des Handwerks, das einen großen Teil der Mitglieder unserer Genossenschaften ausmacht, zu erringen und dem Handwerker beizubringen, wo seine eigentlichen Helfer sitzen. Dann wird es ein leichtes sein, gegnerische Stimmen, die den Kreditgenossenschaften eine für das Handwerk freundliche Gesinnung absprechen wollen, verstummen zu machen. Jedenfalls kann ich nur Herrn Direktor Renke meine volle Anerkennung für seine Ausführungen aussprechen, die ich mit wenigen Worten nur unterstreichen wollte.

(Bravo!)

Vorsitzender Verbandsdirektor **Feldheim**=Burg b. Magdeburg: Das Wort wird nicht weiter gewünscht. Ich schließe die Diskussion und erteile das Wort dem Herrn Referenten.

(Berichterstatter Direktor Renke: Ich verzichte.)

Der Herr Berichterstatter verzichtet. Wir kommen zur Abstimmung. Ich bitte diejenigen Herren, die für diesen Antrag sind, die Hand zu erheben

(Geschieht.)

Ich bitte um die Gegenprobe.

(Dieselbe erfolgt.)

Ich stelle fest, daß der Antrag einstimmig angenommen ist.

Wir kommen nunmehr zu Punkt

V. Antrag des Verbandes der deutschen Erwerbs- und Wirtschaftsgenossenschaften der Provinz Posen:

Der Allgemeine Genossenschaftstag erkennt das Bestreben der Kreditgenossenschaften an, entsprechend dem Beschluß des Allgemeinen Genossen=

schaftstages in Baden-Baden (1901) den Kautionskredit zu pflegen und damit den Gewerbetreibenden Kautionsbestellungen zu erleichtern.

Der Allgemeine Genossenschaftstag muß aber auch ferner feststellen, daß die Kreditgenossenschaften in der Pflege dieses Geschäftszweiges nicht überall bei den Behörden das erwünschte Entgegenkommen gefunden haben, und daß die auf dem Allgemeinen Genossenschaftstag zu Breslau (1904) ausgesprochene Erwartung, daß die Behörden die Kautionskreditgewährung durch Kreditgenossenschaften in keiner Weise erschweren würden, sich nicht erfüllt hat.

Der Allgemeine Genossenschaftstag spricht sein Bedauern darüber darüber aus, daß insbesondere in preußischen Abteilungen der Regierungen den Kreditgenossenschaften die Kautionskreditgewährung in einer Weise erschwert wird, die unvereinbar ist mit den Aufgaben der Kreditgenossenschaften und den verschiedenen Erlassen und Verfügungen des preußischen Landwirtschaftsministeriums. Dadurch wird dem in heutiger Zeit um seine Existenz schwer ringenden Mittelstand die Kautionskreditgewährung teils erschwert, teils verteuert.

Der Allgemeine Genossenschaftstag ersucht den Anwalt, in geeigneter Weise sowohl bei der preußischen Staatsregierung, als bei deu Regierungen der anderen Bundesstaaten, die in ähnlicher Weise die Kautionskreditgewährung erschweren, vorstellig zu werden, daß die Kreditgenossenschaften, die nach Prüfung ihrer Verhältnisse für die Kautionskreditübernahme als sicher zu betrachten sind, auch für die Kautionskreditübernahme zugelassen werden, ohne daß noch weitere Sicherheiten neben dem als sicher zu betrachtenden Schuldner gefordert werden.

Eine im Interesse des gewerblichen Mittelstandes liegende Reform der Submissionsbedingungen ist undenkbar, ohne daß der hier aufgestellten Forderung Rechnung getragen wird.

Ich bitte den Herrn Berichterstatter Direktor Argelander das Wort zu nehmen.

Berichterstatter Direktor **Argelander**-Nakel (Netze): Nachdem der Allgemeine Genossenschaftstag in Baden-Baden 1901 den Kreditgenossenschaften die Pflege des Kautionskredits empfohlen, hat dieser weite Verbreitung bei den Kreditgenossenschaften gefunden, und dadurch vielen Ihrer Mitglieder eine wesentliche Erleichterung für den Geschäftsbetrieb geboten, wie auch den weniger Bemittelten es möglich gemacht, sich gleich den Bemittelten erfolgreich bei Ausschreibungen zu beteiligen. Kaufleute und Gewerbetreibende aller Art, die in Zoll- und Steuersachen bei Ausschreibungen, bei Holzkäufen usw. Behörden Kaution zu stellen haben, finden in Ihrer Kreditgenossenschaft eine Stütze, die in billigster Weise die Kautionskreditgewähr, in allen gewünschten Formen übernimmt.

Unser Herr Anwalt hat sich in dankenswerter Weise erfolgreich dahin bemüht, daß auch den Kreditgenossenschaften unseres Verbandes gestattet wird, in Preußen und anderen Bundesstaaten bei behördlichen Käufen, Lieferungen, Leistungen usw. Kaution in Form von Wechseln, Bürgschaften und Sparbüchern zu stellen, wenn die betreffenden Institute nach ihren finanziellen Grundlagen und Einrichtungen ausreichende Sicherheit bieten. In diesem Sinne haben die meisten preußischen

Ministerien Rundverfügungen an die ihnen unterstellten Behörden übereinstimmend erlassen.

Es ist durchaus anzuerkennen, daß die Behörden mit dieser Stellungnahme bestrebt sind, die künstlichen Hemmnisse, welche der Beteiligung der mittleren, nicht zum großen Unternehmertum gehörenden Schichten entgegenstehen, möglichst hinwegzuräumen und namentlich bei den Bestimmungen über die Sicherheitsleistung mehr den Bedürfnissen der mittleren Klassen, der Handwerker und Lieferanten, Rechnung zu tragen. Mit der Seehandlung, der Reichsbank oder einer Großbank, stehen letztere aber in der Regel nicht in Verbindung; ihr Bankier ist im wesentlichen die Kreditgenossenschaft und nur durch diese sind sie meist in der Lage die erforderliche Sicherheit zu bestellen und damit in Frage zu kommen, den Zuschlag zu erhalten. Wie aber oft im Leben Theorie und Praxis zwei ganz verschiedene Dinge darstellen, so auch hier bei Behandlung der Kautionsstellung seitens der Behörden.

Es ist schon lange kein Geheimnis mehr, daß die Provinzialbehörden vielfach es den Kreditgenossenschaften gegenüber bei der Leistung von Kautionskredit in einer Weise an Entgegenkommen fehlen lassen, das mit den Vorschriften, Verordnungen und Verfügungen der Zentralinstanzen im Widerspruch steht. In dem ablehnenden Bescheide heißt es in der Regel, daß die angebotenen Werte nicht mündelsicher, oder, daß Werte von Genossenschaften mit beschränkter Haftpflicht grundsätzlich nicht angenommen werden, oder, daß nur Akzepte von größeren Banken angenommen werden können usw.

Natürlich kann davon keine Rede sein, daß die hinterlegten Werte mündelsicher sein müssen. Genossenschaften mit beschränkter Haftpflicht sind nicht von der Regel ausgenommen, und ich brauche wohl an dieser Stelle nicht ausführlich auseinanderzusetzen, daß Genossenschaften mit beschränkter Haftpflicht unter Umständen größere Sicherheit bieten können, als Genossenschaften mit unbeschränkter Haftpflicht. Wenn Akzepte von größeren Banken oder Großbanken verlangt werden, so könnte dieses Verlangen doch nur bei besonders hohen Summen gestellt werden. Wir alle freuen uns gewiß, daß wir in Deutschland Großbanken haben, die für unser Wirtschaftsleben genau so notwendig sind, wie die Genossenschaften, nur dürfen die Behörden darin kein Universalmittel gegen Verluste sehen. Ich erinnere an die Leipziger Bank, Niederdeutsche Bank usw. Ob die Behörden durch Kautionsstellung von Genossenschaften schon öfter Einbußen gehabt, ist mir nicht bekannt, doch muß ich die Ansicht vertreten, daß, wenn auch solche Fälle schon eingetreten wären, es doch die Pflicht der Behörden wäre, den wirtschaftlich Schwachen zu stützen und nach Möglichkeit Entgegenkommen zu beweisen. Ausfälle entstehen überall, auch bei der Reichsbank, die gewiß vorsichtig arbeitet. Wo man Holz haut, da fallen eben Spähne. Es darf auch nicht übersehen werden, daß bei den Genossenschaften mit unbeschränkter Haftpflicht alle Genossen mit ihrem ganzen Vermögen und bei beschränkter Haftpflicht mindestens noch in der Höhe der Geschäftsanteile haften, während bekanntlich Aktiengesellschaften und Gesellschaften mit beschränkter Haftung keinerlei Haftpflicht außerhalb des Aktienkapitals haben.

Richtig ist es, das infolge von Beschwerden eine ganze Anzahl Ablehnungen später doch zur Annahme gelangen, was aber einen erheblich praktischen Wert nicht mehr hat, weil der Lieferant inzwischen in anderer Weise hat Kaution stellen müssen, und die Genossenschaft in den Augen des Betreffenden durch die Ablehnung im Ansehen gesunken ist.

Die Akten unserer Anwaltschaft geben genügenden Anhalt dafür, daß trotz vielfacher anerkannter Beschwerden die Verhältnisse sich nicht gebessert, sondern verschlechtert haben, so daß wir außer in den „Bl. f. Genossenschaftsw." auch bei Genossenschaftsversammlungen unsere Stimme erheben müssen, um zu erreichen, daß das Gute, was die Zentralinstanz zur Wohlfahrt des Mittelstandes will, auch von den nachgeordneten Behörden in entgegenkommender Weise ausgeführt wird. Daß unsere Genossenschaften aber gute Stützen des Mittelstandes sind, ist auch behördlicherseits auf dem Allgemeinen Genossenschaftstage in Danzig anerkannt worden.

Aus unserem Fachblatt ist Ihnen bekannt geworden, welche drastischen Ablehnungen die Kreditgenossenschaften in den einzelnen Bezirken erfahren haben und wohl die meisten unter uns haben eigene Erfahrungen gemacht. Die Angelegenheit ist für unsere Kreditgenossenschaften aber von solcher Wichtigkeit, daß ich diese Frage durch Vortrag von Einzelfällen nicht herunterdrücken möchte.

Festgestellt muß jedoch werden, daß hauptsächlich preußische Genossenschaften von den gemachten Schwierigkeiten betroffen werden. Um Vergleichsmaterial zu gewinnen, ob auch in den außerpreußischen Staaten solche Schwierigkeiten vorkommen, und um überhaupt ein Bild von der Entwicklung des Kautionskreditsgeschäftes bei den nichtpreußischen Kreditgenossenschaften zu gewinnen, wurde am 10. Juni d. Js. eine Umfrage bei den außerpreußischen Kreditgenossenschaften des Allgemeinen Verbandes veranstaltet, die folgendes Ergebnis hatte:

Befragt waren 322 Genossenschaften, von denen 169 berichteten. Hiervon befassen sich 77 mit dem Kautionskreditgeschäft gar nicht. 92 Genossenschaften haben das Geschäft eingeführt, nämlich 37 badische, 22 bayrische (davon 16 pfälzische), 15 hessische, 2 sächsische und 16 aus verschiedenen Staaten. Auffallend stark ist hiernach die Beteiligung der im Südwesten Deutschlands ansässigen Genossenschaften, was darauf deuten dürfte, daß man dort gute Erfahrungen mit dem Kautionskreditgeschäft gemacht hat. In Betracht kommen die verschiedenartigsten Geschäfte, bei denen die Genossenschaften ihren Mitgliedern Sicherheiten stellen, hauptsächlich werden genannt Holz- und Kohlenkäufe von Staat und Gemeinde, Fracht- und Steuerstundungen, gerichtliche und Kostensicherheiten, Kautionsstellung bei Uebernahme öffentlicher Arbeiten und Lieferungen, Dienstkautionen usw. Ebenso verschiedenartig ist die Art der Kautionsstellung. Akzepte geben 43 Genossenschaften, Sparbücher und Schuldscheine wurden 47 mal genannt, Hinterlegung von Effekten 17 mal und Bürgschaftsstellung 47 mal. Letztere Form der Kautionsstellung ist besonders beliebt in der Pfalz und Baden, wo sie 15- bezw. 25 mal genannt wird, in Hessen wird sie dagegen nur 2 mal angeführt. Im rechtsrheinischen Bayern ist die Hinterlegung von Sparkassenbüchern und

Schuldscheinen beliebt (bei 4 und 6 Genossenschaften), ebenso in Hessen (13), sie ist aber auch in Baden häufig (18). Akzepte werden in Baden bei 21, in Bayern bei 9 und in Hessen 5 . Genossenschaften gegeben. Effekten hinterlegten in Bayern 4, in Hessen 1 und in Baden 9 Genossenschaften.

In den übrigen Staaten (2 Braunschweig, 4 Coburg-Gotha, 1 Meiningen, 2 Sachsen-Altenburg, 2 Mecklenburg, 1 Oldenburg, 1 Waldeck, 2 Sachsen) stellen 8 Genossenschaften den Kredit durch Akzept, 10 durch Sparkassenbücher, 3 durch Hinterlegung von Effekten und 6 durch Uebernahme von Bürgschaften.

Es ist nun nach den preußischen Erfahrungen äußerst interessant, in welch geringem Maße von den berichtenden Genossenschaften ernsthafte Klagen über etwaige Schwierigkeiten erhoben werden. Fast durchgängig lauten die Berichte, daß Schwierigkeiten seither nicht vorgekommen sind, daß die gestellten Kautionen anstandslos angenommen werden, — ja öfter heißt es sogar, daß die Behörden und Gemeinden die Kautionsstellung durch die Genossenschaft gern sehen, in einem Falle aus Baden wird berichtet, daß die Behörde, obendrein die preußische Garnisonverwaltung, die Handwerker auffordert, sich aller Kautionsstellung durch die Genossenschaft zu bedienen. In Hessen wird das große Entgegenkommen der Behörde gerühmt. Im rechtsrheinischen Bayern betont eine Genossenschaft, daß ihre Kautionsstellung in „großen Beträgen" angenommen worden sei, in der Pfalz ist eine Bürgschaft für Holzkäufe im Betrage von 100000 Mk. anstandslos angenommen worden. Klagen werden vorgebracht von insgesamt 11 Genossenschaften, davon entfallen auf Bayern 4, Baden 3, Hessen 2, und die übrigen Staaten 2. Dabei handelt es sich in mehreren Fällen um rasch beseitigte formelle Anstände, indem der einen Behörde diese, der anderen jene Form der Kautionsstellung lieber waren. Abgesehen von einem einzigen Fall, wo die Kautionsstellung infolge der schlechten Lage der Genossenschaft auf Schwierigkeiten stieß, beziehen sich die wenigen Klagen über wirkliche Zurückweisungen stets auf Behörden anderer Bundesstaaten. So berichtet eine pfälzische Genossenschaft, das eine preußische Behörde nur die Kautionsstellung durch preußische Genossenschaften zulassen wolle; einer Genossenschaft im rechtsrheinischen Bayern sind „in Norddeutschland" Akzepte zurückgewiesen worden. Aus Hessen werden zwei Fälle berichtet, in denen preußische Behörden Schwierigkeiten machten (je einmal die Militär- und die Forstbehörde). Von den 3 badischen Fällen betreffen 2 den Grenzverkehr nach Bayern und Elsaß-Lothringen, in einem Falle hat die (preußische) Militärverwaltung Schwierigkeiten gemacht. Schließlich sind noch zwei Fälle aus Thüringen zu erwähnen, wo es sich ebenfalls nur um die Form der Kautionsstellung handelte.

Danach ist es also recht wohl möglich, daß sich das Kautionskreditgeschäft auch ohne behördliche Schwierigkeiten abwickelt. Wenn sich solche im Grenzverkehr ergeben, ist das nicht weiter erstaunlich, obwohl sie auch hier vermieden werden können, wie ein Bericht aus Baden beweist, der den glatten Grenzverkehr mit Bayern hervorhebt. Es ist bezeichnend, daß die meisten der vorgetragenen wirklichen Beschwerden sich gegen preußische Behörden richten, um so mehr, als diese teilweise ihren Sitz in den betr. Bundesstaaten haben. Allerdings ist hier der erwähnte Fall aus Baden rühmlich auszunehmen, wo die Garnisonverwaltung — im Gegensatz zu der Garnisonverwaltung einer benachbarten Stadt — die Handwerker sogar an die Genossenschaft verwiesen hat. Es ist hier nicht der Ort für eine Untersuchung, weshalb ein so weitgehender Unterschied in den Erfahrungen der außerpreußischen Genossenschaften mit der Kautionskreditgewährung gegenüber der preußischen besteht. Es genügt hier festzustellen, daß von den 92 berichtenden Genossenschaften nur 8 über wirkliche Zurückweisungen klagen, wovon 7 Fälle Behörden anderer Bundesstaaten betreffen — 5 davon sind preußische Behörden. Der Verkehr mit den Behörden der Heimatstaaten wickelt sich dagegen glatt ab — der einzige Ausnahmefall, der hier anzuführen ist, betrifft die erwähnte Genossenschaft, die sich vorübergehend in schlechter Lage befand und jetzt auch nicht mehr zu klagen hat.

Beachten müssen wir, daß der Beamte, der über die Kreditgewähr entscheidet, auch für seine Entscheidung verantwortlich ist. Wir wollen auch nicht verkennen, daß es gar nicht leicht ist, festzustellen, ob eine Genossenschaft ausreichende Sicherheit bietet, was doch nur durch Einreichung eines Jahresberichts geschehen kann. Nicht zu viele verstehen aber eine Bilanz zu prüfen und die zeitige Lage daraus zu ersehen. Soviel steht jedoch fest, daß in den meisten Fällen die Anzahl der Genossen, das eigene Vermögen, die Art der Haftpflicht resp. die Haftsummen schon ausreichenden Aufschluß geben. Angezeigt dürfte es in schwierigen Fällen sein, Auskunft von dem betr. Magistrat oder durch Anhörung eines Sachverständigen, der schon durch die Steuerverhältnisse bedingt, den betreffenden Regierungen zur Verfügung steht, einzuholen. Wo ein Wille ist, sollte sich auch ein Weg finden lassen.

Unsere Genossenschaften sollen aber den Behörden entgegenkommen und gut abgefaßte Geschäftsberichte den in Betracht kommenden Abteilungen der Regierung alljährlich einreichen, damit eine Entscheidung bald herbeigeführt werden kann. Im Staats- wie im Genossenschafts-Interesse liegt es, zu Zuständen zu kommen, die beiden Teilen tunlichst entsprechen und zu diesem Zwecke stellt der Verband der Provinz Posen einen diesbezüglichen Antrag:

> Der Allgemeine Genossenschaftstag erkennt das Bestreben der Kreditgenossenschaften an, entsprechend dem Beschluß des Allgemeinen Genossenschaftstages zu Baden-Baden (1901) den Kautionskredit zu pflegen und damit den Gewerbetreibenden Kautionsbestellungen zu erleichtern.
>
> Der Allgemeine Genossenschaftstag muß aber auch ferner feststellen, daß die Kreditgenossenschaften in der Pflege dieses Geschäftszweiges nicht überall bei den Behörden das erwünschte Entgegenkommen gefunden haben und daß die auf dem Allgemeinen Genossenschaftstag zu Breslau (1904) ausgesprochene Erwartung, daß die Behörden die Kautionskreditgewährung durch Kreditgenossenschaften in keiner Weise erschweren würden, sich nicht erfüllt hat.

Der Allgemeine Genossenschaftstag spricht sein Bedauern darüber aus, daß insbesondere in preußischen Abteilungen der Regierungen den Kreditgenossenschaften die Kautionskreditgewährung in einer Weise erschwert wird, die unvereinbar ist mit den Aufgaben der Kreditgenossenschaften und den verschiedenen Erlassen und Verfügungen des preußischen Landwirtschaftsministeriums. Dadurch wird dem in heutiger Zeit um seine Existenz schwerringenden Mittelstand die Kautionskreditgewährung teils erschwert teils verteuert.

Der Allgemeine Genossenschaftstag ersucht den Anwalt in geeigneter Weise sowohl bei der preußischen Staatsregierung als bei den Regierungen der anderen Bundesstaaten, die in ähnlicher Weise die Kautionskreditgewährung erschweren, vorstellig zu werden, daß die Kreditgenossenschaften, die nach Prüfung ihrer Verhältnisse für die Kautionskreditübernahme als sicher zu betrachten sind, auch für die Kautionskreditübernahme zugelassen werden, ohne daß noch weitere Sicherheiten neben dem als sicher zu betrachtenden Schuldner gefordert werden.

Eine im Interesse des gewerblichen Mittelstandes liegende Reform der Submissionsbedingungen ist undenkbar, ohne daß der hier aufgestellten Forderung Rechnung getragen wird.

(Lebhafter Beifall.)

Vorsitzender Verbandsdirektor Feldheim-Burg b. Magdeburg: Ihr Bravo war der Dank für die Ausführungen des Herrn Referenten. Auch ich danke ihm bestens für seinen Vortrag.

Wünscht jemand das Wort zu diesem Antrag? — Das ist nicht der Fall. Dann würden wir darüber abstimmen. Wer für den Antrag ist, den bitte ich, die Hand zu erheben.

(Geschieht.)

Gegen den Antrag?

(Pause.)

Niemand; der Antrag ist einstimmig angenommen.

M. H.! Wir hätten nun noch unter VI. einen Antrag, der das Effektenwesen betrifft. Der Herr Anwalt hat das Wort.

Anwalt Dr. Crüger: Meine Herren! Ich weiß nicht, ob es auf sehr lebhaften Widerspruch bei Ihnen stoßen wird, wenn Ihnen jetzt der Vorschlag gemacht, den letzten Antrag zurückzustellen. Ich glaube, daß dieser Antrag nicht so glatt hier verabschiedet wird, wie die Angelegenheiten, mit denen wir uns soeben hier beschäftigt haben. Wenn es sich nun um eine derartige Frage handelt, bei der Meinungsverschiedenheiten entstehen können, dann meine ich, müssen wir auch die gegebene Zeit dazu haben, um die Frage gründlich erörtern zu können. Im Einverständnis mit dem Herrn Referenten, der allerdings sehr unglücklich darüber ist, daß er nicht zu Worte kommen soll, möchte ich Ihnen den Vorschlag machen, den Gegenstand abzusetzen.

Vorsitzender Verbandsdirektor Feldheim-Burg b. Magdeburg: M. H., sind Sie mit dem Vorschlage des Herrn Anwalts einverstanden?

(Zustimmung.)

Dann wären wir am Schlusse unserer Verhandlungen. Wenn ich nun heute die Bilanz ziehe, so darf ich wohl feststellen, daß wir wertvolle Vorträge gehört haben, wertvolle Anregungen und Belehrungen erhalten, wichtige Beschlüsse gefaßt haben, welche für unsere Genossenschaften, für das Erwerbs-

und Wirtschaftsleben unseres Vaterlandes von hoher Bedeutung sind. Wir wollen hoffen und wünschen, meine Herren, daß sie an gegebener Stelle die notwendige Beachtung finden und da, wo es erforderlich ist, Abhilfe schaffen. Mit diesem Wunsche, m. H., schließe ich hiermit die Verhandlungen der Kreditgenossenschaften.

(Verbandsdirektor Justizrat Dr. Alberti übernimmt den Vorsitz.)

Vorsitzender Verbandsdirektor Justizrat Dr. Alberti-Wiesbaden: Meine Herren! Die Verhandlungen der Kreditgenossenschaften waren der letzte Punkt, der auf unserer Tagesordnung stand. Wir haben ihn hiermit erledigt. Wenn wir einen Rückblick auf das werfen, was hier verarbeitet worden ist, so glaube ich, können wir mit Genugtuung die Tagung in Posen auch als eine recht erfolgreiche hinstellen. Wir haben die Freude, eine zahlreiche Versammlung hier zu sehen und das, was hier verhandelt worden ist, hat das Interesse der Erschienenen offenbar in hohem Grade erregt. Es waren interessante Sachen, die wir gehört haben, und hoffentlich auch recht fruchtbringende Beschlüsse, die wir gefaßt haben. M. H., Sie haben alle daran mitgewirkt, und ich danke Ihnen dafür.

Wenn wir aber fragen, wer zunächst den Dank für die erfolgreiche Tagung verdient, so glaube ich, müssen wir uns in allererster Linie hier an den Verein und die Stadt Posen wenden. M. H., auch die arbeitslustigste Versammlung wird in den Bestrebungen gehemmt, wenn die Vorbereitungen für eine so zahlreich besuchte Tagung nicht genügend getroffen sind. Heute können wir feststellen, daß diese Vorbereitungen in ganz vorzüglicher Weise getroffen waren.

(Bravo!)

Wo uns Räume wie diese hier zur Verfügung gestellt werden, da wissen wir ohne weiteres, daß wir gut aufgenommen sind und daß Stadt und alle Einwohner, auch die Behörden ihrerseits gern zur Verfügung gestanden haben, um uns hier entgegenzukommen. Es war ja auch im übrigen alles so vorzüglich vorbereitet, daß es glatt gegangen ist, so daß, glaube ich, niemand mit irgendwelcher Unzufriedenheit auf diese Tagung zurückblicken wird.

Ganz besonderen Dank müssen wir aber auch denen erstatten, die die Arbeit selbst vorbereitet haben, und hier wende ich mich an die Herren Berichterstatter und auch besonders, glaube ich, gebührt dieser Dank dem Herrn Anwalt; denn die Arbeit, die er geleistet hat, kommt in all den Beschlüssen, die wir gefaßt haben, und die so sorgsam vorbereitet waren, zum Ausdruck. Und wie ist diese Arbeit geleistet worden?! Der Anwalt hat in der allerletzten Zeit 24 Unterverbandstage abgehalten. Jeder Unterverband hat zwei Arbeitstage gekostet. In der Nacht wurde gereist. Ich kann eine Bemerkung hier wiedergeben, die der Herr Anwalt mir gegenüber getan hat: er müßte in dieser Zeit die Vorbereitungen des Genossenschaftstages im Eisenbahnkoupé erledigen. Was das heißt, das weiß jeder, der einigermaßen gewohnt ist, angestrengt zu arbeiten.

Indem ich dem Herrn Anwalt für seine Arbeit danke, spreche ich die Hoffnung aus, daß unsere hiesige Tagung ihm die schon längst nötige Entlastung bringt.

Auf die Beschlüsse, die wir auf seinen Antrag gefaßt haben, im einzeln einzugehen, dürfte nicht mehr notwendig sein. Ich möchte aber ausdrücklich betonen, daß nicht nur die Beschlüsse, sondern namentlich auch der Bericht durchaus den Anschauungen entspricht, die Engerer und Gesamtausschuß vertreten und daß in keiner Weise davon geredet werden kann, daß der Herr Anwalt namentlich auch in der Polenfrage einen Standpunkt einnimmt, den wir nicht teilen. Nein, ich glaube sagen zu können, daß wir samt und sonders hinter ihm stehen, weil wir durch unsere Erfahrungen längst gelernt haben, daß die Grundsätze, die er vertreten hat, die einzig richtigen sind, die wirtschaftlich zu einem Erfolg führen.

M. H.! Besonderen Dank möchte ich auch an unsere Herren Stenographen richten. Ich weiß genau, welches schwierige Pensum Arbeit sie zu erledigen hatten, und weiß, wie wohl es uns ist, wenn wir nachher gut gefaßte Stenogramme bekommen, die uns selbst nicht zu einer großen Arbeit nötigen.

Zum Schluß gebührt der Dank der Presse, der hier mit der Berichterstattung eine schwere Aufgabe gestellt war. Sie werden in der Zeitung eingehende Berichte finden, für deren Erstattung wir dankbar sind.

Kurzum, alles ist gut gegangen. Alle, die daran mitgearbeitet haben, haben sich um die Sache verdient gemacht. Mit herzlichem Dank an alle, namentlich an Sie, meine Herren, die Sie bis zur letzten Stunde ausgehalten haben, schließe ich unsere Versammlung und rufe: Auf ein frohes Wiedersehen in dem goldenen Mainz!

(Stürmischer Beifall.)

Verbandsdirektor **Kurz**-Stettin: Meine Herren! Es hat sich seit einiger Zeit so gefügt, daß ich regelmäßig bei Beginn der Verhandlungen Vorschläge für die Besetzung der Leitung unserer Tagung machen durfte. Ich maße mir an, am Schluß der Verhandlungen für die schöne und glatte Leitung der Verhandlungen den Dank in Ihrem Namen auszusprechen. Ich bitte, ohne viele Worte zu machen, unseren verehrten Herren, die die Leitung der Verhandlungen in diesen Tagen gehabt haben, für die wunderschöne Art, in der es geschehen ist, unseren herzlichen Dank auszusprechen und sie zu bitten, auch ferner in gleicher Weise für uns zu arbeiten. Ich hätte gern den Dank für Herrn Anwalt Dr. Crüger mit einbezogen, aber er hat ihn schon so reichlich weg, er wird sonst übermütig, wenn wir ihm immer wieder sagen, wie große Arbeit er leistet.

(Heiterkeit.)

Er weiß selber sehr genau, was er zu leisten hat. Also, der Verhandlungsleitung unseren herzlichsten Dank! Sie lebe hoch! hoch! hoch!

(Schluß der Sitzung 1 Uhr 12 Minuten.)

III.

Zusammenstellung
der gefaßten Beschlüsse usw.

Seite

gesehenen Termin für die Aufhebung des Scheckstempels: 31. Dezember 1916, fallen zu lassen . 182/183

XV. Der Allg. Gen.-Tag erklärt:

I. Die Mitgliedschaft der Genossenschaft bei der Genossenschaft mit unbeschränkter Haftpflicht ist grundsätzlich zu verwerfen.

II. Insoweit hiernach die Mitgliedschaft einer Genossenschaft bei einer Genossenschaft für zulässig erachtet wird, gelten die folgenden Grundsätze:

1. Unbedingt zu vermeiden ist, daß bei Beteiligung einer Genossenschaft an einer anderen die Geschäftsguthaben und Haftsummen nach der Höhe der geschäftlichen Inanspruchnahme seitens der Mitgliedsgenossenschaft bemessen werden.
2. Die Höhe der Beteiligung einschließlich der Haftsumme sollte die Reserven der Mitgliedsgenossenschaft niemals übersteigen.
3. Unter allen Umständen ist zu vermeiden, daß die Mitgliedschaft einer Genossenschaft zu dem Zweck herbeigeführt wird, daß der Kredit der anderen Genossenschaft eine Steigerung erfährt . . . . 183—191

B. Angelegenheiten der Kreditgenossenschaften.

XVI. Der Allg. Gen.-Tag spricht sich gegen die Errichtung besonderer Schifferkreditkassen aus. Durch umfangreiche Erhebungen ist einwandfrei festgestellt, daß die Schiffer den benötigten Betriebskredit bei den bestehenden Kreditinstituten, insbesondere der Schulze-Delitzschschen Kreditgenossenschaften, in ausreichender Weise bisher erhalten haben und ferner erhalten können. Auch haben die Erhebungen ergeben, daß die Geschäftseinrichtungen der Schulze-Delitzschschen Genossenschaften den Eigenheiten des Kreditverkehrs der Schiffer vollauf gerecht werden.

Dagegen erscheint die Errichtung besonderer deutscher Realkreditinstitute als wünschenswert, die entsprechend den Hypothekenbanken die Befriedigung des Anlagekreditbedürfnisses der Schiffer zum Gegenstand haben . . . . 243—257

XVII. Der Allg. Gen.-Tag nimmt den Bericht der Genossenschaftsabteilungen der Dresdner Bank entgegen . 257—263

XVIII. Der Allg. Gen.-Tag hält es für erforderlich, zur Gesundung der Verhältnisse auf dem Hypotheken-

Seite

markt im Wege der Gesetzgebung die Verfügungsmöglichkeit über Mieten im Interesse des Hypothekengläubigers zu beschränken. Die Mieten müssen in erster Linie zur Erhaltung des Grundstücks und zur Befriedigung wegen wiederkehrender Leistungen, wie Hypothekenzinsen usw., dienen. Insoweit ist eine Beschränkung der Verfügungsfähigkeit des Eigentümers berechtigt. Der Personalkredit des Eigentümers darf nicht aufgebaut werden auf den Mieten, die bei ordnungsgemäßer Wirtschaft für das Grundstück verwertet werden müssen.

1. Der Allgemeine Genossenschaftstag hält deshalb eine Aenderung des § 1124 des B. G. B. für erforderlich, durch die eine Verfügung über den Miet- und Pachtzins dem Hypothekengläubiger gegenüber für unwirksam erklärt wird, soweit sie sich auf eine spätere Zeit, als des zur Zeit der Beschlagnahme laufenden Vierteljahres erstreckt.
2. Zur Erleichterung der Verwertung eines Grundstücks in der Zwangsversteigerung ist § 57 des Gesetzes über die Zwangsversteigerung und Zwangsverwaltung dahin zu ändern, daß dem Ersteher des Grundstücks gegenüber eine Verfügung über den Mietzins für eine spätere Zeit als das laufende Kalendervierteljahr unwirksam ist.
3. Es empfiehlt sich, dem § 1150 B. G. B. folgende Zusätze zu geben:

   Befriedigt ein nach § 268 B. G. B. dazu berechtigter Dritter den Hypothekengläubiger wegen seiner Zinsforderung, so muß der Gläubiger den aus dem Grundbuch ersichtlichen nachstehend dinglich Berechtigten unverzüglich von dem Uebergang der Forderung Mitteilung machen.

   Wird die Zinsforderung an einen Dritten, der den Hypothekengläubiger wegen der Forderung befriedigt, ohne nach § 268 B. G. B. dazu berechtigt zu sein, abgetreten, so kann er Befriedigung aus der Hypothek mit dem Range derselben nur beanspruchen, wenn nicht ein nachstehender dinglich Berechtigter auf die unverzügliche Mitteilung hin widerspricht. Andernfalls erhält die Zinsforderung den Rang von Ziff. 8 § 10 Zw. V. G. Die Erhebung des Widerspruches eines von mehreren dinglich Berechtigten wirkt für die anderen mit . . . 263—280

Seite

XIX. Der Allg. Gen.-Tag erklärt:
Es ist eine dringende und dankbare Aufgabe der Kreditgenossenschaften und eine diesen obliegende genossenschaftliche Pflicht, in Ausführung des Beschlusses des Allgemeinen Genossenschaftstages zu Stettin im Jahre 1911, über die Bekämpfung der Borgwirtschaft dauernd alle Maßnahmen zu fördern, deren Zweck die Ausbreitung des Barzahlungssystems und die Einbürgerung kaufmännischer Grundsätze im Geschäftsverkehr der Handwerker und Kleinhandeltreibenden ist . . . 280—299

XX. Der Allg. Gen.-Tag erkennt das Bestreben der Kreditgenossenschaften an, entsprechend dem Beschluß des Allgemeinen Genossenschaftstages zu Baden-Baden (1901) den Kautionskredit zu pflegen und damit den Gewerbetreibenden Kautionsbestellungen zu erleichtern.

Der Allg. Gen.-Tag muß aber auch ferner feststellen, daß die Kreditgenossenschaften in der Pflege dieses Geschäftszweiges nicht überall bei den Behörden das erwünschte Entgegenkommen gefunden haben, und daß die auf dem Allgemeinen Genossenschaftstag zu Breslau (1904) ausgesprochene Erwartung, daß die Behörden die Kautionskreditgewährung durch Kreditgenossenschaften in keiner Weise erschweren würden, sich nicht erfüllt hat.

Der Allg. Gen.-Tag spricht sein Bedauern darüber aus, daß insbesondere in preußischen Abteilungen der Regierungen den Kreditgenossenschaften die Kautionskreditgewährung in einer Weise erschwert wird, die unvereinbar ist mit den Aufgaben der Kreditgenossenschaften und den verschiedenen Erlassen und Verfügungen des preußischen Landwirtschaftsministeriums. Dadurch wird dem in heutiger Zeit um seine Existenz schwer ringenden Mittelstand die Kautionskreditgewährung teils erschwert, teils verteuert.

Der Allg. Gen.-Tag ersucht den Anwalt, in geeigneter Weise sowohl bei der preußischen Staatsregierung, als bei den Regierungen der anderen Bundesstaaten, die in ähnlicher Weise die Kautionskreditgewährung erschweren, vorstellig zu werden, daß die Kreditgenossenschaften, die nach Prüfung ihrer Verhältnisse für die Kautionskreditübernahme als sicher zu betrachten sind, auch für die Kautionskreditübernahme zugelassen werden, ohne daß noch weitere Sicherheiten neben dem als sicher zu betrachtenden Schuldner gefordert werden.

C. Angelegenheiten der Konsumvereine.

XXIII. Da die kaufmännische Kalkulation die Grundlage für das Gedeihen eines jeden Geschäftsbetriebes ist, **wird den Konsumvereinen empfohlen**, den größten Wert auf eine solche zu legen; besonders die immer wachsende Eigenproduktion erfordert schärfste und sich öfter wiederholende Kalkulationen.

Zu diesem Zweck ist ein sog. Kalkulationsbuch anzulegen, in welches sämtliche Waren zum Einkaufspreise zuzüglich aller Spesen in übersichtlicher Form geordnet eingestellt sind, derart, daß sich nicht nur die Einkaufspreise ergeben, sondern auch die Mengen der im Laufe des Geschäftsjahres bezogenen Waren und die Konditionen, zu welchen die einzelnen Käufe getätigt wurden.

Dieses Kalkulationsbuch bietet:

1. bei Inventuren eine Gewähr dafür, daß die Waren zum wirklichen Einstandspreise in die Bilanz eingesetzt werden;
2. eine zahlenmäßige Uebersicht über den Verbrauch der einzelnen Artikel in jedem Geschäftsjahr;
3. eine leichte Uebersicht über die verschiedenen Konditionen der einzelnen Lieferanten, was bei Tätigungen der Käufe immer von Vorteil ist . 229—243

D. Angelegenheiten der Baugenossenschaften.

XXIV. Der Allg. Gen.-Tag erklärt:

In Anbetracht der Notwendigkeit einer richtigen Mietenkalkulation für alle die Baugenossenschaften, welche Wohnungen zur Vermietung an ihre Mitglieder herstellen, ist es dringend erforderlich, zu einer möglichst zutreffenden Schätzung der künftig entstehenden Reparaturkosten zu gelangen. Der auf dem Allg. Gen.-Tage in Frankfurt a. M. (1908) angenommene Satz, wonach für Betriebskosten einschließlich Reparaturkosten mindestens 1 % des gesamten Anlagewertes der Mietshäuser in die Kalkulation einzustellen ist, erscheint nach Maßgabe der heutigen Verhältnisse zu niedrig, besonders für Genossenschaften an solchen Orten, wo mit hohen Gemeindeabgaben (Grundsteuer, Kanalisationsgebühren) gerechnet werden muß. Für Reparaturkosten allein sind $^{6}/_{10}$ % des Anlagewertes als Mindestsätze anzunehmen.

Ob es zum Zwecke der Niedrighaltung der von der Genossenschaft aufzubringenden Reparaturkosten angebracht ist, einen Teil der Wohnungsreparaturen

IV.

Bericht

über die

Verhandlungen der Verbandsrevisoren

auf dem

54. Allgemeinen Genossenschaftstag in Posen

am Dienstag, den 19. August 1913.

Den Vorsitz führte Verbandsdirektor Feldheim-Burg b. Magdeburg. Als Schriftführer fungierte Verbandsrevisor Letschert-Karlsruhe. Der Vorsitzende eröffnete um 3¼ Uhr die Versammlung, die etwa 60 Teilnehmer aufwies. Personen, die nicht das Amt eines Verbandsdirektors oder Verbandsrevisors oder eines Stellvertreters derselben bekleideten, wurden nur mit Einwilligung des Vorsitzenden zugelassen.

Die Tagesordnung lautete:

1. Mitteilungen der Verbandsrevisoren über wichtige Beobachtungen bei der Ausführung der Verbandsrevision, die für den Ausbau der Technik der Revision von Bedeutung sind.
2. Die Revision der Treuhandgesellschaften. Berichterstatter: Rechtsanwalt Crecelius-Charlottenburg.

Punkt 2 der Tagesordnung

Die Revision der Treuhandgesellschaften

wurde vorangestellt und es wurde sogleich mit der Verhandlung begonnen.

Stellvertreter des Anwalts Rechtsanwalt **Crecelius**-Berlin bemerkt einleitend, daß der Zweck des Referats rein informatorisch sei, der Vortrag wolle nur eine Aufklärung darüber geben, wie das Revisionsgeschäft bei den Treuhandgesellschaften gehandhabt wird. Ob und inwieweit sich die Revision der Treuhandgesellschaften für die genossenschaftliche Revision verwerten lasse, solle dagegen dahingestellt bleiben.

Der Referent führte dann etwa folgendes aus:

Die Treuhandgesellschaften sind noch nicht alt, vor zehn Jahren kannte sie wohl kaum jemand. Die älteste Treuhandgesellschaft ist die „Deutsche Treuhandgesellschaft", die der Deutschen Bank nahesteht und 1890 gegründet wurde. Sie firmierte ursprünglich „Deutsch-Amerikanische Treuhandgesellschaft." Die ersten Direktoren waren der spätere Staatssekretär Dernburg und der unlängst verstorbene Reichstagsabgeordnete Karl Schrader. Auf des ersteren Initiative dürfte wohl die Gründung zurückzuführen sein, der kurz vorher als Privatsekretär des Direktors Siemens der Deutschen Bank die Verhältnisse des amerikanischen Finanzmarktes und speziell auch der amerikanischen Treuhandgesellschaften, der Trustcompanies, kennen gelernt hatte. Der Zweck war ursprünglich der einer Schutzvereinigung für Besitzer amerikanischer Werte, dann aber auch der einer Beteiligungsgesellschaft, d. h. die Gesellschaft war berechtigt, amerikanische Dividendenpapiere zu erwerben und auf Grund derselben fest verzinsliche Werte, also Obligationen auszugeben.

Die Firma wurde schon 1892 in „Deutsche Treuhandgesellschaft" umgewandelt und das Grundkapital mehrfach verändert, herab- und wieder hinaufgesetzt. Es beträgt zur Zeit 2 Millionen Mark und ist voll eingezahlt. Die Reserven betragen ca. 1,8 Millionen Mark. Auch der Geschäftsbetrieb wurde mehrfach geändert; nach Aenderung der Firma wurden insbesondere auch eigentliche Treuhandfunktionen übernommen.

Ich will hier einschalten, was man unter einem „Treuhandgeschäft" versteht. Die Stellung eines Treuhänders hat, wem tatsächlich nach außen hin, Dritten gegenüber, mehr Rechte eingeräumt werden, als er gebrauchen soll. Ein sehr bekanntes Treuhandgeschäft ist z. B. die jetzt viel erörterte Sicherungsübereignung. Der Gläubiger, der sichergestellt werden soll, erhält an der Sache, mit welcher die Sicherheit geleistet wird, nicht, wie es das Nächstliegende wäre, ein Pfandrecht, sondern volles Eigentumsrecht, aber mit der Vereinbarnng, von dem Eigentum nur wie ein Pfandgläubiger, d. h. zu Sicherungszwecken Gebrauch zu machen. Daher auch der Ausdruck „Sicherungsübereignung." Formell wird der Gläubiger Eigentümer, materiell oder wirtschaftlich aber nur Pfandgläubiger. Solche Treuhandfunktionen sind weiter z. B. das Amt eines Pfandhalters oder Treuhänders bei Emittierungen von hypothekarisch sichergestellten Obligationsanleihen u. dgl. mehr.

Die Bücherrevision ist dagegen ganz zweifellos kein eigentliches Treuhandgeschäft. Sie setzt zwar in sehr hohem Maße Vertrauen voraus, doch genügt dies allein nicht, um ein Geschäft zu einem Treuhandgeschäft zu machen. Der Ausdruck „Treuhand" ist ein juristischer und von der Rechtswissenschaft in Theorie und Praxis seit Jahrhunderten im Gebrauch.

Im Jahre 1901 nahm die Deutsche Treuhandgesellschaft auch die Revision der Geschäfts- und Buchführung bei Gesellschaften und Privatunternehmungen auf. Auch hierfür fand sie das Vorbild in Amerika, wo besondere Revisionsgesellschaften bestehen, während bekanntlich in England diese Revisionen von einzelnen Revisoren vorgenommen werden. In Amerika bestanden vor einigen Jahren schon ca. 100 solcher Revisionsgesellschaften, davon in Newyork allein zwölf.

Erst durch diesen letzteren Geschäftszweig ist die Deutsche Treuhandgesellschaft weiteren Kreisen bekannt geworden. Zunächst freilich hatte sie gerade bei der Einführung der Bücherrevision mit sehr großen Schwierigkeiten zu kämpfen, sie begegnete in den ersten Jahren dem lebhaftesten Mißtrauen und konnte sich nur langsam durchsetzen. Heute hat das Geschäft dagegen einen sehr großen Umfang angenommen, und die Einnahmen aus Revisionsgebühren und Provisionen belaufen sich nach der letzten Bilanz auf über 1¹/₄ Millionen Mk.

Auch seitens der übrigen Großbanken wurden dann in den Jahren 1905 ff. ebenfalls solche Treuhandgesellschaften errichtet. So gründete z. B. die Dresdner Bank in Gemeinschaft mit dem A. Schaaffhausenschen Bankverein die „Treuhand-Vereinigung A. G.", die Diskonto-Gesellschaft die „Revision-Treuhand A. G."

Ueber die Organisation dieser Gesellschaften sei bemerkt, daß sie alle mit erheblichem Kapital, in der Regel 1 Million Mk., ausgestattet sind. Als Betriebskapital ist diese Summe allerdings nicht erforderlich, da Bankgeschäfte auf eigene Rechnung oder gar Spekulationsgeschäfte statutarisch ausgeschlossen sind. Das Aktienkapital dient vielmehr nur als Garantiekapital. Den Gesellschaften werden in ihrer Eigenschaft als Treuhänder hohe Werte überlassen, z. B. bei der Emittierung von Obligationsanleihen, und das hohe Stammkapital soll dazu dienen, die Gläubiger aus diesen Geschäften sicherzustellen.

Die Gesellschaften erstrecken ihren Wirkungskreis über ganz Deutschland. Ursprünglich war der Geschäftsbetrieb dezentralisiert. Man ist aber heute davon abgekommen und zur Konzentration übergegangen. Der Grund hierfür ist rein sachlich: Die Revisionen müssen nach einheitlichen Gesichtspunkten vorgenommen werden, die in großer Zahl auftauchenden zweifelhaften Fragen verlangen eine gleichmäßige Entscheidung, die ganze Handhabung des Geschäfts sowie die Berichterstattung über die vorgenommenen Revisionen verlangen neben größter Sorgfalt auch gleichmäßige Handhabung.

Neuerdings sind die Treuhandgesellschaften wie Pilze aus der Erde geschossen und bereits vor einem Jahre gab es in Deutschland über hundert. Ein Teil davon besteht in der Form der Aktiengesellschaft, der größere Teil in der Form der G. m. b. H., einige auch in der Form der offenen Handelsgesellschaft. Viele arbeiten mit einem minimalen Kapital und führen überhaupt die Bezeichnung Treuhandgesellschaft zu unrecht, da sie Treuhandgeschäfte überhaupt nicht wahrnehmen und, wie schon gesagt, Bücherrevisionen eigentliche Treuhandgeschäfte nicht darstellen. Viele haben aber auch nicht einmal Bücher- und Geschäftsrevisionen zum Gegenstand. So firmieren z. B. einige der üblichen Grundstücksverwertungsgesellschaften als Treuhandgesellschaften. Ja es gibt sogar — d. h., ich will vorsichtig sein und sagen, es gab sogar, damit der Humor bei der Sache nicht fehlt, eine „Treuhandwäscherei G. m. b. H." Die Firmenbezeichnung „Treuhand" ist offenbar sehr ansprechend, und so kommt es, daß sie sich einer großen Beliebtheit erfreut. Die Warnung dürfte daher heute schon angebracht sein, sich vor Eingehung einer Geschäftsverbindung mit einer Treuhandgesellschaft genau zu vergewissern, um was für eine Gesellschaft es sich handelt.

Das Revisionsgeschäft hat heute einen außerordentlichen Umfang angenommen, und zwar nicht nur bei den Treuhandgesellschaften, sondern auch bei den einzelnen Bücherrevisoren. Namentlich die Zahl der letzteren ist Legion. Ein Blick in das Adreßbuch der großen Städte oder in den Anzeigenteil der Tageszeitungen beweist dies zur Genüge. Zweifellos ist in unserer Zeit ein großes Bedürfnis nach Revisionen vorhanden. Die Großbanken haben ihren Geschäftsbetrieb ins Ungeheure gesteigert, sie haben zahlreiche Gesellschaften, ja ganze Industriezweige unter ihre Kontrolle genommen oder sind doch wenigstens bei zahlreichen Gesellschaften stark engagiert. Das hatte zur Folge, daß das Bedürfnis entstand, in größerem Maße als bisher Kenntnis von der Lage dieser Industrien sowie von ihrem Geschäftsgebahren zu erlangen. Zunächst suchte man dies dadurch zu erreichen, daß die Banken ihre Aufsichtsratsmitglieder in den Aufsichtsrat der nahestehenden Industriegesellschaften sandten. Dies erwies sich jedoch bald als unzureichend, da die einzelnen Gesellschaften wieder ihren Geschäftsbetrieb außerordentlich erweiterten, sodaß ein Ueberblick über die geschäftliche Situation für einen Außenstehenden schwer zu erlangen war, und da außerdem die Zahl der Aufsichtsratsstellen in einer Hand sich vermehrte und schließlich allenthalben sich die Neigung geltend machte, bei geschäftlichen Fehlschlägen die maßgebenden Organe verantwortlich und haftbar zu machen. Dazu kam ferner, daß die investierten Mittel immer größer wurden, daß sie zur Zeit einen ungeheuren Teil unseres Nationalvermögens darstellen, und daß damit die Allgemeinheit in hohem Grade an einer sorgfältigen und ordnungsmäßigen Handhabung der Geschäfte interessiert ist. Nimmt man dazu die verschiedenen Fehlschläge und Katastrophen, die große Kreise zogen, z. B. aus letzter Zeit der Niederdeutsche Bankkrach, und sich außerdem Bestrebungen geltend machten, das Depositenwesen in der einen oder anderen Weise gesetzlich zu regeln, und wenn man weiter die Tendenzen berücksichtigt, die in dem bekannten Aufsatz im Reichsanzeiger über die Revisionspflicht des Aufsichtsrates zu Tage traten, so ist es begreiflich, daß sämtliche Gesellschaften darauf gestoßen wurden, hier von sich aus einzugreifen. Nach Lage der Sache schien dies in erster Linie durch eine sorgfältige Prüfung der Bücher und der Geschäftsführung erreichbar. Es mehren sich überdies auch die Anzeichen dafür, daß tatsächlich in Bezug auf die Revision der Gesellschaften ein Eingriff des Gesetzgebers erfolgen wird. So ist es in den letzten Wochen bekannt geworden, daß Bestrebungen im Gange sind, die Ausübung des Berufs eines Bücherrevisors konzessionspflichtig zu machen oder wenigstens die Möglichkeit zu schaffen, die Ausübung des Berufs bei Unzuverlässigkeit zu versagen. Es sind darüber seitens der Regierung bereits mehrere Handelskammern gehört worden, von denen ein Teil sich in bejahendem Sinne geäußert hat. Es erhebt sich die Frage, inwieweit eine derartige Regelung auch auf die genossenschaftliche Verbandsrevision zurückwirken würde. Die Angelegenheit wird vom Allgemeinen Verband mit Aufmerksamkeit verfolgt.

Wie schon gesagt, hat das Revisionsgeschäft, insbesondere der großen Treuhandgesellschaften, einen sehr bedeutenden Umfang angenommen. Auf die Handhabung der Revision durch diese großen Treuhandgesellschaften will ich nun zunächst eingehen.

Die wichtigste Frage ist zweifellos die nach der formellen oder materiellen Revision. Ich glaube, es ist am praktischsten, wenn ich bei der Erörterung dieser Frage an einen praktischen Fall anknüpfe, in dem jetzt gerade in diesen Tagen diese Streitfrage akut geworden ist. Es ist dies im Niederdeutschen Bankprozeß geschehen. Es ist Ihnen allen das Schicksal dieser Bank bekannt; sie ist vor ca. zwei Jahren zusammengebrochen, an ihren Zusammenbruch schlossen sich eine ganze Reihe Prozesse an. Die Bank hatte sich besonders im Gründungsgeschäft betätigt, eine Reihe industrieller Unternehmungen in Gesellschaften umgewandelt oder in Gesellschaften eingebracht. Die Bilanzen dieser in Gesellschaften eingebrachten oder in Gesellschaften umgewandelten Unternehmungen waren von dem Bücherrevisor Hartwig geprüft und als richtig bescheinigt. Der Bescheinigungsvermerk lautete: „Ich habe vorstehende Bilanz geprüft und mit den ordnungsmäßig geführten Büchern übereinstimmend gefunden.“ Die Bilanzen waren aber tatsächlich unrichtig, insbesondere waren einzelne Aktiven, vornehmlich Patente, zu hoch bewertet, sie waren meist ganz wertlos und Abschreibungen darauf nicht erfolgt. In einem Strafprozesse gegen den Direktor der Niederdeutschen Bank, Ohm, sowie gegen den genannten Bücherrevisor, war nun seitens der Anklagebehörde behauptet worden, dieser Bilanzvermerk hätte nicht gegeben werden dürfen, wogegen der Revisor Hartwig geltend machte, er habe die Bilanz und Buchführung nur formell geprüft, sie formell in Ordnung gefunden und auf Grund dieses Befunds die Bescheinigung erteilt. Es war nun seitens der Anklagebehörde weiter behauptet worden, ein Bücherrevisor dürfe nur dann ein Bilanzvermerk der angegebenen Art erteilen, wenn er ordnungsmäßig geprüft habe, d. h. seine Prüfung auch darauf erstreckt habe, daß die Bewertung den gesetzlichen Vorschriften entspreche, also angemessen sei und daß außerdem angemessene Abschreibungen erfolgt seien. Auf Antrag der Prozeßbeteiligten wurde als Sachverständiger ein vereidigter Bücherrevisor aus Essen gehört. Dieser gab sein Gutachten dahin ab, daß eine formelle Revision, die sich also lediglich darauf erstrecke, ob die einzelnen Beträge der Grundbücher ziffernmäßig richtig ins Hauptbuch übertragen seien, niemals zu einer Bilanzbescheinigung der hier in Rede stehenden Art führen dürfe. Das Publikum entnehme jeder Bilanzbescheinigung durch einen beeidigten Bücherrevisor, daß eine eingehende Prüfung der Geschäftsbücher und der Bilanz vorgenommen sei, und daß mit der Bescheinigung auch der Richtigbefund erkannt worden sei. Die von Hartwig gegebenen Atteste hätten nur nach einer materiellen Prüfung und nach Feststellung der Ordnungsmäßigkeit der Bücher und der Bilanz erfolgen dürfen.

Dieses Gutachten führte zu langen Auseinandersetzungen zwischen Staatsanwaltschaft, Verteidigung und dem Sachverständigen. Der Meinungsaustausch setzte sich in der Presse fort, wo die Ansichten ebenfalls stark auseinandergingen. Das Gericht beschloß auf Antrag der Verteidigung, den bekannten Professor Stern von der Handelshochschule in Leipzig und Herausgeber des vorzüglichen Buchhaltungslexikons als Obergutachter zu hören. Herr Professor Stern führte aus, daß tatsächlich ein Unterschied zwischen formeller und materieller Revision bestehe. Der § 43 des Handelsgesetzbuches behandele die formelle Ordnungsmäßigkeit. Nach dieser Bestimmung sollen die Geschäftsbücher gebunden sein, Radierungen dürfen nicht vorkommen, die Bücher dürfen keine leeren Stellen aufweisen und dergleichen mehr. Das alles seien formelle Momente. Materiell sei dagegen eine Buchführung in Ordnung, wenn die Posten rechtzeitig eingetragen seien, und wenn jeder Buchung ein Rechtsgrund nicht mangele. Nach § 38 des Handelsgesetzbuches sollen die Bücher so geführt sein, daß daraus die Lage des Vermögens jederzeit ersichtlich ist. Daraus ergebe sich, daß die Buchführung auch materiell richtig sein müsse, weil sonst ein Ueberblick über das Geschäft und das Vermögen nicht möglich sei. Nun sei allerdings der Fall denkbar, daß einem Revisor der Auftrag erteilt werde, nur das Rechnungswerk zu prüfen. Sei dies der Fall, dann müsse sich der Revisor aber darüber äußern, daß er nur das Rechnungswerk geprüft habe. Wolle der Bücherrevisor aber die Ordnungsmäßigkeit der Bücher oder der Bilanz bestätigen, so müsse er unter allen Umständen auch materiell geprüft haben. Andernfalls sei die Revision nur Blendwerk und Farce. Wenn Betriebsunkosten auf Anlagekonto verbucht seien, oder wenn Verluste auf Zwischenkonten erscheinen, dann sei eine Buchführung natürlich nicht in Ordnung. In der Praxis werde denn auch der Bilanzvermerk sehr verschieden gefaßt, und zwar verschieden nach der Art der vorgenommenen Prüfung. In ca. 30 % der von ihm beobachteten Fälle sei lediglich die Uebereinstimmung der Bilanz mit den Büchern bestätigt. In 40—45 % der Fälle werde auch die Richtigkeit der Bilanz und die Uebereinstimmung mit den ordnungsmäßig geführten Büchern bescheinigt. In den restlichen Fällen gebe es Atteste, die teilweise noch weiter gehen, indem gesagt werde, daß die Bücher mit den Belegen geprüft seien, daß ferner die Vorräte nachgeprüft und die Bewertung der Vorräte kontrolliert sei. Ein Bücherrevisor, der die Ordnungsmäßigkeit der Bücher und Bilanz bescheinige, müsse auch die Notwendigkeit der Abschreibungen prüfen, wenngleich er die Höhe nicht bestimmen könne, und müsse seinen Revisionsvermerk verweigern, wenn notwendige Abschreibungen nicht vorgenommen seien. Was die Prüfung der Güte der Debitoren anlange, so könne hier im einzelnen eine Nachprüfung nicht verlangt werden, doch komme hier alles auf den einzelnen Fall an. Werde einem Revisor schlechthin der Auftrag zur Bilanzprüfung erteilt, so sei das ein Auftrag zur vollständigen materiellen Prüfung der Bilanz. Der Bücherrevisor werde insbesondere nachzuprüfen haben, ob die Anlagen richtig bewertet, ob Abschreibungen vorgenommen seien und dergleichen mehr.

Alles in allem genommen, ließ auch Professor Stern keinen Zweifel darüber, daß nur eine materielle Revision eine Revision von Wert sei, und daß unter einer Revision, wenn nicht eine besondere Einschränkung erfolge, stets eine materielle Revision zu verstehen sei.

Dieser Standpunkt deckt sich nun durchaus mit dem von den großen Treuhandgesellschaften eingenommenen. So sagt z. B. die Treuhandvereinigung A.-G. in ihrem Prospekt: „Die Gesellschaft übernimmt Prüfung von Büchern und Bilanzen, wobei sie sich nicht nur auf den Vergleich von Ziffern beschränkt, sondern auch in eingehender Weise die materiellen Nachprüfungen der Unterlagen für das gesamte Buch- und Rechnungswesen vornimmt." Aehnlich sagt die Revision-Treuhand A.-G.: „Auf dem Gebiete der Revisionen stellen wir die Prüfung der Ertragswirtschaft in Bezug auf die materielle Richtigkeit und Zweckmäßigkeit der gesamten in der Bilanz gipfelnden Rechnungsführung in den Vordergrund. .... Von einer Prüfung der Sach- und Personenkonten und ihren Grundbuchungen ausgehend, untersuchen wir das Kalkulationen- und Selbstkostenwesen, das Bestellwesen, die Behandlung der Warenein- und Ausgänge, die Verbuchung und Kontrolle des Materialverbrauchs, das Lohnwesen ...."

Die Treuhandgesellschaften gehen sogar insofern noch über den von Professor Stern eingenommenen Standpunkt hinaus, als sie grundsätzlich eine nur formelle Revision ablehnen. Gerade solche Anträge auf Vornahme einer nur formellen Revision sind bei den Treuhandgesellschaften keineswegs selten. Will z. B. jemand einen Kredit aufnehmen oder einen Teilhaber für sein Geschäft gewinnen, so wird schon heute sehr häufig die Hergabe des Kredits oder die sonstige Beteiligung davon abhängig gemacht, daß eine angesehene Treuhandgesellschaft die Bilanz prüft und bescheinigt. Nun ist es zu verstehen, daß häufig der Inhaber des Geschäfts ein Interesse daran hat, daß die Treuhandgesellschaft keinen allzu eingehenden Einblick in die Verhältnisse seines Geschäfts gewinnt. In solchem Falle pflegt dann lediglich eine formelle Revision, aber mit dem Ziel des Bilanzvermerks, erbeten zu werden. Die Treuhandgesellschaften lehnen, wie schon gesagt, mit Rücksicht auf ihren Ruf derartige Beschränkungen des Auftrags grundsätzlich ab und stehen auf dem Standpunkt, daß es ihrem eigenen sachverständigen Ermessen vorbehalten bleiben müsse, welche Prüfungen vorzunehmen seien. Die Prüfungen der Treuhandgesellschaften erfolgen also grundsätzlich nur materiell, wobei es natürlich von der zur Verfügung stehenden Zeit abhängt, wie eingehend diese materielle Prüfung erfolgen kann.

Auf den Unterschied der formellen und der rein rechnerischen (kalkulatorischen) Revision von der materiellen Revision soll jetzt nicht näher eingegangen werden. Nur soviel sei bemerkt, um Mißverständnisse zu vermeiden, daß mit einer materiellen Revision nicht eine unbedingte Gewähr für die Richtigkeit der Bilanz übernommen wird, daß sie sich aber stets darauf erstreckt, ob die Buchungen einen Rechtsgrund haben, ob also die Unterlagen in Ordnung sind, ob die Buchungen zur richtigen Zeit vorgenommen sind, ob Abschreibungen erfolgt sind, sowie schließlich, ob die Aktiven, insbesondere die Außenstände, richtig bewertet sind. Gerade die Prüfung der Außenstände wird nun häufig als Beispiel dafür angeführt, daß eine materielle Revision überhaupt unmöglich sei. Wer so sagt, hat nicht unrecht, aber doch nicht recht. Er vergißt eins. Zweck einer solchen Prüfung ist nicht festzustellen, ob die Außenstände alle einbringlich sind, dergestalt, daß nachher im Revisionsbericht zu lesen wäre: „Diese Außenstände sind gut und jene sind schlecht, diese sind beitreibbar und jene nicht," sondern, da man den Buchungen, Rechnungen, Schuldscheinen, Wechseln usw. an sich nicht ansehen kann, ob die darin verbrieften Forderungen gut sind, kann es sich dabei immer nur darum handeln, festzustellen, ob nicht einzelne Merkmale hervortreten, die die Bonität der Außenstände zweifelhaft erscheinen lassen. In Betracht kommen hier z. B. Zinsrückstände, ständige Prolongationen ohne Abzahlung, Fehlen des Umsatzes, Anwachsung der Außenstände durch Zinsen im Kontokorrentkonto u. dergl. mehr. Ferner werden häufig Auskünfte eingeholt, die für die Beurteilung der Bonität von Wert sind.

Der Revisor wird bei einer materiellen Revision zu berichten haben, ob solche bestimmte Anzeichen dafür vorhanden sind, daß faule Außenstände vorliegen. Die Schwierigkeit liegt daher nicht so sehr in der Nachprüfung der Bonität, als vielmehr in der Berichterstattung. Der Revisor wird sich hüten müssen, in dem Bericht mehr zu sagen, als er verantworten kann. Es kann nur die Aufgabe des Revisors sein, alle die Anzeichen zusammenzustellen, aus denen auf die Bonität der Außenstände geschlossen werden kann. Dieser Anzeichen sind aber, wie schon gesagt, nicht wenige und es ist auffallend, mit welcher Sicherheit erfahrene Revisoren auf Grund dieser Anzeichen die Güte der Außenstände zu schätzen vermögen. Ich will hierauf nicht weiter eingehen, nochmals aber feststellen, daß eine materielle Revision auch in Ansehung der Außenstände sehr wohl möglich ist.

Eine materielle Revision stellt auch die Aufnahme eines Status dar. Ein solcher besteht ja in der Hauptsache in der Bewertung der Aktiven, sowie in der Feststellung der Höhe der Passiven. Hervorgehoben sei, daß auch von Seiten der unterrichteten Kreise die Schwierigkeit der Aufstellung eines Status vielfach unterschätzt wird. Auch bei Unternehmungen von nur mäßigem Umfange ist die Aufstellung eines Status eine Arbeit von Wochen. Das Gleiche gilt in gewissem Sinne übrigens für jede materielle Revision. Bis zu gewissem Grade ist daher die materielle Revision eine reine Zeit- und Geldfrage.

Nun einiges über den Bilanzvermerk. Die Treuhandgesellschaften pflegen mit der Erteilung des Bilanzvermerks sehr zurückhaltend zu sein, und im Verhältnis zu der Zahl der geprüften Bilanzen sind die Fälle, in denen die Richtigkeit und Ordnungsmäßigkeit der Bilanz bescheinigt wird, nur sehr selten. Bedingung für die Erteilung ist, daß der Treuhandgesellschaft die Möglichkeit geboten wird, sich so eingehend mit der Bilanz zu befassen, daß die Revisoren von ihrer Richtigkeit überzeugt sind.

Der Bilanzvermerk lautet in der Regel: „Vorstehende Bilanz haben wir geprüft und mit den ordnungsmäßig geführten Büchern übereinstimmend gefunden." Die Erteilung dieses Vermerks setzt voraus, daß die Bilanz vollständig geprüft ist. Dazu gehört natürlich nicht die Prüfung jedes einzelnen Geschäftsvorfalls, wohl aber muß die Prüfung soweit ausgedehnt werden, daß die Ueberzeugung von der Richtigkeit vorhanden ist. Was im einzelnen dazu gehört, ist kaum kurz zu sagen und richtet sich nach der Eigenheit des revidierten Betriebes und seiner Organisation. Wesentlich ist: der Rechtsgrund und die Berechtigung der einzelnen Buchungen, die Ordnungsmäßigkeit der Uebertragungen auf die Spezialkonten, sodann, daß zahlen- und rechnungsmäßig alles richtig ist und die Bewertung den gesetzlichen Vorschriften entspricht. Die Revision, die zu einem Prüfungsvermerk führt, nimmt regelmäßig längere Zeit in Anspruch. Bedingung ist, daß die Prüfung keine Beanstandungen ergibt, oder daß deren Beseitigung vorher erfolgt.

Es gibt auch eingeschränkte Prüfungsvermerke, so fällt mitunter das Wort „ordnungsmäßig" weg. Auch wird gelegentlich die Fassung gewählt: „Mit den Ziffern des Hauptbuches übereinstimmend gefunden." Namentlich dieser letztere Vermerk ist indessen wertlos, er hat lediglich eine ganz formelle Prüfung zur Voraussetzung und eigentlich gar keine Bedeutung. Zu bemerken ist indessen, daß die Treuhandgesellschaften auch diese eingeschränkten Prüfungsvermerke nur erteilen, wenn eine materielle Prüfung stattgefunden hat und die Erteilung des üblichen Vermerks aus geringerer Veranlassung, z. B. weil sich kleinere Beanstandungen ergeben haben, die aus irgend welchen Gründen nicht beseitigt werden können, ausgeschlossen ist.

Mit der Vornahme der Revision ist erst die eine Hälfte der Tätigkeit erledigt. Die andere, fast ebenso wichtige, ist die Erstattung des Revisionsberichts.

Ich hatte vorhin schon darauf hingewiesen, daß die Schwierigkeit der materiellen Revision nicht so sehr in der Vornahme dieser Revision, als vielmehr in der Berichterstattung liege. Und tatsächlich liegt denn auch in der Berichterstattung der schwierigste und auch heute noch der umstrittenste Teil der Revisionstätigkeit. Während man sich über die Art und Weise der Prüfungen im wesentlichen einig ist, bestehen hier noch erhebliche Meinungsverschiedenheiten.

Der Revisionsbericht hat einen doppelten Zweck. Er soll dem revidierten Unternehmen zeigen, ob alles in Ordnung ist, ob sich irgendwo Mängel oder wenigstens die Möglichkeiten zu Verbesserungen, Vereinfachungen und Verbilligungen zeigen, er soll aber auch andererseits den Nachweis liefern, ob und inwieweit der Revisor seinem Auftrage gerecht geworden ist und was er zur Ausführung des ihm gewordenen Auftrags getan hat. In letzterer Hinsicht hat der Bericht Bedeutung für die revidierte Gesellschaft, ebenso wie für den Revisor. Für die revidierte Gesellschaft insofern, als sie daraus ersehen kann, wie eingehend der Revisor die Revision ausgeführt hat, was er erschöpfend und was er stichprobeweise geprüft hat, und ob der Umfang der Prüfung den Intentionen der revidierten Firma entspricht. Ist das nicht der Fall, glaubt die Firma z. B., daß sie mehr hätte verlangen können, sind insbesondere einzelne Konten nur stichprobenweise geprüft, während eine umfassende Prüfung vorgenommen werden sollte, so vermag sie dies aus dem Bericht zu ersehen und ist in der Lage, Abstellung des Mangels zu verlangen.

Umgekehrt hat der Bericht auch Bedeutung für die Treuhandgesellschaften. Gibt sich die revidierte Firma mit dem Revisionsbericht zufrieden, so ist dies ein Beweis dafür, daß die Revision auftragsgemäß erledigt ist. Die Treuhandgesellschaften erblicken aus diesem Grunde im Revisionsbericht das beste Sicherungsmittel gegen eine Inanspruchnahme aus der Haftpflicht. Ein solcher Haftpflichtanspruch gründet sich in der Regel auf die Behauptung, daß die Revision nicht ordnungsmäßig ausgeführt worden sei, daß z. B. Unterschlagungen hätten entdeckt werden müssen und ähnliches mehr. Vermag die Treuhandgesellschaft aus dem Revisionsbericht den Nachweis zu führen, daß sie das Konto, auf welchem die Unterschlagungen vorgekommen sind, nur stichprobenweise geprüft hat, ohne daß die revidierte Firma eine erschöpfende Prüfung verlangt hat, so wird in der Regel damit dem Haftpflichtanspruch die Grundlage entzogen.

Der Revisionsbericht wird erstattet, wie es heißt: „Auf Grund unserer sorgfältigen, an Hand der uns vorgelegten Bücher vorgenommenen Prüfung." Es dürfte Ihnen bekannt sein, daß die Deutsche Treuhandgesellschaft dieser Klausel noch die Worte hinzufügt: „Jedoch unter Ausschließung unserer

Haftung." Die anderen Treuhandgesellschaften haben diese letztere Klausel nicht, sie halten die Angelegenheit nicht für so wichtig, um einen derartigen Vorbehalt, der zumeist auch einen schlechten Eindruck hinterläßt, zu machen.

Einen guten Revisionsbericht abzufassen, ist sehr schwer. Gerade wir Juristen wissen dies am besten, wird doch im juristischen Vorbereitungsdienst auf nichts so sehr Wert gelegt, als daß der jüngere Jurist die Berichterstattung, d. h. das Referieren lernt. Der jüngere Jurist trägt sogar im Vorbereitungsdienst nach dieser seiner Haupttätigkeit seine Amtsbezeichnung: Referendar.

Der Revisionsbericht muß zunächst den Verlauf der Revision erkennen lassen, muß ersichtlich machen, was der Revisor im einzelnen getan hat, welches Revisionsmaterial ihm vorlag, und welche Ergebnisse die Revision zutage gefördert hat. Der Bericht enthält in der Regel: 1. Art und Umfang der Revision, 2. die Bewegungen auf den einzelnen Konten. Diese letztere werden in den Berichten der Treuhandgesellschaften einmal aus Sicherheitsgründen gegeben, um schriftlich festzulegen, wie der Revisor die einzelnen Konten vorgefunden hat, sodann aber auch werden sie gegeben, weil sie namentlich bei größeren Unternehmungen einen guten Ueberblick über das gesamte Unternehmen gewähren.

Der wichtigere Teil des Revisionsberichtes ist natürlich derjenige, der die Art und den Umfang der Prüfung wiedergibt. Dies deshalb, weil, falls später irgend etwas nicht stimmt und dem Revisor eine Unstimmigkeit oder Unregelmäßigkeit in der Buchführung entgangen ist, hierauf zurückgegriffen werden muß, um festzustellen, ob der Revisor diese Mängel hätte entdecken müssen. Das ist natürlich, wie schon angedeutet, vor allem sehr wichtig für die Haftpflicht.

Die Revisionsberichte sind sehr umfangreich, und es ist gerade dies ein Umstand, der sehr verschiedener Beurteilung begegnet. Man denke z. B. sich als Leser des Revisionsberichts ein Aufsichtsratsmitglied des revidierten Unternehmens. Diesem wird es natürlich in der Hauptsache darauf ankommen zu hören, ob die Revision Anlaß zu Beanstandungen gegeben hat oder nicht. Für die Einzelheiten wird er sich weniger interessieren. Anders schon der Vorstand oder Inhaber eines Unternehmens, der in dem Revisionsbericht vielfach ein vorzügliches Mittel sieht, sich nach den verschiedensten Richtungen gerade über die Einzelheiten seines Geschäftsbetriebs und darüber, wie sein Personal arbeitet, zu informieren. Unerläßlich erscheint ein ausführlicher Bericht für die Treuhandgesellschaften selbst, um, wie schon mehrfach erwähnt, später einwandfrei dartun zu können, was in Ausführung des Revisionsauftrags geschehen ist.

Wie schon gesagt, wird dem Revisionsbericht die denkbar größte Sorgfalt gewidmet. Die Revisoren sind gehalten, den Bericht sofort an Ort und Stelle unter dem frischen Eindruck der Revision abzufassen. Ein Hinausschieben gilt als durchaus unzulässig. Der Revisor liefert im Bericht in der Hauptsache das Tatsachenmaterial. Die von den Revisoren übermittelten Prüfungsbefunde werden von der Direktion der Treuhandgesellschaft nach tatsächlichen wirtschaftlichen und rechtlichen Gesichtspunkten eingehend und sorgfältig durchgeprüft. Falls es erforderlich ist, werden die Berichte durchberaten; namentlich bei Beurteilung schwieriger geschäftlicher Transaktionen, bei rechtlichen und buchtechnischen Zweifelsfragen ist dies der Fall. Ein Revisionsbericht stellt sich daher niemals als das Ergebnis der Tätigkeit einer einzelnen Person dar, sondern ist immer das Ergebnis des Zusammenwirkens einer ganzen Anzahl von Personen, von denen naturgemäß jeder einzelne bestrebt ist, das erstrebte Ziel möglichst einwandfrei zu erreichen. Selbst im Ausdruck wird die peinlichste Sorgfalt geübt, um dem Leser richtig ins Bild zu bringen. So wird z. B. genau unterschieden, ob ein bestimmtes Konto „stichprobenweise" oder „in zahlreichen Stichproben" oder „in vielen Fällen" geprüft worden ist.

Ueber die Revision selbst können bei der Verschiedenheit der in Betracht kommenden Verhältnisse nur allgemeine Bemerkungen gemacht werden. Ich will folgende hervorheben: Es werden grundsätzlich mindestens zwei Revisoren hinausgeschickt, ausgenommen nur ganz kleine Revisionen, wo zwei Beamte nicht einen ganzen Tag zu tun haben würden. Es geschieht dies einmal aus Sicherungsgründen. Die Revisoren erhalten häufig, wenn auch nur vorübergehend, große Werte anvertraut, und es soll von vornherein etwaigen Beanstandungen, die sich hieraus ergeben könnten, die Spitze abgebrochen werden. Ueberhaupt ist es ja im geschäftlichen Leben üblich, daß zu wichtigen Verhandlungen stets zwei Personen zugezogen werden. Außerdem sollen sich die beiden Revisoren auch handinhandarbeiten, und man hat gefunden, daß die Abwicklung der Revisionen glatter von statten geht, wenn zwei Revisoren damit betraut sind.

Die alte Streitfrage, ob die Revision angemeldet oder unangemeldet sein soll, hat man ausnahmslos im ersteren Sinne entschieden. Unangemeldet ist lediglich die Kassenrevision.

Die Revisionen werden stets vorbereitet, und zwar zunächst von den damit beauftragten Revisoren. Man pflegt bei den Treuhandgesellschaften nicht stets dieselben Personen für die Vornahme bestimmter Revisionen auszuwählen, sondern wechselt. Jeder Revisor faßt seine Aufgabe je nach seiner Eigenart anders auf und findet leicht Sachen, die einem anderen entgangen sind. Es ist die alte Erfahrung: Vier Augen sehen mehr als zwei. Allerdings, die revidierten Firmen sehen es vielfach lieber, wenn stets der gleiche Beamte wiederkommt, weil dieser dann schon die Organisation im großen und ganzen kennt, die Revision selbständiger vornehmen kann und weniger persönliche Aufklärungen benötigt. Die Treuhandgesellschaften suchen diesem Nachteil dadurch entgegenzutreten, daß der Revisor, der zum ersten Mal ein bestimmtes Unternehmen besucht, die früheren Berichte vorher genau studieren muß.

Aber auch seitens der revidierten Gesellschaft soll die Revision vorbereitet werden. Es ist selbstverständlich, daß eine Revision, die sich z. B. auf nur zwei Tage erstrecken soll, leicht dadurch illusorisch werden kann, daß die Unterlagen und Belege nicht zur Hand oder nicht geordnet sind. Es wird daher von Seiten der Treuhandgesellschaften erwartet, daß in dieser Beziehung den Revisoren Schwierigkeiten nicht erwachsen.

Wie im einzelnen der Revisor bei Vornahme der Revision vorzugehen hat, darüber lassen sich bei der ungeheuren Verschiedenheit der revidierten Unternehmungen nähere Anhaltspunkte kaum geben. Die Treuhandgesellschaften haben zwar für die Vornahme der Revisionen Instruktionen für die Revisoren aufgestellt, allein abgesehen davon, daß sie nur allgemeine Bestimmungen enthalten, ist ihr Wert auch schon deswegen nicht groß, weil nur die Erfahrung die nötigen Lehren geben kann. Die Instruktion der Revisoren erfolgt daher in der Hauptsache dadurch, daß die Revisoren in der ersten Zeit angehalten werden, zahlreiche Revisionsberichte möglichst verschiedener Unternehmungen sorgfältig zu lesen. Sodann werden zu den Revisionen stets ein älterer erfahrener Revisor und ein jüngerer Revisor hinausgeschickt, sodaß der jüngere bei dem älteren sich Rat holen und der ältere dem jüngeren gegebenenfalls die nötige Anleitung geben kann.

Am Tage des Beginns der Revision, und zwar möglichst sofort werden die Bestände aufgenommen. (Kasse, Wechsel, Effekten, Koupons). Die Frage, ob eine Wechselbestandaufnahme erfolgen soll, eine Frage, die schon die Revisorenkonferenz beschäftigt und hier verschiedene Beurteilung gefunden hat, ist bei den Revisionen der Treuhandgesellschaften gar nicht umstritten. Die Wechselaufnahme erfolgt stets, bei sehr großen Beständen begnügt man sich mit Teilaufnahmen.

Die Prüfung stellt sich in den meisten Fällen als eine Bilanzprüfung dar. Ausgehend von den auf den einzelnen Hauptbuchkonten erscheinenden Vorträgen, die an Hand der Bilanz abgestimmt werden, wird in eine Prüfung der einzelnen Konten eingetreten. Alles nähere bestimmt sich dann nach der Lage des einzelnen Falles. Ich will hierauf nicht näher eingehen, es ist Ihnen dies alles aus Ihrer eigenen Praxis schon durchaus bekannt und würde auch den Rahmen des Referats, das nur die allgemeinen Grundsätze für die Vornahme der Treuhandrevisionen wiedergeben sollte, überschreiten.

Anwalt **Dr. Crüger** erblickt in dem Vortrag einen wertvollen Beitrag für unsere Verbandsrevision, deren Ausgestaltung heute eine der wichtigsten Fragen des Genossenschaftswesens sei. Die Revision habe im Laufe der Jahre bei uns ihren Charakter verändern müssen Während früher der Revisor in erster Linie die Organisation der Geschäftsführung zu prüfen gehabt habe, stehe heute die materielle Seite der Revision im Vordergrund, besonders bei den großen Genossenschaften aller Art. Wenn der Herr Berichterstatter gesagt habe, die Entwicklung der Treuhandrevision befinde sich noch im Fluß, so könne das Gleiche erst recht von der Verbandsrevision gelten. Der Ausbau der Verbandsrevision dürfe nicht aus dem Auge gelassen werden. Es handle sich aber dabei um ein schwieriges Gebiet, man brauche nur an die Haftpflicht des Revisionsverbandes zu denken. Der Gesamtausschuß habe sich gestern mit der gleichen Frage beschäftigt, sei aber zu keinem endgültigen Ergebnis gekommen und habe einen Beschluß vertagt. Die von dem Berichterstatter behandelte Frage des Bilanzprüfungsvermerkes habe auch schon bei uns in den Revisorenkonferenzen zu Frankfurt a. M. (1908) und Freiburg i. B. (1909) zur Beratung gestanden, und es sei auf die dortigen Verhandlungen zu verweisen. Die Revision werde auch den diesmaligen Genossenschaftstag beschäftigen. Unter Punkt IX der Tagesordnung sei ein Antrag des Gesamtausschusses eingebracht, auf dessen Schlußsatz er hier ganz besonders hinweisen wolle. Dort sei gesagt, daß der Revisor unbeschadet der Verantwortlichkeit des Aufsichtsrates sein Augenmerk nach Möglichkeit auch zu richten habe auf die Prüfung der geschäftlichen Lage der Genossenschaft. Das Revisionssystem von 1889 passe eben heute für viele Fälle nicht mehr. Man habe auch mit der Möglichkeit einer Revision des Genossenschaftsgesetzes zu rechnen; eine solche Revision werde sicher nichts Gutes für die Genossenschaften bringen, und gerade um den Abschnitt IV des Gesetzes, der von der Revision handelt, würde dann zweifelsohne der schwerste Kampf entbrennen. Hier sei eine ernste Gefahr für die Genossenschaften im Anzuge. Beim Ausbau der Revision will der Allgemeine Verband auch jetzt wieder eine führende Stellung einnehmen. Es bestehe die Absicht, im Laufe der nächsten Monate weiteres Material zu sammeln, und er möchte an alle Verbandsdirektoren und Verbandsrevisoren die Bitte richten, diese Arbeit durch Mitteilung ihrer Beobachtungen auf dem Gebiete der Revision zu unterstützen. Die Anwaltschaft werde dann dieses Material verarbeiten, wobei die Erfahrungen des Herrn Berichterstatters wertvolle Dienste leisten würden. Der Allgemeine Verband werde mit allen Mitteln dahin wirken, daß die Verbandsrevision auf der Höhe bleibe.

Verbandsdirektor **Feldheim** stellt darauf als Vorsitzender fest, daß die Versammlung mit Interesse von dem lehrreichen Vortrag des Herrn Rechtsanwalts Crecelius Kenntnis genommen hat, und hofft, daß die Ausführungen zu einer Bereicherung der Verbandsrevision beitragen werden.

Punkt 1. Mitteilungen der Verbandsrevisoren über wichtige Beobachtungen bei der Ausführung der Verbandsrevision, die für den Ausbau der Technik der Revision von Bedeutung sind.

Verbandsrevisor **Dörr**-Friedberg hat gefunden, daß auf dem Gebiet der Wechseldiskontierung besonders viel gesündigt wird. Die Festsetzung von Diskontkrediten sei von großer Wichtigkeit. Aber entweder beständen solche Diskontkredite gar nicht, oder sie wären oft nicht beachtet. Eine Genossenschaft sei durch hohe Baukredite, zu denen sie die Mittel durch Beschaffung und Weiterdiskontierung von Wechseln erhalten habe, in Schwierigkeiten geraten. Das Fehlen einer Obligoliste räche sich oft, und es sei daher bei jeder Revision festzustellen, ob eine solche Liste geführt wird. Weiter wäre insbesondere zu prüfen, in welcher Weise die Kredite durch den Aufsichtsrat genehmigt werden, und ob für höhere Diskontkredite Sicherheit bestellt ist.

Anwalt Dr. **Crüger** betont die Bedeutung der Belastungsliste. Ob Diskontkredite überhaupt Kredite sind, darüber habe man ja früher große Debatten geführt, und ein früherer Genossenschaftstag habe gewissermaßen dekretiert, daß diese Frage zu bejahen sei. Eine neue Debatte darüber sei wohl nicht nötig. Da die von dem Vorrrdner mitgeteilten Beobachtungen auch anderwärts sich ergeben hätten, sei eine allgemeine Feststellung nach dieser Richtung hin möglich.

Verbandsdirektor **Feldheim**=Burg weist ebenfalls auf den Wert der Belastungsliste hin, die selbstverständlich auch die Diskontwechselkredite umfassen müsse. Wenn er von Beobachtungen der vorhin erwähnten Art höre, so frage er sich immer, warum der Vorstand dem Aufsichtsrat die Wechsel nicht vorlege. Er selbst habe in seiner Genossenschaft einen regeren Wechselverkehr und habe gesehen, daß eine solche Maßnahme sehr wohl durchführbar sei. Bei solchen Krediten, wie sie vorhin mitgeteilt seien, müsse natürlich für die Wechsel Sicherheit gegeben werden.

Verbandsrevisor **Soerensen**=Berlin trat für eine Verlängerung der jetzt meist üblichen Revisionszeit von zwei Tagen bei mittleren und größeren Kreditgenossenschaften ein. Während früher die Revision in der Hauptsache mehr instruktiven Charakter habe tragen sollen, stehe man heute auf dem Standpunkt, daß die Verbandsrevision auch materiell durchgreifend sein müsse. Derartige Revisionen könnten in größeren Genossenschaften in richtiger Weise aber nur mit einem genügenden Zeitaufwand ausgeführt werden. Er habe schon seit längerer Zeit erkannt, daß auf die Revision der größeren Genossenschaften viel zu wenig Zeit verwandt werde. Im laufenden Jahr sei ihm diese Erkenntnis noch besonders vor Augen geführt. In einer der größeren seiner Verbandsgenossenschaften habe sich plötzlich herausgestellt, daß Unregelmäßigkeiten vorgekommen seien. Es habe sich gezeigt, daß der Direktor in größerem Maßstabe spekuliert und seine Geschäfte auf verschiedenen fingierten Konten gebucht habe. Ebenso habe sich herausgestellt, daß einem industriellen Unternehmen ein viel zu hoher Kredit gewährt worden sei. Diese beiden Punkte herauszufinden, würde freilich einem Revisor auch bei genügender Zeit nicht immer gelingen, dagegen wurden verschiedene Lombardkonten geführt, auf die mangels ausreichender Deckung schon seit einigen Jahren Verluste entstanden waren. Dies wäre zweifellos gefunden worden, wenn eine angemessene Zeit zur Prüfung der Lombardkonten verfügbar gewesen sei. Falls das Mißtrauen des Revisors erst einmal wach geworden wäre, würde sicherlich ein weiteres Eindringen noch andere Unregelmäßigkeiten zu Tage gefördert haben. Redner weist auf einen Artikel in den „Blättern für Genossenschaftswesen" hin, welcher die Verantwortlichkeit des Revisionsverbandes und des Revisors behandelt.

Man könnte nun sagen, daß es nach den vertraglichen Bestimmungen dem Revisor unbenommen sei, mehr Zeit als bisher auf die Revision zu verwenden. Die Sache habe jedoch ihren Haken. Wenn 45, 50 oder 60 Mk. als Honorar für eine Revision gezahlt werde, wobei zu bedenken sei, daß der Revisor auch noch andere Pflichten habe als die Ausführung der Revision, so könne man nicht verlangen, daß der Revisor sich in großen Genossenschaften etwa 5 oder 8 oder vielleicht noch mehr Tage aufhalte. Die ganze Frage wäre daher nur eine Geldfrage. Was käme es auch darauf an, wenn eine große Genossenschaft mit 100000 Mk. oder mehr Jahresreingewinn einige 100 Mk. mehr für die Revision bezahlen würde. Es müßten zweifellos Mittel und Wege gefunden werden, um eine Aenderung des bisherigen Standes herbeizuführen. Ein Weg könnte darin gefunden werden, daß die Genossenschaft durch Verbandsstatut verpflichtet werde, die Kosten der Revision zu tragen, soweit die Revision mehr als 1—2 Tage in Anspruch nehmen würde. Ein anderer Weg sei der, daß die Genossenschaften sich mehr und mehr freiwillig einer jährlichen Bilanzrevision durch den Verbandsrevisor unterwerfen würden, wodurch bei der gesetzlichen Revision Arbeit erspart würde.

Daß ein größerer Zeitaufwand für die Revision größerer Genossenschaften nötig sei, darüber bestände wohl in der Versammlung kein Zweifel.

Ueber die Mittel und Wege, wie diesem bisherigen Mangel abzuhelfen sei, könne man allerdings streiten. Im übrigen sei es Sache der einzelnen Verbände, die richtigen Wege zu suchen und zu finden.

Verbandsrevisor **Schoedon**-Gleiwitz berichtet ebenfalls von einem Fall, wo eine seiner Verbandsgenossenschaften durch Spekulationen der Vorstandsmitglieder geschädigt worden sei. Diese Spekulationen seien über fingierte Konten gebucht gewesen, die bei der Revision als mit dem Vertrieb von Futtermitteln zusammenhängend bezeichnet wurden. Redner schildert den Hergang des Falles im weiteren, wobei er hervorhebt, daß in der Aufsichtsratssitzung bei der Besprechung der Konten der Aufsichtsrat nichts dazu erwidert habe. Das Vorkommnis habe gezeigt, daß die dem Revisor zur Verfügung stehende übliche Zeit zu kurz sei. Es müsse die Revisionsdauer unbedingt verlängert werden, damit es dem Revisor möglich sei, in die einzelnen Konten tiefer einzudringen und etwaigen Unregelmäßigkeiten sicherer auf die Spur zu kommen.

Anwalt **Dr. Crüger** bemerkt, daß sich jetzt schon zwei Stimmen aus der Praxis für eine Verlängerung der Revisionszeit klipp und klar ausgesprochen hätten, und daß man auch aus den Mitteilungen des Verbandsrevisors Dörr die gleiche Forderung entnehmen könne. Es müsse in die Inventur und die Einzelkonten eingedrungen werden, das Feststellen der Schlußsummen genüge nicht. Zu dieser Arbeit gehöre selbstverständlich Zeit. Hervorzuheben sei, daß die beiden Vorredner über fingierte Konten berichtet hätten. In dem einen Fall hätte sich, wie er hinzufügen wolle, der Vorstand in blanko ausgestellte Anerkenntnisse von einem Aufsichtsratsmitglied geben lassen. Wo das möglich sei, wäre es allerdings ein Leichtes, fingierte Konten dem Revisor zu verdecken. Es müßte auf Mittel und Wege gesonnen werden, die das Auffinden solch fingierter Konten erleichtern. Man habe sich im Engeren Ausschuß mit der Frage beschäftigt, ohne allerdings zu einem positiven Ergebnis zu gelangen. Die Verantwortung des Aufsichtsrates müsse stets scharf betont werden. Die Tätigkeit des Verbandsrevisors entlaste nicht den Aufsichtsrat, sondern belaste ihn. Es sei angebracht, wenn der Revisor zu Beginn der gemeinschaftschaftlichen Sitzung, in der dem Vorstand und Aufsichtsrat über das Revisionsergebnis Bericht erstattet wird, deutlich den Unterschied zwischen den Aufgaben des Aufsichtsrates und den Pflichten der Verbandsrevision kennzeichnet und auf die Verantwortung des Aufsichtsrates hinweist. Redner teilt noch mit, daß er in jüngster Zeit eine Korrespondenz mit dem Generaldirektor des Neuwieder Verbandes wegen der daselbst befolgten Revisionsgrundsätze gehabt habe. Er habe gegenüber diesen Grundsätzen große Bedenken, da sie dazu angetan seien, dem Aufsichtsrat das Gefühl der Verantwortung und das Bewußtsein der Kontrollpflicht zu nehmen.

Verbandsrevisor **Letschert**-Karlsruhe: Auf die materielle Revision müsse großes Gewicht gelegt werden, vornehmlich bei den großen Genossenschaften. Er handle bei seinen Revisionen nach diesem Grundsatz, soweit es die verfügbare Zeit gestatte. Er pflege sich bei jeder gesetzlichen Revision alle Aktivposten von Bedeutung anzusehen und prüfe dann die größeren oder sonstwie auffälligen Posten genauer. Man müsse sich auch die Gewißheit verschaffen, daß alle Konten und Bestände bei der Revision vorgelegen haben. Zu diesem Zweck seien Aufnahmen erforderlich, und zwar bei Kasse, Wechseln und Wertpapieren auf den Tag der Revision, während es bei den Ausständen, deren Inventarisierung auf den Tag der Revision auf technische Schwierigkeiten stoße, genügen dürfe, wenn ein Buchauszug per Ende des vergangenen Monats vorliegt und der Revisor außerdem die wesentlichsten Aenderungen des laufenden Monats an Hand der Grundbücher feststellt. Da diese Monatsauszüge bisher bereits von einer großen Zahl Genossenschaften angefertigt seien, so bedeute dies für einen geregelten Betrieb keine Mehrbelastung. Auch die Bestandsaufnahme und insbesondere die Wechselaufnahme habe sich bei seinen Revisionen durchweg ohne erhebliche Störungen des Geschäftsbetriebes durchführen lassen. Gewöhnlich werde es so gehalten, daß die Genossenschaften die Aufnahmen vorbereiten, so daß der Revisor nur den Bestand im einzelnen mit der Aufnahme zu vergleichen und die Uebereinstimmung der Schlußsumme mit dem Buchbestand festzustellen habe. Daß diese Aufnahmen und Buchauszüge von großem Wert seien, könne nicht bestritten werden. Lediglich auf die Inventur vom vorausgegangenen Jahresschluß zurückzugreifen, sei unzureichend, und zwar umsomehr, je mehr der Revisionstermin von diesem Jahresschluß entfernt liegt. Redner erörtert verschiedene Fälle aus seiner Praxis, wo gerade durch die Aufnahmen ältere Unregelmäßigkeiten zutage traten.

Bei kleineren Genossenschaften mit nur einem aktiven Vorstandsmitglied sei auch bis zu einem gewissen Grad eine rein kalkulatorische Revision angebracht, da es oft an den Kräften innerhalb der Verwaltung fehle, die imstande seien, die Bücher zu prüfen. Sehr bewährt habe sich das von ihm überall beobachtete Verfahren, in der am Schlusse der Revision abgehaltenen Sitzung von Vorstand und Aufsichtsrat u. a. alle größeren oder in anderer Hinsicht bemerkenswerten Konten durchzusprechen und eine Zusammenstellung der Verpflichtungen der größeren Kunden zu geben.

Direktor **Wiglow**=Brandenburg a. H. führt aus, daß sich seit der Einführung der gesetzlichen Revision, seit dem Jahre 1889, vieles bei den Genossenschaften geändert habe. Zuerst sei der Umfang der Genossenschaften in einem Maße gewachsen, wie es 1889 kaum irgend jemand erhofft habe, schwerlich habe damals ein Genossenschafter daran gedacht, daß es nach Verlauf von zwei Jahrzehnten eine Reihe von Genossenschaften geben würde, die einen Bilanzstand von 10 Mill., 15 Mill. Mark und mehr aufweisen. Dann aber seien inzwischen auch die Anschauungen über den Umfang der Revision andere geworden. Früher sei eine formelle Revision als ausreichend erachtet, der Revisor wäre als Berater und Belehrender zu den Genossenschaften gekommen, heute fordern die Unterverbände von ihren Verbandsrevisoren nicht nur formelle, sondern auch materielle Prüfung. Diese Forderung sei aus einem im Lauf der Jahre immer deutlicher gewordenen Bedürfnis erwachsen, es habe aber auch die Frage der Haftpflicht zu dieser veränderten Anschauung mitgewirkt.

Trotz dieser erheblichen Aenderungen in der Größe der einzelnen Genossenschaften wie in den Anschauungen über den Umfang der Revision, scheine nach den von verschiedenen Seiten soeben gehörten Ausführungen eines gleich geblieben zu sein und als unabänderliche Voraussetzung zu gelten, daß nämlich eine Revision nicht länger als zwei Tage dauern dürfe. Für eine Revision dürfe aber die Zeitdauer nicht maßgebend sein. Die Revision solle natürlich nicht eine „Erholung" sein, wie es vorhin im Scherz bezeichnet wäre, sie solle auch im Interesse des Revidierenden wie der revidierten Genossenschaft nicht länger dauern als notwendig, aber sie müsse nach unseren heutigen Anforderungen in formeller und materieller Beziehung vollständig sein.

Ein Verbandsrevisor dürfe seine Revision erst beenden, wenn er die Ueberzeugung gewonnen habe, daß er zu einem zuverlässigen Urteil über die Einrichtungen und den Stand der revidierten Genossenschaft in der Lage sei. Die Unterverbände und die Verbandsdirektoren hätten ein lebhaftes Interesse daran, daß eingehend und ausreichend revidiert würde: die Geldfrage dürfe dabei nicht hinderlich sein, das Geld für eine hier oder da notwendig werdende zeitliche Ausdehnung der Revision müsse aufgebracht werden.

Was die Kostenverteilung anlange, so schlüge er vor, daß die Mehrkosten nicht von den einzelnen Genossenschaften eingezogen, sondern von den Unterverbänden getragen würden. Die Unterverbände dürften und würden sicherlich auch nicht davor zurückscheuen, eine Erhöhung ihrer nach dem Reingewinn abgestuften Beitragsquote zu beschließen, wenn das durch eine Sicherung sachgemäßer und vollständiger Revision nötig wird.

Verbandsrevisor **Wilms**=Lüdenscheid: Im Gegensatz zu den bisherigen Ausführungen, die sich auf die Kreditgenossenschaften bezogen hätten, solle in seinen nun folgenden Erörterungen die Frage vom Standpunkt der Konsumvereine aus betrachtet werden. Eine Prüfung der Ausstände käme bei der Revision der Konsumvereine, die in der Regel wenig oder gar keine Ausstände haben, weniger in Betracht, als eine Prüfung der Inventurwarenpreise, des

Lagers, des Verhältnisses zwischen Umsatz und Höhe des Lagers. Ferner sei zu untersuchen, ob nicht der Lagerhalter nebenher Kredite gewährt, die nicht in der Bilanz erscheinen, ob nicht der Lagerhalter den Einkauf der Waren bewerkstellige, ob nicht eine Dividendenjägerei vorliege; dagegen sei eine materielle Prüfung der Bilanz und der Bücher in Anbetracht der dem Revisor sowohl als auch den Vorstandsmitgliedern, die meist nur nebenamtlich tätig sind, zur Verfügung stehenden Zeit heute nicht durchführbar. Mißstände, wie er sie vorhin bezeichnet hätte, habe er bei seinen Revisionen wiederholt festgestellt.

Verbandsrevisor **Krößmann**-Kulmbach: Ebenso wie Verbandsrevisor Letschert pflege auch er bei seinen Revisionen alle Konten, die über einen gewissen Betrag hinausgehen, mit dem Aufsichtsrat zu besprechen. Diese Uebung könne er auf Grund eines im Vorjahr aufgedeckten Falles nur empfehlen. Dort habe der Kassierer auf den Namen von mehreren wohlhabenden Mitgliedern fingierte Konten angelegt und auf diese Weise einen großen Betrag unterschlagen, was einige Jahre unentdeckt geblieben sei. Wären diese Konten schon früher mit dem Aufsichtsrat besprochen worden, so wäre die Entdeckung zweifellos früher herbeigeführt worden, da die Konten aufgefallen wären und der Aufsichtsrat sicherlich dieserhalb Aufklärung verlangt haben würde.

Verbandsrevisor **Heuzeroth**-Meiningen bemerkt zu der von Verbandsrevisor Soerensen berührten Frage der Revisionsdauer, daß man sich im Thüringer Verband hier keine Beschränkung auferlege. Unter 2 Tagen käme er nur bei ganz wenigen Genossenschaften durch. Allerdings bezahle der Verband den Revisor so, daß er auf Nebenarbeiten verzichten könne und er sei infolgedessen nur für den Thüringer Verband mit seinen 100 Vereinen tätig. Auch die anderen Verbände sollten in der Bezahlung nicht sparen und entsprechende Beiträge erheben, da die Mehrkosten sich rentieren würden. Redner erwähnt, daß er alle Schuldnerkonten auf Umsatz und Deckung prüfe, daß er ferner alle diesbezüglichen Beanstandungen in der gemeinschaftlichen Sitzung von Vorstand und Aufsichtsrat vortrage. Außerdem wiederhole er diese beanstandeten Posten einzeln auf einer Anlage zum Revisionsbericht. In mehreren Gegenden Thüringens habe sich ein wahres Wechselunwesen breitgemacht, das sich sowohl in der Geringfügigkeit des Wechselbetrages als auch in Reit- und Kellerwechselfabrikation äußert. Der Redner bringt verschiedene Beispiele zur Sprache und empfiehlt dringend die Benutzung der Killes'schen Liste. Er fertige sich Auszüge aus dieser Liste an und habe damit bei seinen Revisionen manche Wechselmanipulationen zum Besten der Vereine aufgedeckt. Auch notiere er sich an Hand des Reichsanzeigers die Thüringer Konkurse, um feststellen zu können, ob nicht zweifelhafte Ausstände mitgeschleppt werden. Außerdem frage der Verbandsdirektor in den zwischendurch eintretenden Konkursfällen an, ob die Genossenschaft beteiligt und wie sie eventuell gedeckt sei.

Verbandsrevisor **Günther**-Rastatt stimmt den Ausführungen des Verbandsrevisors Letschert bei. Er habe immer bei seinen Revisionen Wechselaufnahmen vorgenommen und alle Kontokorrentkonten an Hand der vorhandenen Anerkenntnisse und des letzten Abschlusses auf den Tag der Revision geprüft. Bei kleinen Genossenschaften habe er eine Rohbilanz auf den Tag der Revision, wenn nur irgend möglich, erstellt und damit die Aktivbestände abgestimmt. Redner führt für die Wichtigkeit der Bestandsaufnahmen Beispiele an. Auch den Passiven und besonders den Spareinlagen habe er seine Aufmerksamkeit gewidmet. Man dürfe sich bei der Revision nicht darauf beschränken, festzustellen, daß diese oder jene Liste, z. B. für Wechsel oder Bürgschaften, nicht geführt werde, sondern man müsse dann die markanten Posten selbst zusammenstellen. Auch ein Eindringen in die letzten Bilanzen sei lohnender als die bloße Feststellung, daß die Bilanzen sich mit den Auszügen decken. In einem Falle habe er durch eine selbst gefertigte Zusammenstellung aus den Journalen große und weit zurückliegende Unregelmäßigkeiten ans Tageslicht gebracht.

Verbandsrevisor **Weymuth**-Cassel: Bei dem Verbande der Baugenossenschaften von Hessen-Nassau und Süddeutschland sei bisher das Hauptgewicht schon immer auf die materielle Seite der Revision gelegt worden. Außer dem Revisionsgeschäfte habe der Revisor eine Besichtigung der Genossenschaftshäuser und -Wohnungen inbezug auf ihre bauliche und wohnliche Beschaffenheit vorzunehmen. Da diese Arbeit zweifellos nicht immer an einem einzigen Tage bewältigt werden könne, trete auch er dafür ein, den Revisoren mehr Zeit zu ihrer Arbeit zu gewähren. Aus seinen Revisionserfahrungen wolle er einen Fall mitteilen. Der Kassierer einer Baugenossenschaft habe einen Fehlbetrag von 1000 Mk. durch Buchfälschung zu decken versucht und habe es fertig gebracht, für eine persönliche Schuld von mehreren Tausend Mark ein oder zwei Häuser der Genossenschaft zu verpfänden. Nur infolge eines grenzenlosen Vertrauens zu dem Kassierer sei diese Verpfändung, bei der natürlich ein zweites Vorstandsmitglied mitwirken mußte, möglich gewesen.

Direktor **Welck**-Breslau: In den Kreisen der Konsumvereine könne ein Zweifel oder eine Abneigung dagegen bestehen, ob eine Verschärfung der Verbandsrevision auch für sie notwendig sei und ob diese durchweg die Form einer außerordentlichen Revision annehmen müsse. Solche Zweifel seien begreiflich im Hinblick auf die Tatsache, daß nur solche Konsumvereine in unsere Verbände aufgenommen würden, die auf Grund der Prüfung des Verbandsrevisors ordnungsmäßige Verhältnisse nachweisen. Zudem sei das Risiko bei den Konsumvereinen geringer und leichter übersehbar als bei den anderen Genossenschaftsarten, und es habe die bisherige ordentliche Verbandsrevision im allgemeinen, bis auf wenige Ausnahmen, genügt. Wenn nun regelmäßig an die Stelle der bisherigen ordentlichen die außerordentliche Revision treten solle, so würde dadurch der Verbandsrevisor erheblich belastet, was natürlich eine Mehrleistung der Verbandskasse zur Folge habe. Abgesehen von jenen wenigen Ausnahmefällen, in denen möglicherweise auch bei den Konsumvereinen schärfere Revisionen Verluste vermieden hätten, frage es sich, ob den verhältnismäßig geringen Opfern der Vereine wesentlich höher zu bewertende Verbesserungen des bisherigen Verwaltungszustandes gegenüberständen. Diese Frage aber sei nach dem gehörten Meinungsaustausch im Interesse unserer gesamten genossenschaftlichen Bewegung zu bejahen.

Damit war die Debatte beendet. Der Vorsitzende stellt fest, daß die Versammlung mit Interesse von den Mitteilungen der Verbandsrevisoren Kenntnis genommen habe.

Verbandsdirektor Feldheim schließt alsdann um $5^3/_4$ Uhr die Versammlung.

V.

Rechnung und Voranschlag der Einnahmen und Ausgaben

des Allgemeinen Verbandes der auf Selbsthilfe beruhenden deutschen Erwerbs- und Wirtschaftsgenossenschaften, e. V.

A. Rechnung

über die **Einnahmen, Ausgaben und Bestände der Kasse des Allgemeinen Verbandes der auf Selbsthilfe beruhenden deutschen Erwerbs- und Wirtschaftsgenossenschaften, e. V., für das Jahr 1912.**

Laufende Nummer	Gegenstand	1. In 1911 vereinnahmt bzw. verausgabt, aber in den Etat für 1912 gehörend ℳ	₰	2. In 1912 vereinnahmt bzw. verausgabt, aber in den Etat für 1911 gehörend ℳ	₰	3. In 1912 auf den Etat für 1912 vereinnahmt bzw. verausgabt ℳ	₰	4. In 1913 noch auf den Etat für 1912 zu vereinnahmen bzw. zu verausgaben ℳ	₰	5. In 1912 schon vereinnahmt bzw. verausgabt, aber in den Etat für 1913 gehörend ℳ	₰	6. Auf den Etat für 1912 entfallen demnach ℳ	₰
	I. Einnahmen.												
	A. Laufende.												
1.	Beiträge der Vereine zu den Kosten des Allgemeinen Verbandes laut Einnahmeliste auf Seite 390 bis 457 der Mitteilungen über den 53. Allgemeinen Genossenschaftstag in in München 1912	...	.	...	.	74288	50	...	.	...	.	74288	50
2.	Einnahme aus dem Verkauf von Mitteilungen, Jahrbüchern, Broschüren, Musterstatuten	...	.	...	.	594	50	...	.	...	.	594	50
3.	Einnahme aus den Blättern für Genossenschaftswesen	...	.	3144	45	...	.	2540	55	...	.	2540	55
4.	Einnahme für Zinsen auf Bestände bei der Dresdner Bank, und zwar: auf Barguthaben ℳ 991.45; auf Wertpapiere „ 4065.—	...	.	...	.	5056	45	...	.	...	.	5056	45
5.	Einnahme aus dem Inkasso von Versicherungsprämien	...	.	33	55	588	50	...	.	...	.	588	50

Nr.		ℳ	₰	ℳ	₰	ℳ	₰	ℳ	₰	ℳ	₰	ℳ	₰
	B. Außerordentliche.												
6.	Zuwendung aus dem Schulze-Delitzsch-Stiftungs-Fonds (zur Herstellung und Beschaffung des Jahrbuchs für 1911 mitverwendet . . . ℳ 1000.—												
7.	Durchlaufende Posten (1913 wieder in Ausgabe erscheinend):												
	a) Von einem Verbandsdirektor zuviel eingegangen ℳ 5.—												
	b) Von einem Vorschußverein für die Hilfskasse eingegangener Beitrag . . . „ 30.—												
	c) Vorausbezahlte Beiträge für 1912 (siehe „Mitteilungen" München 1912, Seite 456 . . . „ 250.—												
	d. Nach Schluß der Beitragsliste eingegangene Beiträge für 1911 und 1912 . . . „ 60.96					345	96						
	C. Bestand vom Vorjahre.												
8.	Kassenbestand und Konto-Guthaben am 1. Januar 1912 . . .					17635	35						
	Summe aller Einnahmen			3178	—	98509	26	2540	55			83068	50
	II. Ausgaben.												
	A. Laufende.												
1.	Gehälter: Anwalt Dr. Crüger . . . ℳ 12000.— Bureaupersonal . . . „ 21470.—					33470	—					33470	—
2.	Prämie für eine Lebensversicherung des Anwalts . . .					2109	—					2109	—
3.	Zuschüsse zu den Ruhegehaltsbeiträgen: für den Anwalt . . . ℳ 162.— „ vier Beamte . . . „ 193.50					355	50					355	50
4.	Zuschüsse zu den Witwen- und Waisen-Pensionskassen-Beiträgen: für den Anwalt . . . ℳ 142.48 „ drei Beamte . . . „ 126.97					269	45					269	45
5.	Büreaukosten: Bureaumiete . . .					1818	—					1818	—
	Telephongebühren . . .					208	—					208	—
	Uebertrag . . .					38229	95					38229	95

Laufende Nummer	Gegenstand	1. In 1911 vereinnahmt bezw. verausgabt, aber in den Etat für 1912 gehörend M.	₰	2. In 1912 vereinnahmt bezw. verausgabt, aber in den Etat für 1911 gehörend M.	₰	3. In 1912 auf den Etat für 1912 vereinnahmt bezw. verausgabt M.	₰	4. In 1913 noch auf den Etat für 1912 zu vereinnahmen bezw. zu verausgaben M.	₰	5. In 1912 schon vereinnahmt bezw. verausgabt, aber auf den Etat von 1913 gehörend M.	₰	6. Auf den Etat für 1912 entfallen demnach M.	₰
	Uebertrag					38 229	95					38 229	95
	Heizungsmaterial und Gasverbrauch					545	53					545	53
	Reinigung und Heizung der Büreauräume					374	15					374	15
	Schreibgebühren, Aktenheften					256	75					256	75
	Schreibmaterial					929	10					929	10
	Inventarbeschaffung			60	27	504	73	295	27			800	—
	Krankenkassen- und Invalidenversicherungs-Beiträge					445	54					445	54
	Porti, Frachten usw.					1 527	42					1 527	42
	Verschiedenes					485	82					485	82
6.	Reisekosten des Anwalts und seiner Stellvertreter zu den Verbandstagen und zum Allgemeinen Genossenschaftstag					4 217	90					4 217	90
7.	Reisekosten und Diäten der Verbandsdirektoren zum Allgemeinen Genossenschaftstage					6 770	30					6 770	30
8.	Kosten des Jahrbuchs für 1911 (laut besonderer Aufstellung am Schlusse)					14 295	64					14 259	64
9.	Kosten des Allgemeinen Genossenschaftstages in München					182	—					182	—
10.	Aufnahme der Verhandlungen des Allgemeinen Genossenschaftstages					700	—					700	—
11.	Druck der „Mitteilungen über den 53. Allgemeinen Genossenschaftstag“					3 684	50					3 684	50
12.	Versendung der Mitteilungen					543	40					543	40
13.	Kosten von zwei Sitzungen des Engeren Ausschusses					1 023	60					1 023	60
14.	Auslagen des Vorsitzenden des Engeren Ausschusses und des Gesamtausschusses					11	25					11	25
15.	Bibliothek, Bücher, Zeitschriften, Buchbinderlohn: Bücher . . . M 911.70 Zeitschriften . . . „ 573.56 Buchbinder . . . „ 379.90 Neuordnung der Bibliothek . . . „ 610.80 M 2475.46					2 275	46	200	—			2 475	46
16.	Beitrag zur Hilfskasse					300	—					300	—

		M.	Pf.	M.	Pf.	M.	Pf.	M.	Pf.	M.	Pf.	M.	Pf.
	B. Auf den Dispositionsfonds verrechnete Ausgaben.												
17.	Original-Korrespondenz, Statuten, Sonderabdrücke, Flugschriften . . . . ℳ 1197.95												
18	Besondere Reisen im genossenschaftlichen Interesse . . „ 1818.25												
19.	Haftpflichtversicherungsprämie . . . . „ 128.25												
20.	Verschiedenes . . . . „ 684.35												
	ℳ 3828.80	. . .	.	308	55	3520	25	. . .	.	. . .	.	3520	25
	C. Nicht im Voranschlage vorgesehene Ausgaben.												
21.	Reisekosten der Verbandsrevisoren zum Allgemeinen Genossenschaftstage in München ℳ 1195.—, die von der Dresdner Bank übernommen und dem Allg. Verbande wieder erstattet wurden	. . .	.	. . .	.	. . .	.	. . .	.	. . .	.	. . .	.
22.	Differenz aus der vorjährigen Rechnung	. . .	.	. . .	.	1	—	. . .	.	. . .	.	1	.
	D. Dem Spezial-Dispositionsfonds entnommen.												
23.	Rechnung der Verlagsbuchhandlung J. Guttentag, G. m. b. H., über Versendung von Bd. III und IV der Reden und Schriften von Schulze-Delitzsch	. . .	.	. . .	.	350	95	. . .	.	. . .	.	. . .	.
	E. Durchlaufende Posten.												
24	Ausgleich der Einnahme Posten Nr. 8a aus der Rechnung 1910	. . .	.	. . .	.	12	05	. . .	.	. . .	.	. . .	.
25.	Ausgleich der Einnahme Posten Nr. 7a—d aus der Rechnung 1911	. . .	.	. . .	.	837	61	. . .	.	. . .	.	. . .	.
26.	Verschiedene Ausgaben, die 1913 wieder in Einnahme erscheinen	. . .	.	. . .	.	508	20	. . .	.	. . .	.	. . .	.
	Summe aller Ausgaben	. . .	.	368	82	82497	10	495	27	. . .	.	81283	56

III. Abschluß.

Einnahmen in 1912, Summe der Kolonnen 2 und 3 . ℳ 101687.26
Ausgaben in 1912, Summe der Kolonnen 2 und 3 . „ 82865.92

Bestand am 1. Januar 1913 ℳ 18821.34

welcher vorhanden ist mit . . . . . ℳ 1.61 in der Kasse,
und mit . . . . „ 18412.95 Guthaben bei der Dresdner Bank, Berlin,
mit . . . . „ 406.78 Guthaben auf Postscheck-Konto

ℳ 18821.34 wie oben.

Im Depot bei der Dresdner Bank, Berlin, befanden sich am 31. Dezember 1912:

ℳ 45000	3proz. Preuß. Konsols à 88.90	*) ℳ 40005.—
„ 15000	3½proz. Preuß. Konsols à 100.90	„ 15135.—
„ 6000	3½proz. Bremer Anleihe von 1899 98.80 .	„ 5928.—
„ 8000	4proz. Pirmasenser Stadtanl. à 100.10 . .	„ 8008.—
„ 10000	3½proz. Kölner Stadtanl. von 1902 à 98.80	„ 9880.—
„ 10000	3½proz. Neue Berliner Pfandbr. à 98.40 .	„ 9840.—
„ 12000	3proz. Sächsische Staatsrente à 87.50 . .	„ 10500.—
„ 15000	4proz. Charlottenb. Stadtanl. v. 1907 à 99.80	„ 14970.—
		ℳ 114266.—*)

*) Bisher zum Anschaffungskurs — in Zukunft wird der letzte Tageskurs des betr. Jahres berücksichtigt.

Nachweis des Vermögens Ende 1912.

Kassenbestand und Konto-Guthaben		ℳ 18821.34	
dazu: Guthaben beim Verlag der Blätter für Genossenschaftswesen		„ 2540.55	Einnahme-Posten Kolonne 4,
Durchlaufender Ausgabe-Posten Nr. 23 aus der Rechnung 1911		„ 5000.—	
„ „ „ „ 26 „ „ „ 1912		„ 508.20	
		ℳ 26870.09	
ab: Durchlaufender Einnahme-Posten Nr. 7 a—d	ℳ 345.96		
in nächstjährigen Rechnung zu verausgabende Beträge	„ 495.27		Summe der Ausgabe-Posten in Kolonne 4.
		ℳ 841.23	
		ℳ 26028.86	
dazu: Bei der Dresdner Bank ruhende Wertpapiere		„ 114266.—	
Vermögen des Allgemeinen Verbandes Ende 1912		ℳ 140294.86	
„ „ „ „ **1911**		„ 138509.92	
Es hat somit gegen Ende 1911 eine **Vermögensvermehrung** von		ℳ 1784.94	stattgefunden.
Einnahmen auf den Etat von 1912	ℳ 83068.50		
Ausgaben „ „ „ „ 1912	„ 81283.56	„ 1784.94	Ueberschuß.

Kosten des Jahrbuches für 1911.

Fragebogen und Liniaturen für die Statistik		ℳ 666.75
Versendung der Fragebogen		„ 77.95
Rechnungs- und Schreibhilfe bei Bearbeitung des Materials		„ 2948.26
Druck des Jahrbuches	ℳ 10817.75	
davon durch Zuwendung aus dem Schulze-Delitzsch'-Stiftungsfonds gedeckt	„ 1000.—	„ 9817.75
Versendung des Jahrbuches		„ 748.93

Einnahmen.

Abonnement: 2968 Jahresabonnements, 82 Vierteljahrsabonnements			ℳ 15 708.84
Verkaufte einzelne Nummern und ältere Jahrgänge			„ 490.45
Inserate			„ 11 213.63
			ℳ 27 412.92

Ausgaben.

Satz, Druck, Buchbinder, Porto	ℳ 11 297.87		
Papier	„ 2 912.—		
Sonstige Spesen	„ 1 345.36		
Honorare an die Mitarbeiter	„ 5 862.70	=	„ 21 417.93
		Ueberschuß	ℳ 5 994.99

Davon die Hälfte dem Verleger . . . . . . ℳ 2 997.49
die Hälfte dem Allgemeinen Verbande . . . . . „ 2 997.50

Charlottenburg, den 28. Februar 1912.

Dr. Crüger.

Lfde. Nr.	Der Voranschlag für das Rechnungsjahr 1910	war festgesetzt auf ℳ	₰	Es wurden vereinnahmt bzw. verausgabt ℳ	₰	Also mehr vereinnahmt bzw. verausgabt ℳ	₰	Also weniger vereinnahmt bzw. verausgabt ℳ	₰
	Einnahmen.								
1.	Jahresbeiträge der Genossenschaften	71 550	—	74 288	59	2 738	50	. . .	.
2.	Verkauf von Mitteilungen, Jahrbüchern, Broschüren, Musterstatuten	500	—	594	50	94	40	. . .	.
3.	Blätter für Genossenschaftswesen	2 000	—	2 540	55	540	55	. . .	.
4.	Zinsvergütung auf Bestände bei der Dresdner Bank, Berlin:								
	auf Effekten	3 500	—	4 065	—	565	—	. . .	.
	„ Barguthaben	500	—	991	45	491	45	. . .	.
5.	Provision aus dem Inkasso von Versicherungsprämien	600	—	588	50			11	50
		78 650	—	83 068	50	4 430	—	11	50

Lfde. Nr.	Der Voranschlag für das Rechnungsjahr 1912	war festgesetzt auf ℳ	₰	Es wurden vereinnahmt bew. verausgabt ℳ	₰	Also mehr vereinnahmt ℳ	₰	bzw. weniger verausgabt ℳ	₰
	Ausgaben.								
1	Gehalt des Anwalts	12000	—	12000	—	...	.	...	.
2	Gehälter des Personals	21300	—	21470	—	170	—	...	.
3.	Prämie für eine Lebensversicherung des Anwalts	2109	—	2109	—	...	.	...	.
4.	Zuschüsse zu den Ruhegehaltskassen-Beiträgen	450	—	355	50	...	.	94	50
5.	" " Witwen- und Waisenpensionskassen-Beiträgen	220	—	269	45	49	45	...	.
6.	Büreaukosten: Bureaumiete	1800	—	1818	—	18	—	...	.
	Telephongebühr	200	—	208	—	8	—	...	.
	Heizungsmaterial	600	—	545	53	...	.	54	47
	Reinigung, Heizung	400	—	374	15	...	.	25	85
	Schreibgebühren	100	—	256	75	156	75	...	.
	Schreibmaterial	900	—	929	10	29	10	...	.
	Inventarbeschaffung	800	—	800	—	...	.	...	.
	Krankenkassen- u. Invaliden-Versicherungsbeiträge	250	—	445	54	195	54	...	.
	Porti, Frachten	1700	—	1527	42	...	.	172	58
	Verschiedenes	321	—	485	82	164	82	...	.
7.	Reisekosten des Anwalts und seiner Stellvertreter	3600	—	4217	90	617	90	...	.
8.	Reisekosten und Diäten der Verbandsdirektoren	6300	—	6770	30	470	30	...	.
9.	Kosten des Jahrbuchs für 1911	12500	—	14259	64	1759	64	...	.
10.	Kosten des Allgemeinen Genossenschaftstages	500	—	182	—	...	.	318	—
11.	Vergütung für Aufnahme der Verhandl. des Allgem. Genossenschaftst.	700	—	700	—	...	.	...	.
12.	Druck der Mitteilungen über den Allgemeinen Genossenschaftstag	3600	—	3684	50	84	50	...	.
13.	Versendungskosten der Mitteilungen	1000	—	543	40	...	.	456	60
14.	Kosten von zwei Sitzungen des Engeren Ausschusses	1300	—	1023	60	...	.	276	40
15.	Auslagen des Vorsitzenden des Engeren Aussch. und des Gesamtaussch.	250	—	11	25	...	.	238	75
16.	Bibliothek, Bücher, Zeitschriften usw.	2450	—	2475	46	25	46	...	.
17.	Beitrag zur Hilfskasse	300	—	300	—	...	.	...	.
18.	Dispositionsfonds	3000	—	3520	25	520	25	...	.
19.	Differenzen aus der vorjährigen Rechnung	...	.	1	—	1	—	...	.
		78650	—	81283	56	4270	71	1637	15

Mehr vereinnahmt	ℳ 4418.50
Weniger verausgabt	" 2633.56
Ueberschuß	ℳ 1784.94

über die Einnahmen und Ausgaben für 1913 und für 1914.

Lfd. Nr.	Gegenstand	für 1913 in München beschlossen M.	für 1914 in Posen beschlossen M.
	Einnahmen.		
1.	Jahresbeiträge der Genossenschaften . .	72200	76200
2.	Verkauf von Mitteilungen, Jahrbüchern, Broschüren, Musterstatuten	550	550
3.	Einnahmen aus den Blättern für Genossenschaftswesen	2000	3000
4.	Zinsvergütung auf Bestände b. d. Dresdner Bank, auf Effekten	3400	3400
	" Barguthaben	500	500
5.	Provision aus dem Inkasso von Versicherungsprämien	450	400
		79100	84050
	Ausgaben.		
1	Gehalt des Anwalts	12000	12000
2.	Gehälter des Bureaupersonals	21300	24000
3.	Prämie für eine Lebensversicherung des Anwalts	2109	2109
4.	Zuschüsse zu den Ruhegehaltskassen-Beiträgen	320	} 1000
5.	Zuschüsse zu den Witwen- u. Waisenpensionskassen-Beiträgen	220	}
6.	Beiträge zur Angestelltenversicherung . .	—	
7.	Bureaukosten: Bureaumiete	2100	2100
	Telephongebühr	200	200
	Heizungsmaterial und Gasverbrauch .	600	600
	Reinigung u. Heizung der Bureauräume	400	400
	Schreibgebühren	100	100
	Schreibmaterial	900	900
	Uebertrag	40249	43409

Lfd. Nr.	Gegenstand	für 1913 in München beschlossen M.	für 1914 in Posen beschlossen M.
	Uebertrag	40249	43409
	Inventarbeschaffung	600	600
	Krankenkassen u. Invalidenversicherungsbeiträge	351	441
	Porti, Frachten	1700	1700
	Verschiedenes	350	450
8.	Reisekosten des Anwalts und seiner Stellvertreter zu den Verbandstagen und zum Allgemeinen Genossenschaftstage . . .	3700	4000
9.	Reisekosten und Diäten der Verbandsdirektoren zum Allg. Genossenschaftstage	6500	6500
10.	Kosten des Jahrbuchs für 1912 (in 1913 herzustellen) resp. für 1913 (in 1914 herzustellen)	12300	14300
11.	Kosten d. Allgemeinen Genossenschaftstages	500	500
12.	Vergütung für Aufnahme der Verhandlungen des Allgemeinen Genossenschaftstages	700	700
13.	Druck der Mitteilungen über den Allgemeinen Genossenschaftstag	4000	4000
14.	Versendungskosten der Mitteilungen . .	1000	600
15.	Kosten von zwei Sitzungen des Engeren Ausschusses	1300	1300
16.	Auslagen des Vorsitzenden des Engeren Ausschusses und des Gesamtausschusses	250	250
17.	Bibliothek: Bücher, Zeitschriften, Buch-		
18.	binder	2300*)	2000
19.	Beitrag zur Hilfskasse	300	300
20.	Dispositions-Fonds	3000	3000
		79100	84050

*) einschließlich in Posen bewilligter 300 Mk.

VI.

Liste der Verbandsgenossenschaften*)

am 1. Januar 1913**)

Beitragsliste für 1912.***)

1. Bayerischer Genossenschaftsverband.

Direktor: Herr M. Luber in München.
Stellvertreter: die Herren Magistratsrat O. Feierabend in München, Georg Scharrer in Augsburg und A. Anwander in München.
Verbands-Revisor: Herr W. André in München.

(30 Vereine.)

a. Vorschußvereine.

		Beitrag ℳ	₰
1.	Augsburg, Landwirtschaftlicher Kreditverein Augsburg, e. G. m. u. H., Herr Gottfr. Stigler. — Herr Dämpfle	100	—
2.	Dillingen a. D., Vorschuß- und Sparverein in Dillingen, e. G. m. u. H., Herr J. Birnbaum. — Herr M. Schregle	10	—
3.	Dinkelsbühl, Kreditverein Dinkelsbühl, e. G. m. b. H., Herr Karl Brunner. — Herr Karl Dauberschmidt	100	—
4.	Eggenfelden, Kredit- und Sparkasse Eggenfelden, e. G. m. b. H., Herr Ludwig Straßner. — Herr Jakob Perl	39	15
5.	Ichenhausen b. Günzburg a. D., Spar- u. Kreditverein, reg. Ges. m. b. H., Herr F. Benghard. — Herr Kempfle	100	—
6.	Kempten i. Allgäu, Spar- und Vorschußverein Kempten, e. G. m. b. H. Herr Ferd. Geißler — Herr Emil Abe	49	60
7.	Landshut (Niederbayern), Kreditverein Landshut, e. G. m. u. H., Herr Dr. H. Willemer. — Herr Karl Becker	10	—
8.	Markt Oberdorf, Kreditverein, e. G. m. b. H., Herr Johann Singer. — Herr Xaver Heel.	100	—
9.	Miesbach, Genossenschaftsbank Miesbach, e. G. m. b. H., Herr Anton Kohlndorfer. — Herr M. Gratzer	100	—
10.	München, Münchener Industriebank, e. G. m. b. H., Herr M. Luber. — Herr Richard Maier.	100	—
11.	Nördlingen, Gewerbebank, e. G. m. b. H., Herr A. Wörlen. — Herr J. Baßler	100	—
12.	Passau, Passauer Handwerker-Kreditgenossenschaft, e. G. m. b. H., Herr Adolf Heindl. — Herr Sageder	100	—
13.	Schillingsfürst (Mittelfr.), Vorschuß- und Kreditverein Schillingsfürst-Frankenheim, e. G. m. b. H., Herr Pflaumer. — Herr Ad. Gräber	31	42
14.	Schrobenhausen (Oberbayern), Kreditverein, e. G. m. b. H., Herr A. Schottmeyer. — Herr L. Reißler.	62	40
	Transport	1002	57

*) Der erste Name hinter der Firma jedes Vereins ist der des Vorsitzenden des Vorstandes, der zweite der des Vorsitzenden des Aufsichtsrates. — Die Vorstände der Verbandsvereine werden dringend ersucht, eintretende Änderungen bezüglich dieser Namen gefälligst dem Anwalte bald mitzuteilen.

**) Vergl. auch die im Laufe des Jahres 1913 in dem Mitgliederbestande eingetretenen Veränderungen S. 406 und 407.

***) In der Beitrags-Kolonne sind die mit den Beiträgen rückständigen Vereine mit ?? bezeichnet; dagegen sind die Vereine mit ** bezeichnet, welche die diesjährigen Beiträge bereits im Vorjahre entrichtet haben. Für 1913 schon bezahlte Beiträge siehe S. 406.

		Beitrag ℳ	₰
	Transport	1002	57
15.	Sonthofen, Genossenschaftsbank, e. G. m. u. H., Herr K. Alteneder. — Herr Franz Bader	100	—
16.	Vilshofen (Bayern), Kreditgenossenschaft, e. G. m. b. H., Herr C. Föckersperger. — Herr Max Franzl	69	30
	b. Andere Genossenschaften.		
17.	Augsburg, Baugenossenschaft Augsburg, e. G. m. b. H., Herr Rud. Rehm. — Herr Alfred Samm	27	75
18.	Augsburg, Einkaufsgenossenschaft von Mitgliedern der freien Bäcker-Innung, e. G. m. b. H., Herr H. Grotz. — Herr Jos. Bühler	17	10
19.	Augsburg, Hygienisches Bad, e. G. m. b. H., Herr Hch. Möhnle. — Herr Hermann Möhnle	10	—
20.	Augsburg, Genossenschaft für Rauhwarenverwertung, e. G. m. b. H., Herr D. Lasker. — Herr F. Meyerhuber	100	—
21.	Augsburg, Schreinergenossenschaft „Sargmagazin“, e. G. m. b. H., Herr Fr. Bach. — Herr A. Ellenrieder	10	—
22.	Hersbruck, Werkgenossenschaft der vereinigten Schreiner in Hersbruck, e. G. m. b. H., Herr Georg Beck. — Herr Heinrich Brunner	10	—
23.	Kempten im Allgäu, Ein- u. Verkaufsgenossenschaft der Schreinermeister, e. G. m. b. H., Herr H. Gölzer. — Herr Gustav Zwiener	10	—
24.	Lauf b. Nürnberg, Werkgenossenschaft der vereinigten Handwerker in Lauf, e. G. m. b. H., Herr H. Bachmann. — Herr August Barth	10	—
25.	München, Baugenossenschaft München von 1871, e. G. m. u. H., Herr O. Feierabend. — Herr Kößler, Baumeister	41	89
26.	München, 1. Schreinergenossenschaft, e. G. m. b. H. (Magazin- und Rohstoff-Genossenschaft), Herr O. Lampl. — Herr J. Gröschl	10	—
27.	München, Münchener Bau- und Sparverein, e. G. m. b. H., Herr Kößlinger. — Herr G. Schöttle	100	—
28.	Perlach (Post München), Branntweinbrennerei Perlach, e. G. m. u. H., Herr M. Hufnagel. — Herr Steinegger	37	50
29.	Taufkirchen (Post Unterhaching, Bayern), Branntweinbrennerei Taufkirchen, e. G. m. u. H., Herr Joh. Hofberger. — Herr P. Adam	28	20
30.	Willing (Post Aibling), Brennerei, e. G. m. u. H., Herr Wieser. — Herr Seb. Hain	24	95
	Summa	1609	26

2. Verband der Kreditvereine Berlins.

Direktor: Herr E. Plonz, Berlin O., Frankfurter Allee 183.

1. Stellvertreter: Herr L. Stüben in Berlin NW., Turmstr. 2.

2. Stellvertreter: Herr H. Haenschke in Schöneberg-Berlin, Hauptstr. 135.

Verbands-Revisoren: die Herren Dr. Schneider in Potsdam und O. Soerensen in Berlin NW., Lessingstr. 42.

(49 Vereine.)

Vorschußvereine.

		ℳ	₰
31.	Berlin, Kreditbank der Friedrichstadt, e. G. m. b. H., Zimmerstraße 61, SW., Herr H. Ulrich. — Herr Florenz Gundlach †	100	—
32.	Berlin, Luisenstädtische Bank, e. G. m. b. H., Köpenickerstr. 95, SO., Herr Ernst Zeugner. — Herr W. Wagner	100	—
33.	Berlin, Handels- und Gewerbebank Alt-Berlin, e. G. m. b. H., Stralauerbrücke 7, C., Herr C. Witzig. — Herr A. Kießling	100	—
34.	Berlin, Berliner Kredit- und Spar-Bank, e. G. m. b. H., Potsdamerstraße 98a, W., Herr F. Ahlgrimm. — Herr Gg. Manntz	10	—
	Transport	310	—

		Beitrag ℳ	₰
	Transport	310	—
35.	Berlin, Berliner Gewerbebank, e. G. m. b. H., Neue Königstraße 79, NO., Herr F. Bauer. — Herr Gust. Wolff.	10	—
36.	Berlin, Berliner Handelsbank, e. G. m. b. H., Ritterstr. 85, SW., Herr Weber. — Herr Kaufmann C. Hain	10	—
37.	Berlin, Genossenschaftsbank Wedding zu Berlin, e. G. m. b. H., Chausseestr. 86, N., Herr Jul. Jacobowitz. — Herr Karl Schwarzkopf	100	-
38.	Berlin, Kreditverein der Potsdamer Torbezirke, e. G. m. b. H., Potsdamer Straße 112II., W., Herr Ullmann. — Herr W. Köhler	10	—
39.	Berlin, Louisenstädtische Genossenschaftsbank, e. G. m. u. H., Wassertorstraße 38, S., Herr Larché. — Herr E. Pauly	10	—
40.	Berlin, Allgemeiner Beamten-Spar- und Darlehnsverein, e. G. m. u. H., Ritterstraße 125, S., Herr Aug. Lang. — Herr Wende .	97	19
41.	Berlin, Kreditverein der Oranienburger Vorstadt zu Berlin in Liqu., e. G. m. b. H., Zellestr. 14II., O. 112, Herr Wege. — Herr W. Bruseberg	10	—
42.	Berlin, Spar- und Kreditbank von 1876, e. G. m. b. H., Neue Jakobstr. 8, S., Herr Fritz Staatz. — Herr Lehmann (für 1913 beitragsfrei)	—	—
43.	Berlin, Genossenschaftsbank für Gastwirte und Industrielle, e. G. m. u. H., Schäferstraße 5, SO., Herr O. Vogel. — Herr Alb. Heuke	10	—
44.	Berlin, Schönhauser Genossenschaftsbank zu Berlin, e. G. m. b. H., Schönhauser Allee 168a, N., Herr Kolshorn — Herr Maruschke . .	10	—
45.	Berlin, Gastwirtschaftliche Bank und Einkaufsgenossenschaft, e. G. m. b. H., Stallschreiberstraße 15, S., Herr Carl Heinrich. — Herr Trautmann	10	—
46.	Berlin, Kreditbank „Nord-Ost", e. G. m. b. H., Große Frankfurterstraße 37, NO., Herr P. Homann. — Herr Schroeder . . .	100	—
47.	Berlin, Genossenschaftsbank Moabit zu Berlin, e. G. m. b. H., Turmstraße 2, NW., Herr L. Stüben. — Herr E. Lenz	100	—
48.	Berlin, Genossenschaftsbank des nördlichen Stadtviertels zu Berlin, e. G. m. u. H., Elsasserstraße 17/18, N., Herr M. Büttner. — Herr Herm. Ewest	84	81
49.	Berlin, Bank für Handel und Gewerbe, e. G. m. b. H., Oranienstraße 61, S., Herr Henckel. — Herr Pahlitzsch	10	—
50.	Berlin, Genossenschaftsbank des Spandauer Stadtviertels zu Berlin, e. G. m. b. H., Gormannstr. 1, N., Herr Fritz Schmidt. — Herr P. Beeck	10	—
51.	Berlin, Berliner Spar- und Kreditverein, e. G. m. b. H., Alexanderstraße 14a, SO., Herr Mansbacher. — Herr Justizrat M. Hentschel	10	—
52.	Berlin, Bankverein Gesundbrunnen, e. G. m. b. H., Badstraße 21, Herr R. Schröter. — Herr Schroeder	100	—
53.	Berlin, Berliner Mittelstands-Bank, e. G. m. b. H., Prenzlauer Allee 41, NO., Herr Rateitschak. — Herr A. Trettin	100	—
54.	Berlin, Königstädtische Spar- und Darlehnskasse, e. G. m. b. H., Große Frankfurterstr. 48, NO., Herr G. Fenske. — Herr M. Hutschert	26	91
55.	Berlin, Berliner Kredit- und Handelsbank, e. G. m. b. H., Großgörschenstr. 39, W., Herr Georg Wachner. — Herr Zarnack . . .	100	—
56.	Berlin, Berliner Vereinsbank, e. G. m. b. H., Schönewalderstr. 12, N., Herr Gandow. — Herr Kliem	10	—
57.	Berlin, Berliner Kreditbank, e. G. m. b. H., Schönebergerstr. 24, SW., Herr P. C. Jaffe. — Herr Hans Harzmann	19	—
58.	Berlin, Deutscher Bürger-Spar- und Kreditverein, e. G. m. b. H., Göbenstr. 10, W., Herr C. Treptow. — Herr Posner	46	64
59.	Berlin, Deutsche Zentralgenossenschaft, e. G. m. b. H., Kalkreuthstr 1, W., Herr Reinh. Hülsen. — Herr Justizrat Dr. Rosenbohm, Braunschweig	86	66
60.	Berlin, Friedrichsberger Bank, e. G. m. b. H., O. 112, Frankfurter Allee 183, Herr E. Plonz. — Herr R. Puls	100	—
	Transport	1441	21

		Beitrag ℳ	₰
	Transport	1441	21
61.	**Berlin**, Allgemeine Verkehrsbank, e. G. m. b. H., W. 5, Zietenstraße 11, Herr Reidel. — Herr Heilmann	100	—
62.	**Berlin**, Frankfurter Torbank, e. G. m. b. H., O. 34, Frankfurter Allee 107, Herr P. Petermann. — Herr H. Jahn	10	—
63.	**Britz**, Britzer Vorschußverein, e. G m. b. H., Herr W. Behrend. — Herr Sanitätsrat Dr. med. Hugo Wachsen	37	78
64.	**Charlottenburg**, Charlottenburger Kreditverein und Sparkasse, e. G. m. u. H., Goethestr. 12, Herr Bothe. — Herr Geh. Rechnungsrat Fränken	10	—
65.	**Eberswalde**, Eberswalder Kreditbank, e. G. m. b. H., Herr Großmann. — Herr Ulrich	69	20
66.	**Friedrichshagen**, Kreditbank Friedrichshagen, e. G. m. b. H., Herr E. Harcke. — Herr E. Spuhn	100	—
67.	**Groß-Lichterfelde**, Groß-Lichterfelder Spar- und Darlehnskasse, e. G. m. b. H., Herr Hermann Franke. — Herr H. Lemnitzer . . .	27	82
68.	**Neukölln**, Neuköllner Bankverein, e. G. m. b. H., Herr H. Marggraff. — Herr Justizrat A. Bürkner	100	—
69.	**Neukölln**, Industriebank, e. G. m. b. H., Knesebeckstraße 100, Herr A. Radtke. — Herr Serno	18	28
70.	**Niederschönhausen**, Niederschönhausener Spar- und Kreditbank, e. G. m. b. H., Kaiser Wilhelmstr. 37, Herr Soerger. — Herr Heinr. Meyer	10	—
71.	**Oberschöneweide**, Spar- und Kreditbank in Oberschöneweide, e. G. m. b. H., Herr Hopfe. — Herr Silchmüller	53	15
72.	**Pankow**, Pankower Spar- und Leihbank, e. G. m. b. H., Wollankstraße 132, Herr J. Preininger. — Herr Karl Kahle	100	—
73.	**Pankow**, Spar- und Darlehnskasse des Verkehrsverbandes an der Stettiner Bahn, e. G. m. b. H, Florastr. 49, Herr Herm. Handke. — Herr Friedrich Tinius	15	35
74.	**Reinickendorf**, Reinickendorfer Bank, e. G. m. b. H., Herr Müller. — Herr O. Buhe	92	44
75.	**Schöneberg** b. Berlin, Schöneberger Bank, e. G. m. b. H., Herr F. Knorr Herr Ratsmaurermeister Schulz	100	—
76.	**Treptow** b. Berlin, Treptower Spar- und Kreditbank, e. G. m. b. H., Herr Menz. — Herr Paul Neumann	14	39
77.	**Weißensee** b. Berlin, Weißenseeer Bank, e. G. m. u. H., Herr Ed. Ulrich. — Herr Appelrath	100	—
78.	**Wilmersdorf** b. Berlin, Spar- und Kreditbank, e. G. m. b. H., Uhlandstr. 98, Herr Neumann — Herr Gust. Siering	11	70
79.	**Zehlendorf** (Wannseebahn), Gewerbebank Zehlendorf, e G. m. b. H., Herr K. Grube. — Herr O. Schnabel	46	80
	Summa	2458	12

3. Konsumvereinsvereinsverband von Brandenburg, Pommern und angrenzenden Landesteilen.

Direktor: Herr Eisenbahnobersekretär Keidel, Stargard i. P.
Stellvertreter: Herr Oberschichtmeister Moritz in Rüdersdorf-Kalkberge.
Verbands-Revisoren: die Herren Keidel in Stargard i. P., Pump in Berlin O., Konsumverein „Vorsicht“.

(12 Vereine.)

Konsumvereine.

		ℳ	₰
80.	**Belgard** a. Persante, Konsumverein für Belgard und Umgegend, e. G. m. b. H., Herr Guse. — Herr Ober-Bahnassistent Darkow . .	13	65
	Transport	13	65

		Beitrag M	₰
	Transport	13	65
81.	Berlin, Konsumverein „Vorsicht“ zu Berlin, e. G. m. b. H., Schlesische Straße 43, SO., Herr A. Freiberg. — Herr F. Pump .	20	80
82.	Biesenthal, Konsumverein, Herr F. Brunkow. — Herr W. Ringer	11	65
83.	Dramburg, Rohstoff-, Konsum- und Sparverein, e. G. m. b. H., Herr E. Stehr — Herr Jul. Boeck	20	40
84.	Haselhorst, Konsumverein Haselhorst, e. G. m. b. H, Herr Heinr. Kückel. — Herr J. Höhne	23	66
85.	Kalkberge, Konsumverein „Tiefbau“, e. G. m. b. H., Herr Moritz. — Herr Siegemann	75	—
86.	Kolberg, Kolberger Wirtschaftsverein, e. G. m. b H., Herr Fr. Höhle. — Herr Kgl. Eisenb.-Werkmeister Domnick	10	—
87.	Konitz Wpr., Konitzer Wirtschaftsverband, e. G. m. b. H., Herr W. Spielvogel. — Herr Lehrer Hinz.	10	—
88.	Neudamm, Konsumverein „Biene“ zu Neudamm, Herr W. Stielecke. — Herr Georg König	40	80
89.	Pölitz, Pölitzer Konsum- und Sparverein, e. G. m. b. H., Herr C. Wolff. — Herr H. Schultz, Rentier	42	65
90.	Potsdam, Konsumverein zu Potsdam und Umgegend, e. G. m. b. H., Herr W. Schneider — Herr K. Vetter.	27	90
91.	Stargard i. Pommern, Stargarder Konsum- und Sparverein, e. G. m. b. H., Herr H. Benecke. — Herr Keidel	69	68
	Summa	366	14

4. Verband der Baugenossenschaften Deutschlands.

Vorstand: Herr Landrat Berthold in Blumenthal (Hannover), Herr Landrat Moelle in Merseburg.

1. Stellvertreter: Herr Voigt in Elberfeld; 2. Stellvertreter: Herr Auerbach in Falkenberg (Bezirk Halle); 3. Stellvertreter: Herr Rabethge in Berlin.

Verbands-Revisoren: die Herren Dr. Fr. Schneider in Potsdam, G. Vogt in Hannover, Maschstr. 10, Seibert in Wiesbaden, Müller in Breslau, B. Rinow in Allenstein, Görschner in Merseburg, O. Soerensen in Berlin.

(54 Vereine.)

Baugenossenschaften.

		Beitrag M	₰
92.	Allenstein, Allensteiner Wohnungs-Baugenossenschaft, e. G. m. b. H., Herr Oelert. — Herr Dr. Pauly, Kgl. Landrat	10	—
93.	Bergen a. Rügen, Rügenscher Beamten-Wohnungsverein, e. G. m. b. H., Herr Pflug. — Herr Postsekretär Maaß	10	—
94.	Berlin, Berliner Baugenossenschaft, e. G. m. b. H., Steglitzerstraße 86, W., Herr Rabethge. — Herr Direktor Heinr. Haenisch .	100	—
95.	Bitterfeld, Gemeinnütziger Bauverein, e. G. m b. H., Herr L. Hendler. — Herr Dr. Ernst Borsbach	10	—
96.	Böllberg b. Halle a. S., Böllberger Hausgenossenschaft, e. G. m. b. H., Herr Ulrich. — Herr M. Huth	10	—
97.	Brandenburg a. H., Bau- und Sparverein, e. G. m. b. H., Herr Metzenthin. — Herr H. Schlee	15	86
98.	Charlottenburg, Charlottenburger Baugenossenschaft, e. G. m. b. H., Herr Zimmermann. — Prof. Dr. Rahts	100	—
99.	Cöthen (Anh.), Bauverein Cöthen, e. G. m. b. H., Herr W. Schulze. — Herr Mälzereidirektor Deich	10	—
100.	Danzig, Danziger Heimstätten-Gesellschaft, e. G. m. b. H., Herr Richter. — Herr Justizrat Hunrath	?	?
	Transport	265	86

Nr.		Beitrag ℳ	₰
	Transport	265	86
101.	Danzig, Gemeinnützige Baugenossenschaft zu Danzig, e. G m b H., Herr Engelbarts. — Herr Rohde	10	—
102.	Delmenhorst, Bauverein Delmenhorst, e. G. m. b H, Herr Körniger. — Herr Gericke	10	—
103.	Diedenhofen (Lothr.), Gemeinnütziger Bauverein, e. G. m. b H., Herr Drebber. — Herr Röchling	10	—
104.	Dobrilugk, Baugenossenschaft für Dobrilugk und Umgegend, e G. m. b. H., Herr Witt. — Herr Schmidt, Schloßprediger (scheidet Ende 1913 aus)	—	—
105.	Düsseldorf, Staats-Eisenbahn-Bauverein, e. G. m. b. H., Herr Müller. — Herr Schröder, Eisenbahnbaubetriebsinspektor	24	60
106.	Elberfeld, Eisenbahn-Bauverein zu Elberfeld, e. G. m. b. H., Herr Euskens. — Herr Reg.-Rat Dr. Platho	19	77
107.	Elsterwerda, Baugnossenschaft zu Elsterwerda, e. G. m. b. H., Herr Dr. G Mantey. — Herr August Mallo	10	66
108.	Erfurt, Erste Erfurter Baugenossenschaft für Arbeiter und Beamte zu Erfurt, e. G. m. b. H., Herr Wesche. — Herr Reg.-Assessor Dyes	12	—
109.	Erfurt, Baugenossenschaft Schmidtstädt, e. G. m. b. H., Herr J. Topf. — Herr Fabrikbesitzer Ludw. Topf	10	—
110.	Falkenberg (Bez. Halle a. S.), Baugenossenschaft für die Beamten und Arbeiter der Staats-Eisenbahn-Verwaltung zu Falkenberg, e. G. m. b. H., Herr Auerbach. — Herr Kusche	16	36
111.	Gotha, Gothaer Baugenossenschaft für Beamte und Arbeiter der Eisenbahnverwaltung, e. G. m. b. H, Herr Breun. — Herr Beumelburg	10	—
112.	Groß-Strelitz (Schles.), Beamten-Wohnungs- und Sparverein, e. G. m. b. H., Herr Raffelsiefen. — Herr Wolff	10	—
113.	Halle a. S., Bauverein für Kleinwohnungen, e. G. m. b. H., Herr Balke — Herr Lohse	10	—
114.	Hirschberg i. Schl., Spar- und Bauverein, e. G. m. b. H., Herr Fels. — Herr Rechtsanwalt Dr. Ablaß	15	59
115.	Ilmenau i. Th., Ilmenauer Baugenossenschaft, e. G. m. b. H., Herr J. A. Bingold. — Herr Krämer	10	—
116.	Kreuznach, Spar- und Bauverein, e. G. m. b. H., Herr Andriano. — Herr Dr. Aschoff	10	42
117.	Langensalza, Bauverein „Eintracht“, e. G. m. b. H., Herr Maaß. — Herr Graeser	10	—
118.	Luckenwalde, Luckenwalder Bauverein, e. G. m. b. H., Herr G. Pariser. — Herr Joh. Flashoff	10	—
119.	Magdeburg, Gartenstadt „Hopfengarten“, e. G m. b. H., Herr Herr Ing. Theune. — Herr Dr. jur. Prost	10	—
120.	Magdeburg, Gartenstadt-Kolonie „Reform“, e. G. m. b. H., Herr Matthes. - Herr Mumert	10	—
121.	Mannheim, Spar- und Bauverein, e. G. m. b. H., Herr Dr. Mayer. — Herr Bauinspektor Hauser	48	91
122.	Merseburg, Merseburger Spar- und Bauverein, e. G. m. b. H., Herr Bodemann. — Herr Thiele, Stadtrat	10	—
123.	Mühlhausen i. Th., Baugenossenschaft Mühlhausen, e. G. m. b. H., Herr Ullrich. — Herr Ziesenitz	10	—
124.	Nordhausen, Beamten-Wohnungsverein, e. G m. b. H., Herr Kiel. — Herr Telegraphendir. Härtel	10	—
125.	Paderborn, Paderborner gemeinnützige Baugesellschaft, e. G. m. b. H., Herr A. Westphalen. — Herr Rud. Ullner	19	74
126.	Potsdam, Bau- und Sparverein für Eisenbahnbedienstete für P. und Umg, e. G. m. b. H., Herr Parussel. — Herr Gembulewski	35	14
	Transport	629	05

		Beitrag ℳ	₰
	Transport	629	05
127.	Rheinsberg (Mark), Bauverein zu Rheinsberg, e. G. m. b. H., Herr Fischer — Herr Paetzsch, Kaufmann	12	65
128.	Ricklingen (Hannover), Gemeinnütziger Bauverein, e. G. m. b. H., Herr Gödecke. — Herr Scharlow	24	41
129.	Rixdorf (Neukölln), Rixdorfer Spar- und Bauverein, e. G. m. b. H., Herr Ribbeck. — Herr Rothenburg	37	64
130.	Siegen, Siegener Baugenossenschaft, e. G. m. b. H., Herr Meißel. — Herr Regierungsbaumeister Brabandt	16	42
131.	Silberhütte (Anh.), Bauverein, e. G. m. b. H., Herr Carl Meyer. — Herr Bürgermeister Krause	?	?
132.	Spremberg i. L., Spar- und Bauverein, e. G. m. b. H., Herr E. Geißler. — Herr H. Feller	13	16
133.	Stargard i. P., Bauverein Stargard, e. G. m. b. H., Herr Keidel. — Herr Otto, Ober-Gütervorsteher	22	75
134.	Stettin, Beamten-Baugenossenschaft „Beamtenheim“, e. G. m. b. H., Herr Dieben. — Herr Reg.- und Baurat Storbeck	13	93
135.	Stettin, Allgemeine Baugenossenschaft St., e. G. m. b. H., Herr R. Thelemann. — Herr Br. Fuhrmann	10	—
136.	Suhl, Suhler Bauverein, e. G m. b. H., Herr Dr. Hagemeister. — Justizrat Emmrich	10	—
137.	Templin, Beamten-Wohnungs-Verein, e. G. m. b. H, Herr Bretschneider. — Herr v. Arnim, Landrat	10	—
138.	Torgau, Beamten-Baugenossenschaft zu Torgau, e. G. m b H., Herr Martin. — Herr Prof. Hennig	10	92
139	Wahren bei Leipzig, Baugenossenschaft für die Eisenbahnbeamten und Arbeiter, e. G m. b. H, Herr Lewien. — Herr Reg.-Baumeister Berg (scheidet Ende 1913 aus)	10	—
140.	Weimar, Bauverein Weimar, e. G. m. b. H., Herr Franz. — Herr Rentner. Behrend	10	—
141.	Weißenfels a. S, Bauverein „Selbsthilfe“, e. G. m. b H., Herr Edel. — Herr Bach	10	—
142.	Weißwasser O./L., Gemeinnützige Baugenossenschaft von 1908 zu W., e. G. m. b. H, Herr Dr. Martin Schweig. — Herr Jos. Schweig	10	—
143.	Wilhelmsburg a. Elbe, Eisenbahn-Bauverein, e. G. m. b. H., Herr Rechnungsrat Korallus. — Herr Kgl. Reg.-Rat Windscheid	28	55
144.	Wittenberge (Bez. Potsdam), Bau- und Sparverein von Eisenbahn-Bediensteten, e. G. m. b. H., Herr Wolfes. — Herr Eisenbahn-Bauinspektor Israel	36	24
145.	Zerbst (Anhalt), Spar- und Bauverein, e. G. m. b. H., Herr Karl Fräßdorf. — Herr Friedr. Brandt	10	—
	Summa	925	72

5. Verband der Fränkischen Vorschuß- und Kreditgenossenschaften.

Direktor: Herr Handelsschuldirektor a. D. H. Trotter in Miltenberg (Unterfranken).

Stellvertreter: Herr Kommerzienrat Limmer in Kulmbach.

Verbands-Revisor: Herr Crößmann in Kulmbach.

(29 Vereine.)

Vorschußvereine.

		ℳ	₰
146.	Altdorf bei Nürnberg, Gewerbe- und Vorschußverein Altdorf, e. G. m. u. H., Herr Herm. Hafner. — Herr Jak. Zantner	34	12
	Transport	34	12

		Beitrag ℳ	₰
	Transport	34	12
147.	Alzenau in Bayern, Kreditverein, e. G. m. u. H., Herr B. Zeller. — Herr Jos. Dörsching	68	20
148.	Amberg (Bayern), Amberger Kreditverein, e. G. m. b. H., Herr E. Adam — Herr Ad. Schmidt	80	62
149.	Amorbach, Kreditverein, e. G. m. b. H., Herr Volkhardt. — Herr Jordan	35	05
150.	Ebensfeld, Vorschußverein, e. G. m. u. H., Herr F. Dütsch. — Herr Gutsbesitzer Christ. Herold	29	93
151.	Eltmann (Unterfr.), Vorschußverein für den Amtsgerichtsbezirk E., e. G. m. u. H., Herr F. Engelbrecht. — Herr Jos. May	25	50
152.	Erlangen, Vorschuß- und Kreditverein Erlangen, e. G. m. b. H., Herr M. Häußler. — Herr Kränzlein, Kommerzienrat	12	70
153.	Gerolzhofen (Unterfr.), Vorschußverein zu Gerolzhofen, e. G. m. b. H., Herr P. Weigand. — Herr Stadtrat P. Litz	61	67
154.	Kitzingen, Spar- und Vorschußverein Kitzingen, e. G. m. b. H., Herr F. Neuschel. — Herr B. Alt	82	—
155.	Klingenberg (Bayern), Kreditverein, e. G. m. b. H., Herr Jos. Heßler jr. — Herr Thomas Gröhling	55	—
156.	Kulmbach, Gewerbe- und Vorschußverein für Kulmbach, e. G. m. b. H., Herr Kommerzienrat H. Limmer. — Herr F. L. Bauer, Rentier	100	—
157.	Lahm i. Itzgrund (Post Rattelsdorf), Itzgründer Kreditverein zu Lahm, e. G. m. u. H., Herr Fr. Angermüller. — Herr Hülß	31	—
158.	Leutershausen (Mittelfr.), Gewerbe- und Vorschußverein, e. G. m. u. H., Herr Posthalter Leidig. — Herr G. Wieder	29	15
159.	Lichtenfels in Bayern, Spar- und Kreditverein Lichtenfels, e. G. m. u. H., Herr S. Fischer. — Herr F. Rothlauf	14	98
160.	Ludwigsstadt i. Oberfr., Vorschußverein, e. G. m. u. H., Herr Karl Reichenbecher. — Herr Emil Fischer	38	57
161.	Marktbreit, Kreditverein, e. G. m. u. H., Herr G. Volkamer. — Herr Th. Roth	46	—
162.	Memmelsdorf (Post Bamberg), Kredit- und Sparverein im Itzgrund, e. G. m. b. H., Herr A. Prieger. — Herr Ökonom P. Och	34	14
163.	Miltenberg (Unterfr.), Kreditverein, e. G. m. b. H., Herr Herm. Trotter. — Herr A. Fertig	100	—
164.	Obernburg b. Aschaffenburg, Landwirtsch. Kreditverein, e. G. m. u. H., Herr E. Rüd. — Herr Reitz	18	50
165.	Ochsenfurt, Kreditverein, e. G. m. u. H., Herr M. Aurich. — Herr A. Rappert	34	—
166.	Prichsenstadt, Kreditverein, e. G. m. u. H., Herr Ebenauer. — Herr Friedr. Sauer, Privatier	33	60
167.	Röttingen a. T., Landwirtschafts- und Gewerbebank, e. G. m. u. H., Herr A. Lochner. — Herr B. Stephan	28	70
168.	Rothenburg a. d. T., Vorschußverein, e. G. m. b. H., Herr F. Hübscher. — Herr Truckenbrodt	12	84
169.	Schweinfurt, Kreditverein Schweinfurt, e. G. m. u. H., Herr J. Schunk. — Herr F. W. Vogel	22	48
170.	Weitlahm (Oberfr.), Vorschußverein Obermaingau, e. G. m. b. H., Herr Freiherr von Künßberg. — Herr Ökonom H. Sack	10	—
171.	Weidenberg, Kreditverein, e. G. m. u. H., Herr Johann Stoll. — Herr Wolfgang Fuchs	73	50
172.	Wiesenbronn, Kreditverein, e. G. m. u. H., Herr Neubauer. — Herr P. Schaefer	10	—
173.	Wiesentheid, Kreditverein, e. G. m. u. H., Herr M. Baumeister. — Herr A. Fackelmann	10	—
174.	Zeil, Vorschußverein, e. G. m. u. H., Herr Burger. — Herr Konr. Steigner	10	—
	Summa	1142	25

6. Verband Hessischer Vorschuß- und Kreditvereine.

Direktor: Herr Justizrat Dr. Harnier in Cassel.
Stellvertreter: Herr Reins in Cassel.
Verbands-Revisor: Herr Dörr in Friedberg i. Hessen.
Stellvertreter: Herr Reins in Cassel.

(23 Vereine.)

Vorschußvereine.

Nr.	Verein	Beitrag ℳ	₰
175.	Alsfeld, Alsfelder Vorschußverein, e. G. m. u. H., Herr G. Bücking. — Herr Ferd. Plang	100	—
176.	Bad Nauheim, Spar- und Vorschußverein, e. G. m. b. H., Herr H. Stoll. — Herr Ph. Müller	100	—
177.	Bad Wildungen (Waldeck), Vorschuß- und Sparverein zu Ndr.-Wildungen, e. G. m. u. N., Herr Schotte. — Herr Otto Radtke	100	—
178.	Biedenkopf, Volksbank, e. G. m. u. H., Herr O. Hoffmann. — Herr C. W. Brühl, Prokurist	55	87
179.	Butzbach, Vorschußverein, e. G. m. b. H., Herr Wilh. Heil. — Herr Fritz Weidemann	100	—
180.	Cassel, Kreditverein zu Cassel, e. G. m. b. H., Herr F. Reins. — Herr Justizrat Dr. Harnier	100	—
181.	Cassel, Allgemeiner Vorschußverein, e. G. m. u. H., Herr Reinfrank. — Herr Justizrat Dr. Karl Weis	10	—
182.	Eschwege, Vorschußverein, e. G. m. u. H., Herr Liebisch. — Herr E. Kraft	26	80
183.	Friedberg i. Hessen, Vorschuß- und Kreditverein zu Friedberg, e. G. m. b. H., Herr J. Dörr. — Herr C. Scriba, Buchhändler	100	—
184.	Fulda, Vorschußverein zu Fulda, e. G. m. b. H., Herr W. Mollenhauer. — Herr Jos. Fritz	100	—
185.	Gießen, Gewerbebank zu Gießen, e. G. m. b. H., Herr Carl Loos. — Herr L. Petri II	100	—
186.	Großalmerode, Vorschußverein Großalmerode, e. G. m. u. H., Herr Gundlach. — Herr Karl Bernhard	19	60
187.	Grünberg in Hessen, Vorschußverein zu Grünberg, e. G. m. u. H., Herr Gg. Bon-Eiff. — Herr Staunder	100	—
188.	Hess.-Lichtenau (Bez. Cassel), Spar- und Vorschußverein zu Hessisch-Lichtenau, e. G. m. u. H., Herr H. Nickel. — Herr E. Wetz	100	—
189.	Homberg (Reg.-Bez. Cassel), Vorschuß- und Sparkassenverein zu Homberg, e. G. m. u. H., Herr Ph. Wiegand. — Herr Rechtsanwalt Hanke	100	—
190.	Lauterbach i H., L'er Vorschußverein, e. G m. u. H., Herr A. Stöpler. — Herr Heinr. Alt 4	100	—
191.	Marburg (Bez. Cassel), Marburger Bank, e G. m. u. H., Herr Hans Stumpf. — Herr Rechtsanwalt Ed. Auth	100	—
192.	Melsungen, Vorschußverein zu Melsungen, e. G. m. u. H., Herr H. Mardorf. — Herr Karl Brack	100	—
193.	Nordeck (Post Londorf), Spar- und Vorschußkasse zu Nordeck, e. G. m. u. H., Herr Wisker. — Herr Wisker, Landwirt	23	70
194.	Schlitz, Vorschußverein zu Schlitz, e. G. m. u. H., Herr F. Zöller. — Herr Lehrer K. Eurich	14	89
195.	Schmalkalden, Vereinsbank, e. G. m. b. H., Herr Strecker — Herr Oskar Merkel	100	—
196.	Wächtersbach, Wächtersbacher Vorschußverein, e. G. m. u. H., Herr L. Kolb. — Herr Rich. Kirn	76	08
197.	Wetzlar, Vorschuß- und Kreditverein, e. G. m. b. H., Herr Fr. Bremer. — Herr C. Imgardt	33	12
	Summa	1760	06

7. Verband der Kreditgenossenschaften der Lausitz und der benachbarten Landesteile.

Direktor: Herr O. Zademach in Guben.
Stellvertreter: Herr Bredenbreuker in Cottbus.
Verbands-Revisor: Herr Dr. Fr. Schneider in Potsdam.

(19 Vereine.)

		Beitrag ℳ	₰
	a. Vorschußvereine.		
198.	Cottbus, Vereinsbank zu Cottbus, e. G. m. b. H., Herr Th. Haase. — Herr Carl Schneider	100	—
199.	Crossen a. O., Vorschußverein zu Crossen a. O., e. G. m. u. H., Herr A. Schulz. — Herr Lehrer Herold	100	—
200.	Forst N.-L., Kreditkassenverein zu Forst i. L., e. G. m. b. H., Herr O. Fiedler. — Herr P. Högelheimer	100	—
201.	Fürstenberg a. O., Vorschußverein zu Fürstenberg, e. G. m. b. H., Herr J. Baron. — Herr F. Schulz	21	75
202.	Görlitz, Vorschußverein zu Görlitz, e. G. m. b. H., Herr Gerh. Leeder. — Herr Lange	58	20
203.	Guben, Vorschußverein zu Guben, e. G. m. b. H., Herr O. Zademach. — Herr P. Roelle	100	—
204.	Halbau, Vorschußverein, e. G. m. b. H., Herr Paul Winkler. — Herr Paternoster	100	—
205.	Königs-Wusterhausen, Vorschußbank in K.-W., e. G. m. u. H., Herr Schmidt. — Herr H. Philippsborn	100	—
206.	Letschin, Kreditverein zu Letschin, e. G. m. u. H., Herr O. Zimmermann. — Herr R. Schulze	10	—
207.	Luckau i. Lausitz, Vorschußverein, e. G. m. u. H., Herr Louis Heugel. — Herr Drechslermeister C. Wagner	46	—
208.	Lübben i. Lausitz, Vorschußverein zu Lübben, e. G. m. u. H., Herr A. Köstlich. — Herr Max Krüger	100	—
209.	Lübbenau, Vorschußverein zu Lübbenau, e. G. m. b. H., Herr Oskar Winzler. — Herr Trüstedt	50	50
210.	Sagan, Spar- und Vorschußverein zu Sagan, e. G. m. b. H., Herr R. Thiel. — Herr R. Noack	100	—
211.	Senftenberg i. Lausitz, Vorschußverein zu Senftenberg, e. G. m. u. H., Herr Gottlieb Müller. — Herr G. Grabaum	100	—
212.	Sorau N.-L., Kredit- und Diskontoverein, e. G. m. b. H., Herr R. Schade. — Herr C. Kaulfuß	100	—
213.	Spremberg, Kredit- und Sparbank, e. G. m. u. H., Herr Paul Jeicke. — Herr Schittke	51	15
214.	Wendisch-Buchholz, Vorschußkasse, e. G. m. b. H., Herr Scherff. — Herr M. Sußmann	87	—
215.	Züllichau, Vorschußverein zu Züllichau, e. G. m. u. H., Herr Jul. Laeske. — Herr Otto Parchwitz	55	20
	b. Andere Genossenschaften.		
216.	Görlitz, Schuhmacher-Rohstoff-Genossenschaft, e. G. m. b. H., Herr Paul Hartmann. — Herr O. Kretschmar	10	—
	Summa	1389	80

	Beitrag ℳ	₰

8. Verband der Konsumvereine der Lausitz und der angrenzenden Provinzen und Landesteile.

Direktor: Herr Hermann Schätze in Görlitz.
Stellvertreter: Herr Wießner in Muskau.
Verbands-Revisor: Herr Wiedemann in Görlitz.

(21 Vereine.)

a. Konsumvereine.

		ℳ	₰
217.	**Bautzen**, Waren-Einkaufs-Verein zu Bautzen, e. G. m. b. H., Herr Richter. — Herr M. Grunert	49	95
218.	**Calau N.-L.**, Konsumverein zu Calau, e. G. m. b. H., Herr Robert Schlesier. — Herr W. Steudner	13	20
219.	**Gassen**, Konsumverein, e. G. m. b. H., Herr W. Topp — Herr A. Gade	26	25
220.	**Görlitz**, Konsumverein zu Görlitz, e. G. m. b. H., Herr Berger. — Herr Schätze	100	—
221.	**Groß-Schönau** i. Sachsen, Konsumverein zu Groß-Schönau, e. G. m. b. H., Herr O. Schwerdtner. — Herr C. Friedrich	48	30
222.	**Hirschberg** i. Schl., Neuer Konsumverein für Hirschberg und Umgegend, e. G. m. b. H., Herr Georg Aßmann. — Herr Bräuniger	11	55
223.	**Hoyerswerda**, Konsumverein für Bedienstete d. Behörden in Hoyerswerda, e. G. m. b. H., Herr Legeler. — Herr Eisenb.-Assistent Scholz	18	90
224.	**Lauban**, Konsumverein zu Lauban, e. G. m. b. H., Herr Ewald Haucke. — Herr Rechtsanwalt C. F Pogge	17	85
225.	**Lauchhammer**, Konsumverein, e. G. m. b. H., Herr O. Thaermann. — Herr H. Bode	32	85
226.	**Linderode O.-L.**, Konsumverein Linderode, e. G. m. b. H., Herr W. Winzker. — Herr E. Wilhelm	10	20
227.	**Lübben** i. Lausitz, Konsumverein zu Lübben, e. G. m. b. H., Herr A. Fuhrmann. — Herr W. Riedel	10	—
228.	**Muskau**, Konsumverein zu Muskau und Umgegend, e. G. m. b. H., Herr O. Wiesner. — Herr P. Menzel	36	45
229.	**Rietschen O.-L.**, Konsumverein Rietschen O.-L., e. G. m. b H., Herr E. Hubein. — Herr P. Preuß	18	75
230.	**Schirgiswalde**, Konsumverein für Schirgiswalde und Umgegend, e. G. m. b. H., Herr Jänchen. — Herr Emil Krahl	18	15
231.	**Schreiberhau**, Konsumverein zu Schreiberhau, e. G. m. b. H., Herr W. Schier. — Herr Strauch	29	25
232.	**Sommerfeld** (Bez. Frankfurt a. O.), Konsumverein zu Sommerfeld, e. G. m. b. H., Herr O. Matthes. — Herr Rob. Schneider	22	05
233.	**Tiefenfurt** (Bez. Liegnitz), Konsumverein, e. G. m. b. H., Herr E. Milke. — Herr Gust. Neumann	13	95
234.	**Vetschau**, Gewerkvereins-Konsum Vetschau, e. G. m. b. H., Herr W. Wegt. — Herr A. Martini, Schuhmachermeister	10	—
235.	**Walddorf** i. Sachsen, Konsum- und Produktiv-Verein Walddorf, e. G. m. b. H., Herr C. Steinitz. — Herr H. Halank	18	30

b. Andere Genossenschaften.

		ℳ	₰
236.	**Muskau**, Unionsbrauerei Muskau, e. G. m. b. H., Herr Locke. — Herr Rolke	23	85
237.	**Vetschau**, Genossenschaft, vormals A. Lehnigk, Fabrik landwirtschaftlicher Maschinen und Geräte, e. G. m. b. H., Herr K. Emmelmann. — Herr W. Zerna	60	—
	Summa	589	80

9. Verband der Erwerbs- und Wirtschaftsgenossenschaften im Regierungsbezirk Magdeburg, Herzogtum Braunschweig und der Provinz Hannover.

Direktor: Herr Paul Feldheim in Burg bei Magdeburg.
Stellvertreter: Herr Schüßler in Gommern.
Verbands-Revisor: Herr Louis Gille in Ballenstedt.
Stellvertreter: Herr Kassierer Heyer in Burg bei Magdeburg.

(42 Vereine.)

a. Vorschußvereine.

		Beitrag ℳ	₰
238.	Aken a. E., Spar- und Vorschußverein, e. G. m. b. H., Herr A. Zehle. — Herr Konr. Bleichert	100	—
239.	Aken a. E., Bankverein, e. G. m. b. H., Herr Aug. Löffler. — Herr Schwalenberg	100	—
240.	Beetzendorf (Kr. Salzwedel), Vorschußverein, e. G. m. b. H., Herr W. Damke. — Herr H. Schulz	54	18
241.	Bismark (Prov. Sachsen), Vorschußverein zu Bismark, e. G. m. u. H., Herr Michael. — Herr Köhn	10	—
242.	Blankenburg a. H., Vorschuß- und Sparverein, e. G. m. u. H., Herr J. Seemann. — Herr Franz Feyertag	49	25
243.	Burg b. M., Spar- und Gewerbebank zu Burg, e. G. m. b. H., Herr P. Feldheim. — Herr Hahn	100	—
244.	Calvörde, Spar- und Vorschußverein in Calvörde, e. G. m. u. H., Herr W. Beck. — Herr G. Holzhausen, Kaufmann	61	76
245.	Cochstedt, Vorschußverein, e. G. m. u. H., Herr Fickert. — Herr T. Fünfhausen	10	—
246.	Egeln, Kreditverein zu Egeln, e. G. m. b. H., Herr L. Germer. — Herr v. Müller	24	—
247.	Eichenbarleben, Spar- und Vorschußverein zu Eichenbarleben, e. G. m. b. H., Herr H. Mertens. — Herr Aug. Grobe	52	—
248.	Gardelegen, Vereinsbank zu Gardelegen, e. G. m. b. H., Herr Dreßler. — Herr Rentier C. Schmidt	100	—
249.	Genthin, Spar- und Gewerbebank zu Genthin, e. G. m. b. H., Herr Brauer. — Herr F. Ulrich	89	92
250.	Gommern, Spar- und Vorschußverein zu Gommern, e. G. m. b. H., Herr Schüßler. — Herr Michaelis	100	—
251.	Halberstadt, Kreditverein zu Halberstadt, e. G. m. b. H., Herr M. Heims. — Herr Grewe	84	62
252.	Hannover, Gewerbebank zu Hannover, e. G. m. b. H., Herr A. Renke. — Herr F. Barlsen	100	—
253.	Hasselfelde, Vorschußverein zu Hasselfelde, e. G. m. u. H., Herr H. Görlitz. — Herr A. Hase	47	86
254.	Helmstedt (Braunschweig), Spar- und Vorschußverein zu Helmstedt, e. G. m. u. H., Herr Fr. Thiemann. — Herr F. W. Berkefeldt, Lehrer	42	23
255.	Hornburg (Bez. Magdeburg), Vorschuß- und Sparverein, e. G. m. u. H., Herr Hottendorf. — Herr Lüttge	80	19
256.	Königslutter, Spar- und Vorschußverein, e. G. m. b. H., Herr Max Giesecke. — Herr Peter Blohm	24	14
257.	Langelsheim, Spar- und Vorschußverein, e. G. m. b. H., Herr H. Warnecke. — Herr Wilh. Haarnagel	20	69
258.	Lerbach, Privat-Sparkasse zu Lerbach, e. G. m. b. H., Herr W. Kratsch. — Herr Carl Wolf	43	25
259.	Magdeburg, Spar- und Vorschußverein der Eisenbahnbeamten zu Magdeburg, e. G. m. u. H., Herr Naumann. — Herr Alb. Müller	10	—
	Transport	1304	09

		Beitrag ℳ	₰
	Transport	1804	09
260.	**Magdeburg**, Magdeburger Haus- und Grundbesitzer-Bank, e. G. m. b. H., Herr S. Rüther. — Herr Justizrat Leist	10	—
261.	**Neuhaldensleben**, Kreditbank zu Neuhaldensleben, e. G. m. b. H., Herr Schulze. — Herr Herzmann	100	—
262.	**Osterburg**, Spar- und Gewerbebank Osterburg, e. G. m. b. H., Herr Krafft. — Herr Boelkow	100	—
263.	**Parey a. E.**, Spar- und Kreditbank, e. G. m. b. H., Herr H. Köster. — Herr Netzband	90	—
264.	**Quedlinburg**, Vorschußverein zu Quedlinburg, e. G. m. u. H., Herr H. Meyer. — Herr Sattler	10	—
265.	**Rogätz**, Spar- und Vorschußverein, e. G. m. b. H., Herr Bethge. — Herr C. Blancke	16	55
266.	**Salzwedel**, Vorschußverein zu Salzwedel, e. G. m. b. H., Herr A. Freydanck. — Herr O. Brüder	100	—
267.	**Schöningen** (Kreis Helmstedt), Kreditverein zu Schöningen, e. G. m. u. N., Herr C. Bode. — Herr H. Koch	40	18
268.	**Schöppenstedt**, Spar- und Vorschußverein Schöppenstedt, e. G. m. b. H., Herr Herm. Fricke. — Herr F. Almstedt	61	25
269.	**Seehausen in der Altmark**, Vorschußverein, e. G. m. u. H., Herr Danelsberg. — Herr Balcke	16	90
270.	**Stadtoldendorf**, Vorschuß- und Sparverein zu Stadtoldendorf, e. G. m. b. H., Herr C. Hemme — Herr Dr. Oehlmann	85	30
271.	**Steimke** (Post Brome), Vorschußverein zu Steimke, e. G. m. u. H., Herr Ch. Böwing. — Herr Chr. Wolff	88	32
272.	**Stendal**, Vorschußverein zu Stendal, e. G. m. b. H., Herr O. Wernicke. — Herr F. Schulze, Lehrer	100	—
273.	**Stendal**, Kreditverein zu Stendal, e. G. m. b. H., Herr L. Kramer. — Herr Trollius	100	—
274.	**Tangermünde**, Bank- und Sparverein zu Tangermünde, e. G. m. b. H., Herr Pieper. — Herr E. Saalfeld	100	—
275.	**Werben a. E.**, Vorschußverein, e. G. m. u. H., Herr Thormeyer. — Herr Voigt, Klempnermeister	35	40
276.	**Wolfenbüttel**, Gewerbebank, e. G. m. b. H., Herr O. Grabenhorst. — Herr Carl Lampe sen.	100	—
277.	**Wolmirstedt**, Vorschußverein, e. G. m. u. H., Herr F. Niebuhr. — Herr W. Westhus	15	70
	b. Andere Genossenschaften.		
278.	**Aken a. Elbe**, Privatschiffer-Transport-Genossenschaft, e. G. m. u. H., Herr C. Merseburg. — Herr And. Gruß	50	—
279.	**Aken a. Elbe**, Schiffsversicherungsverein, V. a. G., Herr Karl Merseburg	?	?
	Summa	2468	69

10. Verband der Erwerbs- und Wirtschaftsgenossenschaften am Mittelrhein.

Direktor: Herr Justizrat Dr. Alberti in Wiesbaden.
1. Stellvertreter: Unbesetzt.
2. Stellvertreter: Herr Neußer in Höchst a. M.

Verbands-Revisor: Herr G. Seibert in Wiesbaden; stellvertretender Verbands-Revisor: Herr M. Neußer in Höchst a. M.

(77 Vereine.)

a. Vorschußvereine.

		ℳ	₰
280.	**Bad Orb**, Spar- und Kreditverein zu Bad Orb, e. G. m. u. H., Herr Dr. R. Weinberg. — Herr A. Schneeweis	58	66
	Transport	58	66

		Beitrag	
		ℳ	₰
	Transport	58	66
281.	Bieber (Kreis Gelnhausen), Vorschußverein zu Bieber, e. G. m. u. H., Herr Wolf. — Herr G. Schäfer	26	70
282.	Biebrich, Vorschußverein zu Biebrich, e. G. m. b. H., Herr A. Wolff. — Herr Ed. Schmölder, Rentner	100	—
283.	Birstein, Spar- und Vorschußverein, e. G. m. u. H., Herr Dauth. — Herr Einschütz, Bürgermeister	24	—
284.	Bonames, Spar- und Leihkasse, e. G. m. u. H., Herr H. Gönsch. — Herr H. Epp	10	—
285.	Brandoberndorf, Vorschußverein, e. G. m. u. H., Herr Stahl — Herr J. Reuter	46	63
286.	Braubach, Vorschußverein, e. G. m. u. H., Herr C. Hagenow. — Herr R. Kirchberger	62	70
287.	Camberg (Bez. Wiesbaden), Vorschußverein, e. G. m. u. H., Herr Krings. — Herr P. Haber, Rentier	43	35
288.	Caub, Vorschuß- und Kreditverein, e. G. m. u. H., Herr Dr. Hertling. — Herr Jos. Lopp	54	70
289.	Cronberg (Taunus), Vorschußverein für Cronberg und Umgegend, e. G. m. u. H., Herr V. Martin. — Herr G. Wirbelauer, Lehrer	19	62
290.	Diez, Vorschußverein zu Diez, e. G. m. u. H., Herr Jean Jung. — Herr Paul	100	—
291.	Dillenburg, Vorschußverein zu Dillenburg, e. G. m. b. H., Herr C. F. Gerhard. — Herr Heinr. Richter	100	—
292.	Driedorf (Bez. Wiesbaden), Vorschußverein, e. G. m. u. H., Herr Reuter. — Herr H. Betz	10	—
293.	Eibelshausen, Darlehnskassen- und Sparverein zu Eibelshausen, e. G. m. u. H., Herr H. Heiland. — Herr F. Heinz	32	18
294.	Eltville, Vorschußverein Eltville, e. G. m. b. H., Herr A. Liebler. — Herr Dr. Wahl	100	—
295.	Emmerichenhain, Vorschußverein Emmerichenhain, e. G. m. u. H., Herr Göbel. — Herr H. Kolb	96	63
296.	Flörsheim, Vorschußverein zu Flörsheim, e. G. m. u. H., Herr W. Dienst. — Herr F. Keller	100	—
297.	Framersheim, Kredit- und Sparverein, e. G. m. u. H., Herr Aug. Albrecht. — Herr Heinrich Rupp, Landwirt	10	—
298.	Frankfurt a. M., Frankfurter Gewerbekasse, e. G. m. b. H., Herr Keller. — Herr G. Hoffmann	100	—
299.	Frankfurt a. M., Spar- und Darlehnskasse von Beamten der Königlichen Eisenbahn-Direktion zu Frankfurt a. M., e. G. m. b. H., Herr Schaefer. — Herr R. Zybell	17	70
300.	Frankfurt a. M., Spar- und Vorschußverein von Eisenbahn-Beamten und Arbeitern im Eisenb.-Direktionsbez. Frankfurt a. M, e. G. m. b. H., Hohenzollernplatz 35, Zimmer 110, Herr Schäfer. — Herr Dr. Roesler	23	62
301.	Frankfurt a. M., Handels- u. Gewerbebank, e. G. m. b. H., Herr C. Trauner. — Herr Andreas Henß	100	—
302.	Frankfurt a. M.-Bockenheim, Bockenheimer Volksbank, e. G. m. H., Herr C. Stauffer. — Herr Rentner Chr. Schmitt	100	—
303.	Frankfurt a. M.-Bornheim, Spar- und Bankverein, e. G. m. b. H., Herr Ludw. Ries. — Herr W. Hancke	100	—
304.	Frankfurt a. M.-Niederrad, Spar- u. Leihkasse zu Niederrad, e. G. m. u. H., Herr Eingärtner. — Herr Fischer	100	—
305.	Frankfurt a. M.-Seckbach, Spar- u Hilfsverein, e. G. m. u. H, Herr W. Reul. — Herr G. Geschwindner	22	20
306.	Geisenheim, Vorschuß- und Kreditverein zu Geisenheim, e. G. m. b. H., Herr H. Dorsch — Herr Anton Jung	100	—
307.	Geisenheim, Spar- und Leihkasse, e. G. m. u. H., Herr F. Weil. — Herr Feldmann	100	—
	Transport	1758	69

		Beitrag ℳ	₰
	Transport	1758	69
308.	**Grävenwiesbach**, Vorschußverein, e. G. m. u. H., Herr Th. Müller. — Herr P. Veltmann	59	04
309.	**Grenzhausen**, Volksbank zu Grenzhausen, e. G. m. u. H., Herr L. Jungbluth. — Herr O. Blum	100	—
310.	**Griesheim** a. M., Vorschußverein, e. G m. u. H., Herr Fr. Jann. — Herr P. Hafner	55	50
311.	**Griesheim** a. M., Spar- und Hilfsverein zu Griesheim a. M., e. G. m. u. H., Herr K. Westenberger. — Herr Adam Ruppel	21	—
312.	**Hachenburg** (Westerwald), Vereinsbank, e. G. m. u. H., Herr L. Kramer. — Herr Lorenz Dewald	100	—
313.	**Haiger**, Vorschußverein, e. G. m. b. H., Herr O. Menk. — Herr Gudelius	100	—
314.	**Hattersheim**, Vorschußverein, e. G. m. b. H., Herr Keßler. — Herr W. Schweikart	14	92
315.	**Herborn** (Bez. Wiesbaden), Volksbank zu Herborn, e. G. m. u H., Herr H. Piscator. — Herr C. Jüngst	72	82
316.	**Herschbach** (Westerwald), Hilfs- und Sparkasse, e. G. m. u. H., Herr Chr. Krah. — Herr P. Dickopf	10	—
317.	**Höchst** a. M., Vorschußverein Höchst a. M., e. G. m. b. H., Herr M. Neußer. — Herr C. Kayßer, Apotheker	100	—
318.	**Höhr**, Kredit- und Vorschußverein zu Höhr, e. G. m. u. H., Herr Marzi. — Herr Joh. P. J. Remy	88	56
319.	**Holzappel**, Vorschuß- und Sparkassenverein zu Holzappel, e. G. m. u. H., Herr Heinrich Schwarz. — Herr Schaub, Obersteiger	46	02
320.	**Homburg** v. d. Höhe, Spar- und Vorschußkasse zu Homburg v. d. Höhe, e. G. m. b. H., Herr W. Enke. — Herr H. Morr	100	—
321.	**Idstein**, Vorschußverein, e. G. m. u. H., Herr Guckes. — Herr W. Hamacher	100	—
322.	**Kirberg** (Bez. Wiesbaden), Vorschußverein zu Kirberg, e. G. m. u. H., Herr Th. Bücher. — Herr Großmann	25	72
323.	**Königstein** i. Taunus, Vorschuß- und Kreditverein, e. G. m. b. H., Herr Seb. Gläeser. — Herr Ph Göbel	?	?
324.	**Kreuznach**, Kreuznacher Volksbank, e. G. m. b. H., Herr L. Parisius. — Herr Kaufmann J. Winckler	100	—
325.	**Langenschwalbach**, Vorschuß- und Kreditverein zu Langenschwalbach, e. G. m. b. H., Herr Eduard Hild. — Herr Chr. Balzer	100	—
326.	**Langenselbold** bei Hanau, Vorschußverein, e. G. m. u. H., Herr Chr. Reuther. — Herr S. Strauß	16	43
327.	**Limburg** a. d. Lahn, Vorschußverein zu Limburg, e. G. m. u. H., Herr A. Korkhaus. — Herr Jos. Flügel	100	—
328.	**Mainz**, Mainzer Volksbank, e. G. m. b. H., Herr Reins. — Herr Herm. Heß	100	—
329.	**Marienberg** (Westerwald), Vorschußverein zu Marienberg, e. G. m. u. H., Herr Keßler. — Herr Aug. Strauß	34	91
330.	**Montabaur**, Vorschußverein zu Montabaur, e. G. m. u. H., Herr Weyand. — Herr Scheidt III	38	32
331.	**Münster** a. T., Spar- und Vorschußverein, e. G. m. u. H., Herr L. Bätz. — Herr L. Sachs	13	30
332.	**Nastätten** (Kr. Goarshausen), Vorschuß- und Kreditverein, e. G. m. u. H., Herr Fr. Christ. — Herr G. Buchenauer	76	95
333.	**Oberlahnstein**, Volksbank, e. G. m. u. H., Herr P. Buß. — Herr F. Föhr	60	30
334.	**Oberstedten** b. Homburg v. d. Höhe, Spar- und Vorschußkasse „Frühling" zu Oberstedten, e. G m. u. H., Herr L. Braun — Herr J. Streim	21	45
335.	**Offenbach** a. M., Bankverein zu Offenbach a. M., e. G. m. b. H., Herr Ludwig Diehl. — Herr Theodor Böhm	100	—
	Transport	3513	93

Nr.		Beitrag ℳ	₰
	Transport	3513	93
336.	**Oppenheim** a. Rh., Spar- und Kreditverein, e. G. m. b. H., Herr F. Köhler. — Herr Bürgermeister Herm. Schmidt	100	—
337.	**Ransbach**, Ransbach-Baumbacher Vorschußverein, e. G. m. u. H., Herr W. Gerharz. — Herr P. Knopp	79	70
338.	**Runkel**, Vorschußverein, e. G. m. u. H., Herr Schwarz. — Herr Hemming	23	62
339.	**Schupbach**, Vorschußverein, e. G. m. b. H., Herr W. Berns. — Herr W. Klein	78	52
340.	**Selters** (Westerwald), Vorschußverein zu Selters, e. G. m. u. H., Herr F. W. Schneider. — Herr Corzilius	52	77
341.	**Sindlingen** a. Main, Spar- und Kreditverein, e. G. m. u H., Herr Blisch. — Herr Gräf	?	?
342.	**Soden** a. Taunus, Vorschußverein zu Soden a. T., e. G. m. u. H., Herr Dr. Hughes. — Herr Müller	78	95
343.	**Sprendlingen** (Kr. Offenbach), Sprendlinger Gewerbebank, e G. m. b. H., Herr A. Bratengeier. — Herr H. Spengler	11	45
344.	**Steinau** (Kr. Schlüchtern), Vorschußverein, e. G. m. u. H., Herr Romeiser. — Herr E. Kohlhepp	54	85
345.	**Straßebersbach**, Kredit- und Sparkassenverein, e. G. m. u. H., Herr F. Brück. — Herr H. Schüler, Bürgermeister	20	50
346.	**Usingen**, Vorschußverein zu Usingen, e. G. m. u. H., Herr G. Saarholz. — Herr W. Krämer	88	40
347.	**Wallmerod**, Vorschuß- und Sparkassenverein, e. G. m. u. H., Herr Fasel. — Herr Sturm	58	10
348.	**Wehen** (Taunus), Vorschußverein zu Wehen, e. G. m. u. H., Herr Körner. — Herr J. Schneider	58	63
349.	**Weilmünster**, Vorschußverein zu Weilmünster, e. G. m. u. H., Herr F. Eppstein. — Herr Fr. Schäfer	50	10
350.	**Wiesbaden**, Vorschußverein zu Wiesbaden, e. G. m. b. H., Herr E. Hirsch. — Herr Justizrat Dr. Alberti	100	—
351.	**Wiesbaden**, Allgemeiner Vorschuß- und Sparkassenverein, e. G. m. b. H., Herr H. Meis. — Herr A. Wolff	100	—
352.	**Worms**, Vereinsbank Worms, e. G. m. b. H., Herr L. Hassinger. — Herr Trümpler	100	—
	b. Andere Genossenschaften.		
353.	**Frankfurt** a. M., Spar- und Bauverein für Eisenbahn-Bedienstete, e. G. m. b. H., Herr Schäfer. — Herr Six, Rechnungsrat	100	—
354.	**Mainz**, Rohstoffverein für Schuhmacher, e. G. m. b. H., Herr C. Daub. — Herr J. Rübsam	22	91
355.	**Ransbach** (Westerwald), Vertriebsverband der Krugbäcker des Unterwesterwaldkreises, e. G. m b. H., Herr P. Körgilius. — Herr Clemens Körgilius	10	—
356.	**Wiesbaden**, Rohstoffverein für Schuhmacher, e. G. m. b. H., Herr E. Rumpf. — Herr A. Bürschgens	37	42
	Summa	4739	85

11. Verband der Norddeutschen Erwerbs- und Wirtschaftsgenossenschaften.

Direktor: Herr Rechtsanwalt Stech in Neustrelitz.
Stellvertreter: Herr R. Schulz in Rostock.
Verbands-Revisor: Herr Soerensen in Berlin.

(50 Vereine.)

a. Vorschußvereine.

		Beitrag ℳ	₰
357.	Barth, Vorschußverein zu Barth, e. G. m. u. H., Herr Foth. — Herr C. Anthony	10	—
358.	Bergen a. R., Rügensche Bank, e. G. m. u. H., Herr F. Lübky. — Herr G. Krüger, Buchdruckereibesitzer	100	—
359.	Bützow, Vorschußverein zu Bützow, e. G. m. u. H., Herr Herbst. — Herr Rechtsanwalt Vorbeck	100	—
360.	Crivitz, Vorschußverein zu Crivitz, e. G. m. u. H., Herr Haeske. — Herr W. Maybaum	22	90
361.	Demmin, Vorschußverein zu Demmin, e. G. m. u. H., Herr Ockel. — Herr H. Freimuth	100	—
362.	Doberan i. Mecklbg., Vorschußverein, e. G. m. u. H., Herr H. Struck. — Herr H. Rehse	29	93
363.	Friedland i. Mecklenbg., Vorschußverein zu Friedland, e. G. m. u. H., Herr Fr. Schulz. — Herr Hans Lentz	65	—
364.	Gadebusch, Vorschußverein, e. G. m. u. H., Herr Düwel. — Herr H. Müller	16	10
365.	Gnoien, Vorschußverein zu Gnoien, e. G. m. u. H., Herr C. Hoffmann. — Herr J. Stubbe	40	—
366.	Goldberg i. M., Vorschußverein, e. G. m. u. H., Herr H. Stephanus. — Herr Kohl	10	—
367.	Greifswald, Vorschußverein, e. G. m. u. H., Herr H. Ritz. — Herr Geh. Regierungsrat Bürgermeister Dr. R. Schultze	10	—
368.	Grevesmühlen, Vereinsbank, e. G. m. b. H., Herr Evert. — Herr F. A. Müller	22	28
369.	Grevesmühlen, Vorschußverein zu Grevesmühlen, e. G. m. u. H., Herr Kröncke. — Herr H. Hinz	14	55
370.	Güstrow, Vorschußverein zu Güstrow, e. G. m. b. H., Herr G. Engel. — Herr Rechtsanwalt C. Förster	52	40
371.	Gützkow, Vorschußverein zu Gützkow, e. G. m. u. H., Herr Jonas. — Herr Fr. Thymian, Schmiedemeister (für 1912 beitragsfrei)	—	—
372.	Hagenow i. M., Vorschuß-Verein zu Hagenow i. M., e. G. m. u. H., Herr E. Volbarth. — Herr A. Blohm	15	—
373.	Kröpelin, Vorschußverein, e. G. m. u. H., Herr Thiel. — Herr B. Lawrenz	55	12
374.	Laage i. M., Vorschußverein zu Lage, e. G. m. u. H., Herr Bremer. — Herr Lange, Tischlermeister	48	07
375.	Lassan in Pommern, Vorschußverein zu Lassan, e. G. m. b. H., Herr R. Friedrich. — Herr Aug. Menge	10	—
376.	Loitz, Vorschußverein zu Loitz, e. G. m. u. H., Herr A. Schubbe. — Herr C. Fuhrmann	28	44
377.	Lübtheen, Vorschußverein, e. G. m. u. H., Herr F. Schlie. — — Herr O. Hoffmann	10	—
378.	Lübz, Vorschußverein zu Lübz, e. G. m. u. H., Herr C. Schwabe. — Herr G. Doß	26	57
379.	Malchow in Mecklenburg, Vorschußverein zu Malchow, e. G. m. u. H., Herr Dr. Köpf. — Herr Kleinbrink, Tuchfabrikant	62	58
380.	Mirow, Vorschußverein, e. G. m. u. H., Herr G. Stegemann. — Herr C. Hirchert	12	17
	Transport	861	11

		Beitrag ℳ	₰
	Transport	861	11
381.	Neubrandenburg i. Meckl., Vorschußverein zu Neubrandenburg, e. G. m. u. H., Herr Rechtsanwalt Sauerwein. — Herr A. Mulsow	57	93
382.	Neubukow i. Mecklenburg, Vorschußverein zu Neubukow, e. G. m. u. H., Herr W. Matz. — Herr Aug. Schäfer	10	—
383.	Neustrelitz, Vorschußverein, e. G. m. u. H., Herr J. Degner. — Herr R. Seyberlich	10	—
384.	Pasewalk, Vorschußverein, e. G. m. b. H., Herr C. Zimmermann. — Herr Ebelt	100	—
385.	Prenzlau, Prenzlauer Bankverein zu Prenzlau, e. G. m. u. H., Herr Hoff. — Herr Kirstein, Kaufmann	100	—
386.	Rehna i. Mecklenbg., Vorschußverein zu Rhena, e. G. m. u. H., Herr Meyer. — Herr M. Richter	30	50
387.	Ribnitz i. Mecklenburg, Vorschußverein, e. G. m. u. H., Herr J. Schütt. — Herr Paul Bührs, Rentner	10	—
388.	Röbel, Vorschußverein, e. G. m. u. H., Herr Mahnke. — Herr Zöllner	54	49
389.	Rostock, Vorschuß- und Sparbank, e. G. m. b. H., Herr Richard Schulz. — Herr Felix Weiker, Kaufmann	100	—
390.	Stargard in Mecklenburg, Vorschußverein zu Stargard, e. G. m. u. H., Herr F. Müller. — Herr C. Krüger, Rentier	25	70
391.	Stralsund, Kreditverein zu Stralsund, e. G. m. u. H., Herr Reinh. Pieritz. — Herr R. Mayer.	100	—
392.	Strasburg U.-M., Vorschußverein, e. G. m. b. H., Herr C. Tegge. — Herr Collien	67	44
393.	Strelitz i. Mecklenburg, Vorschußverein zu Strelitz, e. G. m. u. H., Herr W. Stech. — Herr C. Meyer, Fabrikbesitzer	60	—
394.	Sülze i. Mecklenburg, Vorschußverein zu Sülze, e. G. m. u. H., Herr H. Michaelsen. — Herr E. Jürgens	81	84
395.	Tessin i. M., Vorschußverein zu Tessin, e. G. m. u. H., Herr Bröker. — Herr Senator Wiedemeyer	100	—
396.	Teterow, Vorschußverein zu Teterow, e. G. m. u. H., Herr Ehrlich. — Herr Wilh. Rathcke	53	70
397.	Treptow a. Toll., Vorschußverein, e. G. m. u. H., Herr W. Breitsprecher. — Herr Justizrat Joseph	100	—
398.	Waren i. Mecklenburg, Vorschußverein zu Waren, e. G. m. u. H., Herr C. Blickwede — Herr E. Klingenberg	81	96
399.	Warin i. Mecklenburg, Vorschußverein, e. G. m. u. H., Herr C. Just. — Herr K. Peters	18	48
400.	Wittenburg i. Mecklenburg, Vorschußverein, e. G. m. u. H., Herr Hasenbank. — Herr Pieplow	?	?
401.	Woldegk i. Mecklenburg, Vorschußverein, e. G. m. u. H., Herr Otto Gundlach. — Herr R. Schulz	45	85
402.	Wolgast, Vorschuß- und Sparbank zu Wolgast, e. G. m. b. H., Herr H. Schwartz. — Herr G. Winguth	78	10
403.	Wustrow i. Mecklenburg, Vorschußverein zu Wustrow, e. G. m. u. H., Herr C. Röhl. — Herr Heinr. Dade	43	60
	b. Andere Genossenschaften.		
404.	Bergen a. Rügen, Kanalisationsgenossenschaft Bergen, e. G. m. b. H., Herr Julius Wessinger. — Herr Senator F. Freese . . .	10	—
405.	Malchow, Werkgenossenschaft Malchower Tuchfabrikanten, e. G. m. b. H., Herr H. Blank. — Herr Heinr. Weber	10	22
406.	Malchow, Privatspinnerei zu Malchow, e. G. m. b. H., Herr Alb. Heese. — Herr E. Kröplin	10	—
	Summa	2170	92

12. Verband der Vorschuß- und Kreditvereine von Nordwestdeutschland.

Direktor: Herr L. Weyl in Elmshorn.
1. Stellvertreter: Herr Harbeck in Ploen.
2. Stellvertreter: Herr W. Brügmann in Altona.
Verbands-Revisor: Herr Dr. Fr. Schneider in Potsdam.

(48 Vereine.)

Vorschußvereine.

		Beitrag ℳ	₰
407.	Altona, Altonaer Kreditverein (mit Korporationsrechten), Herr Karl Frahm. — Herr Rektor J. F. Dücker	100	—
408.	Altona, Kreditbank von 1870, e. G. m. b. H., Herr W. Brügmann. — Herr J. W. Wagner	100	—
409.	Altona, Genossenschafts-Bank, e. G. m. b. H., Herr Witt. — Herr H. Tartsch	12	14
410.	Barmstedt i. H., Kreditverein zu Barmstedt, e. G. m. u. H., Herr H. Starck. — Herr Joh. Schippmann	60	50
411.	Bornhöved, Kreditverein Bornhöved, e. G. m. b. H., Herr J. D. Blunck. — Herr Aug. Steen	14	66
412.	Bramstedt, Kreditverein, e. G. m. u. H., Herr P. Danielsen. — Herr Dehnkamp	100	—
413.	Bredstedt, Kreditverein zu Bredstedt, e. G. m. u. H., Herr H. Rickertsen. — Herr H. G. Gilde, Gerbereibesitzer	100	—
414.	Burg i. Dithm., Burger Kreditverein, e. G. m. u. H., Herr H. Ehlers. — Herr R. Voß	26	55
415.	Dissau b. Lübeck, Spar- und Vorschußverein der Kirchengemeinde Curau in Dissau, e. G. m. u. H., Herr G. Wehde. — Herr Schnoor	70	15
416.	Eckernförde, Eckernförder Kreditbank, e. G. m. u. H., Herr Trulsen. — J. L. H. Arnemann	100	—
417.	Elmshorn, Kreditverein zu Elmshorn, e. G. m. u. H., Herr L. Weyl. — Herr Stadtrat H. Thormählen	100	—
418.	Fackenburg (Post Stockelsdorf), Kreditbank im Fürstentum u. Freistaat Lübeck, e. G. m. b. H., Herr P. Bruhns. — Herr H. Hoffmann	100	—
419.	Garding, Gardinger Volksbank, e. G. m. b. H., Herr Jak. Eggers. — Herr Chr. Dircks	64	68
420.	Glückstadt, Glückstadter Kreditbank, e. G. m. b. H., Herr W. Mehlert. — Herr Stadtrat Dütsch	100	—
421.	Gravenstein, Kreditbank in Gravenstein, e. G. m. b. H., Herr H. Jacobsen. — Herr H. Witt	100	—
422.	Hademarschen (Post Hanerau, Schlesw.), Kreditverein des Kirchspiels Hademarschen, e. G. m. u. H., Herr Jos. Stolz. — Herr Liebsch, Lederhändler	40	39
423.	Hamburg, Hamburg-Altonaer Kreditbank in Hamburg, e. G. m. u. H., (Neue Gröningstr. 10), Herr R. Biskamp. — Herr Alb. Hansen	100	—
424.	Hanerau (Hademarschen), Kreditverein zu Hanerau, e. G. m. u. H., Herr Dr. Joh. Wichmann. — Herr Otto Groth, Dampfmühlenbes.	10	73
425.	Heide i. Holst., Nordwestdeutsche Verbandskasse, e. G. m. b. H., Herr Krogmann. — Herr Justizrat Guth	100	—
426.	Heide i. Holst., Heider Volksbank, e. G. m. u. H., Herr Krogmann. — Herr Justizrat Guth	100	—
427.	Hohenwestedt, Kreditverein, e. G. m. u. H., Herr J. Wieben. — Herr H. Radbruch	58	—
428.	Husum a. Nordsee, Husumer Volksbank, e. G. m. u. H., Herr J. H. Bohlmann. — Herr Justizrat Hansen	100	—
	Transport	1657	80

		Beitrag ℳ	₰
	Transport	1657	80
429.	Itzehoe, Itzehoer Kreditbank, e. G. m. b. H., Herr Onken. — Herr E. Düring, Stadtrat	100	—
430.	Kiel-Gaarden, Gaardener Bank, e. G. m. b. H., Herr Cäsar Stoppel. — Herr Fr. Jensen	100	—
431.	Lauenburg a. E., Vorschußverein, e. G. m. u. H., Herr L. Düver. — Herr F. Stehr	23	20
432.	Leck, Kreditverein zu Leck, e. G. m. u. N., Herr K. Herrmann. — Herr Petersen	77	18
433.	Lübeck, Bank für Handel und Gewerbe, e. G. m. b. H., Herr P. Renner. — Herr F. Sauermann	100	—
434.	Marne, Marner Kreditverein, e. G. m. u. H., Herr H. Petersen. — Herr C. F. Thomas	60	98
435.	Neumünster, Gewerbebank Neumünster, e. G. m. b. H., Herr Joh. Zornig. — Herr H. Wessel, Privatier	100	—
436.	Neustadt in Holstein, Vorschuß- und Sparverein, e. G. m. u. H., Herr L. Kröger. — Herr J. H. Dose	42	—
437.	Niebüll, Kreditverein, e. G. m. u. H., Herr J. Johannsen. — Herr H. Schmicker	62	09
438.	Nortorf, Kreditverein, e. G. m. b. H., Herr Grell. — Herr Voß	57	25
439.	Oldenburg in Holstein, Oldenburger Kreditverein, e. G. m. b. H., Herr Johannsen. — Herr A. Hansen	10	—
440.	Oldesloe, Oldesloer Bank, e. G. m. b. H., Herr E. Reimann. — Herr E. Manzel	41	35
441.	Pinneberg, Pinneberger Bank, e. G. m. b. H, Herr H. Steen. — Herr J. C. Harders	100	—
442.	Plön, Kreditverein, e. G. m. u. H., Herr Kaufmann Th. Harbeck. — Herr Chr. Kreutzfeldt	100	—
443.	Preetz, Preetzer Kreditbank, e. G. m. u. H., Herr Stender — Herr H. Möller, Gerichtssekretär	100	—
444.	Satrup (Kreis Schleswig), Kreditbank, e. G. m. b. H., Herr J. Stuckenberger. — Herr Joh. Thomsen	10	—
445.	Schleswig, Spar- und Hülfskasse, e. G. m. b. H., Herr Chr. Stehn. — Herr Ferd. Stolley	24	41
446.	Schwartau, Vereinsbank für S. und Umgegend, e. G. m. b. H., Herr Mauschel. — Herr Behrmann	10	—
447.	Segeberg, Vorschußverein, e. G. m. u. H., Herr H. Harck. — Herr Chr. Wulff	100	—
448.	Stade, Spar- und Vorschußverein zu Stade, e. G. m. u. H., Herr H. Dankers. — Herr Fr. Meyer	100	—
449.	Uetersen, Uetersener Kreditverein, e. G. m. u. H., Herr J. Granso. — Herr Carl Frese	100	—
450.	Wankendorf, Kreditverein zu Wankendorf, e. G. m. u. H., Herr Petersen. — Herr Joh. Treße	10	—
451.	Wesselburen, Wesselburener Volksbank, e. G. m. b. H., Herr Joh. Wittorff. — Herr N. A. Schumann	100	—
452.	Westerland auf Sylt, Sylter Kreditverein in Westerland, e. G. m. u. H., Herr Rehder. — Herr Hugo Oehme	58	95
453.	Wilster, Kreditverein zu Wilster, e. G. m. u. H., Herr H. Heldt. — Herr Röhr, Rektor	100	—
454.	Wyk a. Föhr, Föhrer Kreditverein, e. G. m. u. H., Herr W. Lind. — Herr Krüger	46	80
	Summa	3392	01

13. Verband der Oberbadischen Kreditgenossenschaften.

Direktor: Herr J. Stadler in Jestetten.
1. Stellvertreter: Herr Liebherr in Stockach.
2. Stellvertreter: Herr Sturm in Lörrach.
Verbands-Revisor: Herr Schumacher in Stuttgart, Sängerstr. 8.

(39 Vereine.)

Vorschußvereine.

Nr.		Beitrag ℳ	₰
455.	Birkendorf (bad. Schwarzwald), Vorschußverein, e. G. m. b. H., Herr Keßler. — Herr J. Kaiser, Bürgermeister	100	—
456.	Breisach, Vereinsbank Breisach, e. G. m. u. H., Herr J. Kohler. — Herr W. Frick, Privatier	44	—
457.	Dangstetten (Amt Waldshut), Vorschußverein, e. G. m. u. H., Herr Wilhelm Haberstock. — Herr A. Mühlhaupt	28	84
458.	Donaueschingen, Vorschußverein, e. G. m. u. H., Herr Wilh. Haffner. — Herr H. Fischer, Bürgermeister	62	65
459.	Eigeltingen, Vorschußverein, e. G. m. u. H., Herr Dr. Frank. — Herr R. Martin	42	85
460.	Endingen, Volksbank Endingen, e. G. m. u. H., Herr W. Pfefferle. — Herr A. Binger, Medizinalrat	90	60
461.	Engen (Baden), Vorschuß-Spar-Verein, e. G. m b. H, Herr Bommer. — Herr Kältenbach	100	—
462.	Freiburg in Baden, Gewerbebank, e. G. m. b. H., Herr Aug. Baumert — Herr C. Röttinger	100	—
463.	Gailingen, Vorschußverein Gailingen, e. G. m. u. H., Herr S. Veit. — Herr Edwin L. Rothschild	100	—
464.	Hagnau, Amt Ueberlingen (Baden), Vorschußverein Hagnau, e. G. m. u. H., Herr Seyfried. — Herr Landwirt Langenstein	45	20
465.	Hilzingen, Vorschußverein, e. G. m. b. H., Herr E. Noppel. — Herr A. Riede	76	45
466.	Hüfingen, Vorschußverein H., e. G m. u. H., Herr Jos. Bausch. — Herr Jos. Baum	100	—
467.	Jestetten, Vorschußverein, e. G. m. u. H., Herr J. Stadler. — Herr J. Hartmann, Bürgermeister	100	—
468.	Kandern, Gewerbebank Kandern, e. G. m. u. H., Herr Wilhelm Berner. — Herr Friedr. Kaiser	62	53
469.	Konstanz, Vorschußverein Konstanz, e. G. m. u. H., Herr A. Schirmeister. — Herr Carl Schaller	100	—
470.	Löffingen (Baden), Vorschußverein, e. G. m. b. H., Herr Jos. Benitz. — Herr Jos. Benitz, Weinhändler	20	—
471.	Lörrach, Vorschußbank Lörrach, e. G. m. u. H., Herr Fr. Sturm. — Herr C. Böhler	100	—
472.	Markdorf, Vorschußverein, e. G. m. u. H., Herr C. Beck. — Herr Flemisch	81	93
473.	Meßkirch, Vorschußverein, e. G. m. u. H., Herr A. Meyer. — Herr Angebrandt	100	—
474.	Meßkirch, Kreditkasse Meßkirch, e. G. m. u. H., Herr K. Seyfried. — Herr W. Keller	100	—
475.	Möhringen a. Donau, Vorschußverein, e. G. m. u. H., Herr Ed. Schlegel. — Herr O. Kirner	32	25
476.	Müllheim i. Bad., Volksbank, e. G. m. u. H., Herr Hetzel. — Herr Fr. Wechsler	100	—
477.	Neustadt i. Schwarzwald, Spar- und Kreditverein, e. G. m. u. H., Herr Alois Morat. — Herr Friedr. Kößler	80	—
	Transport	1767	30

		Beitrag ℳ	₰
	Transport	1767	30
478.	Pfullendorf, Kreditkasse Pfullendorf, e. G. m. u. H., Herr Scherer. — Herr Xaver Haferbosch	96	45
479.	Radolfzell, Vorschußverein, e. G. m. u. H., Herr G. Baum. — Herr Alois Fritschi	100	—
480.	Säckingen, Vorschußverein Säckingen, e. G. m. b. H., Herr A. Müller-Degler. — Herr Lauber, Seifenfabrikant	22	—
481.	Schopfheim, Vorschußbank Schopfheim, e. G. m. u. H., Herr Wilh. Müller. — Herr E. Sutter	100	—
482.	Singen (Amt Konstanz), Vorschußverein Singen, e. G. m. u. H., Herr G. Wick. — Herr Louis Sautter	87	95
483.	Staufen in Baden, Vorschußverein Staufen, e. G. m. u. H., Herr S. Stöckle. — Herr F. X. Riesterer	41	10
484.	Stetten am kalten Markt (Baden), Kredit- und Vorschußverein, e. G. m. u. H., Herr A. Sieber. — Herr H. Fritz	80	—
485.	Stockach, Vorschußverein Stockach, e. G. m. u. H., Herr W. Liebherr. — Herr Joh. Brodmann	100	—
486.	Stühlingen (Baden), Vorschußverein Stühlingen, e. G. m. b. H., Herr Fr. Weßbecher. — Herr A. Weniger	87	—
487.	Tengen, Vorschußverein Tengen, e. G. m. u. H, Herr Fr. Bickel. — Herr Th. Wesle	100	—
488.	Tiengen (Amt Waldshut), Vorschußverein Tiengen, e. G. m. u. H., Herr C. Wallmer. — Herr C. Petri	100	—
489.	Todtnau, Spar- und Vorschußbank Todtnau, e. G. m. u. H., Herr Fr. Hermann. — Herr C. O. Keller	50	30
490.	Ueberlingen, Vorschußverein Ueberlingen, e. G. m. u. H., Herr Carl Hermann. — Herr F. Zimmermann, Rentner	100	—
491.	Villingen in Baden, Vorschußverein Villingen, e. G. m. u. H., Herr J. Schleicher. — Herr Leo Storz	100	—
492.	Waldshut, Volksbank Waldshut, e. G. m. b. H., Herr R. Bayer. — Herr Tanner	100	—
493.	Zell im Wiesental, Bank für Gewerbe und Landwirtschaft Zell i. W., e. G. m. u. H., Herr J. Krückels. — Herr W. Fr. Kiefer	56	35
	Summa	3088	45

14. Verband der Ost- und Westpreußischen Erwerbs- und Wirtschaftsgenossenschaften.

Direktor: Herr Justizrat Wolski in Allenstein.
1. Stellvertreter: Herr Anbuhl in Insterburg.
2. Stellvertreter: Herr Schlesinger in Neumark.
Verbandsrevisor: Herr Rinow in Allenstein.

(90 Vereine.)

Vorschußvereine.

		ℳ	₰
494.	Allenburg, Spar- und Vorschußverein zu Allenburg, e. G. m. u. H., Herr Kemsies. — Herr Georg Krause	56	96
495.	Allenstein, Allensteiner Vereinsbank, e. G. m. u. H., Herr Wolski. — Herr Geh. Reg.-Rat Belian	100	—
496.	Allenstein O.-Pr., Ost- und Westpreußische Verbandskasse, e. G. m. b. H., Herr Wolski. — Herr Geh. Reg.-Rat Belian	100	—
497.	Angerburg, Vorschußverein zu Angerburg, e. G. m. u. H., Herr A. Specovius. — Herr Gerichtssekretär Balzer	89	60
498.	Bartenstein, O.-Pr., Vorschuß- und Kreditverein zu Bartenstein, e. G. m. u. H., Herr Kellmann. — Herr Engelbrecht	71	46
	Transport	418	02

		Beitrag M	Pf
	Transport	418	02
499.	Bischofsburg, Kreditverein, e. G. m. u. H., Herr Bischoff. — Herr Apotheker Schnabel	100	—
500.	Bischofswerder W.-Pr., Vorschußverein zu Bischofswerder, e. G. m. u. H., Herr G. Hölzel. — Herr G. Brasch	50	96
501.	Briesen W.-Pr., Vorschußverein, e. G. m. u. H., Herr Brandenburger. — Herr F. Kiewe	100	—
502.	Christburg, Vorschußverein Christburg, e. G. m. u. H., Herr Döhring. — Herr Krause, Gutsbesitzer	10	—
503.	Culm W.-Pr., Culmer Kreditverein, e. G. m. b. H., Herr Paul Kandzik. — Herr B. Frucht	33	88
504.	Culmsee, Vorschußverein zu Culmsee, e. G. m. u. H., Herr Lemmlein. — Herr Polaszek	75	66
505.	Danzig, Danziger Bankverein, e. G. m. b. H., Herr Montzka. — Herr C. Heinz	100	—
506.	Danzig, Ostdeutsche Beamten-Spar- und Darlehnskasse, e. G. m. b. H., Herr Bürgermeister a. D. Fühg. — Herr Provinzial-Insp. Curt Wolff (scheidet Ende 1913 aus)	10	—
507.	Danzig-Langfuhr, „Kreda", Kreditverein deutscher Apotheker in Danzig, e. G. m. b. H., Herr R. Mattern. — Herr R. Hoosmann, Apothekenbesitzer in Dirschau	100	—
508.	Danzig-Langfuhr, Langfuhrer Kreditverein, e. G. m. b. H., Herr Jul. Liepelt. — Herr E. Leitreiter	10	—
509.	Darkehmen, Vorschußverein zu Darkehmen, e. G. m. u. H., Herr Ernst Schulz. — Herr L. G. Dirichlet	100	—
510.	Deutsch-Crone, Vorschußverein zu Deutsch-Crone, e. G. m. u. H., Herr Arnold. — Herr F. Garms	100	—
511.	Dirschau, Darlehnsverein zu Dirschau, e. G. m. b. H., Herr H. Goetz. — Herr Zimmermann, Eisenbahn-Betriebssekretär	100	—
512.	Drengfurt (Kreis Rastenburg), Darlehnsverein, e. G. m. u. H., Herr Süß. — Herr M. Weinberg	11	44
513.	Elbing, Elbinger Vereinsbank, e. G. m. b. H., Herr Carl Reiß. — Herr L. Monath	100	—
514.	Freystadt W.-Pr., Kreditverein zu Freystadt, e. G. m. u. H., Herr E. Pose. — Herr Ernst Pose	28	57
515.	Garnsee W.-Pr., Vorschußverein, e. G. m. u. H., Herr Deuble. — Herr F. Krüger	39	11
516.	Gilgenburg, Vorschußverein, e. G. m. u. H., Herr Gusovius. — Herr H. Müller	100	—
517.	Goldap, Vorschußverein, e. G. m. u. H., Herr Bremer. — Herr Carl Carganico, Rechtsanwalt	100	—
518.	Gollub, Vorschußverein, e. G. m. u. H., Herr H. Lewin. — Herr Jacob Lewin	42	93
519.	Graudenz, Spar- und Kreditbank, e. G. m. u. N., Herr Przewerzinski. — Herr Buttke	45	49
520.	Gumbinnen, Vorschußverein Gumbinnen, e. G. m. u. H., Herr Stadtrat Paul Reimer. — Herr J. G. Rohrmoser	100	—
521.	Guttstadt, Vorschußverein zu Guttstadt, e. G. m. u. H., Herr C. Hahn. — Herr Bartsch	100	—
522.	Heilsberg O.-Pr., Heilsberger Vorschußverein, e. G. m. u. H., Herr Otto Hein. — Herr A. Wolff, Buchdruckereibesitzer	100	—
523.	Heinrichswalde O.-Pr., Vorschuß-Verein zu Heinrichswalde O.-Pr., e. G. m. u. H., Herr Berner. — Herr Tiedemann	100	—
524.	Hohenstein O.-Pr., Vorschußverein zu Hohenstein O.-Pr., e. G. m. u. H., Herr Streubel. — Herr Schild	16	17
525.	Insterburg, Vorschußverein zu Insterburg (mit Zweigniederlassung in Gerdauen), e. G. m. u. H., Herr Emil Anbuhl. — Herr Justizrat C. Scheu	100	—
	Transport	2292	23

		Beitrag ℳ	₰
	Transport	2292	23
526.	Johannisburg O.-Pr., Johannisburger Kreditbank, e. G. m. u. H., Herr Wermbter. — Herr Meyer	100	—
527.	Kaukehmen, Kreditgesellschaft zu Kaukehmen, e. G. m. u. H., Herr W. v. Schmidt. — Herr G. Schultz, Gutsbesitzer	100	—
528.	Königsberg i. Pr., Kreditgesellschaft zu Königsberg i. Pr., e. G. m. u. H., Herr L. Braun. — Herr Fleischauer	100	—
529.	Königsberg i. Pr., Ländliche Genossenschaftsbank zu Königsberg i. Pr., e. G. m. u. H., Herr W. Stieren. — Herr Hermenau, Oberamtmann	100	—
530.	Kreuzburg O.-Pr., Kreditverein Kreuzburg O.-Pr., e. G. m. u. H., Herr Kohn. — Herr W. Behrendt, Färbereibesitzer	100	—
531.	Labiau, Vorschußverein zu Labiau, e. G. m. u. H., Herr Michelmann. — Herr Rechtsanwalt Drews	71	76
532.	Landsberg O.-Pr., Vorschußverein zu Landsberg O.-Pr., e. G. m. u. H., Herr Koppenhagen. — Herr Thiel, Gutsbesitzer. . . .	49	94
533.	Lessen W.-Pr., Vorschußverein Lessen, e. G. m. u. H., Herr Szpitter. — Herr Ad. Lentz	100	—
534.	Löbau W.-Pr., Löbauer Vereinsbank, e. G. m. u. H., Herr Kube. — Herr Puppel, Rechtsanwalt	26	40
535.	Lötzen, Vorschußverein, e. G. m. u. H., Herr Czybulka -- Herr Herr Heinr. Pfingst	100	—
536.	Lyck, Kreditverein, e. G. m. u. H., Herr A. Hennig. — Herr Walendy, Fabrikbesitzer	100	—
537.	Lyck, Vorschußverein zu Lyck, e. G. m. u. H., Herr Emil Ecker. — Herr P. Siebert, Justizrat	100	—
538.	Marggrabowa, Kreditgesellschaft zu Marggrabowa, e. G. m. u. H., Herr E. Papendiek. — Herr R. Hillmann	84	65
539.	Marggrabowa, Vorschußverein Marggrabowa, e. G. m. u. H., Herr Sadowski. — Herr W. Prang	100	—
540.	Marienwerder (Westpr.), Vorschußverein Marienwerder, e. G. m. b. H., Herr Würtz. — Herr Stadtrat Siebert	100	—
541.	Mehlsack, Vorschuß- und Kreditverein zu Mehlsack, e. G. m. u. H., Herr Klingenberg. — Herr Weichsel, Kaufmann.	50	68
542.	Mohrungen, Vorschußverein zu Mohrungen, e. G. m. u. H., Herr R. Pieczonka. — Herr Astecker, Justizrat	51	31
543.	Neidenburg, Vorschußverein zu Neidenburg, e. G. m. u. H., Herr Alexander. — Herr Doehlert	100	—
544.	Neuenburg W.-Pr., Vorschußverein Neuenburg, e. G. m. u. H., Herr Wollermann. — Herr Entz, Justizrat	22	—
545.	Neumark W.-Pr., Vorschußverein zu Neumark, e. G. m. u. H., Herr Lüdke. — Herr Schubring, Baumeister	100	—
546.	Ortelsburg, Ortelsburger Kreditgesellschaft, e. G. m. u. H., Herr O. Reiner. — Herr Nadrowski, Hauptlehrer	100	—
547.	Osterode O.-Pr., Vorschußverein zu Osterode O. Pr., e. G. m. u H., Herr Skowronski. — Herr Spudich	66	94
548.	Passenheim, Vorschußverein zu Passenheim, e. G. m. u. H., Herr Klimmek. — Herr Hermann, Gutsbesitzer	?	?
549.	Pillkallen, Vorschußverein Pillkallen, e. G. m. u H., Herr Schroeder. — Herr Kurschat, Rechtsanwalt	100	—
550.	Preußisch-Eylau, Vorschußverein zu Pr.-Eylau, e. G. m. u. H., Herr F. Bleyer. — Herr C. Scholl	33	56
551.	Preußisch-Holland, Vorschußverein Pr.-Holland, e. G. m. u. H., Herr C. Klein. — Herr Preuß, Kaufmann	62	40
552.	Preußisch-Stargard, Vorschußbank, e. G. m. u. H., Herr F. Magnus. — Herr Fabrikbesitzer Paul Münchau	74	75
553.	Prökuls (Kreis Memel), Vorschußverein, e. G. m. u. H., Herr P. Schneider. — Herr Rasch	86	77
	Transport	4473	39

		Beitrag ℳ	₰
	Transport	4473	39
554.	Rastenburg O.-Pr., Kreditverein zu Rastenburg, e. G. m. u. H., Herr Jacoby. — Herr C. Mischlin	100	—
555.	Rehden W.-Pr., Vorschußverein zu Rehden, e. G. m. u. H., Herr Dr. Hoffmann. — Herr Rosenfeldt	67	48
556.	Rhein O.-Pr., Vorschußverein, e. G. m. u. H., Herr Tetzlaff. — Herr Reimann	44	43
557.	Rössel, Kreditverein zu Rössel, e. G. m. u. H., Herr Heckel. — Herr Zacharias	83	—
558.	Rosenberg W.-Pr., Kreditverein, e. G. m. u. H., Herr Hermsdorff. — Herr Schmidt	44	94
559.	Saalfeld O.-Pr., Vorschußverein, e. G. m. u. H., Herr S. Weidmann. — Herr Kaufmann Weidmann	100	—
560.	Schippenbeil, Vorschußverein zu Schippenbeil, e. G. m. u. H., Herr H. Wosgien. — Herr Lublinsky, Kaufmann	41	48
561.	Schmalleningken, Vorschußverein zu Schmalleningken, e. G. m. u. H., Herr Kutzner. — Herr A. Großgerge	38	75
562.	Schwetz a. W., Vorschußverein, e. G. m. u. H., Herr Schmidt. — Herr L. Rohloff	39	92
563.	Seeburg, Ostpr., Kredit- und Sparverein, e. G. m. u. H., Herr Doering. — Herr Skowronski	81	20
564.	Sensburg, Sensburger Vereinsbank, e. G. m. u. H., Herr A. Born. — Herr Klugkist, Rittergutsbesitzer	100	—
565.	Skaisgirren, Vorschußverein zu Skaisgirren, e. G. m. u. H., Herr C. A. Müller. — Herr Zeroch, Amtsvorsteher	100	—
566.	Soldau O.-Pr., Vorschußverein, e. G. m. u. H., Herr J. Stachel. — Herr S. Bütow, Kaufmann	100	—
567.	Stallupönen, Vorschußverein Stallupönen, e. G. m. u. H., Herr O. Gonschorowski. — Herr E. Kreutzberger, Kaufmann	100	—
568.	Szibben (Post Heydekrug), Vorschußverein Heydekrug, e. G. m. u. H., Herr Michalowsky. — Herr Hillmann	100	—
569.	Thorn, Vorschußverein, e. G. m. u. H., Herr Goewe. — Herr Max Mallon	100	—
570.	Tilsit, Vorschußverein zu Tilsit, e. G. m. u. H., Herr G. Buscke. — Herr Justizrat Cohn	100	—
571.	Tuchel, Vorschußverein Tuchel, e. G. m. u. H., Herr Heppner. — Herr Neubauer	31	48
572.	Vandsburg, Vorschußverein zu Vandsburg, e. G. m. u. H., Herr Poeppel sen — Herr Verch, Rechtsanwalt und Notar	26	90
573.	Wartenburg O.-P., Vorschußverein, e. G. m. u. H., Herr Dr. Mueller. — Herr Vonberg	68	12
574.	Wehlau, Vorschußverein zu Wehlau, e. G. m. u. H., Herr Paulini. — Herr Neumann	100	—
575.	Widminnen, Vorschußverein zu W., e. G. m. u. H., Herr F. Schweiger. — Herr Gust. Michalowski	10	—
576.	Willenberg O.-Pr., Vorschußverein, e. G. m. u. H., Herr Müller. — Herr J. Puffke	100	—
577.	Wormditt, Vorschußverein, e. G. m. u. H., Herr R. Holzky. — Herr Bernh. Koz, Mühlenbesitzer	57	45
578.	Zempelburg, Vorschußverein, e. G. m. u. H., Herr Otto Belau. — Herr A. Stutzki, Lehrer	28	53
579.	Zinten, Spar- und Vorschußverein Zinten, e. G. m. u. N., Herr Komm. — Herr W. Pauly, Mühlenbesitzer	100	—
	b. Andere Genossenschaften.		
580.	Briesen W.-Pr., Vereinshaus-Gesellschaft, e. G. m. u. H., Herr Jonas. — Herr Dr. Lemme, Gymnasialdirektor	13	45
	Transport	6350	52

	Beitrag ℳ	₰
Transport	6350	52
581. Gumbinnen, Häute- und Fellverwertungsgenossenschaft, e. G. m. b. H., Herr A. Werner. — Herr Leo Eschholz	10	—
582. Insterburg, Häute- und Fell-Verwertungs-Genossenschaft, e. G. m. b. H., Herr Max Kallweit. — Herr G. A. Trumpf	10	10
583. Weißhof-Thorn, Obst- und Gemüsebau- und Verwertungsgenossenschaft, e. G. m. b. H., Herr Stachowitz. — Herr Kommerzienrat Dietrich	10	—
Summa	6380	62

15. Verband Pfälzischer Erwerbs- und Wirtschaftsgenossenschaften.

Direktor: Herr Justizrat Schuler in Zweibrücken.
Stellvertreter: Herr Direktor J. Lorenzen in St. Ingbert.
Verbands-Revisoren: die Herren J. Lorenzen in St. Ingbert, Reinh. Letschert in Karlsruhe i. B., Werderstr. 8.

(26 Vereine.)

a. Vorschußvereine.

	ℳ	₰
584. Alsenz, Vorschußverein, e. G. m. u. H., Herr Hch. Wolf. — Herr P. Bohley	77	46
585. Bad Dürkheim a. Hardt, Dürkheimer Vorschuß- und Kreditverein, e. G. m. u. H., Herr Chr. Herold. — Herr K. Schäfer, Gutsbesitzer	100	—
586. Bergzabern, Bergzaberner Volksbank, e. G. m. u. H., Herr Konrad Schlitt. — Herr Dr. A. Stähler	100	—
587. Bliescastel, Vorschußverein, e. G. m. u. H., Herr C. Hauck sen. — Herr C. Wies	33	60
588. Dahn (Pfalz), Vorschußverein, e. G. m. u. H., Herr Jak. Hartmann. — Herr Joh. Schantz	34	72
589. Edenkoben, Volksbank Edenkoben, e. G. m. u. H., Herr Carl Vögel. — Herr N. Satter	100	—
590. Glan-Münchweiler, Vorschußverein, e. G. m. u. H., Herr J. Weber. — Herr D. Rübel III	74	41
591. Grünstadt i. Pfalz, Vorschußverein, e. G. m. u. H., Herr C. Breith. — Herr Jean Jost	100	—
592. Homburg i. Pfalz, Vorschußverein Homburg, e. G. m. u. H., Herr Chr. Schaefer. — Herr Reinh. Emig	100	—
593. Kaiserslautern, Vereinsbank Kaiserslautern, e. G. m. u. H., Herr C. Th. Jacob. — Herr Herbig	100	—
594. Kandel i. Pfalz, Kandeler Vorschußverein, e. G. m. u. H., Herr K. Jaeger — Herr Franz Haaf	100	—
595. Kirchheimbolanden, Vorschußverein Kirchheimbolanden, e. G. m. b. H., Herr W. Gotthold. — Herr Georg Lang	100	—
596. Kusel i. Pfalz, Vorschußverein, e. G. m. u. H., Herr J. A. Frank. — Herr K. Schlosser	78	—
597. Lauterecken, Vorschußverein Lauterecken, e. G. m. u. H., Herr Carl Hahn. — Herr Carl Keller	89	20
598. Meisenheim, Meisenheimer Volksbank, e. G. m. u. H., Herr Bonnet. — Herr Fr. Coerper	35	—
599. Neustadt a. H., Neustadter Volksbank, e. G. m. u. H., Herr Johann Steuer. — Herr A. Bonnet	100	—
600. Obermoschel, Vorschußverein, e. G. m. b. H., Herr B. Jung. — Herr F. Arnold	87	—
Transport	1409	39

		Beitrag ℳ	₰
	Transport	1409	39
601.	Oberstein, Obersteiner Volksbank, e. G. m. u. H., Herr L. Platt. — Herr G. Treibs	100	—
602.	Pirmasens, Vereinsbank Pirmasens, e. G. m. u. H., Herr Schmidt. — Herr Intlekofer	92	82
603.	Rockenhausen i. Pfalz, Vorschußverein Rockenhausen, e. G. m. u. H., Herr H. Rudolph. — Herr G. Grogro	65	56
604.	St. Ingbert i. Pfalz, Volksbank St. Ingbert, e. G. m. b. H., Herr Joh. Lorenzen. — Herr H. Laur, Fabrikant	100	—
605.	Speyer, Speyerer Volksbank, e. G. m. b. H., Herr H. J. Berthold. — Herr Leschmann	100	—
606.	Weilerbach, Vorschußverein für Weilerbach und Umgegend, e. G. m. u. H., Herr J. Henn. — Herr C. Schmidt	49	45
607.	Winnweiler, Volksbank, e. G. m. b. H., Herr J. Maier. — Herr C. Franck, Bürgermeister	100	—
608.	Zweibrücken, Volksbank zu Zweibrücken, e. G. m. u. H., Herr Carl Baum. — Herr Justizrat K. Schuler	100	—
	b. Andere Genossenschaften.		
609.	Ludwigshafen a. Rh., Einkaufsgenossenschaft der Sattler, Tapezierer- und Polstermeister der Pfalz, e. G. m. b. H., Herr G. Klein. — Herr Ph. L'ami in Zweibrücken	12	—
	Summa	2129	22

16. Verband der Vorschuß- und Kreditvereine von Pommern und den Grenzkreisen der Mark Brandenburg.

Direktor: Herr Julius Kurz in Stettin, Berliner Tor 11.
Stellvertreter: Herr Apotheker Ziegel in Stettin.
Verbands-Revisor: Herr Soerensen in Berlin NW., Lessingstr. 42.

(36 Vereine.)

		Beitrag ℳ	₰
	a. Vorschußvereine.		
610.	Angermünde, Angermünder Bank, e. G. m. b. H, Herr Wiencke. — Herr O. Nölte	100	—
611.	Arnswalde, Kreditverein zu Arnswalde, e. G. m. u. H., Herr H. Sanft. — Herr Justizrat Krause	100	—
612.	Bahn, Vorschußverein zu Bahn, e. G. m. u. H., Herr Schmidt. — Herr C. Bergemann, Rentier	10	—
613.	Belgard i. Pomm, Spar- und Kreditverein zu Belgard, e. G. m. u. H., Herr Klemp. — Herr A. Krüger	100	—
614.	Berlinchen, Vorschußverein zu Berlinchen und Bernstein, e. G. m. u. H., Herr W. Güll. — Herr Immling	27	60
615.	Bütow (Bez. Cöslin), Darlehnskassenverein, e. G. m. u. H., Herr Schirmacher. — Herr G. Hasse	100	—
616.	Cammin (Pommern), Vorschußverein zu Cammin, e. G. m. b. H., Herr J. Kempcke. — Herr M. Katz, Kaufmann	49	90
617.	Cöslin, Vorschußverein zu Cöslin, e. G. m. u. H., Herr C. Groth. — Herr Strutz	16	—
618.	Colberg, Vorschußverein, e. G. m. b. H., Herr Hoffmann. — Herr Kanngießer	100	—
619.	Cüstrin, Vereinsbank zu Cüstrin, e. G. m. b. H., Herr H. E. Kaiser. — Herr G. Fuhrmann	30	10
620.	Dramburg, Vorschußverein, e. G. m. b. H., Herr O. Schulz. — Herr Prof. Dr. Jahn	100	—
	Transport	733	60

		Beitrag ℳ	₰
	Transport	733	60
621.	Fiddichow, Vorschußverein zu Fiddichow, e. G. m. u. H., Herr L. Wendeler. — Herr C. Brandt	10	—
622.	Friedeberg N.-M., Vorschußverein zu Friedeberg N.-M., e. G. m. b. H., Herr Erich Besser. — Herr F. Butschke	93	35
623.	Gartz a. O., Vorschußverein, e. G. m. u. H., Herr Arndt. — Herr Krüger	45	60
624.	Gollnow, Kreditverein, e. G. m. u. H., Herr H. Voigt. — Herr C. Rabenhorst	55	30
625.	Greifenhagen, Vorschußverein, e. G. m. u. H., Herr A. Kobert. — Herr Paul Hintze	32	20
626.	Königsberg N.-M., Vorschußverein, e. G. m. u. H., Herr Kapherr. — Herr Lichtenberg	17	75
627.	Labes, Vorschußverein, e. G. m. u. H., Herr Matthias. — Herr Joh. Ebert	10	—
628.	Landsberg a. W., Landsberger Kreditverein, e. G. m. b. H., Herr Heinr. Peters. — Herr K. Hirsch	100	—
629.	Lauenburg i. P., Darlehnskasse, e. G. m. b. H., Herr W. Mutczall. — Herr C. Beckmann	42	10
630.	Massow, Vorschußverein zu Massow, e. G. m. u. H., Herr Klamann. — Herr Sell, Ackerbürger	10	—
631.	Naugard, Vorschußverein zu Naugard, e. G. m. u. H., Herr A. Pieper. — Herr H. Buhr, Drogeriebesitzer	13	92
632.	Neudamm, Kreditgesellschaft zu Neudamm, e. G. m. b. H., Herr H. Jahn. — Herr Karl Schultze	100	—
633.	Neustettin, Vorschußverein, e. G. m. b. H., Herr Ahrenberg. — Herr M. Pergande	97	50
634.	Oderberg i. M., Vorschußverein zu Oderberg, e. G. m. b. H., Herr F. Müller. — Herr O. Staegemann, Gasthofbesitzer	15	—
635.	Penkun, Vorschußverein, e. G. m. u. H., Herr B. Stegemann. — Herr C. Watzke, Uhrmacher	16	80
636.	Schivelbein, Vorschußverein zu Schivelbein, e. G. m. b. H., Herr Kaufmann L. Borchard. — Herr Trapp, Justizrat	24	—
637.	Schlawe (Pomm.), Vorschußverein zu Schlawe, e. G. m. u. H., Herr Machemehl. — Herr Gustav Meyer, Fleischermeister	60	45
638.	Schwedt a. O., Bankverein zu Schwedt a. O., e. G. m. b. H., Herr J. Wippermann. — Herr C. Ortmeyer, Rentier	52	20
639.	Soldin, Kreditgesellschaft Soldin, e. G. m. b. H., Herr A. Bahr. — Herr Bürgermeister Schulze	100	—
640.	Stettin, Stettiner Bank, e. G. m. b. H., Herr Otto. — Herr J. Kurz	100	—
641.	Swinemünde, Swinemünder Bank, e. G. m. u. H., Herr Srocka. — Herr B. Fritzsche	100	—
642.	Wollin, Sparkassenverein zu Wollin, e. G. m. u. H., Herr Teetzen. — Herr Paul Reff	10	—
643.	Wollin, Bankverein, e. G. m. u. H., Herr R. Blanck. — Herr Alb. Loest	90	95
	b. Andere Genossenschaften.		
644.	Bad Schönfließ, Moorbadgenossenschaft, e. G. m. b. H., Herr Dr. W. Nicks. — Herr Dr. Fr. Berkner	15	—
645.	Swinemünde, Schuhmacher-Rohstoffverein, e. G. m. b. H., Herr C. Srocka. — Herr Rob Krüger	10	—
	Summa	1955	72

17. Verband der deutschen Erwerbs- und Wirtschaftsgenossenschaften der Provinz Posen.

Direktor: Herr W. Herbert in Bromberg.

Stellvertreter: Herr G. Argelander in Nakel a. Netze.

Verbands-Revisor: Herr Rinow in Allenstein.

Stellvertretender Verbands-Revisor: Herr F. Schade, Zehlendorf (Wannseebahn) Hauptstr. 11.

(36 Vereine.)

Vorschußvereine.

Nr.	Verein	Beitrag ℳ	₰
646.	Bojanowo, Vorschußverein zu Bojanowo, e. G. m. b. H., Herr Dr. Seiler. — Herr M. Landsberg	58	94
647.	Bromberg, Bromberger Gewerbebank, e. G. m. u. H., Herr Rudolph Pohlmann. — Herr Aug. Appelt, Fabrikbesitzer	57	25
648.	Bromberg, Vorschußverein zu Bromberg, e. G. m. u. H., Herr W. Herbert. — Herr Carl Rose	100	—
649.	Crone a. d. Brahe, Spar- und Kreditverein zu Crone a. d. Brahe, e. G. m. u. H., Herr Schemel. — Herr R. Lietzow	51	55
650.	Czempin, Vorschußverein, e. G. m. u. H., Herr Ploszynski. — Herr M. Dybiebanski	62	89
651.	Dobrzyca (Posen), Vorschußverein, e. G. m. u. H., Herr A. Brandenburger. — Herr F. Büntke, Schmiedemeister	10	—
652.	Exin (Posen), Deutscher Spar- und Kreditverein, e. G. m. b. H., Herr Wiese. — Herr Moritz Loewy	42	84
653.	Filehne, Vorschußverein zu Filehne, e. G. m. b. H., Herr Kittel. — Herr Justizrat Schultz	100	—
654.	Grätz (Posen), Grätzer Diskonto-Gesellschaft, e. G. m. u. H., Herr C. Priebe. — Herr Howe, Bürgermeister	45	06
655.	Hohensalza, Vorschußverein zu Hohensalza, e. G. m. u. H., Herr M. Herzfeld. — Herr G. Bartel	28	95
656.	Jutroschin, Vorschußverein zu Jutroschin, e. G. m. u. H., Herr Karl Kycler. — Herr R. Domaszewski, Schuhmacher	59	25
657.	Kempen (Posen), Vorschußverein zu Kempen, e. G. m. u. H., Herr Schacher. — Herr Wischanowski	100	—
658.	Kosten (Posen), Vorschußverein zu Kosten, e. G. m. b. H., Herr A. Goldschmidt. — Herr Gg. Stricher, Apothekenbesitzer	89	25
659.	Krotoschin, Vorschußverein, e. G. m. u. H., Herr Arndt. — Herr H. Wels, Baumeister	64	55
660.	Lissa (Bez. Posen), Vorschußverein zu Lissa, e. G. m. u. H., Herr F. Wurst. — Herr A. Schmädicke	100	—
661.	Meseritz, Vorschußverein, e. G. m. u. H., Herr Fischer. — Herr Aug. Krausnik	63	39
662.	Mrotschen, Vorschuß- und Sparkassenverein zu Mrotschen, e. G. m. u. H., Herr J. Timm. — Herr M. Machol	100	—
663.	Nakel a. Netze, Spar- und Vorschußverein zu Nakel, e. G. m. b. H., Herr G. Argelander. — Herr Oskar Bauer	100	—
664.	Neutomischel, Genossenschaftsbank zu Neutomischel, e. G m. b. H., Herr Fr. Lutz. — Herr Arnds, Rechtsanwalt	49	35
665.	Obersitzko, Vorschußverein, e. G. m. u. H., Herr Dr. Hübner. — Herr M. Taranszewski	43	81
666.	Pinne, Darlehns- und Sparkassen-Verein, e. G. m. b. H., Herr Wollenschläger. — Herr Anton Flieger	100	—
667.	Pleschen, Vorschußverein, e. G. m. u. H., Herr Gellert. — Herr Sarnecki	88	07
668.	Posen, Posener Kreditverein, e. G. m. b. H., Herr Kasprowicz. — Herr A. Simon	100	—
	Transport	1615	15

		Beitrag ℳ	₰
	Transport	1615	15
669.	Punitz, Vorschußverein zu Punitz, e. G. m. u. H., Herr Kreutzinger. — Herr E. Menzel	100	—
670.	Rakwitz (Bez. Posen), Vorschußverein zu Rakwitz, e. G. m. u. H., Herr Horn. — Herr Wilh. Horn	97	60
671.	Rawitsch, Vorschußverein zu Rawitsch, e. G. m. u. H., Herr Alb. Trippensee. — Herr S. Aber	32	53
672.	Samter, Darlehnsverein, e. G. m. u. H., Herr P. Baehr. — Herr P. Timme	100	—
673.	Schneidemühl, Gewerbebank zu Schneidemühl, e. G. m. u. H., Herr Nüske. — Herr Hoffmann, Ziegeleibesitzer	100	—
674.	Schönlanke, Spar- und Vorschußverein, e. G. m. b. H., Frl. Stegmann. — Herr G. Rosentreter I, Lehrer	100	—
675.	Schrimm, Schrimmer Kreditverein, e. G. m. u. H., Herr Lewkowitz. — Herr Hopp	82	30
676.	Schulitz, Spar- und Vorschußverein zu Schulitz, e. G. m. u. H., Herr Schinn. — Herr Aug. Krüger, Hotelier	29	24
677.	Wollstein (Posen), Vorschußverein, e. G. m. u. H., Herr Scholz. — Herr Bitterkleit	100	—
678.	Wronke, Neuer Kreditverein, e. G. m. u. H., Herr Sally Salomon. — Herr M. Kirsch	10	—
679.	Wronke, Vorschußverein, e. G. m. u. H., Herr W. Eckert. — Herr A. Eckert	52	50
680.	Xions, Vorschußverein, e. G. m. u. H., Herr H. Scheller. — Herr Kantorowicz	16	70
681.	Znin, Zniner Kreditverein, e. G. m. u. H., Herr Strzyzewski. — Herr Julian Smorowski	100	—
	Summa	2536	02

18. Verband der Kreditgenossenschaften von Rheinland, Westfalen, Lippe und Waldeck.

Direktor: Herr Rechtsanwalt Brunner in Arolsen.

Stellvertreter: Herr Heymann in Eckenhagen.

Verbands-Revisor: Herr R. Letschert in Karlsruhe i. B., Werderstr. 8.

(35 Vereine.)

a. Vorschußvereine.

		ℳ	₰
682.	Ahlen i. W., Ahlener Volksbank, e. G. m. b. H., Herr E. Schultz. — Herr G. Ostermann	14	58
683.	Altena i. W., Altenaer Volksbank, e. G. m. b. H., Herr Hoepfner. — Herr Chr. Heß	10	—
684.	Arolsen, Kreditverein zu Arolsen, e. G. m. b. H., Herr L. Müller. — Herr H. Blume	10	—
685.	Berleburg, Spar- und Vorschußverein, e. G. m. u. H., Herr Homrighausen. — Herr Fritz Bieber, Kaufmann	100	—
686.	Bielefeld, Gewerbebank zu Bielefeld, e. G. m. b. H., Herr Obbelohde. — Herr Adolf Wilhelm	100	—
687.	Boppard, Bopparder Kreditverein, e. G. m. u. H., Herr Dr. Grisar. — Herr Joh. Henrich, Rentner (für 1912 beitragsfrei)	—	—
688.	Calcar (Bez. Düsseldorf), Calcarsche Spar- und Darlehnskasse, e. G. m. u. H., Herr A. Diebels. — Herr J. Neuhaus	71	48
689.	Carden a. d. Mosel, Kreditverein zu Carden, e. G. m. u. H., Herr Kohlbecher. — Herr Beckenkamp	35	40
	Transport	341	46

		Beitrag ℳ	₰
	Transport	341	46
690.	Coblenz, Coblenzer Volksbank, e. G. m. b. H., Herr F. W. Bux. — Herr Wend. Fischer	100	—
691.	Cöln a. Rh., Cölner Gewerbebank, e. G. m. b. H., Herr B. Esser. — Herr Wilh. Asbach	100	—
692.	Cörrenzig bei Linnich, Cörrenziger Volksbank, e. G. m. u. H., Herr Schroeder. — Herr Coenen, Bürgermeister	100	—
693.	Eckenhagen, Eckenhagener Volksbank, e. G. m. b. H., Herr Emil Bürstinghaus. — Herr Lehrer A. Schmeis	40	—
694.	Geilenkirchen-Hünshoven, Volksbank (Aktien-Gesellschaft), Herr E. Merckens. — Herr Dr. med. Rocks	100	—
695.	Gladbach (München-), Gladbacher Gewerbebank, e. G. m. u. H., Herr L. Gauwerky. — Herr A. Lamberts, Kaufmann	100	—
696.	Gütersloh, Gütersloher Bank, e. G. m. b. H., Herr L. Stertkamp. — Herr H. Marten	100	—
697.	Kirchen a. S., Volksbank zu Kirchen, e. G. m. u. H., Herr Raymund. — Herr C. A. Gieseler	100	—
698.	Laasphe, Spar- und Vorschußverein zu Laasphe, e. G. m. u. H., Herr Kohlstädt. — Herr Chr. Schäfer, Landwirt	10	—
699.	Lage in L., Vorschußverein, e. G. m. u. H., Herr Kanne.— Herr Robert Kanne	46	60
700.	Meschede, Kreditverein, e. G. m. b. H., Herr F. Hoppe. — Herr Kaufmann Heinrich Oberliesen	38	70
701.	Moers, Gewerbebank Moers, e. G. m. b. H., Herr Walter Schneider. — Herr Schultze	100	—
702.	Neunkirchen (Bez. Arnsberg), Spar- und Kreditverein, e. G. m. b. H., Herr Kreutz. — Herr Petri	60	35
703.	Paderborn, Vorschußverein, e. G. m. u. H., Herr Block. — Herr Rohde, Rentner	50	59
704.	Radevormwald, Radevormwalder Volksbank Garschhagen & Co. (Komm.-Ges. a. A.), Herr J. Garschhagen. — Herr W. Meskendahl	100	—
705.	Ruhrort, Ruhrorter Bankverein, e. G. m. b. H., Herr C. Bennert. Herr Prof. Dr. Hindorf	99	—
706.	Sülbeck (Schaumburg-Lippe), Spar- und Vorschußverein Sülbeck, e. G. m. u. H., Herr Diestelhorst. — Herr H. Botermann	10	—
707.	Trarbach, Trarbacher Volksbank, e. G. m. u. H., Herr O. Dahl. — Herr R. Heuser	100	—
708.	Treis a. d. Mosel, Treiser Kreditverein, e. G. m. u. H., Herr P. — Herr Peter Losee	19	20
709.	Trier, Gewerbebank, e G. m. b. H., Herr Loesch. — Herr Rechtsanwalt H. Mendgen	94	62
710.	Werl (Bez. Arnsberg), Werler Kreditbank, e. G. m. b. H., Herr A. Mensing. — Herr Stampfer	100	—
711.	Wissen a. d. Sieg, Wissener Volksbank, e. G. m. b. H., Herr Jos. Adolph. — Herr Müller	100	—
	b. Andere Genossenschaften.		
712.	Barmen, Bergische Talgschmelze zu B., e. G. m. b. H., Herr Robert Mausbeck. — Herr Höser	43	83
713.	Bielefeld, Einkaufsgenossenschaft der Bäckerinnung zu Bielefeld, e. G. m. b. H., Herr Gottlieb Nolting. — Herr Wilh. Oberschelp	91	83
714.	Bielefeld, Vereinsmolkerei der Milchhändler, e. G. m. b. H., Herr Busch. Herr Niebuhr	10	—
715.	Bielefeld, Einkaufsgenossenschaft der Malermeister, e. G. m. b. H., Herr W. Lehmann. — Herr Hch. Kickert	?	?
716.	Elberfeld (Viehhof), Elberfelder Häuteverwertung, e. G. m. b. H., Herr Robert Höser. — Herr Ernst Rübenstrunk	10	—
	Summa	2166	18

19. Verband Rheinisch-Westfälischer Konsumvereine.

Direktor: Herr Fabrikant E. Nolte in Lüdenscheid.

1. Stellvertreter: Herr P. Engstfeld in Lüdenscheid.

2. Stellvertreter: Herr Fabrikant Jul. Fischer in Lüdenscheid.

Verbands-Revisoren: Herr Wilms in Lüdenscheid, Herr Julius Koppermann in Altena i. W.

(41 Vereine.)

Konsumvereine.

Nr.	Verein	Beitrag ℳ	₰
717	Altena i. W., Konsumverein Schwarzenstein-Linscheid-Hünengraben, e. G. m. b. H, Herr J. Koppermann. — Herr E. Hüttebräucker	25	80
718.	Altenhunden, Konsumverein der Bediensteten der Reichs-, Staats- und Kommunalbehörden für A. und Umg., e. G m. b H, Herr Otto Bertram. — Herr Emil Ratke	10	—
719.	Arnsberg, Spar- und Haushaltsverein, e. G. m. b. H., Herr Bertelt. — Herr Rizor	18	66
720.	Arnsberg, Beamten-Konsum-Verein, e. G. m b. H., Herr Wrobel. — Herr Klebanowski	10	—
721.	Betzdorf a. d. Sieg, Konsumverein Betzdorf, e. G. m. b. H., Herr Hecht. — Herr Dörner	32	25
722.	Bochum, Bochumer Beamten-Komsumverein, e. G m. b H., Herr v. d Bur.j. — Herr Bollmann, Rechnungsrat	10	—
723.	Castrop, Konsumverein „Glückauf", e. G. m. b. H., Herr Jos. Bongatz. — Herr L. Schäfer	69	42
724.	Dortmund, Konsumverein „Lokomotive", e. G. m. b. H., Herr A. Grutz. — Herr A. b. Hanke	24	50
725.	Dortmund, D. Konsumverein „Hansa", e. G. m. b H., Herr E. Müller. — Herr Dr. Becker	11	98
726.	Driburg (Westf), Konsumverein für Driburg, e. G. m. b. H., Herr Heinr. Eckert. — Herr Brödling	10	—
727.	Elberfeld, Beamten-Konsumverein, e. G. m. b. H., Herr Ed. Warne. — Herr E. Winkels, Ober-Telegraphen-Assistent	18	10
728.	Elberfeld, Konsumverein „Gambrinus", e. G. m. b. H, Herr R. Weyerstall. — Herr Ph. Bauscher	34	20
729.	Ennigloh (Post Bünde i. W.), Konsumverein zu Ennigloh und Umgegend, e. G. m. b. H., Herr H. Nienaber. — Herr Schürmeier	13	05
730.	Eveking, Evekinger Konsumverein, e. G. m. b. H., Herr Rud. Berg. — Herr W. Bauckhage	33	90
731.	Gütersloh, Konsumverein Gütersloh und Umgegend, e. G. m. b. H., Herr A. Schachtsieck. — Herr Heinr. Schmidt	62	55
732.	Gütersloh, Konsumverein „Arbeiterwohl", e. G. m. b. H., Herr W. Kollmeier. — Herr Walkenhorst	20	25
733.	Holzwickede, Eisenbahn-Konsumverein, e. G. m. b. H., Herr Aug. Harschke. — Herr Fr. Steden	12	63
734.	Iserlohn, Iserlohner Konsumverein, e. G. m. b. H., Herr H. Quincke. — Herr F. Kirchhoff, Kommerzienrat	100	—
735.	Jöllenbeck, Konsumverein Jöllenbeck und Umgegend, e. G. m. b. H, Herr Heitmann. — Herr Rottmann	10	—
736.	Kabel i. W., Konsumverein K und Umg., e. G. m. b. H., Herr Wilh. Roth. — Herr W. Mönig	10	—
737.	Kierspe-Bahnhof, Konsumverein für Kierspe und Umgegend, e. G. m. b. H, Herr Crummenerl. — Herr Fr. Pohlmann	10	—
738.	Kleusheim (Post Olpe i. W.), Konsumverein Kleusheim, e. G. m. b. H., Herr A. Menne. — Herr Aßmann	10	—
739.	Lennep, Lenneper Konsumverein, e. G. m. b. H., Herr P Schrader. — Herr E. Eichholz	26	10
	Transport	583	34

	Beitrag ℳ	₰
Transport	583	34
740. Lüchtringen (Kr. Höxter), Konsumverein, e. G. m. b. H., Herr H. Schwiele. — Herr Aug. Knaup	10	—
741. Lüdenscheid, Lüdenscheider Konsumverein, e. G. m. b. H., Herr Ed. Stuber. — Herr Engsfeld, Bankier	61	82
742. Lütgendortmund, Konsumverein „Glückauf", e. G. m. b. H., Herr Ludw. Leithe. — Herr H. Heidbrink	23	85
743. Münster i. W., Warenverkaufsstelle des Beamten-Vereins, e. G. m. b. H., Herr Emil Weighardt. — Herr Dr. Althoff, Landesrat	75	15
744. Oberhausen (Rhld.), Konsumverein „Selbsthilfe", e. G. m. b. H., Herr A. Niemeyer. — Herr Gotth. Stiller, Werkmeister	16	41
745. Osterfeld i. Westf., Konsumverein, e. G. m. b. H., Herr Neuhöfer. — Herr Wehn	51	70
746. Ottbergen, Konsumverein, e. G. m. b. H., Herr Zurwehme. — Herr Finzel	10	—
747. Paderborn, Konsumverein zu Paderborn, e. G. m. b. H., Herr Gerbig. — Herr Quelle, Bauinspektor	34	50
748. Recklinghausen, Eisenbahn-Konsumverein, e. G. m. b. H., Herr Jos. Hohaus. — Herr Heinrich Rusch	14	10
749. Schalksmühle (Kr. Altena i. W.), Konsumverein, e. G. m. b. H., Herr K. Burk. — Herr Alb. Pfender	23	40
750. Soest, Beamten-Konsumverein, e. G. m. b. H., Herr Plaggemeyer. — Herr A. Teiner	10	65
751. Volmarstein, Konsumverein Volmarstein, e. G. m. b. H., Herr Scheve. — Herr Winzerling	20	70
752. Wanne, Konsumverein „Selbsthilfe", e. G. m. b. H., Herr T. Willbrand. — Herr J. Leipold	38	85
753. Werdohl, Werdohler Konsum- und Produktivverein, e. G. m. b. H., Herr D. Lindemann. — Herr H. Thomée	31	67
754. Werther i. Westf., Konsumverein zu Werther i. W. und Umgegend, e. G. m. b. H., Herr E. Banze. — Herr W. Diembeck, Zigarrenarbeiter	10	—
755. Wesel, Weseler Beamten-Konsumverein, e. G. m. b. H., Herr Böhm. — Herr Wilke	38	25
756. Wetter a. d. Ruhr, Konsumverein, e. G. m. b. H., Herr E. Crone. — Herr Reuter, Generaldirektor	96	75
757. Witten a. Ruhr, Konsumverein „Selbsthilfe", e. G. m. b. H., Herr Becker. — Herr Rahts	43	46
Summa	1194	60

20. Verband der Vorschußvereine in der Provinz Sachsen und dem Herzogtum Anhalt.

Direktor: Herr E. Hartung in Merseburg, Gotthardstr.

1. Stellvertreter: Herr F. Thormann in Gollme (Kr. Delitzsch).

2. Stellvertreter: Herr Stadtrat Wolf in Freiburg a. U.

Verbands-Revisor: Herr R. Letschert in Karlsruhe i. B., Werderstr. 8.

(38 Vereine.)

a. Vorschußvereine.

	ℳ	₰
758. Ballenstedt, Ballenstedter Vereinsbank, e. G. m. u. H., Herr W. Kranich. — Herr A. Nary	10	—
759. Belgern, Vorschußverein, e. G. m. u. H., Herr Berge. — Herr Gust. Müller	13	60
Transport	23	60

		Beitrag ℳ	₰
	Transport	23	60
760.	Bibra, Vorschußverein Bibra, e. G. m. b. H., Herr G. Prater. — Herr Aug. Münch	10	—
761.	Bitterfeld, Bitterfelder Bankverein, e. G. m. u. H., Herr Koch. — Herr Karl Haukewitz	100	—
762.	Brehna (Kr. Bitterfeld), Vorschußverein, e. G. m. u. H., Herr W. Große. — Herr Hädicke	10	—
763.	Crossen bei Zeitz, Vorschußverein, e. G. m. b. H., Herr M. Schneider. — Herr A. Gröbe	21	10
764.	Delitzsch, Delitzscher Vereinsbank, e. G. m. b. H., Herr Thalemann. — Herr Dr. Schulze, Justizrat	58	86
765.	Dessau, D. Spar- und Leihbank, e. G. m. b. H., Herr H. Heise. — Herr Louis Donnes	27	30
766.	Düben, Vorschuß- und Sparverein zu Düben, e. G. m. u. H., Herr Albert Simon. — Herr M. Schöne	100	—
767.	Eckartsberga, Vorschußverein zu Eckartsberga, e. G. m. u. H., Herr C. Mirus. — Herr P. Hartmann	10	—
768.	Eilenburg, Eilenburger Bankverein, e. G. m. u. H., Herr Rupp. — Herr R. Jänichen, Kaufmann	81	80
769.	Ellrich am Harz, Spar- und Vorschußverein, e. G. m. u. H., Herr H. Tepper. — Herr H. Kellner, Schlächtermeister	86	—
770.	Freyburg a. U., Vorschußverein zu Freyburg a. U., e. G. m. b. H., Herr B. Sachse. — Herr Otto Laddey	100	—
771.	Gollme b. Landsberg b. Halle, Vorschußverein, e. G. m. u. H., Herr F. Thormann. — Herr G. Busse, Lehrer	87	03
772.	Gräfenhainichen (Bez. Halle), Vorschußverein, e. G. m. b. H., Herr E. Walther. — Herr Otto Sachtler	56	—
773.	Helbra (Mansfelder Seekreis), Volksbank Helbra, e. G. m. b. H., Herr C. Erler. — Herr R. Gneist	41	30
774.	Heringen a. Helme, Vorschußverein, e. G. m. u. H., Herr Meyer. — Herr C. Ruhland, Maurermeister	17	40
775.	Hohenmölsen, Vorschuß- und Sparverein, e. G. m. b. H., Herr G. Leisering, Postsekretär. — Herr G. Lorenz	10	—
776.	Jessen (Bez. Halle a. S.), Vorschußverein, e. G. m. u. H., Herr Paul Raschig. — Herr E Lausch	24	30
777.	Kemberg, Spar- und Kreditverein zu Kemberg, e. G. m. u. H., Herr Krautwurst. — Herr A. Barhaune	12	85
778.	Kösen (Bad), Vorschußverein zu Kösen a. S., e. G. m. u. H., Herr Hertel. — Herr Steinbeck	10	80
779.	Liebenwerda, Spar- und Darlehnskasse, e. G. m. b. H., Herr O. Kaube. — Herr C. Flehmig	36	42
780.	Mansfeld, Spar- und Kreditbank, e. G. m. u. N., Herr Gustav Kellermann. — Herr G. Fach	28	80
781.	Merseburg, Vorschußverein zu Merseburg, e. G. m. b. H., Herr E. Hartung. — Herr G. Winkler	100	—
782.	Mücheln (Bez. Halle a. S.), Vorschußverein zu Mücheln, e. G. m. b. H., Herr L. Lerche. — Herr O. Apel	100	—
783.	Mühlberg a. E., Vorschußverein, e. G. m. b. H., Herr A. Teiche. — Herr Lindhorst	51	56
784.	Nienburg a. S., Vorschußverein, e. G. m. u. H., Herr Franz Knauf. — Herr C. Friebe	11	30
785.	Nordhausen, Vorschußverein zu Nordhausen, e. G. m. b. H., Herr Justizrat Kossinna. — Herr Stadtrat Stade	33	20
786.	Prettin (Kr. Torgau), Vorschußverein zu Prettin, e. G. m. u. H., Herr Hellwig. — Herr H. Musche, Landwirt	12	25
787.	Pretzsch a. E., Pretzscher Spar- und Leihbank, e. G. m. u. H., Herr Höffler. — Herr Hentschel	10	—
	Transport	1221	87

	Beitrag ℳ	₰
Transport	1221	87
788. Querfurt, Vorschußverein, e. G. m. b. H., Herr Trautmann. — Herr W. Bernstein, Rentier	100	—
789. Roitzsch, Vorschußverein, e. G. m. u. H., Herr F. Haller. — Herr O. Apitzsch	10	—
790. Roßleben, Vorschuß- und Kreditverein, e. G. m. u. H., Herr J. Bloßfeld. — Herr Harsing	36	28
791. Schweinitz a. Elster, Spar- und Kreditbank zu Schweinitz, e. G. m. u. H. (mit Zweigniederlassungen zu Schönewalde und Schlieben), Herr Roggan. — Herr Klempnermeister Günther	62	16
792. Wiehe (Bez. Halle a. S.), Vorschußverein zu Wiehe, e. G. m. u. H., Herr J. Preßler. — Herr E. Bellstedt	75	—
793. Zörbig, Spar- und Vorschußverein zu Zörbig, e. G. m. u. N., Herr H. Schoch. — Herr C. Nordt, Lehrer	40	50
b. Andere Genossenschaften.		
794. Mansfeld (Stadt), Genossenschaftsbrauerei, e. G. m. b. H., Herr Kirchhof. — Herr Schlimbach	10	—
795. Mühlberg a. Elbe, Brauerei und Malzfabrik Mühlberg a. E., e. G. m. b. H., Herr Lorenz. — Herr A. Teiche	15	65
Summa	1571	46

21. Verband der Konsumvereine der Provinz Sachsen und der angrenzenden Provinzen und Staaten.

Direktor: Herr Senator Ernst in Grund i. Harz.

1. Stellvertreter: Herr G. Oppermann in Magdeburg, Moltkestr. 3.

2. Stellvertreter: Herr Rechnungsrat Redslob in Halle a. S.

Verbands-Revisoren: die Herren G. Oppermann in Magdeburg, Rechnungsrat L. Redslob in Halle a. S., L. Gille in Ballenstedt, Kofahl in Holzminden, Stürmer in Clausthal-Zellerfeld.

(165 Vereine.)

	ℳ	₰
a. Konsumvereine.		
796. Ackenhausen (Post Gandersheim), Konsumverein f. A. u. Umgegend, e. G. m. b. H., Herr H. Fischer. — Herr Fr. Probst	10	—
797. Ahlshausen b. Salzderhelden, Konsumverein Ahlshausen, Sievershausen und Umg., e. G. m. b. H., Herr Pralle. — Herr Aug. Timpner	10	—
798. Altenau a. Harz, Altenauer Konsumverein, e. G. m. b. H., Herr Böhm. — Herr Grubensteiger Tost	15	60
799. Astfeld (Braunschweig, Post Langelsheim), Konsumverein Astfeld, e. G. m. b. H., Herr F. Netz. — Herr C. Schucht, Lehrer	13	—
800. Badenhausen, Konsumverein Badenhausen, e. G. m. b. H, Herr L. Lagershausen. — Herr W. Weber	10	—
801. Barbis b. Scharzfeld, Konsumverein zu Barbis, e. G. m. b. H., Herr F. R. Fischer. — Herr Gebh. Böttcher	13	20
802. Bartolfelde (Post Osterhagen), Konsumverein, e. G. m. b. H., Herr H. Wolter. — Herr Schirmer	10	—
803. Beddingen (Post Wolfenbüttel), Konsumverein, e. G. m. b. H., Herr L. Timpe. — Herr L. Fricke	10	—
804. Beesenstedt, Konsumverein B., e. G. m. b. H., Herr Karl Beier. — Herr Karl Büchner	10	—
805. Bennstedt b. Halle a. S., Konsumverein für Bennstedt, e. G. m. b. H., Herr Fr. Mehl. — Herr C. Köppe	10	—
Transport	111	80

		Beitrag ℳ	Beitrag ₰
	Transport	111	80
806.	Blankenburg a. H., Bürger- und Beamten-Konsumverein, e. G. m. b. H., Herr Jul. Thiel. — Herr Otto Borrmann	11	40
807.	Bodenfelde a. Weser, Haushaltungs-Verein für Bodenfelde und Umgegend, e. G. m. b. H., Herr W. Grupe. — Herr H. Quast . .	10	—
808.	Braunlage a. H., Konsumverein Braunlage a. H., e. G. m. b. H., Herr Hoffmann. — Herr Fr. Wickel	13	47
809.	Braunschweig, Beamten-Konsumverein, e. G. m. b. H., Herr Tettmer. — Herr Leue, Eisenbahnsekretär	37	65
810.	Brehna (Kr. Bitterfeld), Konsumverein Brehna, e. G. m. b. H., Herr C. Beyer. — Herr F. Franke	12	—
811.	Broistedt, Konsumverein Broistedt, e. G. m. u. H., Herr H. Heike. — Herr A. Burgdorf	10	—
812.	Brückfeld b. Fürstenberg a. Weser, Brückfelder Konsumverein, e. G. m. b. H., Herr M. E. Nölle. — Herr O. Jürgens	10	—
813.	Burg bei Magdeburg, Konsumverein zu Burg, e. G. m. b. H., Herr C. Ahlert — Herr C. Hahn	100	—
814.	Burgkemnitz, Konsumverein, e. G. m. b. H., Herr Gottlieb Rößler. — Herr C. Krause, Fabrikant	10	—
815.	Burgscheidungen (Post Laucha), Konsumverein für Burgscheidungen und Umgegend, e. G. m. b. H., Herr L. Beyer. — Herr Fr. Knabe	10	—
816.	Carsdorf, Konsumverein, e. G. m. b. H., Herr C. Hennicke. — Herr A. C. Funke, Steinsetzer	?	?
817.	Clausthal-Zellerfeld, Clausthal-Zellerfelder Konsumverein, e. G. m. b. H., Herr Sauerbrey. — Herr Schennen, Bergrat	88	80
818.	Cöthen (Anhalt), Konsumgenossenschaft des Eisenbahn-Vereins, e. G. m. b. H., Herr Embacher. — Herr Flohrschütz, Ober-Bahnhofsvorsteher	10	—
819.	Cramme bei Barum (Braunschweig), Konsumverein Cramme, e. G. m. u. H., Herr Maurer Chr. Beutnagel. — Herr Haane	10	—
820.	Crina b. Rösa, Wirtschaftsverein, e. G. m. b. H., Herr G. Theer. — Herr Franz Pohle	10	—
821.	Cröllwitz b. Halle a. S., Allgem. Konsum-Verein zu Cröllwitz bei Halle a. S., e. G. m. b. H., Herr C. Voigt. — Herr O. Mennicke.	10	—
822.	Dammendorf (Post Quetz, Kr. Bitterfeld), Konsumverein, e. G. m. b. H., Herr Louis Ebert. — Herr Wilh. Schulze	10	—
823.	Deersheim bei Wasserleben, Konsumverein, e. G. m. b. H., Herr C. Nehrkorn. — Herr And. Junge	10	—
824.	Delliehausen (Post Volpriehausen), Delliehäuser Konsumverein, e. G. m. b. H., Herr Heinrich Koch. — Herr Fr. Fasse	10	—
825.	Dögerode b. Calefeld, Konsumverein zu Dögerode, e. G. m. u. H., Herr Heinr. Hillebrecht. — Herr W. Grundmann	10	—
826.	Dölau bei Halle a. S., Allgemeiner Konsumverein zu Dölau bei Halle a. S., e. G. m. b. H., Herr F. Damm. — Herr Paul Kloppel	54	01
827.	Dörnten, Konsumverein Dörnten, e. G. m. b. H., Herr H. Schmidt. — Herr Samblebe	10	—
828.	Dorste (Kreis Osterode am Harz), Konsumverein für Dorste und Umgegend, e. G. m. b. H., Herr C. Roddewig. — Herr Wilh. Ahrens	13	50
829.	Düben, Konsumverein, e. G. m. b. H., Herr R. Albrecht. — Herr Wannewitz	10	—
830.	Echte, Konsumverein für Echte und Umgegend, e. G. m. u. H., Herr H. Sander. — Herr E. Kahle	10	—
831.	Eisdorf bei Gittelde, Konsumverein Eisdorf, e. G. m. b. H., Herr H. Reinhardt. — Herr Junker	10	—
832.	Elbingerode a. Harz, Elbingeroder Konsumverein, e.G.m.b.H., Herr A. Hoppe. — Herr H. Weferling	26	55
833.	Erdeborn bei Oberröblingen am See, Konsumverein, e. G. m. b. H., Herr F. Stiebritz. — Herr Carl Friedmann	10	—
	Transport	649	18

		Beitrag M	Beitrag ₰
	Transport	649	18
834.	**Erfurt**, Waren-Einkaufs- und Herstellungs-Abteilung des Thüringer Beamtenvereins, e. G. m. b. H., Herr L. Bienert. — Herr Magistratsbeamter Misch	18	90
835.	**Falkenberg** b. Halle a. S., Konsumverein für Falkenberg und Umg., e. G. m. b. H., Herr Becker. — Herr Auerbach, Bureaugehilfe	19	05
836.	**Fredelsloh**, Konsumverein für Fredelsloh und Umgegend, e. G. m. b. H., Herr H. Thielebeule. — Herr Fr. Dörnte	10	—
837.	**Friedersdorf** b. Bitterfeld, Konsumverein Friedersdorf, e. G. m. u. H., Herr H. Alter. — Herr C. Riskelt	10	—
838.	**Fümmelse** bei Wolfenbüttel, Konsumverein, e. G. m. b. H., Herr W. Schüßler. — Herr H. Wolters	10	—
839.	**Gandersheim**, Konsumverein, e. G. m. b. H., Herr W. Nothdurft. — Herr W. Freise	10	—
840.	**Gardelegen**, Konsumverein für Gardelegen und Umgegend, e. G. m. b H., Herr Osländer. — Herr R. Lange	13	65
841.	**Gebhardshagen**, Konsumverein, e. G. m. u. H., Herr H. Lindenberg. — Herr H. Ehlers	10	—
842.	**Gielde** b. Börßum, Konsumverein, e. G. m. b. H., Herr Chr. Liekefett. — Herr Biewendt	10	—
843.	**Gittelde**, Konsumverein Gittelde, e. G. m. b. H., Herr H. Lahn. — Herr W. Hühne, Böttcher	10	—
844.	**Gitter** a. Bg. (Post Salzgitter), Konsumverein, e. G. m. b. H., Herr C. Bothe. — Herr Heinr Ohlendorf	10	—
845.	**Gollme** (Post Landsberg b. Halle a. S), Konsumverein für Gollme und Umgegend, e. G. m. b. H., Herr Herm. Zille. — Herr Wilh. Metzger	27	—
846.	**Goslar**, Konsumverein der Berg- und Hüttenleute, e. G. m. b. H., Herr Schmieder. — Herr Koch	95	33
847.	**Greene**, Konsumverein Greene und Umgegend, e. G. m. b. H., Herr Böhr. — Herr Stahlmann	10	—
848.	**Gröbern** (Post Burgkemnitz), Konsumverein, e. G. m. b. H., Herr Fr. Reichert. — Herr Gustav Lehmann	10	—
849.	**Groß-Salze** b. Schönebeck a. E., Konsumverein, e. G. m. b. H., Herr Wilh. Weiß. — Herr W. Krühne	10	—
850.	**Grund am Harz**, Konsumverein, e. G. m. b. H., Herr W. Reinecke. — Herr B. Hosemann, Kgl. Bergrat	15	60
851.	**Halberstadt**, Konsumgenossenschaft des Eisenbahnvereins Halberstadt, e. G. m. b. H., Herr Th. Schmidt — Herr Heinemann	13	95
852.	**Halle** a. S., Beamten-Konsumverein, e. G. m. b. H., Herr Richter. — Herr v. Borris, Regierungs- und Baurat	100	—
853.	**Hameln** a. Weser, Beamten-Konsumverein Hameln, e. G. m. b. H., Herr G. Bien. — Herr Schaube	10	—
854.	**Harriehausen**, Konsumverein zu Harriehausen und Umgegend, e. G. m. b. H., Herr W. Grotjahn. — Herr Otto Schlange	10	—
855.	**Hahn** a. Harz, Konsumverein Hahn, e. G. m. b. H., Herr Krüger. — Herr Kurze	10	—
856.	**Höhnstedt** b. Teutschenthal, Konsumverein des Amtsbezirk Höhnstedt, e. G. m. b. H., Herr Fr. Thomas. — Herr C. Latsch	10	—
857.	**Hörsum** bei Alfeld a. L., Konsumverein, e. G. m. b. H., Herr H. Bartens. — Herr H. Bünger	10	—
858.	**Holzminden**, Konsumverein zu Holzminden, e. G. m. b. H., Herr Wömpner. — Herr Schweimler, Stationsassistent	49	35
859.	**Jävenitz** b. Gardelegen, Konsumverein für Jävenitz und Umgegend, e. G. m. b. H., Herr E. Lawrenz. — Herr Fr. Oelze	10	—
860.	**Jerstedt** b. Goslar, Konsumverein, e. G. m. b. H., Herr Hartung. — Herr A. Ahrens	10	—
861.	**Ildehausen**, Konsumverein Ildehausen und Umgegend, e. G. m. b. H., Herr C. Wolff. — Herr F. Riefenstahl	10	—
	Transport	1192	01

		Beitrag ℳ	₰
	Transport	1192	01
862.	Ilsenburg, Konsumverein, e. G. m. b. H., Herr W. Wagner. — Herr Herm. Clages	32	25
863.	Imbshausen, Konsumverein für Imbshausen und Umgegend, e. G. m. b. H., Herr Friedrichs. — Herr Freiherr von Stralenheim	10	—
864.	Immendorf (Braunschweig), Konsumverein Immendorf, e. G. m. b. H., Herr H. Meyer. — Herr W. Lehmberg	10	—
865.	Kaltendorf (Post Oebisfelde), Beamten-Konsumverein Kaltendorf, e. G. m. b. H., Herr Zabel. — Herr Fehlhaber	10	—
866.	Kemberg, Konsumverein Kemberg und Umgegend, e. G. m. b. H., Herr Franz Becker. — Herr C. Richter	10	—
867.	Königslutter, Konsumverein, e. G. m. b. H., Herr H. Krümmel. — Herr K. Knop	30	—
868.	Kreiensen, Allgemeiner Konsumverein für Kreiensen und Umgegend, e. G. m. b. H., Herr Aug. Wiese. — Herr Probst	10	—
869.	Langenbogen (Mansfelder Seekr.), Konsumverein für L. und Umg., e. G. m. b. H., Herr Aug. Stoye. — Herr H. Schröder (scheidet Ende 1913 aus)	10	—
870.	Lauchstädt (Bez. Halle a. S.), Konsumverein Lauchstädt, e. G. m. b. H., Herr C. Tille. — Herr F. Helbig	10	—
871.	Lautenthal, Konsumverein zu Lautenthal, e. G. m. b. H., Herr H. Bähr. — Herr Dempewolf	18	18
872.	Lauterberg a. Harz, Konsumverein, e. G. m. b. H., Herr C. Meyer. — Herr Aug. Runwohr	24	—
873.	Lebenstedt (Post Salder), Konsumverein, e. G. m. u. H., Herr K. Kahlfeld. — Herr Chr. Schamlodt	10	—
874.	Lenne (Post Vorwohle, Braunsch.), Konsumverein, e. G. m. b. H., Herr Sandvoß. — Herr Gemeindevorsteher Kühne	10	—
875.	Lerbach a. Harz, Konsumverein, e. G. m. b. H., Herr C. Gärtner. — Herr Fr. Schubert	10	65
876.	Lichtenberg i. Braunschweig, Konsumverein Lichtenberg, e. G. m. b. H., Herr H. Volling. — Herr Chr. Schwerdtfeger	10	—
877.	Liebenburg (Hannover), Konsumverein Lewe-Liebenburg, e. G. m. b. H., Herr F. Busch. — Herr A. Lehrke	10	—
878.	Liebenwerda, Konsumverein für Liebenwerda und Umgegend, e. G. m. b. H., Herr Messerschmidt. — Herr Paul Reiß	10	—
879.	Limlingerode (Post Tettenborn), Konsumverein Limlingerode, e. G. m. b. H., Herr H. Eisfeld. — Herr Karl Heidecke	10	—
880.	Lobmachtersen (Post Barum, Braunschweig), Konsumverein Lobmachtersen, e. G. m. u. H., Herr H. Niemeyer. — Herr Grotefendt	10	—
881.	Lonau (Post Herzberg a. H.), Konsumverein, e. G. m. b. H., Herr W. Töpperwien. — Herr K. Haberstolt	10	—
882.	Magdeburg, Eisenbahn-Konsumverein zu Magdeburg, e. G. m. b. H., Herr Albrecht. — Herr Nuthmann	100	—
883.	Meiningen, Konsumverein Meiningen, e. G. m. b. H., Herr C. Bodenschatz — Herr Hugo Müller, Bankbeamter	99	—
884.	Mühlbeck b. Bitterfeld, Konsumverein, e. G. m. b. H., Herr Gottfr. Bär. — Herr Fr. Zander	10	—
885.	Münchehof a. Harz, Konsumverein „Selbsthülfe", e. G. m. b. H., Herr Schäfer. — Herr Tietze	10	—
886.	Neudorf b. Harzgerode, Konsumverein Neudorf-Silberhütte, e. G. m. b. H., Herr W. Bock. — Herr Friedr. Keil	10	—
887.	Neuenkirchen b. Liebenburg, Konsumverein Neuenkirchen-Lüderode, e. G. m. b. H., Herr H. Herbst. — Herr W. Jörns	10	—
888.	Neuhaldensleben, Konsumverein Neuhaldensleben, e. G. m. b. H., Herr H. Hübner. — Herr Kaufmann H. Uffrecht	17	40
889.	Niedereichstädt b. Mücheln, Konsumverein, e. G. m. u. H., Herr G. Reinecke. — Herr A. Kanja	10	—
	Transport	1723	49

		Beitrag ℳ	₰
	Transport	1723	49
890.	Nietleben b. Halle a. S., Allgemeiner Konsumverein Nietleben, e. G. m. b. H., Herr A. Küster. — Herr C. Dietrich	35	25
891.	Nordhausen, Beamten-Konsumverein zu Nordhausen, e. G. m. b. H., Herr Eggert. — Herr Schnorrenberger, Stat.-Vorsteher	13	05
892.	Ohlendorf (Post Salzgitter), Konsumverein Ohlendorf und Umgegend, e. G. m. b. H., Herr Chr. Koch — Herr Aug. Laffer	10	—
893.	Oker a. H., Konsumverein, e. G. m. b. H., Herr Palm. — Herr Volmer	47	25
894.	Oldenrode b. Ildehausen, Konsumverein, e. G. m. b. H., Herr A. Hillbrecht. — Herr Sannemann	10	—
895.	Opperhausen b. Kreiensen, Konsumverein zu Opperhausen und Umgegend, e. G. m. b. H., Herr A. Greune. — Herr H. Homann	10	—
896.	Osterhagen, Konsumverein, e. G. m. u. H., Herr C. Leunig. — Herr W. Degge	10	—
897.	Othfresen, Konsumverein Othfresen-Heißum, e. G. m. b. H., Herr Reimer. — Herr Chr. Müller	10	—
898.	Ottenstein (Braunschweig), Konsumverein, e. G. m. b. H., Herr H. Reese. — Herr H. Schaper	10	—
899.	Pohritzsch b. Bitterfeld, Konsumverein Pohritzsch und Umgegend, e. G. m. b. H., Herr Otto Berger. — Herr Aug. Kürzer	10	—
900.	Pouch (Kr. Bitterfeld), Konsumverein zu Pouch, e. G. m. b. H., Herr W. Lehmann. — Herr H. Geist	17	94
901.	Rittierode b. Salzderhelden, Konsumverein Rittierode, e. G. m. b. H., Herr H. Oppermann. — Herr G. Friedrichs	10	—
902.	Rösa, Konsumverein Rösa, e. G. m. b. H., Herr C. Gragert. — Herr W. Heinoldt jr.	11	55
903.	Roitzsch (Kreis Bitterfeld), Konsumverein, e. G. m. b. H., Herr P. Reichardt. — Herr F. Schumann, Zimmerer	14	90
904.	Roßlau a. Elbe, Sachsenberg'scher Konsumverein, e. G. m. b. H., Herr Fr. Krüger. — Herr Ingenieur G. Pagel	10	—
905.	Rotha (Post Breitenbach i. Harz), Konsumverein, e. G. m. b. H., Herr O. Heinecke. — Herr H. Müller	10	—
906.	Rühle (Post Bodenwerder), Konsumverein, e. G. m. b. H., Herr W. Schünemann. — Herr A. Schünemann	10	—
907.	Rüningen b. Braunschweig, Konsumverein zu Rüningen, e. G. m. b. H., Herr H. Probst. — Herr O. Wolters	10	—
908.	Runstedt, Konsumverein, e. G. m. b. H, Herr W. Pinkernelle. — Herr Sievers	10	—
909.	Salzdahlum (Post Wolfenbüttel), Konsumverein Salzdahlum, e. G. m. b. H., Herr H. Bosse. — Herr Renstieg	12	15
910.	Salzgitter, Konsumverein Salzgitter, e. G. m. b. H., Herr R. Lustermann. — Herr Rud. Boldt	10	—
911.	Salzmünde, Konsumverein für Salzmünde und Umgegend, e. G. m. b. H., Herr Rümenapp. — Herr Wegjenkel	20	50
912.	Sankt-Andreasberg, Konsumverein, e. G. m. b. H., Herr A. Bock. — Herr Huhn, Kgl. Hüttendirektor	17	25
913.	Schafstädt (Bez. Halle a. S.), Konsumverein, e. G. m. b. H, Herr O. Heinemann. — Herr B. Brechtel	10	—
914.	Schköna, Wirtschaftsverein, e. G. m. b. H., Herr Carl Lösche. — Herr Karl Thale	10	—
915.	Schladen a. Harz, Konsumverein, e. G. m. b. H., Herr H. Becker. — Herr F. Bauer	13	80
916.	Schlaitz (Bez. Halle), Konsumverein zu Schlaitz, e. G. m. b. H., Herr K Heilemann. — Herr E. Zeidler	10	—
917.	Schönhagen (Hann.), Konsumverein, e. G. m. b. H., Herr K. Brandt. — Herr Philipps, Lehrer	10	—
	Transport	2107	18

	Beitrag ℳ	₰
Transport	2107	13
918. Schraplau (Mansfelder Seekreis), Konsumverein, e. G. m. b. H., Herr G. Boelke. — Herr O. Schönert (scheidet Ende 1913 aus)	14	—
919. Schwemsal (Post Düben), Konsumverein Schwemsal, e. G. m. b. H., Herr Martin. — Herr Nitzsche	10	—
920. Sebexen b. Kreiensen, Konsumverein, e. G. m. b. H., Herr C. Schelm. — Herr Heinr. Laue	10	—
921. Seesen a. H., Wareneinkaufsverein, e. G. m. b. H., Herr W. Hoffmann. — Herr Kobelt, Kgl. Lokomotivführer	10	—
922. Sonneberg i. Thür., Neuer Konsum- und Produktivverein für Sonneberg und Umgegend, e. G. m. b. H., Herr H. Mylius. — Herr Eppler	19	50
923. Steigra b. Querfurt, Konsumverein, e. G. m. u. H., Herr Lautenschläger. — Herr F. Pänzer	10	—
924. Steina b. Herzberg im Harz, Konsumverein, e. G. m. b. H., Herr L. Müller. — Herr Pfannenschmidt	10	—
925. Stiege, Konsumverein Stiege, e. G. m. b. H., Herr Fr. Rienäcker. — Herr Fr. Wöhler	10	—
926. Stöckey (Post Tettenborn), Konsumverein, e. G. m. b. H., Herr Polle. — Herr G. Aderhold	10	—
927. Tangerhütte, Allgemeiner Konsumverein für Vaethen-Tangerhütte und Umgegend, e. G. m. b. H., Herr Lorenz. — Herr O. Dammeyer	35	25
928. Tettenborn, Konsumverein Tettenborn, e. G. m. b. H., Herr Fr. Hieser. — Herr K. Engelmann	10	—
929. Teutschenthal, Konsumverein Amtsbez. Teutschenthal, e. G. m. b. H., Herr K. Koch. — Herr F. Ködderitz (scheidet Ende 1913 aus)	72	30
930. Thiede, Konsumverein Thiede, e. G. m. b. H., Herr W. Bahldiek. — Herr Karl Löhr	22	35
931. Torgau, Wirtschaftsverein, e. G. m. b. H., Herr Paul Becker. — Herr Ehring	10	—
932. Trebitz a. Elbe, Konsumverein Trebitz a. E. und Umgegend, e. G. m. b. H., Herr Nowak. — Herr Wilh. Huth	13	80
933. Trebra b. Nordhausen, Konsumverein zu Trebra, e. G. m. b. H., Herr C. Linsel. — Herr H. Zimmermann (scheidet Ende 1913 aus)	10	—
934. Uelzen, Haushaltsverein für Eisenbahnbeamte und Arbeiter, e. G. m. b. H., Herr Laudi. — Herr C. Heinemann	16	85
935. Upen (Post Othfresen), Konsumverein Upen, e. G. m. b. H., Herr Broihan. — Herr K. Lüddecke	10	—
936. Uslar, Uslarer Konsumverein, e. G. m. b. H., Herr Chr. Fricke. — Herr Wöhlking	12	25
937. Wansleben (Amtsbez. Langenbogen), Allgemeiner Konsumverein Wansleben, e. G. m. b. H., Herr F. Kaiser. — Herr A. Dietrich, Bergmann	10	—
938. Warberg (Braunschweig), Konsumverein Warberg, e. G. m. b. H., Herr H. Mellin. — Herr K. Bahldiek	10	—
939. Wasserleben, Konsumverein, e. G. m. u. H., Herr R. Elies. — Herr v. Hoff	10	—
940. Weferlingen, Allgemeiner Konsumverein für Weferlingen und Umgegend, e. G. m. b. H., Herr Herm. Peters. — Herr Wilh. Zabel.	10	—
941. Werningerode b. Bleicherode, Konsumverein, e. G. m. b. H., Herr K. Küchenthal. — Herr K. Bundfuß	10	—
942. Westerhof b. Echte, Konsumverein, e. G. m. b. H., Herr W. Benshausen. — Herr H. Schmidt	10	—
943. Wettin a. S., Konsumverein, e. G. m. b. H., Herr Fr. Nindel. — Herr C. Haak	15	—
944. Wieda, Konsumverein, e. G. m. b. H., Herr K. Obermann. — Herr K. Nebelung I	10	—
Transport	2507	98

		Beitrag ℳ	₰
	Transport	2507	93
945.	Wiedemar (Post Glesien), Konsumverein für Wiedemar und Umgegend, e. G. m. b. H., Herr Ed Lehmer. — Herr Franz Knötzsch, Zimmerer	10	—
946.	Wildemann, Konsumverein, e. G. m. b. H., Herr Alb. Kopp. — Herr A. Schäder	12	78
947.	Windhausen (Post Gittelde), Konsumverein Selbsthilfe zu Windhausen, e. G. m. b. H., Herr Aug. Schrader. — Herr H. Wiese	10	—
948.	Wittenberg (Bez. Halle), Konsumverein für Wittenberg und Umgegend, e. G. m. b. H., Herr W. Wagner. — Herr Lerchenstein	74	40
949.	Wittenberg (Bez. Halle), Beamten-Konsumverein, e. G. m. b. H., Herr Kilian. — Herr Kautzsch, Postassistent	10	—
950.	Wolfenbüttel, Beamten-Konsumverein, e. G. m. b. H., Herr Schindler. — Herr Feldmann,	10	—
951.	Wolfshagen bei Wolfenbüttel, Alter Konsumverein, e. G. m. b. H., Herr H. Bauerochse. — Herr A. Hund	13	95
952.	Wolperode (Post Ackenhausen), Konsumverein, e. G. m. b. H., Herr H. Gosler. — Herr Aug. Kiehne	10	—
953.	Wulften a. Harz, Konsumverein, e. G. m. u. H., Herr Heise. — Herr C. Steurer	13	90
954.	Zappendorf, Allgemeiner Konsumverein, e. G. m. b. H., Herr K. Kloß. — Herr Ferd. Holzhause	20	70
955.	Zeitz, Beamten-Wirtschaftsverein Zeitz, e. G. m. b. H., Herr Karl Seeber. — Herr Hugo Ziska	10	—
956.	Zöschen, Konsumverein Zöschen und Umgegend, e. G. m. b. H., Herr Voigtsberger. — Herr O. Teichmann	10	—
957.	Zscherben b. Schlettau a. Saale, Allgemeiner Konsumverein zu Zscherben, e. G. m. b. H., Herr A. Koch. — Herr Ad. Weiß	16	20

b) Andere Genossenschaften.

958.	Magdeburg, Rohstoff-Genossenschaft der Schneidermeister, e. G. m. u. H., Herr Herm Köhler. — Herr Ed. Groß	18	50
959.	Magdeburg, Rohstoff-Association der Schuhmacher zu Magdeburg, e. G. m. u. H., Herr W. Kühne. — Herr W. Hille	10	—
960.	Wolfenbüttel, Rohstoff-Genossenschaft der Schuhmachermeister zu Wolfenbüttel, e. G. m. b. H., Herr Kalesendt. — Herr W. Kassel	10	—
	Summa	2768	36

22. Verband Sächsischer Erwerbs- und Wirtschaftsgenossenschaften.

Direktor: Herr Aug. Friedr. Hüfner in Chemnitz.

1. Stellvertreter: Herr Borkhardt in Pulsnitz.

2. Stellvertreter: Herr P. Rech, Leipzig.

Verbands-Revisor: Herr Edwin Rüdiger in Dresden, Königl. Großer Garten.

(34 Vereine.)

a) Vorschußvereine.

961.	Aue i. Erzg., Spar- und Kreditverein für Aue i. Erzg. und Umgegend, e. G. m. b. H., Herr M. O. Borrmann. — Herr A. Hoffmann	100	—
962.	Auerbach i. Vogtl., Spar- und Vorschußverein zu Auerbach, e. G. m. b. H., Herr Emil Wolf. — Herr H. Stelzner	100	—
963.	Borstendorf, Spar- und Vorschußverein zu Borstendorf, e. G. m. u. H., Herr C. Oehme. — Herr E. Wittig	32	15
	Transport	232	15

		Beitrag ℳ	₰
	Transport	232	15
964.	**Burkhardtsdorf**, Spar- und Vorschußverein, e. G. m. u. H., Herr C. Schüppel. — Herr Gemeindevorsteher und Strumpffaktor C. W. Weinhold	71	60
965.	**Chemnitz**, Spar- und Kreditbank, e. G. m. b. H., Herr A. F. Hüfner. — Herr W. Hoppe	100	—
966.	**Claußnitz** b. Bienenmühle, Spar- und Vorschußverein für Claußnitz und Umgegend, e. G. m. u. H., Herr H. Körner. — Herr H. Gelbricht	13	06
967.	**Dresden**, Dresdener Gewerbebank, e. G. m. b. H., Herr Angermann. — Herr Alwin Schlechte, Rechtsanwalt	10	—
968.	**Euba** b. Chemnitz, Spar- und Kreditverein, e. G. m. u. H., Herr F. E. Morgenstern. — Herr A. Geringswald	57	28
969.	**Glauchau**, Glauchauer Spar- und Kreditbank, e. G. m. b. H., Herr Breslawsky. — Herr O. Keilig	35	01
970.	**Kirchberg** i. S., Vorschußverein, e. G. m. u. H., Herr Gerlach. — Herr Klug	100	—
971.	**Königstein** a. Elbe, Kreditverein, e G. m. b. H., Herr H. Hänig. — Herr H. Thier	36	50
972.	**Leipzig**, Leipziger Kreditbank, Aktien-Gesellschaft, Herr Dr. Helm. — Herr Rob. Zwicker	100	—
973.	**Leipzig**, Spar- und Gewerbebank zu Leipzig, e. G. m. u. H., Herr Arth. Dehne. — Herr Otto Göttel	100	—
974.	**Leipzig**, Leipziger Bankverein, e. G. m. b. H, Herr F. C. Anders. — Herr Christoph Klingler	100	—
975.	**Leubsdorf** i. Sachs., Spar- und Vorschußverein „Eintracht" zu Leubsdorf, e. G. m. u. H., Herr J. R. Pauli. — Herr Gutsbesitzer F. E. Loose	17	24
976.	**Leutzsch** b. Leipzig, Lindenstr. 19, Allgemeine deutsche Spar- und Vorschußkasse für Lehrer, e. G. m. b. H, Herr L. Tillich. — Herr Fr H. Treutler, Oberlehrer	100	—
977.	**Lobstädt**, Spar- und Vorschußverein für Lobstädt und Umgegend, e. G. m. u. H., Herr Schmidt. — Herr T. Thiele, Gutsbesitzer	77	—
978.	**Meißen**, Kreditverein zu Meißen, e. G. m. b. H., Herr O. Reinhard. — Herr Herrmann	67	10
979.	**Mügeln** (Bez. Leipzig), Kreditverein zu Mügeln, e. G. m. b. H., Herr Striegler. — Herr Prüfer	100	—
980.	**Neudörfel** (Post Ortmannsdorf), Spar- und Kreditgenossenschaft, e. G. m. b. H., Herr Paul Nech. — Herr Moritz Walther	10	—
981.	**Olbernhau**, Erzgebirgische Genossenschaftsbank, e. G. m. b. H., Herr Ullmann. — Herr Schneider, Buchdruckereibesitzer	100	—
982.	**Ottendorf** (Bezirk Leipzig), Sparverein, e. G. m. u. H., Herr Dietze. — Herr Ernst Paul	10	—
983.	**Penig** i. Sachsen, Spar- und Kreditbank, e. G. m. b. H., Herr O. Ziegenspeck. — Herr G. Heinig	87	80
984.	**Pulsnitz** i. Sachsen, Spar- und Vorschußverein, e. G. m. b. H., Herr R. Borkhardt. — Herr Rud. Opitz, Stadtrat	100	—
985.	**Radeburg**, Spar- und Kreditverein, e. G. m. u. H., Herr A. Lehmann. — Herr Haugk	19	48
986.	**Reudnitz-Leipzig**, Spar- und Vorschußverein Leipzig-Reudnitz, e. G. m. b. H., Herr O. Mühlner. — Herr Kaufmann Ed. Zieger	100	—
987.	**Schneeberg** i Sa., Erzgebirgische Bank Schneeberg-Neustädtel, e. G. m. b. H, Herr Emil Weymann. — Herr Gust. Götze	100	—
988.	**Seiffen**, Spar- und Vorschußverein Seiffen, e. G. m. b. H., Herr O. Frohs. — Herr Uhlig	21	24
989.	**Thum**, Vorschußverein, e. G. m. b. H., Herr Hofmann. — Herr M. Zenker	100	—
	Transport	1964	96

		Beitrag ℳ	₰
	Transport	1964	96
990.	**Trebsen** i. Sachsen, Spar- und Vorschußverein, e. G. m. u. H., Herr M. Höhne. — Herr E. Lehrfeld	17	—
991.	**Wermsdorf**, Spar- und Vorschußverein, e. G. m. u. H., Herr R. Liebers. — Herr Brodkorb, Kantor	100	—
992.	**Wildenfels** i. Sa., Kredit- und Sparbank Wildenfels, e. G. m. b. H., Herr Hagemann. — Herr Alfr. Loewel	18	50
993.	**Zwenkau**, Zwenkauer Vorschußverein, e. G. m. u. H., Herr B. Kloß. — Herr Bruno Müller	12	58
	b. Andere Genossenschaften.		
994.	**Dresden**, Wirtschaftsvereinigung kraftfahrender Aerzte, e. G. m. b. H., Herr Dr. M. Fritz Krüger. — Herr Möller	?	?
	Summa	2113	04

23. Verband der Erwerbs- und Wirtschaftsgenossenschaften Schlesiens.

Direktor: Herr Konr. Neugebauer (†) in Breslau, Büttnerstr. 28/31.

1. Stellvertreter: Herr B. Dziekan in Breslau.

2. Stellvertreter: Herr Goehlich in Breslau.

Verbands-Revisoren: die Herren H. Schöbon in Gleiwitz, Oscar Hoffmüller in Breslau, Benno Müller in Löwen (Schles.), Mugdan in Breslau, Höfchenstr. 69.

(98 Vereine.)

		Beitrag ℳ	₰
	a. Vorschußvereine.		
995.	**Bauerwitz** (Kreis Leobschütz), Vorschußverein zu Bauerwitz, e. G. m. u. H., Herr Jos. Stanjeck. — Herr T. Fehlbier	39	20
996.	**Bernstadt** i. Schl., Vorschußverein, e. G. m. b. H., Herr Th. Hoffmann. — Herr Weiß, Kaufmann	77	95
997.	**Beuthen** O.-Schl., Vorschußverein, e. G. m. u. H., Herr S. Guttmann. — Herr J. Böhm	26	80
998.	**Breslau**, Vorschußverein zu Breslau, e. G. m. b. H., Büttnerstraße 28/31, Herr K. Neugebauer. — Herr Hantelmann	100	—
999.	**Breslau**, Breslauer Volksbank, e. G. m. b. H., Breitestr. 15, Herr B. Dziekan. — Herr August Rudolph	100	—
1000.	**Breslau**, Breslauer Spar- und Darlehnsverein, e. G. m b. H., Nikolaistr. 18/19, Herr Glinschert. — Herr S. Beyer	100	—
1001.	**Breslau**, Bank für Haus- und Grundbesitz in Breslau, e. G. m. b. H., Herr Lieke. — Herr Traeger	27	80
1002.	**Brieg** (Reg.-Bezirk Breslau), Vorschußverein zu Brieg, e. G. m. u. H., Herr Spieske. — Herr Korn.	100	—
1003.	**Bunzlau**, Spar- und Vorschußverein zu Bunzlau, e. G. m. b. H., Herr Bischoff. — Herr O. Hoffmann	?	?
1004.	**Canth**, Vorschußverein, e. G. m. u. H., Herr Burkert. — Herr Paul Kaps	85	—
1005.	**Cosel** i. Schl., Vorschußverein in Cosel, e. G. m. u. H., Herr Spitz. — Herr Heintze	100	—
1006.	**Cosel** i. Schl., Hypotheken-Versicherungs- und Tilgungsverein, e. G. m. u. H., Herr Schöffert. — Herr Fr. Kinner	10	—
1007.	**Freiburg** i. Schl., Vorschußverein zu Freiburg i. Schl., e. G. m. b. H., Herr Regent. — Herr Saupe	100	—
1008.	**Freystadt** i. Schl., Volksbank zu Freystadt i. Schl., e. G. m. b. H., Herr Jos. Hauke. — Herr Gustav Kloß	40	33
	Transport	907	08

		Beitrag ℳ	₰
	Transport	907	08
1009.	Friedland (Reg.-Bez. Breslau), Vorschußverein, e. G. m. b. H., Herr Herm. Walter. — Herr Haeusler	75	92
1010.	Glatz, Vorschußverein zu Glatz, e. G. m. u. H., Herr Bormann. — Herr Fr. Karger, Kaufmann	100	—
1011.	Gleiwitz, Vorschußverein, e. G. m. b. H., Herr H. Schoedon. — Herr Dr. Willmann, Rechtsanwalt	100	—
1012.	Glogau, Vorschußverein zu Glogau, e. G. m. b. H., Herr Klose. — Herr W. Herwig	10	—
1013.	Goldberg i. Schl., Vorschußverein, e. G. m. u. H., Herr Adolf Absch. — Herr Jgn. Staunek	10	—
1014.	Groß-Strehlitz, Vorschußverein, e. G. m. b. H., Herr W. Buller. — Herr R. Prankel, Fabrikbesitzer	34	—
1015.	Groß-Wartenberg, Vorschußverein zu Wartenberg, e. G. m. b. H., Herr P. Scheurich. — Herr Fr. Kurzmann	10	—
1016.	Grottkau, Vorschußverein, e. G. m. b. H., Herr Paul Wandrey. — Herr Traugott Hartmann	100	—
1017.	Grünberg i. Schl., Vereinsbank zu Grünberg, e. G. m. b. H., Herr O. Speich. — Herr J. Mannigel	75	58
1018.	Guhrau (Bez. Breslau), Vorschußverein zu Guhrau, e. G. m. b. H., Herr Max Lohndorf. — Herr Wilh. Klemm	—	—
1019.	Guttentag, Vorschußverein, e. G. m. b. H., Herr F. Hencinski. — Herr S. Siedner	21	60
1020.	Habelschwerdt, Vorschußverein, e. G. m. b. H., Herr Aug. Zanger. — Herr Gürth	65	25
1021.	Haynau i Schl., Haynauer Spar- und Darlehnsverein, e. G. m. b. H., Herr Rob. Breitkopf. — Herr Reinhold Preibisch	10	—
1022.	Hirschberg i. Schl., Vorschußverein zu Hirschberg, e. G. m. b. H., Herr H. Beer. — Herr Kaufmann H. Ludwig	100	—
1023.	Katscher O.-Schl., Katscher Volksbank, e. G. m. u. H., Herr Ed. Kaul — Herr T. Schmack, Gutsbesitzer	100	—
1024.	Kattowitz O.-Schl., Deutsche Volksbank Kattowitz, e. G. m. b. H., Herr Janotta — Herr Bergrat Knochenhauer	100	—
1025.	Kochlowitz O.-Schl., Volksbank Kochlowitz, e. G. m. b. H., Herr S. Juliusburger — Herr J. A. Koisch	10	—
1026.	Königshütte O.-Schl., Deutsche Volksbank Königshütte, e. G. m. b. H., Herr Nowarra. — Herr Herzmann, Amtsgerichtsrat	79	07
1027.	Krappitz, Vorschußverein zu Krappitz, e. G. m. b. H., Herr Kottlors. — Herr Kimmel	100	—
1028.	Kreuzburg O.-Schl., Vorschußverein, e. G. m. b. H., Herr Steinke. — Herr Menz, Lehrer	51	85
1029.	Landeshut i. Schl, Vorschußverein zu Landeshut, e. G. m. u. H., Herr Heinr. Beckenbach. — Herr G. Büchler, Kaufmann	100	—
1030.	Lauban, Vereinsbank, e. G. m. b. H., Herr Welz. — Herr W. König	100	—
1031.	Leobschütz, Volksbank, e. G. m. u. H., Herr J. Rega. — Herr C. Hoffmann sen.	64	—
1032.	Leobschütz, Vorschußverein, e. G. m. b. H., Herr Alb. Kunz. — Herr Paul Laute	76	72
1033.	Lewin bei Glatz, Vorschußverein zu Lewin, e. G. m. b. H., Herr W. Mader. — Herr Ardelt	26	70
1034.	Liegnitz, Vorschußverein zu Liegnitz, e. G. m. b. H., Herr Hoheisel. — Herr Mentler	24	80
1035.	Liegnitz, Kreditverein zu Liegnitz, e. G. m. b. H., Herr H. Wilde. — Herr Gäbel	100	—
1036.	Löwen i. Schl., Vorschußverein zu Löwen, e. G. m. b. H., Herr Müller. — Herr Loewe, Justizrat	70	—
	Transport	2622	57

Nr.		Beitrag ℳ	₰
	Transport	2622	57
1037.	**Lublinitz**, Vorschußverein zu Lublinitz, e. G. m. b. H., Herr Louis Schlesinger. — Herr Bernard, Rechtsanwalt	25	—
1038.	**Mittelschreibendorf** (Post Schreibendorf, Kr. Strehlen), Kredit-, Spar- und Konsumverein, e. G. m. u. H., Herr Scholz. — Herr Rosenberger in Gläsendorf	12	—
1039.	**Münsterberg** i. Schl., Vorschußverein zu Münsterberg, e. G. m. b. H., Herr Regwer. — Herr Haunschild	86	91
1040.	**Namslau**, Vorschußverein zu Namslau, e. G. m. b. H., Herr C. Kricke. — Herr F. Pelikan	64	—
1041.	**Naumburg** a. Qu., Vorschußverein zu Naumburg a. Qu., e. G. m. b. H., Herr Knebel. — Herr J. Kindler	50	30
1042.	**Neiße**, Vorschußverein zu Neiße, e. G. m. b. H., Herr H. Niklas. — Herr Erbs	100	—
1043.	**Neurode**, Vorschußverein zu Neurode, e. G. m. b. H., Herr Orban — Herr C. Bergmann	100	—
1044.	**Neusalz** a. O., Vorschußverein, e. G. m. b. H., Herr E. Fiedler. — Herr J. Kopp	100	—
1045.	**Neustadt** O.-Schl., Vorschußverein, e. G. m. u. H., Herr Emil Metzner. — Herr Schneider, Rentier	18	25
1046.	**Nimptsch**, Vorschußverein, e. G. m. b. H., Herr Hoffmann. — Herr Seliger, Kürschnermeister	25	20
1047.	**Oels** i. Schl., Vorschußverein zu Oels, e. G. m. b. H., Herr T. Herrmann. — Herr C. Kaschner	100	—
1048	**Ohlau**, Vorschußverein zu Ohlau, e. G. m. b. H., Herr Paul Hanke. — Herr Wegner	100	—
1049.	**Oppeln**, Vorschußverein zu Oppeln, e. G. m. b. H., Herr R. Hattwich. — Herr Max Kassel	100	—
1050.	**Ostrowo** (Bez. Posen), Vorschußverein zu Ostrowo, e. G. m. b. H., Herr Josephi. — Herr B. Wegner	17	32
1051.	**Ottmachau**, Ottmachauer Volksbank, e. G. m. b. H., Herr Dr. Wottge. — Herr H. Opitz	100	—
1052.	**Ottmachau**, Vorschußverein, e. G. m. b. H., Herr Karl Kriegisch. — Herr E. Kriegisch, Malermeister	62	25
1053.	**Parchwitz**, Vorschußverein zu Parchwitz, e. G. m. b. H., Herr F. Schubert. — Herr Nixdorf	10	—
1054.	**Patschkau**, Vorschußverein zu Patschkau, e. G. m. b. H., Herr Siegert. — Herr Wiedemann	10	—
1055.	**Polkwitz**, Vorschußverein, e. G. m. u. H., Herr Dr. H. Walter. — Herr Rud. Müller	26	03
1056.	**Prausnitz** (Bez. Breslau), Vorschußverein Prausnitz, e. G. m. b. H., Herr Carl Sachtschale. — Herr C. Obst	10	—
1057.	**Priebus**, Vorschußverein zu Priebus, e. G. m. b. H., Herr Najock. — Herr Otto Richter	10	—
1058.	**Reichenbach** (Bez. Breslau), Vorschußverein, e. G. m. b. H., Herr M. Hohertz. — Herr Schmidt	73	—
1059.	**Reinschdorf** bei Bösdorf, Vorschußverein zu Reinschdorf, e. G. m. u. H., Herr P. Hoffmann. — Herr Bauerngutsbesitzer A. Jüttner in Oeltendorf	10	—
1060.	**Reinschdorf** bei Bösdorf, Vorschuß- und Kreditverein des Neisse-Grottkauer Landkreises, e. G. m. u. H., Herr H. Metzner. — Herr Carl Langer	10	—
1061.	**Schweidnitz**, Vorschußverein zu Schweidnitz, e. G. m. u. H., Herr Hilger. — Herr Flittner	10	—
1062.	**Siemianowitz** O.-Schl., Deutsche Volksbank Siemianowitz-Laurahütte, e. G. m. b. H., Herr Schulz. — Herr Sußmann	40	—
1063.	**Sprottau**, Vorschußverein zu Sprottau, e. G. m. u. H., Herr O. Lechner. — Herr Elsner	10	—
	Transport	3902	83

		Beitrag ℳ	₰
	Transport	3902	83
1064.	Steinau a. O., Spar- und Vorschußverein zu Steinau, e. G. m. b. H., Herr Kientoff. — Herr G. Hauck	10	—
1065.	Strehlen i. Schl., Vorschußverein und Sparkasse zu Strehlen, e. G. m. u. H., Herr Hartmann. — Herr S. Freiburch	27	20
1066.	Striegau, Vorschußverein zu Striegau, e. G. m. b. H., Herr Oskar Pollack. — Herr Carl Thau, Gasthofpächter	93	80
1067.	Tarnowitz, Vorschußverein, e. G. m. b. H., Herr Struzina. — Herr Herm. Sauer	100	—
1068.	Trachenberg i. Schl., Vorschußverein, e. G. m. b. H., Herr Berger. — Herr Nenke, Bäckermeister	25	30
1069.	Voigtsdorf b. Warmbrunn, Spar- u. Vorschußverein zu Voigtsdorf, e. G. m. b. H., Herr Herm. Sturm. — Herr H. Scharf, Schmiedemeister	78	53
1070.	Waldenburg i. Schl., Vorschußverein zu Waldenburg, e. G. m. b. H., Herr Spohn — Herr L. Alde, Stadtrat	100	—
1071.	Wansen, Vorschußverein zu Wansen, e. G. m. b. H., Herr M. Paul. — Herr Jürgas	100	—
1072.	Wansen, Volksbank, e. G. m. b. H., Herr R. Nowag. — Herr B. Thienel	100	—
1073.	Warmbrunn, Vorschuß- und Sparverein, e. G. m. u. H., Herr Fellmann. — Herr Joh. Hentschel	10	—
1074.	Winzig, Vorschußverein zu Winzig, e. G. m. b. H., Herr E. Kliem jr. — Herr Rud. Flöter, Lehrer	47	09
1075.	Wohlau, Bankverein, e. G. m. b. H., Herr Adam Biedermann. — Herr Krappe, Rechtsanwalt	32	80
1076.	Wünschelburg, Vorschußverein, e. G. m. u. H., Herr Riesel. — Herr Waß	10	—
1077.	Wüstegiersdorf, Vorschußverein, e. G. m. b. H., Herr Paul Bürgel. — Herr M. Jacob	100	—
1078.	Wüstewaltersdorf, Vorschußverein, e. G. m. u. H., Herr Jul. Gocksch. — Herr Paul Thiel	24	65
1079.	Zabrze, Deutsche Volksbank, e. G. m b. H., Herr Ihringer. — Herr J. Langer, Maurermeister	19	60
1080.	Zobten a. B. (Bez. Breslau), Vorschußverein zu Zobten, e. G. m. b. H., Herr B. Glatzel. — Herr G. Hübner, Zimmermeister . . .	100	—
1081.	Zülz, Vorschuß- und Sparverein, e. G. m. b. H., Herr C. Wiedorn. — Herr A. Willmann, Hauptlehrer	35	52
	b. Andere Genossenschaften.		
1082.	Breslau, Breslauer Genossenschafts-Buchdruckerei, e. G. m. b. H., (Ursulinerstr. 1), Herr Oskar Zuchold. — Herr O. Köhler, Schriftsetzer	10	—
1083.	Breslau, „Viktoria", Transportgeschäft selbstfahrender Schiffer, e. G. m. b. H., Herr R. Hanne. — Herr Adolf Hellmann	10	—
1084.	Breslau, Ein- u. Verkaufsgenossenschaft Breslauer Bäckermeister, e. G. m. b. H., Oderstraße 24, Herr Jos. Becker. — Herr C. Fiebach	30	—
1085.	Breslau, Genossenschaftsbrauerei Breslauer Gast- und Schankwirte, e. G. m. b. H., Herr H Weide. — Herr Jul. Heider	30	—
1086.	Brieg (Bez. Breslau), Bürgerliches Brauhaus, e. G. m. b. H., Herr F. Hoffmann. — Herr R. Albrecht	30	—
1087.	Festenberg (Kreis Gr.-Wartenberg), Festenberger Holz-Industrie-Verein, e. G. m. b. H., Herr H. Schwarz. — Herr Julius Heilmann	17	60
1088.	Gleiwitz, Schuhmacher-Rohstoffverein, e. G. m. b. H, Herr Th. Breitkopf. — Herr E. Goebel	10	—
1089.	Hirschberg i. Schles., Rohhäuteverein zu Hirschberg, e. G. m. b. H., Herr G. Scholz. — Herr Paul Belkner	10	—
	Transport	5064	92

		Beitrag ℳ	₰
	Transport	5064	92
1090.	Obernigk, Genossenschafts-Mineralwasserfabrik der Gastwirte von Obernigk und Umgegend, e. G. m. b. H., Herr Robert Vetter — Herr G. Arndt	10	—
1091.	Ohlau, Bürgerliches Brauhaus, e. G. m. b. H., Herr E. Fleischer, — Herr A. Kahlert (scheidet Ende 1913 aus)	10	—
1092.	Schweidnitz, Abfuhrgenossenschaft Schweidnitz, e. G. m. b. H., Herr W. Flittner. — Herr Aug. Hilger	10	—
	Summa	5094	92

24. Verband der Konsumvereine der Provinz Schlesien und der benachbarten preußischen Provinzen.

Direktor: Herr Stadtältester Kletke in Breslau, Bahnhofstr. 5.

Stellvertreter: Herr Welck in Breslau.

Verbands-Revisor: Herr Dr. Fr. Schneider in Potsdam.

(22 Vereine)

Konsumvereine.

		ℳ	₰
1093.	Borsigwerk, Konsum- und Sparverein Borsigwerk, e. G. m. b. H., Herr J. Jacob. — Herr A. Märklin, Kommerzienrat	100	—
1094.	Breslau, Breslauer Konsumverein, Sternstraße 26, Herr P. Kletke. — Herr R. Geisler	100	—
1095.	Breslau, Konsum- und Sparverein zu Breslau, e. G. m. b. H., Herr P. Kletke. — Herr R. Geisler	10	—
1096.	Dittersbach b. Waldenburg, Konsumverein Dittersbach, e. G. m. b. H., Herr Weirich. — Herr J. Wagner	32	70
1097.	Ellgoth O.-Schles., Konsumverein Ellgoth-Idaweiche, e. G. m. b. H., Herr P. Grittner. — Herr M. Adolf	10	—
1098.	Friedrichshütte O.-Schl., Konsumverein der Königl. Friedrichshütte, e. G. m. b. H, Herr R. Peschke. — Herr Ahrens	25	35
1099.	Gleiwitz, Konsumverein Gleiwitz, e. G. m. b. H., Herr Tilgner. — Herr Kieber, Kgl Eisenbahnbetriebsingenieur	22	61
1100.	Hohenlohehütte, Konsumverein Hohenlohehütte, e. G. m. b. H., Herr Alb. Puschmann. — Herr Giersberg, Bergverwalter	65	18
1101.	Kattowitz (O.-Schl.), Konsumverein Kattowitz, e. G. m. b. H., Herr Katz. — Herr Horstmann, Regierungs- und Baurat	13	35
1102.	Kreuzburg O.-Schl., Konsumverein Kreuzburg und Umgegend, e. G. m. b. H., Herr Nowak. — Herr Webersinn	12	15
1103.	Laurahütte, Konsum- und Sparverein Laurahütte, e. G. m. b. H., Herr Schikora. — Herr Wehowski	100	—
1104.	Leobschütz, Wirtschaftliche Vereinigung der Beamten von Leobschütz und Umgegend, e. G. m. b. H., Herr Polke. — Herr Wanke (scheidet Ende 1913 aus)	10	—
1105.	Lipine, Neuer Konsumverein, e. G. m. b. H., Herr Markendorf. — Herr Bruckisch, Bergwerksdirektor	93	28
1106.	Michalkowitz O.-Schl., Konsumverein Michalkowitz, e. G. m. b. H., Herr Otto Schweinitz. — Herr G. Desert	50	18
1107.	Neustadt O.-Schl., Konsumverein, e. G. m. b. H., Herr Schonowsky. — Herr Kuhnert	60	—
1108	Oppeln, Wirtschaftliche Vereinigung der Beamten von Oppeln und Umgegend, e G. m. b. H., Herr Brandt. — Herr Patermann	16	65
1109.	Rosdzin, Konsumverein Rosdzin-Schoppinitz, e. G. m. b. H., Herr B. Wilk. — Herr Hüttendirektor Menzel	100	—
1110.	Saarau, Saarauer Konsumverein, e. G. m. b. H., Herr G. Srbczyppek. — Herr R. Rehberg	25	80
	Transport	847	25

	Beitrag ℳ	₰
Transport	847	25
1111. Schlegel, Konsumverein Schlegel, e. G. m. b. H., Herr R. Pfeiffer. — Herr Hoffmann	22	50
1112. Tarnowitz, Konsumverein Tarnowitz und Umgegend, e. G. m. b. H., Herr Herrmann. — Herr Fiedler	54	08
1113. Wüstegiersdorf, Konsumverein, e. G. m. b. H., Herr Oskar Klose. — Herr R. Stiebale	79	—
1114. Zaborze, Konsumverein Königin Louise-Grube, e. G. m. b. H., Herr Joerchel. — Herr Drescher, K. Bergwerksdirektor	57	—
Summa	1059	78

25. Verband der Erwerbs- und Wirtschaftsgenossenschaften der Provinzen Starkenburg und Oberhessen.

Direktor: Herr Stein in Darmstadt.

Stellvertreter: Herr Habicht in Darmstadt.

Verbands-Revisor: Herr Seibert in Wiesbaden, Herr L. Habicht in Darmstadt, Stellvertreter.

(22 Vereine.)

a. Vorschußvereine.

	ℳ	₰
1115. Alsfeld, Alsfelder Volksbank, e. G. m. u. H., Herr W. Vogeley. — Herr Koch	100	—
1116. Babenhausen i. H., Babenhäuser Vorschuß- und Kreditverein, e. G. m. u. H., Herr Peter Mathes. — Herr L. Grünewald	27	04
1117. Darmstadt, Darmstädter Volksbank, e. G. m. b. H., Herr Stein. — Herr H. Kichler, Privatier	100	—
1118. Dieburg, Vorschuß-, Spar- und Kreditverein, e. G. m. u. H., Herr Heuplein. — Herr Jos. Winter	100	—
1119. Eberstadt (Kr. Darmstadt), Spar- und Kreditverein Eberstadt, e. G. m. u. H., Herr Müller II. — Herr Simon	72	95
1120. Fürth i. Odenwald, Spar- und Kreditverein Fürth i. O., e. G. m. u. H., Herr J. A. Schmitt. — Herr Th. Weber	31	95
1121. Groß-Gerau, Volksbank, e. G. m. u. H., Herr Fr. Diehl. — Herr Gg. Stein	21	—
1122. Heppenheim a. Bergstr., Vorschuß- und Kreditverein Heppenheim, e. G. m. u. H., Herr Dorn. — Herr Fr. Saul	100	—
1123. Kelsterbach a. M., Spar- und Vorschußverein Kelsterbach, e. G. m. u. H., Herr J. Bommarius. — Herr Heß	80	52
1124. Klein-Gerau (Post Groß-Gerau), Vorschuß- und Kreditverein, e. G. m. u. H., Herr Th. Bernhardt. — Herr Baumann	13	85
1125. König (Odenwald), Vorschußverein zu König. e. G. m u H., Herr Büchner. — Herr Aug. Schäfer, Hauptlehrer	30	34
1126. Lampertheim, Vorschuß- und Sparkassenverein in Lampertheim, e. G. m. u. H., Herr Eberhardt. — Herr Ludw. Kirsch	50	05
1127. Lorsch (Hessen), Volksbank Lorsch, e. G. m. u. H., Herr A. Huba. — Herr W. Ludwig	53	32
1128. Mörfelden b. Frankfurt a. M., Spar- und Vorschußverein, e. G. m. u. H., Herr H. Nelius — Herr Acker	15	22
1129. Münster b. Dieburg i. Hessen, Spar- und Leihkasse Münster, e. G. m. u. H., Herr J. Roßkopf. — Herr Joh. Jacob Braun	48	—
1130. Neu-Isenburg b. Frankfurt a. M., Isenburger Gewerbebank, e. G. m. u. H., Herr F. Lack. — Herr Heinr. Ackermann	10	—
1131. Neu-Isenburg, Spar- und Leihkasse II, e. G. m. u. H., Herr Th. Aug. Koch. — Herr Jean Scheffel, Steindrucker	100	—
Transport	904	24

		Beitrag M.	₰
	Transport	904	24
1132.	Pfungstadt, Vorschuß- und Kreditverein, e. G. m. u. H., Herr Peter Theiß. — Herr H. W. Jckes	34	20
1133.	Reichelsheim i. Odenwald, Spar- und Kreditverein Reichelsheim, e. G. m. u. H., Herr Röder. — Herr A. Werner, Gastwirt	100	—
1134.	Rüsselsheim a. M., Spar- und Vorschußverein, e. G. m. u. H., Herr Alt. — Herr H. Hummel	48	65
1135.	Seligenstadt a. M., Volksbank Seligenstadt, e. G. m. u. H., Herr Carnier. — Herr Wilh. Weiermann	32	—
	b. Andere Genossenschaften.		
1136.	Seligenstadt a. M., Rohstoffverein für Schuhmacher zu Seligenstadt a. M., e. G. m. u. H., Herr Jean Neubauer. — Herr J. Nover	23	80
	Summa	1142	89

26. Verband der Konsumvereine in Bayern, Württemberg, Baden und angrenzenden Bundesstaaten.

Direktor: Herr Magistratsrat O. Feierabend in München, Stielerstr. 4.

1. Stellvertreter: Herr Oberrechnungsrat Kirsch in Karlsruhe i. B.

2. Stellvertreter: Herr Maucher in Karlsruhe i. B.

Verbands-Revisor: Herr Maucher in Karlsruhe i. B.

(23 Vereine.)

		M.	₰
	a. Konsumvereine.		
1137.	Ansbach, Konsumverein Ansbach und Umgegend, e. G. m. b. H., Herr Tagesold. — Herr Lieret	53	—
1138.	Bamberg, I. christlicher Konsumverein Bamberg und Umgegend, e. G. m. b. H., Herr M. Rauh. — Herr Jos. Deinlein	43	55
1139.	Bebra, Eisenbahn-Konsumverein Bebra, e. G. m. b. H., Herr Janson. — Herr Oberbahnhofsvorsteher Brandenstein	10	—
1140.	Donaueschingen, Konsumverein Donaueschingen, e. G. m. b. H., Herr St. Hofmann. — Herr M. Gänshirt	35	40
1141.	Ersingen b. Pforzheim, Konsumverein Ersingen, e. G. m. b. H., Herr F. Schuster. — Herr Wilh. Reich	10	—
1142.	Frankfurt a. M., Eisenbahn-Konsumverein Franfurt a. M., e. G. m. b. H., Herr Hilgner. — Herr Eisenbahn-Direktions-Präsident Reuliaux	100	—
1143.	Haunstetten (Bez. Schwaben), Produktiv- und Konsumverein der Haunstetter Spinnerei und Weberei, e. G. m. b. H., Herr C. Veitengruber. — Herr Franz Bayer	20	35
1144.	Immenstadt-Blaichach-Sonthofen (Bayern), Konsum- und Sparverein Immenstadt-Blaichach-Sonthofen, e. G. m. b. H., Herr W. Stromenger. — Herr E. Probst	100	—
1145.	Karlsruhe (Baden), Lebensbedürfnisverein Karlsruhe, e. G. m. b. H., Herr Fr. Maucher. — Herr K. Kirsch, Oberrechnungsrat	100	—
1146.	Ludwigshafen a. Rh., Warenbezugs- und Sparverein, e. G. m. b. H., Herr Jul. Guckes. — Herr P. Anschütz	26	75
1147.	Mariannenthaler Glashütte bei Schnappach i. Pfalz, Konsumverein Mariannenthaler Glashütte, e. G. m. b. H., Herr L. Weingardt. — Herr C. Glaser	10	—
1148.	Marktredwitz, Allgemeiner Konsumverein II Marktredwitz und Umgegend, e. G. m. b. H., Herr C. Greger. — Herr Donat Pscherer (scheidet Ende 1913 aus)	10	—
	Transport	519	05

		Beitrag ℳ	₰
	Transport	519	05
1149.	**Metz**, Metzer Beamten-Konsumverein, e. G. m. b. H., Herr Dümmler. — Herr Major Karbe	24	35
1150.	**München**, Konsumverein München von 1864, e. G. m. b. H., Herr R. Stübiger. — Herr J. Fink, Oberlehrer	100	—
1151.	**Nürnberg**, Konsum-Genossenschaft „Noris“, e. G. m. b. H., Herr Jac. Jobst. — Herr Vitus (scheidet Ende 1913 aus)	10	—
1152.	**Obereichstedt**, Konsumverein Obereichstedt und Umgegend, e. G. m. b. H., Herr Greiner. — Herr Gobleder	10	—
1153.	**Pforzheim**, Konsumverein Pforzheim, e. G. m. b. H., Herr E. Hischmann. — Herr Carl Gruner	100	—
1154.	**Rosenheim** (Bayern), Konsumverein, e. G. m. b. H., Herr Ernstberger. — Herr J. Staber	26	50
1155.	**Schwandorf** O.-Pfalz, Konsumverein Schwandorf und Umgegend, e. G. m. b. H., Herr E. Förster. — Herr Jos. Hirzinger	13	16
1156.	**Ulm** (Württembg.), Konsumverein, e. G. m. b. H., Herr J. Weishaar. — Herr Dr. Krauß	100	—
1157.	**Weiherhammer**, Konsumverein für Weiherhammer und Umgegend, e. G. m b. H., Herr Max Kohl — Herr Franz Nickel	10	—
1158.	**Wiesbaden**, Beamten-Konsumverein zu Wiesbaden, e. G. m. b. H., Herr Brinkmann. — Herr Geheimrat Reuter	10	—
	b. Andere Genossenschaften.		
1159.	**Heidelberg**, Kohlen-Einkaufsgenossenschaft, e. G. m. b. H., Herr Nagel. — Herr Dr. Vossen	16	25
	Summa	939	31

27. Verband Thüringischer Vorschußvereine.

Direktor: Herr Rechtsanwalt Dr. Meng in Meiningen.

1. Stellvertreter: Herr Bachmann in Salzungen.

2. Stellvertreter: Herr Alb. Brodführer in Meiningen.

Verbands-Revisor: Herr Heuzeroth in Meiningen.

(100 Vereine.)

		Beitrag ℳ	₰
	a. Vorschußvereine.		
1160.	**Allstedt** (Großh. Sachsen), Bankverein Allstedt, e. G. m. b. H., Herr P. Keßler. — Herr Richard Abicht	63	70
1161.	**Altenburg** (Sachsen-Altenburg), Kreditverein zu Altenburg, e. G. m. b. H., Herr Gust. Hammer. — Herr P. Thurm	100	—
1162.	**Auma** (Sachsen-Weimar), Spar- und Vorschußverein, e. G. m.b. H., Herr Albin Köhler. — Herr F. Kolbe	34	40
1163.	**Berka a. d. Ilm**, Spar- und Vorschußverein zu Berka a. d. Ilm, e. G. m. u. H., Herr Körbs. — Herr Seyfarth	27	88
1164.	**Berka a. d. Werra**, Spar- und Vorschußverein zu Berka a. d. Werra, e. G. m. u. H., Herr Hugo Biedermann. — Herr K. Hartung	50	76
1165.	**Blankenburg** b. Rudolstadt, Vorschußverein zu Blankenburg, e. G. m. b. H., Herr C. Scheller. — Herr Wilh. Vollrath	57	40
1166.	**Blankenhain** (Thüringen), Vorschußkassenverein zu Blankenhain, e. G. m. u. H., Herr H. Sorge. — Herr Haase	33	45
1167.	**Bürgel** bei Jena, Vorschuß- und Sparverein zu Bürgel, e. G. m. u. H., Herr O. Peterlein. — Herr O. Kunze, Schlossermeister	26	—
1168.	**Buttstädt**, Vereinsbank Buttstädt, e. G. m. b. H., Herr Korb. — Herr Küntzel	100	—
	Transport	493	59

		Beitrag ℳ	₰
	Transport	493	59
1169.	Camburg a. S., Spar- und Vorschußverein zu Camburg, e. G. m. b. H., Herr C. Förster. — Herr F. Mühlberg	49	72
1170.	Coburg, Vereinsbank, e. G. m. b. H., Herr Gmelin. — Herr Chr. Grempel	100	—
1171.	Cölleda, Spar- und Darlehnsverein zu Cölleda, e. G. m. u. H., Herr H. Arthelm — Herr Carl Arthelm	42	50
1172.	Cursdorf (Schwarzbg.-Rudolst.), Vorschußverein Cursdorf, e. G. m. b. H., Herr Albert Graf. — Herr L. Preßler	14	52
1173.	Dermbach (Feldabahn), Vorschußverein zu Dermbach, e. G. m. u. H., Herr Mittermüller. — Herr Bürgermeister Pfaff	34	32
1174.	Dietendorf (Sachsen-Coburg-Gotha), Spar- und Vorschußverein Dietendorf, e. G. m. u. H., Herr F. Gräser. — Herr Zimmermeister A. Wippricht	16	08
1175.	Ebeleben, Spar- und Vorschußkasse, e. G. m. b. H., Herr E. Junge. — Herr Jos. Ehrhardt	76	10
1176.	Eisenach, Gewerbebank, e. G. m. b. H., Herr Otto Köhler. — Herr Pfeiffer	100	—
1177.	Eisenberg (Sachsen-Altenburg), Eisenberger Bank, e. G. m. u. H., Herr H. Brodführer. — Herr W. Manig	100	—
1178.	Eisfeld, Spar- und Vorschußverein, e. G. m. u. H., Herr H. Blechschmidt. — Herr M. Sonnefeld, Bürgermeister	100	—
1179.	Friedrichroda, Gewerbebankverein zu Friedrichroda, e. G. m. u. H., Herr Kämpf. — Herr Paul Willweber	57	17
1180.	Geisa a. Rhön, Vorschuß- und Sparverein, e. G. m. u. H., Herr Brehler. — Herr Clemens Ritz	100	—
1181.	Gera b. Elgersburg, Spar- und Vorschußverein, e. G. m. u. H., Herr Fabig I. — Herr Franz Hahn	10	—
1182.	Gera (Reuß), Genossenschaftskasse zu Gera, e. G. m. b. H., Herr Otto Köhler. — Herr Alfr. Grötzsch, Tapezier	100	—
1183.	Gerstungen, Vorschußverein, e. G. m. b. H., Herr Siegmund. — Herr C. Wagner	52	01
1184.	Gotha, Gewerbe- und Landwirtschaftsbank zu Gotha, e. G. m. b. H., Herr P. Langenhan. — Herr Dr. jur. R. Müller	100	—
1185.	Gräfenroda, Spar- und Vorschußverein zu Gräfenroda, e. G. m. u. H., Herr Herm. Fuchs. — Herr Vincenz Griebel	100	—
1186.	Gräfenthal, Spar- und Vorschußverein zu Gräfenthal, e. G. m. u. H., Herr Richard Grosch. — Herr A. Wedel	99	60
1187.	Gräfinau a. Ilm, Spar- und Vorschußverein, e. G. m. u. H., Herr Albert Haase. — Herr Knaußt	34	02
1188.	Greiz, Greizer Bankverein, e. G. m. b. H., Herr G. Spribill. — Herr R. Wagner	100	—
1189.	Großtabarz, Kreditkasse, e. G. m. b. H, Herr Mentel. — Herr Bernh. Völcker	45	64
1190.	Harras bei Eisfeld, Spar- und Vorschußverein zu Harras, e. G. m. u. H., Herr F. K. Wöhner. — Herr Landwirt Ed. Schilling .	13	44
1191.	Hasenthal, Spar- und Vorschußverein, e. G. m. u. H., Herr L. Müller. — Herr L. Büttner	61	76
1192.	Heldburg, Spar- und Vorschußverein zu Heldburg, e. G. m. u. H., Herr A. Huriger. — Herr August Frebel	39	02
1193.	Helmershausen (Rhöngebirge), Spar- und Vorschußverein zu Helmershausen, e. G. m. u. H., Herr Bach. — Herr Böhler . .	25	40
1194.	Hermsdorf i. S.-A., Gewerbebank, e. G. m. b. H., Herr O. Hutzelmann. — Herr Eduard Lauckner	90	40
1195.	Hildburghausen, Vereinsbank zu Hildburghausen, e. G. m. b. H., Herr G. Weickert. — Herr von Löseke, Hofrat	100	—
1196.	Ichtershausen, Ichtershausener Bankverein, e. G. m. u. H., Herr Bach. — Herr Fr. Bock	81	60
	Transport	2336	89

		Beitrag ℳ	₰
	Transport	2336	89
1197.	Judenbach bei Sonneberg (Thür.), Spar- und Vorschußverein zu Judenbach, e. G. m. u. H., Herr C. Heß. — Herr M. Eichhorn	10	—
1198.	Kaltennordheim, Vorschußverein zu Kaltennordheim, e. G. m. u. H., Herr Tietze. — Herr W. Rabich, Rektor	76	85
1199.	Königsee in Thüringen, Vorschußverein, e. G. m. b. H., Herr H. Heumann. — Herr Schurz, Rektor a. D.	89	75
1200.	Kreuzburg a. d. Werra, Spar- und Vorschußverein, e. G. m. u. H., Herr Aug. Schellhaas. — Herr M. Rauchmaul, Vizebürgermeister	10	—
1201.	Langensalza, Vorschußverein Langensalza, e. G. m. b. H., Herr C. Damm. — Herr Aug. Schröter	51	60
1202.	Lauscha, Spar- und Vorschußverein Lauscha, e. G. m. u. H., Herr H. Müller. — Herr Louis Schünzel	100	—
1203.	Lengsfeld (Stadt-), Spar- und Vorschußverein, e. G. m. u. H., Herr H. Lindemann. — Herr Ludw. Schran	24	60
1204.	Leutenberg (Schwarzburg-Rudolstadt), Spar- und Vorschußverein zu Leutenberg, e. G. m. b. H., Herr H. Fein. — Herr H. Ziermann	90	—
1205.	Lichte b. Wallendorf (Sachs.-Meiningen), Vorschußverein zu Lichte, e. G. m. b. H., Herr O. Meisel. — Herr Ulbrich, Modelleur	36	—
1206.	Lichtenhain b. Oberweißbach, Spar- und Vorschußverein zu Lichtenhain, e. G. m. b. H., Herr Arno Friedrich. — Herr Robert Erdmann	10	—
1207.	Lobenstein (Reuß), Spar- und Vorschußverein, e. G. m. b. H., Herr H. Tamm. — Herr Oskar Froeb	17	50
1208.	Magdala, Landwirtschaftlicher Vorschuß- und Sparverein, e. G. m. u. H., Herr K. Gebstedt. — Herr Bernh. Beyer, Klempnermeister	21	70
1209.	Meiningen, Vereinsbank Meiningen, e. G. m. b. H., Herr Albin Brodführer. — Herr G. Dittmar	100	—
1210.	Mellenbach in Thür., Vorschußverein, e G. m. b. H., Herr Köhler. — Herr Albert Horn	16	10
1211.	Meuselbach, Vorschußverein, e. G. m. u. H., Herr H. Ehle. — Herr A. Lichtenheld	50	68
1212.	Mühlhausen i. Thür., Gewerbebank zu Mühlhausen in Thür., e. G m. b. H., Herr M. Langhammer. — Herr Gottfr. Beireiß	76	70
1213.	Mühlhausen i. Thür., Vorschußverein, e. G. m. u. H., Herr Gaßmann. — Herr Sellmann, Lehrer	91	20
1214.	Münchenbernsdorf, Gewerbe- und Landwirtschaftsbank, e. G. m. b. H., Herr C. E. Schneider. — Herr Carl Peterlein	100	—
1215.	Neuhaus a. Rennw., Spar- und Vorschußverein zu Neuhaus, Schmalenbuche und Igelshieb, e. G. m. u. H., Herr F. Ulrich. — Herr H. Wiegand	26	23
1216.	Neustadt b. Coburg, Gewerbebank, e. G. m. u. H., Herr J. Greiner. — Herr Bernh. Bosecker	23	42
1217.	Neustadt a. d. Orla, Vorschußverein zu Neustadt a. d. O., e. G. m. b. H., Herr Franz Schlegel. — Herr Carl Böttcher, Hof-Maurermeister	100	—
1218.	Oberlind b. Sonneberg (Sachsen-Meiningen), Spar- und Vorschußverein zu Oberlind, e. G. m. u. H., Herr C. Dorst. — Herr Armin Heymann	98	80
1219.	Ohrdruf, Gewerbebank zu Ohrdruf, e. G. m. b. H., Herr Opitz. — Herr Franz Albrecht	100	—
1220.	Ostheim v. d. Rhön, Vorschuß- und Sparverein zu Ostheim v. d. R., e. G. m. u. H., Herr R. Streng. — Herr L. Wienröder, Gerbermeister	27	—
1221.	Pößneck, Pößnecker Bankverein, e. G. m. b. H., Herr A. E. Meyer. — Herr Kaufmann F. Schwenke	100	—
	Transport	3785	02

Nr.		Beitrag ℳ	₰
	Transport	3785	02
1222.	Ranis (Kr. Ziegenrück), Spar- und Vorschußverein, e. G. m. b. H., Herr Karl Heerwagen. — Herr Karl Ziegenspeck	19	10
1223.	Rodach b. Coburg, Vorschußverein, e. G. m. u. H., Herr Großeneck. — Herr G. Hopf	18	88
1224.	Ronneburg (Sachsen-Altenburg), Kreditverein, e. G. m. b. H., Herr Ernst Walther. — Herr A. Otto Müller, Friseur	100	—
1225.	Rudolstadt, Vorschußverein, e. G. m. b. H., Herr G. Ortloff. — Herr Herm. Liebmann	100	—
1226.	Ruhla, Spar- und Vorschußverein zu Ruhla, e. G. m. b. H., Herr H. Heinemann. — Herr Gg. Brackendorff	82	40
1227.	Salzungen, Spar- und Vorschußverein, e. G. m. u. H., Herr H. Bachmann. — Herr C. Schlenstein	100	—
1228.	Schalkau, Spar- und Vorschußverein Schalkau, e. G. m. u. H., Herr G. Zinner. — Herr J. G. Steiner	100	—
1229.	Schleiz, Schleizer Vorschußverein, e. G. m. b. H., Herr O. Walter. — Herr C. Neftmann	100	—
1230.	Schleusingen, Vorschußverein zu Schleusingen, e. G. m. u. H., Herr Bäcker. — Herr Rechtsanwalt Ogilvie	100	—
1231.	Schmölln (S.-Altenb.), Schmöllner Bank, e. G. m. b. H., Herr H. Sonntag. — Herr Rüger	100	—
1232.	Schwarzburg, Vorschußverein, e. G. m. u. H., Herr M. Voigt. — Herr F. Wenzel	19	45
1233.	Schweina, Spar- und Vorschußverein, e. G. m. u. H., Herr Joh. Georg Otto. — Herr Jul. Pflieger	100	—
1234.	Sonneberg (S.-Meiningen), Vereinsbank Sonneberg, e. G. m. b. H., Herr A. Florschütz. — Herr A. Fugmann, Fabrikant	100	—
1235.	Sonnefeld, Spar- und Vorschußverein, e. G. m. u. H., Herr W. Gutsel. — Herr G. Lösch, Fabrikant	16	51
1236.	Stadt-Ilm, Vorschußverein zu Stadt-Ilm, e. G. m. b. H., Herr C. Krahmer. — Herr H. Meißner	59	—
1237.	Steinheid (Sachsen-Meiningen), Spar- und Vorschußverein zu Steinheid und Siegmundsburg, e. G. m. u. H., Herr F. Walter. — Herr M. Köhler I	54	40
1238.	Suhl, Spar- und Vorschußverein, e. G. m. b. H., Herr Stadelmann. — Herr Aug. Hartung	63	50
1239.	Tann a. d. Rhön, Vorschußverein, e. G. m. u. H., Herr Leyh. — Herr M. Freudenthal	32	95
1240.	Tannroda b. Weimar, Vorschußverein zu Tannroda, e. G. m. u. H., Herr Karl Haupt. — Herr Schmiedeknecht	15	—
1241.	Teichel b. Rudolstadt, Spar- und Vorschußverein zu Teichel, e. G. m. b. H., Herr Oskar Ritze. — Herr Schneidermeister Grießmann .	10	—
1242.	Themar, Spar- und Vorschußverein zu Themar, e. G. m. u. H., Herr H. Lang. — Herr Emil Blau	85	29
1243.	Treffurt, Vorschußverein, e. G. m. u. H., Herr P. Pfuhl. — Herr König	29	60
1244.	Triebes, Genossenschaftsbank für Triebes und Umgegend, e. G. m. b. H., Herr Hugo Eckardt. — Herr Fischer	26	55
1245.	Unterneubrunn, Spar- und Darlehnskasse, e. G. m. b. H., Herr Victor Otto. — Herr Aug. Hörnlein, Glasermeister	66	78
1246.	Unterweißbach (Schwarzbg.-Rudolst.), Spar- und Vorschußverein, e. G. m. b. H., Herr Schneider. — Herr Paul Rader	10	—
1247.	Vacha a. W., Erster Vorschußverein, e. G. m. u. H., Herr A. Schoen. — Herr P. Merkel, Klempnermeister	100	—
1248.	Vacha a. W., Zweiter Vorschußverein zu Vacha, e. G. m. u. b. H., Herr Gg. Wehner. — Herr Jul. Urban	20	40
	Transport	5414	83

		Beitrag ℳ	₰
	Transport	5414	83
1249.	Bieselbach, Vorschuß- und Sparverein zu Bieselbach, e. G. m. u. H., Herr Luckner. — Herr A. W. Meinhardt	100	—
1250.	Walldorf b. Meiningen, Spar- und Vorschußverein, e. G. m. u. H., Herr Gg. Amstein. — Herr H. Nagler, Schultheiß	25	88
1251.	Wasungen, Spar- und Vorschußverein, e. G. m. u. H., Herr H. Günkel. — Herr O. Jung	20	85
1252.	Wechmar b. Gotha, Spar- und Vorschußverein, e. G. m. u. H., Herr Karl Stichling I. — Herr Rektor B. Mohrhardt	26	60
1253.	Weimar, Gewerbe- und Landwirtschaftsbank, e. G. m. u. H., Herr Alb. Vollborn. — Herr C. Polz, Lehrer	67	25
	b. Andere Genossenschaften.		
1254.	Berlin, „Nord und Süd", Einkaufsgenossenschaft für Luxuswaren, Porzellan, Steingut, Glas, Beleuchtungsartikel, Haus- u. Küchengeräte, e. G. m. b. H., SW. 68, Ritterstr. 73/74, Herr Fr. P. Martini. — Herr Kommerzienrat Joh. Thannhäuser-München (Sitz bis Anfang 1918 Eisenach; aus dem Thür. Unt.-Verb. inzwischen ausgeschieden)	50	—
1255.	Bürgel (Thüringen), Braugenossenschaft Bürgel, e. G. m. b. H., Herr H. Eisenach. — Herr Franz Schindler, Kontorist	10	—
1256.	Gera b. Elgersburg, Braunsteinhandelsverein zu Gera b. E., e. G. m. b. H., Herr F. Keiner. — Herr Ed. Siegfried	10	—
1257.	Greiz, Einkaufsgenossenschaft „Baustoff" e. G. m. b. H., Herr Hoffmann. — Herr Carl Frey	36	20
1258.	Stadt-Ilm, Schuhmacher-Rohstoff-Genossenschaft, e. G. m. b H., Herr A. Knauf. — Herr H. Ebert	10	—
1259.	Weimar, Rohstoffverein der Schuhmacher, e. G. m. b. H, Herr B. Rodegast. — Herr F. Schmölling	10	—
	Summa	5781	11

28. Verband der Unterbadischen Kreditgenossenschaften.

Direktor: Herr A. Wilser in Karlsruhe i. B.

Stellvertreter: Herr Peter in Karlsruhe i. B.

Verbands-Revisor: Herr Letschert in Karlsruhe i. B., Werderstr. 8.

(53 Vereine.)

		Beitrag ℳ	₰
	Vorschußvereine.		
1260.	Achern, Vorschußverein Achern, e. G. m. u. H., Herr H. Lott. — Herr J. Hund	100	—
1261.	Adelsheim, Vorschußverein, e. G. m. b. H., Herr Huß. — Herr Karl Bauer, Bäckermeister	88	04
1262.	Baden (Baden), Vorschußverein Baden, e. G. m. u. H., Herr Jos. Batzer. — Herr Oberst	100	—
1263.	Baden (Baden), Spar- und Kreditverein Baden-Lichtental, e. G. m. u. H., Herr Franz Naber — Herr Franz Vogt	96	17
1264.	Boxberg (Baden), Vorschußverein zu Boxberg, e. G. m. u. H., Herr Stockert. — Herr Arnold	14	28
1265.	Bretten, Vorschußverein Bretten, e. G. m. u. H., Herr Fr. Ammann. — Herr Hch. Ammann	100	—
1266.	Bruchsal, Gewerbebank Bruchsal, e. G. m. u. H., Herr K. Obermüller. — Herr Paul Metzger	100	—
	Transport	598	49

		Beitrag ℳ	₰
	Transport	598	49
1267.	**Buchen** (Baden), Vorschußverein Buchen, e. G. m. u. H., Herr W. Emele. — Herr Aug. Wittemann	100	—
1268.	**Bühl** (Baden), Vorschußverein Bühl, e. G. m. u. H., Herr Franz Geppert. — Herr Alb. Kern	100	—
1269.	**Durlach**, Volksbank Durlach, e. G. m. u. H., Herr L. Luger. — Herr Max Eylau	100	—
1270.	**Eberbach** a. N. (Baden), Vorschußverein Eberbach, e. G. m. u. H., Herr Herm. Seibert. — Herr Lorenz Knab	100	—
1271.	**Eppingen**, Vorschußverein Eppingen, e. G. m. u. H., Herr K. Metzger. — Herr K. Waldi, Hauptlehrer	100	—
1272.	**Ettenheim**, Vorschußverein Ettenheim, e. G. m. u. H., Herr Ph. Henninger. — Herr Franz Blank	70	21
1273.	**Ettlingen**, Volksbank Ettlingen, e. G. m. b. H., Herr F. Lichtenfels. — Herr J. Engelhardt	100	—
1274.	**Feudenheim**, Darlehnskassenverein, e. G. m. u. H., Herr G. Benzinger V. — Herr Jak. Rihm, Landwirt.	85	60
1275.	**Gengenbach**, Vorschußverein, e. G. m. u. H., Herr Aug. Herb. — Herr Bertsch	93	90
1276.	**Gernsbach** (Murgtal), Vorschußverein Gernsbach, e. G. m. b. H., Herr Greeven. — Herr Florian Müller	100	—
1277.	**Hardheim**, Vorschußverein, e. G. m. u. H., Herr Rebel. — Herr Erbacher	10	—
1278.	**Heidelberg**, Gewerbebank, e. G. m. u. H., Herr Ph. Hefft. — Herr A. Scherer	100	—
1279.	**Heidelberg**, Heidelberger Volksbank, e. G. m. b. H., Herr Jos. Kunz. — Herr Dr. W. Ullrich	100	—
1280.	**Hockenheim**, Volksbank Hockenheim, e. G. m. b. H., Herr J. Naber. — Herr G. Seßler VI	95	82
1281.	**Kappelrodeck** (Amt Achern), Vorschußverein Kappelrodeck, e. G. m. u. H., Herr Hausmann. — Herr J. Keßler, Bürgermeister. . .	100	—
1282.	**Karlsruhe** i. Baden, Vereinsbank Karlsruhe, e. G. m. b. H., Herr Peter. — Herr A. Wilser	100	—
1283.	**Karlsruhe-Mühlburg** in Baden, Mühlburger Kreditbank, e. G. m. u. H., Herr Ewald. — Herr Friedr. Pfeiffer	100	—
1284.	**Kirchheim** b. Heidelberg, Vorschußverein Kirchheim, e. G. m. b. H., Herr J. Kaltschmidt. — Herr Wilh. Grieser	100	—
1285.	**Knielingen**, Spar- und Darlehnskasse, e. G. m. u. H., Herr J. Huber. — Herr L. Ermel	62	88
1286.	**Krautheim** (Amt Boxberg, Baden), Vorschußverein, e. G. m. u. H., Herr J. Meixner. — Herr Ziegler	51	19
1287.	**Ladenburg**, Vorschußverein Ladenburg, e. G. m. u. H., Herr C. Molitor. — Herr M. Blaeß	100	—
1288.	**Lahr**, Lahrer Gewerbebank, e. G. m. u. H., Herr L. Leppert. — Herr C. A Meyer	100	—
1289.	**Legelshurst**, Vorschußverein Legelshurst, e. G. m. u. H., Herr Erhardts. — Herr Joh. Lusch	51	24
1290.	**Mannheim**, Mannheimer Gewerbebank, e. G. m. b. H., Herr J. Kinkel. — Herr C. Vogel, Stadtrat	100	—
1291.	**Mosbach** (Baden), Vorschußverein Mosbach, e. G. m. u. H., Herr Schumann. — Herr Krauß	100	—
1292.	**Neckarbischofsheim**, Vorschußverein Neckarbischofsheim, e. G. m. u. H., Herr A. Weissert. — Herr Ph. Neuwirth.	100	—
1293.	**Neckargemünd**, Vorschußverein Neckargemünd, e. G. m. u. H., Herr C. Kirchmayer. — Herr L. Knorr	100	—
1294.	**Oberharmersbach**, Spar- und Darlehnskassen-Verein, e. G. m. u. H., Herr Xaver Barth. — Herr Fr. Lehmann	38	66
	Transport	3057	49

		Beitrag ℳ	₰
	Transport	3057	49
1295.	Oberkirch (Baden), Volksbank Oberkirch, e. G. m. u. H., Herr A. Droll. — Herr F. Nußhag	100	—
1296.	Offenburg (Baden), Vorschußverein Offenburg, e. G. m. u. H., Herr L. Fabricius. — Herr F. Hauger, Kaufmann (†)	100	—
1297.	Oppenau, Spar- und Vorschußverein Oppenau, e. G. m. u. H., Herr L. Spinner. — Herr K. Börsig	69	76
1298.	Pforzheim, Pforzheimer Gewerbebank, e. G. m. u. H., Herr A. Prestinari. — Herr Alb. Wittum	100	—
1299.	Philippsburg (Baden), Bruhrainer Volksbank, e. G m. b. H., Herr Rud. Hager. — Herr Rob. Reichenstein	55	38
1300.	Rastatt, Vorschußverein, e. G. m. b. H., Herr Günther. — Herr Franz Degler	100	—
1301.	Sasbach (Amt Achern), Vorschußverein Sasbach, e. G. m. u. H., Herr A. Berger. — Herr E. Kühner	100	—
1302.	Schwetzingen, Volksbank, e. G. m. u. H., Herr Scherr. — Herr M. Kleinschmidt	100	—
1303.	Sinsheim a. Elsenz, Vorschußverein Sinsheim, e. G. m. u. H., Herr E. Speiser. — Herr Lud. Frank, Kaufmann	100	—
1304.	Stein (Amt Bretten), Vorschußverein Stein, e. G. m. u. H., Herr F. Müller. — Herr L. Schmidt, Steuererheber	25	80
1305.	Tauberbischofsheim, Spar- und Vorschußverein, e. G. m. u. H., Herr Rheindl. — Herr W. Epp	100	—
1306.	Teutschneureuth, Spar- und Vorschußverein, e. G. m. u. H., Herr Gräber. — Herr Baumann	36	77
1307.	Waibstadt, Vorschußverein zu Waibstadt, e. G. m. u. H., Herr Hubert Wittmann. — Herr L. Konrad	100	—
1308.	Weinheim (Bergstraße), Vereinsbank Weinheim, e. G. m. b. H., Herr Zinkgräf. — Herr G. Dell	100	—
1309.	Wertheim a. Main, Vorschußverein Wertheim, e. G. m. u. H., Herr Ph. Platz. — Herr Ungar, Privatier	100	—
1310.	Wiesloch, Vereinsbank Wiesloch, e. G. m. u. H., Herr E. Riese. — Herr O. Bronner	100	—
1311.	Zell a. Harmersbach, Gewerbebank Zell a. H., e. G. m. u. H., Herr Jos. Muhr. — Herr Winterhalter	100	—
1312.	Zeuthern, Kreditbank Zeuthern, e. G. m. u. H., Herr J. Hasenfuß. — Herr M. Hirsch	33	18
	Summa	4578	38

29. Verband der Kreditgenossenschaften von West-Brandenburg und den angrenzenden Landesteilen.

Direktor: Herr Kommerzienrat Carl Blell in Brandenburg a. H.

Stellvertreter: Herr E. Wiglow in Brandenburg.

Verbands-Revisor: Herr Soerensen in Berlin, Lessingstr. 42.

(30 Vereine.)

Vorschußvereine.

		Beitrag ℳ	₰
1313.	Brandenburg a. H., Brandenburger Bankverein, e. G. m. b. H., Herr E. Wiglow. — Herr C. Blell, Kommerzienrat	100	—
1314.	Cöpenick, Cöpenicker Bank, e. G. m. b. H., Herr Max Gruner. — Herr Max Betcke	100	—
1315.	Cremmen, Havelländischer Spar- und Vorschußverein, e. G. m. u. H., Herr Krumnow. — Herr Klempnermeister Wobeser	64	40
	Transport	264	40

		Beitrag M	Beitrag Pf
	Transport	264	40
1316.	Friesack, Vorschußverein, e. G. m. u. H., Herr H. Krug. — Herr C. Lübke	100	—
1317.	Gransee, Vorschuß- und Sparverein, e. G. m. u. H., Herr H. Ruder. — Herr E. Voigt	43	25
1318.	Havelberg, Vorschußverein zu Havelberg, e. G. m. b. H., Herr E. Gutschmidt. — Herr Fr. Broder	100	—
1319.	Kalkberge, Kreditbank Kalkberge, e. G. m. b. H., Herr H. Koepisch. — Herr Lübkes	100	—
1320.	Kyritz (Priegnitz), Gewerbe- und Landwirtschafts-Bank, e. G. m. u. H., Herr C. Conrad. — Herr Adolf Lange	100	—
1321.	Lehnin (Mark), Vorschuß- und Sparverein, e. G. m. u. H., Herr J. Rosenberg. — Herr Thiemann	29	20
1322.	Lenzen, Landwirtsch Vereinsbank für Lenzen und Umgegend, e. G. m. b. H., Herr Hugo Wapler. — Herr Ernst Wendt	100	—
1323.	Luckenwalde, Bankverein, e. G. m. u. H., Herr H. Freye. — Herr Gustav Mewes, Zimmermeister	100	—
1324.	Meyenburg i. Priegnitz, Vorschußverein zu Meyenburg, e. G. m. u. H., Herr Camin. — Herr Witte	74	35
1325.	Nauen, Vorschußverein, e. G. m. u. H., Herr H. Woellner. — Herr Ernst Rumpf	100	—
1326.	Neu-Ruppin, Ruppiner Bank, e. G. m. u. H., Herr Tourneau. — Herr H. Duske, Stadtrat	100	—
1327.	Neustadt a. Dosse, Vorschuß- und Sparverein, e. G. m. u. H., Herr Greese. — Herr R. Bielefeldt, Schlossermeister	48	80
1329.	Oranienburg, Vorschußverein zu Oranienburg, e. G. m. u. H., Herr G. Kiesow. — Herr Emil Krebst, Fleischermeister	100	—
1329.	Perleberg, Perleberger Kreditbank, e G. m. u. H., Herr M. Siemon. — Herr W. Müller, Kaufmann	100	—
1330.	Pritzwalk, Bankverein, e. G. m. b. H., Herr J. Block. — Herr Teßner	100	-
1331.	Putlitz, Vorschußverein zu Putlitz, e. G. m. u. H., Herr Ernst Heyl. — Herr F. Gerke	100	—
1332.	Rathenow, Rathenower Bankverein, e. G. m. u. H., Herr Krie sch. — Herr C. Heidepriem	10	—
1333.	Rheinsberg (Mark), Vorschuß- und Sparverein, e. G. m. b. H., Herr Julius Hirschfeld. — Herr J. Otto, Hotelier	43	35
1334.	Rhinow, Darlehnskasse, e. G. m. u. H., Herr O. Simon. — Herr Nagel, Uhrmacher	52	20
1335.	Spandau, Kreditverein zu Spandau, e. G. m. b. H., Herr Ahlert. — Herr C. Adler, Stadtrat	100	—
1336.	Trebbin (Kreis Teltow), Vorschußbank, e. G. m. u. H., Herr Rabbach — Herr Sanitätsrat Dr. Mosler	24	—
1337.	Treuenbrietzen, Treuenbrietzener Bank, e. G. m. u. H., Herr W Bochow.. — Herr Fr. Koehler	100	—
1338.	Werder a. H., Werdersche Kredit- und Sparbank, e. G. m. u. H., Herr Möller. — Herr Friedr. Rieke	100	—
1339.	Wittenberge (Bez. Potsdam), Bankverein Wittenberge, e. G. m. u. H., Herr Schlingbaum. — Herr J. Runge, Kommerzienrat	100	—
1340.	Wittstock, Vorschußverein zu Wittstock, e. G. m. u. H., Herr W. Hähnel. — Herr P. Lüdecke	100	—
1341.	Wusterhausen a. D., Vorschuß- und Sparverein zu Wusterhausen a. D., e. G. m. u. H., Herr H. Bischoff. — Herr G. Treuter	10	—
1342.	Zehdenick, Bankverein Zehdenick, e. G. m. b. H., Herr Ludw. Urbahn. — Herr J. Heubel, Ratsherr	100	—
	Summa	2399	55

30. Verband der Baugenossenschaften von Hessen-Nassau und Süddeutschland.

Direktor: Herr Geh. Regierungsrat Dr. Schroeder in Cassel.
1. Stellvertreter: Herr Justizrat Haeuser in Frankfurt a. M.
2. Stellvertreter: Herr Fabrikdirektor Dr. Roeßler in Frankfurt a. M
Verbands-Revisoren: Herren Schulz und Wehmuth in Cassel, Springer in Straßburg i. E.

(43 Vereine.)

		Beitrag ℳ	₰
1343.	Biebrich a. Rh., Biebricher Bauverein, Akt.-Ges., Herr Aug. Wolff. — Herr Fabrikdirektor P. Seifert	10	—
1344.	Cassel, Gemeinnützige Baugesellschaft m. b. H., Herr Nagel. — — Herr Dr. med. Carl v. Wild	10	—
1345.	Cassel, Arbeiter-Bauverein, e. G. m. b. H., Herr Rudolph. — Herr Oberlehrer Schmiedt	41	55
1346.	Cassel, Spar- und Bauverein, e. G. m. b. H., Herr C. Haust. — Herr Ferdinand Berneburg	10	—
1347.	Cassel, Allgemeine Wohnungs- und Spargenossenschaft, e. G. m. b. H., Herr Hoffmann. — Herr v. Dietfurth, Oberstaatsanwalt	13	23
1348.	Cassel-Bettenhausen, Gemeinnützige Baugesellschaft, Ges. m. b. H., Herr Bremler. — Herr Kommerzienrat H. Salzmann	10	—
1349.	Colmar i. Els., Bauverein Colmar, e. G. m. b. H., Herr Diefenbach. — Herr Scheuzer	31	88
1350.	Cronberg-Schönberg (Taunus), Gemeinnützige Baugenossenschaft, e. G. m. b. H., Herr B. Martin. — Herr C. Stiebel	10	—
1351.	Dillenburg, Gemeinnütziger Bauverein für den Dillkreis, e. G. m. b. H., Herr Jacobi. — Herr Landrat v. Wussow	18	07
1352.	Eltville, Arbeiter-Wohnungsgenossenschaft, e. G. m. b. H., Herr Franz Herber. — Herr Direktor Liebler	10	—
1353.	Eschwege, Eschweger Bau- und Sparverein, e. G. m. b. H., Herr Biskamp — Herr Dr. Römheld, Oberlehrer	10	—
1354.	Frankfurt a. M., Aktien-Baugesellschaft für kleine Wohnungen, Akt.-Ges., Herr Chr. Hallgarten. — Herr Geheimrat Behnke	100	—
1355.	Frankfurt a. M., Frankfurter Wohnungsgenossenschaft, e. G. m. b. H., Herr J. Baern. — Herr E. Läppke	100	—
1356.	Frankfurt a. M, Volks-, Bau- und Sparverein, e. G. m. b. H., Herr B. Schmidt. — Herr Dr Rößler	100	—
1357.	Fulda, Bauverein für den Kreis Fulda, e. G. m. b. H., Herr Karl Kramer. — Herr Dr. Antoni	10	50
1558.	Griesheim a. M., Gemeinnützige Baugesellschaft m. b. H., Herr Geisenberger	10	—
1359.	Hanau, St. Joseph-Spar- und Bauverein, e. G. m. b. H., Herr Braun. — Herr H. Rens	10	—
1360.	Hanau, Gemeinnützige Baugesellschaft, Akt.-Ges., Herr Anton Waltz. — Herr Kommerzienrat O. Hosse	16	85
1361.	Hessisch-Lichtenau, Gemeinnützige Baugenossenschaft, G. m. b. H., Herr Katz. — Herr Dr. Wolff	11	22
1362.	Höchst a. M., Gesellschaft zur gemeinnützigen Beschaffung von Wohnungen, Aktiengesellschaft, Herr Adolf Diehl. — Herr Walther vom Rath	10	—
1363.	Höchst a. M, Gemeinnützige Baugesellschaft des Kreises Höchst, Akt.-Ges., Herr Dr. v. Brüning. — Herr Landrat v. Aschenbach	32	60
1364.	Homburg v. d. H, Gemeinnützige Baugenossenschaft, e. G. m. b. H., Herr Gustav Leitzsch. — Herr Landrat v. Marx	10	—
1365.	Kulmbach, Kulmbacher Bauverein, e. G. m. b. H., Herr Seeghitz. — Herr H. Limmer	10	—
	Transport	595	90

		Beitrag ℳ	₰
	Transport	595	90
1366.	**Limburg a. Lahn**, Spar- und Bauverein, e. G. m. b. H., Herr Josef Steinebach. — Herr Weber, Kgl. Eisenbahn-Bauinspektor	10	—
1367.	**Marburg** (Bez. Cassel), Bauverein für Arbeiterwohnungen, e. G. m. b. H., Herr Fenner. — Herr G. Fliedner, Pfarrer a. D.	10	—
1368.	**Marburg** (Bez Cassel), Marburger Spar- und Bauverein, e. G. m. b. H., Herr Prof. Dr. Reißert. — Herr Prof. D. André	24	06
1369.	**Melsungen**, Gemeinnützige Baugesellschaft m. b. H., Herr Brencher. — Herr Gockschau	10	—
1370.	**Metz**, Gemeinnützige Baugenossenschaft Metz, e. G. m. b. H., Herr M. Donnevert. — Herr E. Leiser	10	—
1371.	**Metz**, Baugenossenschaft von Beamten in Metz und Umgegend, e. G. m. b. H., Herr Lehmann. — Herr Donnevert	51	06
1372.	**Montabaur**, Bauverein für den Unterwesterwald, e. G. m. b. H., Herr Frhr. v. Marschall. — Herr Bürgermeister Sauerborn	10	—
1373.	**Oberursel**, Oberurseler Bau- und Sparverein, e. G. m. b. H., Herr Gérold. — Herr Pfarrer Al. Heß	14	80
1374.	**Rödelheim**, Spar- und Baugenossenschaft, e. G m. b. H, Herr v. Stumpf-Brentano. — Herr Freter	10	—
1375.	**Rüdesheim**, Gemeinnütziger Bauverein für den Rheingaukreis, e. G. m. b. H., Herr Krayer. — Herr Landrat Wagner	10	—
1376.	**Saargemünd**, Gemeinnütziger Bauverein, e. G. m. b. H., Herr A. Molz. — Herr Koether, Postdirektor	10	—
1377.	**Säckingen**, Bauverein, e. G. m. b. H., Herr O. Apstein. — Herr P. Graßhoff	10	—
1378.	**Schiltigheim**, Bauverein Schiltigheim, e. G. m. b. H., Herr Kirrmann. — Herr Leo Ungemach	10	—
1379.	**Schmalkalden**, Spar- und Baugenossenschaft des evangelischen Arbeitervereins, e. G m. b. H, Herr Th. Dittmar. — Herr Gärtner.	10	—
1380.	**Steinbach-Hallenberg**, Spar und Baugenossenschaft des evangel. Arbeitervereins, e. G. m. b. H., Herr Recknagel. — Herr Kämpf	10	—
1381.	**Straßburg** i. Els., Gemeinnützige Baugenossenschaft, e. G. m. b. H., Herr Knauth. — Herr Bürgermeister Dr. Schwander	100	—
1382.	**Villingen**, Baugenossenschaft Villingen, e. G. m. b. H., Herr Merk. — Herr J. M. Mauthe	10	—
1383.	**Wiesbaden**, Spar- und Bauverein, e. G. m. b. H., Herr C. Heilhecker. — Herr Hardt, Lehrer (in Liquidation)	?	?
1384.	**Wiesbaden**, Beamten-Wohnungs-Verein, e. G. m. b. H, Herr Balz. — Herr Schütz, Oberlandmesser	10	—
1385.	**Witzenhausen**, Spar- und Bauverein, e. G. m. b. H., Herr Ritz. — Herr E. Staffel	10	—
	Summa	935	82

31. Verband schleswig-holsteinischer Baugenossenschaften.

Direktor: Herr Landesversicherungsrat Hansen in Kiel.
Stellvertreter: Herr L. Oettinger in Flensburg.
Verbands-Revisor: Herr J. Siem in Kiel.

(35 Vereine.)

1386.	**Altona a. E.**, Altonaer Spar- und Bauverein, e. G. m. b. H., Herr Röhrig. — Herr Lippelt, Professor	100	—
	Transport	100	—

		Beitrag M.	Pf.
	Transport	100	—
1387.	**Audorf** (Kr. Rendsburg), Arbeiterbauverein für Audorf und Umgegend, e G. m. b. H., Herr Thomsen. — Herr O. Fromm (**auch für 1910 und 1911 im Rest**)	?	?
1388.	**Brunsbüttelhafen**, Arbeiterbauverein für Brunsbüttelhafen und Brunsbüttelkoog, e. G. m. b. H., Herr Dr. Lüsing. — Herr Dr. med. Emil Haacke	?	?
1389.	**Brunsbüttelkoog**, Spar- und Bauverein für den Kaiser Wilhelm-Kanal, Bezirk Brunsbüttel, e. G m b. H., Herr Ratzki. — Herr Riebling (**für 1909—1911 im Rest**)	10	—
1390.	**Dietrichsdorf-Neumühlen**, Arbeiterbauverein für Dietrichsdorf und Umgegend, e. G. m. b. H., Herr Joh. Bahr. — Herr Koch, Direktor	26	42
1391.	**Dietrichsdorf-Neumühlen**, Beamtenbauverein der Howaldtswerke, e. G. m. b. H., Herr Mehlhorn. — Herr Konsul Georg Howaldt	10	—
1392.	**Eckernförde**, Arbeiterbauverein Eckernförde, e G. m. b. H., Herr L. Krah. — Herr Postdirektor Krüger	10	—
1393.	**Ellerbek**, Arbeiterbauverein in Ellerbek, e. G. m. b. H., Herr Sievers. — Herr Scheder, Konteradmiral	42	06
1394.	**Elmshorn**, Bau- und Sparverein für Elmshorn und Umgegend, e. G. m. b. H., Herr Lamp. — Herr Schinkel	14	30
1395.	**Flensburg**, Flensburger Arbeiterbauverein, e. G. m. b. H., Herr Oettinger. — Herr Th. Heinemann, Rentier	43	57
1396.	**Flensburg**, Spar- und Baugenossenschaft, e. G. m. b. H., in Flensburg, Herr Bandolz. — Herr Dr. Schrader, Bürgermeister	15	60
1397.	**Flensburg**, Beamten-Heimstätten-Genossenschaft, e. G. m. b. H., Herr Ploen — Herr Frahn	10	—
1398.	**Friedrichsort**, Bauverein Friedrichsort, e. G. m. b. H., Herr Sacher. — Herr H. Strohmeyer, Kapitän z. S.	?	?
1399.	**Friedrichstadt**, Friedrichstädter Arbeiterbauverein, e. G. m. b. H, Herr A. C. Nickelsen. — Herr F. Clausen jun. (**auch für 1909—1911 im Rest**)	?	?
1400.	**Glückstadt**, Glückstädter Bauverein, e. G. m. b. H., Herr Jakobsen. — Herr Augustin	15	—
1401.	**Hadersleben**, Arbeiterwohlfahrtsverein für den Kreis Hadersleben, e. G. m. b. H., Herr Fuglsang. — Herr Raben (**auch für 1909—1911 im Rest**)	?	?
1402.	**Holtenau**, Bauverein für den Kaiser Wilhelm-Kanal, Bezirk Holtenau, e. G. m. b. H., Herr Sentzke. — Herr Ramm	14	58
1403.	**Husum**, Husumer Arbeiter-Bauverein in Husum, e. G. m. b. H., Herr Dr. Westedt. — Herr Detlessen	10	—
1404.	**Itzehoe**, Bau- und Sparverein des Kreises Steinburg, e. G m. b. H., Herr Joh. Mohrdieck — Herr Landrat Pahlke (**auch für 1911 im Rest**)	?	?
1405.	**Kiel**, Kieler Bau- und Sparverein, e. G. m. b. H., Herr Steffens. — Herr Hölle, Komm.-Rat	10	—
1406.	**Kiel**, Bau- u. Sparverein von Eisenbahnbediensteten in Kiel, e. G. m. b. H., Herr Steffens. — Herr Schloe, Reg.-Baumeister (**für 1911 im Rest**)	10	83
1407.	**Mölln**, Möllner Arbeiterbaugenossenschaft, e. G. m. b. H., Herr Scharnweber. — Herr Schaper (**auch für 1911 im Rest**)	?	?
1408.	**Neumünster**, Eisenbahn-Bauverein, e. G. m. b. H, Herr Hermann Kühl. — Herr Wendler, Königl. Eisenb.-Bauinspektor	40	57
1409.	**Neumünster**, Allgemeiner Bau- und Sparverein Neumünster und Umgegend, e. G. m. b. H., Herr Schönmann. — Herr Müller	10	—
1410.	**Neumünster**, Gartenstadt-Gesellschaft, e. G. m. b. H., Herr Junglöw. — Herr Wiese	10	—
1411.	**Nienstedten**, Bauverein der Elbgemeinden, e. G. m. b. H, Herr Dr. Bonne. — Herr Rechtsanwalt Löwenhagen (**für 1911 im Rest**)	10	—
	Transport	412	93

		Beitrag ℳ	₰
	Transport	412	93
1412.	Oldesloe, Bau- und Sparverein Oldesloe und Umgegend, e. G. m. b. H., Herr Trube. — Herr Schmidt	10	—
1413.	Rendsburg, Spar- und Bauverein für den Kaiser Wilhelm-Kanal, Bezirk Rendsburg, e. G. m. b. H., Herr E. Barez. — Herr Blenkintop, Baurat (für 1910 und 1911 im Rest)	10	—
1414.	Schiffbeck, Spar- und Bauverein für Schiffbeck, Steinbeck und Umgegend, e. G. m. b. H., Herr H. Goos. — Herr Herm. Lenz, Postsekretär a. D. (für 1909—1911 im Rest)	10	—
1415.	Schleswig, Schleswiger Arbeiterbauverein, e. G. m. b. H., Herr Dr. Wullenweber. — Herr A. Leonhard (für 1911 im Rest)	10	05
1416.	Segeberg, Segeberger Arbeiterbauverein, e. G. m. b. H, Herr Dr. Janßen. — Herr Meier (auch für 1909—1911 im Rest)	?	?
1417.	Sonderburg, Sonderburger Bauverein, e. G. m. b. H., Herr Dr. Bahrs. — Herr Dr. Krey	10	—
1418.	Tondern, Bauverein Tondern, e. G. m. b. H., Herr Struwe. — Herr Stange	10	—
1419.	Wandsbek, Bau- und Sparverein für Wandsbek und Umgegend, e. G. m. b. H., Herr W. Lorenz. — Herr Voigt, Professor	18	24
1420.	Wellingdorf-Kiel, Landhausbauverein Wellingdorf-Kiel, e G. m. b. H, Herr Thaesler. — Herr Wegener	10	—
	Summa	501	22

32. Verband der Baugenossenschaften von Niedersachsen.

Direktor: Herr Landrat Berthold in Blumenthal (Hannover).

1. Stellvertreter: Herr Geheimrat Dr. Liebrecht in Hannover.

2. Stellvertreter: Herr Ober-Regierungsrat Hassel in Braunschweig.

Verbands-Revisor: Herr G. Vogt, in Hannover, Maschstr.

(59 Vereine.)

		Beitrag ℳ	₰
1421.	Alfeld a. L., Gemeinnütziger Bauverein, e. G. m. b. H., Herr Benscheidt. — Herr Wesselmann	10	—
1422.	Altkloster-Buxtehude, Beamten-Wohnungsverein, e. G. m. b. H., Herr Otto Preuße. — Herr Prof. Braune	10	—
1423.	Aurich, Gemeinnütziger Arbeiter-Bauverein, e. G. m. b. H., Herr Lambers. — Herr Seetzen	10	—
1424.	Bant (Oldenburg), Bauverein Selbsthilfe, e. G. m. b. H., Herr Carstensen. — Herr Papke	10	—
1425.	Bentheim, Gemeinnütziger Bauverein, e. G. m. b. H, Herr Joh. Krabbe. — Herr Stemmler	10	—
1426.	Blumenthal (Hannover), Spar- und Bauverein Blumenthal, e. G. m. b. H., Herr D. Brinkmann. — Herr Landrat Berthold	100	—
1427.	Bramsche, Gemeinnütziger Bauverein, e. G. m. b. H., Herr Bocke. — Herr A. Küster, Pastor	10	—
1428.	Braunschweig, Braunschweiger Baugenossenschaft, e. G. m. b. H., Herr Rud. Teichs. — Herr Regierungsrat Hassel	23	16
1429.	Braunschweig, Braunschweiger Rentenhausgenossenschaft, e. G. m. b. H, Herr F. Hammer. — Herr Joh. Beer	10	—
1430.	Braunschweig, Gartenstadt Braunschweig, e. G. m. b. H., Herr Ingenieur Wolff — Herr Otto Meyer	10	—
1431.	Celle, Celler Bau- und Sparverein, e. G. m. b. H., Herr Dreyer. — Herr Witte, Drechsler	10	—
1432.	Cuxhaven, Bauverein, e. G. m. b. H., Herr Dr. Bulle. — Herr Bleicken	10	—
	Transport	223	16

		Beitrag ℳ	₰
	Transport	223	16
1433.	**Detmold**, Gemeinnütziger Bauverein, e. G. m. b. H., Herr Frohne. — Herr Gehring, Hofzimmermeister	10	—
1434.	**Einbeck**, Gemeinnütziger Bauverein, e. G. m. b. H., Herr Oppermann. — Herr Steinberg	10	—
1435.	**Emden**, Gemeinnütziger Bauverein für den Landkreis Emden, e. G. m. b. H., Herr Bode. — Herr Landrat v. Frese	10	—
1436.	**Geestemünde**, Bau- und Wohnungsverein für Beamte, Hilfsbeamte und ständige Arbeiter, e. G. m. b. H., Herr Boelicke. — Herr G. Jacobs	14	87
1437.	**Geesthacht**, Geesthachter Spar- und Bauverein, e. G. m. b. H., Herr Lühmann. — Herr Ziehl	10	—
1438.	**Göttingen**, Spar- und Bauverein, e. G. m. b. H., Herr Hecke. — Herr Justizrat Dr Beyer	71	42
1439.	**Hamburg**, Bauverein zu Hamburg Aktiengesellschaft (vormals Bau- und Sparverein zu Hamburg) Ferdinandstraße 29/33 (Friedrichshof), Herr Dr. Traun. — Herr Dr. von Duhn	100	—
1440.	**Hamburg**, Gemeinnützige Gartenstadtgesellschaft, e. G. m. b. H., Herr Frank. — Herr Harz	10	—
1441.	**Hameln**, Wohnungs-Bauverein für Beamte und ständige Arbeiter zu Hameln, e. G m. b. H., Herr Hartmann. — Herr Gengelbach	10	—
1442.	**Hannover-Kleefeld**, Kleefelder Baugenossenschaft, e. G. m. b. H., Herr H. Schaper. — Herr Hartung	26	55
1443.	**Hannover**, Beamten-Wohnungsverein zu Hannover und Umgegend, e. G. m. b. H., Herr Müller — Herr Wollenweber	45	20
1444.	**Hannover-Buchholz**, Gemeinnütziger Bauverein, e. G. m. b. H., Herr H. Brossow. — Herr Jäger	22	13
1445.	**Hannover**, Spar- und Bauverein, e. G. m. b. H., Herr J. Maring. — Herr Brüggemann	100	—
1446.	**Hannover**, Hannoversche Wohnungsgenossenschaft, e. G. m. b. H., Herr Prelle — Herr Bauer	10	—
1447.	**Harburg a. E.**, Harburger gemeinnütziger Bauverein, e. G. m. b. H., Herr August Bonus. — Herr Wedemeyer	18	84
1448.	**Haselünne**, Gemeinnütziger Bauverein, e. G. m. b. H., Herr Kalbhen. — Herr Joh. Berentzen	10	—
1449.	**Hildesheim**, Beamten-Wohnungsverein zu Hildesheim, e. G. m. b. H, Herr Möhle. — Herr Maschke	10	—
1450.	**Lauterberg a. Harz**, Gemeinnütziger Bauverein Lauterberg a. H., e. G. m. b. H., Herr Hildebrand. — Herr v. Ernsthausen	10	—
1451.	**Leer (Ostfr.)**, Beamten-Wohnungsverein zu Leer, e. G. m. b. H., Herr Engelke. — Herr Büning	10	—
1452.	**Lehe**, Beamten Bau- und Wohnungsverein zu Lehe, e. G. m. b. H., Herr Brandt. — Herr Rektor Korte	10	—
1453.	**Lehrte**, Gemeinnütziger Bauverein, e. G. m. b. H., Herr E. Böcker. — Herr Olshausen	10	—
1454.	**Lehrte**, Eisenbahn Bau- und Wohnungsverein, e G. m. b. H., Herr Fouquet. — Herr Kettler	25	87
1455.	**Lemwerder**, Bauverein in Lemwerder, e. G. m. b. H., Herr Hoffmann. — Herr Strieger	10	—
1456.	**Limmer**, Gemeinnütziger Bauverein, e. G. m. b. H., Herr Stein. — Herr Tambach	13	58
1457.	**Lingen**, Gemeinnütziger Bauverein zu Lingen, e. G. m. b. H., Herr Jos. Kaiser. — Herr Joh. Meyer	10	—
1458.	**Lübeck**, Gemeinnütziger Bauverein, e. G. m. b. H., Herr C. Colemann. — Herr Dr. Kulenkamp	23	70
1459.	**Meppen**, Gemeinnütziger Bauverein Meppen, e. G. m. b. H., Herr Gerh. Sand. — Herr Dr. Berning	10	—
	Transport	845	32

		Beitrag ℳ	₰
	Transport	845	32
1460.	**Misburg**, Gemeinnütziger Bauverein Misburg-Anderten, e. G. m. b. H., Herr Göbert. — Herr Kuhlemann	20	71
1461.	**Münden** (Hann.), Gemeinnütziger Bauverein, e. G. m. b. H., Herr Pott. — Herr O. Gebraht	10	—
1462.	**Neuende-Rüstringen**, Bauverein Rüstringen, e. G. m. b. H., Herr Müller. — Herr Behrens	15	48
1463.	**Nienburg** a. Weser, Beamten-Bau- und Wohnungsverein, e. G. m. b. H., Herr W. Schulze. — Herr Prof. Molsen	10	—
1464.	**Nordhorn** (Grafschaft Bentheim), Gemeinnütziger Bauverein Nordhorn, e. G. m. b. H., Herr Kistemaker. — Herr Povel	26	98
1465.	**Osterholz-Scharmbeck**, Gemeinnütziger Bauverein Osterholz-Scharmbeck, e. G. m. b H., Herr Jürgen. — Herr Riechers	10	—
1466.	**Osterode** a. Harz, Osteroder gemeinnützige Baugenossenschaft, e. G. m. b. H., Herr Multhauf. — Herr von Allwörden	10	—
1467.	**Quakenbrück**, Spar- und Bauverein, e. G. m. b. H., Herr Hensel. — Herr Prof. Laumann	10	—
1468.	**Rüstringen**, Gemeinnütziger Bauverein „Heppens“, e. G. m. b. H., Herr Krupicki. — Herr Fooken (scheidet Ende 1913 aus)	10	—
1469.	**Sarstedt**, Gemeinnütziger Bauverein, e. G. m. b. H., Herr Nebe. — Herr A. Nolte	10	37
1470.	**Schüttorf**, Gemeinnütziger Bauverein, e. G. m. b. H., Herr Maschmeyer. — Herr Kröner, Fabrikant	10	—
1471.	**Springe**, Gemeinnütziger Bauverein, e. G. m. b. H., Herr Biermann. — Herr Gürtler	10	—
1472.	**Stade**, Gemeinnütziger Bauverein, e. G. m. b. H., Herr Dr. de Maizières. — Herr Senator Carl Delius	10	—
1473.	**Stöcken** b. Hannover, Gemeinnütziger Bauverein, e. G. m. b. H., Herr Ostmann. — Herr Hensel	11	25
1474.	**Wilhelmsburg** a. Elbe, Wilhelmsburger Spar- und Bauverein. e. G. m. b. H., Herr Weidner. — Herr Reiher	10	—
1475.	**Wilhelmsburg** a. E., Gemeinnütziger Bauverein „Reiherstieg“, e. G. m. b. H., Herr Fr. Rüdemann. — Herr Erich	10	—
1476.	**Wilhelmshaven**, Wilhelmshavener Spar- und Baugesellschaft. e. G. m. b. H., Herr W. Bauer. — Herr W. Weinreich	27	12
1477.	**Wolfenbüttel**, Spar- und Bauverein Wolfenbüttel, e. G. m. b. H., Herr Schünemann. — Herr Dr. med. Sievers	10	—
1478.	**Wülfel**, Spar- und Bauverein Wülfel und Umgegend, e. G. m. b. H., Herr Carl Pagelsdorff. — Herr Sörries, Schlosser	19	84
1479.	**Wustrow** i. Hannover, Städtischer Bauverein, e G. m. b. H., Herr Schulz. — Herr Mayer	10	—
	Summa	1107	07

Vereine, welche zu keinem Unterverbande gehören.

a. Vorschuß- und Kreditvereine usw.

(24 Vereine.)

		ℳ	₰
1480.	**Berlin**, Dresdner Bank, Genossenschafts-Abteilung, W., Französischestraße 35/36	100	—
1481.	**Berlin**, Genossenschaftsbank des Stralauer Stadtviertels zu Berlin, e. G. m. b. H., O., Kaiser Wilhelmstr. 10, Herr F. Werner. — Herr Ad. Stäuber	100	—
1482.	**Crailsheim**, Gewerbebank, e. G. m. b. H., Herr Keppler. — Herr J. B. Stein	100	—
	Transport	800	—

Nr.		Beitrag ℳ	₰
	Transport	800	—
1483.	Frankfurt a. M., Dresdner Bank, Genossenschafts-Abteilung .	100	—
1484.	Gerabronn, Landwirtschafts- und Gewerbebank, e. G. m. b. H., Herr H. Eychmüller. — Herr Mutschler	100	—
1485.	Hanau, Hanauer Kreditverein, e. G. m. u. H., Herr P. Lamy. — Herr Fr. Roth	100	—
1486.	Hannover, Vorschußvereinsbank zu Hannover, e. G. m. b. H., Herr A. Nonne. — Herr Lüssenhop	100	—
1487.	Konitz (W.-Pr.), Konitzer Bankverein, e. G. m. b. H., Herr Albert Stommel. — Herr Justizrat Hasse	100	—
1488.	Maulbronn, Vorschußverein, e. G. m. u. H., Herr W. Plag. — Herr Johs. Meetzger	100	—
1489.	Mergentheim, Spar- und Vorschußbank, e. G. m. b. H., Herr Schell. — Herr Th. Klotzbücher	100	—
1490.	Metz, Kreditverein für Lothringen in Metz, e. G. m b. H., Herr Drevel. — Herr Abbé Dallés, Erzpriester	100	—
1491.	Neunkirchen b. Saarbrücken, Vorschußverein Neunkirchen, e. G. m. b. H., Herr Ph. Koch. — Herr Joh. Kirsten, Rektor	100	—
1492.	Nieheim (Kr. Höxter), Vorschußverein, e. G. m. u. H., Herr C. Müller. — Herr Maurermstr. F. Schäfer (auch für 1906—1911 im Rest)	?	?
1493.	Potsdam, Potsdamer Kreditbank (Akt.-Ges.), Herr Witzig. — Herr Justizrat Kennes	100	—
1494.	Rinteln, Vorschußverein zu Rinteln, e. G. m. b. H., Herr C. Wagner. — Herr C. Schloetel	90	65
1495.	Rottweil a. N., Handwerkerbank, e. G. m. b. H., Herr Hack. — Herr G. Schroff	100	—
1496.	Schwäbisch-Hall, Gewerbebank Hall, e. G. m. b. H., Herr C. Closs. — Herr W. Heller	100	—
1497.	Sondershausen, Vorschußkassen-Verein (mit Korporationsrechten), Herr R. Merten. — Herr G. Mücke	23	90
1498.	Sulz a. N., Landwirtschafts- und Gewerbebank, e G m. u. H., Herr Bayhinger. — Herr Malmsheimer	100	—
1499.	Tuttlingen, Handwerkerbank Tuttlingen, e. G. m. b H., Herr Beck. — Herr Chr. Hilzinger	100	—
1500.	Ulm, Gewerbebank, e. G. m. b. H., Herr Bühler. — Herr D. Maurer	100	—
1501.	Ulm a. D., Zentralkasse württembergischer Genossenschaften, e. G. m. b. H., Herr Bühler. — Herr D. Maurer	100	—
1502.	Wiernsheim, Spar- und Vorschußbank, e. G. m. u. H., Herr Seitter. — Herr Stadtschultheiß Seitter	50	20
1503.	Zeitz, Spar- und Vorschußbank (Akt.-Ges.), Herr Hebestreit. — Herr O. Günther	100	—
	Summa	2164	75

b. Konsumvereine.

(5 Vereine.)

Nr.		Beitrag ℳ	₰
1504.	Altenburg b. Naumburg a. S., Konsumverein zu Altenburg, e. G. m. b. H., Herr C. Richter. — Herr G. Kramer	10	—
1505.	Berlin-Schöneberg, Beamten-Wirtschaftsverein, e. G. m b. H, Herr Becker. — Herr Voigs	99	75
1506.	Bremen, Konsumverein, Aktiengesellschaft, Herr H. Wedermann. — Herr Dr. Ed. Meyer, Rechtsanwalt	100	—
1507.	Scharley, Konsumverein Scharley, e. G. m. b. H., Herr V. Fipper. — Herr H. Regehly	69	61
1508.	Treuenbrietzen, Konsumverein I, Herr C. Otto. — Herr F. Lubitz	19	05
	Summa	298	41

c. Andere Genossenschaften.

(14 Vereine.)

Nr.		Beitrag ℳ	₰
1509.	Berlin, Wirtschaftsgenossenschaft Berliner Grundbesitzer, e. G. m. b. H., C., Burgstraße 3 Herren v. Bayer, Dr. König. — Herr Rentier A. Lazari	20	—
1510.	Berlin, Vereinigte Stellmachermeister Berlins, Nutzholz-Verkaufsgenossenschaft, e. G. m. u. H., SO., Lohmühlenstr. 6, Herr O. Schneider. — Herr R. Pechardschek	21	75
1511.	Berlin, Berliner Spar- und Bauverein, e. G. m. b. H., NW., Sickingenstr. 7, Herr L. Schmidt. — Herr W. Naase, Schlosser	100	—
1512.	Berlin, Einkaufsgenossenschaft der Berliner Uhrmacher, e. G. m. b. H., SW., Beuthstr. 5, Herr Bosse. — Herr Hesse	?	?
1513.	Delitzsch, Schuhmacher-Rohstoff-Genossenschaft, e. G. m. u. H., Herr A. Brode. — Herr Arndt	10	—
1514.	Hamburg, Beamten-Wohnungs-Verein, e. G. m. b. H., Herr Barthe. — Herr F. A. Zielke	35	45
1515.	Hannover, Vereinsbuchdruckerei zu Hannover, e. G. m. b. H., Herr Georg Klapproth. — Herr C. Schöning	10	05
1516.	Insterburg, Ländlicher Wirtschaftsverein, Zentralgenossenschaft ostpreußischer landwirtschaftlicher Genossenschaften, e. G. m. u. H., Herr H. Gardé. — Herr C. Maul	100	—
1517.	Konstanz, Spar- u. Bauverein, e. G. m. b. H., Herr Neßler. — Herr Venedig	10	—
1518.	Lobenstein, Bau- und Sparverein Lobenstein, Herr Teller. — Herr Bürgermeister H. v. Koch (auch für 1911 im Rest)	?	?
1519.	Luckenwalde, Schuhmacher-Assoziation, Herr E. Liefert — Herr H. Graf	10	—
1520.	Ludwigshafen a. Rh., Baugenossenschaft Ludwigshafen, e. G. m. b. H., Herr Hans Lebender. — Herr Mayer (auch für 1911 im Rest)	?	?
1521.	Waldshut, Bauverein Waldshut, e. G. m. b. H., Herr Gottfr. Theiler. — Herr Josef Schmidt	10	—
1522.	Wittenberg (Bez. Halle a. S.), Schuhmacher-Rohstoffgenossenschaft, e. G. m. b. H., Herr Otto Kimstädt. — Herr Wilhelm Wagner	10	—
	Summa	337	25

Restbeiträge

(wenn keine andere Jahreszahl angegeben, für 1911).

Verb.-Nr.		
	a. Kreditvereine.	
10	Marienberg (Westerwald), V.-V.	ℳ 44.98
	Sindlingen, Spar- und Kreditverein	„ 10.—
20	Bitterfeld, Bankverein	„ 100.—
	Eckartsberga, V.-V.	„ 13.68
		ℳ 168.66
	b. Konsumvereine.	
21	Bennstedt, Konsumverein	ℳ 10.—
	Gräfenhainichen, Konsv.	„ 16.10
	Hayn a. H., Konsumv.	„ 10.—
	Rühle, Konsumv.	„ 10.—
		ℳ 46.10
	c. Baugenossenschaften.	
30	Colmar i. Els., Bauverein	ℳ 30.96
31	Brunsbüttelhafen, Arbeiter-Bauv., für 1910 u. 1911	„ 22.65
	Transport	ℳ 53.61
	Transport	ℳ 53.61
31	Dietrichsdorf, Beamtenbauverein d. Howaldtswerke, für 1910 u. 1911	„ 20.—
	Eckernförde, Arb.-Bauverein, für 1909—1911	„ 30.—
	Flensburg, Sp.-u. Baugen.	„ 18.20
	Holtenau, Bauv. f. d. Kaiser-Wilhelm-Kanal, für 1911	„ 11.35
	Kiel, Bauver. d. Eisenbahnbed., für 1910	„ 10.—
	Kiel, Bau- u. Sparverein, für 1909—1911	„ 30.—
	Neumünster, Gartenstadt-Gesellschaft	„ 10.—
	Oldesloe, Bau- und Sparverein, für 1910 u. 1911	„ 20.—
	Tondern, Bauverein für 1910 und 1911	„ 20.—
		ℳ 223.16

Verb.-Nr.	d. Andere Genossenschaften.	
1	Augsburg, Eink.-Gen. der Kolonialwarenhändler	ℳ 10.—
20	Mansfeld, Genossensch.-Brauerei	„ 10.—
	Transport	ℳ 20.—

Verb.-Nr.		
	Transport	ℳ 20.—
—	Berlin, Einkaufsgen. der Uhrmacher	„ 52.85
—	Wittenberg, Schuhmacher-Rohstoffgenossenschaft	„ 10.—
		ℳ 82.85

Beiträge von ausgeschiedenen Genossenschaften.

Verb.-Nr.	a. Kreditvereine.	
10	Frankfurt a. M., Verkehrsbank, für 1911 u. 1912	ℳ 69.20
14	Mühlhausen, Ostpr., V.-B.	„ 10.—
	Ragnit, V.-B., für 1912	„ 10.—
22	Altmittweida, Spar- und Kreditverein, für 1911	„ 19.20
	do. für 1912	„ 20.40
	Dresden, Privatbk., f 1912	„ 10.—
	Mittweida, Kr.-V., f. 1912	„ 10.—
	Siebenlehn, V.-B., f. 1911 und 1912	„ 20.—
—	Biberach, Gew.-Bk., f. 1912	„ 100 —
		ℳ 268.80

Verb.-Nr.	b. Konsumvereine.	
8	Braunschweig, Beamten-Haush.-V., für 1912	ℳ 37.15
	Osterode a. H., Ksv., f. 1912	„ 31.95
—	Oberoderwitz, Ksv., f. 1912	„ 34.75
		ℳ 103.85

Verb.-Nr.	c. Baugenossenschaften.	
30	Bad.-Rheinfelden, Baugenossensch., für 1912	ℳ 10.—
	Kirchheim b. Heidelberg, Baugenossensch., f. 1912	„ 10.—
	Neustadt i. Schwarzw., Gemeinnütziger Bauverein, für 1912	„ 10.—
	Pirmasens, Spar- und Baugenossensch., f. 1912	„ 10.—
	Lörrach, Bauverein, f. 1912	„ 10.—
—	Karlsruhe, Mieter- und Bauverein, für 1912	„ 20.—
		ℳ 70.—

Verb.-Nr.	d. Andere Genossenschaften.	
14	Danzig, Schloßbrauerei, für 1912	ℳ 10.—
		ℳ 10.—

Aufrechnung.

Beiträge für 1912 (s. Seite 408)		ℳ 75 256.75
Restbeiträge:		
Kreditvereine	ℳ 168.66	
Konsumvereine	„ 46.10	
Baugenossenschaften	„ 223.16	
Andere Genossenschaften	„ 82.55	„ 520.77
Beiträge von ausgeschiedenen Genossenschaften:		
Kreditvereine	„ 268.80	
Konsumvereine	„ 103.85	
Baugenossenschaften	„ 70.—	
Andere Genossenschaften	„ 10.—	„ 452.65
		ℳ 76 230.17

Verteilung der Beiträge nach Genossenschaftsarten:

Kreditgenossenschaften	ℳ 63 186.03
Konsumvereine	„ 7 282.50
Baugenossenschaften	„ 4 188.08
Andere Genossenschaften	„ 1 573.56
wie oben:	ℳ 76 230.17

Beiträge für 1913

(erst 1914 fällig und in nächstjähriger Liste erscheinend)

a. Kreditverein.

Verb.-Nr.			
2	Charlottenburg, Kreditverein und Sparkasse	ℳ	10.—
9	Braunschweig, Grundbesitzerbank	"	24.85
11	Feldberg i. Meckl., V.-V.	"	24.38
14	Danzig, Hausbesitzerbank	"	13.80
22	Strehla, Spar- und V.-V.	"	37.63
	Schandau, Kreditbank	"	15.—
—	Sulz a. Neckar, Landwirtschafts- und Gewerbebank	"	100.—
		ℳ	225.66

b. Konsumvereine.

19	Altenhunden, Konsumverein	ℳ	10.—
	Altenkleusheim, Konsumverein	"	10.—
	Herford, Beamten-Haushalts-Verein	"	10.—
	Recklinghausen, Konsumverein	"	10.—
26	Arzberg, Konsumverein „Eintracht"	"	10.—
—	Altenburg b. Naumburg, Konsumverein	"	10.—
		ℳ	60.—

c. Bauvereine.

30	Griesheim, Gemeinnützige Baugenossenschaft	ℳ	10.—
	Lörrach, Bauverein	"	10.—
		ℳ	20.—

d. Andere Genossenschaften.

1	Augsburg, Eink.-Gen. v. Mitgliedern d. freien Bäckerinnung	ℳ	10.—

Aenderungen im Bestande der Mitglieder des Allgemeinen Verbandes während des Jahres 1912.

(Abgeschlossen am 7. November 1913.)

Zu Ende 1913 **scheiden aus:**

a) **Kreditgenossenschaften:** unter Nummer 506, 769.
b) **Konsumvereine:** unter Nummer 88, 816, 869, 918, 927, 929, 933, 1148, 1151.
c) **Baugenossenschaften:** unter Nummer 104, 127, 139, 1383, 1468, 1518.
d) **andere Genossenschaften:** unter Nummer 1091, 1254 (aus d. U.-Verband).

Seit dem 1. Januar 1913 sind dem Verbande **beigetreten:**

Zu Verband 3: Greifswald, Greifswalder Konsum- und Produktiv-Verein, e. G. m. b. H.

" " **4:** Bernburg, Baugenossenschaft, e. G. m. b. H. (v. 1./1. 1914 ab).
Erfurt, Baugenossenschaft „Gartenstadt Erfurt", e. G. m. b. H. (v. 1./1. 1914 ab)
Halberstadt, Halberstädter Spar- und Baugenossenschaft, e. G. m. b. H.
Schmölln S.-A., S. Baugenossenschaft, e. G. m. b. H.
Spandau, Gartenstadt Staaken-Spandau, e. G. m. b. H. (vom 1./1. 1914 ab).
Zeitz, Bauverein Zeitz, e. G. m. b. H.

" " **5:** Helmbrechts, Gewerbekasse Helmbrechts, e. G. m. b. H.

" " **6:** Corbach (Waldeck), Kreditverein zu Corbach, e. G. m. b. H.

" " **9:** Braunschweig, Grundbesitzerbank zu Braunschweig, e. G. m. b. H.

" " **10:** Höchst a. M., Häute- und Fellverwertungs-Genossenschaft, e. G. m. b. H.

Zu Verband 11: Feldberg i. M., Vorschußverein, e. G. m. b. H.
„ „ 13: Wehr i. B., Volksbank, e. G. m. u. H.
„ „ 14: Bischofstein, Vorschußverein, e. G. m. u. H.
Danzig, Danziger Hausbesitzerbank, e. G. m. b. H.
„ „ 16: Pollnow i. Pom., Vorschußverein zu Pommern, e. G. m. u. H.
„ „ 18: Duisburg, Installationskontor Duisburg, e. G. m. b. H.
„ „ 19: Altenkleusheim b. Crombach i. W., Konsumverein Altenkleusheim, e. G. m. b. H.
Herford, Beamten-Haushaltsverein, e. G. m. b. H.
M.-Gladbach, Destillerie- und Liqueurfabrik, M.-Gladbach und Umgegend, e. G. m. b. H.
„ „ 21: Braunlage, Granitwerk, e. G. m. b. H.
Deberstedt, Konsumverein, e. G. m. b. H.
Erfurt, Konsumgenossenschaft des Eisenbahn-Vereins, e. G. m. b. H.
Ringelheim, Konsumverein Ringelheim, e. G. m. b. H.
Weimar, Haushaltsverein zu Weimar, e. G. m b. H.
Weißenfels a. S., Allgemeiner Beamten-Wirtschaftsverein Weißenfels, e. G. m. b. H.
„ „ 22: Schandau i. S., Kreditbank, e. G. m. b. H.
Strehla a. E., Spar- und Vorschußverein, e. G. m. b. H.
„ „ 23: Beuthen O.-Schl., Deutsche Volksbank Beuthen, e G. m. b. H.
Schwientochlowitz O.-Schl., Deutschen Volksbank Schwientochlowitz, e G. m. b. H.
Siemianowitz O.-Schl., Hausbesitzerbank Laurahütte, e. G. m. b. H.
Gleiwitz, Rohstoffgenossenschaft der Klempner, Installateure und Dachdecker Oberschlesiens, e. G. m. b. H.
Warmbrunn, Genossenschaftsbrauerei des Riesengebirges, e. G. m. b. H.
„ „ 24: Ostrowo, Konsum-Verein, e. G. m. b. H.
„ „ 26: Arzberg, Konsumverein „Eintracht“, Arzberg und Umgegend, e. G. m. b. H.
„ „ 30: Cassel, Gemeinnützige Baugenossenschaft „Belvedere“ zu Cassel, e. G m. b. H.
„ „ 32: Hameln, Arbeiter-Bauverein, e. G. m. b. H.
Harburg a. E., Baugenossenschaft der Verbrüderungen deutscher Arbeiter und Handwerksgesellen, e. G. m. b. H.
Leer i. Ostfr., Gemeinnütziger Bauverein Leer und Umgegend, e. G. m. b. H.
Scopau (Post Merseburg), Gartenstadt Scopau, Ges. m. b. H.

VII.

Zusammenstellung der in der vorhergehenden Liste aufgeführten Unterverbände mit Angabe der von denselben an den Allgemeinen Verband abgeführten Beiträge der Genossenschaften.

	Seite	Beiträge ℳ	₰
1. **Bayerischer** Genossenschaftsverband	341	1609	26
2. Verband der Kreditvereine zu **Berlin**	343	2458	12
3. Konsumvereinsverband von **Brandenburg, Pommern** und angrenzenden Landesteilen	344	366	14
4. Verband der Baugenossenschaften **Deutschlands**	346	925	72
5. Verband der **Fränkischen** Vorschuß- und Kreditgenossenschaften	347	1142	25
6. Verband **Hessischer** Vorschuß- und Kreditvereine	348	1760	06
7. Verband der Kreditgenossenschaften der **Lausitz** und der benachbarten Landesteile	349	1389	80
8. Verband der Konsumvereine der **Lausitz** und der angrenzenden Provinzen und Landesteile	350	589	80
9. Verband der Erwerbs- und Wirtschaftsgenossenschaften im Regierungsbezirk **Magdeburg**, Herzogtum **Braunschweig** und der Provinz **Hannover**	352	2468	69
10. Verband d. Erwerbs- u Wirtschaftsgenossenschaften am **Mittelrhein**	355	4739	85
11. Verb. d. **Norddeutschen** Erwerbs- u Wirtschaftsgenossenschaften	357	2170	92
12. Verband der Vorschuß- u. Kreditvereine von **Nordwestdeutschland**	359	3302	01
13. Verband der **Oberbadischen** Kreditgenossenschaften	361	3088	45
14. Verband der **Ost- und Westpreußischen** Erwerbs- und Wirtschaftsgenossenschaften	365	6380	62
15. Verband **Pfälzischer** Erwerbs- und Wirtschaftsgenossenschaften	366	2129	22
16. Verband der Vorschuß- und Kreditvereine von **Pommern** und den **Grenzkreisen der Mark Brandenburg**	367	1955	72
17. Verband der Deutschen Erwerbs- und Wirtschaftsgenossenschaften der Provinz **Posen**	369	2536	02
18. Verband der Kreditgenossenschaften von **Rheinland, Westfalen, Lippe** und **Waldeck**	370	2166	18
19. Verband **Rheinisch-Westfälischer** Konsumvereine	372	1194	60
20. Verband der Vorschußvereine in der Provinz **Sachsen** und dem Herzogtum **Anhalt**	374	1571	43
21. Verband der Konsumvereine der Provinz **Sachsen** und der angrenzenden Provinzen und Staaten	380	2768	36
22. Verband **Sächsischer** Erwerbs- und Wirtschaftsgenossenschaften	382	2113	04
23. Verband der Erwerbs- u. Wirtschaftsgenossenschaften **Schlesiens**	386	5094	92
24. Verband der Konsumvereine der Provinz **Schlesien**	387	1059	78
25. Verband der Erwerbs- und Wirtschaftsgenossenschaften der Provinzen **Starkenburg** und **Oberhessen**	388	1142	89
26. Verband der Konsumvereine in **Bayern, Württemberg** und **Baden** und angrenzenden Bundesstaaten	389	939	31
27. Verband **Thüringischer** Vorschußvereine	393	5781	11
28. Verb. d. **Unterbadischen** Erwerbs- u. Wirtschaftsgenossenschaften	395	4578	38
29. Verband der Kreditgenossenschaften von **West-Brandenburg** und den angrenzenden Landesteilen	396	2399	55
30. Verband der Baugenossenschaften von **Hessen-Nassau** und **Süddeutschland**	398	935	82
31. Verband **schleswig-holsteinischer** Baugenossenschaften	400	501	22
32. Verband der Baugenossenschaften von **Niedersachsen**	402	1107	07
Genossenschaften, die keinem Unterverbande angehören	403/4	2800	41
Summa	—	75256	75

VIII.

Liste der Verbandsgenossenschaften

nach dem Alphabet

und nach den Genossenschaftsgattungen geordnet.

Laufende Nummer	Nr. des Verbandes	Kreditgenossenschaften 2c.
		a. Kreditgenossenschaften.
1	28	**Achern.**
2	28	**Adelsheim.**
3	18	**Ahlen i. W.**
4	9	**Aken** a. E., Sp.- u. V.-V.
5	9	**Aken** a. E., Bank-V
6	14	**Allenburg.**
7	14	**Allenstein,** V.- u. D.-V.
8	14	**Allenstein,** Ost- u. Westpreuß. Verb.-K.
9	27	**Allstedt.**
10	15	**Alsenz.**
11	6	**Alsfeld,** V.-V.
12	25	**Alsfeld,** Vks.-Bk.
13	18	**Altena** i. W.
14	27	**Altenburg.**
15	5	**Altdorf.**
16	12	**Altona,** Kred.-V.
17	12	**Altona,** Sp.- u. Kred.-Bank von 1870.
18	12	**Altona,** Genoss.-Bk.
19	5	**Alzenau.**
20	5	**Amberg.**
21	5	**Amorbach.**
22	14	**Angerburg.**
23	16	**Angermünde.**
24	16	**Arnswalde,** Kred.-V.
25	18	**Arolsen.**
26	22	**Aue** i. Erzgeb.
27	22	**Auerbach** i. Voigtl.
28	1	**Augsburg.**
29	27	**Auma.**
30	25	**Babenhausen.**
31	28	**Baden.**
32	28	**Baden-Lichtental.**
33	6	**Bad Nauheim.**
34	6	**Bad Wildungen.**
35	16	**Bahn.**
36	20	**Ballenstedt.**
37	12	**Barmstedt.**
38	14	**Bartenstein.**
39	11	**Barth.**
40	23	**Bauerwitz.**
41	9	**Beetzendorf.**
42	16	**Belgard** i. P.
43	20	**Belgern.**
44	11	**Bergen** auf Rügen.
45	15	**Bergzabern.**
46	27	**Berka** a. Ilm.
47	27	**Berka** a. Werra.
48	18	**Berleburg.**
49	—	**Berlin,** Stralauer Stadtv.
50	2	**Berlin,** Friedrichstadt.
51	2	**Berlin,** Louisenstädt. Bank.
52	2	**Berlin,** Alt-Berlin.
53	2	**Berlin,** Kred.- u. Sp.-Bk.
54	2	**Berlin,** Gew.-B.
55	2	**Berlin,** Berliner Handelsbank.
56	2	**Berlin,** Wedding.
57	2	**Berlin,** Kred.-V. der Potsdamer Thorbez.
58	2	**Berlin,** Louisenstädt. Gen.-Bk.
59	2	**Berlin,** Allg. Beamten-Sp.- u. Darl.-V.
60	2	**Berlin,** Kred.-V. der Oranienburger Vorstadt.
61	—	**Berlin,** Dresdner Bk (Gen.-Abt.)
62	2	**Berlin,** Spar- u. Kred-Bk. von 1876.
63	2	**Berlin,** Genossenschafts-Bank für Gastwirte und Industrielle.
64	2	**Berlin,** Gen.-Bk. Moabit.
65	2	**Berlin,** Genossenschafts-Bk. des nördlichen Stadtviertels.
66	2	**Berlin,** Schönhauser Gen.-Bk.
67	2	**Berlin,** Gastw.-Bank 2c.
68	2	**Berlin,** Kr.-Bk. Nordost.
69	2	**Berlin,** Bk. f. Handel u. Gew.
70	2	**Berlin,** Gen.-Bk. d. Spandauer Stadtviertels.
71	2	**Berlin,** Berliner Sp.- u. Kr.-V.
72	2	**Berlin,** Bk.-V. Gesundbrunnen.
73	2	**Berlin,** Berliner Mittelstands-Bank.
74	2	**Berlin,** Königstädtische Sp.- u. Darl.-K.
75	2	**Berlin,** Berl. Kr.- u. Hdls-Bk.

Laufende Nummer	Nr. des Verbandes	Kreditgenossenschaften ꝛc.
76	2	**Berlin**, Berl. Kredit-Bk.
77	2	**Berlin**, Vereinsbk.
78	2	**Berlin**, Deutscher Bürger-Sp.- u. Kr.-V.
79	2	**Berlin**, Deutsche Zentr.-Gen.
80	2	**Berlin**, Friedrbg. Bank.
81	2	**Berlin**, Allgem Verkehrsbank.
82	2	**Berlin**, Frankfurter Torbank.
83	16	**Berlinchen.**
84	23	**Bernstadt.**
85	23	**Beuthen** O.-Schl., V.-V.
86	23	**Beuthen**, Dtsch. Volksbank.
87	10	**Bieber.**
88	20	**Bibra.**
89	10	**Biebrich.**
90	6	**Biedenkopf.**
91	18	**Bielefeld.**
92	13	**Birkendorf** (bad. Schwarzwald).
93	10	**Birstein.**
94	14	**Bischofsburg.**
95	14	**Bischofswerder.**
96	9	**Bismark.**
97	20	**Bitterfeld.**
98	9	**Blankenburg** a. Harz.
99	27	**Blankenburg** i. Th.
100	27	**Blankenhain.**
101	15	**Bliescastel.**
102	10	**Bockenheim.**
103	17	**Bojanowo.**
104	10	**Bonames.**
105	18	**Boppard.**
106	10	**Bornheim** b. Frankfurt a. M.
107	12	**Bornhöved.**
108	22	**Borstendorf.**
109	28	**Boxberg.**
110	12	**Bramstedt.**
111	29	**Brandenburg** a. H.
112	10	**Brandoberndorf.**
113	10	**Braubach.**
114	12	**Bredstedt.**
115	20	**Brehna.**
116	13	**Breisach.**
117	23	**Breslau**, V.-V.
118	23	**Breslau**, Volks-V.
119	23	**Breslau**, Sp.- u. D.-V.
120	23	**Breslau**, Bk f. Haus- u. Grdbesitz.
121	28	**Bretten.**
122	23	**Brieg.**
123	14	**Briesen** W.-Pr.
124	2	**Britz.**
125	17	**Bromberg**, Gew.-V.
126	17	**Bromberg**, V.-V.
127	28	**Bruchsal.**
128	28	**Buchen.**
129	28	**Bühl.**
130	27	**Bürgel.**
131	16	**Bütow.**
132	11	**Bützow.**
133	23	**Bunzlau.**
134	12	**Burg** i. Dithm.
135	9	**Burg** b. Magdeburg.
136	22	**Burkhardtsdorf.**
137	27	**Buttstädt.**
138	6	**Butzbach.**
139	18	**Calcar.**
140	9	**Calvörde.**
141	10	**Camberg.**
142	27	**Camburg.**
143	16	**Cammin.**
144	23	**Canth.**
145	18	**Carden** a. M.
146	6	**Cassel**, Kr.-V.
147	6	**Cassel**, Allg. V.-V.
148	10	**Caub.**
149	2	**Charlottenburg.**
150	22	**Chemnitz.**
151	14	**Christburg.**
152	22	**Claußnitz** b. Bienenmühle.
153	18	**Coblenz.**
154	27	**Coburg.**
155	9	**Cochstedt.**
156	27	**Cölleda.**
157	18	**Cöln.**
158	29	**Cöpenick**, Kr.-V.
159	18	**Cörrenzig.**
160	16	**Cöslin.**
161	16	**Colberg.**
162	23	**Cosel**, V.-V.
163	23	**Cosel**, Hyp.-Vers.- u. Tilg.-V.
164	7	**Cottbus**, Vereinsbk.
165	—	**Crailsheim.**
166	29	**Cremmen.**
167	11	**Crivitz.**
168	10	**Cronberg.**
169	17	**Crone** (Brahe).
170	7	**Crossen** a. O.
171	20	**Crossen** b. Zeitz.
172	16	**Cüstrin.**
173	14	**Culm.**
174	14	**Culmsee.**
175	27	**Cursdorf.**
176	17	**Czempin.**
177	15	**Dahn.**
178	13	**Dangstetten** (Amt Waldshut).
179	14	**Danzig**, Bank-V.
180	14	**Danzig**, Ostd. V.-Sp.- u. D.-K
181	14	**Danzig**-Langfuhr, Kr.-V.
182	14	**Danzig**-Langfuhr, Kred.-V. Deutscher Apotheker.
183	14	**Darkehmen.**

Laufende Nummer	Nr. des Verbandes	Kreditgenossenschaften ꝛc.
184	25	Darmstadt.
185	20	Delitzsch.
186	11	Demmin.
187	27	Dermbach.
188	14	Deutsch-Crone.
189	25	Dieburg.
190	27	Dietendorf.
191	10	Diez.
192	10	Dillenburg.
193	1	Dillingen a. Donau.
194	1	Dinkelsbühl.
195	14	Dirschau.
196	12	Dissau b. Lübeck.
197	11	Doberan.
198	17	Dobrzyca.
199	13	Donaueschingen.
200	16	Dramburg.
201	14	Drengfurt.
202	22	Dresden, Gew.-Bk.
203	10	Driedorf.
204	20	Düben.
205	15	Dürkheim.
206	28	Durlach.
207	27	Ebeleben.
208	5	Ebensfeld.
209	28	Eberbach a. N.
210	25	Eberstadt.
211	2	Eberswalde.
212	20	Eckartsberga.
213	18	Eckenhagen.
214	12	Eckernförde.
215	15	Edenkoben.
216	9	Egeln.
217	1	Eggenfelden.
218	10	Eibelshausen.
219	9	Eichenbarleben.
220	13	Eigeltingen.
221	20	Eilenburg.
222	27	Eisenach, Gew.-Bk.
223	27	Eisenberg.
224	27	Eisfeld.
225	14	Elbing.
226	20	Ellrich a. H.
227	12	Elmshorn.
228	5	Eltmann, V.-V.
229	10	Eltville.
230	10	Emmerichenhain.
231	13	Endingen.
232	13	Engen.
233	28	Eppingen.
234	5	Erlangen.
235	6	Eschwege.
236	28	Ettenheim.
237	28	Ettlingen.
238	22	Euba.
239	17	Exin
240	12	Fackenburg.
241	28	Feudenheim.
242	16	Fiddichow.
243	17	Filehne.
244	10	Flörsheim.
245	7	Forst N.-L.
246	10	Framersheim.
247	10	Frankfurt a. M., Gew.-Kasse.
248	—	Frankfurt a. M., Dresdner Bk. (Gen.-Abt.).
249	10	Frankfurt a. M., Sp.- u. D.-K. von Beamten.
250	10	Frankfurt a. M., Sp.- u. V.-V. von Eisenb.-Beamten.
251	10	Frankfurt a. M., Handels- u. Gew.-Bk.
252	13	Freiburg i. B.
253	23	Freiburg i. Schl.
254	20	Freyburg a. U.
255	14	Freystadt W.-Pr.
256	23	Freystadt (N.-Sch.)
257	6	Friedberg i. H.
258	16	Friedeberg N/M.
259	28	Friedland (R.-B. Breslau).
260	11	Friedland i. Mecklbg.
261	27	Friedrichroda.
262	2	Friedrichshagen.
263	29	Friesack.
264	7	Fürstenberg a. O.
265	25	Fürth i. Odenwald.
266	6	Fulda.
267	11	Gadebusch.
268	13	Gailingen.
269	9	Gardelegen.
270	12	Garding.
271	14	Garnsee.
272	16	Gartz a. O.
273	18	Geilenkirchen-Hünshoven, A.-G
274	27	Geisa.
275	10	Geisenheim, V.- u. K.-V.
276	10	Geisenheim, Spar- u. Leihkasse.
277	28	Gengenbach.
278	9	Genthin.
279	27	Gera bei Elgersburg.
280	27	Gera (Reuß), Gen.-K.
281	—	Gerabronn.
282	28	Gernsbach.
283	5	Gerolzhofen.
284	27	Gerstungen.
285	6	Gießen.
286	14	Gilgenburg.
287	18	Gladbach (München).
288	15	Glan-Münchweiler.
289	23	Glatz.

Laufende Nummer	Nr. des Verbandes	Kreditgenossenschaften 2c.	Laufende Nummer	Nr. des Verbandes	Kreditgenossenschaften 2c.
290	23	Glauchau.	345	7	Halbau.
291	22	Gleiwitz.	346	9	Halberstadt.
292	23	Glogau.	347	12	Hamburg, Hamb.-Alt. Kred.-Bk.
293	12	Glückstadt.	348	—	Hanau.
294	11	Gnoien.	349	12	Hanerau, Kr.-V
295	7	Görlitz.	350	9	Hannover, Gew.-Bk.
296	14	Goldap.	351	—	Hannover, Vorschußvereinsbk.
297	23	Goldberg i. Schl.	352	28	Hardheim.
298	11	Goldberg i. Mecklbg.	353	27	Harras bei Eisfeld.
299	20	Gollme.	354	27	Hasenthal.
300	16	Gollnow.	355	9	Hasselfelde.
301	14	Gollub.	356	10	Hattersheim.
302	9	Gommern.	357	29	Havelberg.
303	27	Gotha.	358	23	Haynau.
304	20	Gräfenhainichen.	359	12	Heide, Vks.-Bk.
305	27	Gräfenroda.	360	12	Heide, Nordwestd. Verb.-Kasse.
306	27	Gräfenthal.	361	28	Heidelberg, Gew.-Bk.
307	27	Gräfinau.	362	28	Heidelberg, Volks-Bk.
308	17	Grätz.	363	14	Heilsberg.
309	10	Grävenwiesbach.	364	14	Heinrichswalde.
310	29	Gransee.	365	20	Helbra.
311	14	Graudenz.	366	27	Heldburg.
312	12	Gravenstein.	367	27	Helmershausen.
313	16	Greifenhagen.	368	9	Helmstedt.
314	11	Greifswald.	369	25	Heppenheim.
315	27	Greiz.	370	10	Herborn.
316	10	Grenzhausen.	371	20	Heringen.
317	11	Grevesmühlen, Vereins-Bk.	372	27	Hermsdorf S.-Altbg.
318	11	Grevesmühlen, V.-V.	373	10	Herschbach, Hilfs- u. Sparkasse.
319	10	Griesheim, V.-V.	374	27	Hildburghausen.
320	10	Griesheim, Sp.- u. Hilfs-V.	375	13	Hilzingen.
321	6	Großalmerode.	376	23	Hirschberg.
322	25	Groß-Gerau.	377	28	Hockenheim.
323	2	Groß-Lichterfelde.	378	10	Höchst a. M.
324	23	Groß-Strehlitz.	379	10	Höhr.
325	27	Groß-Tabarz.	380	20	Hohenmölsen.
326	23	Groß-Wartenberg.	381	17	Hohensalza.
327	23	Grottkau.	382	14	Hohenstein O.-Pr.
328	23	Grünberg i. Schlesien.	383	12	Hohenwestedt.
329	6	Grünberg i. Hessen.	384	10	Holzappel.
330	15	Grünstadt.	385	6	Homberg (Reg.-Bez. Cassel).
331	7	Guben.	386	10	Homburg v. d. Höhe, Sp.- u. V.-K.
332	23	Guhrau.			
333	11	Güstrow.	387	15	Homburg (Pfalz), V.-V.
334	18	Gütersloh.	388	9	Hornburg.
335	11	Gützkow.	389	13	Hüfingen.
336	14	Gumbinnen.	390	12	Husum.
337	23	Guttentag.	391	1	Ichenhausen.
338	14	Guttstadt.	392	27	Ichtershausen.
339	23	Habelschwerdt.	393	10	Idstein.
340	10	Hachenburg (Westerwald).	394	20	Jessen (Bez. Halle).
341	12	Hademarschen.	395	13	Jestetten.
342	11	Hagenow i. Mecklbg.	396	14	Insterburg.
343	13	Hagnau (Amt Ueberling., Bad.)	397	14	Johannisburg.
344	10	Haiger.	398	12	Itzehoe.

Laufende Nummer	Nr. des Verbandes	Kreditgenossenschaften ꝛc.
399	27	Judenbach.
400	17	Jutroschin.
401	15	Kaiserslautern.
402	29	Kalkberge.
403	27	Kaltennordheim.
404	15	Kandel.
405	18	Kandern.
406	28	Kappelrodeck (Amt Achern).
407	28	Karlsruhe.
408	28	Karlsruhe-Mühlburg.
409	23	Katscher.
410	23	Kattowitz.
411	14	Kaukehmen.
412	25	Kelsterbach.
413	20	Kemberg.
414	17	Kempen.
415	1	Kempten.
416	12	Kiel-Gaarden.
417	10	Kirberg.
418	22	Kirchberg.
419	18	Kirchen a. S.
420	28	Kirchheim b. Heidelberg.
421	15	Kirchheimbolanden.
422	5	Kitzingen.
423	25	Klein-Gerau.
424	5	Klingenberg.
425	28	Knielingen.
426	23	Kochlowitz.
427	25	König.
428	16	Königsberg N.-M.
429	14	Königsberg i. Pr., K.-Ges.
430	14	Königsberg i. Pr., Ldl. G.-V.
431	27	Königsee.
432	23	Königshütte.
433	9	Königslutter.
434	22	Königstein i. Sachsen.
435	10	Königstein i. Taunus.
436	7	Königs-Wusterhausen.
437	20	Kösen.
438	—	Konitz.
439	13	Konstanz.
440	17	Kosten.
441	23	Krappitz.
442	28	Krautheim.
443	14	Kreuzburg O.-Pr.
444	27	Kreuzburg a. d. Werra.
445	23	Kreuzburg O.-Schl.
446	10	Kreuznach.
447	11	Kröpelin.
448	17	Krotoschin.
449	5	Kulmbach.
450	15	Kusel.
451	29	Kyritz.
452	11	Laage i. M.
453	18	Laasphe.
454	16	Labes.
455	14	Labiau.
456	28	Ladenburg.
457	18	Lage i. L.
458	5	Lahm i. Itzgrund.
459	28	Lahr.
460	25	Lampertheim.
461	23	Landeshut i. Schl.
462	16	Landsberg a. d. W.
463	14	Landsberg O.-Pr.
464	1	Landshut (Bayern).
465	9	Langelsheim.
466	27	Langensalza.
467	10	Langenschwalbach.
468	10	Langenselbold.
469	11	Lassan.
470	23	Lauban.
471	12	Lauenburg a. E.
472	16	Lauenburg i. P., Darl.-K.
473	27	Lauscha.
474	6	Lauterbach.
475	15	Lauterecken.
476	12	Leck.
477	28	Legelshurst.
478	29	Lehnin.
479	22	Leipzig, Kr.-V., Akt.-Ges.
480	22	Leipzig, Spar- u. Gew.-V.
481	22	Leipzig, Leipz. Bk.-Verein
482	27	Lengsfeld.
483	29	Lenzen.
484	23	Leobschütz, Volks-B.
485	23	Leobschütz, V.-V.
486	9	Lerbach.
487	14	Lessen W.-Pr.
488	7	Letschin.
489	22	Leubsdorf.
490	27	Leutenberg.
491	5	Leutershausen.
492	22	Leutzsch b. Leipzig, Allg. Deutsche Sp- u. V.-K. für Lehrer.
493	23	Lewin.
494	27	Lichte b. Wallendorf i. S.-M.
495	6	Lichtenau i. Hessen.
496	27	Lichtenhain.
497	5	Lichtenfels i. Bayern.
498	20	Liebenwerda, Sp.- u. D.-K.
499	23	Liegnitz, K.-V.
500	23	Liegnitz, V.-V.
501	10	Limburg a. Lahn.
502	17	Lissa.
503	27	Lobenstein.
504	22	Lobstädt.
505	14	Löbau W.-Pr.
506	13	Löffingen (Baden).
507	13	Lörrach.

Laufende Nummer	Nr. des Verbandes	Kreditgenossenschaften 2c.
508	14	Lötzen.
509	23	Löwen.
510	11	Loitz.
511	25	Lorsch.
512	23	Lublinitz.
513	7	Luckau.
514	29	Luckenwalde.
515	5	Ludwigsstadt.
516	7	Lübben.
517	7	Lübbenau.
518	12	Lübeck.
519	11	Lübtheen.
520	11	Lübz.
521	14	Lyck, Kred.-V.
	14	Lyck, V.-V.
522	27	Magdala.
523	9	Magdeburg, Sp.- u. V.-V. d. Eisenb.-Beamt.
524	9	Magdeburg, Haus- u. Grundbesitzer-Bk.
525	10	Mainz.
526	11	Malchow.
527	28	Mannheim, Gew.-Bk.
528	20	Mansfeld.
529	6	Marburg.
530	14	Marggrabowa, K.-Ges.
531	14	Marggrabowa, V.-V.
532	10	Marienberg.
533	14	Marienwerder.
534	13	Markdorf.
535	5	Marktbreit.
536	1	Markt-Oberdorf.
537	12	Marne.
538	16	Massow.
539	—	Maulbronn.
540	14	Mehlsack.
541	27	Meiningen.
542	15	Meisenheim.
543	22	Meißen.
544	27	Mellenbach i. Thür.
545	6	Melsungen.
546	5	Memmelsdorf i. Unterfr.
547	—	Mergentheim.
548	20	Merseburg.
549	18	Meschede.
550	17	Meseritz.
551	13	Meßkirch, V.-V.
552	13	Meßkirch, K.-K.
553	—	Metz.
554	27	Meuselbach.
555	29	Meyenburg (Priegnitz).
556	1	Miesbach.
557	5	Miltenberg.
558	11	Mirow.
559	13	Mittelschreibendorf, Kred.-, Sp.- u. Kons.-V.
560	13	Möhringen a. D.
561	25	Mörfelden.
562	18	Mörs.
563	14	Mohrungen.
564	10	Montabaur.
565	28	Mosbach.
566	17	Mrotschen.
567	20	Mücheln.
568	22	Mügeln, Bez. Leipzig.
569	20	Mühlberg a. E.
570	27	Mühlhausen i. Th., Gew.-V.
571	27	Mühlhausen i. Th., V.-V.
572	13	Müllheim i. B.
573	1	München, Ind.-Bk.
574	27	Münchenbernsdorf.
575	25	Münster b. Dieburg i. Hessen.
576	10	Münster i. T.
577	23	Münsterberg.
578	17	Nakel.
579	23	Namslau.
580	10	Nastätten.
581	29	Nauen.
582	16	Naugard.
583	23	Naumburg a. Qu.
584	28	Neckarbischofsheim.
585	28	Neckargemünd.
586	14	Neidenburg.
587	23	Neisse.
588	11	Neubrandenburg.
589	11	Neubuckow.
590	16	Neudamm.
591	22	Neudörfel.
592	14	Neuenburg W.-Pr.
593	9	Neuhaldensleben.
594	27	Neuhaus a. R.
595	25	Neu-Isenburg, Gew.-V.
596	25	Neu-Isenburg, Sp.- u. Leihk. II
597	2	Neukölln, Bk.-V.
598	2	Neukölln, Industrie-Bk.
599	14	Neumark W.-Pr.
600	12	Neumünster, Gew.-Bk.
601	—	Neunkirchen b. Saarbr.
602	18	Neunkirchen (Bez. Arnsberg).
603	23	Neurode.
604	29	Neu-Ruppin.
605	23	Neusalz a. O.
606	15	Neustadt a. d. Haardt.
607	27	Neustadt a. d. Orla.
608	23	Neustadt O.-Schl.
609	27	Neustadt b. Coburg.
610	12	Neustadt i. Holstein.
611	29	Neustadt a. d. Dosse.
612	13	Neustadt i. Schwarzwald.

Laufende Nummer	Nr. des Verbandes	Kreditgenossenschaften ꝛc.
613	16	Neustettin.
614	11	Neustrelitz.
615	17	Neutomischel.
616	12	Niebüll.
617	10	Niederrad.
618	2	Niederschönhausen.
619	—	Nieheim (Kr. Höxter).
620	20	Nienburg a. S.
621	23	Nimptsch.
622	6	Nordeck.
623	20	Nordhausen.
624	12	Nortorf.
625	1	Nördlingen.
626	28	Oberharmersbach.
627	28	Oberkirch.
628	10	Oberlahnstein.
629	27	Oberlind b. Sonneberg.
630	15	Obermoschel.
631	5	Obernburg.
632	2	Oberschöneweide.
633	17	Obersitzko.
634	10	Oberstedten.
635	15	Oberstein.
636	5	Ochsenfurt.
637	16	Oderberg.
638	23	Oels.
639	10	Offenbach a. M.
640	28	Offenburg i. Bad., V.-B.
641	23	Ohlau.
642	27	Ohrdruf.
643	22	Olbernhau.
644	12	Oldenburg i. Holst.
645	12	Oldesloe.
646	23	Oppeln.
647	28	Oppenau.
648	10	Oppenheim.
649	29	Oranienburg.
650	10	Orb.
651	14	Ortelsburg.
652	9	Osterburg.
653	14	Osterode, O.-Pr.
654	27	Ostheim v. d. Rhön.
655	23	Ostrowo.
656	22	Ottendorf, Bez. Leipzig.
657	23	Ottmachau, V.-B.
658	23	Ottmachau, Vks.-B.
659	18	Paderborn.
660	2	Pankow, Spar- u. Leihbk.
661	23	Parchwitz, V.-B.
662	9	Parey.
663	11	Pasewalk.
664	1	Passau.
665	14	Passenheim.
666	23	Patschkau.
667	22	Penig.
668	16	Penkun.
669	29	Perleberg.
670	28	Pforzheim.
671	13	Pfullendorf.
672	25	Pfungstadt.
673	28	Philippsburg.
674	14	Pillkallen.
675	17	Pinne.
676	12	Pinneberg.
677	15	Pirmasens.
678	17	Pleschen.
679	12	Plön.
680	27	Pößneck.
681	23	Polkwitz.
682	17	Posen.
683	—	Potsdam, Kred.-V., Akt.-Ges
684	23	Prausnitz.
685	12	Preetz.
686	11	Prenzlau.
687	20	Prettin.
688	20	Pretzsch.
689	14	Pr.-Eylau.
690	14	Pr.-Holland.
691	14	Pr.-Stargard.
692	5	Prichsenstadt.
693	23	Priebus.
694	29	Pritzwalk.
695	14	Prökuls.
696	22	Pulsnitz.
697	17	Punitz.
698	29	Putlitz.
699	9	Quedlinburg, V.-B.
700	20	Querfurt.
701	22	Radeburg.
702	18	Radevormwald, Komm.-Ges. a. A.
703	13	Radolfzell.
704	17	Rakwitz (Posen).
705	27	Ranis.
706	10	Ransbach.
707	28	Rastatt.
708	14	Rastenburg.
709	29	Rathenow.
710	17	Rawitsch.
711	14	Rehden W.-Pr.
712	11	Rehna i. Mecklenburg.
713	25	Reichelsheim i. Odenwald, Sp.- u. K.-V.
714	23	Reichenbach i. Schl.
715	2	Reinickendorf b. Berlin.
716	23	Reinschdorf b. Bösdorf, V.-B.
717	23	Reinschdorf b. Bösdorf, V.- u. Kr.-V.
718	22	Reudnitz.
719	14	Rhein O.-Pr.

Laufende Nummer	Nr. des Verbandes	Kreditgenossenschaften 2c.	Laufende Nummer	Nr. des Verbandes	Kreditgenossenschaften 2c.
720	29	Rheinsberg.	775	12	Schwartau.
721	29	Rhinow.	776	27	Schwarzburg.
722	11	Ribnitz.	777	16	Schwedt a. O.
723	—	Rinteln.	778	23	Schweidnitz.
724	15	Rockenhausen.	779	27	Schweina.
725	27	Rodach b. Coburg.	780	5	Schweinfurt.
726	11	Röbel.	781	20	Schweinitz.
727	14	Rössel.	782	14	Schwetz.
728	5	Röttingen o. T.	783	28	Schwetzingen.
729	9	Rogätz.	784	10	Seckbach.
730	20	Rotzsch.	785	14	Seeburg.
731	27	Ronneburg (Sachs.-Altenburg).	786	9	Seehausen i. Altm.
732	14	Rosenberg W.-Pr.	787	12	Segeberg.
733	20	Roßleben.	788	22	Seiffen.
734	11	Rostock.	789	25	Seligenstadt.
735	5	Rothenburg ob der Tauber.	790	10	Selters.
736	—	Rottweil.	791	7	Senftenberg.
737	27	Rudolstadt.	792	14	Sensburg.
738	25	Rüsselsheim.	793	23	Siemianowitz, Dtsch. Volksbk.
739	27	Ruhla.	794	10	Sindlingen a. Main.
740	18	Ruhrort.	795	13	Singen.
741	10	Runkel.	796	28	Sinsheim a. d. Elsenz.
742	14	Saalfeld O.-Pr.	797	14	Skaisgirren.
743	13	Säckingen.	798	10	Soden.
744	7	Sagan.	799	14	Soldau.
745	27	Salzungen.	800	16	Soldin.
746	9	Salzwedel.	801	—	Sondershausen.
747	17	Samter.	802	27	Sonneberg.
748	15	St. Ingbert.	803	27	Sonnefeld.
749	28	Sasbach (Amt Achern).	804	1	Sonthofen.
750	12	Satrup.	805	7	Sorau.
751	27	Schalkau.	806	29	Spandau.
752	1	Schillingsfürst.	807	15	Speyer, Bks.-B.
753	14	Schippenbeil.	808	7	Spremberg.
754	16	Schivelbein.	809	10	Sprendlingen.
755	16	Schlawe.	810	23	Sprottau.
756	27	Schleiz.	811	12	Stade.
757	12	Schleswig.	812	27	Stadt-Ilm.
758	27	Schleusingen.	813	9	Stadt-Oldendorf.
759	6	Schlitz.	814	14	Stallupönen.
760	6	Schmalkalden.	815	11	Stargard i. M.
761	14	Schmalleningken.	816	13	Stauffen i. Baden.
762	27	Schmölln (Sachsen-Altenburg).	817	9	Steimke.
763	22	Schneeberg-Neustädtel.	818	28	Stein, Amt Bretten.
764	17	Schneidemühl.	819	10	Steinau (Reg.-Bez. Cassel).
765	2	Schöneberg b. Berlin.	820	23	Steinau a. O.
766	9	Schöningen.	821	27	Steinheid.
767	17	Schönlanke.	822	9	Stendal, V.-V.
768	9	Schöppenstedt.	823	9	Stendal, K.- u. Spar-V.
769	13	Schopfheim.	824	13	Stetten a. k. M.
770	17	Schrimm.	825	16	Stettin.
771	1	Schrobenhausen.	826	13	Stockach.
772	17	Schulitz.	827	11	Stralsund, K.-V.
773	10	Schupbach.	828	11	Strasburg U.-M.
774	—	Schwäb. Hall.	829	10	Straßebersbach.

Laufende Nummer	Nr. des Verbandes	Kreditgenossenschaften ꝛc.
830	11	Strelitz.
831	23	Strehlen.
832	23	Striegau.
833	13	Stühlingen.
834	18	Sülbeck.
835	11	Sülze.
836	27	Suhl.
837	—	Sulz a. N.
838	16	Swinemünde.
839	14	Szibben, V.-V. Heydekrug.
840	9	Tangermünde.
841	27	Tann a. d. Rhön.
842	27	Tannroda.
843	23	Tarnowitz.
844	28	Tauberbischofsheim.
845	27	Teichel.
846	18	Tengen.
847	11	Tessin.
848	11	Teterow.
849	28	Teutschneureuth.
850	27	Themar.
851	14	Thorn.
852	22	Thum.
853	18	Tiengen.
854	14	Tilsit.
855	13	Todtnau.
856	23	Trachenberg.
857	18	Trarbach.
858	29	Trebbin.
859	22	Trebsen.
860	27	Treffurt.
861	18	Treis a. d. Mosel.
862	11	Treptow a. T.
863	2	Treptow b. Berlin.
864	29	Treuenbrietzen.
865	27	Triebes.
866	18	Trier.
867	14	Tuchel.
868	—	Tuttlingen.
869	13	Ueberlingen.
870	12	Uetersen.
871	—	Ulm, Gew.-Bk.
872	—	Ulm, Zentral-K.
873	27	Unterneubrunn.
874	27	Unterweißbach.
875	10	Usingen.
876	27	Vacha a. W., erster V.-V.
877	27	Vacha, zweiter V.-V.
878	14	Vandsburg.
879	5	Veitlahm.
880	27	Vieselbach.
881	13	Villingen.
882	1	Vilshofen.
883	23	Voigtsdorf.
884	6	Wächtersbach.
885	28	Waibstadt.
886	23	Waldenburg i. Schl.
887	13	Waldshut.
888	27	Walldorf b. Meiningen.
889	10	Wallmerod.
890	12	Wankendorf.
891	23	Wansen, V.-V.
892	23	Wansen, Volks-V.
893	11	Waren.
894	11	Warin.
895	23	Warmbrunn, V.- u. Sp.-V.
896	14	Wartenburg O.-Pr.
897	27	Wasungen.
898	27	Wechmar.
899	10	Wehen.
900	14	Wehlau.
901	5	Weidenberg (Bayern).
902	15	Weilerbach.
903	10	Weilmünster.
904	27	Weimar.
905	28	Weinheim.
906	2	Weißensee.
907	7	Wendisch-Buchholz.
908	9	Werben.
909	29	Werder a. H.
910	18	Werl.
911	22	Wermsdorf.
912	28	Wertheim a. M.
913	12	Wesselburen.
914	12	Westerland a. Sylt.
915	6	Wetzlar.
916	14	Widminnen.
917	20	Wiehe.
918	—	Wiernsheim.
919	10	Wiesbaden, V.-V.
920	10	Wiesbaden, Allg. V.- u. Sp.-K.-V.
921	5	Wiesenbronn.
922	5	Wiesentheid.
923	28	Wiesloch.
924	22	Wildenfels.
925	14	Willenberg O.-Pr.
926	2	Wilmersdorf b. Berlin.
927	12	Wilster.
928	15	Winnweiler.
929	23	Winzig.
930	18	Wissen.
931	29	Wittenberge.
932	11	Wittenburg.
933	29	Wittstock.
934	23	Wohlau.
935	11	Woldegk.
936	9	Wolfenbüttel.
937	11	Wolgast.
938	16	Wollin, Spark.-V.

Laufende Nummer	Nr. des Verbandes	Konsumvereine
939	16	Wollin, Bank-V.
940	17	Wollstein.
941	9	Wolmirstedt.
942	14	Wormditt.
943	10	Worms.
944	17	Wronke, V.-V.
945	17	Wronke, Neuer Kr.-V.
946	23	Wünschelburg.
947	23	Wüstegiersdorf.
948	23	Wüstewaltersdorf.
949	29	Wusterhausen a. D.
950	11	Wustrow.
951	12	Wyk auf Föhr.
952	17	Xions.
953	23	Zabrze.
954	29	Zehdenick.
955	2	Zehlendorf (Wannseebahn).
956	5	Zeil.
957	—	Zeitz, Sp.- u. V.-V., Akt.-Ges.
958	28	Zell a. H.
959	18	Zell i. W.
960	14	Zempelburg.
961	28	Zenthern.
962	14	Zinten.
963	17	Znin.
964	23	Zobten a. B., V.-V.
965	20	Zörbig.
966	7	Züllichau.
967	28	Zülz.
968	15	Zweibrücken.
969	22	Zwenkau.

b. Konsumvereine.

Laufende Nummer	Nr. des Verbandes	Konsumvereine
1	21	Ackenhausen.
2	21	Ahlshausen.
3	19	Altena i. W.
4	21	Altenau a. H.
5	—	Altenburg b. Naumburg a. S.
6	19	Altenhundem.
7	26	Ansbach.
8	19	Arnsberg, Sp.- u. Haush.-V.
9	19	Arnsberg, B.-K.-V.
10	21	Astfeld.
11	21	Badenhausen.
12	26	Bamberg.
13	21	Barbis.
14	21	Bartolfelde.
15	8	Bautzen.
16	21	Beddingen.
17	26	Bebra.
18	21	Beesenstedt.
19	3	Belgard a. P.
20	21	Bennstedt.
21	3	Berlin, „Vorsicht".
22	—	Berlin, Beamten-Wirthsch.-V.
23	19	Betzdorf a. d. Sieg.
24	3	Biesenthal.
25	21	Blankenburg a. H., Bürger- u. Beamten-Kons. V.
26	19	Bochum.
27	21	Bodenfelde.
28	24	Borsigwerk.
29	21	Braunlage i. H.
30	21	Braunschweig, Beamten-K.-V.
31	21	Brehna.
32	—	Bremen, Akt.-Ges.
33	24	Breslau, Kons.-V.
34	24	Breslau, Kons.- u. Sp.-V.
35	21	Broistedt.
36	21	Brückfeld.
37	21	Burg b. M.
38	21	Burgkemnitz.
39	21	Burgscheidungen.
40	8	Calau.
41	21	Carsdorf.
42	19	Castrop.
43	21	Clausthal-Zellerfeld.
44	21	Cöthen (Anhalt).
45	21	Cramme.
46	21	Crina, Wirtsch. V.
47	21	Cröllwitz b. Halle a. S.
48	21	Dammendorf.
49	21	Deersheim bei Wasserleben.
50	21	Delliehausen.
51	24	Dittersbach.
52	21	Dögerode bei Calefeld.
53	21	Dölau bei Halle a. S.
54	21	Dörnten.
55	26	Donaueschingen.
56	21	Dorste, Kr. Osterode a. H.
57	19	Dortmund, „Lokomotive".
58	19	Dortmund, „Hansa".
59	19	Driburg.
60	3	Dramburg.
61	21	Düben.
62	21	Echte.
63	21	Eisdorf bei Gittelde.
64	19	Elberfeld, Beamt.-Kons.-V.
65	19	Elberfeld, Kons.-V. Gambrinus.
66	21	Elbingerode a. H.
67	24	Ellguth-Idaweiche.
68	19	Ennigloh.
69	21	Erdeborn b. Oberröblingen.
70	21	Erfurt, Waaren-E. u. Herst.-Abt.
71	26	Ersingen b. Pforzheim.
72	19	Eveking.
73	21	Falkenberg b. Halle.
74	26	Frankfurt a. M., Eisb. Kons.-V.
75	21	Fredelsloh.

Laufende Nummer	Nr. des Verbandes	Konsumvereine
76	26	**Friedberg** i. H.
77	21	**Friedersdorf** b. Bitterfeld.
78	21	**Fümmelse.**
79	24	**Friedrichshütte** (O.-Schl.).
80	21	**Gandersheim.**
81	21	**Gardelegen.**
82	8	**Gassen.**
83	21	**Gebhardshagen.**
84	21	**Gielde** b. Börßum.
85	21	**Gittelde** a. H.
86	21	**Gitter.**
87	24	**Gleiwitz.**
88	8	**Görlitz,** Kons.-V.
89	21	**Gollme.**
90	21	**Goslar.**
91	21	**Greene.**
92	21	**Gröbern.**
93	21	**Groß-Salze.**
94	8	**Groß-Schönau.**
95	21	**Grund.**
96	19	**Gütersloh, Kons.-V.**
97	19	**Gütersloh,** Arbeiterwohl.
98	21	**Halberstadt.**
99	21	**Halle** a. S., Beamten-Kons.-V.
100	21	**Hameln.**
101	21	**Harriehausen.**
102	3	**Haselhorst.**
103	26	**Haunstetten.**
104	21	**Hayn.**
105	8	**Hirschberg** i. Schl.
106	21	**Höhnstedt.**
107	21	**Hörsum.**
108	24	**Hohenlohehütte.**
109	21	**Holzminden.**
110	19	**Holzwickede.**
111	8	**Hoyerswerda.**
112	21	**Jävenitz.**
113	21	**Jerstedt** b. Goslar.
114	19	**Jöllenbeck.**
115	21	**Ildehausen.**
116	21	**Ilsenburg.**
117	21	**Imbshausen.**
118	21	**Immendorf** (Braunschweig).
119	26	**Immenstadt-Blaichach.**
120	19	**Iserlohn.**
121	19	**Kabel i. W.**
122	3	**Kalkberge.**
123	21	**Kaltendorf.**
124	26	**Karlsruhe** in Baden.
125	24	**Kattowitz.**
126	21	**Kemberg.**
127	19	**Kierspe-Bahnhof.**
128	19	**Kleusheim.**
129	21	**Königslutter.**
130	3	**Kolberg.**
131	3	**Konitz** W.-Pr.
132	21	**Kreiensen.**
133	24	**Kreuzburg** (O.-Schl.).
134	21	**Langenbogen.**
135	8	**Lauban.**
136	8	**Lauchhammer.**
137	21	**Lauchstedt.**
138	24	**Laurahütte.**
139	21	**Lautenthal** a. H.
140	21	**Lauterberg** a. H.
141	21	**Lebenstedt.**
142	21	**Lenne.**
143	19	**Lennep.**
144	24	**Leobschütz.**
145	21	**Lerbach** b. Osterode a. H.
146	21	**Lichtenberg** (Braunschweig).
147	21	**Liebenburg** (Hannover).
148	21	**Liebenwerda.**
149	21	**Limlingerode.**
150	8	**Linderode.**
151	24	**Lipine.**
152	21	**Lobmachtersen.**
153	21	**Lonau** a. H.
154	26	**Ludwigshafen** a. Rh.
155	8	**Lübben.**
156	19	**Lüchtringen.**
157	19	**Lüdenscheid.**
158	19	**Lütgendortmund.**
159	21	**Magdeburg.**
160	26	**Mariannenthaler Glashütte bei** Schnappach i. Pfalz.
161	26	**Marktredwitz.**
162	21	**Meiningen.**
163	26	**Metz.**
164	24	**Michalkowitz** O.-Schl.
165	21	**Mühlbeck.**
166	21	**Münchehof.**
167	26	**München.**
168	19	**Münster** i. W.
169	8	**Muskau.**
170	3	**Neudamm.**
171	21	**Neudorf** b. Harzgerode.
172	21	**Neuenkirchen-Lüderode.**
173	21	**Neuhaldensleben.**
174	24	**Neustadt** O.-Schl.
175	21	**Nieder-Eichstädt.**
176	21	**Nietleben.**
177	21	**Nordhausen.**
178	26	**Nürnberg.**
179	26	**Obereichstädt.**
180	19	**Oberhausen** (Rhld.)
181	21	**Ohlendorf.**
182	21	**Oker** a. H.
183	21	**Oldenrode** b. Ildehausen.
184	24	**Oppeln, Wirtsch. Vereinig.**

Laufende Nummer	Nr. des Verbandes	Konsumvereine
185	21	Opperhausen b. Kreiensen.
186	19	Osterfeld i. Westf.
187	21	Osterhagen.
188	21	Othfresen-Heißum.
189	19	Ottbergen.
190	21	Ottenstein (Braunschweig).
191	19	Paderborn.
192	26	Pforzheim.
193	8	Pölitz.
194	21	Pohritzsch.
195	8	Potsdam.
196	21	Pouch.
197	19	Recklinghausen.
198	8	Rietschen.
199	21	Rittierode.
200	21	Rösa.
201	21	Rotitzsch.
202	24	Rosdzin O.-Schl.
203	26	Rosenheim.
204	21	Roßlau.
205	21	Rotha.
206	21	Rühle.
207	21	Rüningen b. Braunschweig.
208	21	Runstadt.
209	24	Saarau.
210	21	Salzdahlum.
211	21	Salzgitter.
212	21	Salzmünde.
213	21	St. Andreasberg.
214	21	Schafstädt.
215	19	Schalksmühle.
216	—	Scharley.
217	8	Schirgiswalde.
218	21	Schköna.
219	21	Schladen.
220	21	Schlaitz.
221	24	Schlegel.
222	21	Schönhagen.
223	21	Schraplau.
224	8	Schreiberhau.
225	26	Schwandorf.
226	21	Schwemsal.
227	21	Sebexen.
228	21	Seesen a. Harz.
229	21	Sommerfeld.
230	19	Soest, B.-Kons.-V.
231	21	Sonneberg i. Thür.
232	21	Stargard i. Pommern.
233	21	Steigra b. Querfurt.
234	21	Steina b. Herzberg i. Harz.
235	21	Stiege a. Harz.
236	21	Stöckey (Post Tettenborn).
237	21	Tangerhütte.
238	24	Tarnowitz.
239	21	Tettenborn.

Laufende Nummer	Nr. des Verbandes	Baugenossenschaften.
240	21	Teutschenthal.
241	21	Thiede.
242	8	Tiefenfurt.
243	21	Torgau, Wirtsch.-V.
244	21	Trebitz a. Elbe.
245	21	Trebra b. Nordhausen.
246	—	Treuenbrietzen.
247	21	Uelzen.
248	26	Ulm.
249	21	Upen.
250	21	Uslar.
251	8	Vetschau.
252	19	Volmarstein.
253	8	Walddorf.
254	19	Wanne.
255	21	Wansleben.
256	21	Warberg.
257	21	Wasserleben.
258	21	Weferlingen.
259	26	Weiherhammer.
260	19	Werdohl.
261	21	Werningerode b. Bleicherode.
262	19	Werther i. Westf.
263	19	Wesel.
264	21	Westerhof bei Echte.
265	19	Wetter.
266	21	Wettin a. S.
267	21	Wieda.
268	21	Wiedemar.
269	26	Wiesbaden.
270	21	Wildemann, Kons.-V. I.
271	21	Windhausen b. Gittelde.
272	19	Witten a. Ruhr.
273	21	Wittenberg (Bez. Halle), Kons.-V.
274	21	Wittenberg (Bez. Halle), Beamten-Kons.-V.
275	21	Wolfenbüttel, Beamt.-Kons.-V
276	21	Wolfshagen.
277	21	Wolperode.
278	24	Wüstegiersdorf.
279	21	Wulften a. H.
280	24	Zaborze O.-Schl.
281	21	Zappendorf.
282	21	Zeitz.
283	21	Zöschen.
284	21	Zscherben.
		C. Baugenossenschaften.
1	32	Alfeld a. L., Gemeinn. Bauverein
2	4	Allenstein, Allenst. Wohnungs-Baugen.
3	31	Altona, Spar- u. Bauverein
4	32	Altkloster-Buxtehude.
5	31	Audorf, Arb.-Bauverein

Laufende Nummer	Nr. des Verbandes	Baugenossenschaften
6	1	**Augsburg**, Baugen.
7	32	**Aurich**, Gem. Arb.-Bauverein
8	32	**Bant**, Bau-V. „Selbsthilfe".
9	32	**Bentheim**, Gemeinn. Bauverein.
10	4	**Bergen** a. Rg., Beamt.-Wohn.-Verein.
11	4	**Berlin**, Berl. Baugenossenschaft
12	—	**Berlin**, Berliner Spar- und Bauverein.
13	30	**Biebrich** a. Rh., Bau-V. Akt.-Ges.
14	4	**Bitterfeld**, Gem. Bauverein
15	32	**Blumenthal** (Hann.), Spar- u. Bauverein.
16	4	**Böllberg** b. Halle a. S., Hausgenossenschaft.
17	32	**Bramsche**, Gemeinn. Bauverein
18	4	**Brandenburg** a. H., Bau- und Sparverein.
19	32	**Braunschweig**, Braunschweiger Baugenossenschaft.
20	32	**Braunschweig**, Gartenst. Braunschweig.
21	32	**Braunschweig**, Rentenh. Baugenossenschaft.
22	31	**Brunsbüttel**, Spar- u. Bauv.
23	31	**Brunsbüttelhafen**, Arb.-Bauv.
24	30	**Cassel**, Arbeiter-Bauverein.
25	30	**Cassel**, Gemeinn. Bauges.
26	30	**Cassel**, Spar- u Bauverein.
27	30	**Cassel**, Allg. Wohnungs- und Spargen.
28	30	**Cassel-Bettenhausen**, Gem. Baugesellschaft.
29	32	**Celle**, Bau- u. Sparverein.
30	4	**Charlottenburg**. Baugen.
31	4	**Cöthen**, Bauverein.
32	30	**Colmar**, Bauverein Colmar.
33	30	**Cronberg**-Schönberg, Gemeinn. Baugen.
34	32	**Cuxhaven**, Bauverein
35	4	**Danzig**, Heimstätten-Ges.
36	4	**Danzig**, Gemeinn. Baugen. z D.
37	4	**Delmenhorst**, Bauv. D
38	32	**Detmold**, Gem. Bauv.
39	4	**Diedenhofen**, Gemeinn. Bauv.
40	31	**Dietrichsdorf-Neumühlen**, Arb.-Bauverein.
41	31	**Dietrichsdorf-Neumühlen**, Beamten Bauverein.
42	30	**Dillenburg**, Gem. Bauv. f. d. Dillkreis.
43	4	**Dobrilugk**, Baugenossensch.
44	4	**Düsseldorf**, Staats-Eisenbahn-Banverein.
45	31	**Eckernförde**, Arb.-Bauverein
46	32	**Einbeck**, Spar-, Darl.- u. Bauv.
47	4	**Elberfeld**, Eisenbahn-Bauv.
48	31	**Ellerbeck**, Arbeiter-Bauverein.
49	31	**Elmshorn**, Bau- u. Sparv.
50	4	**Elsterwerda**, Baugen.
51	30	**Eltville**, Arbeiter-Wohn.-Gen.
52	32	**Emden**, Gem. Bauverein f. d. Landkreis Emden.
53	4	**Erfurt**, 1. Erf. Baugen. für Arbeiter und Beamte.
54	4	**Erfurt**, Baugen. Schmidtstädt.
55	30	**Eschwege**, Bau- u. Sparverein.
56	4	**Falkenberg** (Bez. Halle), Baugen. für die Beamten u. Arbeiter der Staats-Eisenb.-Verw.
57	31	**Flensburg**, Arb.-Bauverein.
58	31	**Flensburg**, Spar- u. Baugen.
59	31	**Flensburg**, Beamten-Heimstätten-Genossenschaft.
60	10	**Frankfurt** a. M., Spar- u. Bauverein f. Eisenb.-Bedienst.
61	30	**Frankfurt** a. M., Volksb. und Sparverein
62	30	**Frankfurt** a. M., Akt.-Bauges. f. kl. Wohnungen, Akt.-Ges.
63	30	**Frankfurt** a M., Frankfurter Wohnungsgen.
64	31	**Friedrichsort**, Bauverein.
65	31	**Friedrichstadt**, Arb.-Bauverein.
66	30	**Fulda**, Bauverein für den Kreis Fulda.
67	32	**Geestemünde**, Bau- u. Wohn.-Verein.
68	32	**Geesthacht**, Spar- u. Bauv.
69	31	**Glückstadt**, Bauverein.
70	22	**Göttingen**, Spar- u. Bauverein.
71	31	**Gotha**, Baug. f. Beamte u. Arb. der Eisenb.-Verw.
72	30	**Griesheim**, Gem Bauges. m. b. H.
73	4	**Groß-Strelitz**, Beamten-Wohn- u. Sparverein.
74	31	**Hadersleben**, Arb.-Wohlf.-V.
75	4	**Halle** a. S., Bauverein f. Kleinwohnungen.
76	32	**Hamburg**, Bau-V. Akt.-Ges.
77	—	**Hamburg**, Beamt.-Wohnungs-Verein.
78	32	**Hameln**, Wohnungs-Bauverein.
79	30	**Hanau**, St. Joseph-Spar- und Bauverein.
80	30	**Hanau**, Gemeinn. Bauges., A.-G.
81	32	**Hannover**, Beamten-Wohn.-V.
82	32	**Hannover-Kleefeld**, Baugenossenschaft.

Laufende Nummer	Nr. des Verbandes	Baugenossenschaften
83	32	**Hannover-Buchholz**, Gemeinn. Bauverein.
84	32	**Hannover**, Spar- u. Bauverein.
85	32	**Hannover**, Wohnungsgen.
86	32	**Harburg** a. E., Gemeinnütziger Bauverein.
87	32	**Haselünne**, Gem. Bauv.
88	30	**Hessisch-Lichtenau**, Gem. Baugesellschaft m. b. H.
89	32	**Hildesheim**, Beamt.-Wohn.-V.
90	4	**Hirschberg** i. Schl., Spar- u. Bauverein.
91	30	**Höchst** a. M., Ges. zur Beschaffg. von Wohn., A.-G.
92	30	**Höchst** a. M., Gem. Bauges., Akt.-Ges.
93	31	**Holtenau**, Bauverein.
94	30	**Homburg** v. d. H., Gemeinn. Baugenossenschaft.
95	31	**Husum**, Arb.-Bauverein.
96	4	**Ilmenau**, Baugenossenschaft.
97	31	**Itzehoe**, Bau- u Sparverein.
98	31	**Kiel**, Bau- und Sparverein
99	31	**Kiel**, Eisenb.-Bed.
100	—	**Konstanz**, Spar- u. Bauverein.
101	4	**Kreuznach**, Spar- u. Bauverein.
102	30	**Kulmbach**, Bauverein.
103	4	**Langensalza**, Bauv. Eintracht.
104	32	**Lauterberg** a. H., Gem. Bauv.
105	32	**Leer** (Ostfr.), Beamt.-Wohn.-V.
106	32	**Lehe**, Beamt.-Bau- u. Wohn.-V.
107	32	**Lehrte**, Gemeinn. Bauverein.
108	32	**Lehrte**, Eisenbahn-Bau- und Wohn.-V.
109	32	**Lemwerder**, Bauverein i. L.
110	30	**Limburg** a. d. Lahn, Spar- u. Bauverein.
111	32	**Limmer**, Gemeinn. Baugen.
112	32	**Lingen**, Gemeinn. Bauverein
113	—	**Lobenstein**, Bau u. Sparverein
114	4	**Luckenwalde**, Bauverein
115	—	**Ludwigshafen** a. Rh., Baugen.
116	32	**Lübeck**, Gemeinn. Bauverein.
117	4	**Magdeburg**, Gartenst. Hopfeng.
118	4	**Magdeburg**, Gartenst.-Kolonie „Reform".
119	4	**Mannheim**, Spar- u. Bauv.
120	30	**Marburg**, Bauv. f. Arb.-Wohn.
121	30	**Marburg**, Marburger Spar- u. Bauverein.
122	30	**Melsungen**.
123	32	**Meppen**, Gemeinn. Bauv.
124	4	**Merseburg**, Spar- u. Bauverein.
125	30	**Metz**, Baugenossenschaft von Beamten in Metz.
126	30	**Metz**, Gemeinn. Baugen.
127	32	**Misburg**, Gemeinn. Bauverein.
128	30	**Montabaur**, Bauverein für den Unterwesterwald.
129	4	**Mühlhausen** i. Th., Baugen.
130	1	**München**, Baugen.
131	1	**München**, Bau- u. Sparverein
132	32	**Münden** (Hann.), Gemeinn. Bauverein.
133	32	**Neuende**, Bauv. Rüstringen.
134	31	**Neumünster**, Eis.-Bed.
135	31	**Neumünster**, Allg. Bau- und Sparverein
136	31	**Neumünster**, Gartenstadtges.
137	32	**Nienburg** a. Weser, Beamten-Bau- u. Wohn.-V.
138	31	**Nienstedten**, Bauv. d. Elbgem.
139	4	**Nordhausen**, Beamt.-Wohn.-V.
140	32	**Nordhorn**, Gemeinn. Bauverein.
141	30	**Oberursel**, Bau- u. Sparverein.
142	31	**Oldesloe**, Bau- u. Sparverein.
143	32	**Osterholz-Scharmbeck**, Gemeinn. Bauverein.
144	32	**Osterode** a. H., Gemeinn. Baugen.
145	4	**Paderborn**, Gemein. Bauges.
146	4	**Potsdam**, Bau- u. Sparv. f. Eisenbahnbed. z. Potsdam.
147	32	**Quakenbrück**, Spar- u. Bauv.
148	31	**Rendsburg**, Spar- u. Bauv.
149	4	**Rheinsberg** (Mark), Bauverein.
150	4	**Ricklingen** (Hann.), Gemeinn. Bauverein.
151	4	**Rixdorf**, Spar- u. Bauverein.
152	30	**Rödelheim**, Spar- u. Baugen.
153	30	**Rüdesheim**, Gemeinn. Bauver. für den Rheingaukreis.
154	32	**Rüstringen**, „Heppens".
155	30	**Saargemünd**, Gem. Bauverein.
156	30	**Säckingen**, Bauverein.
157	32	**Sarstedt**, Gem. Bauverein.
158	31	**Schiffbeck**, Spar- u. Bauverein.
159	30	**Schiltigheim**, Bauverein.
160	31	**Schleswig**, Arbeiter-Bauverein.
161	30	**Schmalkalden**, Sp.- u. Baugen. des evang. Arbeitervereins.
162	32	**Schüttorf**, Gem. Bauverein.
163	31	**Segeberg**, Arb.-Bauverein.
164	4	**Siegen**, Baugen.
165	4	**Silberhütte** (Anhalt), Bauv.
166	31	**Sonderburg**, Bauverein.
167	4	**Spremberg**, Spar- u. Bauv.
168	32	**Springe**, Gem. Bauverein.
169	32	**Stade**, Gem. Bauverein.
170	4	**Stargard** i. Pr., Bauverein.

Laufende Nummer	Nr. des Verbandes	Andere Genossenschaften
171	30	**Steinbach-Hallenberg**, Sp.- und Baugen.
172	4	**Stettin**, Beamten-Baugen.
173	4	**Stettin**, Allgem. Baugen.
174	32	**Stöcken** b. Hannover, Gemeinn Bauverein.
175	30	**Straßburg** i. E., Gemeinn. Baugenossenschaft.
176	4	**Suhl**, Bauverein.
177	4	**Templin**, Beamt.-Wohn.-V.
178	31	**Tondern**, Bauverein.
179	4	**Torgau**, Beamt.-Baugen.
180	30	**Villingen** (Baden), Baugen.
181	4	**Wahren**, Baug. f. d. Eis.-Beamt.
182	—	**Waldshut**, Bauverein.
183	31	**Wandsbek**, Bau- u. Sparverein.
184	32	**Wandsbek**, (s. Hamburg) Gartenstadtges. W.
185	4	**Weimar**, Bauverein Weimar.
186	4	**Weißenfels** i. S., Bauverein „Selbsthilfe".
187	4	**Weißwasser**.
188	31	**Wellingdorf-Kiel**, Landhaus-Bauverein.
189	30	**Wiesbaden**, Spar- u. Bauv.
190	30	**Wiesbaden**, Beamt.-Wohn.-V.
191	4	**Wilhelmsburg**, Eisenb.-Bauverein.
192	32	**Wilhelmsburg**, Gem. Bauv. Reiherstieg.
193	32	**Wilhelmsburg**, Spar- u Bauv.
194	32	**Wilhelmshaven**, Spar- u. Bau-Gesellschaft.
195	4	**Wittenberge**, Bau- u. Sparv. von Eisenbahn-Bedienstet.
196	30	**Witzenhausen**, Spar- u. Bauv.
197	32	**Wolfenbüttel**, Sp.- u. Bauv.
198	32	**Wülfel**, Spar- u. Bauverein.
199	32	**Wustrow** i. M., Städt. Bauv.
200	4	**Zerbst**, Spar- u. Bauverein.

d. Rohstoffgenossenschaften.

Laufende Nummer	Nr. des Verbandes	Andere Genossenschaften
1	1	**Augsburg**, Eink.-Gen. d. Bäckerinnung.
2	—	**Berlin**, Verein. Stellmachermstr.
3	—	**Berlin**, Eink.-Gen. d. Uhrmacher.
4	—	**Berlin**. Nord und Süd.
5	18	**Bielefeld**, Eink.-Gen. d. Bäckerinnung.
6	18	**Bielefeld**, Eink.-Gen. d. Malermeister.
7	18	**Bielefeld**, Vereinsmolkerei.
8	23	**Breslau**, Ein- u. Verk.-Gen. Breslauer Bäckermeister.
9	—	**Delitzsch**, Schuhmacher-Rohstoff-Genossenschaft.
10	27	**Dresden**, Wirtsch. Vereinigung kraftf. Aerzte.
11	23	**Gleiwitz**, Schuhmacher-Rohstoff-Verein.
12	7	**Görlitz**, Schuhm.-Rohst.-Ass.
13	27	**Greiz**, Einkaufsgen. Baustoff.
14	26	**Heidelberg**, Kohlen-Eink.-Gen.
15	—	**Insterburg**, Ländl. Wirthschaftsverein.
16	1	**Kempten**, Ein- u. Verk.-Gen. der Schreinermeister.
17	—	**Luckenwalde**, Schuhm.-Ass.
18	15	**Ludwigshafen** a. Rh., Eink.-Gen. d. Sattler.
19	21	**Magdeburg**, Rohst.-Ass. der Schneider.
20	21	**Magdeburg**, Rohst.-Ass. der Schuhmacher.
21	10	**Mainz**, Rohstoff-Verein für Schuhmacher.
22	25	**Seligenstadt**, Rohstoff-Verein für Schuhmacher.
23	27	**Stadtilm**, Schuhmacher-Rohst.-Genossenschaft.
24	16	**Swinemünde**, Schuhmacher-Rohstoff-Verein.
25	27	**Weimar**, Schuhmacher-Rohstoff-Verein.
26	10	**Wiesbaden**, Rohstoff-Verein f. Schuhmacher.
27	—	**Wittenberg** (Bez. Halle), Schuhm.-Rohstoffgen.
28	21	**Wolfenbüttel**, Ass. der Schuhmachermeister.

e. Magazingenossenschaften.

Laufende Nummer	Nr. des Verbandes	Andere Genossenschaften
1	1	**Augsburg**, Schreinermagazin-Genossenschaft.
2	23	**Augsburg**, Rauhw.-Verw.-Genossenschaft.
3	18	**Barmen**, Talgschmelze.
4	18	**Elberfeld**, Häuteverw.
5	23	**Festenberg**, Festenberger Holzindustrieverein.
6	14	**Gumbinnen**, Häute- u. Fellverw.-Genossenschaft.
7	23	**Hirschberg** i. Schl., Rohhäute-Verw.
8	14	**Insterburg**, Häute- und Fellverwertungs-Genossensch.
9	1	**München**, I. Schreiner-Gen.
10	10	**Ransbach**, Krugbäcker.

Laufende Nummer	Nr. des Verbandes	Andere Genossenschaften
		f. Werkgenossenschaften.
1	9	**Aken** a. Elbe, Privat-Schiffer-Transp.-G.
2	23	**Breslau**, Viktoria, Transportgeschäft selbstfahr. Schiffer.
3	1	**Hersbruck**, Werkgenossenschaft d. vereinigten Schreiner.
4	1	**Lauf** b. Nürnberg, Werkgenoss. der vereinigt. Handwerker.
5	11	**Malchow** i. M., Werkgenossenschaft der Tuchfabrikanten.
6	12	**Malchow**, Privatspinnerei.
7	23	**Schweidnitz**, Abfuhrgen.
		g. Produktivgenossenschaften.
1	23	**Breslau**, Genossenschafts-Buchdruckerei.
2	23	**Breslau**, Genossensch.-Brauerei.
3	23	**Brieg**, Bürgerl. Brauhaus.
4	27	**Bürgel**, Braugenossenschaft.
5	27	**Gera** bei Elgersburg, Braunsteinhandels-Verein.
6	—	**Hannover**, Vereinsbuchdruckerei.
7	20	**Mansfeld-Stadt**, Genossensch.-Brauerei.
8	20	**Mühlberg** a. E., Brauerei und Malzfabrik.
9	8	**Muskau**, Unionsbrauerei.
10	23	**Obernigk**, Genossenschafts-Mineralwasserfabrik.
11	23	**Ohlau**, Bürgerl. Brauhaus.
12	23	**Perlach**, Branntwein-Brennerei.
13	1	**Taufkirchen**, Branntw.-Brenn.
14	8	**Vetschau**, vormals A. Lehnigk, Maschinenfabrik, Fahrradwerke u. Eisengießerei.
15	—	**Willing** in Oberbayern, Brennerei.
		h. Sonstige Genossenschaften.
1	9	**Aken** a. E., Schiffverf.-Verein.
2	1	**Augsburg**, Hygienisches Bad.
3	16	**Bad Schönfließ**, Moorbad-Gen.
4	11	**Bergen** a R., Kanalis.-Gen.
5	—	**Berlin**, Wirtschafts-Genossenschaft Berliner Grundbesitz.
6	14	**Briesen** W.-Pr., Vereinshaus-Gesellschaft.
7	14	**Weißhof-Thorn**, Obst- und Gemüse-Verw.

Anhang.

Statut der Baugenossenschaft zu ....

A. Firma, Sitz und Gegenstand des Unternehmens.

§ 1.

Die Gesellschaft führt die Firma: .... Gesellschaft mit beschränkter Haftung und hat ihren Sitz zu ......

Der Zweck ist ausschließlich darauf gerichtet, minderbemittelten Familien oder Personen gesunde und zweckmäßig eingerichtete Wohnungen in eigens erbauten oder angekauften Häusern zu billigen Preisen zu verschaffen.

Gegenstand des Unternehmens ist Miete, Ankauf oder Bau von Häusern und deren Ueberlassung zu Miete oder zu Eigentum an die Gesellschafter oder an solche Personen, die in die Bewerberliste (vgl. § 20 des Statuts) eingetragen sind.

Als Mieter der Wohnungen (oder als Erwerber der von der Gesellschaft für den Verkauf hergestellten Hausgrundstücke) kommen nur solche Personen (Familien) in Frage, die den Bestimmungen des § 5 Abs. 1 unter g. des Preuß. Stempelsteuergesetzes entsprechen.*)

B. Ordnung und Leitung der Gesellschaftsangelegenheiten, Organe der Gesellschaft.

§ 2.

Die Gesellschaft ordnet ihre Angelegenheiten selbständig unter Teilnahme der Gesellschafter. Ihre Organe sind:

1. die Geschäftsführer (Vorstand genannt),
2. der Aufsichtsrat,
3. die Versammlung der Gesellschafter.

I. Vom Vorstand.

§ 3.

Der Vorstand besteht aus drei Personen und wird in der Versammlung der Gesellschafter auf Vorschlag des Aufsichtsrats nach absoluter Stimmenmehrheit mittels Stimmzettel gewählt. Erhält der Vorgeschlagene die Mehrheit nicht, so muß der Aufsichtsrat in derselben, oder in einer anderen Versammlung weitere Vorschläge machen. Der Aufsichtsrat ist berechtigt, einen von der Versammlung der Gesellschafter abgelehnten Vorschlag einmal zu wiederholen.

---

*) Die Bestimmung bezweckt die Stempel- und Steuerbefreiung. Die vorliegende Fassung bezieht sich auf Preußen.

Bei Abschluß der Anstellungsverträge, in denen auch die Besoldung der Vorstandsmitglieder zu regeln ist, wird die Gesellschaft durch den Aufsichtsrat vertreten.

Die Geschäftsführer werden auf gegenseitige dreimonatige Kündigung gewählt. Für die Gesellschaft erfolgt die Kündigung auf Antrag des Aufsichtsrats durch Beschluß der Versammlung der Gesellschafter.

§ 4.

Der Vorstand vertritt die Gesellschaft gerichtlich und außergerichtlich und zeichnet für dieselbe.

Die Zeichnung geschieht in der Weise, daß die Zeichnenden zu der Firma der Gesellschaft ihre Namensunterschrift hinzufügen. Zwei Vorstandsmitglieder können rechtsverbindlich für die Gesellschaft zeichnen und Erklärungen abgeben.

§ 5.

Die besonderen Obliegenheiten der einzelnen Vorstandsmitglieder werden durch eine vom Vorstand und Aufsichtsrat zu entwerfende Geschäftsanweisung geregelt. Die Geschäftsanweisung ist von den Mitgliedern des Vorstandes zu unterzeichnen.

II. Vom Aufsichtsrat.

§ 6.

Der Aufsichtsrat besteht aus .... Mitgliedern. Hiervon werden .... in der Versammlung der Gesellschafter nach absoluter Stimmenmehrheit der in der Versammlung anwesenden Gesellschafter in einem einzigen Wahlgange auf 3 Jahre gewählt. Wenn hierbei mehr Personen, als zu wählen sind, die absolute Stimmenmehrheit erhalten, so gelten diejenigen als gewählt, welche die meisten Stimmen erhalten haben. Wird diese Mehrheit beim ersten Wahlgange nicht erreicht, so kommt von denen, welche die meisten Stimmen erhalten haben, die doppelte Zahl der noch zu Wählenden in die engere Wahl und wird mit den engeren Wahlen in derselben Art solange fortgefahren, bis für alle zu Wählenden eine absolute Stimmenmehrheit erzielt ist. Bei Stimmengleichheit entscheidet das Los.

Die übrigen ... Mitglieder werden durch die in die Bewerberliste eingetragenen Personen gewählt. Die Wahl erfolgt in einer der Versammlung der Gesellschafter unmittelbar vorhergehenden Versammlung der genannten Personen, an der auch die Gesellschafter — jedoch nur mit beratender Stimme — teilnehmen können. Die Versammlung findet in demselben Raume statt, in welchem die Versammlung der Gesellschafter tagt. Die Berufung der Versammlung erfolgt durch dasjenige Organ der Gesellschaft, das nach § 23 die Versammlung der Gesellschafter zu berufen hat. Die Einladung erfolgt gleichzeitig mit der Einladung zur Versammlung der Gesellschafter unter entsprechender An-wendung der §§ 23 Abs. 2 und 24 Abs. 1 des Statuts. Der Vorsitz in der Versammlung gebührt dem Vorsitzenden des Aufsichtsrats oder dem Geschäftsführer, je nach dem die Berufung der Versammlung von dem Aufsichtsrat oder dem Vorstande ausgeht. Der Vorsitzende ernennt den Schriftführer, der über die Verhandlungen ein Protokoll aufzunehmen und in dasselbe die Wahlen unter Angabe der Zahl und der Verteilung der abgegebenen Stimmen einzutragen hat. — Die Vornahme der Wahl selbst erfolgt unter entsprechender Anwendung der im Abs. 2 dieses Paragraphen enthaltenen Bestimmungen. Die Abstimmung erfolgt stets durch Stimmzettel.

Machen die in die Bewerberliste eingetragenen Berechtigten von vorstehendem Recht ganz oder teilweise keinen oder nicht rechtzeitigen Gebrauch, so erfolgt auch die Wahl dieser ...... oder der noch zu wählenden geringeren Zahl der Mitglieder durch die Versammlung der Gesellschafter, jedoch tunlichst aus der Zahl der in die Bewerberliste eingetragenen Personen.

Die Wahlperiode läuft von Versammlung zu Versammlung.

Von den Mitgliedern scheidet alljährlich ein Drittel aus und wird durch Neuwahlen ersetzt. In den ersten beiden Jahren entscheidet über die Reihenfolge des Ausscheidens das Los, später die Zeit des Eintritts des Einzelnen, wonach sich die dreijährige Dauer ihrer Tätigkeit regelt. Die Wiederwahl der Ausgeschiedenen ist zulässig.

§ 7.

Der Aufsichtsrat überträgt einem seiner Mitglieder den Vorsitz, einem anderen das Schriftführeramt und ernennt zugleich für beide Stellvertreter. Er ist beschlußfähig, wenn mindestens die Mehrheit seiner Mitglieder (§ 6 Abs. 1) anwesend ist und faßt seine Beschlüsse nach Stimmenmehrheit der Anwesenden. Bei Stimmengleichheit gilt der Antrag als abgelehnt. Bei Wahlen entscheidet in diesem Fall das Los.

Aufsichtsratsmitglieder, die bei zu beratenden Gegenständen beteiligt sind, dürfen während der Beratung und Beschlußfassung über dieselben der Sitzung nicht beiwohnen.

§ 8.

Aufsichtsratsmitglieder können von der Versammlung der Gesellschafter jederzeit ihres Amtes enthoben werden. Der Beschluß bedarf einer Mehrheit von drei Vierteilen des bei der Beschlußfassung vertretenen Stammkapitals.

Der Antrag darauf steht dem Vorstande wie dem Aufsichtsrate zu und kann auch aus der Mitte der Gesellschafter selbst hervorgehen. In letzterem Fall kann er aber nur berücksichtigt werden, wenn er schriftlich mit Angabe der Gründe eingereicht und von Gesellschaftern unterstützt ist, deren Geschäftsanteile zusammen dem zehnten Teil des Stammkapitals gleichkommen.

§ 9.

Der Aufsichtsrat hat die Geschäftsführung in allen Zweigen der Verwaltung zu überwachen und muß sich deshalb über den Gang der Verwaltung stets unterrichtet halten.

Das vom Aufsichtsrat bei seiner Geschäftstätigkeit einzuhaltende Verfahren wird in einer besonderen, vom Vorstand und Aufsichtsrate aufzustellenden Geschäftsanweisung bestimmt.

Die Geschäftsanweisung ist von den Mitgliedern des Aufsichtsrats zu unterschreiben.

§ 10.

Ueber folgende Angelegenheiten beschließen Vorstand und Aufsichtsrat in gemeinsamer Sitzung:

a) über die Verträge betr. Erwerb von Grundeigentum;
b) über die Baupläne für die Häuser und über die Verträge für den Bau von Häusern, sowie über bauliche Veränderungen, welche Mieter an den Häusern vorzunehmen wünschen;
c) über die Verträge für die Vermietung und den Verkauf von Häusern, bezw. über die aufzustellenden allgemeinen Bedingungen betr. den Erwerb von Häusern;
d) über die Anlage müßiger Gelder und der Reserven;
e) über Einrichtung der Buchführung;
f) über Anstellung von Beamten und Bevollmächtigten, Regelung ihrer Tätigkeit und ihrer Besoldung, sowie Verfolgung von Rechtsansprüchen gegen sie, soweit dies alles nicht der Versammlung der Gesellschafter zusteht;
g) über die Geschäftsanweisung für den Vorstand und Aufsichtsrat;
h) über Festsetzung und Abänderung der Bedingungen für die Aufnahme von Anleihen, Spareinlagen und anderen fremden Geldern, soweit nicht nach § 15 Ziff. 8 hierüber die Versammlung der Gesellschafter entscheidet;
i) über den Anschluß an Verbände und den Austritt aus denselben;

Zur Beschlußfähigkeit einer gemeinschaftlichen Sitzung gehört die Anwesenheit der Mehrheit sowohl der Vorstands- wie der Aufsichtsratsmitglieder. Den Vorsitz führt der Vorsitzende des Aufsichtsrats, das Protokoll der Schriftführer des Aufsichtsrates. Zu einem endgültigen Beschlusse wird die Mehrheit der anwesenden Mitglieder des Vorstandes und die Mehrheit der anwesenden Mitglieder des Aufsichtsrats erfordert. Beide Organe stimmen getrennt ab.

III. Von der Versammlung der Gesellschafter.

§ 11.

Die Rechte, welche den Gesellschaftern in den Angelegenheiten der Gesellschaft zustehen, werden von ihnen in der Versammlung der Gesellschafter ausgeübt und zwar, soweit nicht das Gesetz oder das Statut ein anderes vorschreibt, durch Beschlußfassung nach der Mehrheit der abgegebenen Stimmen.

Jede 100 Mk. eines Geschäftsanteils gewähren eine Stimme, jedoch mit der Einschränkung, daß niemand mehr als ... Stimmen für seine Person haben kann.

§ 12.

Auch die in die Bewerberliste (vgl. § 20 des Statuts) eingetragenen Personen sind zur Teilnahme an der Versammlung der Gesellschafter berechtigt, jedoch nur mit beratender Stimme.

§ 13.

Die Berufung der Versammlung der Gesellschafter geht in der Regel vom Aufsichtsrate aus; doch kann, wenn der Aufsichtsrat dieselbe verzögert, auch der Vorstand dazu schreiten.

Die Einladung zur Versammlung der Gesellschafter erfolgt durch ... malige Bekanntmachung in dem in § 39 bestimmten Blatte und wird, wenn sie vom Aufsichtsrate ausgeht, von dessen Vorsitzenden, andernfalls vom Vorstande in der für die Willenserklärung des Vorstandes vorgeschriebenen Form unterzeichnet. Die betreffende Nummer des Blattes muß mindestens eine Woche vor der Versammlung ausgegeben werden.

§ 14.

Die von der Mehrheit der in der Versammlung der Gesellschafter erschienenen Gesellschafter gefaßten Beschlüsse haben für die Gesellschaft verbindliche Kraft, wenn die Einladung zur Versammlung der Gesellschafter unter Mitteilung der Tagesordnung nach den Bestimmungen dieses Statuts ordnungsmäßig erlassen ist.

Ueber folgende Angelegenheiten:

1. über die Abänderung und Ergänzung des Gesellschaftsvertrages;
2. über den Widerruf der Bestellung zum Mitgliede des Aufsichtsrates;
3. über die Auflösung der Genossenschaft

kann nur von einer Mehrheit von drei Vierteilen des in der Versammlung der Gesellschafter vertretenen Stammkapitals gültig beschlossen werden.

Zur Gültigkeit der Beschlußfassung

1. über die Abänderung des Gegenstandes des Unternehmens und
2. über die Auflösung der Gesellschaft;
3. über die Aenderung der Bestimmungen, welche die Rechte der in die Bewerberliste eingetragenen Personen betreffen,

wird weiter erfordert, daß mindestens ein Vierteil des Stammkapitals in der Versammlung der Gesellschafter vertreten ist.

Ist das erforderliche Vierteil des Stammkapitals in der Versammlung der Gesellschafter nicht vertreten, so wird eine zweite Versammlung mit einem Zwischenraum von mindestens 8 Tagen und höchstens 4 Wochen zur Erledigung derselben Tagesordnung anberaumt, welche ohne Rücksicht auf die Höhe des vertretenen Stammkapitals gültig beschließen kann.

§ 15.

Der Beschlußfassung der Versammlung der Gesellschafter unterliegen, außer den sonst ausdrücklich in diesem Gesellschaftsvertrage dahin verwiesenen Gegenständen, folgende Angelegenheiten:

1. Abänderung und Ergänzung des Gesellschaftsvertrages;
2. Auflösung der Gesellschaft;
3. Wahl des Vorstands und des Aufsichtsrats — letztere jedoch mit der Einschränkung des § 6 und die Bewilligung von Vergütungen an die Mitglieder des Vorstandes und des Aufsichtsrats;

4. Verfolgung von Rechtsansprüchen gegen die Mitglieder des Vorstandes und Aufsichtsrates und Enthebung derselben von ihren Aemtern;
5. Wahl der Bevollmächtigten zur Führung von Prozessen gegen die Mitglieder des Aufsichtsrates;
6. Veräußerung von Grundeigentum an Nichtmitglieder;
7. Bestimmung des Gesamtbetrages, welchen sämtliche die Gesellschaft belastende Anleihen und Spareinlagen zusammen nicht überschreiten dürfen;
8. Feststellung der Bedingungen für die Aufnahme unkündbarer Anleihen;
9. Feststellung der Bedingungen für Vermietung und Verkauf von Gesellschaftshäusern;
10. Genehmigung der Bilanz, Verteilung von Gewinn, Deckung des Verlusts und Entlastung des Vorstandes;
11. Einsetzung der nach § 31 Abs. 3 vorgesehenen Revisionskommission und Wahl der Mitglieder derselben.

C. Veräußerung der Geschäftsanteile.

§ 16.

Jeder Gesellschafter hat das Recht, seine Geschäftsanteile nach Maßgabe des § 27 zu veräußern.

D. Rechte und Pflichten der Gesellschafter und der in die Bewerberliste eingetragenen Personen.

§ 17.

Die Gesellschafter sind berechtigt:
a) bei allen Beschlüssen und Wahlen in den Versammlungen der Gesellschafter zu stimmen und Anträge zu stellen;
b) nach Maßgabe des § 32 eine Dividende vom Geschäftsgewinn zu beanspruchen;
c) bei allen Verkäufen und Vermietungen von Wohnungen und Grundstücken nach Maßgabe dieses Statuts, sowie der besonderen Bedingungen für Vermietung und Verkauf von Gesellschaftshäusern berücksichtigt zu werden.

§ 18.

Dagegen ist jeder Gesellschafter verpflichtet:
a) zur Bildung eines Stammanteils die in § 26 bestimmten Zahlungen zu leisten;
b) dem Gesellschaftsvertrage sowie den Beschlüssen und dem Interesse der Gesellschaft nicht zuwider zu handeln.

§ 19.

Das in § 18 lit. a bezeichnete Recht steht auch den in die Liste der Miet- und Kaufberechtigten (Bewerberliste) eingetragenen Personen zu.

§ 20.

In die Bewerberliste sind einzutragen alle vom Vorstand und Aufsichtsrat zugelassenen Personen, die sich zur Uebernahme einer Stammeinlage bereit erklärt haben, falls das Stammkapital erhöht oder ein bereits bestehender Geschäftsanteil ganz oder zum Teil verfügbar werden sollte.

§ 21.

Die in die Bewerberliste eingetragenen Personen sind verpflichtet,

1. auf Geschäftsanteilserwerbskonto monatlich ..... Mk. einzuzahlen. Der Vorstand ist berechtigt, die Ratenzahlungen zu ermäßigen oder zu stunden;
2. einen Geschäftsanteil zu erwerben, sobald die Einzahlungen den Betrag von ..... Mk. erreicht haben und eine Erhöhung des Stammkapitals stattgefunden hat oder ein Geschäftsanteil ganz oder zum Teil verfügbar wird.

Die auf Geschäftsanteilserwerbskonto eingezahlten Beträge werden zu einem durch Beschluß von Vorstand und Aufsichtsrat festzusetzenden Zinssatze verzinst. Die Verzinsung beginnt mit dem ersten Tage des auf die Einzahlung folgenden Vierteljahres. Bei der Zinsberechnung werden die Einzahlungen nur insoweit berücksichtigt, als sie volle Mark betragen.

Die Zinsen werden, solange nicht die Einzahlungen den Betrag von 500 Mk. erreicht haben, dem Geschäftsanteilserwerbskonto zugeschrieben.

Für die eingezahlten Beträge haftet das gesamte Vermögen der Gesellschaft.

§ 22.

Eine Rückzahlung der auf Geschäftsanteilserwerbskonto eingezahlten Beträge kann von den Kontoinhabern nicht gefordert werden, solange sie eine Wohnung innehaben oder nicht auf Ueberweisung einer Wohnung endgültig verzichtet haben.

§ 23.

Die auf Geschäftsanteilserwerbskonto eingezahlten Beträge sind bei dem Erwerb eines Geschäftsanteils auf die Stammeinlage zu verrechnen.

§ 24.

In die Bewerberliste eingetragene Personen können durch Beschluß von Vorstand und Aufsichtsrat von der Liste gestrichen werden, wenn sie die ihnen nach dem Gesellschaftsvertrage obliegenden Pflichten nicht erfüllen.

E. Stammkapital.

§ 25.

Das Stammkapital der Gesellschaft beträgt ..... Mk. Die Stammeinlage wird auf 500 Mk. festgesetzt. Stammeinlagen haben übernommen:
1. ....
2. ....

§ 26.

Auf nicht voll eingezahlte Stammeinlagen sind monatlich mindestens ..... Mk. einzuzahlen, außerdem ist die auf die Stammeinlage entfallende Dividende zuzuschreiben.

§ 27.

Die Abtretung eines Geschäftsanteils kann nur mit Genehmigung der Gesellschaft erfolgen (§ 15 des Gesetzes). Die erfolgte Veräußerung ist unverzüglich der Gesellschaft zu melden (§ 16 des Gesetzes).

§ 28.

Die Einziehung (Amortisation) von Geschäftsanteilen wird zugelassen (§ 34 des Gesetzes).

§ 29.

Der Reservefonds dient nur zur Deckung eines aus der Bilanz sich ergebenden Verlustes und soll wenigstens auf ..... % der Gesamtsumme der Immobilien gebracht und nach Abschreibung von Verlusten wieder gebracht werden.

Der Reservefonds wird gebildet durch die im § 32 bestimmten Anteile vom Reingewinne.

Sämtliche Rücklagen, insbesondere etwa gebildete Hilfsreservefonds dürfen nur für den im § 1 Abs. 2 bezeichneten gemeinnützigen Zweck Verwendung finden.

F. Rechnungswesen.

§ 30.

Das erste Geschäftsjahr läuft vom ..... bis ....., alle folgenden vom ..... bis ..... Sofort bei Beendigung jedes Geschäftsjahres muß

a) der Immobilienbesitz, der Bestand der vorhandenen Kassenvorräte, Materialien, Schuldbokumente und Wertpapiere durch den Aufsichtsrat geprüft und festgestellt,
b) mit dem Abschluß der Bücher vom Vorstand begonnen werden.

§ 31.

Die Prüfung der Rechnung erfolgt durch den Auffichtsrat, der sich die nötigen Unterlagen dabei durch Einsicht der Bücher und Beläge, wie durch die nach § 30 von ihm vorzunehmende Inventur zu verschaffen hat.

Spätestens eine Woche vor der über die Jahresrechnung beschließenden Versammlung der Gesellschafter ist die Jahresrechnung zur Einsicht der Gesellschafter und der in die Bewerberliste Eingetragenen im Geschäftslokal der Gesellschaft auszulegen und hiervon durch Bekanntmachung in dem für die Bekanntmachungen der Gesellschaft bestimmten

Blatte Kenntnis zu geben. Auf Verlangen ist jedem Gesellschafter und in die Bewerberliste Eingetragenen auf seine Kosten eine Abschrift der Jahresrechnung zu übersenden.

Erheben sich in der Versammlung der Gesellschafter Bedenken gegen die Richtigkeit der Rechnung und die Prüfung des Aufsichtsrats, so kann durch Beschluß der Versammlung, ohne daß der Antrag vorher auf die Tagesordnung gebracht wäre, ein besonderer Ausschuß von 2 bis 3 Mitgliedern gewählt und mit der nochmaligen Prüfung der Rechnung beauftragt werden.

G. Verteilung von Gewinn.

§ 32.

Von dem nach Deckung aller Geschäftsunkosten, Verluste und Abschreibungen verbleibenden Reingewinn erhält zunächst der Reservefonds, so lange er noch nicht oder nicht wieder die in § 29 festgesetzte Höhe erreicht hat, wenigstens 10%; der Rest wird, soweit die Versammlung der Gesellschafter daraus nicht besondere Vergütungen oder Bewilligungen für gemeinnützige und wohltätige Zwecke oder Gewinnvorträge oder Ueberweisungen an eine Hilfsreserve beschließt, an die Mitglieder nach Höhe der tatsächlich eingezahlten Stammeinlagen als Dividende gewährt und denselben bis zur Erfüllung der Stammeinlagen zugeschrieben.

Die an die Gesellschafter zu verteilende Dividende wird auf höchstens 4 v H. der eingezahlten Stammanteile beschränkt. Den Gesellschaftern, Geschäftsführern oder sonstigen Beteiligten werden auch nicht in anderer Form besondere Vorteile gewährt. (Die Zahlung von Gehältern und die Ueberweisung von Remunerationen und Entschädigungen in einer der Arbeitsleistung pp. angemessenen Höhe an Vorstandsmitglieder oder Angestellte gilt nicht als Gewährung solcher besonderen Vorteile).

An der Dividende nehmen die Stammeinlagen nach Verhältnis der Zeit teil, während deren sie im Geschäft mitgearbeitet haben, und zwar in der Art, daß auf die volle Dividende Anspruch haben die Stammeinlagen nach Höhe ihres zum Schlusse des Vorjahres ermittelten Betrages, während die im Laufe des Geschäftsjahres geleisteten Einzahlungen erst mit dem Beginn des auf die Einzahlungen folgenden Jahres dividendenberechtigt sind.

Bei dieser Berechnung werden die Stammeinlagen nur insoweit berücksichtigt, als sie volle Mark betragen.

H. Auflösung der Gesellschaft und Haftung der Gesellschafter.

§ 33.

Die Auflösung der Gesellschaft erfolgt:

1. durch Beschluß der Versammlung der Gesellschafter nach § 14 des Statuts;
2. durch Eröffnung des Konkurses über das Vermögen der Gesellschaft;
3. durch gerichtliches Urteil oder durch Entscheidung der Verwaltungsbehörde nach Maßgabe der §§ 61, 62 des Gesetzes.

§ 34.

Die Liquidation erfolgt nach Maßgabe des Gesetzes mit der Aenderung, daß den Gesellschaftern nicht mehr als der Nennwert ihrer Anteile ausgezahlt werden darf. Ein etwa verbleibender Rest des Gesellschaftsvermögens wird ausschließlich für den in § 1 Abs. 2 bezeichneten gemeinnützigen Zweck verwendet.

§ 35.

Das Konkursverfahren findet außer in dem Falle der Zahlungsunfähigkeit auch in dem Falle der Ueberschuldung statt.

§ 36.

Die Einrichtungen der Gesellschaft und die Geschäftsführung derselben in allen Zweigen der Verwaltung sind mindestens in jedem zweiten Jahre der Prüfung durch einen sachverständigen Revisor zu unterwerfen.

§ 37.

Der Vorstand der Gesellschaft hat dem Revisor die Einsicht der Bücher und Schriften der Gesellschaft und die Untersuchung des Bestandes der Gesellschaftskasse, sowie der Bestände an Effekten, Handelspapieren und Waren zu gestatten. Zu der Revision ist der Aufsichtsrat hinzuzuziehen. Der Bericht über die Revision ist bei der Berufung der nächsten Versammlung als Gegenstand der Beschlußfassung anzukündigen.

I. Die Bekanntmachungen der Gesellschaft und die dazu bestimmten öffentlichen Blätter.

§ 38.

Alle Bekanntmachungen der Gesellschaft und die dieselbe verpflichtenden Schriftstücke ergehen unter deren Firma und werden mindestens von zwei Geschäftsführern unterzeichnet.

§ 39.

Die Einladungen zu den Versammlungen der Gesellschafter dagegen, insofern sie vom Aufsichtsrat ausgehen (§ 13), erläßt der Vorsitzende des Aufsichtsrats mit der Zeichnung:

Der Aufsichtsrat de..... (Firma der Gesellschaft)
N........., Vorsitzender.

§ 40.

Zur Veröffentlichung ihrer Bekanntmachungen bedient sich die Gesellschaft des..... Blattes.

Für den Fall, daß dieses Blatt eingehen oder aus anderen Gründen die Veröffentlichung in diesem Blatte unmöglich werden sollte, tritt der „Deutsche Reichsanzeiger" solange an die Stelle desselben, bis für die Veröffentlichung der Bekanntmachungen der Gesellschaft durch Beschluß der Versammlung der Gesellschafter ein anderes Blatt bestimmt ist.

Telegramme und Begrüßungsschreiben.

Cassel, den 20. August 1913.

Mit herzlichem Gruße vom Tagungsort 1906 wünscht besten Verlauf der Verhandlungen. Oberbürgermeister **Dr. Scholz.**

Stuttgart, den 17. August 1913.

Als Vertreter des Kgl. württembergischen Ministeriums des Innern für den Posener Genossenschaftstag in Aussicht genommen, mußte Herr Regierungsrat **Dr. Abele** im letzten Augenblick wegen Krankheit auf die Teilnahme verzichten. Er bedauerte sein Fernbleiben aufs lebhafteste in einem an den Anwalt gerichteten Brief, in dem er betonte, daß er gerade von den diesmaligen Verhandlungen sich sehr viel Wissenswertes versprochen habe. Er wünschte den Verhandlungen einen schönen Verlauf.

Wien, den 20. August 1913.

Verhindert, an den Beratungen teilzunehmen, sende ich namens des deutschen Bruderverbandes in Oesterreich die herzlichsten Grüße — möge Eure Tagung wie immer die wirtschaftlichen Interessen des deutschen Volkes bestens fördern und den Sinn für freies unabhängiges Genossenschaftswesen im Sinne unseres Altmeisters Schulze stärken.

Anwalt **Wrabetz.**

Lüttich, den 19. August 1913.

Der Verband belgischer Volksbanken dankt für die freundliche Einladung zum 54. Genossenschaftstag in Posen und wünscht seinen Schwestergenossenschaften Glück und guten Verlauf der Verhandlungen beim diesmaligen Kongreß. **A. Micha.**

Balatonfoeldvar, den 19. August 1913.

Zufolge plötzlicher Krankheit beehre ich mich, die hochgeschätzte Versammlung auf diesem Wege ehrerbietigst zu begrüßen und wünsche von ganzem Herzen, daß die Beschlüsse dieses Genossenschaftstages in dieser hoch kritischen Zeit, würdig seinen Vorgängern, weise und für die genossenschaftliche Sache heil- und segenbringend seien. **Dr. Karacsony.**

Berlin, den 14. August 1913.

Zur Tagung Ihres Verbandes entbiete ich Ihnen im Namen meines Verbandes und auch persönlich herzlichen Gruß und Glückwunsch. Mögen die guten Beziehungen, die seit Schulze-Delitzsch's und Max Hirsch's Zeiten zwischen unseren beiden Verbänden bestehen, auch fürderhin beibehalten werden. Ich bitte, die Versammlung im genossenschaftlichen Geiste zu grüßen. **Carl Goldschmidt,**

Vorsitzender des Verbandes der deutschen Gewerkvereine.

Insterburg, den 15. August 1913.

In letzter Stunde verhindert, der dortseitigen freundlichen Einladung nach Posen zu folgen, erlaube ich mir, in dieser Form für die liebenswürdige Einladung meinen verbindlichsten Dank zu sagen und besten

Verlauf des Verbandstages, sowie reichen Erfolg aus den dort gepflogenen Verhandlungen zu wünschen. **C. Schweiger,**

Direktor des Verbandes landwirtschaftlicher Genossenschaften für Ostpreußen.

Wiesbaden, den 16. August 1913.

.... Leider ist es mir in letzter Stunde unmöglich geworden, die Reise nach Posen zu unternehmen .... den Verhandlungen des Genossenschaftstages besten Verlauf wünschend.

Petitjean,

Direktor des Verbandes der nassauischen landwirtschaftlichen Genossenschaften, e. V.

Vulpera, den 19. August 1913.

Für einen glücklichen erfolgreichen Verlauf des Genossenschaftstages sende beste Wünsche unter freundlichen Grüßen **Malz.**

München, den 19. August 1913.

Durch Krankheit am persönlichen Erscheinen verhindert, wünsche ich der Tagung vollen Erfolg und sende allen Teilnehmern herzliche Grüße.

Verbandsdirektor **Luber.**

Brandenburg a. H., den 18. August 1913.

Aufrichtig bedauernd, an den Verhandlungen des Verbandes in diesem Jahr nicht teilnehmen zu können, sende ich herzlichen Gruß und wünsche besten Erfolg den Beratungen. **Carl Blell.**

Berlin, den 21. August 1913.

Den zum Genossenschaftstag versammelten Kollegen senden herzlichste Grüße **Einkaufsgenossenschaft „Nord und Süd".**

Vereinsbuchdruckerei zu Hannover, eingetragene Genossenschaft mit beschränkter Haftpflicht.

FSC
www.fsc.org
MIX
Papier | Fördert
gute Waldnutzung
FSC® C083411

Kolibri 360 GmbH
Ferdinand-Jühlke-Straße 7
99095 Erfurt, Deutschland
produktsicherheit@kolibri360.de